हिन्दी साहित्य का उत्तरवर्ती काल

हिन्दी साहित्य का उत्तरवर्ती काल

(भारतेन्दु-युग से अद्यतन काल तक)

डॉ. सत्यदेव मिश्र
प्रोफेसर—हिन्दी तथा आधुनिक भारतीय भाषा विभाग
लखनऊ विश्वविद्यालय

लोकभारती प्रकाशन
पहली मंजिल, दरबारी बिल्डिंग, महात्मा गाँधी मार्ग, इलाहाबाद-1

लोकभारती प्रकाशन
पहली मंजिल, दरबारी बिल्डिंग, महात्मा गाँधी मार्ग
इलाहाबाद-211 001
वेबसाइट : www.lokbhartiprakashan.com
ईमेल : info@lokbhartiprakashan.com
शाखाएँ : 1-बी, नेताजी सुभाष मार्ग, दरियागंज,
नई दिल्ली-110 002
अशोक राजपथ, साइंस कॉलेज के सामने,
पटना-800 006 (बिहार)

प्रथम संस्करण : 2012

₹ 400.00

आवरण : लोकभारती स्टूडियो

इण्डियन प्रेस प्रा.लि.
इलाहाबाद-211002 द्वारा मुद्रित

HINDI SAHITYA KA UTTARVARTI KAAL
by Dr. Satya Dev Mishra

ISBN : 978-81-8031-682-1

भूमिका

यूँ तो 'हिन्दी साहित्य का उत्तरवर्ती काल' आधुनिक काल के साहित्येतिहास सम्बन्धी ग्रन्थों की शृंखला की ही एक कड़ी है, किन्तु इस ग्रन्थ के प्रणयन का एक विशिष्ट लक्ष्य रहा है। भारतेन्दु-युग और उससे पूर्व से ही भारतीय मनीषा पश्चिम से अनुप्रभावित होने लगी थी और आज यह प्रभाव न केवल ज्ञान-विज्ञान के नाना क्षेत्रों में वरन् हिन्दी साहित्य में भी गहरा रहा है। पिछले लगभग डेढ़ सौ वर्षों से हिन्दी की नवविकसित विधाओं पर यह प्रभाव नानाविधि परिलक्षित होता है। अतः आज की महती आवश्यकता है कि इस प्रभाव को रेखांकित करते हुए एक ऐसे समीकृत किन्तु संक्षिप्त और सरल इतिहास ग्रन्थ को प्रस्तुत किया जाय जो इस प्रभाव के आलोक में हिन्दी-गद्य-पद्य की विविध विधाओं के उद्विकास को रेखांकित कर सके और यही उपक्रम इस पुस्तक में है।

कोशिश रही है कि हिन्दी साहित्य के सामान्य पाठकों से लेकर विशिष्ट पाठकों (विद्यार्थियों, शोधार्थियों, अध्यापकों) को यह पुस्तक लाभान्वित कर सके। पुस्तक विज्ञ पाठकों के हाथों में जा रही है और साहित्येतिहास लेखन की शृंखला में एक नयी कड़ी जुड़ रही है। मेरे लिये यह सन्तोष का विषय है।

15 जनवरी, 2012

—डॉ. सत्यदेव मिश्र

अनुक्रम

पृष्ठभूमि और परिस्थितियाँ

हिन्दी भारत के बहुत बड़े भूभाग की भाषा है। गत एक हजार वर्षों से इस भूभाग की अनेक भाषाओं और बोलियों में श्रेष्ठ साहित्य का सृजन होता रहा है। इन आधुनिक भारतीय भाषाओं के साहित्य में हिन्दी साहित्य का स्थान मूर्द्धन्य और केन्द्रवर्ती है। इस देश के जीवन के नव निर्माण में इस साहित्य की महत्त्वपूर्ण भूमिका रही है। वस्तुतः हिन्दी साहित्य के उत्तरवर्ती काल का विकास भारतेन्दु-युग से प्रारम्भ होकर वर्तमान तथा अधुनातन कालखण्ड तक माना जा सकता है। भारतेन्दु–युग रीतिकाल और आधुनिक (उत्तरवर्ती) काल के मध्य की एक कड़ी है। यह एक उभयनिष्ठ संक्रान्ति काल है जहाँ एक ओर रीतिकालीन रीतिबद्धता तथा परम्परित प्रेम और रति निरूपण है तो दूसरी ओर आधुनिक चिन्ताधारा और नवचेतना का प्रादुर्भाव और उत्तरोत्तर विकास। इस देश के जन–जीवन को समझने, उसे उदात्त लक्ष्य की ओर अभिप्रेरित करने, महान् जीवन-मूल्यों को शेपित करने में हिन्दी की भूमिका असन्दिग्ध रही है। सन्त, भक्त और सूफी कवियों के सारगर्भ उपदेशों, रीतिकवियों की शृंगारिक और नीत्युपदेश प्रधान रचनाओं से परिपूर्ण हिन्दी साहित्य उत्तर शती में नाना रूपों में पल्लवित, पुष्पित और विकसित हुआ है। इस दृष्टि से हिन्दी साहित्य के उत्तरवर्ती काल के इतिवृत्त का रेखांकन एक महत्त्वपूर्ण किन्तु दुरूह कार्य है। वस्तुतः किसी साहित्य के अद्यतन काल तथा अधुनातन सन्दर्भों को प्रस्तुत करना तथा उसी काल की सीमा में इयत्तात्मक रूप देना कठिन और जोखिम भरा होता है। अतीतकालीन साहित्य की प्रवृत्तियों का मूल्यांकन अपेक्षाकृत सरल होता है किन्तु अद्यतन साहित्य की प्रवृत्तियों को समेटना लहरों को एकत्र करना जैसा ही कठिन। विज्ञान और प्रौद्योगिकी के अनवरत विकास के फलस्वरूप औद्योगिकीकरण, आणविकीकरण, भूमण्डलीकरण, मानवाधिकारों सम्बन्धी अवधारणा का विकास तथा बाजारीकरण के नाना रूपों तथा निरन्तर बढ़ती उपभोक्तावादी संस्कृति के नूतन विकास ने साहित्य को बहुविधि प्रभावित किया

है। अतः हिन्दी साहित्य के इस उत्तरवर्ती काल के नानारूपी, बहुआयामी स्वरूप को रेखांकित करने से पूर्व तत्कालीन साहित्य को प्रत्यक्ष अथवा परोक्ष रूप से आन्दोलित करनेवाली परिस्थितियों (ऐतिहासिक-राजनैतिक, सामाजिक-धार्मिक और सांस्कृतिक) का संक्षिप्त ब्यौरा प्रस्तुत करना यहाँ समीचीन है। सुप्रसिद्ध फ्रांसीसी विचारक, आलोचक और साहित्येतिहासकार हिप्पोलित एदोल्फतेन (1828-1839) ने किसी साहित्यिक कृति, कृतिकार और साहित्य खण्ड के मूल्यांकन के लिए इतिहास को दृष्टिपथ में रखकर वैज्ञानिक दृष्टिकोण पर विशेष बल दिया है। उन्होंने ऐतिहासिक आलोचना-पद्धति के तीन प्रमुख तत्त्वों (फ्रांसीसी भाषा में ('La race', Le milieu, Le moment) अर्थात् रचनाकार की प्रजाति (व्यक्तित्व निकाय), तत्कालीन ऐतिहासिक-सामाजिक परिवेश और परिस्थितियों को आधारभूत माना है। इस दृष्टि से भी हिन्दी साहित्य के उत्तरवर्ती कालखण्ड (आधुनिक काल) के परिवेश और परिस्थितियों का संक्षिप्त लेखा-जोखा यहाँ प्रस्तुत है।

आचार्य रामचन्द्र शुक्ल ने हिन्दी साहित्य के आधुनिक काल का प्रारम्भ संवत् 1900 वि० से माना है। वस्तुतः आधुनिक हिन्दी साहित्य का प्रादुर्भाव भारतेन्दु-युग में ही हुआ, क्योंकि भारतेन्दु-युग के परवर्ती साहित्य में और उस कालखण्ड के अन्य रचनाकारों में नवयुग की चेतना के दर्शन होते हैं। किन्तु भारतेन्दुयुगीन रचनाओं में रीतिकालीन तत्त्वों का सन्निवेश भी दिखायी देता है। यद्यपि भारतेन्दुजी नवयुग की चेतना के संवाहक हैं तथापि शृंगारकालीन परम्पराओं से पूरी तरह मुक्त नहीं। वस्तुतः यह संक्रान्ति काल है। जहाँ एक ओर रीतिकालीन रूढ़ियाँ है, वहीं दूसरी ओर राष्ट्रीयता और समाज-सुधार आदि की नयी चेतना भी। किसी युग के साहित्य में नवीन प्रवृत्तियों का उद्‌भव चमत्कारिक घटना के रूप में एकाएक नहीं हुआ करता, अपितु उसका बीज उसके वातावरण में बहुत गहरा जमा होता है और उपयुक्त परिस्थितियों से पोषण पाकर अंकुरित एवं पल्लवित हो जाता है। हिन्दी साहित्य के आधुनिक काल में नवयुग की चेतना का विकास बड़ी महत्त्वपूर्ण घटना है। इसका बीज इसी युग की राजनीतिक चेतना, सामाजिक अवस्था, धार्मिक परिस्थितियों एवं साहित्यिक पृष्ठभूमि में मिलता है।

जैसा कि कहा जा चुका है कि उत्तरशती (आधुनिक काल) में नवयुग की चेतना का उदय भारतेन्दुयुगीन साहित्य के गर्भ में निहित है। भारतेन्दु-युग का प्रारम्भिक चरण रीतिकालीन परम्पराओं के साथ ही अंग्रेजों की राजभक्ति से भी सम्बद्ध रहा है। उत्तरवर्ती कालखण्ड में नवयुग की चेतना-राष्ट्रभक्ति, देश-प्रेम,

भारत दुर्दशा, अंग्रेजों के शोषण, अत्याचार आदि—को प्रबल स्वर मिले हैं। इस तरह राजनीति, धर्म, समाज–सम्बन्धी नयी चेतना का विकास इस कालखण्ड के रचनाकारों की प्रमुख देन है। अतः हिन्दी साहित्य का आधुनिक काल भारतेन्दु–युग से माना जाना उचित होगा।

हिन्दी के उत्तरवर्ती काल की विविध परिस्थितियाँ :

राजनीतिक चेतना-सन् 1757 के प्लासी युद्ध ने अंग्रेजों की नींव भारत में दृढ़ कर दी और धीरे–धीरे ईस्ट इण्डिया कम्पनी का शासन सारे भारत में फैल गया। ज्यों–ज्यों कम्पनी का प्रभुत्व बढ़ा त्यों–त्यों उसके अधिकारियों के अत्याचार भी बढ़े। इससे देश की जनता में बड़ा असन्तोष छा गया। इसके साथ ही कम्पनी के अधिकारियों ने देशी राज्यों को मिलाने के अनेक साधन निकाले जिसमें 'लैप्स की नीति' बड़ी कुटिल सिद्ध हुई। सन् 1854 में झाँसी को 'लैप्स की नीति' के द्वारा कम्पनी ने अपने शासन में ले लिया। देश में प्रजा और देशी राजा दोनों ही कम्पनी के अत्याचारपूर्ण शासन से घबराये हुए थे। इसी बीच में 'नये कारतूसों' ने आकर कम्पनी की सेना में भर्ती भारतीय सिपाहियों की धार्मिक भावनाओं को बड़ी ठेस पहुँचायी और सन् 1857 में भारतीयों ने अंग्रेजों के विरुद्ध प्रथम स्वतन्त्रता युद्ध छेड़ा। एक वर्ष भी पूरा नहीं बीत पाया और दासता के प्रति किया हुआ विद्रोह दबा दिया गया। ईस्ट इण्डिया कम्पनी का शासन समाप्त करके ब्रिटेन की सरकार ने भारत का शासन अपने हाथों में ले लिया। महारानी विक्टोरिया ने घोषणा की जिसमें भारतवासियों को बड़े मधुर आश्वासन दिये गये। भारतीयों में एक नवीन चेतना और आशा की लहर दौड़ गयी। कम्पनी के अत्याचारपूर्ण शासन और डलहौजी की नीति को देखते हुए विक्टोरिया का शासन भारत की जनता के लिए सन्तोष का विषय था, इसीलिए विक्टोरिया के मरने पर भारतवासियों ने बहुत दुःख माना। उन्नीसवीं शताब्दी के अन्तिम चरण में देश की जनता में अंग्रेजी राज्य के प्रति राजभक्ति दिखाने और उनसे सुधार की प्रार्थना करने की प्रवृत्ति थी। स्वयं भारतेन्दुजी भी इस राजभक्ति से आन्दोलित थे। परन्तु अंग्रेजी शासन में इससे कोई अन्तर नहीं पड़ा और उनकी अत्याचारपूर्ण नीति में यन्त्रों के विकास के साथ ही आर्थिक शोषण और टैक्सों का एक नया अध्याय और जुड़ गया। धीरे–धीरे देश की जनता को यह पूर्ण रूप से ज्ञात हो गया कि प्रार्थनाओं का परिणाम कुछ भी नहीं होगा। इधर इण्डियन नेशनल कांग्रेस ने भारतीयों की राजनीतिक चेतना

को और अधिक विकसित किया। कांग्रेस की स्थापना से जनता के सामने कुछ निश्चित राजनीतिक सिद्धान्त उपस्थित हुए, जिनकी प्राप्ति के लिए देश की जनता में अदम्य उत्साह छा गया। इटली के स्वतन्त्रता युद्ध, आयरलैण्ड के 'होमरूल' आन्दोलन तथा फ्रांस की राज्यक्रान्ति के इतिहास ने जनता की विरोधी भावना को और अधिक उकसाया और बहुत-से नवयुवक हिंसात्मक उपायों से अंग्रेजी राज्य को हटाने के इच्छुक हो गये। हिन्दी साहित्य के आधुनिक काल में नवयुग की इस राजनीतिक चेतना का प्रभाव भारतेन्दु-युग में दृष्टिगोचर होता है।

राजनीतिक चेतना का दूसरा काल सन् 1905 से आरम्भ होता है। अब कांग्रेस आवेदन और प्रार्थना की नरम नीति को छोड़ने लगी थी और उसने 'स्वराज्य हमारा जन्मसिद्ध अधिकार है' की घोषणा कर दी। इसी समय कांग्रेस में दो दल हो गये-गरम दल तथा नरम दल। सच तो यह है कि कर्जन की बंगाल-विभाजन की भारत विरोधी नीति से राष्ट्रीय भावनाओं से पूरित भारतीय जनता की आँखें खुल गयीं थीं और वे अंग्रेजों को बड़े सन्देह की दृष्टि से देखने लगे थे। इसीलिए जनता में प्राचीन भारतीय संस्कृति के प्रति श्रद्धा और वर्तमान परिस्थितियों के प्रति क्षोभ उत्पन्न हो रहा था। नेतागण, विचारक और कवि दासता में जकड़ी हुई जनता को अतीत के गौरव का स्मरण कराकर नवीन व्यवस्था के विरुद्ध कर रहे थे। इसके लिए उन्होंने देश की सामाजिक अवस्था में सुधार करना आवश्यक समझा और यही कारण था कि उस युग के विचारक एवं कवि अछूत, किसान तथा शोषित एवं पीड़ित वर्गों के साथ अपनी सहानुभूति प्रकट करते हैं। इस युग में भारतीय राजनीति का आधार मानवतावाद बन गया था। देश के असन्तोष को शान्त करने के लिए अंग्रेजी शासकों ने समय-समय पर शासन-प्रणाली में सुधार किये। 1909 में मार्ले-मिण्टो सुधार कानून पास हुआ, इसने मुसलमानों को अलग प्रतिनिधित्व दिया, जिससे हिन्दू-मुस्लिम एकता को बड़ी ठेस पहुँची। बड़े प्रयत्न के बाद 1916 में हिन्दू-मुस्लिम समझौता हो सका और श्रीमती एनीबेसेण्ट के प्रयत्न से कांग्रेस के दोनों दलों में भी एकता हो गयी। किन्तु इसी बीच यूरोप में प्रथम महायुद्ध छिड़ गया। भारतीयों ने अंग्रेजों की दिल खोलकर मदद की, किन्तु युद्ध की समाप्ति के पश्चात् अंग्रेजों ने अपने वायदे पूरे नहीं किये, उल्टे रोलेट ऐक्ट (1919) के द्वारा भारतीय जनता की स्वतन्त्रता के अधिकार छीन लिये। हिन्दी साहित्य के आधुनिक काल के इतिहास में राजनीतिक चेतना के द्वितीय उत्थान का यह समय द्विवेदी-युग के नाम से जाना जाता है।

राजनीतिक चेतना का तृतीय काल प्रथम महायुद्ध की समाप्ति से आरम्भ होता है। महायुद्ध के बाद भीषण जन–संहार के कारण मानव–चित्त उद्वेलित हो रहा था, और उसके ऊपर से भारतीयों के ऊपर अंग्रेजों ने 'रोलेट ऐक्ट कानून' की दमनपूर्ण नीति के द्वारा बड़ा कठोर आघात किया। एक ओर सुधार का ढोंग था तो दूसरी ओर घोर दमन की अत्याचारपूर्ण नीति, जिसका भारत की सभी ज़ातियों ने घोर विरोध किया। सन् 1920 में तिलक के देहावसान से कांग्रेस का नेतृत्व पूर्ण रूप से गाँधीजी के हाथ में आ गया। राजनीतिक चेतना के इस तृतीय उत्थानकाल को हम ग्राम–उद्धार एवं मध्य वर्ग की चेतना के विकास में देख सकते हैं। गाँधीजी ने अहिंसात्मक उपायों से स्वतन्त्रता-प्राप्ति को लक्ष्य बनाया और इसका मुख्य आधार था असहयोग एवं ग्राम–उद्धार। इस प्रकार गाँधीजी अपनी सारी शक्ति रचनात्मक कार्यों में लगा रहे थे। इस काल में युग की चेतना का यही कारण था। साथ ही अन्य राजनीतिक विद्वान् अपने विचारों से बुद्धिजीवी–वर्ग में देशभक्ति का संचार कर रहे थे। धीरे–धीरे कांग्रेस पार्टी ने भारत के लिए औपनिवेशिक स्वराज्य की जगह पूर्ण स्वराज्य की माँग की। इस प्रकार कांग्रेस पार्टी के राजनीतिक कार्यों से जनता में राष्ट्रीयता की भावना उत्तरोत्तर बढ़ती गयी। असहयोग के दो रूप थे, एक तो विदेशी शासकों के साथ असहयोग और दूसरा विदेशी वस्तुओं का बहिष्कार। इसमें मुख्यतया विदेशी वस्त्रों का बहिष्कार हुआ और खादी राष्ट्रीय भावना की प्रतीक बनी। गाँधीजी ने स्वतन्त्रता-संग्राम में मानवतावाद को प्रमुख स्थान दिया। गाँधीजी की इस मानवतावादी भावना के कई रूप मिलते हैं, जैसे अहिंसा, सत्याग्रह, राजनीतिक समानता, अछूतोद्धार, हिन्दू–मुस्लिम एकता, धार्मिक समन्वय, ग्रामोद्धार, जमींदारी का विरोध इत्यादि। निस्सन्देह उपर्युक्त विभिन्न कार्यों में गाँधीजी के रचनात्मक आन्दोलन का बड़ा सुष्ठु स्वरूप दिखायी पड़ता है। हरिजन आन्दोलन, जमींदारी प्रथा का विरोध एवं अत्याचारों के विरुद्ध सत्याग्रह इत्यादि राष्ट्रीय एकता एवं देशव्यापी राजनीतिक चेतना में विशेष सहायक सिद्ध हुए। इसी युग में बंगाल के ठाकुर रवीन्द्रनाथ ने भी अपने साहित्य द्वारा मानवतावाद का प्रचार किया। उन्होंने अन्तर्राष्ट्रीयता, विश्व संस्कृति, आध्यात्मिकता इत्यादि का प्रचार किया। इस प्रकार राजनीतिक चेतना के तृतीय उत्थान में गाँधी और रवीन्द्र दो महान् व्यक्ति हुए जिन्होंने युग की विचारधारा को बड़े व्यापक रूप से प्रभावित किया।

राजनीतिक चेतना का चौथा युग द्वितीय महायुद्ध से प्रारम्भ होता है। इस युग में स्वतन्त्रता–संग्राम बड़े उत्साह से चल रहा था और भारतीयों का पक्ष विश्व के अन्य राष्ट्र भी लेने लगे थे। इस प्रकार द्वितीय महायुद्ध की समाप्ति के बाद

धीरे-धीरे पूर्ण स्वतन्त्रता मिलने की आशा हो रही थी। परन्तु इसके साथ-ही-साथ पूँजीवाद बढ़ रहा था और इससे जनता में बड़ा असन्तोष छाया हुआ था। इस युग में स्वतन्त्रता-आन्दोलन का स्वरूप प्रथम युद्ध के समय से बहुत बदल गया था। साथ ही राजनीतिक परिस्थितियों में भी बहुत परिवर्तन हो चुका था। अब स्वतन्त्रता-प्राप्ति के लिए हिन्दू और मुसलमानों को आपस में समझौता करना था। इसी समय (सन् 1945) में ब्रिटेन में उदार दल की सरकार बनी, जिसकी भारतीय स्वतन्त्रता-आन्दोलन के साथ पूर्ण सहानुभूति थी। धीरे-धीरे भौतिकता के विकास के साथ ही देश के जीवन में बड़ी शुष्कता आ गयी थी। इस युग की राजनीतिक चेतना की एक बहुत महत्त्वपूर्ण बात समाजवादी विचारधारा का विकास है। पूँजीवाद के बढ़ने से वर्ग-संघर्ष बढ़ रहा था। भारतवर्ष में आर्थिक परिस्थितियों से उत्पन्न वर्ग-संघर्ष में मार्क्सवादी विचारधारा को विशेष बढ़ावा मिला। इसका मुख्य कारण स्वतन्त्रता-आन्दोलन के लिए और विशेषकर राजनीतिक अन्यायों का विरोध करने के लिए अपनाये गये सत्याग्रह और हड़तालों द्वारा जाग्रत मजदूरों एवं कृषक वर्ग का चैतन्य था। इन सब बातों का उस युग की विचारधारा पर बड़ा गहरा प्रभाव पड़ा। धीरे-धीरे वह दिन भी आ गया जब भारत स्वतन्त्र हुआ, गणतन्त्र का आविर्भाव हुआ।

गणतन्त्र के आविर्भाव के साथ ही हमारे देश में राजनीतिक चेतना का पाँचवाँ युग प्रारम्भ होता है, इसे हम वर्तमान काल कह सकते हैं। अब राजनीतिक चेतना का स्वरूप किसी विदेशी सरकार के प्रति विद्रोह नहीं रह गया, वरन् राष्ट्रीय एकता और उसका अन्तर्राष्ट्रीयता में विकास हो गया। स्वतन्त्रता-प्राप्ति के साथ ही हमारे देशवासियों का दृष्टिकोण व्यापक हुआ और उन्होंने विश्व के अन्य दासता में जकड़े हुए लोगों के प्रति अपनी सहानुभूति प्रकट की। साथ ही आन्तरिक संघर्ष से अवकाश पाकर भारतीय राजनीतिज्ञों ने विश्व के अन्य राष्ट्रों से सम्पर्क बढ़ाया तथा सह-अस्तित्व के सिद्धान्त को विश्व के सामने रखा। इसलिए आज भारत का स्थान विश्व के अन्य राष्ट्रों में बहुत ऊँचा है।

सामाजिक व्यवस्था का हिन्दी साहित्य पर प्रभाव

भारत में अंग्रेजी शासन एक महत्त्वपूर्ण घटना है। भारत के सामाजिक जीवन में आधुनिक काल में जो चेतना आयी उसका कारण आँग्ल-भारतीय सम्पर्क है। सामाजिक क्षेत्र की परम्पराओं एवं रूढ़ियों पर आँग्ल सम्पर्क ने आघात किया जो भारतीय दृष्टिकोण में परिवर्तन करने में सहायक हुआ।

मध्यकालीन हिन्दू धर्म का कट्टरपन अब धीरे-धीरे दूर होने लगा। वैसे भी मुगलों के पतन के साथ ही हिन्दू धर्म की स्थिति दृढ़ एवं सुरक्षित हो गयी थी। ऐसे ही समय में आर्यसमाज की स्थापना करनेवाले स्वामी दयानन्द का आविर्भाव हुआ और उन्होंने हिन्दू धर्म की अनुदारता एवं कट्टरपन को दूर करने के लिए एक बड़ी क्रान्ति उपस्थित की। आर्यसमाज के आन्दोलन ने हिन्दू समाज को जाग्रत किया। इसके साथ-ही-साथ पश्चिमी संस्कृति का प्रभाव बंगाल से होता हुआ सारे देश के सामाजिक जीवन पर छा रहा था। अंग्रेजी शिक्षा विकास में विशेष सहयोगी थी। इस प्रकार प्राचीन वैदिक प्रेरणा को लेकर स्वामी दयानन्द ने सामाजिक क्षेत्र में क्रान्ति उपस्थित की। सामाजिक रूढ़ियों का तिरस्कार होने से जीवन के मूल्य बदले। इस प्रकार हिन्दी साहित्य के आधुनिक काल के प्रथम उत्थान (भारतेन्दु-युग) से ही प्रत्येक कल्याणकारी सामाजिक आन्दोलन की सराहना हुई। तत्कालीन सामाजिक दोषों, जैसे-धार्मिक विवाद, बाल-विवाह, विधवा-विवाह, जाति-भेद, अन्धविश्वास, समुद्रयात्रा-निषेध, स्त्री-शिक्षा-निषेध, जाति-बहिष्कार इत्यादि के प्रति लोगों की आँखें खुलीं और वे इन समस्याओं को सुलझाने के लिए पुष्ट सुझाव प्रस्तुत करने लगे।

हिन्दी साहित्य के आधुनिक काल के द्वितीय उत्थान में (सन् 1903 से सन् 1916) सामाजिक क्षेत्र में नवीन व्यापक दृष्टिकोण जीवन के नवीन मूल्य के रूप में स्थापित हो गया। यही कारण है कि इस युग में पूर्वयुग के वाद-विवाद, आलोचना-प्रत्यालोचना का प्रायः अभाव है। इस युग के विचारकों ने समाज-सुधार की आवश्यकता को बहुत महत्त्व दिया और बड़े शान्त चित्त से सामाजिक कुरीतियों को दूर करने के सुझाव प्रस्तुत किये। स्त्री-शिक्षा कोई आश्चर्यजनक वस्तु नहीं रह गयी थी, और बाल-विधवाओं के प्रति व्यापक सहानुभूति दिखलायी पड़ती है। बाल-विधवाओं के शाप में सामाजिक अधःपतन का कारण ढूँढ़ना इस सहानुभूतिपूर्ण दृष्टिकोण का परिचायक है। इसी प्रकार अछूतों के प्रति सद्व्यवहार, हृदय की विशालता, दहेज की कुप्रथा को दूर करने का प्रयत्न इस युग के समाज-सुधारकों में विशेष रूप से दिखलायी पड़ता है। किन्तु पश्चिमी सभ्यता के अन्धानुकरण का विरोध इस युग में भी स्पष्ट परिलक्षित होता है। इसके साथ ही इस युग में नवीन प्रवृत्ति के दर्शन होते हैं। यह प्रवृत्ति मानवतावाद की है। पूँजीवाद की बढ़ती से उत्पन्न वर्ग-संघर्ष, जमींदारी-प्रथा के अभिशाप तथा स्त्रियों की दुर्दशा से उत्पन्न क्षोभ-तीनों ही परिस्थितियों के प्रतिक्रियास्वरूप लोगों को जनवादी विचारों का महत्त्व ज्ञात हुआ। वस्तुतः सामन्तशाही के नाश और देशी राजाओं के पतन के कारण सामाजिक व्यवस्था

बदल रही थी। दूसरे राजनैतिक क्षेत्र में भी मध्यवर्ग का सहयोग बड़ा महत्त्वपूर्ण प्रतीत हो रहा था। इस कारण इस युग के विचारकों में मानवता के प्रति विस्तृत दृष्टिकोण का प्रादुर्भाव हुआ। देश के महान् विचारकों ने निर्धन और शोषित समाज के प्रति समवेदना और नारी की स्थिति के प्रति करुणा व्यक्त की, उसकी 'आँचल में दूध और आँखों में पानी' वाली स्थिति का चित्रण करके गम्भीर सहानुभूति एवं उच्च भावना अभिव्यक्त की।

हिन्दी साहित्य के आधुनिक काल के तृतीय उत्थान (सन् 1916 से सन् 1936) में सामाजिक क्षेत्र में और अधिक विकास हुआ और **मानवतावादी दृष्टिकोण** का महत्त्व बढ़ा। वस्तुतः राजनीति में मानवतावाद को आधार बनाया, इसलिए इसकी मान्यता अधिक बढ़ गयी। अब जो राजनैतिक स्वतन्त्रता का आन्दोलन था वह सामान्य जन-समुदाय को लेकर चला। इस समय तक अंग्रेजी शिक्षा बहुत फैल चुकी थी, इसलिए बड़े-बड़े विचारक व्यापक दृष्टिकोण को लेकर सामाजिक अवस्था पर मनन करने लगे। गाँधीजी की सारी क्रियात्मक योजनाएँ सामाजिक उत्थान के लिए बड़ी शक्तिशाली सिद्ध हुईं। गाँधीजी की इस मानवतावादी भावना ने निम्न स्तर के लोगों की सामाजिक दशा में बड़ा परिवर्तन किया। उनकी मानवतावादी भावना के कई रूप मिलते हैं जैसे, अहिंसा, सत्याग्रह, राजनीतिक समानता, अछूतोद्धार, हिन्दू-मुस्लिम एकता, धार्मिक समन्वय, ग्रामोद्धार, जमींदारी का विरोध। धीरे-धीरे पश्चिमी संस्कृति के विरोध में और भारतीय संस्कृति के प्रतीकस्वरूप खादी भी उच्च सामाजिक भावनाओं की प्रतीक बनी। साथ ही आर्यसमाज के आधार पर वैदिक-युग का पुनरुत्थान भी इस युग में दिखलायी पड़ा। इस वैदिक उत्थान-काल में इसी कारण आध्यात्मिक भावना का भी विकास हुआ और मानव की सेवा और उसके द्वारा ईश्वर-प्राप्ति की भावना पर जोर दिया गया। यही अरविन्द, रवीन्द्र और गाँधी का युग है। महात्मा गाँधी ने ग्रामोद्धार को महत्त्व दिया और इसीलिए औद्योगिकता का विरोध किया। मशीनीकरण में वे मानव-शोषण की झलक पाते हैं, किसानों की दीनता का उनके जीवन पर बड़ा व्यापक प्रभाव था और इन महान् अभिशाप के कारणों को दूर करने के लिए वे कृषक-वर्ग की जागृति के महान् समर्थक थे। इसी प्रकार जाति-भेद और अछूतों के प्रति अत्याचार से उनका हृदय विदीर्ण हो रहा था और इन सबमें अछूतों को भगवान् के मन्दिरों से दूर करने की प्रवृत्ति उन्हें घोर नास्तिकता एवं मूढ़ता ही प्रतीत होती थी। इसलिए उन्होंने आध्यात्मिकता के महत्त्व का भी प्रतिपादन किया।

इस युग के दूसरे महान् विचारक, समाज-सुधारक एवं मानवतावाद के समर्थक विश्वकवि रवीन्द्र हुए। इनकी कविता में मानवतावाद बड़े व्यापक रूप में अभिव्यक्त हुआ और इसीलिए वे विश्वकवि हुए। उनकी मानवतावादी भावना के प्रमुख रूप विश्व-संस्कृति, आध्यात्मिकता, अन्तर्राष्ट्रीयता, मानव-दुःख-निवारण और जाति-भेद को मिटाने में तत्परता इत्यादि हैं। ब्रह्मसमाज को स्थिरता प्रदान करने में उन्होंने बड़ा सहयोग दिया। निश्चय ही उन पर पश्चिम के मानवतावाद के आदर्श का व्यापक प्रभाव था और उन्होंने बंगाल के रूढ़िग्रस्त सामाजिक संगठन में स्वच्छता का संचार किया और सामाजिक व्यवस्था को नवयुग की चेतना को उचित रूप से आत्मसात् करने योग्य बनाया। रवीन्द्र पर विवेकानन्द का गहरा प्रभाव था। उनकी मानवता की उपासना में विवेकानन्द के दर्शन का प्रभाव स्पष्ट परिलक्षित होता है। उन्होंने दुःख को मानवता की एकसूत्रता के सूत्रमन्त्र के रूप में स्वीकार करके उसे साधनात्मक रूप दिया। उनके हृदय की करुण भावनाएँ सामाजिक जाग्रति को लक्ष्य में रखकर अभिव्यक्त हुई हैं। इन सबका लक्ष्य है मानवता का विकास और आधार है विश्व-शान्ति, जिसे अन्तर्राष्ट्रीयता की भावना के विकसित होने पर ही प्राप्त कर सकते हैं।

इस युग की सामाजिक विचारधारा को प्रभावित करनेवाला तीसरा महान् व्यक्तित्व योगिराज अरविन्द का है। श्री अरविनद मानव जाति के विकास के लिए ही योग-साधना या विचार-साधना कर रहे थे। उनका जीवन मानव की सेवा में रत था, उनके मानवतावाद में अध्यात्मवाद की उच्च अनुभूति का सम्मिश्रण था और उनका साधनात्मक जीवन और इच्छाशक्ति की दृढ़ता मानव को पूर्ण मानव बनाने में संलग्न थी।

इस युग में सामाजिक व्यवस्था में बड़े ठोस परिवर्तन हो रहे थे और उनका प्रभाव समाज के साथ साहित्य पर भी पड़ रहा था। उपर्युक्त सामाजिक अवस्था में और भारतेन्दु-युग या द्विवेदी-युग की सामाजिक अवस्था में अन्तर भी स्पष्ट ही है। भारतेन्दु-युग में नवयुग की चेतना का विकास हुआ और सामाजिक अवस्था में परिवर्तन की पुकार से बड़ी अशान्ति फैल गयी, द्विवेदी-युग में यह अशान्ति शान्त हो गयी और समाज-सुधारक सामाजिक कुरीतियों और रूढ़ियों का खण्डन करने के साथ ही सामाजिक समस्याओं को सुलझाने के लिए ठोस विचार और सुझाव प्रस्तुत करने लगे। धीरे-धीरे मानवतावादी भावनाओं का भी विकास हो रहा था, हिन्दी साहित्य के आधुनिक काल के तृतीय उत्थान में सामाजिक अवस्था का मुख्य रूप मानवतावादी भावनाओं में केन्द्रित हो गया और सामाजिक कुरीतियों के निवारण के कुछ ठोस रूप दिखायी पड़े, जैसे सन्

1929 में शारदा ऐक्ट द्वारा बाल-विवाह का निषेध हुआ, सन् 1935 के 'गवर्नमेण्ट ऑफ इण्डिया ऐक्ट' द्वारा अछूतों को मताधिकार प्राप्त हुआ। इसके अतिरिक्त विधवा-विवाह इत्यादि के सम्बन्ध में भी कानून बने। नर-नारी की समानता, एक विवाह, विधवा-विवाह इत्यादि की भावना का विकास पश्चिमी विचारधारा का प्रभाव है।

हिन्दी साहित्य के आधुनिक काल के चतुर्थ उत्थान (सन् 1936 से सन् 1945) में सामाजिक क्षेत्र में आर्थिक परिस्थिति का प्रभाव अधिक मुखरित हुआ। वर्ग-संघर्ष की भावना बढ़ रही थी इसलिए मार्क्सवादी विचारधारा का प्रभुत्व बढ़ने लगा। देश के आर्थिक शोषण से अनेक कठिनाइयाँ उपस्थित हुईं। बेकारी की समस्या दिन-प्रतिदिन गहन होती गयी। आन्तरिक परिस्थितियों के अतिरिक्त अन्तर्राष्ट्रीय परिस्थितियों का प्रभाव पड़ना भी स्वाभाविक ही था। द्वितीय महायुद्ध की भयंकरता ने जीवन को बहुत कटु बना दिया। एक गहरी निराशा की भावना ने जन-जीवन को आच्छादित कर लिया। अतः यह काल भयानक हलचल का समय था।

1945 से 1950 का समय भारतीय इतिहास और समाज में नितान्त उथल-पुथल-भरा रहा। 1947 में देश की आजादी के साथ ही हिन्दू-मुस्लिम साम्प्रदायिक विद्वेष बढ़ा। देश के विभाजन के साथ ही साम्प्रदायिक वैमनस्य तथा क्रूर हिंसा के विकराल ताण्डव ने भारतीय समाज को झकझोर दिया। तदुपरान्त गणतन्त्र की स्थापना हुई। इस तरह हिन्दी साहित्य के आधुनिक काल के चतुर्थ उत्थान के उपरान्त हिन्दी का वर्तमान काल आता है। इस काल की सामाजिक अवस्था का विवेचन इस प्रकार हो सकता है—(1) जातिगत भेद की भावना का कानून के द्वारा निवारण, (2) स्त्रियों की सामाजिक स्थिति में सुधार और उनका भारतीय शासन में स्थान, (3) कृषक वर्ग की जमींदारी प्रथा के उन्मूलन द्वारा शोषण से मुक्ति, (4) श्रमिक वर्ग की अवस्था में सुधार तथा उनके जीवन की सुरक्षा को महत्त्व प्रदान करना, (5) अन्तर्राष्ट्रीयता की भावना को प्रश्रय तथा विश्वबन्धुत्व की स्थापना, (6) नागरिक अधिकारों की पुकार, (7) समाजवादी शासन की स्थापना का प्रयत्न, (8) पंचवर्षीय योजनाओं के द्वारा देश का आर्थिक निर्माण।

आर्थिक स्थिति

राजनीतिक चेतना और सामाजिक अवस्था के मूल में देश की जनता की आर्थिक स्थिति रहती है, अतः यहाँ संक्षेप में उसका विवेचन करना भी आवश्यक

हो जाता है। 1857 के प्रथम स्वतन्त्रता युद्ध के पश्चात् सत्ता का हस्तान्तरण हुआ और यह आशा बँधी कि देश की आर्थिक व्यवस्था में सुधार होगा, क्योंकि एक व्यापारी कम्पनी से तो इस प्रकार की आशा करना समीचीन नहीं था। प्रारम्भ में ब्रिटिश सरकार ने भारतीय औद्योगिक विकास में रुचि नहीं प्रकट की। इस प्रकार भारत का धन विदेश की ओर प्रवाहित होने लगा। प्रथम उत्थान के विचारकों के लिए यह चिन्ता का विषय था। ब्रिटिश माल की खपत के लिए ब्रिटिश सरकार ने कुछ कर भी लगाये, जैसे भारतीय कपड़े पर, और इस प्रकार अपने हित को बढ़ाया। इस प्रकार विदेशी वस्तुओं का प्रचार धीरे-धीरे बढ़ता गया और भारतीय उद्योग-धन्धों की दशा बिगड़ती गयी। राष्ट्रीय विचारों से सम्पन्न महान् विचारक विदेशी वस्तुओं को ही अपनी आर्थिक स्थिति की गिरावट का कारण समझकर उसका विरोध करने लगे। इस प्रकार महँगाई, अकाल, टैक्स और दरिद्रता प्रथम युग की आर्थिक समस्याएँ थीं। राजनीतिक चेतना को जन्म देनेवाली इण्डियन नेशनल कांग्रेस ने भी अपने आदर्शों में आर्थिक स्वतन्त्रता की माँग रखी थी। द्वितीय उत्थान में आकर तो आर्थिक स्वतन्त्रता एवं आर्थिक राष्ट्रीयता का आदर्श राजनीति में एक महत्त्वपूर्ण आधार बनकर स्थापित हुआ। आर्थिक भावना ने कांग्रेस आन्दोलन को अधिकाधिक प्रेरणा दी। किसानों की दुरवस्था और जमींदारों के अत्याचारों ने आन्दोलन के आर्थिक पक्ष को और भी दृढ़ कर दिया। भारतवर्ष मुख्यतया कृषिप्रधान देश रहा है और अब भी है। इसलिए कृषक वर्ग पर मालगुजारी का बोझा लादकर और जमींदारों के अत्याचारों को प्रश्रय देकर, अंग्रेज सरकार ने उनको अत्यधिक दरिद्र बना दिया। उसके अतिरिक्त उनके गृह उद्योग-धन्धों का नाश हुआ। प्रथम महायुद्ध तक भारतीयों को यह विश्वास था कि अंग्रेज भारत का औद्योगिक विकास नहीं करना चाहते। इसलिए कांग्रेस के उग्रपन्थियों ने विदेशी वस्तुओं के बहिष्कार का अस्त्र अपनाया जिसमें भारत के पूँजीपतियों ने भी सहायता की। द्वितीय महायुद्ध के पश्चात् हम अंग्रेजों की आर्थिक नीति में परिवर्तन पाते हैं। इसका कारण था कि अंग्रेजों को यह स्पष्ट रूप से ज्ञात हो गया कि भारत के प्राकृतिक साधनों का विकास करने में उनके साम्राज्यवादी हितों को बढ़ावा मिलता है। युद्धकाल में उन्हें इसकी अनुभूति हुई थी। इसलिए युद्धकाल और उसके पश्चात् भी भारत की औद्योगिक उन्नति की गयी और साथ ही शोषण भी बढ़ा। साथ ही एक बात और ध्यान देने की है, अंग्रेजों ने केवल उन उद्योग-धन्धों को बढ़ावा दिया जिनमें उनके देश की पूँजी लगी थी। इस प्रकार धीरे-धीरे भारत का औद्योगिक विकास हुआ और भारतीय पूँजीवाद के पैर

जमे। तृतीय उत्थान में हम देखते हैं कि अंग्रेजों की व्यापारिक नीति से भारतीय पूँजीवाद ने भी स्वतन्त्रता-आन्दोलन में सहयोग देना प्रारम्भ किया। इसी युग में यन्त्रों के विकास से उत्पन्न बेकारी की समस्या भी सामने आयी। धीरे-धीरे वर्ग-संघर्ष बढ़ने लगा, क्योंकि मध्यवर्ग और मजदूर वर्ग में राजनीतिक चेतना आ गयी थी। चतुर्थ उत्थान में वर्ग-संघर्ष ने और जोर पकड़ा। बेरोजगारी, महँगाई, पूँजी का कुछ लोगों के पास जमा होना और देशव्यापी दरिद्रता से भारतीय आर्थिक स्थिति बहुत दयनीय हो गयी।

सांस्कृतिक परिस्थिति

संस्कृति मूल्यों की अन्तश्चेतना है जिसकी बाह्य चरितार्थता सभ्यता के नाम से अभिहित होती है। संस्कृति की दृष्टि से यह कालावधि बड़ी रोचक और महत्त्वपूर्ण है क्योंकि इसमें दो-एक नये पक्ष जुड़ गये हैं। इसमें कतिपय नयी विशिष्टताएँ लक्षित हुईं। वास्तव में यह नवता उस विकास का परिणाम थी जिसका सूत्रपात उन्नीसवीं शताब्दी में ब्रिटिश जाति के भारत में सत्तारूढ़ हो जाने पर भारतीय तथा यूरोपीय संस्कृति के संघर्ष के रूप में हो गया था। ब्रिटिश शासन की राजनीतिक, आर्थिक, शैक्षिक आदि व्यवस्था का भारत की परिस्थिति और भावनाओं पर शनैः-शनैः प्रभाव पड़ने लगा जिससे भारतीय मनःस्थिति में गहरा परिवर्तन हुआ।

आरम्भ में सभी यूरोपीय बातों का विरोध हुआ क्योंकि भारतीय संस्कारों में जकड़ा मन उनको स्वीकार कर अपने को सहसा परिवर्तित करने को तैयार न था। इसलिए आरम्भ में भारतीय संस्कृति ने सर्वोपरि होने का दम भरते हुए यूरोपीय संस्कृति के सभी पक्षों के प्रति विरोध और उपेक्षा का भाव भरा। किन्तु चूँकि इस भाव की जड़ें वास्तविकता में जमी नहीं थीं इसलिए यह मनोवृत्ति टिकाऊ न हो सकी। दूसरे, भारतीय संस्कृति की सहज प्राणशक्ति ने अपने को परिवर्तित परिस्थिति के अनुकूल ढाल लिया और सदा के समान उसकी सामंजस्यप्रियता उभरकर ऊपर आ गयी। फलतः एक मध्यम मार्ग निकल आया जिसमें पूर्व और पश्चिम, नवीनता और प्राचीनता का प्रेम तथा परम्परा और बौद्धिक व्याख्या का समन्वित रूप ब्रह्मसमाज, प्रार्थनासमाज, वेदसमाज, देवसमाज, आर्यसमाज, थियोसाफिकल सोसाइटी आदि के सांस्कृतिक आन्दोलन के रूप में प्रस्फुटित और प्रस्तुत हुआ और सामंजस्य इस प्रकार के मानसिक समझौते के रूप में प्रकट हुआ कि आध्यात्मिक क्षेत्र में तो हम सम्पन्न हैं किन्तु ऐहिक क्षेत्र

में हमें ब्रिटेन से बहुत–कुछ सीखना है। उनके इतिहास, समाज–सुधार, राजतन्त्र, विज्ञान, औद्योगिक और आर्थिक नीति से हमें शिक्षा ग्रहण करनी है। इस तरह भौतिक क्षेत्र में धीरे–धीरे ब्रिटेन गुरु बन गया और हम यूरोपीय संस्कृति में रँग गये।

ऐतिहासिक सांस्कृतिक संघर्ष के फलस्वरूप भारतीय सामन्तीय संस्कृति समाप्त हुई और औद्योगिक पूँजीवादी व्यवस्था का सूत्रपात हुआ। इसने अंग्रेजी पढ़े-लिखे मध्यमवर्ग को आगे बढ़ाया जो भारतीय राजनीति में थोड़े समय बाद काफी सक्रिय हो गया। औद्योगिक व्यवस्था ने राष्ट्रीयता को भी बढ़ावा दिया, श्रमिक वर्ग को (न चाहते हुए भी) संघटित कर दिया, और आगे चलकर अन्तर्राष्ट्रीयता को भी जन्म दिया।

अंग्रेजी पढ़े–लिखे भारतीय मध्यमवर्ग ने राजनीति के सूत्र को अपने हाथ में ले लिया। राजनीति के रंगमंच पर सबसे पहले उदार दल ने पदार्पण किया जो भारत के प्रति अंग्रेजों की सद्‌भावना में विश्वास करता था, अंग्रेजी शासन का गुणगान करता था, और जो ब्रिटिश शासन से सुविधा और सुधार प्राप्त करने के लिए वैधानिक उपायों की वकालत करता था। भारतीय राजनीति और जागरण में इस उदार दल का पर्याप्त योगदान है लेकिन फिर भी शासन द्वारा जनता के उत्पीड़ित होने, तथा जनता में व्याप्त बेकारी और असन्तोष के कारण, और लिबरल दल के ब्रिटिश शासन का अनुमोदन करने के कारण वह जनसहानुभूति से विलीन हो गया और राजनीतिक दौड़ में पीछे रह गया।

अब कांग्रेस पार्टी आगे आयी और उसकी आन्दोलनवादी नीति प्रमुख हुई, जिससे राष्ट्रीयता को बढ़ावा मिला। गाँधीजी के नेतृत्व में राजनीति में नैतिक तत्त्वों का समावेश हुआ और अपने लक्ष्य को प्राप्त करने के लिए सत्य तथा अहिंसा साधन और शस्त्र रूप में अपनाये गये। जब देश स्वतन्त्र हुआ तो शासनसूत्र कांग्रेस के हाथ में आ गया। अन्तर्राष्ट्रीयता का विकास हुआ और अन्तर्राष्ट्रीय सम्बन्ध भी स्थापित हुए। द्वितीय महायुद्ध तथा देश के स्वतन्त्र होने के बाद राष्ट्रीयता के तत्त्व के साथ–साथ अन्तर्राष्ट्रीयता का तत्त्व भी उभरा। फलतः राष्ट्रवाद को स्वीकार करने के साथ–साथ समस्याओं को व्यापक उदार अन्तर्राष्ट्रीय सम्बन्धों की दृष्टि से भी देखने और सोचने की प्रवृत्ति बढ़ी। उस समय से आज तक राष्ट्रीय तत्त्व–अर्थात् देश की स्वतन्त्रता की रक्षा–और अन्तर्राष्ट्रीय तत्त्व (विश्व की समस्याओं और देश की समस्याओं को पारस्परिक परिप्रेक्ष्य में देखना, तथा उनका समाधान, और अन्य राष्ट्रों के प्रति सहानुभूति

तथा सहायता की भावना) भारतीय सांस्कृतिक दृष्टिकोण के विशिष्ट अंग बन गये हैं।

आलोच्य कालावधि में यह अन्तर्राष्ट्रीयता प्रगतिवाद के रूप में आयी। प्रगतिवाद के माध्यम से अन्तर्राष्ट्रीयता और मानवतावाद दोनों को अभिव्यक्ति मिली। भारत की राष्ट्रीयता ने जहाँ देश की स्वतन्त्रता की घोषणा की वहाँ उसकी अन्तर्राष्ट्रीयता ने साम्राज्यवाद का विरोध किया, विश्वशान्ति की माँग की और मानवतावादी दृष्टिकोण को पुष्ट किया।

सन् 1937 से लेकर 1952 तक का समाज सांस्कृतिक जागरण की दृष्टि से भी महत्त्वपूर्ण रहा है। इस युग में जो नवीन विचारधाराएँ आविर्भूत और विकसित हुईं उनका प्रभाव सांस्कृतिक विकास पर भी पड़ा। द्वितीय विश्वयुद्ध के पश्चात् अन्तर्राष्ट्रीय स्तर पर वैचारिक चिन्तन आरम्भ हुआ। विदेशी विचारधाराओं के सम्पर्क और सांस्कृतिक आदान-प्रदान ने भी इस क्षेत्र में जागरण उत्पन्न किया। सन् 1942 की क्रान्ति तथा सन् 1947 की भारतीय स्वतन्त्रता की प्राप्ति ने राष्ट्रीय चेतना को बढ़ावा दिया। यातायात के साधनों के विकास तथा बढ़ती हुई औद्योगिक प्रगति ने जीवन को व्यस्त और वैज्ञानिक बना दिया। जनतान्त्रिक भावना का विकास भी इस युग में हुआ।

भारतीय चिन्तन में परम्परागत रूप से आदर्शवादी जीवन-दर्शन की ही प्रधानता रही है। आधुनिक युग में वैज्ञानिक साधनों के विकास के बावजूद भारतीय समाज के अनेक वर्ग अब भी आदर्शवादी चिन्तन में विश्वास रखते हैं। उनका दृष्टिकोण भावनात्मक अधिक है, यथार्थपरक कम। इसी का यह परिणाम दिखायी देता है कि आलोच्ययुग में जितने भी महत्त्वपूर्ण आन्दोलन हुए, वे सब मुख्यतः भावनात्मक पृष्ठभूमि पर आधारित थे। भावनात्मक उद्रेक ने सन् 1942 की क्रान्ति को एक ऐतिहासिक घटना बना दिया। हमारे देश के महान् नेताओं को जनता का एक स्वर से जो समर्थन प्राप्त हुआ उसका कारण भी यही आदर्शवादी भावना है। राष्ट्रप्रेम की भावना से प्रेरित होकर राष्ट्रीय स्वतन्त्रता की प्राप्ति के लिए लाखों नर-नारियों ने जो अपने प्राणों की आहुति दे दी वह भी एक भावनात्मक सत्य पर ही आधारित था। आज भी हमारा समाज बौद्धिक और वैज्ञानिक दृष्टिकोण से युक्त होता हुआ भी भावनात्मक आदर्शों से प्रेरणा ग्रहण करता है।

आलोच्य युग राष्ट्रीय चेतना के विकास की दृष्टि से पिछली कई शताब्दियों में सबसे अधिक महत्त्वपूर्ण कहा जा सकता है। इसी काल में 'भारत छोड़ो'

आन्दोलन हुआ और जनक्रान्ति के फलस्वरूप भारतवर्ष को कई सौ वर्षों की खोयी हुई स्वतन्त्रता प्राप्त हुई। इस समय तक लोगों में राष्ट्रीय चेतना इस सीमा तक जाग्रत हो चुकी थी कि वे स्वतन्त्रता के लिए सब-कुछ न्यौछावर करने को तैयार थे। इसलिए यह कहा जा सकता है कि इस युग में सांस्कृतिक विकास की जो पृष्ठभूमि निर्मित हुई उसका मूल आधार राष्ट्रीय चेतना ही रही। प्रथम विश्वयुद्ध के परिणामों ने भारतीय जनता के सामने यह स्पष्ट कर दिया था कि प्रत्यक्षतः युद्ध से सम्बन्ध न रखते हुए भी उसका अन्तर्राष्ट्रीय कुप्रभाव किसी भी प्रकार बचाया नहीं जा सकता है। द्वितीय विश्वयुद्ध में जब भारत को अपनी इच्छा के विरुद्ध भाग लेने के लिए बाध्य होना पड़ा तब राष्ट्रीय एकता की भावना बलवती हो उठी। हमारे देश में जो अनेक जाति और धर्म के लोग रहते हैं उन सबने इस तथ्य को स्पष्ट रूप से अनुभव किया कि जब तक उनमें राष्ट्रीय एकता और राष्ट्रीय चेतना का उदय नहीं होगा तब तक उन्हें वर्तमान स्थिति से मुक्ति नहीं मिल सकती। इस तथ्यबोध के पश्चात् ही राष्ट्रीय एकता की भावना इतनी विकसित हुई कि सबने अपने धर्म और जाति को गौण मानते हुए भी राष्ट्रीय हित का लक्ष्य सर्वोपरि रखा है।

इस प्रकार राष्ट्रीय भाव 20वीं शताब्दी की सांस्कृतिक स्थिति का निर्धारक तत्त्व बन जाता है। 19वीं शताब्दी के अन्तिम भाग में और 20वीं शताब्दी के प्रारम्भ में पाश्चात्य संस्कृति के प्रति भारतीय जनता में विशेष लगाव दृष्टिगत होता है और उसी के साथ-साथ पाश्चात्य संस्कृति के अन्धानुकरण के प्रति कभी-कभी किन्हीं विचारकों और लेखकों का क्षोभ भी लक्षित होता है। अंग्रेजी भाषा और पाश्चात्य रहन-सहन के प्रति असन्तोष प्रकट करनेवाले पुरानी पीढ़ी के, अथवा प्राचीन भारतीय संस्कृति के हिमायती थे। उनके असन्तोष की मूल प्रेरणा अतीतोन्मुख तथा प्राचीन व्यवस्था में उथल-पुथल की आशंका थी। 20वीं शताब्दी के दूसरे दशक से राष्ट्रीय भावना में प्रगति और व्यापकता लक्षित होती है और इसका विकसित रूप तब देखने में आया जब विदेशी वस्तुओं के बहिष्कार का आन्दोलन व्यापक रूप में जनता द्वारा समर्थित और कार्यान्वित हुआ। यहीं से राष्ट्रीयता की भावना के आधार पर सांस्कृतिक मनोदृष्टि का नवोन्मेष आरम्भ होता है। अब अत्यधिक अंग्रेजियत के प्रति असन्तोष, अपनी संस्कृति के प्रति प्रबल आकर्षण और मोह के भाव जाग्रत होते हैं। राष्ट्रीय आन्दोलन को व्यापक रूप से आगे बढ़ाने के लिए भारतीय जनमानस की एकता की आत्यन्तिक आवश्यकता थी और प्रेरणा देने के लिए सांस्कृतिक पुनरुत्थान

आवश्यक साधन था। भारतीय जनजीवन में प्रारम्भ से ही व्यापक विविधता रही है और इस वैविध्य में एकता का सूत्र संस्कृति ने ही धारण किया है। प्राचीन संस्कृति के महान् उदार, सामंजस्यप्रिय और व्यवस्थित होने के कारण इस दिशा में सांस्कृतिक भावना को विशेष सफलता मिलती रही है। यही कारण है कि इधर के भारतीय साहित्य में विदेशी जीवन-पद्धति के प्रति थोड़ा उपेक्षा भाव दिखायी पड़ता है और इसी के साथ भारतीय संस्कृति के प्रति व्यापक समादर का भाव भी उभरता है। स्वतन्त्रता मिलने के पूर्व तक भारतीय मनोभूमि में यह सांस्कृतिक संक्रमण परिलक्षित होता है। अतीत के प्रति इस प्रबल आकर्षण के भावों की गूँज प्रसाद के नाटकों और उनकी राष्ट्रीय कविताओं में सुनी जा सकती है। इस दृष्टि से उनका 'तितली' उपन्यास विशेष रूप से उल्लेखनीय है। प्रसाद ही क्यों, इस खेवे के सभी साहित्यकार अतीत के गौरव की याद दिलाकर राष्ट्रीयता के मनोभाव को प्रेरित, उद्दीप्त और प्रसारित करते हैं।

इसलिए इस अतीतजीवी सांस्कृतिक भावना के उन्मेषकाल में जहाँ हमें पाश्चात्य संस्कृति के प्रति परम्परावादियों में अवज्ञा का भाव लक्षित होता है वहाँ दूसरी ओर वैज्ञानिक मनोदृष्टि का उदय और उसके लिए एक प्रबल आग्रह, जिसमें प्रत्येक वस्तु की बुद्धिसम्मत व्याख्या का प्रयत्न लक्षित होता है, भी दिखायी पड़ता है। सांस्कृतिक जागरण के साथ यह वैज्ञानिक प्रबुद्धता विरोधात्मक स्थिति की सूचक न होकर पूर्णतया स्वाभाविक है। मूल रूप में यह युग वैज्ञानिक एवं बौद्धिक उन्मेष का ही था। सांस्कृतिक जागरण इस युग की परिस्थिति से प्रसूत हो राष्ट्रीय मनोभाव के उद्दीपक तथा सहायक के रूप में उभरा था और बहुत-कुछ इस नवीन बौद्धिक उन्मेष से प्रेरित था। राजनीतिक दासता की चेतना ने हमें स्वतन्त्रता और जनतन्त्र की ओर उन्मुख किया और अपनी संस्कृति के प्रति आवश्यकता से अधिक विशेष लगाव का अनुभव कराया। यही कारण है कि जब स्वतन्त्रता प्राप्त हो गयी तब हमारे सांस्कृतिक मनोभाव की दिशा भी बदल गयी और वैज्ञानिकता और बौद्धिकता तथा मानवतावाद की ओर हमारी रुझान बढ़ती गयी। आधुनिक भारत के सांस्कृतिक निर्माण में विज्ञान और बौद्धिकता का सबसे अधिक और सबसे महत्त्वपूर्ण योगदान रहा है। बौद्धिकता और वैज्ञानिकता का एक परिणाम यथार्थवाद हुआ जो आगे चलकर प्रगतिवाद के रूप में प्रकट हुआ और जिसने मानवतावाद को पुष्ट किया। पाश्चात्य जीवन-प्रणाली का मोह भी हमारे भीतर से नहीं मिट सका है और आज भी हम उसी जीवन-पद्धति की ओर बढ़ रहे हैं। आन्दोलन-काल में पाश्चात्य संस्कृति की विगर्हणा समयविशिष्ट से प्रसूत अल्पकालिक अभिव्यक्ति

थी जो आन्दोलन की समाप्ति के साथ–साथ समाप्त हो गयी। फलतः हमने बाद में पाश्चात्य संस्कृति की अच्छाइयों को स्वीकार कर लिया। हमारी इस स्वीकृति का एक अतिवादी रूप भी है जिसमें कि हममें से कुछ ने अपने राष्ट्रीय सम्मान और स्वाभिमान को तिलांजलि देकर अंग्रेजी भाषा की मानसिक दासता भी स्वीकार कर ली है। यह स्थिति धीरे–धीरे समाप्त हो रही है और अब राष्ट्र को राष्ट्रभाषा मिल रही है। स्पष्ट ही स्वतन्त्रता–प्राप्ति के अनन्तर हमारी सांस्कृतिक मनोदृष्टि अतिवाद को छोड़ समन्वयात्मक हो गयी है जिसमें वैज्ञानिकता और बौद्धिकता की विशेष प्रेरणा है।

उत्तरशती (20वीं शती) के अन्तिम दशकों में भारतीय क्षितिज पर एक ओर जहाँ संविद शासन-व्यवस्था, व्यापारीकरण, जातीयता, प्रान्तीयता, दलगत राजनीति, राजनैतिक अपराधीकरण, माफियावाद, अलगाववाद, आतंकवाद, भ्रष्टाचार, कदाचार, नैतिक मूल्यों का अधःपतन, स्त्री आन्दोलन, दलित आन्दोलन, भूमण्डलीकरण, सूचना क्रान्ति, 'लैसिवियाँ' (समलैंगिकता), उन्मुक्त और उच्छृंखल सेक्स–जैसे कई प्रत्यय सामने आये, वहीं दूसरी ओर सूचना प्रौद्योगिकी, आयुर्विज्ञान, प्रबन्धन व्यवस्था, खगोल, ज्योतिष, अन्तरिक्ष विज्ञान आदि से सम्बन्धित अन्यान्य अनुशासनों ने मानविकी और साहित्य को दूर तक प्रभावित और सम्मोहित किया। फलस्वरूप उत्तरशती का साहित्य बहुआयामी और नानामुखी हुआ है।

वस्तुतः राजनीतिक चेतना और सामाजिक अवस्था और आर्थिक स्थिति का परस्पर गहरा सम्बन्ध होता है। अंग्रेजों के शासनकाल से लेकर भारतीय सम्प्रभुओं तक के कालखण्ड में गरीबों, कृषकों, मजदूरों की दशा में कोई तात्त्विक परिवर्तन नहीं आया है। यही कारण है कि आज वर्ग–संघर्ष बढ़ रहा है। आतंकवाद, उग्रवाद, माओवाद–जैसे अनेक खूनी संघर्ष देश को डाँवाँडोल किये हुए हैं। अशान्ति और अराजकता के साथ बेरोजगारी, महँगाई भयावह रूप से मुँह फैलाये खड़ी है।

धार्मिक स्थिति

नवयुग की चेतना की सबसे महत्त्वपूर्ण बात धार्मिक दृष्टिकोण में परिवर्तन है। इस युग में मध्यकालीन धार्मिक भावना का बड़ा परिमार्जित रूप मिलता है। अन्य धर्मों की सहिष्णुता इस युग की धार्मिक परिस्थितियों की विशेषता है। उपासना की पद्धति में भी परिवर्तन हुआ। धार्मिक भावना का प्रमुख आधार

मानवतावादी विचारधारा बनी। धीरे-धीरे इस मानवतावादी विचारधारा का विकास हुआ और मानवतावाद ही विश्वधर्म के रूप में स्थापित हुआ। यह मानवतावाद विश्व-मानवतावाद था।

वस्तुतः रूढ़िग्रस्त धार्मिक मान्यताओं के परिमार्जन में नवजागरणकालीन सामाजिक आन्दोलनों और धर्मप्रचारकों की महत्त्वपूर्ण भूमिका रही है। रूढ़िग्रस्त भारतीय समाज से कुरीतियों के निवारण और वैदिक धर्म की मूल स्थापनाओं को पुनरुज्जीवित करने में नवजागरणकालीन धर्म-समाजों—ब्रह्मसमाज, आर्यसमाज, प्रार्थनासमाज आदि से लेकर भारतीय राजनेताओं—गोखले, तिलक, अरविन्द घोष तथा महात्मा गाँधी तक का उल्लेखनीय योगदान रहा है। ये सामाजिक, आर्थिक, राजनीतिक और धार्मिक सुधारवादी प्रयास मात्र हिन्दी क्षेत्र तक ही सीमित नहीं थे वरन् गुजरात, बंगाल, महाराष्ट्र आदि प्रान्तों तक परिव्याप्त सार्वदेशिक स्वरूप ग्रहण कर चुके थे। नवजागरण चेतना का प्रारम्भ राजा राममोहन राय (1772-1833) से है और निष्पत्ति महात्मा गाँधी (1869-1948) के साथ। हम गाँधीजी में धार्मिक समन्वय का रूप पाते हैं। गाँधीजी ने वैष्णव जन की सबसे बड़ी विशेषता 'परायी पीर जानना' बतलाया। उनके अनुसार वही वैष्णवजन है, भगवान् का भक्त है जो परायी पीर जानता है, और भगवान् के विभिन्न नाम विभिन्न धर्मों के आधार हैं। धीरे-धीरे आर्थिक प्रगति और औद्योगिक विकास के कारण मानवतावादी विचारों में निम्न एवं शोषित वर्ग को महत्त्व दिया जाने लगा। गणतन्त्र के आविर्भाव के साथ ही असाम्प्रदायिक जनवादी शासन की नींव पड़ी। यद्यपि इसके मूल में प्राचीन मानवतावाद की भावना ही है। राजा राममोहन राय ने अपना चिन्तन उपनिषदों से ग्रहण किया, पर हिन्दू आराधना-शैली की परम्परागत एकान्तिक पद्धति को छोड़कर उन्होंने यूरोपीय चर्च का संगठन स्वीकार किया जिसमें पूजन की सामूहिक पद्धति प्रचलित थी। उन्होंने 'ब्रह्मसमाज' (1828 ई०) की स्थापना की, जिसकी प्रेरणा से फिर महाराष्ट्र में प्रार्थनासमाज (1867) का जन्म हुआ। हिन्दी क्षेत्र में स्वामी दयानन्द सरस्वती ने 1875 ई० में 'आर्यसमाज' की नींव डाली और भारतेन्दु द्वारा स्थापित 'तदीय समाज' (1873) भी उल्लेखनीय है। यह सिर्फ संयोग ही नहीं है कि नवजागरण चेतना के परिणामस्वरूप हिन्दू जाति की एकान्तिक भावना का निरसन करके उसे एक 'समाज' के रूप में प्रतिष्ठापित करने की चेष्टा की गयी। निर्गुण ब्रह्म की उपासना, आराधना की सामूहिक शैली, नारी समानता और शूद्रोत्थान इन सभी समाजों की मुख्य विशेषताएँ थीं। राजा राममोहन राय से लेकर महात्मा गाँधी तक की यह विचार और कर्मयात्रा है जिसे

विकसित करने में रामकृष्ण परमहंस, स्वामी विवेकानन्द, लोकमान्य तिलक, श्री अरविन्द–जैसे कई मनीषियों का विशिष्ट योगदान रहा है। भारतीय नवजागरण का प्रसिद्ध ऐतिहासिक साक्ष्य स्वामी विवेकानन्द का 'शिकागो व्याख्यान' (1893) है जहाँ अद्वैत के अन्तर्गत पाश्चात्य विज्ञान और भारतीय धर्मशास्त्र का समाहार दिखाते हुए उन्होंने कहा था–"इस प्रकार अनेकेश्वरवाद, द्वैतवाद आदि में से होते हुए इस अद्वैतवाद की प्राप्ति होती है। धर्मशास्त्र इससे आगे नहीं जा सकता। यही सारे विज्ञानों का चरम लक्ष्य है।"

हिन्दी साहित्य का आधुनिक काल 19वीं शती के उत्तरार्द्ध से माना जाता है। उससे पूर्व वीरगाथा काल, भक्तिकाल अथवा रीतिकाल में अर्थात् अंग्रेज पूर्व भारत में चाहे सल्तनत-काल रहा हो अथवा रीतिकाल में अर्थात् मुगलकाल, नवजागृति के सूत्र प्रायः नहीं मिलते। इस कालखण्ड अर्थात् लगभग सात–आठ सौ वर्षों में भारतीय समाज शोषण, अत्याचार, भय, दैन्य से ग्रस्त रहा। इस युग में भारतीय संस्कृति निस्तेज, निष्प्रभ, वैचारिक शक्ति से शून्य, जीवन-मूल्यों से विरत, अधोन्मुखी ही रही। भक्त कवियों ने विशेषतः गोस्वामी तुलसीदास ने निष्प्राण भारतीय जीवन और संस्कृति को पुनर्जीवित करने का प्रयास तो अवश्य किया किन्तु आधुनिक 'रिनैसाँ' के अर्थ में भारतीय समाज को जागृत करने का काम उन्होंने नहीं किया। उनका काम लोक-मर्यादा और जीवन–मूल्यों की संरचना करके हिन्दू समाज को पुनः प्रतिष्ठा दिलाना था तथा भारतीय समाज में वर्ण–व्यवस्था को पुनः स्थापित करना था। वस्तुतः अंग्रेज पूर्व भारत में नवजागरण सही अर्थों में नहीं हुआ। यह कार्य सुदृढ़ अंग्रेजी भाषा और संस्कृत के संस्पर्श के कारण ही सम्भव हुआ। सुप्रसिद्ध इतिहासकार डॉ० आशीर्वादी लाल ने लिखा भी है "Modernization of India was the work of the British." अर्थात् भारत का आधुनिकीकरण अंग्रेजों का काम था। अंग्रेजों के आगमन के साथ ही भारतीय धर्म–संस्कृति और समाज में नवजागरण की लहर आयी। राजा राममोहन राय, महर्षि दयानन्द सरस्वती, स्वामी विवेकानन्द के साथ ही प्रार्थनासमाज, थियोसोफिकल सोसाइटी आदि सामाजिक–साँस्कृतिक संस्थाओं ने रूढ़िग्रस्त अन्धकारमय भारतीय समाज को आलोकित करने का प्रयास किया। भारतीय राष्ट्रीय कांग्रेस की स्थापना के साथ ही नवोत्थान की इस लहर को और गति मिली।

ऐतिहासिक, सामाजिक और सांस्कृतिक परिवर्तन के इस दौर में ही हिन्दी साहित्य का आधुनिक काल अर्थात् भारतेन्दु-युग पल्लवित और पुष्पित हुआ। वस्तुतः 1857 के प्रथम स्वतन्त्रता–संग्राम के पूर्व राष्ट्रीयता की अवधारणा

स्थापित और विकसित नहीं हुई थी। यह कार्य समाज–सुधारकों, धर्म–सुधारकों ने किया। पाश्चात्य शिक्षा ग्रहण किये हुए समाज–सुधारकों में अग्रगण्य कट्टर वेदान्ती राजा राममोहन राय ने 1828 में ब्रह्मसमाज की स्थापना की थी। दयानन्द सरस्वती ने 1875 में आर्यसमाज, डॉ० आत्माराम पाण्डुरंग ने 1867 में प्रार्थनासमाज। इसी तरह 1857 में थियोसोफिकल सोसाइटी, 1898 में रामकृष्ण मिशन आदि ने सामाजिक–सांस्कृतिक उत्थान के लिए ठोस आधारभूमि तैयार की। यही नहीं 1870 में बहावी आन्दोलन, पंजाब में अहमदिया आन्दोलन तथा सर सैय्यद अहमद खान ने मुसलमानों की जागृति में महत्त्वपूर्ण योगदान दिया। कुल मिलाकर यह कहा जा सकता है कि एक ओर जहाँ समाज–सुधार, जाति–प्रथा, सती–प्रथा, बाल–विवाह, बाल–वध, छुआछूत आदि का विरोध तथा विधवा-विवाह पर बल दिया गया वहीं दूसरी तरफ धर्म-संस्कृति के उत्कर्ष हेतु भी शंखनाद किया गया। राजा राममोहन राय, बाल गंगाधर तिलक आदि ने वैदिक धर्म की मूल स्थापनाओं को पुनर्व्याख्यायित किया। यही नहीं, गोपालकृष्ण गोखले, विपिनचन्द्र पाल, लाला लाजपतराय, केशवचन्द्र सेन, महात्मा गाँधी, ईश्वरचन्द्र विद्यासागर, रवीन्द्रनाथ टैगोर, अरविन्द घोष आदि मनीषियों ने जातीय अस्मिता को पहचाना और भारतीय समाज को रूढ़िग्रस्तता से मुक्त करने का उपक्रम किया तथा भारतीय स्वाधीनता-संग्राम को गति प्रदान की। समग्रतः धर्म, संस्कृति और समाज के उत्थान के लिए कार्यरत इन मनीषियों ने आधुनिक हिन्दी साहित्य को पोषण-सामग्री प्रदान की। परिणामस्वरूप हिन्दी साहित्य का आधुनिक काल पुनर्जागरण सम्बन्धी विशिष्ट धाराओं से संसिक्त हुआ।

हिन्दी में 'रिनैसाँ' के लिए 'जागरण', 'पुनर्जागरण', 'पुनरुज्जीवन', 'पुनरुत्थान', पुनः प्रवर्तन, नवजागरण, नवचेतना आदि शब्द प्रचलित हैं। रिनैसाँ पश्चिम में 15वीं शती के उत्तरार्द्ध से माना जाता है। वहीं रिनैसाँ हिन्दी साहित्य में 19वीं शती के उत्तरार्द्ध से विकसित हुआ। कहा जाता है कि 5वीं से 14वीं शती तक यूरोप में कला और साहित्य के क्षेत्र में कोई उल्लेखनीय प्रगति नहीं हुई। इसलिए यह कालखण्ड अन्धकार-युग के नाम से विख्यात है। कुछ एक अपवाद-दाँते की 'डिवाइन कामेडी' और चॉसर की रचनाओं को छोड़ दें तो साहित्य के क्षेत्र में कोई उल्लेखनीय कार्य इस अवधि के बीच नहीं हुआ। यूरोप में रिनैसाँ के पीछे औद्योगिक क्रान्ति, अमेरिका का स्वतन्त्रता–संग्राम, फ्रांसीसी क्रान्ति की उल्लेखनीय भूमिका रही है। यूरोपीय रिनैसाँ का प्रभाव संसार के सभी देशों में पड़ा इसलिए कुछ विद्वान् रिनैसाँ को इस सतत प्रवाह के रूप में पूरे

विश्व में देखते हैं। हिन्दी साहित्य में यह प्रवाह भारतेन्दु-युग से ठोस आकार ग्रहण करता है। रिनैसाँ को परिभाषित करते हुए क्राम्पटन रिकिट ने लिखा है कि रिनैसाँ साहित्य में एक प्रकार की नवजीवन चेतना, नया विश्वास, धर्म–संस्कृति और समाज–सुधार, बौद्धिकता, मानववाद, देशभक्ति, राष्ट्रीयता और राष्ट्रप्रेम के साथ ही साहित्यगत ऐन्द्रियपरकता और कल्पना–विलास भी है।

हिन्दी साहित्य के सन्दर्भ में नवजागरण, राष्ट्रीयता, देशप्रेम, प्रकृति-प्रेम, भारत दुर्दशा, स्वाधीनता आदि विविध भावधाराओं में प्रकट हुआ है। भारतेन्दुयुगीन रचनाकारों—भारतेन्दु हरिश्चन्द्र, जगमोहन सिंह, अम्बिकादत्त व्यास, बदरीनारायण चौधरी 'प्रेमघन', प्रतापनारायण मिश्र, राधाकृष्णदास, अयोध्यासिंह उपाध्याय, श्रीनिवास दास, गोपालराम गहमरी, बालकृष्ण भट्ट, किशोरीलाल गोस्वामी, राजा शिवप्रसाद आदि द्वारा प्रस्तुत गद्य–पद्य की सभी विधाओं में नवोत्थान के स्वर मुखरित हुए हैं। देशभक्ति, देशानुराग, देशप्रेम व्यंजक भक्ति भावना, भारत दुर्दशा, अतीत का गौरवगान, प्रकृति का प्रेम और विविध प्रकार की प्रबोध प्रदान करनेवाली कविताएँ नवजागरण को स्पष्टतः प्रकट करती हैं। इस दृष्टि से भारतेन्दुजी की कविता 'प्रबोधिनी' 'डूबत भारतनाथ वेगि जागो अब जागो' अथवा राधाकृष्णदास की कविता 'विनय'—'प्यारे पुनि भारत के दुःख दर्द हरिये' आदि कविताएँ उल्लेखनीय हैं। देश की प्रकृति से प्रेम करनेवाली रचनाओं में पं० अम्बिकादत्त व्यास की 'पावस पचासा' तथा ठाकुर जगमोहन सिंह की कविता 'विन्ध्य प्रदेश की सुषमा' मूल्यवान् है। यथा—

पहार अपार कैलास से कोटिन ऊँची शिखा लगि अम्बर चूम।
निहारत दीठि भ्रमै पगिया गिरिजात उतंगता ऊपर झूम।
प्रकाश पतंग सो चोटिन के विकसै अरविन्द मलिन्द सुझूम।
लसै कटि मेखला के जगमोहन कारी घटा घनघोरत धूम।

भारतेन्दुयुगीन साहित्य में प्रस्फुटित नवजागरण द्विवेदी-युग से होता हुआ छायावादी काव्य साहित्य में प्रकृति-प्रेम, मानवतावाद, राष्ट्रप्रेम, स्वर्णिम अतीत के चित्रण तथा उत्कट देशभक्ति में पर्यवसित हुआ। प्रसाद का यह गीत-

अरुण यह मधुमय देश हमारा।
जहाँ पहुँच अनजान क्षितिज को मिलता एक सहारा।

न केवल राष्ट्र के गौरव गान और राष्ट्रप्रेम से आन्दोलित है वरन् इसमें मानवतावादी दृष्टिकोण भी पूरी तरह मुखरित हुआ है। छायावाद के बाद प्रगतिवादी हिन्दी काव्य साहित्य में नवजागरण सामाजिक विषमताओं को स्पष्ट

करने में देखा जा सकता है। गरीबों, दलितों, सर्वहाराओं और स्त्रियों के शोषण के भयावह तथा मर्मस्पर्शी चित्र इस कालखण्ड की कविता में स्पष्टतः देखे जा सकते हैं। देश की आजादी के बाद हिन्दी साहित्य में नवचेतना विविध आयामों में मुखरित हुई है। नयी दृष्टि, नवभंगिमाओं, स्वाधीनता के उपरान्त बढ़ते राजनैतिक अनाचार, भ्रष्टाचार, उत्पीड़न, अन्याय, अनास्था, सामाजिक विडम्बनाओं और विद्रूपताओं पर तीखे प्रहार आदि भावभूमियों और विचारधाराओं से ओत-प्रोत नया साहित्य जागृति के नये आयाम उद्घाटित कर रहा है।

समग्रतः हिन्दी साहित्य में नवजागरण एक सतत चिन्ताधारा के रूप में देखा जा सकता है, देखा जाना चाहिए। समय और समाजसापेक्ष नवजागृति के नाना रूप अधुनातन हिन्दी साहित्य में बराबर विद्यमान है।

आधुनिककालीन साहित्य की विशेषताएँ

(1) पद्य के साथ गद्य का विकास-पद्य के साथ ही गद्य का विकास हुआ। परन्तु गद्य के विकास से पद्य के विकास में कोई बाधा नहीं हुई। गद्य का आविर्भाव और बहुमुखी विकास इस युग की प्रमुख विशेषता है। मुद्रण के अभाव में साहित्य का केवल काव्यांग ही विकसित हुआ था और वस्तुतः आधुनिक काल से पूर्व साहित्य शब्द पद्य का पर्यायवाची भी था। आधुनिक काल की इसी विशेषता को लक्ष्य करके आलोचकों ने इसका नामकरण गद्यकाल किया है।

प्रेस के विकास से मुद्रण की सुविधा हुई और विचारों का प्रवाह पद्य की लय और गति के आश्रित न रहा। गद्य के माध्यम से मानव हृदय की भावनाओं का विविधरूपी विकास हुआ। आधुनिक काल में गद्य साहित्य के विविध रूप ये हैं—नाटक, उपन्यास, कहानी, निबन्ध, समालोचना, गद्य काव्य, संस्मरणात्मक गद्य, जीवनचरित या आत्मकथात्मक गद्य, एकांकी इत्यादि।

(2) खड़ीबोली का साहित्य क्षेत्र में एकाधिकार-आधुनिक काल में दूसरा परिवर्तन भाषा का दृष्टिगोचर होता है। यथार्थ की प्रवृत्ति का प्रभाव पद्य की भाषा-शैली के परिवर्तन में दृष्टिगत होता है। गद्य के लिए खड़ीबोली ही उपयुक्त भाषा थी। धीरे-धीरे नवयुग की चेतना की अभिव्यक्ति के लिए काव्य में भी इसका व्यवहार होने लगा। वर्तमान युग में यह खड़ीबोली हिन्दी राष्ट्रभाषा ही हो गयी और उसका वैज्ञानिक विकास हो रहा है। भाषा के सम्बन्ध में एक बात और स्मरण रखने योग्य है, और वह है अंग्रेजी भाषा का प्रभाव। खड़ीबोली का क्षेत्र व्यापक होने के साथ ही इसमें अंग्रेजी और उर्दू के शब्दों का समावेश

भी हुआ। वर्तमान युग में सरकार द्वारा इसे संस्कृतगर्भित बनाने का प्रयत्न हो रहा है जिससे देश की अन्य प्रादेशिक भाषाओं के साथ इसका सामंजस्य स्थापित हो सके।

(3) राष्ट्रीय भावना का विकास–आधुनिक काल की तीसरी प्रमुख विशेषता राष्ट्रीय भावना की है। राजनीतिक चेतना इस युग की प्रमुख भावना रही है। इस चेतना का रूप प्रत्येक उत्थान में बदलता रहा है। प्रथम उत्थान में राजनीतिक चेतना के फलस्वरूप राजभक्ति, देशभक्ति, भारत के अतीत गौरव का गान और उसकी अर्वाचीन शोचनीय दशा पर विलाप, जागृति का सन्देश और भारत के बचे गौरव की रक्षा करने का यत्न है। द्वितीय उत्थान में कांग्रेस की स्थापना तथा उसका अस्तित्व दृढ़ होने के साथ ही साहित्य में नवीन राष्ट्रीयता का प्रादुर्भाव हुआ। इस उत्थान की देशभक्ति की कविता में अतीत के गौरव-गान के साथ ही सामान्य जनता का महत्त्व बढ़ गया। कवियों ने गरीब किसान और मजदूरों की चर्चा की, विद्यार्थी–समाज के उत्थान का प्रयत्न किया और नवयुवकों में देशभक्ति का संचार किया। इसके साथ ही हिन्दू–मुस्लिम ऐक्य भी राष्ट्रीय भावना का एक रूप बना। इस प्रकार द्विवेदी–युग की देशभक्ति की कविता में विविधता है। **प्रथम उत्थान** देश की दुर्दशा का ज्ञान कराता है तो **द्वितीय उत्थान** में संघटन की सच्ची प्रेरणा है, **तृतीय उत्थान** में इस राष्ट्रीय भावना का और अधिक विकास हुआ। साहित्य में गाँधी का अहिंसात्मक राष्ट्र–प्रेम–सिद्धान्त प्रतिफलित हुआ, आत्म-बलिदान का महत्त्व बढ़ा, सत्याग्रहियों की गौरव–गाथा का गान हुआ, साथ ही प्राचीन स्वतन्त्रता के पुजारियों का यशगान भी। मुख्य रूप से **तृतीय उत्थान** के राष्ट्रीय प्रेम भाव में वीरपूजा, स्वतन्त्रता-प्रेम, मानवता-प्रेम, मानवतावादी विचारधारा का पोषण मिलता है। कहीं–कहीं अन्तर्राष्ट्रीयता और विश्वबन्धुत्व के स्वर भी मुखरित हैं। **चतुर्थ उत्थान** में हमें राष्ट्रीय भावना में कांग्रेस की प्रशंसा के साथ ही हरिजन, श्रमिक एवं कृषक वर्ग के महत्त्व का प्रतिपादन मिलता है और राष्ट्रीय एकता के सूत्र मिलते हैं। वर्तमान काल में राष्ट्रीय प्रेम अन्तर्राष्ट्रीय प्रेम से समन्वित होकर विश्वशान्ति का तथा सहअस्तित्व का प्रतीक बन गया है, पंचशील इसका आदर्श है। राष्ट्रीय भावना का यह विकास पद्य, गद्य (नाटक, उपन्यास, कहानी, निबन्ध) सभी क्षेत्रों में दृष्टिगोचर होता है।

(4) सामाजिक क्षेत्र में नवयुग की चेतना मानवतावाद–आधुनिक काल की चौथी विशेषता साहित्य में नवयुग की चेतना के अन्य रूपों का विकास है,

जैसे मानव का स्वरूप, सामाजिक अवस्था इत्यादि। अब साहित्य का साध्य उच्चवर्ग नहीं रह गया है और साहित्य जनवादी विचारों से समन्वित होकर यथार्थ की भूमिका पर विकसित हो रहा है। वर्तमान युग में तो यथार्थ की यह अनुभूति और भी व्यापक हो गयी और निम्नवर्ग तथा शोषितों की चेतना को व्यक्त करने में संलग्न हो गयी। यहीं पर आकर मार्क्सवादी विचारधारा का प्रभाव भी दृष्टिगोचर होता है।

(5) शैली के क्षेत्र में क्रान्ति–जनशैली का विकास–आधुनिक काल की पाँचवीं विशेषता शैली के परिवर्तन की है। एक तो साहित्य में नयी शैली का विकास हुआ जिसे हम गद्य के नाम से जानते हैं। दूसरे पद्य की शैली में भी विविधरूपी परिवर्तन हुआ। **प्रथम उत्थान** में हमें ग्राम–साहित्य का स्वर कजरी, ठुमरी, लावनी इत्यादि में मिलता है। **द्वितीय उत्थानकाल** की शैली में इतिवृत्तात्मकता का समावेश हुआ है और **तृतीय उत्थान** की शैली का रूप छायावाद और रहस्यवाद के मिश्रण से उत्पन्न कोमलकान्त पदावली है। **चतुर्थ उत्थान** में एक बार कोमलकान्त और आलंकारिक शैली का फिर से विरोध हुआ और मार्क्सवाद से प्रभावित जनवादी विचारधारा को व्यक्त करने के लिए सरल और अलंकाररहित शैली का प्रयोग किया गया। वैसे छायावाद–युग में ही मुक्तछन्द को महत्त्व प्रदान किया गया पर फिर भी छायावादी कवि संगीतमयता को नहीं छोड़ सके थे, **चतुर्थ उत्थान** में उन्होंने छन्द के विधि-विधान को तोड़ दिया और नवीन–नवीन छन्दों की उद्भावना की। कहने का तात्पर्य यह कि शैलीपक्ष या कलापक्ष गौण नहीं हुआ अपितु जनवादी विचारधारा को व्यक्त करने के लिए सरल रूप में गढ़ा गया। वर्तमान युग में शैलीपक्ष के अन्तर्गत नवीन–नवीन प्रयोग हो रहे हैं। इनमें शैली का यह प्रयोगपक्ष भावों को दबानेवाला है।

(6) शृंगार का सुष्ठु एवं स्वस्थ रूप–आधुनिक काल की छठी विशेषता शृंगार की भावना के विकास की है। शृंगारकालीन शृंगार परम्परा का प्रथम उत्थान में विरोध हुआ, द्वितीय उत्थान में वह अश्लीलता के नाम से विख्यात हुई किन्तु तृतीय उत्थान में शृंगार का सुष्ठु और स्वस्थ रूप विकसित हुआ। छायावाद–युग का काव्य उच्चकोटि का प्रेमकाव्य है। इसमें शृंगारकाल का शृंगार निखरकर और शुद्ध होकर आया है और उसमें काव्य में शास्त्र स्थिति–सम्पादन के स्थान पर गहरी सौन्दर्यानुभूति है। छायावाद-युग में नारी वासना की मूर्ति नहीं है, वह सौन्दर्यशालिनी एवं शक्ति–विधायिनी है। इसलिए इस उत्थान का साहित्य सौन्दर्यानुभूति का साहित्य है, शृंगार का नहीं। चतुर्थ उत्थान में

पाप-पुण्य की परिभाषा परिवर्तित हुई और यथार्थ की कटु कसौटी पर शृंगार की भावना कसी गयी। कहने का तात्पर्य यह है कि शृंगार की परम्परा शुष्क हो गयी। साथ ही उसमें फ्रायड के मनोवैज्ञानिक विश्लेषणों का प्राधान्य हो गया। मनोविज्ञान ने शृंगार की प्राचीन परम्परा का स्वरूप ही बदल दिया। इसी प्रकार आगे भी धीरे-धीरे शृंगार की परम्परा रसविहीन होती गयी।

(7) प्रकृति के प्रति कवियों का आकर्षण—आधुनिक काल के साहित्य की सातवीं बड़ी विशेषता प्रकृति के मधुर चित्रण हैं। शृंगार युग में प्रकृति उद्दीपन रूप में व्यवहृत थी। भारतेन्दु-युग से ही प्रकृति स्वतन्त्र आलम्बन के रूप में प्रतिष्ठित हुई। देशप्रेम के वर्णन में तो प्रकृति-चित्रण मिलते ही हैं, साथ ही प्राकृतिक सौन्दर्य के स्वतन्त्र काव्य भी प्राप्त होते हैं, जिनमें रहस्यवादी पुट भी मिलता है। छायावाद-काल में प्रकृति के उग्र और सौम्य दोनों प्रकार के चित्र मिलते हैं और यह रहस्यवादी भावनाओं को व्यक्त करने का माध्यम बनकर आती है। वर्तमान युग में प्रकृति के साधारण रूपों में सौन्दर्यदर्शन की प्रवृत्ति परिलक्षित होती है।

(8) साहित्य की सभी विधाओं में वादों की भरमार-आधुनिक काल की आठवीं महत्त्वपूर्ण विशेषता साहित्य में 'वादों' की प्रधानता है। हिन्दी साहित्य के इतिहास के अन्य कालों की अपेक्षा इस युग में यह प्रवृत्ति बड़ी बलवती हो गयी है। इन वादों से इस युग का साहित्य विशेष समृद्ध हुआ है। वादों में प्रमुख इस प्रकार हैं—छायावाद, रहस्यवाद, अभिव्यंजनावाद, स्वच्छन्दतावाद, पलायनवाद, हालावाद, प्रगतिवाद, प्रतीकवाद और प्रयोगशीलता को अभिव्यक्त करनेवाला प्रयोगवाद। इन विचारधाराओं के संघर्ष से एक ओर तो बौद्धिक परिमार्जन हुआ तथा दूसरी ओर साहित्यिकों की संख्या बढ़ी। इस प्रकार इन वादों के कारण आधुनिक काल हिन्दी साहित्य के इतिहास में अपना विशिष्ट स्थान रखता है।

(9) हिन्दी साहित्य पर आँग्ल प्रभाव-आधुनिक काल की नवीं महत्त्वपूर्ण विशेषता हिन्दी साहित्य पर आँग्ल प्रभाव है। यह प्रभाव बड़ा व्यापक और बहुमुखी है। अंग्रेजी शिक्षा के विकास के साथ हमारा पाश्चात्य साहित्य से सम्पर्क बढ़ा। यह प्रभाव भावपक्ष और कलापक्ष दोनों पर ही पड़ा। भावपक्ष की दृष्टि से मुख्य प्रभाव गद्य-क्षेत्र में दृष्टिगोचर होता है। गद्य के विविध रूपों का जैसा विविधरूपी विकास पाश्चात्य साहित्य में हुआ, उसका अनुकरण हिन्दी साहित्य के गद्य में भी हुआ। क्या नाटक, क्या उपन्यास, क्या कहानी, क्या निबन्ध, क्या संस्मरणात्मक गद्य-पद्य के सभी क्षेत्रों में पाश्चात्य प्रभाव दृष्टिगोचर

होता है। काव्य के भावपक्ष पर भी पाश्चात्य प्रभाव स्पष्ट ही परिलक्षित होता है। मुख्य रूप से रहस्यवाद और छायावाद पर यह प्रभाव महत्त्वपूर्ण है। काव्य के रूप और शैली पर भी आँग्ल प्रभाव बड़ा व्यापक है। हिन्दी काव्य के रूप में सबसे महत्त्वपूर्ण परिवर्तन अतुकान्त छन्द का है। अंग्रेजी 'सॉनेट' का रूप भारतेन्दु-युग, द्विवेदी-युग और छायावाद-युग में स्पष्ट ही दृष्टिगोचर होता है। प्रगतिवाद-युग और प्रयोगशील कविता में तो पाश्चात्य काव्य-शैलियों को लक्ष्य करके नवीन-नवीन प्रयोग हो रहे हैं। हिन्दी साहित्य के आधुनिक काल में जो विविध वाद, जैसे छायावाद, रहस्यवाद, अभिव्यंजनावाद, स्वच्छन्दतावाद, पलायनवाद, प्रतीकवाद, प्रयोगवाद इत्यादि दिखलायी पड़ते हैं; इन पर आँग्ल प्रभाव स्पष्ट ही है। इन विविध वादों-आन्दोलनों की चर्चा आगे की जायगी।

(10) सामान्य जीवन के विषयों का व्यापक ग्रहण-आधुनिक काल के साहित्य की एक विशेषता साधारण विषयों पर रचना करने की है जैसे, विधवा-विवाह, बुढ़ापा, विधि-विडम्बना, जगत्-सचाई-सार, गोरक्षा, माता का स्नेह, सपूत, क्रोध, बातचीत, करुणा, भिखारी, मिल का भोंपू, किसान का घर, गली, कूड़ा-करकट, धोबियों का नाच, कुकुरमुत्ता, कृषक, रेल का इंजिन इत्यादि। नवयुग की चेतना के साथ ही नवीन विषयों पर साहित्य-रचना हुई।

विविधमुखी विकास-आधुनिक काल को हम हिन्दी साहित्य का स्वर्णयुग कह सकते हैं। यह काल बहुत विस्तृत है और विविधमुखी विकास की व्यंजना करता है। इसकी प्रमुख प्रवृत्तियों का विस्तृत विवेचन हम आगे करेंगे। पद्य और गद्य दोनों प्रकार के साहित्य का एक साथ विवेचन करना समीचीन प्रतीत नहीं होता, इसलिए प्रथम हम आधुनिक काव्यधारा का और फिर गद्य के बहुमुखी विकास का पृथक्-पृथक् विवेचन करेंगे।

आधुनिक हिन्दी साहित्य पर पाश्चात्य प्रभाव

डी० क्यून्सी के अनुसार प्रत्येक प्रगतिशील साहित्य अन्यान्य साहित्य के प्रभाव को ग्रहण करता है। हिन्दी साहित्य पर संस्कृत साहित्य के प्रभाव की चर्चा उचित नहीं क्योंकि वह प्रभाव नहीं है वरन् हिन्दी साहित्य तो संस्कृत साहित्य की परम्परा में ही विकसित हुआ है। हिन्दी साहित्य पर इस्लाम के प्रभाव की चर्चा की जाती है। भक्तियुग में इस्लामी आक्रमण और देश पर मुगलों के आधिपत्य के कारण फारसी प्रभाव पड़ा किन्तु फारसी साहित्य उन्नत एवं प्रभावशाली नहीं था। दूसरे इस देश के सांस्कृतिक वातावरण के वह अनुकूल सिद्ध नहीं हुआ। अतः सूफी कवियों ने यदि उस प्रभाव को ग्रहण किया तो उसका भारतीयकरण करके। हिन्दी काव्य पर इस्लाम या फारसी साहित्य का प्रभाव नगण्य ही है। डॉ० हजारीप्रसाद द्विवेदी ने भी माना है कि हिन्दी साहित्य की गतिविधि में इस्लाम कोई विशेष परिवर्तन लाने में समर्थ न हो सका।

आधुनिक युग में अंग्रेजी या पाश्चात्य प्रभाव ने न केवल हमारी संस्कृति वरन् साहित्य-साधना को भी प्रभावित किया। भारतीय भाषाओं के साहित्य पर आधुनिक काल में जो 'आँग्ल' प्रभाव पड़ा वह बड़ा व्यापक है। यह प्रभाव उर्दू पर, बँगला पर तथा अन्यान्य भारतीय भाषाओं की भाँति हिन्दी पर भी पड़ा। हिन्दी पर यह प्रभाव बँगला से होता हुआ आया।

सामन्ती प्रभाव का अन्त-आँग्ल प्रभाव से पूर्व का हिन्दी साहित्य सामन्तयुगीन रीति की परिपाटी में बँधा हुआ था। आँग्ल प्रभाव से वह उस प्रभाव से मुक्त हुआ और उसका विविधमुखी विकास हुआ। इस प्रभाव के विस्तारक के रूप में प्रेस के माध्यम को हम नहीं भुला सकते। यह एक शक्तिशाली माध्यम था जिसके द्वारा साहित्यिक क्षेत्र में युगान्तर उपस्थित हुआ। साहित्यिक संस्थाएँ जैसे नागरी प्रचारिणी सभा, काशी और हिन्दी साहित्य सम्मेलन, प्रयाग ने हिन्दी साहित्य के प्रसार में महत्त्वपूर्ण कार्य किया। सामन्ती व्यवस्था के

समाप्त होने पर आश्रयहीन साहित्यकारों को इन संस्थाओं से बड़ा प्रोत्साहन मिला। इन संस्थाओं ने आधुनिक हिन्दी साहित्य के प्रारम्भिक युग में उसकी गतिविधियों को क्रान्तिकारी मोड़ दिया। पं० नेहरू ने लिखा है कि भारतीय जन-जीवन के प्रत्येक क्षेत्र–राजनीतिक, सामाजिक, धार्मिक, साहित्यिक आदि में–पिछले 150 वर्षों से जो नवचेतना आयी है उसका बहुत-कुछ कारण आँग्ल-भारतीय सम्पर्क है। यह वस्तुतः एक विरोधाभास है कि भारत में विदेशी सत्ता का राज्य किस प्रकार एक सांस्कृतिक नवोत्थान का कारण बन सका। यद्यपि अंग्रेज भारत में सुधार की भावना से नहीं आये थे किन्तु अनजाने में ही वे भारत में क्रान्ति और परिवर्तन के प्रतिनिधि सिद्ध हुए। श्री अरविन्द घोष ने इसका विश्लेषण करते हुए लिखा है कि भारतीय संस्कृति प्रारम्भ काल में अत्यन्त समृद्ध थी किन्तु सामन्त-काल में वह रुद्ध हो गयी, उसको प्रगति एवं नवविकास की अत्यन्त आवश्यकता थी। अतः यूरोपीय संस्कृति की प्रगतिशील चेतना के संस्पर्श से भारतीय मानव में नवविकास के बीज अंकुरित हो उठे। यह संस्पर्श जिन संस्थाओं और व्यक्तियों के द्वारा हुआ उनके नाम इस प्रकार है–आर्यसमाज, ब्रह्मसमाज, थियोसोफिकल सोसाइटी, रामकृष्ण मिशन, गाँधी, टैगोर और अरविन्द।

दरबारी साहित्य का अन्त-युगान्तरकार भारतेन्दु हरिश्चन्द्र–आधुनिक भारतीय साहित्य में युगान्तर उपस्थित हुआ। मध्ययुग के उत्तरकाल में जो दरबारी साहित्य बना, वह रूढ़िग्रस्त तथा शृंगारप्रधान था। अंग्रेजी साहित्य के प्रभाव से भारतीय साहित्य में नवीन प्रवृत्तियाँ प्रादुर्भूत हुईं और इसके केन्द्र एवं प्रवर्तक बने भारतेन्दु बाबू हरिश्चन्द्र, जो अपने-आपमें एक महान् संस्था थे।

इस प्रकार हम देखते हैं कि अंग्रेजी साहित्य का हिन्दी के आधुनिक साहित्य के विषय और उसके उपादानों तथा काव्यरूपों पर व्यापक प्रभाव पड़ा है। पाश्चात्य साहित्य की विचारधाराओं को हिन्दी के जागरूक साहित्यकार यथासम्भव अपनाते रहे हैं। यह प्रभाव प्रायः बँगला से होकर आया है। हिन्दी काव्य के बाह्य स्वरूप में भी अंग्रेजी प्रभाव के परिणामस्वरूप महत्त्वपूर्ण परिवर्तन परिलक्षित होते हैं। यह प्रभाव अद्यावधि निरन्तर पड़ रहा है। इस प्रकार हिन्दी साहित्य की विविध नवीन विधाओं का स्रोत अंग्रेजी साहित्य में खोजा जा सकता है।

विज्ञान, वैज्ञानिक बुद्धिवाद तथा औद्योगिक विकास से प्रभावित अनेक रूपात्मक परिस्थितियों का यह उत्तरवर्ती युग जहाँ एक ओर राष्ट्रीय चेतना एवं

राष्ट्रीय शक्तियों के एकीकरण को महत्त्व दे रहा है, वहीं दूसरी ओर आवागमन के अत्याधुनिक विकास से भौगोलिक दूरत्व की सीमाओं का अतिक्रमण कर रहा है। परिणामस्वरूप अन्तर्राष्ट्रीयता और सार्वभौम संस्कृति तथा सार्वभौम साहित्य संहिता का निरन्तर विकास और परिष्कार हो रहा है। विज्ञान के चतुर्दिक् प्रभाव के कारण, अन्तर्राष्ट्रीय बाजार और पारस्परिक निर्भरता के कारण तथा भाषायी और साहित्यिक सौहार्द के उत्कर्ष के कारण आधुनिक हिन्दी साहित्य-समीक्षा के उत्तरवर्ती विकास में पाश्चात्य प्रभाव घनीभूत हुआ है जिसके सम्बन्ध में आचार्य शुक्ल ने चिन्तामणि भाग-2 में लिखा है—''आजकल पाश्चात्य वाद-वृक्षों के बहुत-से पत्ते.... यहाँ पारिजात पत्र की तरह प्रदर्शित किये जाने लगे हैं।''

वस्तुतः अंग्रेजी और अंग्रेजों से शताब्दियों से रहनेवाले हमारे संसर्ग का ही यह परिणाम है कि हमारे आधुनिक साहित्य की लगभग सभी विधाओं (काव्यशास्त्र और समीक्षा विशेष रूप से) पर अंग्रेजी तथा अन्य पाश्चात्य साहित्यिक और साहित्येतर अवधारणाओं का गहरा प्रभाव पड़ा है। अतः अधुनातन हिन्दी साहित्य के इतिहास को रेखांकित करने के लिए इन अवधारणाओं, आन्दोलनों/वादों का संक्षिप्त परिचय यहाँ आवश्यक है।

विविध पाश्चात्य साहित्यिक अवधारणाएँ-आन्दोलन-वाद : आदर्शवाद—आदर्शवादी विचारधारा भारतीय साहित्य के क्षेत्र में बहुत प्राचीन काल से ही विद्यमान रही है। आदर्शवादी सिद्धान्त का उद्देश्य मनुष्य की बौद्धिक, आध्यात्मिक तथा नैतिक क्षेत्रों में उन्नति करना है। विदेशी साहित्य में भी आदर्शवादी विचारधारा को पर्याप्त प्रश्रय मिला है। प्राचीन यूनानी विचारकों में प्लेटो तथा अरस्तू आदर्शवादी चिन्तक ही थे। आगे चलकर सर टामस मूर ने भी आदर्शवादी विचारधारा का परिचय दिया। रूसो ने भी एक आदर्श संस्था के रूप में राज्य को मनुष्य की बौद्धिक, आध्यात्मिक उन्नति का आधार माना है। काण्ट ने भी विश्वसंघ को शान्ति के लिए आदर्श संस्था बताया है। जान फिश्टे भी आदर्श राज्य को मनुष्य की बौद्धिक, नैतिक और आध्यात्मिक उन्नति के लिए महत्त्वपूर्ण मानता था। हमबोल्ट भी राज्य के आदर्श स्वरूप के सम्बन्ध में परम्परावादी विचारों से सहमत थे। टी० एच० ग्रीन, ब्रैडले, हीगेल आदि ने भी अपनी चिन्तन-पद्धतियों में आदर्शवाद को ही मान्य किया।

हिन्दी में आदर्शवाद शब्द का प्रयोग अंग्रेजी 'आइडियलिज्म' के अर्थ में किया जाता है। दूसरे शब्दों में, इसे विचारवाद भी कहा जाता है क्योंकि इसका सम्बन्ध किसी विचार अथवा 'आइडिया' से ही होता है। हिन्दी साहित्य के क्षेत्र

में आदर्शवादी विचारधारा उसे कहा जाता है जो उदात्त के स्वरूप पर बल दे। संयम, त्याग तथा बलिदान आदि की उच्च भावनाएँ इसके आधार हैं। यह विचारधारा मूलवृत्ति के अनुसार अन्तर्मुखी कही जा सकती है। अन्तर्मुखी वृत्ति के कारण इसमें आध्यात्मिकता का समावेश मिलता है। इस विचारधारा के अनुसार आदर्श जीवनमूल्य ही उच्चतर जीवनस्तर के निर्वाह की प्रेरणा दे सकते हैं। अध्यात्मवाद के साथ इसका समन्वय भी इसके उदात्तीकरण का कारण है। इस रूप में इसे एक शाश्वत विचारधारा कहा जा सकता है।

हिन्दी साहित्य में आदर्शवादी विचारधारा का समावेश प्राचीन युग से ही होता रहा है। कबीर, सूर, तुलसी आदि महाकवि भी मूलतः आदर्शवादी ही थे। आधुनिक युग में छायावादी जीवनदृष्टि भी आदर्शवादी विचारधारा से प्रभावित और प्रेरित ही कही जा सकती है। कथासाहित्य के क्षेत्र में प्रेमचन्द, नाट्यसाहित्य के क्षेत्र में प्रसाद, काव्य के क्षेत्र में मैथिलीशरण गुप्त तथा आलोचना के क्षेत्र में पं० रामचन्द्र शुक्ल आदि लेखक आदर्शवादी विचारधारा का ही अनुगमन करते हैं। हिन्दी साहित्य के आधुनिक काल को प्रभावित-शेपित करने वाले काव्यान्दोलनों-वादों में यथार्थवाद, मार्क्सवाद, आधुनिकता-उत्तर आधुनिकतावाद, अस्तित्ववाद, संरचनावाद, विखण्डनवाद के साथ ही मनोविश्लेषणवाद आदि भी उल्लेखनीय हैं।

पश्चिम के आदर्शवादी चिन्तक **हीगेल का साहित्य–दर्शन और हिन्दी समालोचना** पर व्यापक प्रभाव रहा है।

प्रख्यात जर्मन दर्शनशास्त्री जार्ज विल्हम फैड्रिक हीगेल (George Wilhelm Freidrich Hegel)-(1770-1831) ने आधुनिक चिन्ता–धारा को काफी प्रभावित किया है। वे मूलतः दार्शनिक थे, किन्तु उन्होंने राजनीति, धर्म, साहित्य और कला को भी प्रत्यक्ष अथवा परोक्ष रूप से प्रभावित किया है। हीगेल के सम्पूर्ण दर्शन साहित्य का प्रयोजन सत्य की खोज थी, सत्य का दिग्दर्शन कराना था। सत्य की इस अनवरत खोज में उन्होंने तर्क को ही आधारभूत माना है। प्रत्येक तथ्य का रहस्योद्घाटन वह तर्क-पद्धति के अधीन ही करते हैं। वे 'रीजन' एवं 'रियलिटी' को बहुत अधिक महत्ता प्रदान करते हैं। विश्व-चिन्तना को प्रभावित करनेवाले उनके दर्शन का पहलू–द्वन्द्वात्मक पद्धति (Dialectic Method) अत्यधिक महत्त्व की है।

हीगेल का प्रमुख दार्शनिक सिद्धान्त विश्वात्मा (Weltgeist) का विचार है। उनकी धारणा है कि इस जगत् के दृश्यमान् सभी जड़ एवं चेतन पदार्थ, सभी

वस्तुएँ एवं सभी सत्ताएँ विश्वात्मा (World Spirit) का प्रपंच अथवा विस्तार हैं। वस्तुतः हीगेल भी आदिगुरु शंकराचार्य की भाँति ही पूर्णतः अद्वैतवादी हैं। उनकी मान्यता है कि जगत् की सभी वस्तुएँ विश्वात्मा से प्रादुर्भूत हुई हैं, विश्वात्मा सबका आदि स्रोत है। उनका दार्शनिक सूत्र है–'The real is rational and the rational is real' अर्थात् जो कुछ वास्तविक या तात्त्विक है, वह बुद्धिमय है और जो कुछ बुद्धिमय अथवा बुद्धिगम्य है वह तात्त्विक है। कहना यह है कि दृष्टिगम्य एवं अनुभवगम्य जगत् के समस्त क्षेत्रों में बुद्धि एवं चेतना का ही अखण्ड राज्य है। वे मानव-बुद्धि तथा विश्व–प्रक्रिया में व्याप्त बुद्धि तत्त्व को एक ही मानते हैं।

द्वन्द्वात्मक प्रणाली के जन्मदाता 'इलिया' (Elea) के प्रसिद्ध दर्शनशास्त्री जेनो (Zeno) थे। इस प्रणाली का प्रयोग बहुत-से दार्शनिकों ने किया है; यथा-प्लेटो, काण्ट, फिचे, हीगेल, एफ० एच० ब्रैडले, कार्ल मार्क्स आदि। वस्तुतः दर्शन के क्षेत्र में इस प्रणाली का सर्वाधिक महत्त्वपूर्ण प्रयोग यूनानी दार्शनिक प्लेटो और जर्मन दार्शनिक हीगेल ने ही किया है। विश्व साहित्य कोश के अनुसार, Dialectic has been part of the procedure of many philosophers among them Zeno of Elea (its reputed originator) Plato, Kant, Fichte, Hegel, F. H. Bradley and the Marxist, perhaps its philosophical use is most note worthy in Plato and Hegal.

प्लेटो ने इस पद्धति की चर्चा अपने प्रसिद्ध ग्रन्थ 'गणतन्त्र' (Republic Book V. p. 509-11, Book VII . 532-39) में की है। इस पद्धति के अनुसार उन्होंने प्रश्नोत्तर एवं परिचर्चा करके तत्त्वमीमांसाशास्त्र एवं नीतिशास्त्र के क्षेत्र में महत्त्वपूर्ण स्थापनाएँ की हैं। हीगेल प्लेटो की अन्तर्दृष्टि से प्रभावित थे। सम्भवतः उन्होंने द्वन्द्वात्मक पद्धति शब्द भी उन्हीं से ग्रहण किया था।

चूँकि हीगेल अन्तिम तत्त्व विचार अथवा भाव (Idea) को मानते हैं, अतः उन्होंने द्वन्द्वात्मक प्रणाली को भाव–जगत् अथवा विचार–जगत् पर घटित किया है। द्वन्द्वात्मक पद्धति के अनुसार विचार–जगत् की प्रत्येक क्रिया में दुहरी प्रवृत्ति (वाद एव प्रतिवाद (Thesis and Antithesis) की) सन्निविष्ट होती है। प्रत्येक वाद (Thesis) में कुछ ऐसे अन्तर्विरोध विद्यमान रहते हैं, जो कालान्तर में मूलवाद को नष्ट करके प्रतिवाद (Antithesis) के रूप में विकासोन्मुख होते हैं। तदुपरान्त प्रतिवाद के रूप में स्थापित इन अन्तर्विरोधों का भी संश्लेषण (Synthesis) अथवा समन्वय होकर एक उदात रूप की प्रतिस्थापना होती है।

विकासक्रम इसी प्रकार आगे बढ़ता रहता है। हीगेल की धारणा है कि प्रत्येक प्रगतिशील सामाजिक परिवर्तन (अर्थ, धर्म, राजनीति आदि के क्षेत्र में) 'भाव' (Idea) अथवा 'विचार' की परिवर्तनगामी उन्नति की ही अनिवार्य परणति है। हीगेल के अनुसार समस्त द्वन्द्वात्मक प्रणाली इस प्रकार है—'सर्वप्रथम प्रत्येक वस्तु का एक मौलिक रूप (Thesis) होता है। विकासवाद के अनुसार यह बढ़ती है और इसका विकसित रूप कालान्तर में इसके मौलिक रूप का बिल्कुल विपरीत हो जाता है, जिसे विपरीत रूप (Antithesis) कहते हैं। ज्यों-ज्यों समय आगे बढ़ता है; विकासवादी सिद्धान्त के अनुसार ये मौलिक रूप आपस में मिलते हैं और इन दोनों के मेल से वस्तु का नया सामंजस्यपूर्ण (Synthesis) रूप तैयार होता है। यह सामंजस्यपूर्ण रूप थोड़े दिनों में फिर मौलिक रूप बन जाता है और फिर यही क्रिया आवृत होने लगती है।'

इस प्रकार द्वन्द्वात्मक प्रणाली के अनुसार कोई भी वस्तु मूलतः 'वाद' (Thesis) है और उसकी विरोधी 'प्रतिवाद' (Anti-thesis)। 'वाद' और 'प्रतिवाद' दोनों में ही गुण और दोष होते हैं। और चूँकि दोनों परस्पर विरोधी होते हैं, इसलिए उनमें संघर्ष होता है और उस संघर्ष की परिणति 'संश्लेषण' (Synthesis) के रूप में एक उदात्त स्थिति में होती है। यह संश्लेषणात्मक स्थिति भाव की मूल स्थिति से भव्यतर होती है और उदात्त सत्य का उद्घाटन करती है।

हीगेल ने द्वन्द्वात्मक पद्धति को समाज, धर्म, राजनीति, इतिहास एवं कला आदि सभी के ऊपर आरोपित किया है। उनका विश्वास है कि 'आइडिया' का विकास ही सम्पूर्ण सामाजिक विकास (जिसमें कि अर्थ, धर्म, राजनीति आदि सभी समाहित हो जाते हैं) का केन्द्रस्थल है और चूँकि द्वन्द्वात्मक पद्धति के अनुसार ही 'भाव' अथवा 'विचार' (Idea) प्रगतिगामी हैं, इसलिए सम्पूर्ण सामाजिक परिवर्तनों की आधारभूत प्रणाली भी द्वन्द्वात्मक प्रक्रिया (Dialectical Process) ही है।

हीगेल का ललित कला-विषयक दृष्टिकोण-हीगेल के कला-सिद्धान्त को समझने के लिए उसकी द्वन्द्वात्मक प्रक्रिया पद्धति को बराबर दृष्टि-पथ में रखना होगा। उपर्युक्त द्वन्द्वात्मक पद्धति का संक्षिप्त विवेचन इसी उद्देश्य को ध्यान में रखकर किया गया है। हीगेल ने अन्तिम तत्त्व 'आइडिया' प्रत्यय माना है। ब्रह्माण्ड का भी विस्तार द्वन्द्वात्मक प्रणाली के आधार पर होता है। अर्थात् विचार मूल रूप में एक वाद (Thesis) है जो कि स्वयं की आन्तरिक आवश्यकतानुसार अपने विरोध में प्रगतिगामी होता है तथा अनेक रूपों में

टूटकर स्वतः ही प्रकृति (Nature) के रूप में प्रकट होता है। इस प्रकार प्रकृति (Nature) विचार (Idea) रूपी वाद (Thesis) की प्रतिवाद (Antithesis) हुई। चूँकि प्रकृति भी (अर्थात् प्रतिवाद की स्थिति भी) विचार की (द्वन्द्वात्मक प्रणाली के अनुसार) अधूरी अभिव्यक्ति है, इसलिए वह भी अपनी बहु-दशाओं का विरोध कर अन्तिम सत्य को उपलब्ध होती है, जो कि परम आत्मा अथवा परम मन (Absolute Spirit or Absolute Mind) है और यही द्वन्द्वात्मक सिद्धान्त के अनुसार संश्लेषण अथवा समन्वय (Synthesis) की स्थिति है। हीगेल ने कला को परम मन की अभिव्यक्ति का साधन मानते हुए तीन चाक्षुष (Visual) कलाओं-वास्तु, मूर्ति और चित्रकला तथा दो श्रव्य (Auditory) कलाओं–संगीत एवं काव्य का उल्लेख किया है।

चित्रकला, संगीतकला एवं काव्यकला को हीगेल ने अपने ललितकला-दर्शन में रोमानी कला की प्रावस्थाओं के रूप में स्थान दिया है। चित्रकला मूर्तिकला से अधिक सूक्ष्म है, क्योंकि चित्रकला में कला विमीय स्थिति (Dimensional state) से मुक्त होकर एक आदर्श स्थिति को प्राप्त करती है, जहाँ कि सम्पूर्ण दृश्यमान् जगत् की दृश्यता रंगों के माध्यम से प्रस्तुत की जाती है अथवा की जा सकती है और जहाँ कला 'मास' (Mass) एवं 'स्पेस' (Space) से स्वतन्त्र होकर एक स्तर (Plan) को प्राप्त होती है।

हीगेल ने चित्रकला से श्रेष्ठ रोमानी कला संगीत को माना है। संगीतकला चित्रकला से उसी प्रकार सूक्ष्म है जिस प्रकार मूर्तिकला से चित्रकला, क्योंकि संगीतकला का आधार ध्वनि है, जो कि स्थान, काल एवं पदार्थ तीनों से स्वतन्त्र मात्र स्मृति में रहनेवाला सूक्ष्म तत्त्व है। वे संगीतकला के अस्तित्व का बाह्यत्व समाप्त करके ध्वनियों के माध्यम से विशुद्ध आत्माभिवृत्तियों (Spritual attitudes) को अभिव्यक्त करने का श्रेष्ठ साधन मानते हैं। फलतः उसे चित्रकला से अधिक सूक्ष्म एवं श्रेष्ठ प्रमाणित करते हैं।

हीगेल ने रोमानी कलाओं में सर्वश्रेष्ठ स्थान काव्यकला को दिया है। काव्यकला संगीतकला से उसी प्रकार अधिक सूक्ष्म है, जिस प्रकार संगीतकला चित्रकला से। काव्य का आधार कल्पना है। अतः काव्य पदार्थ से पूर्णतः मुक्त हो जाता है। काव्य-संसार विचारों और भावनाओं का अन्तःसंसार है, जहाँ कि शब्द मनोभावों के प्रतीक बनकर मानव-मन को प्रतिबिम्बित करते हैं। हीगेल काव्य-कला को रोमानी-कला की सर्वश्रेष्ठ प्रावस्था मानते हुए लिखते हैं–"Poetry is the Universal art of the Spirit which has become free in itself, and is not bound for its realization to external sensuous material but which merely proceeds in the interior Space and Time of Picture-thoughts and sensations."

'काव्य-कला अन्तरात्मा की वह सार्वत्रिक कला है जो कि पूर्णतः स्वतन्त्र होकर अपने प्रत्यक्ष ज्ञान के लिए बाह्य ऐन्द्रिय उपादानों से बाध्य नहीं होती, वरन् प्रतिबिम्बित विचारों एवं भावानुभूतियों के देश-काल (Space and time) के अभ्यन्तर में मात्र प्रगमन करती है।' इस प्रकार हम देखते हैं कि रोमानी कलाओं में सर्वाधिक सूक्ष्म स्तर काव्य-कला का है, क्योंकि काव्य-कला अपनी अभिव्यक्ति के लिए पदार्थ अथवा बाह्य प्रकृति के उपादानों की आश्रित नहीं है। वह बाह्य पदार्थ से बाध्य भी नहीं है। स्व में पूर्णतः स्वतन्त्र है; अतः सर्वश्रेष्ठ है।

हिन्दी-आलोचना में हीगेल के साहित्य-दर्शन की विस्तार से व्याख्या अपेक्षित है। इस क्षेत्र में यद्यपि छुट-पुट प्रयास हुए हैं, तथापि उन्हें पर्याप्त नहीं कहा जा सकता क्योंकि हीगेल की ओर संकेत करनेवाले समालोचकों ने या तो हीगेल का अनुसरण किया है अथवा मात्र उनके ललितकला-विषयक दर्शन को भ्रामक एवं अनुपयुक्त साबित करने का प्रयास। डॉ० श्यामसुन्दर दास तथा बाबू गुलाबराय-जैसे विद्वान् यदि मात्र हीगेल के अनुसरणकर्त्ता कहे जा सकते हैं तो आचार्य रामचन्द्र शुक्ल एवं जयशंकर प्रसाद-जैसे प्रतिष्ठित आलोचक एवं कवि-आलोचक उनके विरोधी।

डॉ० श्यामसुन्दर दास ने 'साहित्यालोचन' में ललितकलाओं का जो वर्गीकरण किया है, कहना न होगा कि वह हीगेलियन कला-विभाजन से पूर्णतः प्रभावित है। यह प्रभाव द्विविध रूप से ग्रहण किया गया है। एक तो ललितकलाओं को दो प्रमुख भागों (अ) चाक्षुष कलाएँ (Visual Arts)—वास्तुकला, मूर्तिकला एवं चित्रकला (ब) श्रवण कलाएँ (Auditory Arts) संगीत एवं काव्य—में विभक्त करके तथा दूसरे, कलाओं को उनकी रूपगत सूक्ष्मता के आधार पर श्रेणी विभाजन करके। डॉ० श्यामसुन्दर दास की नेत्रेन्द्रिय के सन्निकर्ष से मानसिक तृप्ति का साधन बननेवाली कलाएँ (वास्तु, मूर्ति एवं चित्रकला) तथा श्रवणेन्द्रिय के सन्निकर्ष से मानसिक तृप्ति का साधन बननेवाली कलाएँ (संगीत एवं काव्य) वे ही हैं, जिन्हें हीगेल चाक्षुष (Visual) एवं श्रवण (Auditory) कलाएँ कहकर दो भागों में विभक्त करते हैं। तुलनात्मक दृष्टि से डॉ० श्यामसुन्दर दास के ये शब्द उल्लेखनीय हैं—"ललितकलाएँ दो मुख्य भागों में विभक्त की जा

सकती हैं—एक तो वे जो नेत्रेन्द्रिय के सन्निकर्ष से मानसिक तृप्ति प्रदान करती हैं और दूसरी वे जो श्रवणेन्द्रिय के सन्निकर्ष से उस तृप्ति का साधन बनती हैं। इस विचार से वास्तु (मन्दिर-निर्माण), मूर्ति (अर्थात् तक्षण कला) और चित्रकलाएँ तो नेत्र द्वारा तृप्ति का विधान करनेवाली हैं, और संगीत और काव्य कानों के द्वारा।''

इसी भाँति हीगेल के अनुरूप ही (जिसका उल्लेख किया जा चुका है) डॉ० श्यामसुन्दर दास ने मूर्त आधार की मात्रा के अनुसार कलाओं का श्रेणी-विभाजन करके काव्य-कला को सर्वोत्तम स्थान पर प्रतिष्ठित किया है। उन्हीं के शब्दों में—''इस मूर्त आधार की मात्रा के अनुसार ललित कलाओं की श्रेणियाँ, उत्तम और मध्यम स्थिर की जा सकती हैं। जिस कला में मूर्त आधार जितना ही कम रहता है, वह उतनी ही उच्चकोटि की समझी जाती है। इसी भाव के अनुसार काव्य-कला को सबसे ऊँचा स्थान दिया जाता है.........अन्तिम अर्थात् सर्वोच्च स्थान काव्य-कला का है।''

बाबू गुलाबराय भी श्यामसुन्दर दास और हीगेल की तरह ही काव्य को ललितकलाओं का ही अंग मानते हैं। उन्होंने अपनी पुस्तक 'सिद्धान्त और अध्ययन' में चित्रकला, संगीतकला और काव्य की गणना ललितकलाओं के अन्तर्गत करके एक प्रकार से हीगेल के मत की ही पुष्टि की है। यही नहीं, हीगेल से कुछ आगे बढ़कर उन्होंने ललितकलाओं के पारस्परिक सम्बन्ध और एक-दूसरे पर डाले जानेवाले प्रभाव का भी उल्लेख किया है। उनकी धारणा है कि यूरोप की प्रभाववादी काव्यधारा के मूल में प्रभाववादी चित्रकला का ही प्रभाव रहा है।

कविवर जयशंकर प्रसाद ने हीगेल के कला-विभाजन की मीमांसा करते हुए काव्य को ललितकलाओं का अंग स्वीकार की जानेवाली आधुनिक प्रवृत्ति को भ्रामक ठहराया है। उन्होंने हीगेल के विभाजन को अशुद्ध प्रमाणित कर इस सम्बन्ध में भारतीय चिन्ताधारा का अलग से उल्लेख किया है। उनकी धारणा है कि भारतीय परम्परा काव्य की गणना विद्या में और कलाओं की उपविद्या में करती रही है। वे न तो हीगेल की इस बात से सहमत हैं कि काव्य, चित्र, मूर्ति, संगीत आदि से इसलिए श्रेष्ठ है, क्योंकि इसका आधार सूक्ष्मतम है, पूर्णतः अमूर्त है और न इस बात से कि कला का स्थान धर्म और दर्शन से क्रमशः निम्न एवं निम्नतर है। अमूर्त के भेद (सूक्ष्म आधार के भेद) से साहित्य-कला की महत्ता प्रमाणित करने के सम्बन्ध में उनका मत है—''किन्तु वर्तमान

विचारधारा मूर्त और अमूर्त कलाओं का भेद करते हुए भी कविता को अमूर्त संगीतकला से ऊँचा स्थान देती है। कला के इस तरह विभाग करनेवालों का कहना है कि मानव-सौन्दर्यबोध की सत्ता का निदर्शन तारतम्य के द्वारा दो भागों में किया जा सकता है। एक स्थूल और बाह्य तथा भौतिक पदार्थों के आधार पर ग्रथित होने के कारण निम्नकोटि की, मूर्त होती है। जिसका चाक्षुष प्रत्यक्ष हो सके वह मूर्त है।.... संगीतकला एवं कविता अमूर्त कलाएँ हैं। संगीतकला नादात्मक है और कविता उससे उच्चकोटि की अमूर्त कला है। काव्य-कला को अमूर्त मानने में जो मनोवृत्ति दिखलायी देती है, वह महत्त्व उसकी परम्परा के कारण है। यो तो साहित्य-कला उन्हीं तर्कों के आधार पर मूर्त भी मानी जा सकती है; क्योंकि साहित्य-कला अपनी वर्णमालाओं के द्वारा प्रत्यक्ष मूर्तिमती है.... तब तो यह कहना भ्रम होगा कि चित्रकला और वाङ्मय भिन्न-भिन्न वर्ग की वस्तुएँ हैं। इसलिए अन्य सूक्ष्मताओं और विशेषताओं का निदर्शन न करके केवल मूर्त और अमूर्त के भेद से साहित्य-कला की महत्ता स्थापित नहीं की जा सकती है।''

धर्मशास्त्र और दर्शनशास्त्र को कला से श्रेष्ठ माननेवाले हीगेल के मत के सम्बन्ध में भी उनके विचार द्रष्टव्य हैं-''हीगेल के मतानुसार कला के ऊपर धर्मशास्त्र का और उससे भी ऊपर दर्शन का स्थान है।...परन्तु भारतीय विचारधारा इस सम्बन्ध में अपना जो मत रखती है वह विलक्षण और अभूतपूर्व है।''

आचार्य पण्डित रामचन्द्र शुक्ल भी काव्य को कलागत वर्गीकरण में रखने सम्बन्धी विचारधारा के कटु आलोचक हैं। वे इस सन्दर्भ में प्राचीन भारतीय परम्परा की ओर संकेत करते हुए कहते हैं कि वात्स्यायन ने अपने कामसूत्र में जिन चौंसठ कलाओं का उल्लेख किया है, उनमें वास्तुकला, चित्रकला, संगीतकला आदि को तो कलाओं के अन्तर्गत रखा गया है; परन्तु काव्य को नहीं। वे साहित्य अथवा काव्य का सौन्दर्यशास्त्र तथा कला से कोई भी सम्बन्ध स्वीकार नहीं करते। उन्हीं के शब्दों में-

''सौन्दर्यशास्त्र में, जिस प्रकार चित्रकला, मूर्तिकला आदि शिल्पों का विचार होने लगा उसी प्रकार काव्य का भी। सबसे बेढंगी बात तो यही हुई।''

हिन्दी-आलोचकों के विचारों से अवगत होकर इस सन्दर्भ में अब पुनः कहना न होगा कि हिन्दी-आलोचना में अभी तक हीगेल के साहित्य-दर्शन की जो विवेचना प्रस्तुत की गयी, वह अपूर्ण है, पर्याप्त नहीं। फलतः आज

आवश्यकता इस बात की नहीं है कि उनके पक्ष अथवा विपक्ष में मान्यताओं को सुस्थिर किया जाय, वरन् आवश्यकता इस बात की है कि उनके साहित्य-दर्शन को भली-भाँति समझा जाय, उसकी विस्तार से मीमांसा की जाय।

मार्क्सवादी समीक्षक–कार्ल मार्क्स

मार्क्सवादी चिन्तन-पद्धति की एक विस्तीर्ण परम्परा है। यद्यपि मार्क्स से पूर्व भी बेलिंस्की, हर्जन, चर्नीशेब्सकी, दोब्रोल्युबाव आदि चिन्तकों का साहित्यिक दृष्टिकोण पर्याप्त प्रगतिवादी रहा है; तथापि मार्क्सवाद के विशुद्ध स्वरूप का दर्शन तो मार्क्स एवं एंगिल्स-काल से ही होता है। कार्ल मार्क्स ने विश्व-चिन्ताधारा को सर्वाधिक प्रभावित किया है। मार्क्सवादी चिन्तन की सुदीर्घ परम्परा में मार्क्स एवं एंगिल्स के अतिरिक्त लेनिन, गोर्की, प्लेखानव, लूना चार्स्की, कॉडवेल, जार्ज लुकाच, राल्फ फाक्स आदि के नाम उल्लेखनीय हैं।

इतिहास-प्रसिद्ध मित्रद्वय मार्क्स एवं एंगिल्स (1818-1883 एवं 1820-1895) मूलतः आर्थिक एवं राजनीतिक विचारक थे। किन्तु दोनों की ही साहित्य में गहरी अभिरुचि थी। मार्क्स-साहित्य में एंगिल्स की भी छाप रही है। वस्तुतः कार्ल मार्क्स सिद्धान्त-निर्माता थे और एंगिल्स उन सिद्धान्तों के सर्वाधिक विश्वस्त व्याख्याता एवं प्रचारक। मार्क्स ने अपने जीवन-काल में पर्याप्त समाजवादी साहित्य रचा।

मार्क्सवादी दर्शन बड़ा ही विराट्, व्यापक, सुसम्बद्ध एवं विस्तृत है। मार्क्स की विचारधारा को सुगमता की दृष्टि से चार भागों में विभाजित किया जा सकता है; यथा–

(1) द्वन्द्वात्मक भौतिकवाद (Dialectical Materialism)

(2) इतिहास की भौतिकवादी व्याख्या अथवा ऐतिहासिक भौतिकवाद (Materialistic Interpretation of History)

(3) वर्ग-संघर्ष का सिद्धान्त (Theory of Class Struggle)

(4) अतिरिक्त मूल्य का सिद्धान्त (Theory of Surplus Value)

ये चारों मार्क्स-दर्शन-स्तम्भ भी परस्पर सुगुम्फित हैं और उनके मूल दर्शन (द्वन्द्वात्मक भौतिकवाद) की अविभाज्य इकाई हैं। इन सभी सिद्धान्तों की सुसम्बद्धता केटलिन (Catlin) के शब्दों में द्रष्टव्य हैं; यथा–"क्रान्तिकारी कदम वर्ग-संघर्ष के सिद्धान्त पर निर्मित है, वर्ग-संघर्ष अतिरिक्त मूल्य के आर्थिक

सिद्धान्त पर, आर्थिक सिद्धान्त इतिहास की आर्थिक व्याख्या पर और यह व्याख्या मार्क्स–हीगेल के द्वन्द्ववाद पर और द्वन्द्ववाद भौतिकवादी अध्यात्म विद्या पर।" मार्क्स की चिन्ताधारा के उपर्युक्त चार पहलुओं (यद्यपि ये चारों पहलू एक–दूसरे से सुसम्बद्ध हैं) में उपर्युक्त से हमारा यहाँ अभिप्रेत मात्र उन्हीं दो पहलुओं से है, जिनका सीधा प्रभाव विश्व-साहित्य पर पड़ा है। और ये दो पहलू हैं—द्वन्द्वात्मक भौतिकवाद (Dialectical Materialism) तथा ऐतिहासिक भौतिकवाद (Historical Materialism) वस्तुतः मार्क्स–सौन्दर्यशास्त्र का मूल उत्स द्वन्द्वात्मक भौतिकवाद ही है; ऐतिहासिक भौतिकवाद तो द्वन्द्वात्मक पद्धति के आधार पर इतिहास का अध्ययन है अथवा समाज का विकासात्मक अध्ययन है।

मनोविश्लेषण : फ्रायड, एडलर एवं जुंग

मनोविश्लेषण (Psycho-Analysis) मनोविज्ञान की एक पद्धति है, जिसके जनक वियाना के मस्तिष्क चिकित्सक सिग्मण्ड फ्रायड (Sigmund Ereud 1856-1939) थे। इस पद्धति के विकास में यद्यपि फ्रायड के कई एक सहयोगी मनोवैज्ञानिकों ने भाग लिया है, तथापि इसके विकास में महत्त्वपूर्ण परिवर्तन लाने का श्रेय फ्रायड के सहयोगी एवं शिष्य एडलर (Adler) तथा कार्ल जुंग (Karl Jung) को ही दिया जाता है।

वस्तुतः मनोविश्लेषण मानसिक एवं स्नायविक रोगियों के उपचार की एक विशेष विधि है, जिसके आविष्कारक फ्रायड अपने समसामयिक सम्मोहन विशेषज्ञ शारकों एवं याने तथा वियना के चिकित्सक ब्रूयर से पर्याप्त प्रभावित थे। यही नहीं, इन सम्मोहन विशेषज्ञ–चिकित्सकों ने फ्रायड से पूर्व ही प्रयोगात्मक आधार पर यह सिद्ध कर दिया था कि सम्मोहन के क्षणों (Hypnotized State) में रोगी एक ऐसी अबोध अवस्था को उपलब्ध होता है; जिसमें उसके अन्तर्मन की उन बातों को भी जाना जा सकता है, जिन्हें वह बोध के समय कभी न बताता।

अचेतन सम्बन्धी अवधारणा :

फ्रायड ने मनोविश्लेषण–सिद्धान्त–विवेचन के प्रारम्भिक दिनों में अचेतन सम्बन्धी अवधारणा पर पर्याप्त प्रकाश डाला है। अचेतन (Unconscious), अर्द्धचेतन (Preconscious) एवं चेतन (Conscious)—स्वीकार किये हैं। वस्तुतः अर्द्धचेतन और चेतन, अचेतन के ही स्वरूप हैं। उनकी धारणा है कि वृत्त्यात्मक

ऊर्जा (Instinctual Engery) अहम् अथवा अत्यहम् से जब अधिक प्रबल होती है और उत्तेजित मन अपनी भावनाओं को शब्द देने में सफल हो जाता है, तब मन का यह स्तर चेतन (Conscious) कहलाता है। और जब वृत्त्यात्मक ऊर्जा अहम् अथवा अत्यहम् से निर्बल होती है, उत्तेजित मन शब्दों से सम्बन्ध स्थापित नहीं कर पाता है, तो भावनाएँ कुण्ठित होकर मन के उस स्तर पर पुंजीभूत हो जाती हैं, जिसे अचेतन मन (Unconscious mind) कहते हैं। हृदय के अधिकांश सूक्ष्म अंश अचेतन मन पर ही घनीभूत होते हैं, अर्थात् मनुष्य की अधिकांश भावनाएँ एवं मनोविकार अचेतन मन में ही रहते हैं। कहना यह है कि अचेतन मन जीवन के सभी अनुभवों एवं अभुक्त वासनाओं को सुरक्षित रखनेवाला केन्द्रस्थल है। यही कारण है कि फ्रायड ने अचेतन मन को ही मनुष्य के आचार-विचार, व्यवहार-स्वभाव आदि को रूपित करनेवाली प्रमुख शक्ति माना है। फ्रायड का कहना है कि अचेतन मन की विभिन्न अवस्थाएँ होती हैं। जिस अवस्था में भावनाओं अथवा विचारों का मनुष्य को शीघ्र बोध हो जाता है, उस अवस्था को ही फ्रायड मन का चेतन (Conscious) स्तर मानते हैं। 'अहम्' में चेतन और 'अर्द्धचेतन' मन का प्राधान्य होता है तथा 'इद' में अचेतन मन का।

अहम् और अत्यहम् का कार्य-व्यापार अथवा दमन-सम्बन्धी अवधारणा

जब अचेतन मन की अभुक्त वासनाएँ अथवा दमित इच्छाएँ (जो कि इद का ही प्रतिरूप हैं) अपनी अभिव्यक्ति का मार्ग खोजती हैं, तब मन को तीन प्रकार की चिन्ताओं का अनुभव होता है—वस्तुनिष्ठ (Objective), स्नायविक (Neurotic) और नैतिक (Moral)। बाह्य भय के कारण वस्तुनिष्ठ चिन्ताओं, अहम् के उल्लंघन के भय से स्नायविक चिन्ताओं तथा अत्यहम् के अतिक्रमण भय से नैतिक चिन्ताओं का उद्‌भव होता है। सभी प्रकार की चिन्ताएँ अहम् को झकझोरती हैं। परिणामतः 'अह' क्रियाशील होकर अधिकांशतः दमन का सहारा लेता है। वासनाओं की अभिव्यक्ति तथा दमन का यह चक्र चलता रहता है। इस प्रकार फ्रायड ने दमन का मूल कारण भय माना है। यह तीन प्रकार का होता है—बाह्य भय, सामाजिक भय एवं नैतिक भय। दमित एवं अतृप्त वासनाएँ निरन्तर ही अभिव्यक्ति का मार्ग खोजती रहती हैं। कभी तो ये वासनाएँ अहम् और अत्यहम् (जो कि इनको रोकने में अधीक्षक का कार्य करते हैं) का अतिक्रमण कर अत्यन्त विरूप, असामाजिक एवं भद्‌दे ढंग में अभिव्यक्ति पाने में सफल होकर दुराचार एवं पाप कर्मों को जन्म देती हैं और कभी मनुष्य की

मानसिक विक्षिप्तता का कारण बनती हैं। फ्रायड की मान्यता है कि यही दमित वासनाएँ जब उदात्त रूप में अभिव्यक्ति पाती हैं, तो साहित्य एवं कला को जन्म देती हैं। साहित्य, कला, धर्म आदि सभी को फ्रायड इन्हीं संचित वासनाओं और प्रेरणाओं से उद्भूत मानते हैं।

कामवृत्ति सम्बन्धी अवधारणा

फ्रायड की मनोविश्लेषण पद्धति का मूलाधार कामवृत्ति ही है। कामवृत्ति (Sex instinct) को ही दृष्टिपथ में रखकर उन्होंने, मनोविश्लेषण विधि का प्रतिपादन किया है। यदि एक शब्द में कहें तो कह सकते हैं कि कामवृत्तियों की स्वस्थ और अस्वस्थ अभिव्यक्ति के कारण और प्रभाव-बोध की आवश्यकता ही इस पद्धति की जनक है। फ्रायड कामवृत्ति को ही जीवन की सर्वाधिक प्रबल शक्ति मानते हैं। वह कामवृत्ति की ऊर्जा को 'लिबिडो'(Libido) कहते हैं।

फ्रायड मनुष्य के सारे कार्यकलापों की संचालिका इसी लिबिडो (काम-ऊर्जा) को मानते हैं। समष्टितः एवं व्यष्टितः मनुष्य के सभी कार्यव्यापारों के मूल में 'लिबिडो' की प्रेरणा रहती है। इसके साथ ही, उनकी यह भी धारणा है कि मनुष्य के सारे जीवन में कामवृत्ति का अहम् और अत्यहम् द्वारा दमन होता रहता है। ये दमित कामवासनाएँ अचेतन मन में केन्द्रीभूत होती रहती हैं और समय-समय पर नाना रूपों में अभिव्यक्ति पाती हैं। ये अभिव्यक्तियाँ-कला, साहित्य, धर्म और संस्कृति के निर्माण की प्रधान एवं एकमात्र उपादान कारण हैं।

अल्फ्रेड एडलर (Alfred Adler—1870-1937)

वरिष्ठता के क्रम से विश्लेषकों की इस बृहत्त्रयी में आस्ट्रिया के मनश्चिकित्सक अल्फ्रेड एडलर का स्थान दूसरा है। फ्रायड के निमन्त्रण पर एडलर ने नौ वर्ष (1902-1911) तक फ्रायड-स्कूल के मनोवैज्ञानिकों के चेयरमैन एवं फ्रायड के सहयोगी के रूप में कार्य किया। फ्रायड से सैद्धान्तिक मतभेद होने पर उन्होंने अपनी विचारधारा के प्रचार-प्रसार के लिए 1911 में एक स्वतन्त्र स्कूल की स्थापना की। उसके सिद्धान्त की सम्पूर्णतः व्याख्या प्रस्तुत करनेवाली महत्त्वपूर्ण पुस्तकें-(1) The Practice and theory of Individual Psychology, (2) Problems of Neurosis, (3) Social Interest) हैं।

मनोविश्लेषणात्मक मनोविज्ञान (Analytical Psychology)

जुंग ने 'लिबिडो' (काम-शक्ति) का अत्यधिक व्यापक अर्थ में प्रयोग किया है। उन्होंने 'लिबिडो' को 'जीवन-शक्ति' का नाम दिया है। उनकी 'जीवन-शक्ति' सम्बन्धी अवधारणा की परिधि में एडलर की 'स्वाग्रह-वृत्ति' तथा फ्रायड की 'कामशक्ति' दोनों का अन्तर्भाव हो जाता है। यही नहीं, जुंग ने फ्रायड के 'मनोविश्लेषण' (Psycho-analysis) शब्द के स्थान पर 'मनोविश्लेषणात्मक मनोविज्ञान' (Analytical Psychology) शब्द का प्रयोग किया है।

क्रोचे और उनका अभिव्यंजनावाद

प्रख्यात इतालियन दार्शनिक बेनेदेतो क्रोचे (Benedetto Croche — 1866-1952) की सर्वाधिक प्रसिद्ध कृति 'फिलासफी ऑफ द स्पिरिट' (Philosopy of the Spirit) है, जिसके चार खण्ड हैं–'एस्थेटिक्स'(Aesthetics), लॉजिक (Logic), 'फिलॉसफी ऑफ कॉण्डक्ट' [Philosophy of Conduct (Economics an Ethics)] और 'थ्योरी एण्ड हिस्ट्री ऑफ हिस्टोरियोग्राफी' (Theory and History of Historiography)। इसके साथ ही, क्रोचे ने 'ला क्रितिका' (La critica) तथा क्वादरनी दैला 'क्रितिका' (Quaderni Della 'critica') पत्रिकाओं में 1903 के बाद मृत्युपर्यन्त लेख लिखे, जिनका विषय तत्कालीन यूरोपीय साहित्य (दर्शन, कला, इतिहास, साहित्य आदि) का समग्र एवं विस्तृत मूल्यांकन करना था।

क्रोचे ने साहित्य-जगत् में बहुचर्चित 'अभिव्यंजनावाद' (Expressionism) की स्थापना अपने ग्रन्थ 'फिलॉसफी ऑफ द स्पिरिट' के प्रथम खण्ड 'सौन्दर्यशास्त्र' (Aesthetics) में की है।

'अभिव्यंजनावाद' ने साहित्य के साथ-ही-साथ कला एवं संगीत को भी प्रभावित किया है। साहित्य-जगत् में 'अभिव्यंजनावाद' के तत्त्वों की सर्वप्रथम उपस्थिति 19वीं शती के अन्तिम दशक में फ्रैंक वेदेकिन्द (Frank Vedekind) के नाटक 'फ्रूहलिंग्स इरवाचेन' (Fruhlings Erwachen—1891) से मानी जाती है। तदुपरान्त इसकी अभिव्यक्ति 'अगस्त स्ट्रिन्दबर्ग' (August Strindberg) के नाटकों में भी हुई है। विश्व साहित्य-कोश के अनुसार–"Expressionism or some of its aspects, emerge in the last years of the 19th century. Frank Wedekind's 'Fruhling Erwachen e. g (pub. 1891. peformed 1906)..... August Strindberg's 'To Demascus 1898', 'A Dream Play 1902' and 'the Spook Sonata-1907' Contain most of the elements later stressed by the avowed expressionists."

किन्तु साहित्य-कला के क्षेत्र में अभिव्यंजनावाद का प्रवर्तन करनेवाले सर्वप्रथम दार्शनिक-सौन्दर्यशास्त्री क्रोचे ही हैं, क्योंकि इससे पूर्व अभिव्यंजनावादी तत्त्वों के दर्शन तो विभिन्न साहित्यिक एवं कलात्मक कृतियों में हुए हैं, किन्तु एक विशिष्ट वाद अथवा अवधारणा के रूप में इसकी प्रतिस्थापना नहीं।

आधुनिक और आधुनिकतावाद

आधुनिक शब्द समय सापेक्ष है किन्तु इसका अर्थ अत्यन्त लचीला है जिसे इतिहास, समाज, संस्कृति और कला–साहित्य पर भिन्न अर्थों में प्रयुक्त किया जा सकता है। आधुनिकता की अनिवार्य शर्त स्वचेतना है। यह स्वचेतनता ही है जो पूर्ववर्ती समाज और साहित्य को नये ढंग से देखने की दृष्टि प्रदान करती है। स्वचेतन वृत्ति के कारण ही आधुनिकता की प्रमुख चिन्तना वर्तमान के लिए बनती है। इस चिन्तना के आधार पर आधुनिक चेता व्यक्ति भूत का मूल्यांकन और भविष्य का रेखांकन करना चाहता है। इतिहासकार के इस कथन में कि "भारत का आधुनिकीकरण (आधुनिक बनाने की प्रक्रिया) अंग्रेजों का काम था।" वस्तुतः भारत की पुरातन समाज–अर्थ, संचार और परिवहन व्यवस्था के बदलाव का इंगित है। एब्रामस् ने लिखा है कि 'आधुनिक' शब्द का अर्थ सामान्यतः विभिन्न सन्दर्भों में परिवर्तनीय है। वस्तुतः यूरोप में यह शब्द बीसवीं शती के प्रारम्भ में धर्म को विज्ञान के आलोक में देखने के लिए हुआ। विज्ञान (डार्विन के विकासवाद आदि) ने धर्म की रूढ़िगत मान्यताओं पर प्रश्नचिह्न लगाये। फलस्वरूप मानवशास्त्र और दर्शन की मनोवैज्ञानिक व्याख्याओं ने नवीन सत्यों का उद्घाटन किया। वास्तव में आधुनिकता के दो सन्दर्भ सर्वप्रथम सामने आये–प्राचीन शास्त्रवादी धारा की प्रतिक्रियात्मक व्याख्या और नवीन वैज्ञानिक और मनोवैज्ञानिक आविष्कारों के आलोक में वर्तमान की व्याख्या।

आधुनिकतावाद का प्रारम्भ प्रथम विश्वयुद्ध से माना जाता है। डी० एच० लारेन्स 1915 से इसका प्रारम्भ मानते हैं। एब्रामस् ने लिखा है कि साहित्य में इस पारिभाषिक का सर्वप्रथम प्रयोग प्रथम विश्वयुद्ध की शुरुआत 1914 से हुआ।

बीसवीं शती तक यह अवधारणा अंग्रेजी और अमेरिकी साहित्य में पल्लवित हुई। इस प्रवृत्ति के नाना आयाम–विषयवस्तु और शिल्प (फार्म) के स्तर पर

विभिन्न रचनाकारों—यीट्स, इलियट, आडेन-जैसे कवियों, कोनरेड, लारेन्स, वर्जीनिया बुल्फ-जैसे उपन्यासकारों, जी० बी० शॉ-जैसे नाटककारों तथा इलियट, रिचर्ड्स, एफ० आर० लीविस और अमेरिकी नव्य समीक्षकों में देखे जा सकते हैं जिन्होंने वस्तु और शिल्प के स्तर पर अनेक प्रयोग किये।

वस्तुतः 'आधुनिकतावाद' एक बहुआयामी विचारधारा है। इस 'प्रत्यय' की अनेक व्याख्याएँ हुई हैं जो अन्तर्विरोधी भी हैं। दो विश्वयुद्धों के मध्य जो मानवीय यातनाओं और विभीषिकाओं का दौर आया उसी का प्रतिफलन साहित्य के क्षेत्र में नाना वादों/आन्दोलनों-(अतियथार्थवाद, दादावाद, अस्तित्ववाद, आधुकितावाद) के रूप में दिखायी देता है। विज्ञान ने समाज को जहाँ परमाणु बम दिये, वहीं नयी प्रौद्योगिकी और तकनीक भी दी जिससे जहाँ एक ओर समाज के परम्परावादी सोच पर प्रश्नचिह्न लगने लगे वहीं दूसरी ओर नयी मान्यताओं और संवेदनाओं का उत्तरोत्तर विकास भी हुआ। इस सबका प्रतिफलन साहित्य और कलाओं में कथ्य और शिल्प के स्तर पर दृष्टिगोचर होने लगा तथा पश्चिम में आधुनिक कलाएँ, आधुनिक साहित्य तथा नयी समीक्षा आदि का विकास हुआ। आधुनिकतावाद की कोई सर्वस्वीकृत परिभाषा नहीं है। जार्ज लुकाच इसे एक अमूर्त और इतिहास–निरपेक्ष संघटना मानते हैं। इलियट–युग की व्यर्थता और अराजकता का 'सिनेरियो' मानते हैं। कुल मिलाकर आधुनिकतावाद परम्परित मूल्य–मान्यताओं, साहित्यगत नवशास्त्रवादी दृष्टिबिन्दुओं पर प्रश्नांकन करता है तथा वर्तमान की स्वीकृति और समीक्षा के नये सोपान प्रस्तुत करता है।

हिन्दी साहित्य में अज्ञेयजी ने कदाचित् सर्वप्रथम अपने उपन्यास 'शेखर : एक जीवनी' में नैतिक मूल्यों को तोड़ते हुए इस पश्चिमी प्रत्यय को रूपायित किया। इस तरह 1940 के बाद 60–65 तक इस पर विभिन्न विद्वानों ने अपने-अपने मत-मतान्तर पत्र-पत्रिकाओं (कल्पना, ज्ञानोदय, नयी कविता आदि) के माध्यम से प्रस्तुत किये। समग्रतः आधुनिकतावाद परम्परा और इतिहास पर स्वचेतना को प्रश्रय देता है। परम्परा की स्वीकृति उसमें नहीं है, परम्परा के प्रति अवमानना और नकार है। विज्ञान और प्रौद्योगिकी के विकास से उत्पन्न सामाजिक परिवर्तनों की उसमें स्वीकृति है। मानव-स्वातन्त्र्य, व्यक्ति-चेतना की अभिव्यक्ति तथा रूपवादी और प्रयोगवादी शैल्पिक विशिष्टताओं की वायवी भाषा में प्रस्तुति आदि कतिपय प्रवृत्तियाँ इस आन्दोलन में दृष्टिगोचर होती हैं।

देरिदा 'विखण्डन' को एक प्रकार की (स्ट्रेटजी) भाषायी रणनीति मानते हैं। यह एक प्रकार 'क्लोज स्टडी' है। गहन अध्ययन की कार्यवाही है। ऐसा अध्ययन जो संरचनावाद में दबा था। वस्तुतः विखण्डन कोई सुस्पष्ट अवधारणा नहीं है, कोई सुदृढ़ विचार-सिद्धान्त नहीं है जिससे लेखन या समीक्षा के नियम प्रतिपादित किये जा सकें। यह पार्थक्य पर बल देता है अर्थात् संरचना के आधार पर स्थापित अर्थ से अलग अब तक छुपे हुए अर्थ की ओर इंगित पर बल। राजनीतिक विचारधाराओं के सम्बन्ध में देरिदा ने अपने एक साक्षात्कार में स्पष्ट किया था कि मार्क्सवादियों ने मार्क्स और लेनिन के पाठ (Text) का हमेशा एक ही अर्थ (विचारधारापरक अर्थ) को ग्रहण करने की कोशिश की है। मार्क्स के 'पाठ' को विखण्डित करके पढ़ा जाना चाहिए ताकि 'पाठ' में छिपे पूर्वनिश्चित अर्थ (व्यंग्य) के अतिरिक्त उस 'पाठ' की अनेकार्थता को खोजा जा सके। वस्तुतः हीगेल और मार्क्स दोनों ही के 'पाठ' एक आदर्शवाद के संस्थापक हैं। एक (मार्क्स) भौतिकवादी आदर्शवाद पर बल देता है तो दूसरा (हीगेल) प्रत्ययवादी आदर्शवाद पर। दोनों के 'पाठों' को विखण्डित करके उनके 'पाठों' की अनेकमुखता और तज्जन्य अनेकार्थकता खोजी जानी चाहिए। इस प्रकार देरिदा चिन्तन के हर आयाम पर विखण्डन लागू करना चाहते हैं। देरिदा का विखण्डन पाठात्मक अध्ययन की एक ऐसी प्रक्रिया है, 'पाठ' को पढ़ने की एक ऐसी रणनीति है कि पूर्व निर्धारित 'पाठ संरचना' के गृहीत अर्थ से भिन्न अर्थों के सन्धान में सहायक होती है।

देरिदा के विखण्डन में संरचनावाद से साम्य भी है और वैषम्य भी। देरिदा संरचनादाद के विरोधी नहीं हैं वरन् वे उत्तरसंरचनावादी हैं। संरचनावाद से वे इस बिन्दु पर सहमत हैं कि 'लेखन' लेखक के हेतु से हमेशा अनुशासित और परिचालित नहीं होता इसलिए वह स्वतन्त्र होता है। अर्थात् 'पाठ' की 'सत्ता' लेखक से स्वतन्त्र होती है अर्थात् पाठ का अर्थ पाठ की संरचना से ही अनुस्यूत है, बाहर से आरोपित नहीं। इस तरह आलोचना बाहरी हेतुओं (सिद्धान्तों-मत–मतान्तरों-धर्म–दर्शन-समाज आदि की अवधारणाओं) से अनुप्राणित नहीं, पाठ के अन्दर से ही अनुस्यूत कर्म है। और जब संरचना स्वयं की भाषा में ही कैद नहीं रहती, विखण्डित होकर अनेकार्थकता का द्योतन करती है तब वह विखण्डन है।

'उत्तर आधुनिकता' 'आधुनिकता' की तरह ही एक पाश्चात्य प्रत्यय है जो बहुआयामी है। सुस्पष्ट रूपाकारविहीन भी है। पश्चिम में, विशेष रूप से

फ्रांस में साहित्य, संस्कृति और कला के क्षेत्र में अन्यान्य बौद्धिक विमर्श सामने आते रहते हैं। उत्तर–आधुनिकता विशेषणहीन वृतान्त की पक्षधर है। महावृत्तान्तों (रामायण, महाभारत, बाइबिल आदि) की नकार उसका मूल मन्त्र है। उत्तर-आधुनिकता मूल्य मीमांसा को भी नकारती है। वह मूल्यहीनता की पक्षधर है। वह अनुभावन पर बल देती है। यह एक व्यक्ति-केन्द्रित (अनुभावन की दृष्टि से) समीक्षा या चिन्तन-दृष्टि है। कुछ भी अपने में सम्पूर्ण नहीं होता। अतः सम्पूर्णता (Totality) की धारणा का उत्तर आधुनिकता खण्डन करती है। मूल्यवादी दृष्टि से विचार करें तो बौद्रिआ और ल्योतार दोनों ही मूल्यों को नकारते हैं। अराजकतावादी हैं। चूंकि प्रौद्योगिकी, तकनीक और सूचना विस्फोट (क्रान्ति) ने पूरे विश्व की भौगोलिक सीमाओं को तोड़ा है और विश्व बाजार, विश्व नगर-जैसी धारणाओं को जन्म दिया है, इसलिए सम्पूर्णतावादी विचारों का यहाँ खण्डन है। वस्तुतः उत्तर आधुनिकता साहित्य-समीक्षा की एक प्रणाली हो सकती है। यह स्थूल–अर्थ के स्थान पर साभिप्रायता और अर्थ की अनेक छायाओं और प्रतिच्छायाओं के लीला-व्यापार को रेखांकित करनेवाली समीक्षा-दृष्टि है। यहाँ अर्थवत्ता को विलोपित और स्थगित नहीं किया जाता वरन् अर्थ-विच्छित्ति का सन्धान करने के लिए कुछ समय के लिए अर्थ का स्थगन किया जाता है।

स्त्रीवादी विमर्श (Feminism)

लैटिन भाषा में स्त्री को 'फेमिना' (Femina) कहते हैं। उसी से अंग्रेजी में शब्द 'फेमिनिज्म' (स्त्रीवाद) बना। समलैंगिकतावादी और स्त्री–अधिकारवादी दृष्टियों से इस शब्द का प्रयोग पश्चिम में 19वीं शती के उत्तरार्द्ध से होने लगा था। अब यह शब्द स्त्री–मुक्ति से जुड़ गया है। महिला सशक्तीकरण का मूल कारक बन गया है। पश्चिम में एलिस रासी ने इस शब्द का प्रयोग पुस्तक–समीक्षा के अर्थ में 19वीं शती के अन्तिम दशक से माना है। वस्तुतः पश्चिम से बहुत पूर्व भारत में गार्गी और भारती–जैसी महिलाओं ने स्त्रियों के वैदुष्य और अधिकार का परिचय हजारों वर्ष पहले दिया था। किन्तु उत्तर आधुनिकता के सन्दर्भ में स्त्रीवादी समीक्षा (feminist criticism) स्त्रीवादी पाठ (Gyno Text) आदि प्रत्यय आज एक विधारणा के रूप में विकसित हुए हैं। स्त्रियों के अधिकारों का समर्थन पूर्व और पश्चिम में प्राचीन काल से रहा है। 20वीं शती में जॉन स्टुअर्ट मिल, वर्जीनिया वुल्फ आदि रचनाकारों ने अपने लेखन में इस विचारधारा को बल प्रदान किया है। बौद्रीआ और रोलाँबार्थ ने उत्तर संरचनावाद

और उत्तर आधुनिकतावाद के एक तत्त्व के रूप में भी 'स्त्रीवादी' प्रत्यय को प्रश्रय दिया है।

समाज पुरुषप्रधान रहा है। फलतः स्त्रियाँ उपेक्षित रही हैं। शोषित और दमित रही हैं। ग्रीक सुकरात, प्लेटो और अरस्तू के समय में स्त्रियों और दासों को नागरिकता प्राप्त नहीं थी। सुकरात ईश्वर को धन्यवाद देते हुए लिखते हैं, "प्रभु का शुक्र है कि मैं पुरुष पैदा हुआ, स्त्री नहीं।" स्त्री-स्वातन्त्र्य न होने के कारण स्त्रियों का व्यक्तित्व विकृत होता गया और वे उपभोग की वस्तु बनकर रह गयीं। स्त्रीवाद स्त्रियों के दमन और शोषण के नाना रूपों का अध्ययन करता है और उनकी मुक्ति के लिए नाना प्रयास करता है। यहाँ स्त्रियों के धर्म-दर्शन, राजनीति, समाज, साहित्य आदि में भागीदारी और उनकी उपेक्षा, उनके शोषण (शारीरिक-मानसिक) से जुड़ा आन्दोलन है।

स्त्री साहित्यकारों (मीराँ, महादेवी, कृष्णा सोबती, मृदुला गर्ग, शिवानी, उषा प्रियंवदा आदि) के लेखन में स्त्रीत्व का गुण रहेगा ही। शिल्प-संरचना-भाषा बिम्ब-प्रतीक और भाव या विचारधारा की दृष्टि से उनकी रचनाओं में एक विशिष्टता होगी जिसे स्त्रीवादी समीक्षक (गाइनो क्रिटिक) ही बेहतर ढंग से रेखांकित कर सकेगा। अतः स्त्री द्वारा रचित साहित्य को स्त्रीवादी विशिष्ट दृष्टिकोण से ही पढ़ना चाहिए। यहाँ एक सहज प्रश्न उभरता है कि 'स्त्रीत्व' (Feminin) आखिर कैसे रेखांकित किया जाय। मनोविज्ञान और शरीर विज्ञान के आलोक में 'औरतपन' शारीरिक परिवर्तन के साथ ही भाव और मनोविकार परिवर्तन की एक प्रक्रिया है जो वयःसन्धि (Puberty) से लड़कियों में शुरू होती है। इस परिवर्तन से उसके बोध और मनोविकारों, उसके भाव-संसार में एक भिन्न प्रकार की मनःस्थितियों का विकास होता है जो कालान्तर में शील, सौन्दर्य, शर्म, एकाकीपन, असुरक्षा, यौन सम्बन्ध का आग्रह और गोपन आदि के रूप में परिवर्तित और प्रतिभासित होता है। अतः स्पष्ट है कि महिला रचनाकार द्वारा सर्जित साहित्य में भाषा-संरचना, हस्तलेख, शिल्प के नाना अवयवों काव्यभाषा, बिम्ब-प्रतीकादि में पुरुष रचनाकार से भिन्नता होगी। यद्यपि कतिपय प्रतीक-बिम्ब दोनों में एक जैसे भी हो सकते हैं तथापि उनकी अर्थवत्ता में भिन्नता होगी। अर्थवत्ता का यही पार्थक्य स्त्रीवादी पाठ (गाइनो टेक्स्ट) की संरचना है और इस संरचना को विखण्डित कर परम्परित अर्थ से भिन्न अर्थ का सन्धान ही स्त्रीवादी समीक्षा-दृष्टि है। इस तरह स्त्रियों द्वारा रचित साहित्य के पठन-पाठन की प्रणाली भिन्न होती है, होनी चाहिए।

विशिष्ट पारिभाषिक

आत्मनिर्वासन-अजनबीपन (Alienation)

'एलिअनेशन' शब्द के लिए हिन्दी में कई शब्द प्रचलित हैं, परायापन, अजनबीपन, अजनबीयत, आत्मनिर्वासन, अकेलापन आदि। इन शब्दों में सन्दर्भगत सार्थकता है क्योंकि 'एलिअनेशन' शब्द साहित्येतर अनुशासनों-मनोविज्ञान, समाज विज्ञान, राजनीति विज्ञान आदि में भी प्रयुक्त किया जाता रहा है। यह एक प्रत्यय है, विचारणा है और इसका अर्थ प्रयोग सापेक्ष है। यह शब्द अथवा प्रत्ययमूलक संकल्पना पश्चिम से ही साहित्य में गृहीत की गयी है। हिन्दी साहित्य में अज्ञेयजी के उपन्यास 'अपने-अपने अजनबी' में आत्मनिर्वासन या अजनबीपन की प्रतीति (अनुभूति) उपन्यास के कथानक में अन्तर्निहित है। वस्तुतः आत्मनिर्वासन की अनुभूति, अपनों में अपनापन का अभाव अथवा अपवर्तन का अनुभव ही एलिअनेशन है जो अस्तित्ववादी दर्शन की एक महत्त्वपूर्ण प्रवृत्ति है। ताल्सताय की कहानी 'ईवान इलिच की मृत्यु' अजनबीयत का अच्छा उदाहरण है जिसमें ईवान इलिच मृत्युशय्या पर पड़ा होकर सोचता है और अनुभव करता है कि उसकी प्रेयसी-पत्नी और प्रिय बच्चे उसके लिए कैसे अनजबी होते जा रहे हैं। प्रेम के प्रसंग में भी अजनबीयत विषयक अनुभूति रॉबर्ट ब्राउनिंग की अंग्रेजी कविता 'द लास्ट राइड टुगेदर' (The Last Ride Together) में रेखांकित की जा सकती है जिसमें उसकी प्राणप्रिया उससे अपवर्तित होती जा रही है।

विडम्बना (Irony)

व्युत्पत्ति की दृष्टि से विचार करें तो 'आयरनी' शब्द ग्रीक शब्द 'ईरोनिया' (Eironeia) से बना है। यूनानी कामदी का एक पात्र 'ईरोन' अपने आचरण और भाषण की पद्धति के लिए विख्यात था। उसके आचरण और सम्भाषण की रीति को 'ईरोनिया' कहा जाता था। इस तरह 'आयरनी' शब्द का लाक्षणिक प्रयोग साहित्य में गृहीत हुआ। 'ईरोन' अपने प्रतिद्वन्द्वी को शान्त रहकर भी उसकी दुष्टता को ध्वस्त कर देता था। इस तरह अपने प्रारम्भिक अर्थ में 'आयरनी' किसी अन्धविश्वासी, दम्भी पात्र के पतन में लक्षित होती है। सौभाग्य की कामना करनेवाले दम्भी के दुर्भाग्यपूर्ण पतन में 'आयरनी' अन्तर्निहित है।

विसंगति या विरोधाभास (Paradox)

ऐसी काव्योक्ति, प्रत्यय अथवा भावाभिव्यक्ति जिसमें परस्पर-विरोधी तत्त्वों, विचारों अथवा भावों का अन्तर्विरोध दृष्टिगोचर होता हो, परन्तु गहराई से समझने पर उनमें अन्तर्विरोध न हो। तात्पर्य है कि विरोध का प्रत्यक्षतः तो आभास हो परन्तु वस्तु तात्त्विक दृष्टि से उनमें कोई बुद्धिसंगत विरोध न हो।

भारतीय काव्यशास्त्र में विरोधाभास एक विरोधमूलक अलंकार है। मम्मट के अनुसार जहाँ विरोध न होने पर भी विरोध की प्रतीति हो वहाँ विरोधाभास होता है। महादेवीजी की निम्न पंक्तियाँ भी 'पैराडाक्स' (विरोधाभास) का अच्छा उदाहरण हैं–

आग हूँ जिससे ढुलकते बिन्दु हिमजल के।
शून्य हूँ जिसमें बिछे हैं पाँवड़े पल के।

नयी आलोचना में जिस 'पैराडाक्स' की चर्चा है वह हिन्दी शब्द विसंगति से अनूदित किया गया है। यह विसंगति विरोधाभास अलंकार ही है। विसंगति विरोध में ही अन्तर्निहित है। विसंगति से जो वक्रता पैदा होती है उसके अनेक उदाहरण हिन्दी में भरे पड़े हैं–

'शीतल ज्वाला जलती है ईंधन होता दृग जल का'। –'आँसू'

× × ×

'विच्छुरित वह्नि राजीव नयन'–'राम की शक्ति-पूजा'

हिन्दी साहित्य के आधुनिक काल का उत्तरवर्ती हिस्सा अन्यान्य पाश्चात्य अवधारणाओं के वक्ष में विकसित और पल्लवित हुआ है। अतः यहाँ इनका उल्लेख आधुनिक, अत्याधुनिक हिन्दी साहित्य की विविध धाराओं के उत्स के रूप में उल्लेखनीय है। इस दृष्टि से अब तक वर्णित पाश्चात्य विचारणाओं के साथ ही कतिपय पाश्चात्य वादों (आन्दोलनों) की चर्चा यहाँ संक्षेप में की जा रही है।

1. शास्त्रवाद अथवा आभिजात्यवाद (Classicism)

'क्लासिसिज्म' को हिन्दी में शास्त्रवाद, शास्त्रीयवाद, अभिजातवाद आदि कई नामों से अभिहित किया गया है। 'कलासिसिज्म' का इतिहास बहुत प्राचीन है। दूसरी शती में लातिन के लेखक ओलस जेलियस (Aulus Gellius) ने अपनी पुस्तक 'नोकटिस एटिस' (Noctes Attiese) में दो प्रकार के लेखकों का उल्लेख किया है–(1) स्क्रिप्टर क्लासिकल (Scriptor Classicus) अर्थात् सुसंस्कृत एवं अभिजातवादी अथवा 'इलीट सोसाइटी' के लिए लिखनेवाला

अभिजातवादी लेखक तथा (2) स्क्रिप्टर प्रोलेतेरिउस (Scriptor Prolatarius) जनसाधारण एवं असंस्कृत लोगों के लिए लिखनेवाला जनवादी लेखक। शास्त्रवादी कृति भाषा, शिल्प तथा कथ्य एवं जीवनानुभवों की अभिव्यक्ति से सम्पृक्त अत्यन्त उच्चकोटि की रचना होती है।

2. नवशास्त्रवाद (Neo Classicism)

नवशास्त्रवाद प्राचीन शास्त्रवादी साहित्यात्मा का मध्ययुगीन यूरोपीय साहित्यकारों द्वारा किया हुआ पुनरनुभव है, उनके (प्राचीनों के) साहित्य-सिद्धान्तों का समुत्थान है। प्राचीन साहित्य-सिद्धान्तों के पुनर्स्थापन में तथा शास्त्रवादियों की साहित्यात्मा के पुनरनुभव में जब-जब साहित्यकारों को पूर्णतः सफलता प्राप्त हुई तब-तब ये साहित्यकार नवशास्त्रवादी कहलाये हैं और जब असफल अथवा अंशतः सफल रहे हैं, तब छद्म शास्त्रवादी (Pseudo-classical) कहलाये हैं। हिन्दी पर विचार करें तो भक्तिकाल यदि शास्त्रवादी कहा जायगा तो रीतिकाल नवशास्त्रवादी।

3. स्वच्छन्दतावाद (Romanticism)

स्वच्छन्दतावाद 'रोमाण्टिसिज्म' का हिन्दी अनुवाद है। हिन्दी में इस शब्द का सर्वप्रथम प्रयोग कदाचित् पं० रामचन्द्र शुक्ल ने अपने ग्रन्थ 'हिन्दी साहित्य का इतिहास' में पं० श्रीधर पाठक को स्वच्छन्दतावाद का प्रवर्तक मानते हुए किया है। 'रोमण्टिसिज्म' शब्द की व्युत्पत्ति 'रोमाण्टिक' विशेषण से हुई है, जिसके प्राचीन फ्रांसीसी भाषा में (Romantsch-Rumontsch, Ramance, Ramanz) आदि स्वरूप भी पाये जाते हैं। अपने प्राचीन स्वरूप में 'रोमांस' अथवा 'रोमांज' शब्द का अभिधान उस कपोल-कल्पनाप्रधान अपकर्षी आख्यान अथवा साहित्य के लिए किया गया है, जो मध्ययुगीन स्वच्छन्द वृत्ति का परिचायक है। वस्तुतः यूरोप के मध्ययुगीन साहित्य में 'रोमांस' का प्राधान्य था। 'रोमांस-साहित्य' प्रेम, शौर्य, छल-कपट एवं उद्दाम मनोवासनाओं के प्रबल झंझावातों से परिपूर्ण था।

हिन्दी में अंग्रेजी स्वच्छन्दतावाद से अनुप्राणित 'छायावाद' है। इसकी कुछ विशेषताएँ—व्यक्तिवाद अथवा आत्मनिष्ठता, कल्पना-विलास, प्रेम और सौन्दर्य, अतीत तथा भविष्योन्मुखी दृष्टि, रहस्यवादोन्मुखी दृष्टि तथा विराट् के प्रति आकर्षण, राष्ट्रप्रेम तथा मानवतावाद, ऐन्द्रियपरकता और शिल्प-छन्दगत स्वच्छन्दता आदि उल्लेख्य हैं।

4. यथार्थवाद (Realism)

वस्तुतः यथार्थवाद जीवन का यथावत् रूप प्रस्तुत करनेवाली साहित्यिक विचारधारा अथवा प्रवृत्ति है। यथार्थवादी कलाकार का प्रयत्न हमेशा ही उन घटनाओं और पात्रों का प्रस्तुतीकरण होता है, जो वास्तविक जगत् की प्रतिच्छाया हों। वह असम्भव, वायवी तथा अद्भुत को प्रकृति-विरुद्ध मानकर, उनके चित्रण को अनुचित समझकर अपने साहित्य से बहिष्कृत करता है। वह एक प्रकार से मानव-समाज और जीवन का अनासक्त और निष्पक्ष फोटोग्राफर होता है। वह कृति को व्यक्तिगत विचारों के प्रचार-प्रसार का साधन नहीं मानता, वरन् जो कुछ उसके आसपास घटित हो रहा है, उसके प्रकाशन का माध्यम मानता है। यथार्थवादी साहित्यकार अपनी इस लक्ष्यपूर्ति के लिए विशेष प्रकार के शिल्प साधनों को प्रयोग में लाता है। डॉ० नगेन्द्र के शब्दों में–

(1) "स्थानीय-प्रादेशिक दृश्यावली तथा वातावरण का अन्तर्भाव; (2) कथावस्तु की दृष्टि से जो पात्र एवं स्थान प्रायः महत्त्वहीन हैं, उनका भी सूक्ष्म एवं सुविस्तृत चित्रण; (3) स्थानीय एवं सामयिक घटनाओं तथा रीति-रिवाजों के विवरण; (4) पात्रों के कथनोपकथन में उनके सामाजिक स्तर एवं प्रदेश के अनुसार भाषा अथवा बोली।"

परन्तु जीवन के यथावत् चित्रण से तात्पर्य मात्र यौन-वर्जनाओं, कुत्सित जीवन की घटनाओं, छल-छद्मों से भरी कहानियों, भद्दी एवं अश्लील बातों के चित्रण से ही नहीं है। यथार्थवाद को मात्र असामाजिक यौन सम्बन्धों, पतित जीवन की घृणित दुर्बलताओं का ही नग्न चित्र. समझना–उसे न समझना अथवा संकीर्ण अर्थ में समझना है। ये सभी-कुछ प्रकृतिवादी साहित्य की विशेषताएँ हैं, यथार्थवादी साहित्य की नहीं। क्योंकि प्रकृतवादी साहित्यकार मनुष्य-जीवन के हीन एवं पाशविक पक्ष को ही अपने साहित्य की श्रेष्ठ कथावस्तु के रूप में स्वीकार करता है, जबकि यथार्थवादी साहित्यकार मनुष्य के आदर्श एवं दुर्बल दोनों रूपों का यथावत् चित्रण करता है। एक का उद्देश्य मनुष्य को समझदार पशु मानकर उसका दोष-दर्शन ही है, जबकि दूसरे का दोष और गुण–दोनों को सही रूप में प्रस्तुत करना।

5. प्रकृतवाद (Naturalism)

हिन्दी में 'नेचुरलिज्म' को 'प्रकृतवाद', 'प्रकृतिवाद', 'निम्न यथार्थवाद', 'नग्न यथार्थवाद' तथा 'तथ्यवाद' आदि कई नामों से अभिहित किया गया है। ऐतिहासिक दृष्टि से 'प्रकृतवाद' 'यथार्थवाद' के बाद का आन्दोलन है।

साहित्य–क्षेत्र में इसे 'यथार्थवाद' का ही विकसित, किन्तु विकृत अथवा कुत्सित रूप भी कहा जाता है। वस्तुतः 'प्रकृतवाद' दर्शन में उद्‌भूत होनेवाला एक आन्दोलन है, जिसके अन्तर्गत मानव-मन की सभी प्रवृत्तियों एवं गतिविधियों के लिए मूलतः उत्तरदायी प्राकृतिक कारणों को ही ठहराया जाता है। 'काव्य एवं काव्यशास्त्र–विश्वकोश' के अनुसार–"Naturalism is the aesthetic correlate of philosophical doctrine that has its place in 19th C, History.... philosophical Naturalism considers natural causes to be responsible for all movements of mind and matter."

वस्तुतः इस प्रकृतवादी दर्शन की प्रतिस्थापना ही कला एवं साहित्य के क्षेत्र में हुई है। इस प्रकार प्रकृतवाद एक वह दार्शनिक आन्दोलन ठहरता है, जिसका सौन्दर्यपरक सह-सम्बन्ध कला-साहित्य से है। 'प्रकृतवाद' की साहित्यिक अवधारणा के आधार पर मानववादी तथा धर्मवादी दृष्टिकोणों से इतर मानव को प्रकृत रूप में अंकित करने का प्रयास किया जाता है। इसके अन्तर्गत मनुष्य के सारे क्रिया-कलापों का अध्ययन विशुद्ध शरीरवादी दृष्टिकोण से होता है। उसका अवलोकन अन्य जन्तुओं (पशुओं आदि) की भाँति ही किया जाता है।

प्रकृतवादियों ने सामान्यतः उपन्यास को ही अपने विचारों के प्रस्फुटन और पल्लवन के लिए अपनाया है। यद्यपि प्रकृतवादी प्रवृत्ति के सर्वप्रथम दर्शन फ्लौबेर के प्रसिद्ध यथार्थवादी उपन्यास 'मदाम बोवारी' (1857) में होने लगे थे, तथापि प्रकृतवाद पर लिखनेवाले प्रथम लेखक कदाचित् एमील जोला (Emile Zola) थे, जिन्होंने 19वीं शती के उत्तरार्द्ध में अपनी प्रसिद्ध कृति 'लरोमन एक्सपेरिमेण्टल' (1880) में प्रकृतवाद की व्याख्या प्रस्तुत की।

वस्तुतः 19वीं शती के फ्रांसीसी उपन्यासकारों ने ही प्रकृतवादी साहित्यिक प्रवृत्ति को विकसित किया था और इस धारा के पूर्ण प्रतिनिधि जोला थे। प्रकृतिवादी आन्दोलन की विशिष्टताओं को समाहित करते हुए जोला के दो उपन्यास इस क्षेत्र में प्रसिद्ध हैं।

हिन्दी में शुद्ध प्रकृतवादी साहित्य का सर्वथा अभाव है। प्रकृतवाद से प्रभावित कुछ साहित्यकारों ने इस क्षेत्र में यद्यपि छुट-पुट प्रयास अवश्य किये हैं, किन्तु भारतीय साहित्य–संस्कार के कारण वह उतना नीचे नहीं उतर सके हैं, जितना कि यूरोप के प्रकृतवादी साहित्यकार (जोला, मोपांसा आदि)। हिन्दी में इलाचन्द्र जोशी तथा यशपाल के कुछ उपन्यासों में प्रकृतवाद का कुछ-न-कुछ प्रभाव अवश्य दिखायी पड़ता है। महेन्द्र भल्ला का उपन्यास 'एक पति के

नोट्स' तथा राजकमल चौधरी का उपन्यास 'मछली मरी हुई' प्रकृतवादी लेखन की कोटि में रखे जा सकते हैं।

6. अतियथार्थवाद (Surrealism or Super-Realism)

अभिधान में 'यथार्थवाद' के समरूप, किन्तु अर्थवत्ता में यथार्थवाद से पूर्णतः भिन्न 'अतियथार्थवाद' का जन्म प्रथम विश्वयुद्धोत्तर फ्रांस के साहित्य-कला में हुआ। नाम से यथार्थवाद के चरम रूप का भ्रम पैदा करनेवाला यह 'वाद' यथार्थवाद से पूर्णतः भिन्न है और एक तरह से स्वच्छन्दतावाद की ही अन्तिम परिणति है। अतियथार्थवाद के प्रमुख व्याख्याता हर्बर्ट रीड भी इसे कला के स्वच्छन्दतावादी सिद्धान्त से जोड़ते हैं।

अतियथार्थवाद प्रथम महायुद्धजनित (1914-1919) विभीषिका का स्पष्ट प्रतिफलन था। प्रथम विश्वयुद्ध के भीषण नर-संहार एवं आर्थिक ह्रास ने यूरोपीय समाज को अव्यवस्था, अराजकता, विवेकशून्यता एवं एक प्रकार की नकारात्मक प्रवृत्ति से भर दिया था। परिणामतः कलाकार एवं साहित्यकार इस विश्वव्यापी विशृंखलता से ऊबकर सपनों का संसार बनाने में तल्लीन हुए। एक ओर तो ये भग्नाशा, भग्नमन लोग कठोर यथार्थ के आघातों से जर्जरित अवचेतन मन के रहस्यमय गह्वरों में विचरण के लिए विवश थे, दूसरी ओर समाज, धर्म, कला एवं साहित्य की पूर्वमान्य सभी मान्यताओं और परम्पराओं को धराशायी करने के लिए प्रयत्नशील।

हर्बर्ट रीड ने अपनी पुस्तक 'द फिलॉसफी ऑफ मॉडर्न आर्ट' में लिखा है–''अतियथार्थवादी के हृदय में उस नैतिकता के लिए कोई सम्मान का भाव नहीं हो सकता, जो एक ओर घोर गरीबों और दूसरी ओर बेहद अमीरों को पोषण दे..... वह नैतिकता जो कामवासना को इतना विकृत कर देती है कि सहस्रों अतृप्त स्त्री–पुरुष पागल बन जाते हैं–किन्तु उनका यह विश्वास है कि संघटित नियन्त्रण और वर्जन की यह सारी प्रणाली जो आधुनिक नैतिकता का सामाजिक पक्ष है, मनोवैज्ञानिक दृष्टि से गलत है और निश्चय ही हानिकारक है। दूसरे शब्दों में उनका यह विश्वास है कि आवेगों को यथासम्भव पूर्ण स्वतन्त्रता दी जानी चाहिए और उन्हें यह दृढ़ निश्चय है कि जो काम नियन्त्रण और दमन से नहीं हो सका, वह प्रेम और भ्रातृत्व के द्वारा समय आने पर हो सकेगा।''

इस प्रकार 'विद्रोह और स्वातन्त्र्य' के नाम पर वे सभी पूर्व मान्यताओं और मूल्यों का विनाश कर दिन–प्रतिदिन के जीवन में ही नवीन मूल्यों एवं

मान्यताओं की खोज करके उनकी पुनः स्थापना करना चाहते हैं। यही उनकी 'अद्भुत' अथवा 'विलक्षण' की खोज है।

अतियथार्थवादी जीवन को असंगतियों (Absurdities) से भरा हुआ मानते हैं, अतः जीवन की साहित्य अथवा कला में अभिव्यक्ति का एक ही मार्ग है कि जीवन की असंगतियों, बेहूदगियों एवं विद्रूपताओं को कला-साहित्य में स्थान दिया जाय। उनका कहना है कि असंगति ही मानव-मन अथवा जीवन का असली यथार्थ है। (Absurdity of mind is the super reality) जीवन की इन असंगतियों के चित्रण के लिए यह आवश्यक है कि अवचेतन मन की मुक्त अभिव्यक्ति हो सके, अनुभूति को यथावत् प्रस्तुत किया जा सके। मन की इस मुक्त अभिव्यक्ति अथवा अनुभूति के इस यथावत् प्रस्तुतीकरण के लिए उन्हें परम्परागत सभी सामाजिक मूल्यों, तर्कसम्मत नैतिक मान्यताओं एवं साहित्य-सिद्धान्तों के प्रति विद्रोह करना आवश्यक प्रतीत हुआ। यही नहीं, उन्होंने कला को बौद्धिकता की बेड़ियों तथा सभी प्रचलित कला-विधानों से पूर्णतः मुक्त करना उचित समझा।

"अतियथार्थवाद का प्रत्यक्ष प्रभाव 'प्रपद्यवाद' पर अवश्य देखा जा सकता है। बिहार के तीन कवियों नलिन विलोचन, केसरी कुमार तथा नरेश (नकेन) द्वारा प्रवर्तित इस काव्य-आन्दोलन के बाह्य तथा अन्तर दोनों पर ही अतियथार्थवाद की छाया स्पष्ट है। 'प्रपद्यवाद' के कवियों ने अपना घोषणापत्र भी प्रकाशित किया।... परन्तु अन्ततः यह काव्यान्दोलन अपनी कोई स्थायी परम्परा न स्थापित कर सका।"

7. प्रतीक और प्रतीकवाद (Symbol and Symbolism)

सामान्यतः 'प्रतीक' शब्द का अर्थ 'संकेत', 'चिह्न', 'प्रतिरूप', 'उपलक्षण' समझा जाता है। साहित्य में प्रतीक शब्द उस गोचर वस्तु के लिए प्रयुक्त होता है, जो किसी अगोचर अथवा अप्रस्तुत विषय का प्रतिविधान करती हो। कहना यह है कि किसी अदृश्य वस्तु, अथवा भाव को व्यक्त करने के लिए किसी दृश्य वस्तु का प्रस्तुतीकरण उस अदृश्य (वस्तु अथवा भाव) का प्रतीक होगा तथा साहित्य में अमूर्त, अदृश्य, अश्रव्य एवं अप्रस्तुत विषय का प्रतिनिधित्व मूर्त, दृश्य, श्रव्य एवं प्रस्तुत विषय द्वारा किया जाना ही प्रतीक-पद्धति का प्रयोग कहलायेगा। शब्दार्थ और प्रतीकार्थ में भेद होता है। डॉ० चन्द्रकला के अनुसार-"शब्दार्थ मिलने से जो भाव स्पष्ट होता है, वह शब्दों की पहचान पर अवलम्बित रहता है। प्रतीक से, शब्दों के अन्तरंग में

पैठकर उसके मर्म को समझने के साथ उसमें नये अर्थों की उद्‌भावना भी सम्भव होती है।''

अपने मूल अर्थ में 'प्रतीक' किसी व्यक्ति, विषय, घटना अथवा क्रिया की ओर संकेत करने सम्बन्धी अर्थ तक ही सीमित थे। किन्तु आज हमारा सामाजिक, सांस्कृतिक, राजनैतिक, धार्मिक, साहित्यिक एवं कलात्मक जीवन प्रतीकों से आक्रान्त है; यहाँ तक कि मनोविज्ञान में भी अवचेतन मन और स्वप्निल संसार की व्याख्या प्रतीकों के माध्यम से ही होती है। कहना यह है कि आज ज्ञान-विज्ञान की सभी शाखा-प्रशाखाएँ प्रतीकों के सहारे ही अपना अर्थविस्तार करती हैं। प्रतीक का बिम्ब, मिथ आदि से स्पष्ट अन्तर है।

'मिथ' में विश्वास की प्रधानता रहती है, भले ही वह विश्वास अन्धविश्वास के स्तर को ही क्यों न पहुँच गया हो। मिथ का विश्वास सामाजिक परम्पराओं से सन्नद्ध होने के कारण रूढ़ हो जाता है। कुल मिलाकर यह कहा जा सकता है कि मिथ किसी जाति-विशेष के सामाज़िक, धार्मिक अथवा सांस्कृतिक जीवन से सम्बन्धित वह प्रतीक होती है, जिसमें मिथ्या तत्त्व अधिक होता है तथा जिसका सम्बन्ध उस जाति अथवा समाज-विशेष के लोगों के प्राचीन सांस्कृतिक अथवा धार्मिक जीवन-विश्वासों से अनवरत रूप से जुड़ा रहता है और जिसमें अर्थविस्तार, परिवर्तन अथवा संकुचन की कोई सम्भावना नहीं होती; जबकि प्रतीक पूर्णतः व्यक्तिगत हो सकते हैं, उनका अर्थपरिवर्तन, अर्थविस्तार अथवा अर्थसंकोच भी प्रयोक्ता के पूर्णतः अधीन होता है। इसलिए डॉ० कुमार विमल मिथ को 'सामूहिक चेतना' की उपज मानते हैं तथा प्रतीक को 'व्यक्ति-चेतना' की। उन्हीं के शब्दों में–''मिथ का ग्रीक अर्थ है–मुँह से निकला हुआ। मिथ, मनुष्य की सामूहिक चेतना की उपज है और प्रतीक व्यक्ति-चेतना का। आधुनिक अवधारणानुरूप प्रतीकवाद 19वीं शती ईसवी का साहित्य-आन्दोलन है। ऐतिहासिक दृष्टि से प्रतीकवाद फ्रांसीसी काव्य-जगत् का पारनेसियनिज्म (Parnassianism) के बाद का आन्दोलन है। यह पारनेसियनिज्म और रियलिज्म के विरोध में उत्पन्न होनेवाली काव्य-प्रवृत्ति है।

8. बिम्ब और बिम्बवाद (Image and Imagism)

साहित्य के क्षेत्र में कल्पना सृजनात्मक शक्ति है। कल्पना सूक्ष्म विचारों अथवा भावों को स्थूल बिम्ब के रूप में भी प्रस्तुत करती है। यद्यपि विश्व-साहित्य के स्वच्छन्दतावादी युगों में कल्पना को सर्वाधिक महत्त्वपूर्ण स्थान प्राप्त हुआ है,

किन्तु स्वच्छन्दतावादोत्तर काल में बिम्ब ही महत्त्वपूर्ण काव्य-तत्त्व के रूप में गृहीत है।

बिम्ब का शाब्दिक अर्थ-चित्र, रूप अथवा आकृति है। मनोविज्ञान में 'बिम्ब' इन्द्रियों द्वारा गृहीत अनुभवों का प्रतिबिम्ब माना गया है। कहना यह है कि मनोवैज्ञानिक यह मानते हैं कि जब व्यक्ति भौतिक वस्तुओं के सम्पर्क में इन्द्रियों के माध्यम से आता है, तब उस इन्द्रिय सम्पर्क के कारण व्यक्ति के मन में उन भौतिक वस्तुओं के चित्र अथवा प्रतिबिम्ब अंकित हो जाते हैं जो अचेतन मन में एकत्रित होते रहते हैं तथा कभी-कभी स्मृति अथवा कल्पना के सहारे मन के चेतन स्तर पर अवतरित भी हो जाते हैं। साहित्यकार अथवा कलाकार इन्हीं बिम्बों को अपनी कृतियों में स्थान देते हैं।

साहित्यकारों ने बिम्ब की अनेक परिभाषाएँ की हैं। सी० डी० लेविस 'काव्यात्मक बिम्ब' को शब्द-निर्मित एक ऐसा चित्र मानते हैं जिसका सम्बन्ध किसी-न-किसी प्रकार के ऐन्द्रिक गुण से होता है। प्रसिद्ध बिम्बवादी फ्रांसिस स्टुअर्ट फ्लिण्ट के अनुसार किसी क्षण-विशेष में बौद्धिक एवं भावात्मक समष्टि बिम्ब है।

डॉ० नगेन्द्र के अनुसार "काव्य-बिम्ब शब्दार्थ के माध्यम से कल्पना द्वारा निर्मित एक ऐसी मानस-छवि है, जिसके मूल में भाव की प्रेरणा रहती है।" काव्य-बिम्ब के प्रमुख पाँच लक्षणों के आधार पर बिम्ब से स्वरूप को भलीभाँति समझा जा सकता है; यथा—चित्र, शब्द, भाव, ऐन्द्रिक—इन चारों का सम्बन्ध। पश्चिम में बिम्बवादी आन्दोलन का उद्‌भव 1912 में हुआ और इसका पूर्णतः विकास 1912 से 1917 के बीच हुआ। इस आन्दोलन के नामकरणकर्त्ता अमेरिकन साहित्यकार एजरा पाउण्ड थे, जो ह्यूम के सिद्धान्तों से पर्याप्त प्रभावित थे। कहना यह है कि इस आन्दोलन के नामकरणकर्त्ता यद्यपि एजरा पाउण्ड थे, तथापि इसके उद्‌भव एवं विकास में विभिन्न अंग्रेज एवं अमेरिकी साहित्य-मनीषियों का हाथ था।

9. अस्तित्ववाद (Existentialism)

वर्तमान विश्व चिन्ताधारा निर्वैयक्तिकतात्मक और विघटनकारी प्रवृत्तियों की ओर अधिक झुकी हुई है। व्यक्ति के विकास एवं निर्माण को समाज विभिन्न वर्जनाओं और निषेधों से अवरुद्ध करता है। धर्म और समाज की इन निषेधात्मक प्रवृत्तियों के विरोध में 19वीं शती में कुछ विद्वानों ने मनुष्य को उसके प्रकृत रूप में स्थापित एवं विकसित होने देने के लिए आवाज उठायी। उन्होंने एक ऐसा दार्शनिक दृष्टिकोण प्रस्तुत किया, जो उन तमाम परम्परागत एवं तर्कसंगत

दार्शनिक एवं सामाजिक मतवादों का विरोध करता था, जो मानवीय सत्ता (Human Existence) की उपेक्षा करके मात्र विचारों तथा नैतिक मूल्य एवं मान्यताओं की प्रतिस्थापना में संलग्न रहकर प्राचीन परम्पराओं का पालन एवं उन्नयन कर रहे थे। सभी पूर्व मान्य सामाजिक, धार्मिक एवं नैतिक परम्पराओं के विरोध में सर्वप्रथम आवाज उठानेवाले डेनिश विद्वान् एवं धार्मिक चिन्तक सारेन कीर्केगार्ड (1813-1855) थे।

यूरोप की 19वीं शती की औद्योगिक क्रान्ति, वैज्ञानिक अनुसन्धान एवं मशीनीकरण ने मनुष्य अस्तित्व को अन्धकार के गर्त में धकेल दिया था। तत्कालीन समाज–व्यवस्था मनुष्य के अस्तित्व की अवहेलना कर रही थी। मनुष्य प्रकृति की भाँति ही मशीन का भी गुलाम बनकर रह गया था। भौतिक एवं वैज्ञानिक विकास की घुड़दौड़ में मानव–अस्तित्व का स्वतः कोई मूल्य नहीं रह गया था। कीर्केगार्ड ने ऐसी बदली हुई परिस्थितियों में मानव-जीवन में वैयक्तिकता की आवाज बुलन्द की। सर्वप्रथम कीर्केगार्ड ने पूर्व मान्य सामाजिक मान्यताओं तथा धर्म की नियन्त्रणकारी एवं व्यक्तित्व-विघटनकारी प्रवृत्तियों का घोर विरोध कर एक नितान्त भिन्न जीवन-दर्शन प्रस्तुत किया, जिसका मूलोद्देश्य हर दशा में मानव को पूर्ण रूप से स्वच्छन्द करना था। धार्मिक विचारक सारेन कीर्केगार्ड (Soren Kierkeggard) उस समय यूरोपीय विचारजगत् पर शासन करनेवाले हीगेल के आदर्शवादी दर्शन के घोर विरोधी थे। वे किसी प्रकार के भी आदर्श से मुक्त कर मानव को पूर्णतः स्वच्छन्द बनाना चाहते थे। वस्तुतः अस्तित्ववाद का मूलाधार ही वैयक्तिक स्वच्छन्दता है। अस्तित्ववाद ने अपने उन्मेष-काल में ही व्यक्ति की स्वच्छन्दता और गरिमा का प्रतिपादन किया है।

भारतेन्दु-युग

नामकरण तथा समयसीमा—हिन्दी साहित्य के आधुनिक युग के आरम्भिक समय को भारतेन्दु-युग कहा जाता है क्योंकि आलोचकों तथा इतिहासकारों के अनुसार इस समय की साहित्यिक गतिविधि भारतेन्दु बाबू हरिश्चन्द्र की परिष्कृत साहित्यिक सुरुचि एवं जागरूकता के फलस्वरूप केन्द्रित होकर नवीन वातावरण नियोजित करने में प्रतिफलित हुई थी। भारतेन्दु-युग नाम पर सामान्यतः आलोचकों या साहित्य के इतिहासकारों को आपत्ति कम रही है। सर्वप्रथम मिश्रबन्धुओं ने आधुनिक हिन्दी साहित्य के इस कालखण्ड को परिवर्तन काल तथा वर्तमान हिन्दी काल का नाम दिया था और उनके अनुसार उसकी समयसीमा 1832 ई० से 1900 ई० तक थी। आचार्य रामचन्द्र शुक्ल ने भी इस युग का नाम 'भारतेन्दु-युग' नहीं रखा है। गद्य की दृष्टि से इसे हिन्दी गद्य साहित्य का प्रवर्तन काल तथा काव्य की दृष्टि से नयी धारा का नाम दिया है। उन्होंने स्थल-स्थल पर हरिश्चन्द्र-काल शब्द का प्रयोग अपने इतिहास में किया है, साथ ही वे आधुनिक काल की विकसित साहित्यिक मनोवृत्तियों के बीच भाषा तथा साहित्य दोनों पर भारतेन्दु हरिश्चन्द्र का गहरा प्रभाव देखते थे। आचार्य शुक्ल ने गद्य के प्रवर्तन काल तथा काव्य की नयी धारा को 1868 ई० से 1893 ई० तक माना है। सामान्यतः भारतेन्दु-युग 1868 ई० से लेकर 1910 ई० तक माना जाता है। इस परम्परा में देवकीनन्दन खत्री का साहित्यलेखन प्रायः अन्तिम समयसीमा का द्योतक है। डॉ० केशरीनारायण शुक्ल भारतेन्दु-युग की वास्तविक समयसीमा यही स्वीकार करते हैं। डॉ० लक्ष्मीसागर वार्ष्णेय सन् 1850 ई० से सन् 1900 ई० तक के 50 वर्षों के समय को भारतेन्दु-युग मानते हैं। उनके अनुसार भी इस युग का नामकरण भारतेन्दु-युग होना चाहिए क्योंकि प्रभावशाली व्यक्तित्व होने के कारण और साहित्यक्षेत्र को नेतृत्व प्रदान करने के कारण, भारतेन्दु के नाम पर इस कालखण्ड का नामकरण सर्वथा उपयुक्त है। इस प्रकार इस समय के नामकरण के विषय में सामान्यतः इतिहासकार एवं आलोचक एकमत हैं। किन्तु समयसीमा के सम्बन्ध में मतभेद

है। भारतेन्दु-युग की समयसीमा के मापक तत्त्वों में भारतेन्दु का अपना समय, उनकी साहित्यिक मण्डली का समय, तथा उनके भावस्वरूप निमित्त साहित्यिक गतिविधि, तीनों ही महत्त्वपूर्ण हैं। भारतेन्दु हरिश्चन्द्र का समय सन् 1850-1885 ई० है। भारतेन्दु-मण्डल के अन्तिम ग्रन्थकार यदि देवकीनन्दन खत्री को माना जाय तो उनका समय सन् 1861-1913 ई० तक है। जहाँ तक भारतेन्दु-युग की प्रवाहित परम्परा के उपलब्धिगत वैशिष्ट्य का प्रश्न है, वह हिन्दी कविता के द्वितीय उत्थान तक वर्तमान रही है। इस रूप में भारतेन्दु-युग को 1900 के काफी बाद तक लाया जा सकता है। साहित्यिक गतिविधि की दृष्टि से भारतेन्दु-युग सम्पूर्णतः दो भागों में विभक्त किया जा सकता है-'भारतेन्दु-युग' तथा 'परवर्ती भारतेन्दु-युग'। 'भारतेन्दु-युग' को केवल भारतेन्दु के जीवनकाल या गोष्ठीकाल तक सीमित रखना उचित नहीं है। भारतेन्दु-युग का तात्पर्य भारतेन्दु द्वारा प्रतिपादित साहित्यिक परम्परा की स्वीकृति एवं आदर्श के रूप में उपलक्षित करके साहित्य प्रणयन से है। इस दृष्टि से भारतेन्दु-युग की साहित्यिक गतिविधि सन् 1850-1920 ई० के आसपास तक रहती है।

भारतेन्दु-युग की आधुनिकता-भारतेन्दु हरिश्चन्द्र को आधुनिक हिन्दी साहित्य का सूत्रधार कहा जाता है। यहाँ 'आधुनिक हिन्दी साहित्य' का सन्दर्भ विश्लेषण की दृष्टि से विशेष महत्त्व रखता है। यह ऐसा शब्द है जो परम्परागत विशाल भारतीय साहित्यिक परम्परा से पहली बार मुक्त होकर व्यापक एवं परिष्कृत ढंग से अपने विशिष्ट कालबोध की ओर उन्मुख हुआ। भारतेन्दु-युग रूढ़िबद्ध एवं परम्परागत संकीर्णता से मुक्त व्यापक समसामयिक दायित्व का अनुभव कर चुका था। इसी के परिणामस्वरूप कतिपय ऐसे तत्त्वों का साहित्यलेखन में समावेश हुआ, जो साहित्यिक पुनरुत्थान का प्रेरक मन्त्र बन गया।

भारतेन्दु-युग में धर्म एवं आस्था के नाम पर प्राचीन वैष्णववादिता थी। भारतेन्दु हरिश्चन्द्र 'वल्लभ सम्प्रदाय' में दीक्षित थे। सम्प्रदायगत विग्रहों के स्वीकरण, तत्सम्बन्धी विचारधारा के पोषण में उन्हें विशेष आपत्ति नहीं थी। उनके मण्डल के अन्य सहयोगी कवि राधाचरण गोस्वामी, अम्बिकादत्त व्यास, राधाकृष्णदास आदि लेखक एवं कवि इसी परम्परागत रूढ़ धार्मिक विचारधारा के समर्थक थे। भारतेन्दु-युग की धार्मिकता का स्वरूप परम्परा से पर्याप्त भिन्न था। परम्परा में प्राचीन वैष्णवीयता मध्यकाल में मात्र आस्था की वस्तु न होकर दैनिकचर्या के बीच व्यावहारिक क्रिया-कलापों की नियन्त्रक एवं प्रेरक थी। किन्तु भारतेन्दु-युग की परम्परागत धार्मिकता आस्था के रूप में मात्र वैचारिकता

से ही सम्बद्ध थी। इस युग के इन साहित्यकारों में यह भक्ति विकसित-अविकसित, सामान्य-विशेष जिस रूप में भी थी, वैचारिकता उसके केन्द्र में थी। व्यवहार–दर्शन पर उसका स्पष्ट प्रभाव नहीं था। प्राचीन धार्मिकता की विचारधारा से सम्बद्ध आस्थापूर्ण समाजबोध की सीमाएँ भारतेन्दु हरिश्चन्द्र तक समाप्त हो चुकी थीं। धर्म एवं धार्मिक विवेक की शासित मनोवृत्ति अनेक स्तरों पर स्वच्छन्द हो चुकी थी। धार्मिकता आदि का बोध समाज में खण्डित हो चुका था। शासनपद्धति, जीवनयापन, व्यवसाय, शिक्षा, वैचारिकता, आजीविका-आदि व्यावहारिक प्रश्न प्रायः परम्परा से विरोधी थे। वस्तुतः भारतेन्दु–युग की पृष्ठभूमि में भारतीयों ने सर्वप्रथम परम्परागत संकीर्णता एवं आस्थापूर्ण धर्मप्रवण मनोनिवेश से मुक्ति पाकर छिन्न एवं जीवनगत कटुता का बोध किया था। इसके प्रेरक कई कारण थे जिनमें धार्मिक आन्दोलनों का अपना विशिष्ट रूप था।

तात्कालिक नवचेतना की जागृति के कारणों में नवीन शिक्षाप्रणाली तथा समाजपद्धति के स्वरूप का महत्त्वपूर्ण योग रहा है। पाश्चात्य शिक्षाप्रणाली का प्रवेश तथा पाश्चात्य धार्मिक जागरूकता का प्रचार सम्यक्रूपेण इस समय तक हो चुका था। ईसाई धर्म के प्रचारक एवं भारत के नवीनीकरण के प्रति जागरूक पाश्चात्य तथा भारतीय बुद्धिजीवी सामाजिक तथा धार्मिक परिवेश में मान्यता पा चुके थे। वेग से बढ़ती हुई शिक्षानीति तथा पारस्परिक सहयोग की चेतना के फलस्वरूप समाज में नये मूल्यों का उदय हुआ। भारतेन्दु–युग की आधुनिकता का अपना विशिष्ट सन्दर्भ है। यह आधुनिकता समसामयिक आधुनिकता से भिन्न एक विशिष्ट प्रकार के संक्रमणकालीन पुनरुत्थान से सम्बद्ध है जिसके साथ परम्पराबद्धता, नवीनता के प्रति आग्रह, सांस्कृतिक बोध एवं आत्मनिष्ठा, नवीन जीवनपद्धति आदि के मूल्य अवतरित हुए। भारतीयों ने एक साथ मिलकर एक शासनतन्त्र से शासित पहली बार एक प्रकार की पीड़ा का अनुभव किया। यह पीड़ा किसी प्रकार के निषेधात्मक मूल्यों से सम्बद्ध न होकर पूर्णतः भावात्मक थी। एक साथ पीड़ित के इस व्यापक संत्रास में भारतीयों में पहली बार स्वतः ऐसी प्रवृत्तियाँ आयीं जो सहज ही आधुनिकता से सम्बद्ध थीं। वे इस प्रकार हैं–देशप्रेम या देश की अविच्छिन्न एकता का मूल्य, शासक मनोवृत्ति के स्थान पर व्यापक स्तर पर एक साथ शासित होने का भाव (हीनता, नैराश्य, सामान्य कुण्ठा), आध्यात्मिक मूल्यों की रूढ़िबद्धता का त्याग और व्यापक आध्यात्मिक-सांस्कृतिक स्तर पर एकता की भावना (व्यापक स्तर पर मुसलमान, हिन्दू, ब्राह्मण, क्षत्रिय आदि के स्थान पर भारतीय होने का बोध),

एक निश्चित प्रकार के अर्थतन्त्र से प्रभावित होने पर आवश्यकतापूर्ति के स्तर पर समान अस्तित्व का बोध करानेवाले चार नये मूल्य भारतेन्दु-युग में पाश्चात्य प्रभाव से आये थे। ये चारों राष्ट्रीयता, व्यक्तिगत स्तर पर राष्ट्रीयता का बोध, समान शासित मनोवृत्ति तथा सम-अस्तित्व के मूल्यों ने नयी दिशाएँ खोल दी थीं। इसके निष्कर्ष एवं सामाजिक प्रतिक्रियाएँ बहुत ही प्रगतिशील एवं दूरगामी सिद्ध हुईं। समान अर्थतन्त्र तथा शासनतन्त्र में जीविका निर्वाह के फलस्वरूप एक साथ मिल–जुलकर रहने का भाव, पारस्परिक पीड़ाओं, कष्टों एवं सुख–दुःख को एक–दूसरे से परिचित कराने, व्यापक जीवननीति के अंगों की आलोचना–प्रत्यालोचना आदि के सन्दर्भ में दो माध्यमों को विशेष रूप से चुना गया। ये थे-गद्य के रूप में एक ऐसी सर्वमान्य व्यापक स्तर की प्रचलित भाषा का प्रयोग जिसमें क्षेत्रीय सीमा न रहे। कानपुर, कलकत्ता, पंजाब, इलाहाबाद, अल्मोड़ा, महाराष्ट्र, काशी, आगरा—आदि भिन्न-भिन्न तथा परस्पर दूरवर्ती क्षेत्रों में प्रयुक्त होकर भी विशेष प्रकार के एक संयोजक सूत्र से आबद्ध रहे। खड़ीबोली गद्य का आन्दोलन, प्रचार, प्रसार, लेखन तथा प्रकाशन इसी तथ्य का समर्थक है। नवीन जीवनपद्धति तथा वैज्ञानिक सुविधाओं के प्रसरण से परस्पर एक होने में पर्याप्त बल मिला। इस रूप में रेल, डाक, वायुयान, प्रेस आदि विशेष व्यावहारिक निकले। जिन सुविधाओं को एकत्रित करके भारतीयों को एक होने में अनेकों वर्ष लग जाते, वे सहज ही उपयोग के स्तर पर प्राप्त हो गयीं और इस रूप में दूसरा साधन पत्र–पत्रिकाओं का प्रकाशन था। भाषा आन्दोलन के बाद भारतीयों को एक निश्चित प्रकार की जीवनपद्धति एवं समान स्तर पर समान जटिलताओं का बोध कराने का श्रेय समाचार–पत्रों तथा इसी प्रकार की अन्य पत्र–पत्रिकाओं को है।

भारतेन्दु–युग की इस आधुनिकता का सबसे अधिक प्रभाव गद्य साहित्य पर पड़ा। पद्य साहित्य अपेक्षाकृत बाद में प्रभावित हुआ, किन्तु नवीनता तथा आधुनिकता के अनेक तथ्य इस समय के काव्यों में सहज रूप से आ गये थे। भारतेन्दु ने पहली बार अपनी मुकरियों के अन्तर्गत 'ग्रेजुएट' आदि अंग्रेजी शब्दों के माध्यम से समसामयिकता का बोध कराया था। इस दृष्टि से सन् 1868 में पहली बार हिन्दी साहित्य में आधुनिकता को व्यापक स्तर पर प्रतिष्ठित करने का प्रयत्न हुआ। इसी वर्ष भारतेन्दु ने 'कविवचन सुधा' का प्रकाशन आरम्भ किया। इस प्रकाशन से नये प्रकार की पत्रकारिता का ही जन्म नहीं हुआ, अपितु अनेक प्रकार के निबन्धों, आलोचनाओ और कविताओं को

प्रचार के स्तर पर एक साथ प्रचारित करने का अवसर निकला। देखादेखी भारतमित्र, हिन्दी प्रदीप, ब्राह्मण आदि पत्र एक ही उद्देश्य से प्रेरित होकर जनसामान्य के बीच में आ गये। सन् 1868 में भारतेन्दु ने 'विद्यासुन्दर' नाटक का अनुवाद करके प्रकाशित कराया तथा इसी वर्ष पहली बार नये ढंग के थियेटर का जन्म हुआ। इसका नाम 'बनारस थियेटर' रखा गया जिसमें शेक्सपीयर के नाटक, 'ऐज यू लाइक इट' का (प्रयाग के रतनचन्द्र नामक महोदय द्वारा अनूदित) 'भ्रमजाल' नाम से प्रथम बार अभिनय हुआ था। इन दृष्टियों से आधुनिकता के बोध की जो भी सम्भावित स्थितियाँ हैं, उन सबका श्रीगणेश भारतेन्दु-युग में हो चुका था तथा नवीन वैज्ञानिक पद्धतियों के कारण परस्पर आदान-प्रदान या प्रचार-प्रसार के स्तर में जागरूकता आ चुकी थी। इस दृष्टि से भारतेन्दु-युग की आधुनिकता अपनी एक विशिष्ट सीमा में पूर्णतः गत्यात्मक तथा मूल्यों की व्यापक सम्भावनाओं के बीच स्थिर अनुकूल वातावरण पाकर निरन्तर वर्द्धमान होती गयी। समसामयिक साहित्यबोध की प्रत्येक स्थिति को मूल्यवत्ता के स्तर पर इसने प्रभावित किया। परिणामस्वरूप हिन्दी साहित्य में मूल्यसंक्रमण एवं आधुनिक संचेतना सबसे प्रथम बार व्यापक स्तर पर भारतेन्दु-युग में ही आयी।

(क) भारतेन्दुकालीन कविता—इस अध्याय में सर्वप्रथम हम ब्रजभाषा, खड़ीबोली और अवधी की प्रवृत्तियों का सिंहावलोकन कर रहे हैं। इस युग में पाश्चात्य संस्कृति के सम्पर्क और भारतीय राष्ट्रीयता के उदय की जो मिली-जुली प्रतिक्रिया जनमानस में हुई उसकी प्रतिध्वनि तत्कालीन काव्य में सुनायी देती है। आधुनिक काव्यचेतना के साथ-साथ भारतेन्दु-युग के काव्य की अपनी परम्परागत विशिष्टता भी है। भारतेन्दुपूर्व हिन्दी काव्य की दो धाराएँ स्पष्ट रूप से विकसित थीं-रीति तथा शृंगार एवं भक्तिकाव्य परम्परा। ये दो परम्पराएँ शताब्दियों से निश्चित परिधि के भीतर नियोजित होने के कारण स्वरूप, प्रकृति तथा रचनाशक्ति की मौलिकता से शून्य हो चुकी थीं। इनके नाम पर मात्र पिष्टपेषण तथा अभिव्यक्तिगत उत्कृष्टता के स्थान पर शैलीगत पुनर्कथन का एक विशेष स्तर पर प्रयोग दिखायी देता है। स्वतः भारतेन्दु ही नहीं अपितु भारतेन्दु के प्रायः सभी सहयोगी काव्य के लिए ब्रजभाषा की प्राचीन परम्परागत मान्यता के पोषक थे और खड़ीबोली काव्यरचना मात्र प्रयोग के स्तर पर ही थी। भारतेन्दु के परवर्ती काल में प्रायः काव्य के स्तर पर भाषागत माध्यम को लेकर एक विशिष्ट प्रकार का आन्दोलन उठ खड़ा हुआ था। यह सत्य है कि भारतेन्दु

ने 'कालचक्र' में लिखा है कि 'हिन्दी सन् 1873 ई० में नये चाल से ढली'-किन्तु इसका अर्थ यह नहीं कि काव्यरचना के प्रायोगिक स्तर पर खड़ीबोली का पद्य सन् 1873 ई० के आसपास से लिखा जाने लगा। स्वतः भारतेन्दु को खड़ीबोली में पद्यरचना की सफलता पर विश्वास नहीं था। काव्यभाषा के सन्दर्भ में खड़ीबोली के प्रयोग के विषय में भारतेन्दु का विचार उस पत्र में स्पष्टतः देखा जा सकता है जिसे उन्होंने सितम्बर, 1881 ई० में 'भारतमित्र' के सम्पादक के नाम लिखा था, ''प्रचलित साधुभाषा में कविता भेजी है। देखियेगा कि इसमें क्या कसर है और किस उपाय के अवलम्ब करने से इस भाषा में काव्य सुन्दर बन सकता है। इस विषय में सर्वसाधारण की अनुमति ज्ञात होने पर आगे से वैसा परिश्रम किया जायगा। तीन भिन्न-भिन्न छन्दों में यह अनुभव करने ही के लिए कि किस छन्द में यह भाषा का काव्य अच्छा होगा, कविता लिखी है। मेरा चित्त इससे सन्तुष्ट न हुआ और न जाने क्यों ब्रजभाषा से मुझे इसके लिखने में दूना परिश्रम हुआ।

*　　　　　*　　　　　*

लोग विशेष इच्छा करेंगे और स्पष्ट अनुमति प्रकाश करेंगे तो मैं और भी लिखने का प्रयत्न करूँगा।''

भारतेन्दु हरिश्चन्द्र के इस कथन से स्पष्ट है कि खड़ीबोली का काव्यलेखन मात्र प्रयोग के स्तर तक ही था और काव्यरचना की उत्कृष्टता के विषय में उन्हें सर्वथा सन्देह था। निश्चित ही उस समय तक खड़ीबोली में काव्यलेखन सायास, प्रयत्नसाध्य एवं अरुचिपूर्ण था। भाषागत काव्यसंस्कार पूर्णतः असम्बद्ध एवं प्रयोग के स्तर पर अभ्यासपूर्ण था। भारतमित्र में प्रकाशित भारतेन्दु की कविता से इस तथ्य का अनुमान सरलतापूर्वक लगाया जा सकता है। अयोध्याप्रसाद खत्री ने भारतेन्दु को खड़ीबोली का समर्थक नहीं माना है—और सन् 1887 में प्रकाशित अपनी पुस्तक 'खड़ीबोली का पद्य' में स्पष्ट रूप से उनकी काव्यभाषा विषयक नीति का खुलकर विरोध किया है। बाबू हरिश्चन्द्र लिखते हैं कि पश्चिमोत्तर देश की कविता की भाषा ब्रज है। प्राचीन काल से लोग इसी भाषा में कविता करते आते हैं।

*　　　　　*　　　　　*

मैंने आप कई बेर परिश्रम किया कि खड़ीबोली में कुछ कविता बनाऊँ पर वह मेरे चित्तानुसार नहीं बनी।' भारतेन्दु हरिश्चन्द्र की खड़ीबोली में काव्यरचना

से सम्बन्धित यह मत निस्सन्देह इस तथ्य का समर्थक है कि साधु काव्यरचना खड़ीबोली में सम्भव नहीं है। भारतेन्दु-मण्डल के प्रसिद्ध कवि श्री राधाचरण गोस्वामी ने कालाकाँकर से प्रकाशित होनेवाले पत्र 'हिन्दोस्थान' में काव्यभाषा विषयक नीति का उल्लेख करते हुए लिखा है कि 'आजकल हमारे कई भाइयों ने इस बात का आन्दोलन आरम्भ किया है कि जैसा हिन्दी में गद्य लिखा जाता है, वैसा ही हिन्दी में पद्य भी लिखा जाया करे। वास्तव में भाषा के दो ही स्वरूप हैं—गद्य तथा पद्य।

*　　　　*　　　　*

यदि गद्य तथा कविता का हिन्दी में कुछ अन्तर है तो इतना ही कि एक प्राचीन भाषा, और एक नवीन भाषा इस दो तरह की भाषा-परिपाटी रहने से हिन्दी का गौरव है, लाघव नहीं।' राधाचरण गोस्वामी के इन वाक्यों से स्पष्ट है हिन्दी खड़ीबोली उस समय निश्चित रूप से गद्य की भाषा मानी गयी थी और काव्य की भाषा उससे भिन्न ब्रज थी।

काव्यभाषा को लेकर एक विशेष प्रकार का आन्दोलन खड़ा करने का श्रेय अयोध्याप्रसाद खत्री को है। सन् 1888 ई० में उन्होंने 'खड़ीबोली आन्दोलन' के नाम से एक पुस्तक प्रकाशित की जिसका मुख्य ध्येय खड़ीबोली के विरोधी मतों का प्रत्याख्यान करना था। इसमें इन्होंने न केवल खड़ीबोली के अनुकूल वातावरण निर्मित करने का ही प्रयत्न किया है, अपितु काव्यरचना के स्तर पर उसकी उपयुक्तता का विवेचन भी प्रस्तुत किया है। भारतेन्दु हरिश्चन्द्र के समय में ही हिन्दी खड़ीबोली में काव्यरचना प्रारम्भ हो चुकी थी। यह सत्य है कि इस समय तक यह आन्दोलन इतना सशक्त नहीं था, और काव्यरचना के प्रचार की दृष्टि से इसे अनुकूल अवसर भी प्राप्त नहीं था, फिर भी इतस्ततः पर्याप्त मात्रा में इसमें काव्यरचना आरम्भ हो चुकी थी। सन् 1881 में बाबू महेशनारायण ने 'स्वप्न' शीर्षक से एक लम्बी कविता लिखी। भारतेन्दु के समसामयिक बाबू लक्ष्मीप्रसाद ने गोल्डस्मिथ के 'हरमिट' का 'योगी' के नाम से अनुवाद प्रस्तुत किया तथा भारत की दुर्दशा पर कई छन्द लिखे। भारतेन्दु के ही समय में राजा शिवप्रसाद सितारेहिन्द ने चौतुक्के धुन तथा खड़ीबोली के दोहे लिखे, राय सोहनलाल ने 'हिन्द में सतयुग की सभा' तथा मौलवी इल्ताफ हुसैन ने 'एक बेवे की सुनाजात' नामक कविता प्रस्तुत की। भारतेन्दु हरिश्चन्द्र ने 'विद्याविनोद' नामक पत्रिका में आश्विन, संवत् 1933 में 'दशरथ विलाप' नाम से सम्भवतः प्रथम कविता खड़ीबोली में लिखी थी। सन् 1885 में भारतेन्दु के देहावसान के

पश्चात् काव्यभाषा के सन्दर्भ में एक भारी आन्दोलन उठ खड़ा हुआ। खड़ीबोली काव्यरचना के पक्ष में अयोध्याप्रसाद खत्री, श्रीधर पाठक, महावीरप्रसाद द्विवेदी आदि थे और विपक्ष में ब्रजभाषा के समर्थक पण्डित प्रतापनारायण मिश्र तथा भारतेन्दु-मण्डल के अन्य सहयोगी कवि थे। अयोध्याप्रसाद खत्री का प्रयत्न उस समय खड़ीबोली की काव्यरचना को सशक्त बनाने की दृष्टि से बहुत ही महत्त्वपूर्ण था। डॉ० ग्रियर्सन अयोध्याप्रसाद खत्री से बहुत अधिक प्रभावित थे और खड़ीबोली में काव्यरचना की सशक्तता पर विश्वास भी करते थे। हिन्दी खड़ीबोली गद्य भाग 2 को देखने के पश्चात् उन्होंने इस विषय में अपनी धारणा इस प्रकार व्यक्त की है–

"उन्होंने (अयोध्याप्रसाद खत्री) अब काव्यशास्त्र का दूसरा भाग लिखा है जिसमें पर्याप्त तर्कों के साथ वे सिद्ध करते हैं कि यदि हिन्दी गद्य तथाकथित खड़ीबोली में लिखा जाता है, हिन्दी कविता भी उसी बोली में लिखी जानी चाहिए न कि ब्रजभाषा में।"

[ही (अयोध्याप्रसाद खत्री) हैज नाउ रिटेन ए सेकेण्ड पार्ट आफ प्रोसीडी इन ह्विच मेनटेन्स विद कन्सिडरेबुल शो आफ रीजन, दैट इफ हिन्दी प्रोज इज रिटेन इन द सो-काल्ड खड़ीबोली, हिन्दी पोएट्री आलसो बी रिटेन इन द सेम डायलेक्ट ऐण्ड नाट इन ब्रजभाषा]

डॉ० ग्रियर्सन के ये शब्द निश्चित रूप से इस तथ्य की पुष्टि करते हैं भारतेन्दु–युग में खड़ीबोली में काव्यरचना की पृष्ठभूमि निर्मित हो चुकी थी। उनके देहावसान के बाद यह महत्त्वपूर्ण आन्दोलन के रूप में सामने आया तथा भारतेन्दु–युग की समाप्ति के बाद पूर्णतः सबल हो गया।

भारतेन्दु–युग की परम्पराबद्धता–आधुनिक काव्यचेतना तथा खड़ीबोली के आन्दोलन के साथ-साथ भारतेन्दु–युग के काव्य की अपनी परम्परागत विशिष्टता भी है। भारतेन्दु ब्रजभाषा में काव्यरचना के पक्के हिमायती थे और काव्यसौकर्य की दृष्टि से ब्रज को ही उपयुक्त भाषा समझते रहे। 'मण्डल' के कवि उनके मत के पोषक एवं उनकी निर्दिष्ट परम्परा के अनुयायी मात्र थे। भारतेन्दुपूर्व हिन्दी काव्य की दो स्पष्ट धाराएँ विकसित होकर अपनी सीमा के विस्तार के बीच उपलब्धियों की दृष्टि से मृतप्राय हो चुकी थीं। उनमें मौलिकता, काव्यप्रयोग, कवित्वशक्ति की उत्कृष्टता आदि के स्थान पर मात्र पिष्टपेषण, अभिव्यक्ति कौशल के नाम पर समस्यापूर्ति एवं नवीन अभिव्यंजना के नाम पर रूढ़ि प्रयोग ही शेष रह गया था। भारतेन्दु ही नहीं, उनके सहयोगी भी ब्रजभाषा की परम्परागत प्राचीन उपलब्धियों के पोषक तथा समर्थक थे।

भारतेन्दुपूर्व ब्रजभाषा काव्य की सम्भावनाएँ अधिकांशतः रीतिनिरूपण, शृंगारचित्रण तथा भक्तिसमर्थन से सम्बन्ध रखती हैं। भारतेन्दु-युग का अधिकांश ब्रजभाषा काव्य इन्हीं सम्भावनाओं के भीतर है। इसके अतिरिक्त भी, भारतेन्दु-युग में नवीन आधुनिकता से सन्दर्भित विषयों को भी प्राचीन काव्यपरिपाटी के माध्यम से अभिव्यक्त करने की प्रणाली चल निकली थी। इस परिपाटी के सन्दर्भ में 'मुकरी' के माध्यम से नवीन सामयिक दृष्टि की आलोचना, जन्मोत्सव, मंगल बधाई, स्यापा, आगमन, विवाह आदि प्राचीन परम्पराओं को आधार बनाकर नवीन सन्दर्भों को समायोजित करना भारतेन्दु-काल की एक विशेष प्रवृत्ति बन गयी थी। किन्तु इसके अतिरिक्त भी भारतेन्दु-युग की परम्पराबद्धता का एक निश्चित सन्दर्भ तथा अर्थ है। संक्रमण की स्थिति में किसी काव्य की परम्पराबद्धता मूलतः प्राचीन या काव्यमूल्य में निहित संस्कारी मान्यता के साथ है और इस रूप में भारतेन्दुयुगीन काव्य की भी संस्कारगत काव्य मूल्यवत्ता अपना विशिष्ट अर्थ रखती है।

भारतेन्दु-युग नवीन तथा प्राचीन का एक विशिष्ट प्रकार का संक्रमण था। भारतेन्दु एवं उनके सहयोगी काव्य के स्तर पर प्राचीन ब्रजभाषा काव्य की पश्चिमी तथा रूढ़िग्रस्त धारणाओं के समर्थक थे। स्वतः भारतेन्दु भी खड़ीबोली में काव्यरचना श्रेयस्कर नहीं मानते थे। 'हिन्दी भाषा' नामक पुस्तक तथा अपनी स्फुट टिप्पणियों में इस विषय में प्रबल तर्क प्रस्तुत किया है कि काव्यरचना में रसवत्ता, अनगढ़ता, सुस्थिर प्रांजल शब्दयोजना एवं अर्थशक्ति की विलक्षणता के लिए परम्परा से चली आयी हुई ब्रजभाषा ही अपेक्षित है। इनके सहयोगियों में, जो खड़ीबोली की गद्यरचना के नितान्त समर्थक थे और इतस्ततः प्रयोग के स्तर पर खड़ीबोली के पद्यों के प्रयोग के समर्थक रहे हैं, रसिकसमाज, कविगोष्ठियों तथा संग्रह-ग्रन्थों के लिए परम्परागत ब्रजभाषा के कवित्त-सवैये की शैली की कविता के पक्षपाती थे।

समस्यापूर्तिसंग्रहों या कवित्तसंग्रहों में ऐसे कवियों की एक लम्बी सूची उपलब्ध हो जाती है। इनमें से कुछ परम्पराबद्ध हैं और कुछ भक्त कवि भी हैं। भारतेन्दु-युग के ऐसे संग्रह प्रायः इस रूप में हैं—शृंगारसंग्रह, षट्ऋतुप्रकाश, सुन्दरीतिलक, पावस-कवित्त-संग्रह, हजारा, नवीन संग्रह, पंचाशतक, शृंगारसुधाकर, शृंगारसरोज, प्रेमतरंग, मनोजमंजरी भाग 1-4, काव्यकला, पावस-कवित्त-रत्नाकर, समस्यापूर्ति आदि। इन कवियों का दृष्टिकोण अधिकांशतः परम्पराबद्ध दृष्टि का ही समर्थन करता रहा है।

निष्कर्ष रूप में भारतेन्दु-युग की परम्पराबद्धता मात्र परम्परानुमोदित रीतिवादी काव्यपरम्परा से सम्बद्ध है। युगानुरूप विस्तार, शैलीगत विविधता, वैचारिक विविधता आदि का इसमें सर्वथा अभाव-सा है। भारतेन्दु के कतिपय सहयोगी कवियों ने युगानुरूप वर्ण्य-विषय एवं नवीन काव्यबोध के लिए ब्रजभाषा की कवित्त, दोहे, सवैये की शैली का प्रयोग अवश्य किया है, जो अत्यन्त सामान्य एवं काव्यमूल्य की दृष्टि से सर्वथा असम्पन्न हैं।

भारतेन्दु हरिश्चन्द्र तथा उनके सहयोगी कवि—भारतेन्दु-युग का सन्दर्भ भारतेन्दु हरिश्चन्द्र से जुड़ा हुआ है। भारतेन्दु-युग का सम्पूर्णतः उपलब्धिगत वैशिष्ट्य भारतेन्दुकेन्द्रित या उनका समीपवर्ती है। पण्डित रामनरेश त्रिपाठी, आचार्य रामचन्द्र शुक्ल, श्री ब्रजरत्नदास, पं० अयोध्यासिंह उपाध्याय 'हरिऔध' आदि भारतेन्दु या भारतेन्दु साहित्य पर विचार करनेवाले समीक्षकों ने इन्हें आधुनिक हिन्दी काव्य का मसीहा कहा है। यह विचार अनेक अर्थों में तथ्यपूर्ण भी है। भारतेन्दु हरिश्चन्द्र की साहित्यिक रुचि इतनी विशिष्ट तथा व्यक्तित्व-चेतना साहित्य के सन्दर्भ में इतनी सन्तुलित थी कि सहज ही तात्कालिक साहित्यिक परिवेश में आकर्षण का कारण बन गयी। भारतेन्दु हरिश्चन्द्र परम्परागत मान्यताओं के पोषक होते हुए भी नवीन प्रगतिशील विचारों के समर्थक थे तथा युगानुकूल काव्यविधाओं पर सचेष्ट दृष्टि रखते थे। पत्रकारिता, स्त्रीशिक्षा, शासननीति और शासक वर्ग की राजनीतिक गतिविधियों पर सचेष्ट दृष्टि रखना, नवीन आन्दोलनों, उत्थानों एवं प्रवृत्तियों को क्रियान्वित करने के प्रति उद्यत रहने का भाव आदि उनकी कतिपय विशिष्ट प्रवृत्तियाँ थीं, जो अनेक रूपों में उनके साहित्यिक रचनाक्रम के सन्दर्भ में अभिव्यक्त हुईं।

भारतेन्दु का रचनात्मक व्यक्तित्व अत्यधिक सशक्त है। संवेदनशीलता से कहीं अधिक साहित्यिक रुझान उनके रचनाकार व्यक्तित्व से सम्पृक्त थी। इस रूप में काव्यरचना के प्रति निरन्तर सचेष्ट और अभिव्यक्ति के प्रति जागरूक रहना उनके व्यक्तित्व का विशिष्ट गुण था। रचनाकार तो भारतेन्दु थे ही, अपने युग की रचनाशीलता के प्रेरक भी थे। साहित्यविधाओं को एक निश्चित प्रवृत्ति, निश्चित समय तथा एक निश्चित परिवेश में क्रियान्वित करके प्रयोग में लाना उनकी सबसे महत्त्वपूर्ण विशेषता है। भारतेन्दु हरिश्चन्द्र समसामयिक युगप्रवृत्ति के सन्दर्भ में हिन्दी साहित्य की वास्तविक गतिविधि को दृष्टि में रखते थे और इस सन्दर्भ में वे अंग्रेजी, उर्दू आदि की विकसित काव्यप्रवृत्तियों को हिन्दी में रखने के पक्षपाती थे। भारतेन्दु के ऐसे प्रयोगों में भदेसपन अवश्य है, किन्तु

प्रचार तथा नवीन पृष्ठभूमि के निर्माण में यह इतना अधिक सहायक हुआ कि उत्कृष्ट काव्य नवीन रचनाशीलता के निर्माण में शायद इतना अधिक सहायक न होता।

भारतेन्दु हरिश्चन्द्र का व्यक्तित्व दो रूपों में सहज ही विभक्त है। काव्य में परम्परावादी तत्त्वों का स्वीकरण उनके व्यक्तित्व का प्रमुख लक्षण था। परम्परा के नाम पर उन्हें वैष्णव भक्ति, रीतिकालीन रंजक दृष्टि तथा साहित्यिक परिवेश के बीच निरन्तर काव्यरुचि को प्रकृष्ट बनाते रहने का भाव आदि उनकी कतिपय विशिष्टताएँ थीं। परम्परागत मूल्यों के सन्दर्भ में ऐसी दृष्टि का समर्थन जो नितान्त रसवादी या भावुकताप्रधान हो—उनकी काव्यप्रक्रिया से सम्बद्ध है। इस रूप में उन्होंने एक प्रशस्त रचनाधारा निर्मित की है। भक्तसर्वस्व (1927), प्रेममालिका (1928), वैशाख माहात्म्य (1929), फूलों का गुच्छा (1929), जैन कौतूहल (1929), प्रेमसरोवर (1930), प्रेमाश्रुवर्षा (1930), प्रेमफुलवारी (1930), भक्तमाल उत्तरार्द्ध (1933), प्रेमतरंग (1934), प्रेमविलाप (1934), गीत-गोतिवन्दानन्द (1935), सतसई-सिगार (1935), होली (1936), प्रेममाधुरी (1937), वर्षाविनोद (1937), विनय प्रेम-पचासा (1938), कृष्णचरित (1940), कार्तिकस्नान (1941), रागसंग्रह (1941) आदि काव्यपरम्परागत दृष्टि तथा उपलब्धियों से सम्बन्धित हैं। भक्ति के सन्दर्भ में भारतेन्दु प्रेम को उसका एकमात्र मूल्य मानते थे। भारतेन्दु द्वारा स्वीकृत यह प्रेम नितान्त परम्परागत वैष्णव विचारधारा का तत्त्व मात्र न होकर युगानुकूल स्वच्छन्दता से अनेक सन्दर्भों में प्रभावित है। कारण स्पष्ट है, भारतेन्दु की भक्ति दैनिक चर्चा के रूप में न होकर मात्र आस्था एवं सुरुचि से सम्बद्ध थी। भक्ति विषयक उनका उत्कट आवेश उनके भावुक व्यक्तित्व तथा रुचिप्रगाढ़ता से जुड़ा हुआ है। इनके भक्तिकाव्य में इनकी दूसरी दृष्टि धर्म विषयक युगानुकूल उदारता है। धर्मगत संकीर्णता उन्हें व्यक्तिगत जीवन में भी मान्य नहीं थी। वैष्णव आस्था के अतिरिक्त भी धार्मिक उदारशीलता की प्रवृत्ति उनके काव्य में सर्वत्र परिलक्षित होती है। इस रूप में भारतेन्दु के भक्ति विषयक काव्यों में धार्मिक आस्था एक विशिष्ट सन्दर्भ में अभिव्यक्त हुई है।

नवीनता या नवीन काव्यदृष्टि उनके काव्य की दूसरी विशेषता है। उनकी रचनाओं का एक विशिष्ट वर्ग आधुनिक काव्यचेतना से सम्बन्ध रखता है। ये नवीन भूल्य भारतेन्दु–काल–सापेक्ष हैं तथा उनमें प्रतिष्ठित नवीनता सजगता से संयुक्त है। स्वर्गवासी श्री अलवरत वर्णन अन्तर्लापिका (1918),

श्री राजकुमार-सुस्वागत-पत्र (1926), सुमनांजलि (1927), काशी में ग्रहण के हित राजकुमार के आने के हेतु, सन् 1871 में श्रीमान् प्रिन्स आफ वेल्स के पीड़ित होने पर कविता (1928), मुँह दिखावनी (1931), श्री राजकुमार शुभागमन वर्णन (1932), भारतभिक्षा (1932), मानसोपायन (1933), मनोमुकुलमाला (1934), भारत वीरत्व (1935), विजय वल्लरी (1938), विजयिनी विजयपताका या बैजयन्ती (1939), जातीय संगीत (1941), रिपनाष्टक (1941), उर्दू का स्यापा, बकरी विलाप, हिन्दी की उन्नति पर व्याख्यान, मूक प्रश्न, नये जमाने की मुकरी, बन्दरसभा आदि अनेक काव्य इसी के अन्तर्गत आते हैं। आधुनिक काव्यधारा के सन्दर्भ में नवीन काव्यप्रवृत्तियाँ राजभक्ति, देशभक्ति, समाज-सुधार, अर्थनीति, भाषाप्रेम, सामाजिक व्यंग्य-परिहास, लोकरुचि आदि अनिवार्य रूप में इनमें व्यक्त हुई हैं।

समस्यापूर्ति तथा रीतिकालीन रचनापरिवेश का इनका काव्य विशिष्ट कोटि का है। किन्तु रचनाशीलता की दृष्टि से यह सामान्य स्तर का है। भक्ति तथा प्रेमनिष्ठता के तत्त्वों की प्रधानता के कारण काव्य का रंजक तत्त्व गौण एवं शिल्पवादी आग्रह मन्द पड़ गया है। समस्यापूर्ति सामान्य काव्यरुचि के साथ सम्बद्ध है और इस रूप में रीतिकालीन रचनाशीलता इनके काव्यव्यक्तित्व के अंग के रूप में अवश्य है, किन्तु सम्पूर्ण रचनातत्त्व को प्रगाढ़तापूर्वक प्रभावित नहीं कर पाता।

भारतेन्दु हरिश्चन्द्र की नवीनता स्वार्जित तथा प्राचीनता संस्कारगत थी। इनका भक्ति विषयक परम्परागत संस्कार बड़ा ही प्रबल था, किन्तु आधुनिकता या नवीनता इनके काव्य के लिए कम महत्त्वपूर्ण नहीं थी। भारतेन्दु हरिश्चन्द्र स्वतः अपने सहयोगियों के बीच में इन दोनों मूल्यों के संयोजक के रूप में देखे जाते थे। पत्रकारिता के माध्यम से उनकी नवीन काव्यदृष्टि, उपलब्धि एवं समसामयिक सचेष्टता अभिव्यक्त होती थी तथा रसिक समाजों, गोष्ठियों के माध्यम से प्राचीन संस्कारगत काव्यचेतना प्रकाश में आती थी। इस प्रकार नवीनता तथा परम्परावादिता, दोनों काव्यमूल्य उनके साथ अनिवार्य रूप से सम्बद्ध थे।

भारतेन्दु बाबू की रचनाशीलता से कही अधिक महत्त्वपूर्ण उपलब्धि प्रवृत्ति-संयोजन की है। भारतेन्दु के युगों में समसामयिक या परम्परागत काव्यचेतना नितान्त वैयक्तिक धरातल पर थी। सामूहिक अभिव्यक्ति नितान्त शून्य थी और इस दृष्टि से काव्य या साहित्यरचना के सन्दर्भ में प्रचार तथा प्रसार की व्यापक पृष्ठभूमि का सर्वथा अभाव-सा था। भारतेन्दु हरिश्चन्द्र ने प्रथम बार हिन्दी

साहित्य की रचनाशील प्रवृत्तियों को एक साथ सामूहिक रूप में जोड़कर व्यापकता के स्तर पर प्रतिष्ठित करने का प्रयत्न किया। इस रूप में उनके समस्त सहयोगी एक विशिष्ट 'मण्डल' के रूप में जाने जाते हैं। भारतेन्दु से प्रभावित तथा उनके सम्पर्क के कवियों का विवरण इस प्रकार है–

राधाचरण गोस्वामी-इनका जन्म वृन्दावन में फाल्गुन कृष्ण पंचमी, सं० 1918 (25 फरवरी, 1859) को हुआ था। ये गोस्वामी वंश के गौड़ ब्राह्मण थे। वैष्णव आस्था आपको संस्कार से मिली थी। आप भारतेन्दु बाबू हरिश्चन्द्र की प्रेरणा से हिन्दी-संसार में आये। सं० 1930 में 'हरिश्चन्द्र पत्रिका' प्रकाशित होने लगी थी, और तभी से आप निरन्तर हिन्दी में लिखते रहे।

राधाकृष्णदास-भारतेन्दु बाबू हरिश्चन्द्र के सहधर्मियों में राधाकृष्णदास का नाम स्मरण किया जाता है। आप भारतेन्दु के फुफेरे भाई और उनसे 15 वर्ष छोटे थे। आपका जन्म श्रावण पूर्णिमा सं० 1922 (7 अगस्त, सन् 1865) को हुआ था। अल्पायु में ही पिता के देहावसान के बाद आपका पोषण भारतेन्दुजी की संरक्षकता में हुआ। भारतेन्दु के प्रभाव से ही इनमें साहित्यिक सुरुचि उत्पन्न हुई थी। हिन्दी साहित्य में आपका ऐतिहासिक महत्त्व है। नागरी प्रचारिणी सभा, काशी में पुस्तकों का अन्वेषण आपके कार्यकाल से हुआ और उसकी सन् 1900 की पहली हिन्दी रिपोर्ट आपने ही लिखी थी। यही नहीं, सन् 1900 में आपके ही उद्योग से 'सरस्वती' पत्रिका का प्रकाशन प्रयाग के इण्डियन प्रेस में आरम्भ हुआ था। आपका देहावसान 42 वर्ष की अल्पायु में 20 अप्रैल, 1907 को काशी में हुआ था।

प्रतापनारायण मिश्र-भारतेन्दु की गोष्ठी के ये प्रमुख कवि थे और उनके प्रति इनकी आजीवन निष्ठा बनी रही। आपका जन्म क्वार कृष्णपक्ष नवमी, संवत् 1913 को हुआ था। इन्हें शिक्षा स्वाध्याय द्वारा ही अधिक प्राप्त हुई थी और उर्दू, फारसी तथा बँगला भाषाओं का अध्ययन भी आपने इसी रूप में किया था। प्रायः ये विद्यार्थी जीवन में ही 'कविवचन सुधा' से परिचित हो चुके थे और यदा-कदा प्रकाशनार्थ रचनाएँ भेजते रहते थे। भारतेन्दु बाबू हरिश्चन्द्र आरम्भ से ही आपके काव्य के प्रशंसक थे। आपका देहावसान 38 वर्ष की अल्पायु में संवत् 1951, आषाढ़ शुक्ल चतुर्थी को हुआ था।

बदरीनारायण चौधरी 'प्रेमघन'–आप ब्रजभाषा में रचनाएँ करते थे, किन्तु खड़ीबोली भी काव्यरचना के लिए इन्हें प्रिय थी। 'आनन्द अरुणोदय' नामक आपकी कविता खड़ीबोली में निर्मित है।

अम्बिकादत्त व्यास-अम्बिकादत्त व्यास भारतेन्दु-युग के सबसे अधिक प्रतिभासम्पन्न कवि थे। विशेष रूप से शास्त्रीय परिपाटी का अत्यधिक व्यवस्थित तथा मार्मिक ज्ञान उनकी काव्यप्रतिभा के सहज अंग के रूप में था। निःसन्देह ये भारतेन्दु-मण्डल के सर्वाधिक गौरवपूर्ण तथा प्रतिष्ठित कवि थे।

इन्होंने स्वतन्त्र रूप से ही संस्कृत का गम्भीर अध्ययन किया था। ग्यारह वर्ष की अवस्था में अमरकोष, रूपावली तथा संस्कृत के अनेक काव्यों का अध्ययन करके लघुसिद्धान्त कौमुदी, श्रीमद्भागवत दशम स्कन्ध, पं० ताराचरण तर्करत्न भट्टाचार्य से साहित्यदर्पण एवं सिद्धान्तलक्षण का नियमित अध्ययन आरम्भ किया था।

ठाकुर जगमोहन सिंह-जगमोहन सिंह का काव्य-व्यक्तित्व अत्यन्त उदात्त कोटि का है। आचार्य शुक्ल ने अपने इतिहास में इनके उत्कृष्ट काव्यत्व की बार-बार प्रशंसा की है। इनका जन्म संवत् 1914 श्रावण शुक्ल चतुर्दशी को मइहर (मध्य प्रदेश) में हुआ था। उस समय इनके पिता ठाकुर सरयूप्रसाद सिंह सन् 1857 के प्रथम स्वाधीनता-संग्राम के अपराध में कैदी बनाकर कालापानी भेज दिये गये थे। जब ये मात्र छह महीने के थे, तभी इनके पिता ने आत्महत्या कर ली थी। इस प्रकार इनके पालन-पोषण तथा शिक्षा आदि की पूरी व्यवस्था सरकार को करनी पड़ी।

ठाकुर जगमोहन सिंह के काव्यत्व का मुख्य विषय प्रेम है। यह शास्त्रीय तथा परम्परागत होते हुए भी अनेक अंशों में स्वच्छन्दता की श्रेणी में आता है। प्रकृति-प्रेम एवं तत्कालीन समस्याएँ इनके काव्य में अनेक रूपों में आयी हैं। इनके काव्य-व्यक्तित्व का एक विशिष्ट अंश ब्रजभाषा काव्यपरम्परा से सम्बद्ध है किन्तु अधुनातन प्रवृत्तियों के प्रति मोह के कारण निःसन्देह इन्हें आधुनिक काव्य के अन्तर्गत रखा जा सकता है।

भारतेन्दुकालीन कवियों में सुधाकर द्विवेदी, लाला सीताराम, दामोदर शास्त्री सप्रे, विनायक राव, राय देवीप्रसाद पूर्ण आदि के साथ बालमुकुन्द गुप्त का नाम विशेष रूप से उल्लेखनीय है।

बालमुकुन्द गुप्त-आधुनिक हिन्दी पत्रकारों एवं निबन्धलेखकों में भी बालमुकुन्द गुप्त का नाम जिस रूप में लिया जाता है, उसी प्रकार उनकी कवि रूप में ख्याति भी महत्त्वपूर्ण है। परवर्ती भारतेन्दु-युग के प्रशस्त कवियों में उनका स्थान निःसन्देह स्मरणीय है। इनका जन्म हरियाना प्रान्त के रोहतक जिले के गुरियानी नामक ग्राम में संवत् 1922 में कार्तिक शुक्ल पक्ष

चतुर्थी को हुआ था। इनकी साहित्यिक प्रतिभा के विकास में पत्रकारिता का महत्त्वपूर्ण योगदान रहा है। साहित्यजगत् में इनका प्रवेश पत्रकारिता के माध्यम से ही हुआ है। सर्वप्रथम ये सन् 1887 ई० में मिरजापुर जिले के चुनार से प्रकाशित उर्दू पत्र 'अखबार' के सम्पादक नियुक्त हुए थे। सन् 1888 में लाहौर चले जाने पर वहाँ उर्दू अखबार 'कोहेनूर' के सम्पादक रहे। मेरठ में इन्होंने इसी वर्ष हिन्दी सीखना आरम्भ किया और शीघ्र ही लेखनकार्य में इसका प्रयोग करने लगे। पण्डित प्रतापनारायण मिश्र ने इन्हें हिन्दी सीखने में पर्याप्त सहयोग दिया था। कालाकाँकर से प्रकाशित प्रसिद्ध दैनिक हिन्दी पत्र के ये सहसम्पादक भी रहे हैं। इसके पश्चात् हिन्दी 'बंगवासी' नामक पत्र में सहकारी सम्पादक के रूप में कई वर्ष रहे। सन् 1898 में 'भारतमित्र' के सम्पादक का भार उन्होंने ग्रहण किया और आजीवन इसी पत्र के सम्पादक के रूप में बने रहे। भारतमित्र की ख्याति का सम्पूर्ण श्रेय इनकी पत्रकारिता विषयक स्थिर नीति को ही है।

भारतेन्दु से प्रभावित होकर काव्यरचना प्रस्तुत करनेवालों में फ्रेडरिक पिन्काट, माधवी, हुस्तानागरी, चन्द्रिका आदि भी उल्लेख्य हैं।

भारतेन्दु-युग के पूर्व लगभग 50 वर्षों तक हिन्दी का रीति-साहित्य ह्रास की स्थिति में पहुँच चुका था। विषय का पिष्टपेषण इतना अधिक हो चुका था कि नवीन-से-नवीन उक्ति-चमत्कृति में भी परम्परागत रूढ़िबद्धता परिलक्षित होती थी। रीतिशास्त्रों का लेखन समाप्त हो चुका था। शास्त्रीय मान्यताएँ, स्वल्प वाद-विवाद, संस्कृत में स्वीकृत शास्त्रीय मान्यताओं की अनुवादात्मकता तथा रीतिनिरूपण समाप्त हो चुके थे। अधिकांशतः आचार्यत्व एवं मीमांसक दृष्टिकोण का जोश उतर चुका था। इसके अतिरिक्त भी, शास्त्रीय क्रम में काव्य-रचना-पद्धति भारतेन्दु के काफी पूर्व ही समाप्त हो चुकी थी। लक्षणविहीन उदाहरण-ग्रन्थों की रचनापरिपाटी अधिकांशतः समाप्त थी और इस परम्परा के अन्तिम अवशेष आधुनिकता के तीव्रतम आग्रह के कारण जर्जर हो चुके थे। इस परम्परा के कवियों में सरदार कवि तथा शिवसिंह सेंगर जिन्होंने हिन्दी साहित्य का प्रथम विवरण ग्रन्थ 'शिवसिंह सरोज' लिखा आदि के नाम ही उल्लेख्य हैं।

•

हिन्दी खड़ीबोली काव्य

हिन्दी खड़ीबोली काव्यरचना भारतेन्दु–युग की सर्वाधिक महत्त्वपूर्ण उपलब्धि है। इस भाषागत उपलब्धि के सन्दर्भ में हिन्दी कविता की गतिविधि लगभग बीस वर्षों तक अवरुद्ध-सी हो गयी थी। कारण स्पष्ट था, हिन्दी खड़ीबोली रचना प्रायोगिक स्तर पर थी। शैलीगत एकरूपता एवं रचना के एकरूप मानदण्ड की स्थिरता का इस समय सर्वथा अभाव था। इस समय के नवीन प्रयोगी कवि शिवप्रसाद सितारेहिन्द, बाबू हरिश्चन्द्र, बाबू लक्ष्मीप्रसाद, श्रीधर पाठक, नाथूराम शर्मा 'शंकर' आदि नवीन शैली की खोज में भटकते हुए दृष्टिगत हो रहे थे। इस प्रकार भारतेन्दुकालीन खड़ीबोली काव्यरचना विशेष प्रकार की संक्रान्ति में दबी हुई अपना मार्ग बना रही थी।

भारतेन्दुयुगीन हिन्दी खड़ीबोली का प्रथम कवि किसे माना जाय, इस विषय में मतैक्य सम्भव नहीं है। जैसा आरम्भ में खड़ीबोली आन्दोलन के सन्दर्भ में उल्लेख किया जा चुका है, भारतेन्दु हरिश्चन्द्र ने सर्वप्रथम 'भारतमित्र' सम्पादक को सन् 1881 में सर्वप्रथम अपनी तीन खड़ीबोली की कविताएँ लिखकर प्रकाशनार्थ भेजी थीं। ये कविताएँ दशरथ विलाप, चूरन विषयक तथा कुछ फुटकर दोहों से सम्बन्धित थीं। डॉ० लक्ष्मीसागर वार्ष्णेय ने लिखा है–'स्वयं भारतेन्दु ने सन् 1876 में तीन कविताएँ लिखी थी।' डॉ० वार्ष्णेय का आधार भारतेन्दु हरिश्चन्द्र द्वारा लिखित पुस्तक 'हिन्दी भाषा' है। भारतेन्दु की तीन कविताओं के सन् 1876 में ही प्रकाशित होने की चर्चा श्री अयोध्याप्रसाद खत्री ने भी उनकी कविताओं के साथ प्रकाशित टिप्पणी में की है। किन्तु अयोध्याप्रसाद खत्री द्वारा सम्पादित 'खड़ीबोली का पद्य' नामक संकलन में भारतेन्दु हरिश्चन्द्र पहले कवि नहीं हैं। इनका नाम तीसरे स्थान पर है। शिवप्रसाद सितारेहिन्द तथा राय सोहनलाल की कविताएँ इनके पूर्व दी गयी हैं। किन्तु उनकी रचनाओं के साथ समय का निर्देश नहीं है। कालक्रम से इस तथ्य की पुष्टि होती है कि भारतेन्दु हरिश्चन्द्र का काव्यकाल इनके पश्चात् आता है। अतः शिवप्रसाद सितारेहिन्द को आधुनिक हिन्दी खड़ीबोली का पहला कवि मानना श्रेयस्कर

होगा। आचार्य रामचन्द्र शुक्ल ने अपने इतिहास में नयी काव्यधारा के प्रथम उत्थान के अन्तर्गत हरिश्चन्द्र, प्रतापनारायण मिश्र, अम्बिकादत्त व्यास, राधाकृष्णदास, उपाध्याय बदरीनारायण चौधरी आदि को रखा है, और नवीनता के सन्दर्भ में उन्होंने जिन तत्त्वों की गणना की है वे देशभक्ति, नवीन दृष्टि से प्रकृतिनिरीक्षण आदि हैं। आचार्य शुक्लजी ने संवत् 1945 (सन् 1887) में प्रकाशित अयोध्याप्रसाद खत्री की पुस्तक 'खड़ीबोली आन्दोलन' तथा उसमें कथित खड़ीबोली की चार स्टाइलों की चर्चा की है। मौलवी स्टाइल, मुन्शी स्टाइल, पण्डित स्टाइल तथा मास्टर स्टाइल और इस सन्दर्भ में उन्होंने श्रीधर पाठक की इतिहासप्रसिद्ध रचना एकान्तवासी योगी की भी चर्चा की है। इसके साथ ही उन्होंने चम्पारन के वैद्य पं० चन्द्रशेखर मिश्र की भी चर्चा की है, जिनका एकमात्र हठ था—हिन्दी खड़ीबोली में रचना करना। बाबू अयोध्याप्रसाद खत्री की उनसे खड़ीबोली काव्यरचना के सन्दर्भ में व्यक्तिगत बाते भी हुई थीं। और उस सन्दर्भ में खत्रीजी ने खड़ीबोली की काव्यरचना की समस्या को उठाते हुए कहा था—'लोग कहते हैं, खड़ीबोली में अच्छी कविता नहीं हो सकती। क्या आप भी यही कहते हैं? यदि नहीं तो मेरी सहायता कीजिये।' उनके इस कथन पर मिश्रजी में इन्हें खड़ीबोली की तत्काल कई कविताएँ बनाकर दी थीं। काव्यरचना के सन्दर्भ में इनका मुख्य उद्देश्य था संस्कृत के वृत्तों के आधार पर काव्यरचना करना। परम्परा से भारतेन्दु हरिश्चन्द्र का नाम खड़ीबोली काव्यरचना के सन्दर्भ में लिया जाता है। उनकी खड़ीबोली से सम्बन्धित रचनाओं की संख्या 6-7 से अधिक नहीं होगी और वे स्फुट रूप से यत्र-तत्र प्रकाशित मिलती हैं। भारतेन्दु हरिश्चन्द्र परम्परागत रसात्मकता को काव्य का लक्ष्य मानते थे और रससिद्ध ब्रजभाषा उसके लिए उन्हें पूर्ण उपयुक्त प्रतीत होती थी। खड़ीबोली के सन्दर्भ में प्राप्त उनकी कविताएँ निश्चित रूप से उस स्तर की नहीं हो पायी हैं जो स्तर उनकी ब्रजभाषा रचनाओं का है। खड़ीबोली में कविता के अभाव का कारण उन्होंने यह बताया है—'अब देखिये यह कैसी भोंड़ी कविता है। मैंने इसका कारण सोचा कि खड़ीबोली में कविता मीठी क्यों नहीं होती तो मुझको सबसे बड़ा यह कारण जान पड़ा कि इसमें क्रिया इत्यादि में प्रायः दीर्घ मात्रा होती है, इससे कविता अच्छी नहीं बनती।' राय सोहनलाल की खड़ीबोली का पद्य, संकलित रचना में बहुत ही सामान्य है तथा उसमें उर्दू शब्दावली की अधिकता पर्याप्त मात्रा में है। इसी के कारण सम्भवतः उनकी रचना को मौलवी स्टाइल के अन्तर्गत रखा गया है। भारतेन्दु हरिश्चन्द्र के आसपास अर्थात् लगभग सन् 1876 ई० में बाबू लक्ष्मीप्रसाद ने गोल्डस्मिथ कृत

'हरमिट' नामक काव्य का अनुवाद 'योगी' नाम से किया था। बाबू लक्ष्मीप्रसाद के अनुवाद में अनेक स्थलों पर ब्रजभाषा की संयुक्त पदरचना सहज रूप में चली आयी है और खड़ीबोली का गठन सर्वथा उसकी प्रकृति के अनुसार उपयुक्त नहीं बन पड़ी है।

नाना कृपान निज पाणि के लिये।
बपु नील बसन परिधान किये।
गम्भीर घोर अभिमान हिये।
छकि पारिजात मधुपान किये।

दस छन्दों की इनकी दूसरी कविता 'भारत की दुरवस्था' नाम से 'खड़ीबोली का पद्य' के अन्तर्गत संकलित है। उन कविताओं में काव्यात्मकता का पूर्ण परिपाक नहीं है। सन् 1881 में बाबू महेशनारायण ने 'स्वप्न' शीर्षक एक लम्बी कविता देश की अधोगति से सम्बन्धित प्रस्तुत की। इसमें उन्होंने राष्ट्रीयता के तत्त्वों की पूर्ण प्रतिष्ठा की है तथा समसामयिक जीवनगत विवशता का सटीक चित्रण प्रस्तुत किया है। 'खड़ीबोली का पद्य' संकलन में संकलित रचनाओं तथा उनसे सम्बन्धित रचनाकारों में सत्यानन्द अग्निहोत्री तथा मौलवी इलताफ हुसैन के नाम उल्लेखनीय हैं किन्तु इनकी कविताओं में न तो शैलीगत उदात्तता है, और न रचनात्मक तत्त्वों की उत्कृष्टता।

भारतेन्दु का देहावसान सन् 1885 में हुआ था। उनके देहावसान के एक वर्ष बाद अर्थात् सन् 1886 में खड़ीबोली रचना की दृष्टि से ऐतिहासिक कृति श्रीधर पाठक कृत एकान्तवासी योगी प्रकाश में आयी। **दस वर्षों के अन्तर्गत महावीरप्रसाद द्विवेदी तथा प्रतापनारायण मिश्र ने भी खड़ीबोली काव्यरचना का पक्ष लेते हुए इसमें पद्यरचना आरम्भ की और धीरे-धीरे काव्यक्षेत्र में खड़ीबोली पद्यरचना का एक व्यापक आन्दोलन चल पड़ा।**

पं० प्रतापनारायण मिश्र का उल्लेख भारतेन्दु-मण्डल के अन्तर्गत किया जा चुका है। सन् 1889-90 के आसपास उन्होंने संगीत शाकुन्तल नाम से खड़ीबोली में एक नवीन रचना प्रस्तुत की। इसके अतिरिक्त भी, 'ब्राह्मण' नामक अपने पत्र में वे बराबर खड़ीबोली काव्य को प्रोत्साहित करते रहे हैं।

शरणागत पाल कृपाल प्रभो! हमको इक आश तुम्हारी है।
तुम्हरे सम दूसर और कोऊ नहिं दीनन को हितकारी है।

खड़ीबोली काव्यरचना की दृष्टि से बाबू बालमुकुन्द गुप्त का स्थान नितान्त महत्त्वपूर्ण है। स्फुट कविताओं के अन्तर्गत खड़ीबोली से सम्बन्धित इनकी प्रायः समस्त रचनाएँ आ जाती हैं। इनकी हिन्दी खड़ीबोली की काव्यरचना पूर्णरूपेण प्रायोगिक स्तर की थी। यह प्रयोग छन्द, शिल्पविधान, रसात्मक आग्रह, प्रांजलता आदि दृष्टियों से सम्बन्धित था। प्रायोगिकता से सम्बन्ध होने के कारण शैलीमोह इस समय की खड़ीबोली कविता की सबसे बड़ी विशेषता है। किन्तु बालमुकुन्द गुप्त की ये कविताएँ अधिकांशतः शैलीमोह से कहीं अधिक उत्कृष्ट तथा वैचारिक आग्रह की अभिव्यक्ति से सर्वथा सम्पुष्ट दिखायी पड़ती हैं।

बाबू बालमुकुन्द की कविताओं के आसपास खड़ीबोली का एक विशिष्ट वातावरण बन गया था। इस संघर्षपूर्ण वातावरण के अन्तर्गत एक समस्या थी खड़ीबोली में रचित काव्यभाषा का स्वरूप क्या हो? पद्य में प्रयुक्त खड़ीबोली का उर्दूनिष्ठ तात्कालिक व्यवहृत रूप काव्य के लिए उपयुक्त है या संस्कृतनिष्ठ रूप? पं० प्रतापनारायण मिश्र, बाबू बालमुकुन्द गुप्त तथा बाबू अयोध्याप्रसाद खत्री व्यावहारिक खड़ीबोली में काव्यरचना के पक्षपाती थे, किन्तु श्रीधर पाठक, पं० महावीरप्रसाद द्विवेदी, नाथूराम शर्मा, हरिऔध तथा सत्यनारायण कविरत्न आदि संस्कृतनिष्ठ काव्यशैली के समर्थक थे। फिर भी यह सत्य अवश्य है कि इनमें से अनेक इस सम्बन्ध में पर्याप्त उदार थे।

श्रीधर पाठक का रचनाकाल भारतेन्दु–युग का अन्तिम समय है। 15 वर्ष की अवस्था से ये काव्यरचना करने लगे थे। साहित्यक्षेत्र में आरम्भ में इनको तीन अनुवादों के कारण ख्याति मिली थी। ये थे एकान्तवासी योगी, ऊजड़ ग्राम, तथा श्रान्त पथिक। ये तीनों रचनाएँ गोल्डस्मिथ की रचनाओं पर आधारित हैं। श्रीधर पाठक भाषा-प्रयोग में उदार थे और ब्रजभाषा की परम्परा तथा काव्यरूप विषयक उपलब्धियों के जीवन के अन्त तक समर्थक दिखायी पड़ते हैं। नवीन एवं प्राचीन दोनों का सम्मिश्रण आपके काव्य में है किन्तु तुलनात्मक दृष्टि से इनके काव्य में नवीनता अधिक दृष्टिगत होती है। प्राचीन परिपाटी की कृतियों में मनोविनोद, श्रीगोखले गुणाष्टक आदि हैं किन्तु इनकी संख्या कम ही है। प्रतिपाद्य विषय की नवीनता की दृष्टि से आराध्य शोकांजलि, गोखले प्रशस्ति, एकान्तवासी योगी, ऊजड़ ग्राम, श्रान्त पथिक, जगत् सचाई सार, काश्मीर सुषमा, देहरादून, तिलस्माती सुन्दरी आदि नवीन कोटि में रखी जा सकती हैं। इन कृतियों में भाषा तथा शैली में प्राचीनता तथा ब्रजभाषा काव्य की शिल्पगत

विशिष्टता वर्तमान है। किसी-किसी कृति में खड़ीबोली तथा ब्रजभाषा दोनों रूपों को रखने का प्रयत्न किया गया हैं।

श्रीधर पाठक की रचनाओं की एक विशिष्ट कोटि है। पाठकजी में भाषागत प्रांजलता और विषय के साथ शैली का परस्पर सामंजस्य दिखायी पड़ने लगता है। प्रायोगिकता की दृष्टि से इनकी खड़ीबोली की रचनाएँ अभ्यास एवं अनगढ़ता से अनेक अंशों में मुक्त दिखायी पड़ती हैं।

श्रीधर पाठक के ही समसामयिक **नाथूराम शर्मा 'शंकर'** ह्रासोन्मुखी भारतेन्दु–युग के सर्वाधिक ख्यातिलब्ध कवियों में थे। काव्योपलब्धि की दृष्टि से सर्वथा सम्पन्न एवं रचनात्मक सुरुचि में सजग शंकर अनेकानेक स्वर्णपदकों, पुरस्कारों तथा सम्मानों से विभूषित होते रहे हैं। काव्यरचना-शक्ति में इन्हें इतनी अधिक सिद्धि थी कि आशुकवित्व इनके व्यक्तित्व का सहज अंग बन गया था। छन्द की प्रायोगिकता तथा वैविध्य की दृष्टि से साहित्य क्षेत्र में इन्हें विशेष ख्याति मिली है। ये मात्रिक तथा मुक्त दोनों प्रकार के छन्दों में वर्णों की समान संख्या रखकर काव्यरचना में नितान्त सिद्धहस्त थे। हिन्दी में प्रचलित अनामधारी अनेक छन्दों के नामकरण का श्रेय आपको है। साथ ही, मिलिन्दपाद, शंकर छन्दु, राजगीत आदि अनेक छन्द आपके नाम के साथ प्रचलित हो गये।

महावीरप्रसाद द्विवेदी भी काव्यरचना के सन्दर्भ में भारतेन्दु–युग की उपलब्धियों तथा मान्यताओं में से होकर गुजरे हैं। द्विवेदीजी का काव्य–व्यक्तित्व खड़ीबोली के लिए विशेष महत्त्व का रहा है। महावीरप्रसाद द्विवेदी की साहित्यिक सचेष्टता का खड़ीबोली की काव्यरचना पर गम्भीर प्रभाव पड़ा है। यह प्रभाव आगे इतना सशक्त हुआ कि ब्रजभाषा काव्यरचना की गति भन्द-से-मन्दतर होती गयी और भारतेन्दु–युग के ह्रासमान् काल में सत्यनारायण कविरत्न, अयोध्यासिंह उपाध्याय 'हरिऔध'-जैसे कवि प्रकाश में आये।

सत्यनारायण 'कविरत्न' का कृतित्व इस काल के लिए विशेष महत्त्व का है। बदरीनाथ भट्ट ने अपनी एक टिप्पणी में उल्लेख किया है कि ये ब्रजभाषा तथा खड़ीबोली काव्यरचना को प्रायः समान स्तर पर ही देखने के पक्षपाती थे, किन्तु सत्यनारायण 'कविरत्न' खड़ीबोली की अपेक्षा ब्रजभाषा में अधिक रुचि रखते थे। पं० रामनरेश त्रिपाठी ने इन्हें ब्रजभाषा का अन्तिम कवि माना है, खड़ीबोली काव्यरचना को वस्तुविवेचन तथा रसहीन तथ्यात्मकता से ऊपर रसात्मक कोटि पर प्रतिष्ठित करना भी आपकी रचनाशीलता की मुख्य उपलब्धि

है। भारतेन्दु–युग के इस ह्रासमान् युग तक अयोध्यासिंह उपाध्याय 'हरिऔध' का व्यक्तित्व प्रकाश में आ चुका था। 'हरिऔध' जी ने खड़ीबोली काव्य की ऐसी प्रशस्त निर्मिति की जिसका परिणाम बड़ा ही सन्तोषजनक रहा। आलोचकों का एक विशिष्ट वर्ग है, जो 'हरिऔध' जी को प्रथम श्रेणी का कवि न मानकर खड़ीबोली का 'स्टाइलिश' कवि मानता है। इनका स्पष्ट तर्क है कि खड़ीबोली का जटिल-से-जटिल और सरल-से-सरल रूपविधान इनकी काव्यरचना-प्रक्रिया के मानसिक धरातल के केन्द्र में था। आचार्य शुक्लजी इतिवृत्तात्मक काव्यशैली का जन्म हरिऔधजी से ही मानते हैं। भाषा को परिमार्जित करके रसात्मक स्तर पर लाने का सबसे महत्त्वपूर्ण कार्य इनका ही था।

खड़ीबोली की काव्यरचना के सन्दर्भ में इस प्रकार स्पष्टतः देखा जा सकता है कि यह किस अनगढ़ता से आरम्भ हुई थी। भारतेन्दु–युग के आरम्भ में खड़ीबोली काव्यरचना 'स्टाइल' के रूप में उत्पन्न हुई थी। भारतेन्दु की युवावस्था तक छुटपुट इसके माध्यम से कविताएँ प्रकाश में आने लगी थीं। भारतेन्दु के अन्तिम समय तक खड़ीबोली काव्यरचनाकारों का एक सक्रिय वर्ग सामने संघर्ष के लिए आया। इस आन्दोलन के फलस्वरूप सचेष्ट-निश्चेष्ट भाव से खड़ीबोली की काव्यरचना आरम्भ हो गयी। धीरे–धीरे खड़ीबोली की रचना में निखार आता गया।

भारतेन्दुयुगीन काव्य का मूल्यगत सन्दर्भ है। इस मूल्य का सम्बन्ध नये विकसित होते हुए वैज्ञानिक आविष्कार और उसकी निरन्तर विकसनशीलता के समर्थन से है। इस सन्दर्भ में नवीन दृष्टि के समर्थक पं० प्रतापनारायण मिश्र, पं० सुधाकर द्विवेदी, पं० बालमुकुन्द गुप्त आदि की कविताएँ अपना विशिष्ट अर्थ रखती हैं। रेलगाड़ी, जहाज, विदेश यात्रा, हैजा, चेचक, प्लेग, म्युनिसिपैलिटी आदि नये सन्दर्भों को विषयवस्तु बनाकर इस युग में अनेक कविताएँ लिखी गयीं। इन कविताओं में व्यंग्य तथा परिहास का स्वर सर्वत्र विद्यमान है। प्रायः ऐसी कविताएँ आधुनिकता के समर्थन से सम्बन्ध रखती हैं।

भारतेन्दु–युग में यद्यपि प्राचीनता के प्रति सर्वत्र सजगता का भाव मिलता है, तथापि अनेक ऐसी कविताएँ भी हैं जिनमें प्राचीनता का नवीनीकरण करके नये धर्ममूल्य के रूप में प्रतिष्ठित करने का प्रयत्न किया गया है। इस रूप में गोरक्षा, वैदिकधर्म संरक्षण, बालविवाह, विधवाविवाह परम्पराग हिन्दुत्व तथा उसका समर्थन, प्राचीन भारतीय गौरव आदि विषयों को सन्दर्भ में रखकर कविताएँ लिखी गयीं। इनमें कलियुग की भर्त्सना भी एक महत्त्वपूर्ण वर्ण्य-विषय

इस समय रहा है। इनमें परम्परागत संकीर्णता नहीं थी। संकीर्णता के स्थान पर उदार, व्यापक तथा प्रायः समग्र जनजीवन के लिए आदर्शपूर्ण मूल्यों की संरचना इनका उद्देश्य था। ये काव्य सामाजिक आदर्शवादिता के धर्मसंरक्षण से ही अधिकांशतः प्रेरित रहे हैं।

शैली तथा प्रयोग की दृष्टि से भारतेन्दु–युग के काव्य का अपना विशिष्ट सन्दर्भ है। शैलीगत नवीनता भारतेन्दुयुगीन खड़ीबोली काव्य की अपनी विशिष्टता है। यह नवीनता छन्दप्रयोग, भाषाव्यवहार, अभिव्यंजनापद्धति आदि में पूर्णरूपेण दिखायी पड़ती है। नवीन शिल्पप्रयोग, अनुवादात्मकता तथा पाश्चात्य साहित्य के वैचारिक तत्त्वों से परिचित होने की आकांक्षा इस युग के काव्य में विशेष रूप से दिखायी पड़ती है। भारतेन्दु–युग में अनुवादात्मकता का अपना विशिष्ट सन्दर्भ है। इस अनुवादात्मकता के सन्दर्भ में अंग्रेजी तथा संस्कृत भाषा को आधार के रूप में अधिकांशतः ग्रहण किया गया है। इस अनुवादात्मकता में प्रायः प्राचीन काव्यशिल्प तथा विधान को ही ग्रहण किया गया है। खड़ीबोली के काव्य की इस समय एक विशिष्ट स्थिति थी। एक विशेष प्रकार की भाषा तथा शैलीगत अपरिपक्वता तथा निर्माणात्मक रचनाशीलता इस काव्य की अपनी विशेषता है। खड़ीबोली आन्दोलन के अन्तर्गत प्राप्त कविताएँ विभिन्न स्टाइलों में लिखी गयी हैं। इन विभिन्न स्टाइलों की कविताओं का आधार भाषावैविध्य है। भाषावैविध्य के साथ छन्दवैविध्य यहाँ विशेष रूप से परिलक्षित होता है। छन्दवैविध्य का कारण वस्तुतः नयी प्रचलित काव्यशैली की खोज थी। दोहे, कवित्त, रूपमाला आदि छन्द जो खड़ीबोली की शब्दरचना के उपयुक्त नहीं हैं, उन्हें भी प्रायोगिक स्तर पर इन कवियों ने स्वीकार किया है।

आचार्य महावीरप्रसाद द्विवेदी-युग

आधुनिक हिन्दी साहित्य का दूसरा चरण द्विवेदी-युग कहलाता है। आचार्य द्विवेदी (1864-1938 ई०) युग की समयावधि सन् 1900 से 1920 ई० लगभग 20 वर्ष तक मानी जा सकती है। भारतेन्दुजी के बाद आचार्य द्विवेदी ने अपने प्रखर और बहुमुखी व्यक्तित्व तथा अटूट निष्ठा और अदम्य अध्यवसाय से हिन्दी साहित्य का मार्गदर्शन बीस-पचीस वर्ष तक किया। द्विवेदीजी ने 'सरस्वती' पत्रिका के माध्यम से न केवल भाषा का ही परिष्कार किया, वरन् युगीन भावनाओं, विचारधाराओं की सशक्त अभिव्यक्ति भी की। भारतेन्दु-युग तक गद्य-पद्य के लिए ब्रज और खड़ीबोली का समानान्तर प्रयोग किया जा रहा था। काव्यभाषा के रूप में ब्रज को ही अधिक प्रश्रय दिया जा रहा था किन्तु द्विवेदीजी ने सर्वप्रथम गद्य और पद्य दोनों के लिए खड़ीबोली को ही प्रतिष्ठापित किया। द्विवेदीजी के समय में भाषा और साहित्य की उन्नति के लिए दो संस्थाएँ स्थापित हुईं-नागरी प्रचारिणी सभा (1893 ई०) और 'सरस्वती पत्रिका' (1900 ई०)। वस्तुतः 'सरस्वती' पत्रिका द्विवेदीजी के हाथों एक प्रकार की साहित्य संस्था ही बन गयी थी जो तद्‌युगीन प्रस्फुटित नाना रचनाकारों की रचनाओं का प्रकाशन कर न केवल हिन्दी-उन्नति का मार्ग प्रशस्त कर रही थी वरन् उन्हें हिन्दी का स्थापित साहित्यकार बनाने का उपक्रम भी कर रही थी। मैथिलीशरण गुप्त, सियारामशरण गुप्त और स्वयं 'निरालाजी' भी उनमें से एक थे जो सरस्वती प्रकाशित होने के कारण ही शीर्षस्थ रचनाकार बने।

यह महज संयोग है कि 'सरस्वती' पत्रिका के प्रकाशन का निश्चय एक बंगाली महाशय श्री चिन्तामणि घोष ने किया जो इण्डियन प्रेस, इलाहाबाद के स्वत्वाधिकारी थे। घोषजी के अनुरोध पर नागरी प्रचारिणी सभा ने 'सरस्वती' के सम्पादन का भार स्वीकार किया। एक वर्ष तक राधाकृष्णादास, श्यामसुन्दर दास, जगन्नाथदास 'रत्नाकर', कार्तिकप्रसाद और किशोरीलाल गोस्वामी इसके सम्पादक-मण्डल में थे। सन् 1901 में इसके सम्पादक का अकेले दायित्व डॉ० श्यामसुन्दर दास ने सम्हाला। 1902 में वे भी इसके सम्पादन कार्य से अलग हो गये। सन् 1903 में

आचार्य महावीरप्रसाद द्विवेदी के कर्मठ हाथों में सरस्वती का सम्पादन-भार आया और पत्रिका अपने साहित्यिक चरमोत्कर्ष पर पहुँची।

आचार्य महावीरप्रसाद द्विवेदी का जन्म उत्तर प्रदेश के रायबरेली जिले के दौलतपुर गाँव में हुआ था। वे बम्बई में रेल विभाग में नौकरी करते थे जहाँ उच्चाधिकारी से मतभेद के कारण उन्होंने सरकारी नौकरी से त्यागपत्र दे दिया। प्रारम्भ में द्विवेदीजी सरस्वती में ऐसा कुछ न छापते थे जो अंग्रेज विरोधी हो क्योंकि वह कालखण्ड भारतेन्दुकालीन राजभक्ति (अंग्रेज भक्ति) का था। सन् 1904 में 'सरस्वती' में महारानी लक्ष्मीबाई पर एक लेख छपा जिसमें लक्ष्मीबाई की इसलिए तारीफ की गयी थी कि उन्होंने 1857 की क्रान्ति में अंग्रेजों की सहायता का वचन दिया था। उसी लेख में तात्या टोपे को नृशंस हत्यारा कहा गया था। इस लेख के लेखक स्वयं द्विवेदीजी थे।

सन् 1905 की 'सरस्वती' में, जिस वर्ष बंग-भंग हुआ, सन् 1857 के एक ऐसे राजा की प्रशस्ति छपी जिसने अंग्रेजों की सहायता की थी। सन् 1908 की 'सरस्वती' में द्विवेदीजी की पुस्तक 'सम्पत्तिशास्त्र' की भूमिका छपी। इसकी भूमिका के प्रकाशन के बाद से 'सरस्वती' का रुख राष्ट्रीय हो गया।

भारतेन्दु को उन्होंने अत्यन्त आदर और सम्मान से याद किया है। उनके व्यक्तित्व को रीति कवियों से बहुत बड़ा और बहुआयामी बताया है। उनके द्वारा प्रदर्शित मार्ग ही उन्हें अनुकरणीय लगा। यदि भारतेन्दु की पत्रिकाओं से 'सरस्वती' की तुलना की जाय तो वह बहुत भिन्न नहीं मिलेगी। 'सरस्वती' में समसामयिकता के प्रति अधिक आग्रह है।

'सरस्वती' के माध्यम से द्विवेदीजी ने हिन्दी साहित्य के गद्य और पद्य की विभाजक रेखा को मिटा दिया। यद्यपि 'सरस्वती' में ब्रजभाषा की रचनाएँ भी छपती रहीं, फिर भी खड़ीबोली पद्य को पर्याप्त प्रोत्साहन मिला। गद्य-पद्य की भाषा खड़ीबोली हो गयी। इसका श्रेय द्विवेदीजी को ही है।

भारतेन्दु-मण्डल के लोगों ने खड़ीबोली में जो पद्य रचनाएँ कीं, उनमें ब्रजभाषा का मिश्रण तो था ही, संज्ञाओं और क्रियापदों के रूप भी विकृत थे। विभक्तियाँ हटाने के लिए सन्धियों का रूप भी बिगाड़ दिया गया था। उदाहरणार्थ-दुनिये (दुनिया), असिल (असली), नेंव (नींव); इस्से, जिस्से (इससे, जिससे) आदि शब्दो को देखा जा सकता है। भाषा सम्बन्धी इस अव्यवस्था को दूर करने का जो प्रयास द्विवेदीजी ने किया, वह स्मरणीय रहेगा।

रीतिकाव्य का विरोध भारतेन्दु-मण्डल के लेखक कर चुके थे-विशेष रूप से बालकृष्ण भट्ट। द्विवेदीजी ने लिखा है-"कविता का विषय मनोरंजक एवं उपदेशजनक

होना चाहिए। यमुना के किनारे केलि कौतूहल का अद्भुत वर्णन बहुत हो चुका। न परकीयाओं पर प्रबन्ध लिखने की कोई आवश्यकता है और न स्वकीयाओं के 'गतागत' की पहेली बुझाने की। चींटी से लेकर हाथीपर्यन्त सभी पर कविता हो सकती है।'' पर स्वयं द्विवेदीजी की खड़ीबोली की कविताओं में कर्कशता और इतिवृत्तात्मकता है। भाषा में परिनिष्ठता और एकरूपता का अभाव है किन्तु खड़ीबोली की आरम्भिक कविताओं के लिए यह दोष क्षम्य है। यों अपनी काव्य-प्रतिभा के बारे में वे 'मोगालते' में न थे। उनका गद्य भी भाषा-परिष्कार की दृष्टि से महत्त्वपूर्ण है न कि गद्य शैली या प्रौढ़ विचारों की अभिव्यक्ति की दृष्टि से । पर साहित्य को वे जनवादी मार्ग की ओर ले गये और इस दिशा में नये-नये कवियों को प्रोत्साहित किया।

निरालाजी ने ठीक ही लिखा है-''बाबू मैथिलीशरणजी, श्री सनेहेजी, पं० रूपनारायणजी पाण्डेय, पं० रामचरितजी उपाध्याय, पं० लोचनप्रसादजी पाण्डेय, ठाकुर श्री गोपालशरण सिंहजी, बाबू श्री सियारामशरण गुप्त आदि सुकवियों को द्विवेदीजी ने काफी प्रात्साहन दिया और ये कवि उस काल की 'सरस्वती' ही की स्टाइल के सुकवि हैं।''

युग-प्रवर्तक के रूप में आचार्य महावीरप्रसाद द्विवेदी-हिन्दी साहित्य के आधुनिक काल में आचार्य महावीरप्रसाद द्विवेदी एक युग-प्रवर्तक के रूप में हमारे सामने आते हैं। डॉ० जयकिशनप्रसाद खण्डेलवाल ने इनके सम्बन्ध में लिखा है कि-''उन्होंने साहित्य ओर समाज दोनों को ही एक विशेष दिशा में मोड़ा। इसी कारण वे अपने युग के बिना डिग्री के आचार्य थे, बिना मुकुट के सरताज थे, और थे एक महान् युग के प्रवर्तक।'' इस प्रकार निम्नवत् बिन्दुओं के आधार पर आचार्य महावीरप्रसाद द्विवेदी को एक युग-प्रर्वतक के रूप में सिद्ध कर सकते हैं।

आधुनिक हिन्दी साहित्य में आचार्य महावीरप्रसाद द्विवेदी एक प्रभावशाली व्यक्तित्व के रूप में जाने जाते हैं। उन्होंने अपने समय के समस्त साहित्यिक विधाओं का सम्पादन कर युग-समाज और साहित्य का अभूतपूर्व समन्वय स्थापित किया है। साहित्य का कोई भी कोना इनसे अछूता न रहा। चाहे वह काव्य का क्षेत्र हो या आलोचना का। निबन्ध का क्षेत्र हो या पत्रकारिता का। भाषा सुधार के क्षेत्र में आपका महत्त्वपूर्ण योगदान है ही। इन्होंने अपने समय में कवियों का ध्यान परम्परा से हटकर नये-नये विषयों की ओर आकृष्ट किया तथा अनेक मौलिक कवियों की सर्जना की। उनकी प्रेरणा से ही उस समय के अधिकांश कवि एवं लेखक एक विशेष प्रकार के समाजोन्नतिकारक साहित्य की रचना में प्रवृत्त हुए। उन्होने स्वयं गद्य एवं पद्य में

रचनाएँ कीं, साहित्य एवं समाज के क्षेत्र में उनकी प्रचारक एवं सुधारक की भूमिका अविस्मरणीय है।

एक सफल सम्पादक एवं आलोचक-आचार्य महावीरप्रसाद द्विवेदी एक सफल कवि, निबन्धकार, अनुवादक ही नहीं बल्कि एक सफल सम्पादक एवं आलोचक भी थे। इसी सम्पादक एवं आलोचक के रूप के कारण ही उनका विशेष महत्त्व है। इसी के माध्यम से उन्होंने युग-प्रवर्तन का कार्य किया। श्री द्विवेदी के प्रयत्नों के परिणामस्वरूप ही 'सरस्वती' पत्रिका अन्य पत्र-पत्रिकाओं के लिए आदर्श बन गयी। 'सरस्वती' पत्रिका के माध्यम से ही आचार्य द्विवेदी अपने समय के साहित्य-सृजनकर्त्ताओं पर नियन्त्रण रखते थे। भाव, भाषा, शैली आदि सभी उनके द्वारा निर्धारित मूल्यों के आधार पर ही होता था। उस समय का कोई भी साहित्यकार द्विवेदीजी द्वारा बनाये गये साहित्यिक मूल्यों की अवहेलना करने का साहस नहीं करता था। उन्होंने साहित्यिक क्षेत्र में सुरुचि, सुशिक्षा और व्याकरणसम्मत भाषा का प्रचार कर खड़ीबोली का परिमार्जन किया। सम्भवतः इसीलिए उनके कृतित्व से अधिक उनके पथ प्रदर्शन को महत्त्व दिया जाता है। साहित्य के सामाजिक महत्त्व को ध्यान में रखते हुए उन्होंने कहा है कि—"साहित्य ऐसा होना चाहिए, जिसके आकलन से बहुदर्शिता बढ़े, बुद्धि की तीव्रता प्राप्त हो, हृदय में एक प्रकार की संजीवनी शक्ति की धारा बहने लगे, मनोवेग परिष्कृत हो जाय, और आत्मगौरव की उद्‌भावना हो।"

आचार्यत्व-आचार्य का तात्पर्य होता है मार्ग प्रतिष्ठापक एवं निर्देशक। इस अर्थ में आचार्य महावीरप्रसाद द्विवेदी सच्चे अर्थों में आचार्य थे। आचार्यत्व का गुण उनमें कूट-कूटकर भरा हुआ था। उन्होंने अपने समय के साहित्यकारों के लिए मार्ग या रीति की प्रतिष्ठा कर उनका निर्देशन किया। पं० विश्वनाथप्रसाद मिश्र ने इनके सम्बन्ध में कहा है कि—"आचार्य द्विवेदीजी वस्तुतः आचार्य थे। आचार्य का कार्य मार्ग-प्रदर्शन होता है। साहित्य में जितने आचार्य होते हैं, वे शुद्ध साहित्य का अधिक निर्माण नहीं करते। रीति की प्रतिष्ठा करते हैं। संस्कृत के अभिनवगुप्त, पादाचार्य, मम्मटाचार्य आदि ने रीति की स्थापना में जितना श्रम किया, काव्य-निर्माण में उतना नहीं। द्विवेदीजी ने हिन्दी में भी रीति की प्रस्थापना का ही कार्य किया, साहित्य का निर्माण करनेवाले तो दूसरे थे, जिन्हें उन्होंने लेखक और कवि बना दिया। इसलिए यदि द्विवेदीजी की मौलिक रचनाओं की खोज में कोई हैरान होकर यह मालूम करना चाहे कि उन्होंने क्या नया लिखा तो वह बहुत बड़े धोखे में रहेगा। संस्कृत में अभिनवगुप्त, पादाचार्य, मम्मटाचार्य आदि का नाम, कालिदास, भवभूति आदि से कम नहीं है, अपितु अधिक है। द्विवेदीजी का हिन्दी में वैसा ही स्थान मानना पड़ेगा। वे आचार्य थे, इतना ही कहना उनके स्वरूप का पूरा परिचय देना होगा।"

साहित्य-निरीक्षक–आचार्य महावीरप्रसाद द्विवेदी ने उन्हीं रचनाओं को साहित्य में स्थान दिया जो उनके मापदण्डों के अनुकूल थे। इसके लिए उन्होंने मात्र रचना के सत्-असत् का ही विचार नहीं किया बल्कि उन सिद्धान्तों का विवेचन भी किया है, जिसके आधार पर सत् साहित्य की रचना होती है। उन्होंने स्वयं लिखा है कि-"साहित्य ऐसा होना चाहिए, जिसके आकलन से बहुदर्शिता बढ़े, बुद्धि की तीव्रता प्राप्त हो, हृदय में एक प्रकार की संजीवनी शक्ति की धारा बहने लगे, मनोवेग परिष्कृत हो जाय और आत्मगौरव की उद्भावना हो।"

श्री पदुमलाल पुन्नालाल बख्शी ने आचार्य द्विवेदी के साहित्य-निरीक्षक रूप का परिचय देते हुए लिखा है कि–"द्विवेदीजी की सम्मति एक कठोर निरीक्षक की सम्मति थी।..... सर्वसाधारण को यह विश्वास रहता था कि जो विद्वान् हैं, वे खूब सोच-समझकर, गुण-दोषों की अच्छी तरह परीक्षा कर, किसी रचना पर अपनी सम्मति दिया करते हैं.... किसी रचना के गुण-दोषों की विवेचना करने के लिए हमे अपनी व्यक्तिगत रुचि की उपेक्षा कर उन सिद्धान्तों के अनुसार आलोचना करनी चाहिए, जिनसे साहित्य की यथार्थ महिमा प्रकट होती है। द्विवेदीजी एक सिद्धान्त को लेकर आलोचना करते थे। इससे उनकी आलोचना का यथेष्ट प्रभाव पड़ा।"

सत्साहित्य-निर्माण के प्रेरक-द्विवेदीजी ने अपने समय के साहित्यकारों को सत्साहित्य लेखन के लिए बार-बार प्रेरित किया। सत्साहित्य-निर्माण में जनरुचि जागृत करने के लिए पुरानी साहित्यिक मान्यताओं का खण्डन किया। इसके लिए उन्होंने 'सरस्वती' पत्रिका के माध्यम से क्रान्तिकारी विचारपूर्ण लेख लिखा। शनैः-शनैः साहित्य के क्षेत्र में रूढ़िवादी विचार कालकवलित हुए और उनके स्थान पर नवीन आदर्शात्मक मापदण्डों की स्थापना हुई।

श्री पदुमलाल पुन्नालाल बख्शी ने लिखा है कि -"द्विवेदीजी के जीवन का लक्ष्य था, जन समाज की सेवा। उन्होंने जो कुछ लिखा है, जन समाज के लिए लिखा है। लोगों में शिक्षा का प्रसार हो, उनके ज्ञान की वृद्धि हो, सत्साहित्य की ओर उनकी प्रवृत्ति हो, वे अपने अधिकारों और कर्त्तव्यों को पहचानें, इसी उद्देश्य से वे लेख लिखते थे। इसलिए उनके लेख समाज-सुधार और जनरुचि को परिष्कृत करने तथा सत्साहित्य की प्रेरणा देनेवाले हैं, और उनमें द्विवेदीजी का युग-प्रवर्तक रूप झाँकता है।"

द्विवेदी-युग के दो महान् साहित्यकारों-श्री मैथिलीशरण गुप्त और श्री रामनरेश त्रिपाठी को साहित्य रचना की प्रेरणा आचार्य महावीरप्रसाद द्विवेदीजी से ही प्राप्त हुई। यथा-उन्होंने 'भारत भारती' में समसामयिक सामाजिक, राजनीतिक एवं राष्ट्रीय

भावनाओं को मुखरित किया है। गुप्तजी ने साकेत-जैसे महाकाव्य की प्रेरणा द्विवेदीजी के लेख-कवियों की उर्मिला विषयक उदासीनता से ली। आचार्य महावीरप्रसाद द्विवेदीजी ने श्रृंगार के विलासात्मक, वासनात्मक एवं समाज की मानसिकता दूषित करनेवाले रूप का विरोध कर उसके सुष्ठु एवं स्वच्छ रूप को प्रतिष्ठित किया। साकेत महाकाव्य इसका प्रमाण है। उसमें रीतिकालीन काव्यों की भाँति उन्मुक्त श्रृंगार को वर्णन का विषय नहीं बनाया गया है, बल्कि श्रृंगार के मर्यादित रूप का चित्रण है। महावीरप्रसाद द्विवेदी की प्रेरणा एवं समसामयिक परिस्थितियों का प्रभाव ही रहा कि गुप्तजी ने साकेत में मानवतावादी दृष्टि से उर्मिला के त्यागमय जीवन का अंकन किया और युग की बौद्धिकता के अनुरूप कैकेयी को पाश्चात्ताप की अग्नि में जलते हुए दिखाया है। इसी तरह द्विवेदीजी की ही प्रेरणा से श्री रामनरेश त्रिपाठी ने प्रकृति-चित्रण के माध्यम से युगानुरूप परिस्थितियों का अंकन कर देश-प्रेम एवं राष्ट्रीयता की भावना को बलवती किया है।

आचार्य द्विवेदी और अन्य व्यक्तित्व-आचार्य महावीरप्रसाद द्विवेदी अपने युग के महान् कला निर्देशक थे। उन्होंने हिन्दी साहित्य को चरमोत्कर्ष पर पहुँचाने का सतत प्रयास किया। उनके जैसा महान् एवं प्रतिभाशाली व्यक्तित्व का स्वामी हिन्दी साहित्य-जगत् में दूसरा नहीं मिलता। द्विवेदीजी के टक्कर का साहित्यिक संसार में अगर कोई महारथी दूसरा है तो वह डॉ० जानसन ही हैं.....डॉ० जानसन के अपनी कृतियों से उतना नहीं, जितना अपने प्रभावशाली व्यक्तित्व के द्वारा अंग्रेजी साहित्य के विकास की गति और क्रम को प्रभावित किया है...... डॉ० जानसन की तरह उन्होंने हिन्दी गद्य के व्यवस्थित विकास में अन्यतम भाग लिया है। इस दृष्टि से द्विवेदीजी हिन्दी गद्य के यदि स्रष्टा या निर्माता नहीं हैं, तो उसके सबसे बड़े विधायक अवश्य हैं। दोनों ही अपने-अपने समय के अद्वितीय समालोचक हुए हैं।

खड़ीबोली का परिमार्जन-वर्तमान समय में खड़ीबोली का जो रूप प्रचलित है उसे परिमार्जित व्याकरणसम्मत शुद्ध भाषा का रूप देने का श्रेय आचार्य महावीरप्रसाद द्विवेदीजी को ही प्राप्त है। सरस्वती पत्रिका के माध्यम से द्विवेदीजी ने खड़ीबोली को अधिक-से-अधिक सुधारा एवं सँवारा। इस तरह सरस्वती-सम्पादन का इतिहास उनके व्यक्तित्व का भी इतिहास कहा जा सकता है। उनके सुगढ़ विचारों के परिणामस्वरूप ही प्रेमचन्द-जैसे साहित्यकारों का प्रादुर्भाव हुआ। डॉ० इन्द्रनाथ मदान ने द्विवेदीजी के भाषा शुद्धि सम्बन्धी कार्यों की विवेचना करते हुए उनके महत्त्व को स्वीकार किया है। उनके अनुसार--"उन्होंने नये लेखकों को विराम चिह्नों के प्रयोग तथा अपने लेख को पैराग्राफ में विभाजित करने के सम्बन्ध में उद्‌बुद्ध किया। आज

हम इन बातों को बिल्कुल स्वाभाविक रूप से दैनिक से लेकर सभी तरह के साहित्य में पाते हैं, किन्तु उस समय हिन्दी में इनको अच्छी तरह प्रचलित कर देना कितनी बड़ी सेवा थी, इसका अनुमान किया जा सकता है। इन्होंने लोगों को व्याकरणसम्मत शुद्ध भाषा लिखने के लिए प्रोत्साहित भी किया और नवीन लेखकों का इस सम्बन्ध में पथ-प्रदर्शन भी किया।"

उपर्युक्त विवरण के आधार पर कहा जा सकता है कि आचार्य महावीरप्रसाद द्विवेदीजी में अनुभूति की व्यापकता एवं कल्पनावैभव आदि का अभाव भले ही हो, किन्तु सुधारक एवं प्रचारक के रूप में उनका महत्त्व सदा-सदा के लिए हिन्दी साहित्य में सुरक्षित है। उन्होंने अपने समय के साहित्यकारों के लिए परम्परा से हटकर एक नवीन मार्ग की प्रतिष्ठा एवं निर्देशन किया। परिणामस्वरूप अनेक नये मौलिक साहित्यकारों का आविर्भाव हुआ, जिनकी साहित्य-सेवा से आज भी हिन्दी साहित्य गौरवान्वित है। वास्तव में आचार्य द्विवेदी अपने युग के प्रवर्तक थे, पोषक थे, विकासक थे। उनके सम्बन्ध में डॉ० जयकिशन प्रसाद खण्डेलवाल ने ठीक ही लिखा है कि-

"आचार्य पं० महावीरप्रसाद द्विवेदी ने अपने प्रभावशाली व्यक्तित्व से आधुनिक हिन्दी साहित्य में एक नवीन चेतना का विकास किया। एक नवीन प्रवृत्तियोंवाले साहित्य रचनाकाल का प्रवर्तन किया, और मौथिलीशरण गुप्त, पं० रामनरेश त्रिपाठी-जैसे महान् कवियों, प्रेमचन्द-जैसे 'गल्पकारों' तथा पं० रामचन्द्र शुक्ल और बाबू श्यामसुन्दर दास-जैसे निबन्धकार एवं आलोचकों के लिए उर्वर परिस्थितियों का निर्माण किया, जिसमें ये लेखक पल्लवित और पुष्पित हो सके।"

द्विवेदी-युग : प्रमुख कवि

साहित्य-सृजन की मूल प्रेरणा समाज-सुधार, चरित्र-निर्माण या व्यापक राष्ट्रीय हित होने के कारण इस काल की साहित्य-कृतियों में व्यापक निखार तो नहीं आया, किन्तु सभी प्रकार की गद्य-विधाओं की विकास-परम्परा का आरम्भ हो गया। साहित्य का स्वर क्रमशः गम्भीर हुआ, और उसमें दायित्वबोध जागा। साहित्य को शिष्ट समाज में प्रवेश पाने योग्य समझा जाने लगा और सब मिलाकर हिन्दी को व्यापक प्रतिष्ठा प्राप्त हुई। इस कालखण्ड के प्रमुख कवियों में पं० श्रीधर पाठक, पं० अयोध्यासिंह उपाध्याय 'हरिऔध', मैथिलीशरण गुप्त, पं० रामनरेश त्रिपाठी तथा जगन्नाथदास 'रत्नाकर' विशेष रूप से उल्लेख्य हैं।

आचार्य महावीरप्रसाद द्विवेदी (1864-1938 ई०) ने हिन्दी भाषा एवं साहित्य के उत्थान के लिए जो कार्य किया, वह हिन्दी-प्रेमियों के लिए अविस्मरणीय है।

इनके द्वारा साहित्य में नवरीति की प्रतिष्ठा एवं निर्देशन भी हुआ, जिस पर चलकर मौलिक कवियों एवं लेखकों की एक पीढ़ी तैयार हुई। खड़ीबोली के परिमार्जन एवं उसे स्थिरता प्रदान करने में इनका विशेष योगदान रहा। आचार्य महावीरप्रसाद द्विवेदी का कृतित्व बहुविध है। उन्होंने कवि, निबन्धकार, अनुवादक, आलोचक एवं सम्पादक रूपों को प्रतिफलित किया। इनके मौलिक एवं अनूदित गद्य-पद्य ग्रन्थों की संख्या लगभग 80 है। उनका अधिकतर साहित्य गद्य में लिखा गया। 'विद्या विनोद', 'देवी स्तुति', 'काव्य मंजूषा', 'नागरी सुमन', 'कान्यकुब्ज-अबला-विलाप', 'गंगा लहरी', 'ऋतु तरंगिणी', 'कुमार सम्भव' आदि द्विवेदीजी की उल्लेखनीय रचनाएँ हैं। इनकी कविता सहज, सरल बोधगम्य एवं उपदेशात्मक है। इन्होंने अपनी रचनाओं में सरल, सुबोध एवं तत्सम दोनों भाषा को अपनाया है। उनका मानना भी था कि-"कवि को ऐसी भाषा लिखनी चाहिए, जिसे सब कोई सहज में समझ ले और अर्थ को हृदयंगम कर सके।" उनकी रचनाशैली के उदाहरण निम्नवत् हैं-

तुम्हीं अन्नदाता भारत के सचमुच बैलराज! महराज।
बिना तुम्हारे हो जाते हम दाना-दाना को मोहताज।
तुम्हे षण्ड कर देते हैं जो महानिर्दयी जन-सिरताज।
धिक् उनको उन पर हँसता है, बुरी तरह यह सकल समाज।।

श्रीधर पाठक (1859-1928) श्रीधर पाठक का जन्म सन् 1859 ई० में आगरा जिले के जोन्धरी गाँव में हुआ था। इन्हें हिन्दी, अंग्रेजी एवं संस्कृत का अच्छा ज्ञान था। आजीविका के लिए उन्होंने नौकरी की। नौकरी के ही प्रसंग में इन्हें काश्मीर एवं नैनीताल की यात्रा करनी पड़ी, जहाँ प्रकृति का बहुत ही निकट से अवलोकन किया। इन्होंने ब्रजभाषा एवं खड़ीबोली दोनों में ही कविताएँ कीं, जिनमें प्रकृति का बहुविध चित्रण हुआ है। प्रकृति-चित्रण के अतिरिक्त समाज-सुधार एवं समसामयिक परिस्थितियाँ आदि इनकी कविता के मुख्य विषय हैं। देश के अतीत का गौरव गान इन्होंने बड़े ही तन्मयता से किया है। इसके अतिरिक्त उन्होंने 'भारतोत्थान', 'भारत प्रशंसा' आदि रचनाएँ की हैं। 'बाल विधवा' शीर्षक कविता के अन्तर्गत विधवाओं की कारुणिक दशा का चित्रांकन किया है। काव्य के विविध विषयों की अपेक्षा प्रकृति-चित्रण में इनका मन अधिक रमा है। तद्‌युगीन कवियों में सर्वाधिक प्रकृति-चित्रण-सम्बन्धी कविताएँ श्रीधर पाठक ने की हैं। वह सर्वविध सर्वश्रेष्ठ है। इनकी मौलिक कृतियों में 'वनाष्टक', 'कश्मीर सुषमा', 'देहरादून', 'भारतगीत' आदि विशेष उल्लेखनीय हैं। ये अपने समय के कुशल अनुवादक भी रहे हैं। इन्होंने कालिदासकृत ऋतुसंहार का एकान्तवासी योगी तथा गोल्डस्मिथ कृत हरमिट का

'उजड़ ग्राम' शीर्षक से काव्यानुवाद भी किया है। इनकी रचनाशैली का उदाहरण निम्नवत् है–

चारु हिमालय आँचल में एक साल बिसालन कौ बन है।
मृदु मर्मर शीत झरै जल स्रोत है पर्वत ओट है निर्जन है।
लिपटे हैं लता द्रुम गान में लीन प्रवीन विहंगन को गन है।
भटक्यो तहाँ रावरौ भूल्यौ फिरै मद बावरौ सौ अलि को मन है।।

अयोध्यासिंह उपाध्याय 'हरिऔध' (1865-1947)–हरिऔधजी का जन्म सन् 1865 ई० में आजमगढ़ जिले के निजामाबाद नामक स्थान पर हुआ था। इन्हें हिन्दी के अतिरिक्त संस्कृत, उर्दू एवं फारसी का अच्छा ज्ञान था। आजीविका के लिए इन्होंने पहले अध्यापक फिर कानूनगो की नौकरी की। साहित्य–सेवा की ओर रुझान अधिक होने के कारण इन्होंने सन् 1923 में नौकरी से अवकाश ग्रहण करने के पश्चात् शेष जीवन साहित्य–सेवा में अर्पित कर दिया। इनकी प्रमुख काव्य–कृतियों में 'प्रियप्रवास', 'पद्यप्रसून', 'चुभते चौपदे', 'चोखे चौपदे' 'बोलचाल', 'रसकलस' तथा 'वैदेही वनवास' आदि का नाम लिया जाता है। 'प्रियप्रवास' खड़ीबोली में लिखा गया हिन्दी का प्रथम महाकाव्य है। इसमें कविवर ने राधाकृष्ण को सामान्य नायिका-नायक के रूप में नहीं बल्कि विश्वसेवी एवं विश्वप्रेमी के रूप में चित्रित कर सर्वथा नया प्रयोग कर अपनी मौलिकता का परिचय दिया है। 'वैदेही वनवास' हरिऔध का अन्य महाकाव्य है। इसमें कवि ने राम के राज्याभिषेक होने के पश्चात् सीता के वनवास की कारुणिक गाथा का मर्मस्पर्शी चित्रण किया है। 'रसकलस' ब्रजभाषा का काव्य है जिसमें रीति-परम्परा के अनुसार रस के स्वरूप, प्रकारों का सूक्ष्म विवेचन करने के साथ-साथ नायिका भेद एवं ऋतु वर्णन में कवि ने कुछ मौलिक स्थापनाएँ की हैं। इनकी अपूर्व साहित्य–सेवा के लिए ही हिन्दी-प्रेमी इन्हें कवि सम्राट् के रूप में जानता है। 'प्रियप्रवास'-जैसे खड़ीबोली के प्रथम महाकाव्य के लिए इन्हें हिन्दी का सर्वोत्तम पुरस्कार 'मंगलाप्रसाद पारितोषिक' प्रदान किया गया। इनकी काव्यशैली बड़ी मार्मिक एवं भावपूर्ण है। इनकी रचनाशैली का एक उदाहरण द्रष्टव्य है–

प्रिय पति, वह मेरा प्राण प्यारा कहाँ है।
दुख-जलनिधि डूबी का सहारा कहाँ है।।
लख मुख जिसका मैं आज लौं जी सकी हूँ।
वह हृदय हमारा नैनतारा कहाँ है।।

मैथिलीशरण गुप्त (1886-1964)–मैथिलीशरण गुप्त का जन्म सन् 1886 ई० में झाँसी जिले के चिरगाँव नामक स्थान पर हुआ था। इनकी गणना द्विवेदीयुगीन

सर्वश्रेष्ठ कवियों में की जाती है। आचार्य द्विवेदी के सम्पर्क में आने के पश्चात् इनकी कविताएँ 'सरस्वती' नामक पत्रिका में छपने लगी थीं। आचार्य द्विवेदी के आदेश, उपदेश एवं स्नेहमय प्रोत्साहन से इनकी काव्य-प्रतिभा में निखार आया। इनकी प्रथम काव्य-कृति 'रंग में भंग' प्रकाशित हुई, किन्तु इनकी प्रसिद्धि का आधार 'भारत–भारती' बनी। 'भारत–भारती' में कविवर ने समसामयिक परिस्थितियाँ, अतीत के गौरव का गान, हिन्दीभाषियों में देश और जाति के प्रति गर्व का भाव, भारत महिमा आदि विषयों को स्थान दिया है। 'भारत–भारती' सर्वविध कवि की राष्ट्रीय भावनाओं की द्योतक है। इसी कृति के कारण गुप्तजी राष्ट्रकवि के रूप में प्रसिद्धि पाये। गुप्तजी की अन्य प्रमुख काव्य–कृतियों में 'साकेत', 'यशोधरा', 'विष्णुप्रिया', 'जयद्रथ वध', 'पंचवटी', 'द्वापर', 'जयभारत', 'झंकार' आदि का नाम लिया जाता है। इनकी अनूदित कृतियों में 'प्लासी का युद्ध', 'मेघनाद वध', 'वृत्तसंहार' आदि हैं। धार्मिकता, मानव–मूल्यों के प्रति अटूट आस्था, लोकमंगल की भावना आदि भारतीय जीवन की स्वाभाविक विशेषताएँ गुप्तजी के काव्य में सहजरूप से मुखरित हो उठी हैं। रामचरितमानस के पश्चात् खड़ीबोली का दूसरा महाकाव्य गुप्तजी का साकेत है। इसमें कवि ने उर्मिला की विरह–व्यथा के मार्मिक एवं प्रगीतात्मक वर्णन में अभूतपूर्व सफलता पायी है। 'यशोधरा' गौतमबुद्ध से सम्बन्धित पात्रों की सुन्दर भावाभिव्यंजना है। 'द्वापर' में 'कृष्ण' से सम्बन्धित पात्रों की मनोवृत्तियों का अलग–अलग चित्रण है। गुप्तजी की काव्य–कृतियों की समीक्षा करने पर ज्ञात होता है कि इन्होंने सांस्कृतिक परम्पराओं में आस्था रखने के साथ ही युगधर्म का विधिवत् सम्मान किया है। इनकी रचनाशैली का उदाहरण भारत–भारती से इस प्रकार है–

नीलाम्बर परिधान हरित पट पर सुन्दर है।
सूर्य चन्द्र युग मुकुट मेखला रत्नाकर है।
नदियाँ प्रेम प्रवाह, फूल तारे मण्डल हैं,
बन्दीजन खगवृन्द, शेष-फन सिंहासन हैं।
करते अभिषेक पयोद हैं, बलिहारी इस वेष की,
हे मातृभूमि! तू सत्य ही सगुण मूर्ति सर्वेश की।।

नारी की स्थिति को लेकर गुप्तजी का बीज विचार है–

अबला जीवन हाय, तुम्हारी यही कहानी
आँचल में है दूध और आँखों में पानी।

रामनरेश त्रिपाठी (1889-1962)–रामनरेश त्रिपाठी का जन्म सन् 1889 ई० में जौनपुर जिले के कोइरीपुर ग्राम में हुआ था। इनमें काव्य-प्रतिभा का बीजारोपण

बाल्यावस्था से ही हो गया था। सरस्वती पत्रिका एवं आचार्य द्विवेदी की प्रेरणा से ये खड़ीबोली की रचना में प्रवृत्त हुए। इनकी प्रमुख काव्यकृतियों में 'मिलन', 'पथिक', 'मानसी' और 'स्वप्न' का नाम लिया जाता है।

जगन्नाथदास 'रत्नाकर' (1866-1932)–श्री जगन्नाथदास रत्नाकर का जन्म सन् 1866 ई० में काशी में हुआ था। द्विवेदीयुगीन कवियों में जगन्नाथदास 'रत्नाकर' का विशेष स्थान है। 'उद्धव शतक', 'गंगावतरण', 'वीराष्टक', 'गंगालहरी', 'विष्णुलहरी', 'श्रृंगारलहरी', 'रत्नाष्टक', 'हिंडोला', 'प्रकीर्ण पद्यावली', 'हरिश्चन्द्र', 'समालोचनादर्श', 'कल-काशी'। इन काव्यग्रन्थों में से उद्धवशतक ही कविवर 'रत्नाकर' की काव्यकीर्ति का सुमेरु है। इसमें कवि ने उद्धव-गोपी संवाद (भ्रमरगीत) को अत्यन्त सहृदयता एवं नवीन प्रसंगों की उद्भावना के साथ व्यक्त किया है। उद्धव शतक की ये पंक्तियाँ द्रष्टव्य हैं–

टूक टूक ह्वै है मन मुकुर हमारो हाय,
चूकि हूँ कठोर बैन पाहन चलाओ ना।
एक मनमोहन तो बसिकै उजार्‌यौ मोहिं,
हिय में अनेक मनमोहन बसाओ ना।।

इस काल के कवियों में मैथिलीशरण गुप्त आदि के अतिरिक्त नाथूराम शर्मा शंकर (1859-1935), राय देवीप्रसाद पूर्ण (1868-1959), लाला भगवानदीन (1866-1930), रामचरित उपाध्याय (1872-1938), गयाप्रसाद शुक्ल 'सनेही' (1883-1930), रूपनारायण पाण्डेय (1884-1959) और लोचनप्रसाद पाण्डेय मुख्य हैं। इनके अतिरिक्त सैय्यद अमीर अली मीर, कामताप्रसाद गुरु, गिरिधर शर्मा नवरत्न आदि की गणना भी इसी के अन्तर्गत की जाती है।

द्विवेदीयुगीन काव्य–प्रवृत्तियाँ-द्विवेदीयुगीन काव्य का अवगाहन करने पर अधोलिखित काव्य-प्रवृत्तियाँ उभरकर सामने आती हैं। वे इस प्रकार हैं–

राष्ट्रीयता की भावना-द्विवेदीयुगीन लगभग सभी कवियों ने देशभक्ति एवं राष्ट्रीय भावना से युक्त रचनाएँ कीं जो स्वाभाविक रूप से उस युग की राजनीतिक चेतना एवं सांस्कृतिक पुनरुत्थान की भावधारा का परिणाम था। द्विवेदी-युग के कवियों की राष्ट्रीय भावना का स्वर भारतेन्दु-युग की अपेक्षा अधिक स्पष्ट एवं मुखर था। इनकी कविताओं में अंग्रेजी सत्ता के प्रति आक्रोश एवं भारतवासियों को स्वतन्त्रता के लिए प्रेरित करनेवाला क्रान्तिकारी स्वर है।

मानवतावाद-द्विवेदीयुगीन कवियों ने अपने काव्य में मानवतावाद को स्थान दिया है। द्विवेदी-युग में हजारों वर्षों के बाद मनुष्य की सच्ची प्रतिष्ठा पहली बार इस

देश में आँकी गयी। मानव ने मानव को समझा। इन्सान-इन्सान के बीच की बनावटी दीवारें ढहने लगीं। 'द्विवेदी-युग' में प्रथम बार मनुष्य को मनुष्य के रूप में देखा गया और शृंगारिकता एवं धार्मिकता की संकीर्ण धारा में दीर्घकाल से बन्दिनी मानवता को मुक्त कराने का प्रयास किया गया। काव्य अब उच्चवर्गीय जीवनमात्र का प्रतिबिम्ब न होकर निम्नवर्ग के जीवन का भी चित्रण करने लगा।

लोकतन्त्र का समर्थन-द्विवेदी-युग गाँधीवाद का था। इस युग का कवि यदि एक ओर आचार्य द्विवेदी के बनाये रीति, नियमों का साहित्य में पालन करता था, तो दूसरी ओर गाँधीजी के विचारों से प्रभावित हो, लोकतन्त्र की स्थापना का समर्थन कर रहा था।

लोकजीवन के विषयों का प्राधान्य-इस युग के अधिकांश कवियों ने विशेष रूप से अपने काव्य में नवीन एवं सामान्य लोकजीवन के विषयों को स्थान दिया है। यथा-मैथिलीशरण गुप्त के 'विकट भट', 'रंग में भंग', 'किसान', 'काबा और कर्बला', 'विश्ववेदना', कामताप्रसाद गुरु की 'दुर्गावती', रामचरित उपाध्याय की 'देव सभा', 'देवदूत' आदि में इस प्रवृत्ति का पूर्ण परिचय मिलता है।

नीति एवं आदर्श-द्विवेदीयुगीन कवियों ने अपनी रचनाओं में नये–नये विषयों के समावेश के साथ ही 'नीति एवं आदर्श' की बातों को प्रमुखता के साथ ग्रहण किया। इन कवियों ने ऐतिहासिक एवं पौराणिक प्रसंगों के आधार पर नीति एवं आदर्शपरक अनेक काव्यों की रचना की है। उन सभी में असत् पर सत् की, अधर्म पर धर्म की विजय दिखलायी है। इस तरह द्विवेदीयुगीन काव्य आदर्शवादी और नीतिपरक बन पड़ा है। भारत-भारती में गुप्तजी ने लिखा भी है कि–

केवल मनोरंजन न कवि का कर्म होना चाहिए।
उसमें उचित उपदेश का भी मर्म होना चाहिए।

प्रकृति–चित्रण-द्विवेदीयुगीन कवियों ने अपने काव्य में प्रकृति का स्वतन्त्र चित्रण किया है। प्रकृति के आलम्बन, उद्दीपन एवं वातावरण निर्माण आदि रूपों का मनोहारी वर्णन इनके काव्य में मिलता है। मैथिलीशरण गुप्त, हरिऔध, रामचन्द्र शुक्ल, रामनरेश त्रिपाठी, गोपालशरण सिंह, लोचनप्रसाद पाण्डेय, गिरिधर शर्मा, श्रीधर पाठक आदि कवियों के काव्य में प्रकृति का सजीव चित्रण हुआ है।

इतिवृत्तात्मक काव्य–रचना-इस युग में आचार्य महावीरप्रसाद द्विवेदीजी के निर्देशन पर ऐतिहासिक एवं पौराणिक विषयों को रचनाओं के लिए चुना गया। इस सन्दर्भ में हरिऔध के प्रियप्रवास, वैदेही वनवास तथा मैथिलीशरण गुप्तजी की प्रायः सभी रचनाओं साकेत, यशोधरा, द्वापर, जयद्रथ वध, पंचवटी आदि को लिया जा

सकता है। प्रियप्रवास के नायक इतिवृत्त प्रसिद्ध कृष्ण हैं तो साकेत में ऐतिहासिक पुरुष राम का चरित्रांकन है। जहाँ इतिवृत्तात्मकता का किंचित् परिहार है, वहाँ कविगण उपदेशात्मक काव्यरचना तक ही सीमित रहे हैं।

खड़ीबोली की प्रतिष्ठा-द्विवेदी-युग में काव्यभाषा के रूप में खड़ीबोली को प्रतिष्ठा मिल गयी। अब तक जो खड़ीबोली भारतेन्दु-युग में गद्य के क्षेत्र में ही व्यवहृत थी, वह द्विवेदी-युग में आकर गद्य एवं पद्य दोनों के लिए समान रूप से उपयोगी हो गयी। यह द्विवेदी-युग की बहुत बड़ी उपलब्धि है। द्विवेदीजी के प्रयत्न से ही अव्यवस्थित खड़ीबोली परिमार्जित हुई। उन्होंने सरस्वती पत्रिका के माध्यम से अपने युग के साहित्यकारों का मार्गदर्शन कर उन्हें भाषा-सुधार के प्रति सचेत किया और स्वयं परिमार्जित खड़ीबोली में रचनाएँ कीं।

द्विवेदी-युग में स्त्रियों के प्रति दृष्टिकोण में भी परिवर्तन आया। अब वे राष्ट्रीय स्वतन्त्रता-आन्दोलन में पुरुष के साथ बराबर सक्रिय थीं और शृंगारकालीन सामन्ती विलासिता का उपकरण नहीं रह गयी थीं। मैथिलीशरण गुप्त ने अपने काव्य में उन्हें महानता प्रदान की और उर्मिला के माध्यम से उनकी वेदना को भी मुखरित किया।

द्विवेदी-युग में नवीन शिक्षा के प्रसार और वैज्ञानिक आविष्कारों का साहित्य पर प्रभाव पड़ रहा था। परिणामस्वरूप साहित्य में भी बुद्धिवाद अथवा बौद्धिकता का विकास हो रहा था। रूढ़िवाद और प्राचीन परम्पराओं का ह्रास हो रहा था। यही कारण था कि साहित्य में दलितों और निम्नवर्ग के प्रति मानवीय व्यवहार और सहानुभूति का विकास हो रहा था। देशभक्ति और राष्ट्रीय चेतना, सांस्कृतिक उत्थान और देश-प्रेम, स्वदेशी भावना और नारी-स्वातन्त्र्य का युगपत् समाहार इस अवधि के कवियों में परिलक्षित होता है। शिल्प के स्तर पर देखें तो खड़ीबोली की काव्यभाषा के रूप में प्रतिष्ठा, सामान्य विषयों का काव्य में निरूपण, छन्द-विन्यास के क्षेत्र में स्वच्छन्दता आदि कतिपय विशेषताएँ इस युग की निजी देन हैं। स्वयं द्विवेदीजी कविता में तुकबन्दी के विरोधी थे और नये छन्दविधान के प्रोत्साहक थे। उन्होंने अतुकान्त छन्द को भी प्रश्रय प्रदान किया।

द्विवेदी-युग में अनूदित साहित्य का पर्याप्त विकास हुआ। स्वयं द्विवेदीजी ने 'ब्राइडल नाइट' का 'सोहागरात' शीर्षक तथा अंग्रेजी के सुप्रसिद्ध निबन्धकार फ्रांसिस बेकन के निबन्धों का 'बेकन विचार रत्नावली' शीर्षक से छायानुवाद प्रस्तुत किया। पं० श्रीधर पाठक ने गोल्डस्मिथ के 'हरमिट' का 'एकान्तवासी योगी', 'ट्रैवलर' का 'श्रान्त पथिक' तथा 'डेजर्टिड विलेज' का 'ऊजड़ ग्राम' शीर्षक में पद्यानुवाद किया। इस युग में मराठी और बँगला भाषा से भाव और शिल्प ग्रहण की गयी तथा अनुवाद भी किये गये। मैंथिलीशरण गुप्त ने माइकेल मधुसूदन दत्त के दो काव्यों-'मेघनाद वध' और 'वीरांगना' तथा नवीनचन्द्र सेन के 'पलासीर युद्ध' का बड़ा सरस अनुवाद किया।

वस्तुतः इस युग के कवियों ने आचार्य द्विवेदी की प्रेरणा एवं युग परिस्थितियों के प्रभावस्वरूप परम्परा से पृथक् हो काव्यरचना में भाग लिया। पूर्ववर्ती अधिकांश प्रवृत्तियाँ-यथा रीति निरूपण आदि, जो भारतेन्दुयुगीन कवियों के लिए आधार बनी हुई थी, उनका परिष्कार एवं बहिष्कार कर इन कवियों ने एक नयी चेतना का विकास किया। भाव, भाषा, कला, साहित्य आदि सभी क्षेत्रों में इनका प्रभाव परवर्ती कवियों पर देखा जा सकता है। ऐतिहासिक एवं पौराणिक विषयों एवं समसामयिक परिस्थितियों का अद्‌भुत समन्वय इनके काव्य में परिलक्षित होता है। इनके माध्यम से इन्होंने सांस्कृतिक एवं राष्ट्रीय जागरण में मुख्य भूमिका का निर्वहन किया है। वस्तुतः द्विवेदी–युग की कविता राष्ट्रीय सांस्कृतिक कविता है। इस युग की राष्ट्रीयता, साम्प्रदायिकता एवं प्रान्तीयता से ऊपर अति उदार एवं व्यापक राष्ट्रीयता है। मातृभूमि के लिए सर्वस्व बलिदान, स्वार्थ–त्याग तथा पारस्परिक वैमनस्य को दूर करने की अमोघ प्रेरणा देकर इन कवियों ने असंकीर्ण राष्ट्रीय भावना को विकसित किया तथा तत्कालीन राष्ट्रीय आन्दोलनों को बल प्रदान किया। द्विवेदीयुगीन कवियों ने जातीय जीवन की बड़ी मार्मिक और रचनात्मक आलोचना की। उन्होंने उसके शुभ पक्ष को प्रोत्साहित और अशुभ पक्ष को तिरस्कृत किया। जहाँ उन्होंने सामाजिक कुरीतियों, धार्मिक आडम्बरों एवं निरर्थक रूढ़ियों पर जोरदार प्रहार किये, वहाँ अपनी परम्परा के उपयोगी तत्त्वों का सबल समर्थन और पोषण भी किया।

●

छायावाद

आचार्य महावीरप्रसाद द्विवेदी का आधुनिक हिन्दी काव्य-साहित्य पर व्यापक प्रभाव कालान्तर में (1920 के आसपास) धूमिल होने लगा और हिन्दी में एक नयी काव्यधारा का प्रस्फुटन हुआ जिसे छायावादी काव्यधारा के नाम से अभिहित किया गया। छायावादी युग की ऐतिहासिक, सामाजिक, सांस्कृतिक आदि परिस्थितियाँ लगभग वैसी ही थीं जैसी द्विवेदी-युग में थीं किन्तु साहित्यिक कारणों से कविता के क्षेत्र में परिवर्तन आया, एक नया मोड़ उपस्थित हुआ। द्विवेदीयुगीन काव्य की इतिवृत्तात्मकता से ऊब और भाषा तथा शिल्पगत उनके कठोर अनुशासन से वितृष्णा छायावादी रचनाकारों में थी। द्विवेदी-युग के कवियों का भावक्षेत्र (देश-प्रेम, राष्ट्रीयता, शोषितों के प्रति सहानुभूति, नारी के प्रति आदर भाव आदि) सीमित था। छायावादी काव्य में इन विषयों पर तो कलम उठायी ही गयी किन्तु भावक्षेत्र और काव्य-विषयों में विस्तार हुआ। अब प्रकृति के रम्य रूपों का वर्णन (उषा, प्रभात, नाना प्राकृतिक दृश्य) प्रधान हो गया। स्थूलता का स्थान सूक्ष्मता ने ले लिया। द्विवेदीयुगीन काव्य-साहित्य जहाँ वस्तुनिष्ठ था, वहीं छायावाद में व्यक्तिनिष्ठता, रागात्मकता तथा सौन्दर्यवादी अभिव्यंजना दृष्टि काव्यक्षेत्र में विकसित हुई। छायावाद में जीवन के प्रति सौन्दर्यप्रधान रागात्मक दृष्टि है जिससे स्थूल के स्थान पर सूक्ष्म भावनाओं को प्रश्रय दिया गया है। छायावादी काव्य में रहस्य की प्रवृत्ति भी उसे द्विवेदी-युग से अलग करती है। छायावाद की सीमा-रेखा अथवा कालावधि में एक-दो वर्ष के अन्तर का उल्लेख प्रायः इतिहास-ग्रन्थों में मिलता है। वस्तुतः साहित्य के किसी कालखण्ड की सीमारेखा के निर्धारण में दो-चार वर्ष के अन्तर का कोई अर्थ नहीं होता क्योंकि नये उत्थान (युग) में भी पूर्ववर्ती युग के रचनाकार और उनकी रचनाधर्मिता न्यूनाधिक रूप से जीवित रहती है। इसीलिए किसी साहित्यिक युग के आरम्भ और अवसान की कोई एक तिथि सुनिश्चित नहीं की जा सकती।

विद्वानों ने प्रायः छायावाद का प्रारम्भ सन् 1918 से तथा अवसान 1938 से माना है। 1918 को ही छायावाद की प्रारम्भिक सीमा मानने का कारण यह है कि छायावादी पद्धति की रचनाएँ इसके आसपास प्रकाशित होने लगी थीं। 1916 में निराला की कविता 'जुही की कली' तथा 1920 में पन्त की पल्लव की कुछ कविताएँ

लिखी जा चुकी थीं। इससे स्पष्ट है कि इस काल के आसपास हिन्दी काव्य-साहित्य में एक नया मोड़ आ गया था। सन् 1935 में छायावादी काव्य-चेतना को मूर्तिमान् करनेवाली कृति कामायनी प्रकाशित हो चुकी थी और ऐतिहासिक दृष्टि से 1936 में प्रान्तों में कांग्रेस के मन्त्रिमण्डल बन गये थे जो 1938 तक रहे। 1939 में ऐतिहासिक परिवर्तन का दौर शुरू हुआ। अतः 1938 तक साहित्य में छायावादी प्रवृत्ति और मानसिकता रही। इसीलिए 1938 को छायावाद का अवसान-काल माना जा सकता है।

इस विशिष्ट काव्य-प्रवृत्ति एवं काव्यान्दोलन को 'छायावाद' शीर्षक से अभिहित करनेवाले कदाचित् प्रथम छायावादी कवि श्री मुकुटधर पाण्डेय ने 1920 के आसपास जबलपुर से प्रकाशित होनेवाली 'श्री शारदा' पत्रिका में छायावाद पर एक लेखमाला निकाली। तभी से 'छायावाद' शब्द विवाद का विषय बना। किन्तु यह विवाद अब शान्त हो गया है और 'छायावाद' नाम अब सर्वस्वीकृत है।

छायावाद : प्रमुख कवि और प्रवृत्तियाँ

"जिस कविता ने जीवन के सूक्ष्मतम मूल्यों की पुनर्प्रतिष्ठा द्वारा नवीन सौन्दर्य-चेतना जगाकर वृहत् समाज की अभिरुचि का परिष्कार किया, जिसने सूक्ष्म-से-सूक्ष्म और तरल-से-तरल भाववीथियों को पकड़ा, जिसने भाषा को नवीन हाव-भाव दिये, जिसने हमारे कला के असंख्य और अनमोल छाया-चित्रों को जगमग कर दिया-उस कविता का गौरव अक्षय है। उसकी समृद्धि की समता हिन्दी का केवल भक्तिकाव्य ही कर सकता है।" छायावाद की प्रशस्ति में यह उद्गार डॉ० नगेन्द्र के हैं। वस्तुतः छायावादी काव्य एक नितान्त सरस, रूमानी, भावप्रवण, कल्पनाप्रधान काव्यधारा है जिसके स्वरूप का रेखांकन कठिन है।

छायावाद के स्वरूप को समझने के लिए विभिन्न विद्वानों ने चेष्टा कर उसके सम्बन्ध में अपने-अपने मत व्यक्त किये हैं। इन विद्वानों में स्वयं छायावादी कवि हैं और विद्वान् समीक्षक भी।

आचार्य रामचन्द्र शुक्ल-"छायावाद शब्द का प्रयोग दो अर्थों में समझना चाहिए। एक तो रहस्यवाद के अर्थ में, जहाँ उसका सम्बन्ध काव्य-वस्तु से होता है। छायावाद का दूसरा प्रयोग काव्यशैली या पद्धति-विशेष के व्यापक अर्थ में है।"

जयशंकर प्रसाद-"कविता के क्षेत्र में पौराणिक युग की किसी घटना अथवा देश-विशेष की सुन्दरी के बाह्य वर्णन से भिन्न जब वेदना के आधार पर स्वानुभूतिमयी अभिव्यक्ति होने लगी तब हिन्दी में उसे छायावाद के नाम से अभिहित किया गया।"

सुमित्रानन्दन पन्त-"प्राकृतिक चित्रों में कवि की अपनी भावनाओं के सौन्दर्य की, और भावनाओं में प्रकृति-सौन्दर्य की छाया ही छायावाद है।

डॉ० नगेन्द्र-"छायावाद एक विशेष प्रकार की भाव पद्धति है, जीवन के प्रति एक विशेष प्रकार का भावात्मक दृष्टिकोण है।"

आचार्य नन्ददुलारे वाजपेयी-"मानव अथवा प्रकृति के सूक्ष्म किन्तु व्यक्त सौन्दर्य में आध्यात्मिक छाया का भाव मेरे विचार में छायावाद की एक सर्वमान्य व्याख्या हो सकती है।"

महादेवी वर्मा-"छायावाद का मूल दर्शन सर्वात्मवाद है। प्रकृति में चेतना का आरोप, सूक्ष्म सौन्दर्य सत्ता का उद्घाटन एवं असीम के प्रति अनुरागमय आत्मविसर्जन की प्रवृत्तियों का गीतात्मक एवं नवीन शैली में व्यक्त रूप छायावाद है।"

विद्वानों के उपर्युक्त मतों को देखने से लगता है कि छायावाद के सर्वाङ्गीण रूप की व्याख्या करने में किसी भी विद्वान् का मत अपने-आपमें समर्थ नहीं है। यदि इन सभी विद्वानों के मतों को एकाकार कर दिया जाय तो सम्भवतः छायावाद का सर्वाङ्ग परिचय मिल सकता है। इस तरह करने पर छायावाद का जो नव स्वरूप प्रकट होगा वह इस प्रकार हो सकता है। एक समीक्षक के अनुसार-'छायावाद' हिन्दी कविता के एक विशेष युग में पूर्ववर्ती युग के विरोध में प्रस्फुटित एक विशेष भावात्मक दृष्टिकोण, एक विशेष दार्शनिक अनुभूति एवं एक विशेष शैली है, जिसमें लौकिक प्रेम के माध्यम से अलौकिक का एवं अलौकिक प्रेम के व्याज से लौकिक अनुभूतियों का चित्रण होता है, जिसमें प्रकृति को मानवीय रूप में प्रकट किया जाता है और जिसमें गीति तत्त्वों की प्रधानता होती है और जो अंग्रेजी रोमाण्टिक कविता की विशिष्टताएँ अपने में समेटे हुए है। छायावाद के आधारस्तम्भों में प्रसादजी प्रथम हैं।

जयशंकर प्रसाद (1890-1937) का जन्म सन् 1890 ई० में काशी के 'सुँघनी साहु' नामक वैश्य के सम्पन्न घराने में हुआ था। संस्कृत, हिन्दी, उर्दू और अँगरेजी का इन्हें विधिवत् ज्ञान था। आरम्भ में ब्रजभाषा के माध्यम से 'कलाधर' उपनाम से कविताएँ लिखा करते थे बाद में खड़ीबोली की रचना करने लगे। भाव, भाषा, छन्द, कला आदि सभी दृष्टियों से इनकी काव्य-कृतियों में अनेकरूपता एवं गम्भीरता विद्यमान है। प्रसादजी बहुमुखी प्रतिभा के धनी थे। उन्होंने काव्य एवं गद्य की विविध विधाओं-नाटक, कहानी, उपन्यास, निबन्ध में अपनी प्रतिभा का योगदान किया है। इनका सान्निध्य पाकर साहित्य की ये विधाएँ भी गौरवान्वित हो उठी हैं। जयशंकर प्रसाद की प्रमुख काव्य-कृतियों में-'वनमिलन', 'प्रेमराज्य', 'अयोध्या का उद्धार', 'शोकोच्छ्वास', 'बभ्रुवाहन', 'काननकुसुम', 'प्रेमपथिक', 'करुणालय', चित्राधार', 'महाराणा का महत्त्व', 'झरना', 'आँसू', 'लहर', 'कामायनी' आदि का नाम लिया जाता है। इनमें से कामायनी उनकी काव्य-कीर्ति का ठोस आधार है।

'लहर' प्रसादजी की गीति-शैली का काव्य है जिसमें कवि ने प्रकृति-वर्णन, प्रणय की तीव्र अनुभूति, करुणा, रहस्यवाद आदि को सन्निहित किया है। इसी तरह

आँसू-जैसे प्रसिद्ध काव्य में कवि ने विगत जीवन की स्मृतियों को आधार बनाकर अपने दुःख-दर्द की अभिव्यक्ति की है। इस काव्य के अन्त में कवि ने अपनी वैयक्तिक वेदना को मूल, विश्व-कल्याण की भावना को प्रश्रय दिया है। 'कामायनी' एक सांकेतिक महाकाव्य है। मानव-मन के दोनों पक्षों हृदय और बुद्धि का सामंजस्य रचनाकार का काम्य है। इनके समन्वय से कर्म और भोग का समन्वय होता है जो आनन्द की सष्टि करता है। रचना का दार्शनिक आधार आनन्दवाद है।

इस प्रकार जयशंकर प्रसाद ऐसे रचनाकार हैं जिन्होंने हिन्दी साहित्य के एक समूचे युग का ही प्रतिनिधित्व किया है, जिसे 'प्रसाद-युग' की संज्ञा दी गयी है।

सूर्यकान्त त्रिपाठी 'निराला' (1897-1962)–का जन्म सन् 1897 ई० में बंगाल के मिदनापुर जिले के महिषादल नामक रियासत में हुआ था। इनके पिता का नाम रामसहाय त्रिपाठी था। निरालाजी को हिन्दी, संस्कृत, अँगरेजी एवं बँगला का अच्छा ज्ञान था। जीवन के प्रारम्भिक दिनों से अन्तिम समय तक जटिल समस्याओं से ग्रस्त रहे। उनके जीवन के अन्तिम वर्ष, जहाँ उनकी चेतना के अथक–अविचल संघर्ष की कहानी कहते हैं, वहाँ उनके जीवन की विपत्तियों और व्यथाओं की दुर्निवार्य शक्ति को भी व्यंजित करते हैं।

असाधारण काव्य–प्रतिभा के कारण निरालाजी का छायावादी कवियों में महत्त्वपूर्ण स्थान है फिर भी वे किसी एक वाद में बँधकर नहीं रहे, उनकी रचनाओं में प्रगतिवादी, प्रयोगवादी स्वर भी सन्निहित हैं। उन्होंने अपनी अधिकांश रचनाओं के माध्यम से भारतीय जनमानस की सुषुप्त भावना को जागृत कर उनमें सांस्कृतिक एवं राष्ट्रीय चेतना का विकास किया। निरालाजी की प्रमुख काव्य–कृतियों में 'अनामिका', 'परिमल', 'गीतिका', 'तुलसीदास', 'कुकुरमुत्ता', 'अणिमा', 'बेला', 'अपरा', 'नये पत्ते', 'अर्चना', 'आराधना', 'गीतगुंज' तथा 'सान्ध्यकाकली' आदि हैं। 'निराला' अपनी धुन के पक्के एवं फक्कड़ स्वभाव के थे, इसलिए उनके काव्य में विविधता के दर्शन होते हैं, जो भाव, भाषा, शिल्प एवं विचार आदि के माध्यम से व्यक्त होते हैं। उनकी अधिकांश रचनाओं की भाषा संस्कृतगर्भित, समासयुक्त है।

'राम की शक्ति-पूजा' और 'तुलसीदास' के माध्यम से कवि ने भारतीय परम्परा के गौरवशाली मूल्यों की प्रतिष्ठा का प्रयास किया है। परिमल एवं गीतिका-जैसी रचनाओं में भक्तिकालीन परम्परा से सम्बद्ध वन्दना के गीत संकलित हैं। निराला की प्रगतिवादी रचनाओं में 'तोड़ती पत्थर', 'भिक्षुक', 'जागो! फिर एक बार', 'कुकुरमुत्ता' आदि हैं। 'सरोज–स्मृति' निराला के वैयक्तिक जीवन से सन्दर्भित है। यह एक शोक–गीत है जो हिन्दी साहित्य की अमूल्य निधि है। इस तरह वस्तु एवं शिल्प दोनों दृष्टियों से निराला का काव्यफलक इतना उत्कृष्ट बन पड़ा है कि उन्हें महाप्राण निराला की संज्ञा दी गयी। उनकी रचना–शैली के कुछ नमूने यहाँ द्रष्टव्य हैं–

बोले रघुमणि-"मित्रवर, विजय होगी न समर,
यह नहीं रहा नर-वानर का राक्षस से रण।
उतरीं पा महाशक्ति रावण से आमन्त्रण।
अन्याय जिधर है उधर शक्ति।" कहते छलछल।।

* * *

दृढ़ जटा मुकुट हो विपर्यस्त प्रति लट से खुल
उतरा ज्यों दुर्गम पर्वत पर नैशान्धकार।....तौराएँ दूर पार

सुमित्रानन्दन पन्त का जन्म उत्तरांचल (उत्तराखण्ड) के अल्मोड़ा जिले के कौसानी नामक ग्राम में हुआ था। इनके पिता का नाम गंगादत्त पन्त तथा माता का नाम सरस्वती था। अल्मोड़ा की प्राकृतिक सुषमा का प्रभाव बचपन से ही इनके व्यक्तित्व पर पड़ा। इनके मन में प्रकृति के प्रति इतनी आसक्ति थी कि प्रकृति सौन्दर्य के समक्ष जीवन के अन्य सौन्दर्य के प्रति आकृष्ट न हो सके। उन्होंने लिखा भी है कि-

छोड़ द्रुमों की मृदु छाया।
तोड़ प्रकृति से भी माया।
बाले तेरे रूप बाल में कैसे उलझा दूँ लोचन?
छोड़ अभी से इस जग को।

सुमित्रानन्दन पन्त हिन्दी साहित्य के ऐसे रचनाकार हैं जिन्होंने प्रकृति की गोद से काव्य-लेखन प्रारम्भ कर मानव की सामाजिक, आर्थिक समस्याओं को कविता का विषय बनाते हुए अन्ततः अध्यात्म व दर्शन को भी साहित्य की ओर मोड़ने का प्रयास किया। इनकी काव्य-चेतना किसी एक वाद के बन्धन में न बँधकर निरन्तर विकसनशील रही, फलतः छायावादी, प्रगतिवादी एवं प्रयोगवादी काव्य की प्रवृत्तियाँ स्वाभाविक रूप से उनके काव्य में मिल जाती हैं। पन्तजी की पहली रचना 'गिरजे का घण्टा' सन् 1916 की है। तत्पश्चात् वे निरन्तर काव्य-साधना में लीन रहे। उनकी प्रमुख काव्य-कृतियों में-'उच्छ्वास', 'ग्रन्थि', 'वीणा', 'पल्लव', 'गुंजन', 'युगान्त', 'युगवाणी', 'ग्राम्या', 'स्वर्ण-किरण', 'स्वर्णधूलि', 'उत्तरा', 'युगपथ', 'रजतशिखर', 'वाणी', 'पतझर', 'कला और बूढ़ा चाँद', 'चिदम्बरा', 'लोकायतन' आदि का नाम लिया जाता है।

सुमित्रानन्दन पन्त के काव्य में प्रकृति के मनोरम दृश्यों का चित्रण हुआ है। इस दृष्टि से वीणा, ग्रन्थि, पल्लव और गुंजन उनकी महत्त्वपूर्ण कृतियाँ हैं। 'युगान्त', 'युगवाणी' एवं 'ग्राम्या' के माध्यम से कवि ने मानव को पुरानी, जर्जर मान्यताओं, रूढ़ियों, अन्धविश्वासों के परित्याग के साथ नवीन चेतना एवं मानवता के विकास का मार्ग सुझाया है। 'स्वर्णधूलि' एवं 'स्वर्णकिरण' के माध्यम से मानव की सामाजिक

एवं आर्थिक समस्याओं से मुक्ति दिलाने का प्रयास है। भाव, भाषा, छन्द, अलंकार, शिल्प आदि सभी दृष्टियों से उनके काव्य अत्युत्तम बन पड़े हैं। भाव एवं कला का ऐसा मणिकांचन संयोजन अन्यत्र दुर्लभ है। पन्तजी की रचना-शैली के कुछ उदाहरण निम्नवत् हैं-

जो सोये स्वप्नों के तम में, वे जागेंगे-यह सत्य बात।
जो देख चुके जीवन निशीथ, वे देखेंगे जीवन प्रभात।।

* * *

गिरिवर के उर से उठ-उठकर, उच्चाकांक्षाओं से तरुवर।
है झाँक रहा नीरव नभ भर, अनिमेष अटल कुछ चिन्ता पर।।

* * *

द्रुत झरो जगत् के जीर्णपत्र, हे स्रस्त-ध्वस्त, हे शुष्क शीर्ण।
हिम-ताप-पीत मधु-पात-भीत, तुम वीतराग जड़ पुराचीन।।

महादेवी वर्मा-का जन्म सन् 1907 ई० में फर्रुखाबाद जिले के एक कायस्थ परिवार में हुआ था। इनकी आरम्भिक शिक्षा घर पर तथा बाद की शिक्षा प्रयाग में हुई। प्रारम्भ में ये ब्रजभाषा में काव्य-लेखन करती थीं बाद में खड़ीबोली में लिखने लगीं। गद्य एवं पद्य दोनों ही क्षेत्रों में इनका समानाधिकार रहा। गौतम बुद्ध के करुणावाद का उनके जीवन पर व्यापक प्रभाव पड़ा। फलतः इनकी अधिकांश रचनाओं में प्रेम-विरह की सूक्ष्म एवं मार्मिक अनुभूतियाँ संकलित हैं। महादेवीजी की प्रमुख काव्य-कृतियों में 'नीहार', 'रश्मि', 'नीरजा', 'सान्ध्यगीत', 'यामा', 'दीपशिखा', 'सप्तपर्णा' (अनूदित) का नाम लिया जाता है।

प्रकृति-चित्रण, रहस्यवादी भावना, देश-प्रेम का भाव, प्रेम-विरह का चित्रण, वेदना एवं निराशा आदि महादेवी के काव्य की विशेषताएँ हैं। इस तरह समस्त छायावादी प्रवृत्तियाँ इनके काव्य में मिल जाती हैं। उनके विविध रचनाओं में व्यथा, पीड़ा, आशा, अज्ञात प्रियतम के प्रति प्रणय-निवेदन आदि वर्णन के विषय हैं। श्री सुमित्रानन्दन पन्त ने इनके विषय में लिखा है कि "महादेवीजी छायावादियों में एकमात्र वह चिन्तन भाव यौवना कवयित्री हैं, जिन्होंने नये युग के परिप्रेक्ष्य में राग-तत्त्वों के गूढ़ संवेदन तथा राग-मूल्य को अधिक मर्मस्पर्शी, गम्भीर अन्तर्मुखी, तीव्र संवेदनात्मक अभिव्यक्ति दी है।" **डॉ० इन्द्रनाथ मदान** ने लिखा है कि-"उनके काव्य में मात्र कल्पना विकास न होकर हृदय की झंकार भी है।"

महादेवीजी के काव्य में यदि एक ओर भावपक्ष की गम्भीरता है तो दूसरी ओर कलापक्ष की निपुणता भी। भाव एवं कला दोनों ही दृष्टियों से इनका काव्य अत्युत्तम बन पड़ा है। हृदय की सूक्ष्मतम व गहनतम भावनाओं को जितनी सफलता से

महादेवीजी ने व्यक्त किया है उतना दूसरा कवि नहीं। उनकी रचना-शैली का उदाहरण द्रष्टव्य है–

आज क्यों तेरी वीणा मौन?
शिथिल-शिथिल तन थकित हुए कर
स्पन्दन भी भूला जाता उर
मधुर कसक-सा आज हृदय में
आन समाया कौन
आज क्यों तेरी वीणा मौन?

छायावादी काव्य की प्रमुख प्रवृत्तियाँ-छायावादी काव्य के अनुभूति एवं अभिव्यक्ति दोनों पक्ष नवीनता एवं ताजगी से परिपूर्ण हैं। छायावादी कवियों ने यदि एक ओर स्वानुभूति की अभिव्यक्ति पर बल दिया तो दूसरी ओर इस अभिव्यक्ति के लिए नवीन अभिव्यंजना-शैली को भी अपनाया। जैसा कि प्रसादजी ने लिखा भी है कि "ध्वन्यात्मकता, लाक्षणिकता, सौन्दर्यमय प्रतीकविधान तथा उपचारवक्रता के साथ स्वानुभूति की निवृत्ति छायावाद की विशेषताएँ हैं।" इस प्रकार छायावाद की प्रमुख प्रवृत्तियों को निम्नवत् ढंग से व्यक्त किया जा सकता है।

छायावादी कविता की मूल प्रवृत्ति उसकी सौन्दर्यानुभूति है। इस युग की रचनाओं में सूक्ष्म सौन्दर्य सत्ता की प्रतिष्ठा है, साथ ही सौन्दर्यबोध के भाव का विस्तार भी। द्विवेदी-युग में बुद्धि तत्त्व की प्रधानता के कारण जो सौन्दर्य भावना कुण्ठित होकर रह गयी थी छायावाद में वही पुष्पित-पल्लवित हुई। मानव के आन्तरिक सौन्दर्य का वर्णन इन कवियों ने प्रकृति के माध्यम से किया है। परिणामतः प्राकृतिक सौन्दर्य विशेष रूप से मुखरित हुआ है। यथा महादेवीजी के काव्य से मानव-जीवन की भावनाओं एवं अनुभूतियों की अभिव्यक्ति सम्बन्धी एक उदाहरण द्रष्टव्य है।

प्रिय सान्ध्य गगन, मेरा जीवन
यह क्षितिज बना धुँधला विराग।
नव अरुण अरुण मेरा सुहाग,
छाया-सी काया वीतराग।।

छायावादी कवियों ने प्रकृति के सौन्दर्याभिव्यक्ति के साथ ही नारी के सौन्दर्य का चित्रण भी अनेक रूपों में किया है। कहीं पर प्रकृति के माध्यम से तो कहीं अन्य रूपों में। प्रसादजी के नारी-सौन्दर्य का एक चित्र-

शशि-मुख पर घूँघट डाले, अंचल में दीप जलाये।
जीवन की गोधूलि में कौतूहल से तुम आये।

* * *

इन्द्रधनुषी पट से ढक गात बाल विद्युत् का पावस-लास।
हृदय में खिल आता तत्काल अधखिले अंगों का मधुमास।।

छायावादी सौन्दर्य-चित्रण में रीतिकालीन स्थूलता एवं ऐन्द्रियता के स्थान पर गहनता और सूक्ष्मता है। नारी के सौन्दर्य-वर्णन में इन्होंने सर्वथा नवीन उपमानों का प्रयोग किया है। उससे कामुकता या अश्लीलता नहीं बल्कि पवित्रता एवं आकर्षण का भाव उत्पन्न होता है। नारी-सौन्दर्य के साथ पुरुष-सौन्दर्य का चित्रण भी इन कवियों ने किया है। कामायनी के मनु के सौन्दर्य-चित्रण में प्रसादजी ने लिखा है कि-

अवयव-सी दृढ़ मांसपेशियाँ, ऊर्जस्वित था वीर्य अपार।
स्फीत शिराएँ स्वस्थ रक्त का होता था जिनमें संचार।।

छायावादी काव्य में प्रेम-भावना के विकास के कारण कुछ विद्वानों ने इसे प्रेमकाव्य की भी संज्ञा दे डाली है। इन कवियों की प्रेम-भावना की विशेषता यह है कि इनका प्रेम सृष्टि के जड़-चेतन सभी के प्रति है। रीतिकालीन वासनामयी रूप का परित्याग कर नारी के पवित्र रूप को ग्रहण कर प्रेम की प्रतिष्ठा छायावादी कवियों की विशेषता है। इस तरह प्रेम-भावना का उदात्त रूप इनके काव्य में लौकिक और अलौकिक प्रेम की व्यंजना यहाँ पर हुई है। प्रेम-वर्णन में प्रकृति केन्द्र में है। प्रसादजी लिखते हैं—

वे कुछ दिन कितने सुन्दर थे।
जब सावन घन सघन बरसते इन आँखों की छाया भर थे।
सुरधुन रंजित नव जलधर से, भरे क्षितिज व्यापी अम्बर से।
मिले चूमते जब सरिता के हरित कूल युग मधुर अधर थे।

अज्ञात चिरन्तन प्रिय के प्रति महादेवी वर्मा की प्रेम-भावना बड़ी ही मार्मिक बन पड़ी है। यथा-

मैं कण-कण में ढाल रही हूँ, आँसू के मिस प्यार किसी का।
मैं पलकों में पाल रही हूँ, यह सपना सुकुमार किसी का।

महाप्राण निराला की कविताओं में आध्यात्मिक प्रेम इस प्रकार व्यक्त है—

भर देते हो
बार-बार प्रिय करुणा की किरणों से
क्षुब्ध हृदय को पुलकित कर देते हो।
मेरे अन्तर में आते हो देव निरन्तर,
कर जाते हो व्यथा भार लघु,
बार-बार कर कंज बढ़ाकर।

इस प्रकार छायावादी काव्य में प्रेम-भावना का विकास प्रकृति-प्रेम, नारी-प्रेम, आध्यात्मिक प्रेम, मानव-प्रेम, मातृ-प्रेम आदि रूपों में हुआ है। इन कवियों ने प्रेम-भावना के विविध रूपों को अपने काव्य में स्थान दिया है।

लोक-कल्याण के प्रति अत्यधिक जागरूक रहने के कारण छायावादी कवियों ने मानवतावाद की विधिवत् प्रतिष्ठा की है। प्रेम-भावना की तरह यह मानवतावाद भी इनके काव्य में विविध रूपों में व्यक्त हुआ है।

सुमित्रानन्दन पन्त ने मानव-मानव में प्रेम की महत्ता बतलाते हुए कहा कि मनुष्य प्रेम से जहाँ रहे, वहीं स्वर्ग है–

जीवन की क्षण धूलि रह सके जहाँ सुरक्षित,

*   *   *

मनुज प्रेम से रह सके जहाँ पर मानव ईश्वर,
और कौन-सा स्वर्ग चाहिए तुम्हें धरा पर।।

छायावादी कवियों ने अपने काव्य में यथावसर रहस्यवादी अनुभूतियों को भी स्वर दिया है। उनका रहस्यवाद भावात्मक है, जो प्रकृति के माध्यम से व्यक्त होता है, यथा-पन्त को नक्षत्रों से मौन निमन्त्रण मिलता है तो महादेवी को फूलों की पलकें प्रतीक्षारत जान पड़ती हैं। इसी तरह प्रसाद और निराला ने भी अपने रहस्यवाद की अभिव्यक्ति प्रकृति के माध्यम से ही की है।

विषाद की अभिव्यक्ति छायावाद की एक और विशेषता है। प्रसादजी ने विषाद-मूलक एक काव्य की ही रचना 'आँसू' के रूप में कर डाली। महादेवी वर्मा का काव्य विषादमूलक है ही; जिससे उन्हें आधुनिक युग की मीराँ कहा जाता है। पन्त और निराला की विविध कविताओं में विषाद का पुट निहित है। छायावादी रचनाओं में इस विषाद या वेदना की अनुभूति विविध रूपों में हुई है। कहीं पर अनन्त वेदना के रूप में, कहीं करुणा के रूप में तो कहीं निराशा की भावना के रूप में। प्रसाद और महादेवी के काव्य में निहित वेदनानुभूति में आध्यात्मिक जीवन की अनुभूति है। यथा, महादेवी ने लिखा है कि–

प्रिय! जिसने दुःख पाला हो।
वर दो यह मेरा आँसू।
उसके उर की माला हो।
मैं दुःख से श्रृंगार करूँगी।

आध्यात्मिक वेदना की कलात्मक अभिव्यक्ति कामायनी में श्रद्धा के इस कथन से व्यक्त हुई है–

दृष्टि जाती जब हिमगिर ओर,
प्रश्न करता मन अधिक अधीर।
धरा की यह सिकुड़न भयभीत
आह कैसी है, क्या है पीर।।

छायावादी कविता में युगानुरूप राष्ट्रीय भावना एवं देश–प्रेम की सुन्दर अभिव्यक्ति हुई है। उस समय देश पर अंग्रेजों का शासन था। उनके अत्याचार से देश की जनता पूर्णतया त्रस्त थी। भारतीय संस्कृति-गौरव का निरन्तर ह्रास हो रहा था। उस स्थिति में छायावादी कवियों ने देश के अतीत का गौरव गान किया है।

कहाँ आज वह पूर्ण पुरातन, वह सुवर्ण का काल।
भूतियों का दिगन्त छवि जाल
ज्योति चुम्बित जगती का भाल

इसी तरह प्रसादजी ने देश के प्राकृतिक स्थलों के प्रति अनुराग व्यक्त किया है–

अरुण यह मधुमय देश हमारा
जहाँ पहुँच अनजान क्षितिज को मिलता एक सहारा।

अंग्रेजों के अत्याचार के विरोध में निराला जन–सामान्य का आह्वान कर कह उठते हैं कि–

जागो फिर एक बार
* * *
शेर की माँद में, आया है आज स्यार
जागो फिर एक बार।।

छायावाद के मूल में नवजागरण का भाव है। इसी नवजागरण का एक अंश नारी के प्रति नवीन दृष्टिकोण भी है। सदियों से जो नारी पुरुष के लिए मात्र भोग्या बनी हुई है पुरुष समाज ने उसके कामिनी, रूपसी एवं वासनामयी रूप को ही देखा है; उस नारी को इन कवियों ने एक उच्च धरातल पर प्रतिष्ठित किया है। प्रसादजी ने तो नारी को दया, ममता, त्याग, बलिदान, सेवा, समर्पण, आस्था, विश्वास आदि भावों से ओत–प्रोत चित्रित किया है। उनके लिए नारी भोग्या नहीं पूज्या है; श्रद्धा की अधिकारी है–

नारी तुम केवल श्रद्धा हो
विश्वास रजत नग पग तल में।
पीयूष स्रोत-सी बहा करो,
जीवन के सुन्दर समतल में।।

सुमित्रानन्दन पन्त चिरबन्दिनी नारी के स्वतन्त्रता के समर्थक हैं। उन्होंने कहा है कि-

मुक्त करो नारी को मानव,
चिरबन्दिनी नारी को।
युग-युग की बर्बर कारा से
जननि, सखी प्यारी को।।

छायावादी काव्य का विशाल एवं दिव्य भवन प्रकृति की आधारशिला पर ही निर्मित है। यदि छायावादी काव्य से प्रकृति-वर्णन सम्बन्धी प्रसंग निकाल दिये जायँ तो उसका महत्त्व कम हो जायगा। प्रसाद, पन्त, निराला एवं महादेवी वर्मा सभी के काव्यों में प्रकृति समान रूप में अवस्थित है। प्रकृति के ही माध्यम से उन्होंने सौन्दर्य भावना, शृंगार वर्णन, रहस्यवाद आदि सभी प्रवृत्तियों को स्वर दिया है। सुमित्रानन्दन पन्त तो प्रकृति के ही कवि हैं। प्रकृति के नाना रूपों का चित्रण उनके काव्य में मिल जाता है। प्रकृति के मानवीकरण रूप का चित्रण छायावादी काव्य में विशेष है। प्रसादजी के प्रकृति सुन्दरी का एक चित्र प्रस्तुत है–

बीती विभावरी जाग री
अम्बर पनघट पर डुबो रही तारा घट ऊषा नागरी।
खग कुल-कुल-कुल-सा बोल रहा,
किसलय का अंचल डोल रहा,
लो यह लतिका भी भर लायी।
मधु-मुकुल नवल रस-गागरी।

वस्तुतः 'छायावाद' पर अंग्रेजी की स्वच्छन्दतावादी (19वीं शती का रोमाण्टिक रिवाइवल) काव्यधारा, जो मध्ययुगीन अंग्रेजी साहित्य की रूमानियत, प्रेम और शौर्य तथा रोमांसप्रधान गाथागीतों (बैलेड्स) की चेतना का पुनः उन्मेष थी; का गहरा प्रभाव रहा है। और महादेवी वर्मा ने अपनी समीक्षात्मक उपपत्तियों प्रधान गद्य साहित्य में इस प्रभाव के स्पष्ट संकेत भी दिये हैं। इसीलिए अंग्रेजी स्वच्छन्दतावाद (रोमाण्टिसिज्म) के जो तत्त्व हैं वे छायावादी काव्य में भी पाये जाते हैं और इसीलिए छायावाद को स्वच्छन्दतावाद भी कहा जाता है। स्वच्छन्दतावाद के ये तत्त्व-प्रकृति प्रेम, रूमानियत, कल्पना-विलास, दूरी के प्रति सम्मोहन, भावप्रवणता, अनुभूतियों का तारल्य तथा रहस्यवादी मनोवृत्ति आदि अंग्रेजी रोमाण्टिसिज्म के लगभग सौ वर्ष बाद हिन्दी कविता में छायावाद के रूप में प्रस्फुटित हुए। स्वच्छन्दतावाद की भाँति ही छायावाद का रहस्यवाद प्राचीन भारतीय (हिन्दी) साहित्य का साधनात्मक रहस्यवाद नहीं वरन् भावात्मक प्रकृतिमूलक रहस्यवाद है जिसमें प्रकृति के नानारूपों में आत्म तत्त्व अथवा परमात्मा की प्रतिच्छाया देखी और अनुभूत की गयी है। अंग्रेज कवि यीट्स और

वर्ड्सवर्थ की कविताओं में इसी भावात्मक रहस्यवाद की अभिव्यक्ति हुई है वही पन्त, महादेवी, निराला और प्रसाद की कविताओं में भी देखी जा सकती हैं।

छायावाद के उद्‌भव और विकास के लिए यहाँ यह भी कहना उचित है कि निराला की पहली रचना 'जुही की कली' (1916) उस कवि–कर्म को रेखांकित करती है जिससे हिन्दी साहित्य के आधुनिक काल में एक नयी काव्य–परम्परा छायावाद (स्वच्छन्दतावादी चेतना) की नींव पड़ी जो आज की कविता का भी प्रेरणास्रोत बना हुआ है। निराला ने पहली अनामिका (1923) और परिमल में संगृहीत कविताओं में जिस 'मुक्त छन्द' को स्थापित किया वह समूचे स्वच्छन्दतावाद की आत्मा है। एक ओर इसका सम्बन्ध छन्दमुक्ति से है तो दूसरी ओर विदेशी शासन और दासता की मुक्ति से। प्रारम्भ में आलोचकों ने मुक्त छन्द को रबड़ और केंचुआ छन्द के नाम से पुकारा, किन्तु आज यही छन्द हिन्दी कविता की मुख्य धारा है। यह छन्द मात्राओं, वर्णों के बन्धनों से मुक्त तो है किन्तु इसका अपना छन्द और आन्तरिक लय है। इस छन्द में गति, यति और लय है तो छन्द की मूलभूत विशेषताएँ हैं। वस्तुतः छन्दों की रीतिबद्धता को तोड़ना निराला का एक क्रान्तिकारी कदम था। राजनैतिक घटना-चक्र विश्वव्यापी था। कार्ल मार्क्स और उनके मार्क्सवाद ने विश्व चिन्ताधारा को दूर तक प्रभावित किया था। परिणामस्वरूप समाज में सर्वहारा (गरीब) और शोषितों के प्रति सहानुभूति तथा शोषकों (पूँजीपतियों, राजाओं और सामन्तों) के प्रति आक्रोश पनप रहा था। बुद्धिजीवियों का दायित्व बढ़ा था। इसलिए कविता और कलाओं के कथ्य और शिल्प में बदलाव आया। अंग्रेजी साहित्य में 1830 ई० के आसपास रूमानियत और वायवीपन का स्थान यथार्थ ने लिया। यद्यपि स्वच्छन्दतावाद के स्तम्भ वर्ड्सवर्थ 1850 तक जीवित थे, किन्तु 'रोमाण्टिसिज्म' (स्वच्छन्दतावादी काव्यान्दोलन) का अवसान हो चुका था। हिन्दी कविता में 1936 के उपरान्त छायावादी भावभूमि विदा ले रही थी। 1936 में प्रेमचन्द का 'गोदान' प्रकाशित हुआ और उसी वर्ष निधन से पूर्व वे प्रगतिशील लेखक संघ के अध्यक्ष बने। 1937 में प्रसादजी का भी देहावसान हुआ। निराला और पन्त छायावादी संस्कारों का पल्ला झटक रहे थे। छायावाद के उपरान्त हिन्दी काव्य-साहित्य पर पश्चिम का प्रभाव गहराता रहा। और पश्चिम के नाना काव्यान्दोलन अथवा वाद–मार्क्सवाद, यथार्थवाद, अति यथार्थवाद, प्रकृतवाद, मनोविश्लेषणवाद आधुनिकता, उत्तर आधुनिकता आदि अवधारणाएँ (जिनकी विस्तार से चर्चा पीछे की जा चुकी है) हिन्दी को प्रभावित करती रहीं।

उत्तर स्वच्छन्दतावादी काव्य

(प्रगति, प्रयोग और नयी कविता)

प्रगतिवाद

प्रगतिवाद के उद्भव के मूल कारकों में तद्युगीन ऐतिहासिक स्थितियाँ थीं। 1938 के बाद भारतीय प्रतिनिधि दलों से बातचीत किये बिना ब्रिटिश शासन ने 1939 में भारत के द्वितीय विश्वयुद्ध में शामिल होने की घोषणा कर दी। परिणामस्वरूप भारतीय प्रान्तीय मन्त्रिमण्डलों ने विरोधस्वरूप त्याग-पत्र दे दिया और पूर्ण स्वराज्य की भावना और बलवती हो गयी। इससे स्पष्ट है कि 1936 से 1939 तक का समय आधुनिक भारतीय इतिहास में एक नये मोड़, एक नये परिवर्तन का द्योतक बना। इधर पलायनवादी मनोवृत्ति से स्वयं छायावादी कवि भी उकता रहे थे और अपने छायावादी भावबोध का अतिक्रमण करना चाहते थे। पन्त के 'युगान्त' (1936) और निराला की 'अनामिका' (1938) में अनेक ऐसी रचनाएँ संकलित हैं जो छायावादी संसार से आगे बढ़कर एक नये यथार्थ की ठोस भूमि तलाश रही थीं। पन्त और निराला की इन कविताओं में साहित्यिक परिवर्तन जो उक्त राजनैतिक परिवर्तन से अनुप्राणित था, एक नयी सामाजिक चेतना, साहित्य की एक नयी धारा को आत्मसात् किये हुए था। यह नयी काव्यधारा प्रगतिवाद के नाम से स्थापित हुई।

"हमारी कसौटी पर वही साहित्य खरा उतरेगा, जिसमें उच्च चिन्तन हो, स्वाधीनता का भाव हो, सौन्दर्य का सार हो, सृजन की आत्मा हो, जीवन की सच्चाइयों का प्रकाश हो, जो हममें गति, संघर्ष और बेचैनी पैदा करे, सुलाये नहीं, क्योंकि अब और ज्यादा सोना मृत्यु का लक्षण है।" डॉ० नगेन्द्र के अनुसार प्रगतिवाद ने "हिन्दी काव्य को जीवन-चेतना प्रदान की है, इसका निषेध नहीं किया जा सकता है।"

छायावाद की रहस्यात्मक, रोमांचक, कलावादी और कल्पनावादी प्रवृत्तियों से हिन्दी का सहृदय पाठक ऊब चुका था, उसे एक घुटन का अनुभव हो रहा था, वह यहाँ से निकलकर उन्मुक्त पथ पर विचरण करना चाह रहा था। जिस समय छायावाद अपने व्यष्टि की साधना में तन्मय, जगत् की वास्तविकता की ओर आँखें बन्द किये आत्मविभोर होकर आगे बढ़ता चला जा रहा था, उसी समय जगत् की नग्न वास्तविकता 'रोटी का राग' और 'क्रान्ति का आग' लिये प्रगतिवाद आगे आया और

उसने झकझोरकर साहित्यकार को एक नवीन समस्या, एक नवीन चेतना का आलोक दिखाया। इस प्रकार समसामयिक परिस्थितियाँ छायावाद के अनुकूल न थीं, देश में उग्रतावादी विचारधारा जोर पकड़ने लगी थी, रूस की क्रान्ति का प्रभाव भारत पर पड़ रहा था। मार्क्सवाद के कारण मजदूर आन्दोलनरत थे। इस तरह राजनीति और साहित्य के क्षेत्र में नये-नये आन्दोलन आगे बढ़कर अपना मार्ग प्रशस्त करना चाहते थे; परिणामस्वरूप हिन्दी साहित्य में प्रगतिवाद का जन्म हुआ।

प्रगतिवाद का स्वरूप-प्रगति शब्द का अर्थ है–विशेष गति, आगे बढ़ना, चलना आदि। इस प्रकार 'प्रगतिवाद' का शाब्दिक अर्थ हुआ –वह वाद जो आगे बढ़ने में विश्वास रखता है। आधुनिक हिन्दी साहित्य में इसका प्रयोग एक विशेष विचारधारा के लिए रूढ़ हो गया है। विभिन्न विद्वानों ने प्रगतिवाद को अपने-अपने ढंग से परिभाषित कर उसका स्वरूपांकन करने का प्रयास किया है।

डॉ० नामवर सिंह-"छायावाद के गर्भ से सन् 1930 के आसपास नवीन सामाजिक चेतना से युक्त जिस साहित्यधारा का जन्म हुआ उसे सन् 1936 में प्रगतिशील साहित्य या प्रगतिवाद की संज्ञा प्रदान की गयी, और तब से इस नाम के औचित्य-अनौचित्य को लेकर काफी वाद-विवाद होने के बावजूद छायावाद के बाद की प्रधान साहित्यधारा को प्रगतिवाद के नाम से पुकारा जाता है।"

डॉ० नगेन्द्र-"अब के समय में दो विरोधी शक्तियाँ हैं–पूँजीवाद और सम्यवाद। पूँजीवाद, जिसका साम्राज्यवाद भी अंग है, विनाशोन्मुख है, और साम्यवाद विकासोन्मुख है। प्रगतिवाद साम्यवाद का पोषक है और पूँजीवाद का शत्रु। बल्कि यों कहिये कि प्रगतिवाद साम्यवाद की साहित्यिक अभिव्यक्ति है।"

डॉ० गणपतिचन्द्र गुप्त-"दर्शन में जो द्वन्द्वात्मक भौतिक विकासवाद है, राजनीति में जो साम्यवाद है, वही साहित्य में प्रगतिवाद है।"

उपर्युक्त विवरण से स्पष्ट है कि राजनीतिक समाजवादी विचारों का प्रचार करनेवाला या साम्यवादी (समाजवादी) लक्ष्य की पूर्ति में योग देनेवाला साहित्य ही प्रगतिवादी साहित्य है। प्रगतिवाद के स्वरूप एवं विशेषता से प्रभावित हो बाबू गुलाबराय ने कहा है कि "प्रगतिवाद हमको स्वार्थपरायण व्यक्तिवाद से हटाकर समष्टिवाद की ओर ले गया है। उसने लेखकों को शय्या-सेवी अकर्मण्य नहीं रखा है।" प्रगतिवाद के आलोचक आचार्य नन्ददुलारे वाजपेयी ने भी इसकी महत्ता स्वीकार की है–"साहित्य के सामाजिक लक्ष्यों और उद्देश्यों का विज्ञापन करनेवाली यह पद्धति साहित्य का बहुत-कुछ उपकार भी कर सकी है। उसने हमारे युवकों को एक नयी तेजस्विता भी प्रदान की है और एक नया आत्मबल भी मिला है।"

अन्ततः प्रगतिवाद के स्वरूपांकन को लक्ष्य करते हुए कहा जा सकता है कि प्रगतिवाद मूल रूप में साम्यवाद से प्रभावित एक दृष्टिकोण है जो समाज में समानता

का पक्षधर है, वह असमानता के कारण होनेवाले शोषण का विरोधी है और प्राचीन रूढ़ियों, अन्धविश्वासों, कुरीतियों को समाप्त करना चाहता है। डॉ० नगेन्द्र ने लिखा है कि "साम्यवाद का समर्थन, पूँजीवाद और उससे सम्बद्ध राजनीतिक, सामाजिक, नैतिक, धार्मिक और साहित्यिक रूढ़ियों के विरुद्ध क्रान्ति तथा साधारण दक्षिणपन्थी राष्ट्रीयता से भिन्न प्रकार की राष्ट्रीयता प्रगतिवाद के घटक तत्त्व हैं।

प्रगतिवादी काव्य में यथार्थ चित्रण होता है। सामाजिक जीवन का यथार्थ चित्रण और सामान्य प्राकृतिक परिवेश का चित्रण। सामाजिक यथार्थ के अन्तर्गत जनसमूह की आर्थिक विषमता और राजनीतिक चेतना का चित्रण है। जो समाज के दो परस्पर विरोधी वर्गों से सम्बन्धित है–एक पूँजीपति वर्ग है और दूसरा कृषक मजदूर है। पूँजीपति वर्ग के आधारस्तम्भ कृषक और मजदूर हैं। प्रगतिवादी कवियों ने इन्हीं कृषकों एवं मजदूरों के दयनीय जीवन को काव्य का आधार बनाया है। डॉ० नगेन्द्र ने इस सम्बन्ध में लिखा भी है कि "प्रगतिवादियों ने अपनी अभिव्यक्ति के उपकरण आग्रहपूर्वक साधारण स्वस्थ जनजीवन से ग्रहण करना आरम्भ किया।" कृषक–मजदूर के रहन–सहन, उनके टूटे–फूटे कच्चे घर, उनके मटमैले बच्चों आदि के प्रति इन कवियों की बड़ी सहानुभूति रही है। जैसा कि सुमित्रानन्दन पन्त ने लिखा है कि-

यह भारत का ग्राम, सभ्यता, संस्कृति से निर्वासित।
झाड़–फूस के विवर-यही क्या जीवन शिल्पी के घर?

केदारनाथ अग्रवाल ने भी इस सम्बन्ध में लिखा है कि–

सड़े घूर की गोबर की बदबू से दबकर,
महक जिन्दगी के गुलाब की मर जाती है।

कृषकों एवं मजदूरों के दयनीय जीवन से प्रभावित दिनकर ने आशान्वित हो कहा है कि-

तन को दो आहार अन्न का, मन को चिन्तन का अधिकार।
तन–मन दोनों बढ़े अगर तो, चमक उठे सचमुच संसार।।

सामाजिक यथार्थ के चित्रण के साथ–साथ इन कवियों ने प्राकृतिक परिवेश का चित्रण भी किया है–

खड़ी देख अलसी
लिये शीश कलसी
मुझे खूब सूझी
हिलाया झुलाया
गिरी पर न कलसी।।

प्रगतिवादी रचनाकार सामन्तीय एवं पूँजीवादी व्यवस्था के द्वारा जब कृषकों–मजदूरों का शोषण करते देखता है तो आक्रोश से भर उठता है। वह सामाजिक क्रान्ति का आह्वान कर इस व्यवस्था को नष्ट–भ्रष्ट कर देना चाहता है। कविवर पन्त ने इसी व्यवस्था को लक्ष्यकर क्रान्ति का आह्वान किया है–

गा, कोकिल, बरसा पावक कण !
नष्ट भ्रष्ट हो जीर्ण पुरातन,
ध्वंस भ्रष्ट जग के जड़ बन्धन।

प्रगतिवादी कवि सामाजिक एवं राजनीतिक दुर्व्यवस्था से पीड़ित हो विप्लव गान करता है जैसा कि बालकृष्ण शर्मा 'नवीन' ने लिखा है कि-

कवि कुछ ऐसी तान सुनाओ
जिससे उथल–पुथल मच जाये
नियम और उपनियमों के ये बन्धन टूक–टूक हो जायें।

प्रगतिवादी युग में द्विवेदीयुगीन बौद्धिकता का दर्शन जनजीवन की समस्याओं के वर्णन में हो जाता है। सुधारवाद की भावना से प्रेरित हो कवि ने इन समस्याओं के वर्णन में व्यंग्य जोड़ दिया है। वह पूँजीवाद, दूषित राजनीति, भ्रष्ट नेता एवं अन्य सामाजिक, आर्थिक विषमताओं के समर्थकों को अपने व्यंग्य का लक्ष्य बनाता है। जैसा कि दिनकर ने लिखा है कि-

श्वानों को मिलता दूध–भात भूखे बच्चे अकुलाते हैं।
माँ की हड्डी से चिपक ठिठुर जाड़े की रात बिताते हैं।

* * *

पापी महलों का अहंकार देता तब मुझको आमन्त्रण।

प्रगतिवादी कवियों ने नारी के शोषित रूप को स्वीकार किया है और मात्र मानवी रूप में प्रतिष्ठित कर उसके स्वातन्त्र्य की वकालत की है। यथा पन्त ने लिखा है–

योनि नहीं है रे नारी, वह भी मानवी प्रतिष्ठित
उसे पूर्ण स्वाधीन करो वह रहे न नर पर अवसित।

कवि 'अंचल' ने पुरुष की दुर्दम कामवासना को ललकारा है–

माता बनी दूध भर आया, किन्तु न भरता पापी पेट।
जननी बनकर भी पशुओं के आगे नग्न सकेगी लेट।

प्रगतिवाद के अनुसार पूँजीवादी व्यवस्था का मूलाधार ही शोषण है, वह कारखानों में मजदूरों का, गाँवों में किसानों का शोषण करने के साथ–साथ दैनिक जीवन में

निम्नवर्ग का शोषण करता है। इस पूँजीवादी वर्ग या शोषक वर्ग के प्रति घृणा, वितृष्णा, व्यंग्य आदि की अभिव्यक्ति प्रगतिवादी काव्य में है। यथा एक उदाहरण द्रष्टव्य है–

निरालाजी ने लिखा है–

अबे सुन बे गुलाब
भूल मत जो पायी खुशबू रंग–ओ–आब।
खून चूसा खाद का तूने अशिष्ट।
डाल पर इतरा रहा कैपिटलिस्ट।

प्रगतिवादी कविताओं में भी प्रेम को वर्णन का विषय बनाया गया है। छायावादी सूक्ष्म एवं कल्पनाप्रसूत प्रेम के स्थान पर सर्वथा प्रेम के मुक्त एवं मांसल रूप का चित्रण किया गया है, किन्तु जीवन की अन्य समस्याओं के समक्ष प्रेम का स्वर धीमा है। डॉ० रांगेय राघव ने इस सम्बन्धं में कहा है कि–"प्रेम का अपना स्थान है, प्रगतिशील लेखकों ने प्रेम के प्रति प्रायः उदासीनता दिखलायी है; क्योंकि उन्होंने प्रेम को बुर्जुआ वर्ग की विरासत माना है। उनकी राय में स्त्री–पुरुष का प्रेम वर्गीय संस्कृति का अवशेष है।....दो मनुष्यों की चेतना का यह समाश्रय प्रेम जब हृदय में उत्पन्न होता है तब व्यष्टि की भूमि में समष्टि का बीज पड़ता है।"

नरेन्द्र शर्मा का प्रेम निरूपण इस प्रकार है–

आज विश्व से तुम्हें छीन प्रिय, निज वक्षःस्थल में लूँगी।
मृदुल गोल गोरी बाँहों में कम्पित अंगों में कस लूँगी।
फूलों के तन में कस लूँगी, अलि से रैन निदारे बालम।
आज न सोने दूँगी बालम।।

प्रगतिवादी कवियों ने समसामयिक परिस्थितियों के अनुकूल राष्ट्रीयता एवं विश्वबन्धुत्व की भावना को भी स्वर दिया है, किन्तु मार्क्सवाद से प्रभावित होने के कारण इनका विश्वबन्धुत्व संकुचित हो गया है।

प्रगतिवादी कवियों ने काव्य के भावपक्ष की तरह कलापक्ष में भी नवीनता का समावेश किया है। उनकी भाषा छायावादी कवियों की संस्कृतनिष्ठ न होकर अत्यन्त सरल है। भावानुकूल भाषा–शैली की अभिव्यक्ति इनकी विशेषता है। भाषा को एक बार फिर से उसके बोली रूप में प्रस्तुत किया। उनकी कविताओं में साधारण बोलचाल के शब्दों का प्रयोग अधिक है।

इसी तरह छन्द के क्षेत्र में इन कवियों ने नवीनता का विशेष ध्यान दिया है। इन्होंने जनगीतों एवं लोकगीतों की शैली अपनाकर नये–नये छन्दों का सृजन किया

है। प्रतीकों के क्षेत्र में भी इन्होंने पूर्ववर्ती कवियों की भाँति दुरूह प्रतीक प्रयोग न करके सहज प्रतीकों को ही काव्य में स्थान दिया है। यथा 'निराला' की 'कुकुरमुत्ता' कविता में गुलाब पूँजीपति वर्ग का प्रतीक है और कुकुरमुत्ता सर्वहारा वर्ग का।

इस तरह स्पष्ट है कि प्रगतिवाद आधुनिक हिन्दी साहित्य की सशक्त विचारधारा है और प्रगतिवादी साहित्य हिन्दी साहित्य की अमूल्य निधि। प्रगतिवाद का दौर 1943 तक माना गया है।

डॉ० रामविलास शर्मा ने प्रगतिवाद की संकीर्णता का संकेत दिया था। वस्तुतः प्रगतिवाद से जुड़े कुल तीन कवि–नागार्जुन, केदारनाथ अग्रवाल और त्रिलोचन–ही थे और जिस काव्यान्दोलन में कुल तीन कवि ही हों, उसकी संकीर्णता में सन्देह नहीं हो सकता।

नागार्जुन (1911-1998)–जन्मना कवि, प्रकृत्या घुमक्कड़ और विचारतः-मूलतः मार्क्सवादी। कविता के लिए कोई भी विषय हो सकता है–लालू साहु, नेवला, कटहल। घुमक्कड़ ऐसे कि कभी यहाँ, कभी वहाँ। मूलतः मार्क्सवादी किन्तु वे उसके बाहर भी झाँक लेते हैं। अंग्रेजी स्कूल, कॉलेज, विश्वविद्यालय से कोई सरोकार नहीं। कुछ दिन काशी में रहकर संस्कृत की पढ़ाई अवश्य की। ठेठ देशी संस्कारों ने उन्हें पश्चिमी प्रभावों से बचाये रखा है। इस अर्थ में सम्भवतः वे अकेले हैं।

महात्मा गाँधी के अहिंसा–सिद्धान्त और हृदय–परिवर्तन में उन्हें आस्था न थी।

जनपदीय मौसम, ऋतुचक्र, पेड़–पौधे, फूल–फल उनकी चेतना में ऐसे रचे–बसे हैं जैसे धमनियों में दौड़नेवाला खून। उनके सौन्दर्य–चित्रण में कवि का उल्लास भी बरसता चलता है। पाठक कवि के साथ खेतों की मेंड़ों पर घूमता, कछारों में उतरता, गेहूँ–धान की बालों को छूता–चूमता, मौलश्री, कटहल की टटकी गन्ध को सूँघता, वंशी–मादल के स्वरों पर झूमता, किशोरियों के कोमल कण्ठों में डूबता आज के ऊबड़–खाबड़ जीवन को नया अर्थ और आस्तिकता देता है। कुछ उदाहरण देखिये-

धिन–धिन धमक धमक/मेघ बजे

× × ×

गीली भादों / रैन अमावस/ कैसे ये नीलम उजास के/अच्छत छीट रहे जंगल में।

× × ×

मौलसिरी के ढेर ढेर के ताजे टटके फूल
अपनी गँवई पगडण्डी की चन्दनवर्णी धूल

× × ×

केदारनाथ अग्रवाल (1911-2000)–केदारजी प्रगतिवादी काव्यधारा के विशिष्ट कवि हैं। उनकी कविताओं को मुख्यतः दो श्रेणियों में बाँटा जा सकता है–राजनीतिक काव्य और प्रकृति–प्रेम और समाज–सम्बन्धी काव्य। पहली धारा की कविताएँ मुख्यतः 'कहें केदार खरी–खरी' में संगृहीत कर दी गयी हैं। विचारों से मार्क्सवादी होने के कारण उन्होंने आरम्भ से ही शोषण, दमन और अत्याचार का विरोध किया है। सन् 1947 में देश आजाद हुआ। लेकिन केदार का सपना जनवादी सरकार की स्थापना में निहित था। वे सच्चे अर्थों में जनवादी हैं। आजादी के पहले तथा बाद की स्थितियों का दस्तावेज उनकी कविताओं में मिल जायगा, इसमें सन्देह नहीं। प्रगतिवादी कवियों ने दस्तावेजी कविताएँ काफी संख्या में लिखी हैं।

प्रगतिशील कवियों में शिवमंगल सिंह सुमन का नाम उल्लेख्य है। उनके कई काव्य–संग्रह प्रकाशित हो चुके है।

प्रयोगवाद

प्रगतिवाद और प्रयोगवाद के पार्थक्य की लकीरें खींचना न तो समीचीन है और न सम्भव क्योंकि सन् 1936-38 के उपरान्त दोनों ही प्रकार की रचनाएँ सामने आ रही थीं और यह दौर सन् 1950-52 तक चला। सरसरी दृष्टि से देखें तो 1938 से 1943 तक प्रगतिवाद और तदुपरान्त अर्थात् 1943 से आगे 1950 के आसपास प्रयोगवाद और उसके बाद नयी कविता का समय आता है। भारतीय इतिहास में यह कालखण्ड घटनाप्रधान रहा है जिसमें अनेक राजनीतिक, सामाजिक, आर्थिक, धार्मिक, साम्प्रदायिक और सांस्कृतिक क्षेत्रों में विविध विचारधाराओं का आविर्भाव, विकास और तिरोभाव भी हुआ। द्वितीय विश्वयुद्ध (1939-1945), भारतीय स्वतन्त्रता, देश–विभाजन, साम्प्रदायिक दंगे तथा महात्मा गाँधी की हत्या आदि घटनाएँ इसी कालावधि में घटित हुईं जिनका साहित्य और साहित्यकारों पर गहरा प्रभाव पड़ा।

प्रगतिवाद में अत्यधिक मार्क्सवादी स्वर होने के कारण साहित्य की यन्त्रवत्ता बढ़ी और सत् साहित्य क्षीण होने लगा। मार्क्सवादी कम्युनिस्ट पार्टी ने जनवादी लेखक संघ का बिगुल बजाया जिससे साहित्य में दलगत राजनीति ने प्रवेश किया, यथा-वामपन्थी और दक्षिणपन्थी साहित्यकार। प्रगति और प्रयोग दोनों एक स्थल पर एक मत थे वह था छायावाद की भाषा, आध्यात्मिकता, वैयक्तिकता, कल्पना विलास और रूमानियत के विरोध का स्थल। प्रगति और प्रयोग में द्वन्द्वात्मक सम्बन्ध है लेकिन दोनों सामान्य जनजीवन और लोक से जुड़े हैं। दोनों ही काव्यभाषा को लोकभाषा के निकट लाने के पक्षधर हैं। प्रगतिवाद और प्रयोगवाद की परिस्थितियाँ और पृष्ठभूमि एक–जैसी ही थी। अतः इसी पृष्ठभूमि और परिस्थिति चक्र के फलस्वरूप हिन्दी कविता में प्रगति और प्रयोगवादी लहर आयीं। प्रगति–प्रयोग की यह प्रवृत्ति स्वच्छन्दतावाद (छायावाद) के समय से ही उभर रही थी। उत्तर स्वच्छन्दतावादी

युग में प्रगति और प्रयोग की स्पष्ट प्रवृत्तियाँ हिन्दी कविता में विकसित हुईं। पहले प्रगति और प्रयोग मिले-जुले रूप में थे। कालान्तर में दोनों सुस्पष्ट काव्यान्दोलन बन गये।

प्रगतिवाद सामूहिकता, वर्ग-संघर्ष और सर्वहारा की विजय को लेकर चला तो प्रयोगवाद व्यक्ति-स्वातन्त्र्य और स्वानुभूति को लेकर। दोनों के अलग-अलग खेमे बन गये। प्रगतिवाद पर मार्क्सवाद और स्टालिनवाद का दबाव बढ़ता गया और काव्य का रूपात्मक पक्ष नगण्य हो गया।

प्रयोगवाद के सम्बन्ध में कई दृष्टियाँ सामने आयीं हैं जैसे कि प्रयोगवाद व्यष्टि अनुभूति को समष्टि अनुभूति के लिए उत्सर्ग करने का प्रयास है और रूढ़िवादिता का विरोधी है। दूसरा मत यह भी है कि प्रयोगवाद व्यष्टि अनुभूति का समर्थक है। वस्तुतः प्रयोगवाद व्यक्ति चेतना और अनुभूति का सम्पोषक और अनुभूति की अभिव्यक्ति का प्रबल पक्षधर है। डॉ० रामदरश मिश्र ने लिखा है-

"प्रयोगवाद ने बड़ी-बड़ी घटनाओं, बड़े-बड़े संघर्षों, बड़े-बड़े व्यक्तियों या समुदायों, बड़े-बड़े जीवन-प्रसंगों के विशाल फलक पर इतिवृत्तात्मक काव्य का निर्माण नहीं किया। उसने व्यक्ति के अन्तःसंघर्षों, क्षणों की अनुभूतियों और सूक्ष्म-से-सूक्ष्म, छोटी-से-छोटी संवेदनाओं और मन की विभिन्न स्थितियों को लेकर छोटी-छोटी तीव्र प्रभावशाली कविताएँ लिखीं, फ्लैश दिये।"

हिन्दी-साहित्य के इतिहास में 'प्रयोग' शब्द नया नहीं है। प्रत्येक काल के साहित्यकारों ने कुछ-न-कुछ नया प्रयोग तो किया ही है किन्तु 'प्रयोग' शब्द को लेकर जो 'वाद' प्रचलन में आया, उसे आधुनिक हिन्दी कविता के पंचम उत्थानकाल में 'प्रयोगवाद' की संज्ञा से विभूषित किया गया। सन् 1943 से लेकर सन् 1950 तक के काल को प्रयोगवादी काल माना जाता है।

आधुनिक हिन्दी काव्य-साहित्य पाश्चात्य काव्य-साहित्य, विशेष रूप से अंग्रेजी से प्रभावित रहा है। हिन्दी प्रयोगवाद के कवि अज्ञेय अंग्रेज कवि समीक्षक थॉमस ईस्टर्न्स इलियट (1888-1965) से अत्यधिक प्रभावित थे। इलियट की कविताओं और समीक्षात्मक कृतियों का अनुवाद भी अज्ञेयजी ने हिन्दी में किया है। पश्चिम में प्रयोगवाद (एक्सपेरिमेण्टलिज्म) एक आन्दोलन के रूप में रहा है। इलियट ने अपनी विख्यात कविता 'द वेस्ट लैण्ड' (बंजर भूमि) में काव्य-शिल्पगत नये प्रयोग किये। अज्ञेयजी ने इलियट से प्रभावित होकर प्रथम 'तार सप्तक-1943' में नये प्रयोग किये और हिन्दी कविता में प्रयोगवादी काव्यान्दोलन का सूत्रपात किया। इस तरह हिन्दी प्रयोगवाद का उत्स इलियट से अनुप्राणित रहा है।

अज्ञेय द्वारा सम्पादित तारसप्तक के प्रकाशन (सन् 1943 ई०) से ही इस युग का प्रादुर्भाव हुआ। डॉ० **विनयमोहन शर्मा** ने लिखा है कि "आधुनिक हिन्दी कविता

में एक नये वाद का स्वर सुनायी देने लगा है और यह है 'प्रयोगवाद'। ...हिन्दी कवि प्रगतिवाद के राजनीतिक बन्धनों से मुक्त होने के लिए छटपटा उठा। इसलिए वह अपने ढंग से प्रयोग करना चाहता है, और अपने को प्रयोगवादी कहलाने में गौरवान्वित अनुभव करता है। उसे हृदयवीणा झनकार जितनी बासी और बेसुरी मालूम होती है उतनी ही फावड़े की खनखनाहट भी कानों को विदीर्ण करनेवाली प्रतीत होने लगी है।''

अज्ञेय ने प्रथम तारसप्तक में प्रयोग शब्द का उल्लेख अनेक बार किया था जिससे उसी के आधार पर आलोचकों ने प्रयोगवाद की संज्ञा दी थी; किन्तु अपने दूसरे तारसप्तक (सन् 1951) में अज्ञेय ने स्वयं प्रयोगवाद शब्द का विरोध किया। किन्तु अज्ञेय के न चाहते हुए भी यह नाम हिन्दी साहित्य में अन्य वादों की भाँति प्रतिष्ठित हो गया। सुमित्रानन्दन पन्त ने तारसप्तक को प्रयोगवादी रचना का प्रथम संग्रह माना है।

प्रयोगवाद के स्वरूप को समझने के लिए विभिन्न कवियों के मतों को दृष्टिगत करना होगा।

अज्ञेय-''प्रयोगशील कविता में नये सत्यों या नयी यथार्थताओं का जीवित बोध भी है, उन सत्यों के साथ नये रागात्मक सम्बन्ध भी, और उनको पाठक या सहृदय तक पहुँचाने यानी साधारणीकरण की शक्ति है।''

गिरिजाकुमार माथुर-''प्रयोगों का लक्ष्य है व्यापक सामाजिक सत्य के खण्ड अनुभवों का साधारणीकरण करने में कविता को भावानुकूल माध्यम देना, जिसमें व्यक्ति द्वारा इस व्यापक सत्य का सर्वबोधगम्य प्रेषण सम्भव हो सके।''

धर्मवीर भारती-''प्रयोगवादी कविता में भावना है; किन्तु हर भावना के सामने एक प्रश्नचिह्न लगा हुआ है। इसी प्रश्नचिह्न को आप बौद्धिकता कह सकते हैं। सांस्कृतिक ढाँचा चरमरा उठा है और यह प्रश्नचिह्न उसी की ध्वनि-मात्र है।''

सुमित्रानन्दन पन्त-''प्रयोगवादी काव्य जहाँ अपनी शैली तथा रूपविधान में अतिवैयक्तिक हो जाता है वहाँ अपनी भावना में जनवादी।...यह नवीन काव्य प्रभाववादी भी है। यह नित्य नवीन प्रभाव भी छायावादियों में चलता हुआ दिखायी देता है।''

वस्तुतः प्रयोगवाद एक कला आन्दोलन है। प्रयोगवाद एक प्रकार से छायावाद का ही परिवर्तित रूप है। भाव एवं कला दोनों ही दृष्टियों से इन कवियों ने नये-नये प्रयोग किये हैं। डॉ० देवराज के शब्दों में कहा जा सकता है कि ''पुरानी कविता, रूढ़िग्रस्त एवं अरोचक हो चुकी है, दूसरे, काव्यभाषा को जनभाषा के निकट लाना है'। अथवा काव्य निबन्ध अनुभूति को जन-जीवन के सम्पर्क में लाना है, तीसरे, बदले हुए जीवन की नयी सम्भावनाओं के उद्घाटन के लिए अथवा नये मूल्यों की

प्रतिष्ठा के लिए नवीन प्रयोग करने हैं। इसीलिए नयी शैली का अर्थ है जीवन या अनुभव-जगत् के नये पहलुओं को नयी दृष्टि से देखना और उन्हें नये चित्रों, प्रतीकों, अलंकारों द्वारा अभिव्यक्ति देना।'' इस प्रकार प्रयोगवाद में ये सारी विशेषताएँ मौजूद हैं। प्रयोगवाद में अतिवैयक्तिकवाद और अतियथार्थवाद की प्रधानता है। उनके काव्य में व्यक्ति के अन्तः संघर्षों, क्षणों की अनुभूतियों और सूक्ष्म-से-सूक्ष्म, छोटी-से-छोटी संवेदनाओं एवं मन की विभिन्न स्थितियों के प्रभावशाली चित्र विद्यमान हैं। इसमें ह्रासोन्मुख मध्यवर्गीय समाज का जीवन्त चित्रण है। प्रयोगवादी कवियों ने मध्यवर्गीय व्यक्ति के जीवन की समस्त जड़ता, कुण्ठा, अनास्था, पराजय और मानसिक संघर्ष को बड़ी ही बौद्धिकता के साथ उद्घाटित किया है।

प्रयोगवादी कवियों में नवीनता के प्रति मोह है। उनकी इस नवीनता ने काव्य में विभिन्न प्रवृत्तियों को जन्म दिया है।

द्वितीय विश्वयुद्ध की विभीषिका एवं राजनैतिक अस्थिरता के कारण छायावादी कवियों द्वारा बनाया गया आदर्श एवं कल्पना का गगनचुम्बी महल भू-पतित हो गया था। ऐसी स्थिति में यथार्थवाद का आविर्भाव होना स्वाभाविक था। प्रयोगवाद में सामाजिक यथार्थ का चित्रण है। अपनी वैयक्तिक कुरूपता का प्रकाशन करके समाज के मध्यवर्गीय मानव की दुर्बलता का प्रकाशन इनका उद्देश्य था। यथावसर इन कवियों ने यौन वर्जनाओं और कुण्ठित वासनाओं का चित्रण किया है।

प्रयोगवाद ने बौद्धिकता को प्रतिष्ठित किया है। इस सन्दर्भ में धर्मवीर भारती ने लिखा है कि ''प्रयोगवादी कविता में भावना है, किन्तु हर भावना के सामने एक प्रश्नचिह्न लगा हुआ है। इसी प्रश्नचिह्न को आप बौद्धिकता कह सकते हैं।''

प्रयोगवादियों के प्रेम-वर्णन पर फ्रायड के मनोविज्ञान का प्रभाव होने के कारण उसमें मांसल प्रेम एवं दमित वासना की अभिव्यक्ति अधिक है। प्रयोगवाद के कवि का प्रकृतवाद यौन वर्जनाओं के चित्रण में परिलक्षित होता है। परिणामतः उसके सौन्दर्य वर्णन में भी सेक्स की झलक मिल जाती है। अज्ञेय ने अपने तारसप्तक की भूमिका में यह बात स्वीकार की है कि आधुनिक युग का व्यक्ति सेक्स सम्बन्धी वर्जनाओं से आक्रान्त है। अज्ञेय की यह पंक्तियाँ द्रष्टव्य हैं–

आह, मेरा श्वास है उत्तप्त-
धमनियों में उमड़ आयी है लहू की धार।
प्यार है, अभिशप्त
तुम कहाँ हो नारि?

प्रयोगवादी कवियों का विद्रोहात्मक स्वर काव्य के भाव एवं कला दोनों पक्षों के प्रति उजागर हुआ है। द्वितीय विश्वयुद्ध के पश्चात् मध्यवर्गीय समाज हर ढंग से

जर्जर हो चुका था। मध्यवर्ग के विद्रोह को स्वर देने के लिए ही इन्होंने अपनी रचनाओं को आधार बनाया। अजित कुमार ने लिखा है—

चाँदनी चन्दन सदृश
हम क्यों लिखें
मुख हमें कमलों सरीखे क्यों दिखें।
हम लिखेंगे :
चाँदनी उस रुपये-सी है जिसमें
चमक है पर खनक गायब है।
हम कहेंगे जोर से :
मुँह घर-अजायब है
जहाँ पर बेतुके अनमोल जिन्दा और मुर्दा
भाव रहते हैं।

प्रयोगवादी कवियों ने समसामयिक, सामाजिक एवं राजनीतिक विद्रूपताओं के प्रति व्यंग्य भी किया है। इन विद्रूपताओं में महानगरों में पनपती वेश्यावृत्ति, पाश्चात्य सभ्यता से प्रभावित जीवन, राजनीतिक अस्थिरता आदि उनके व्यंग्य के विषय हैं।

प्रयोगवादी कवियों का लक्ष्य निजी मान्यताओं, विचारधाराओं एवं अनुभूतियों को काव्य के माध्यम से व्यक्त करना था जो उन्हें घोर व्यक्तिवादी बनाती हैं। वैयक्तिकता की यह प्रवृत्ति छायावादी काव्य की विशेषता थी। किन्तु जो हृदयस्पर्शिता छायावादी कवियों की वैयक्तिक अनुभूतियों में थी, उसका इस काल के काव्य में अभाव है। इसमें नीरसता है।

भावगत नवीनता के साथ कलागत नवीनता भी प्रयोगवादी कवियों एवं उनके काव्यों की विशेषता है। भाषा, शैली, छन्द, शब्दचयन, प्रतीक, बिम्ब, उपमान आदि सभी क्षेत्रों में ताजगी एवं नयापन लाने का प्रयास है। नवीन उपमान प्रयोग के सम्बन्ध में अज्ञेय ने लिखा है—

ये उपमान मैले हो गये हैं,
देवता इन प्रतीकों के कर गये हैं कूच।

पारम्परिक प्रतीकों से पृथक् हो इन कवियों ने कुछ नये प्रतीकों की उद्भावना की और कुछ छायावाद की तरह प्रकृति से ग्रहण किया है। गिरिजाकुमार माथुर और शमशेर बहादुर सिंह की कविताओं में प्रचुर मात्रा में प्रतीक मिलते हैं।

इस काव्यान्दोलन (प्रयोगवाद) की पुष्टि हेतु अज्ञेयजी ने 1946 में 'प्रतीक' का प्रकाशन किया।

प्रयोगवादी कवियों ने अपने काव्य में यथार्थ चित्रण के अन्तर्गत भावुकता के स्थान पर ठोस बौद्धिकता को ही प्रश्रय दिया है। भाव, भाषा, शैली, उपमान, प्रतीक, बिम्ब आदि सभी क्षेत्रों में इनकी नवीन मौलिक उद्भावनाएँ हैं। तारसप्तक के कवि मदन वात्स्यायन का कथन है–"उषा देवता से लेकर गधे तक, नग्न यौन भावना से लेकर सामाजिक क्रान्ति तक, देहाती अमराई से लेकर कल–पुर्जों तक, अवचेतन से लेकर स्थूल के अनुत्तेजित चित्रण तक इतना व्यापक विस्तार शायद पहले किसी वाद की कविता का न हुआ।" आचार्य नन्ददुलारे वाजपेयी ने प्रयोगवाद में प्रयोगों की बहुलता देखकर कहा है कि "किसी भी अवस्था में यह प्रयोगों का बाहुल्य वास्तविक साहित्य सृजन का स्थान नहीं ले सकता। प्रयोग में और काव्यात्मक निर्माण या सृजन में जो मौलिक अन्तर है, उसकी उपेक्षा नहीं की जा सकती।"

उत्तर छायावादी युग में जहाँ प्रगतिवाद का उन्मेष हुआ, वहीं राष्ट्रीय और सांस्कृतिक चेतना का भी अद्भुत विकास हुआ। प्रगति और प्रयोग का जन्म छायावाद की कोख से ही हुआ था, इसी तरह सांस्कृतिक–राष्ट्रीय चेतना के विकास में भी छायावाद के आधार–स्तम्भ कवि प्रसाद और निराला ही पृष्ठभूमि में थे। किन्तु 1936 तक की कविताओं पर प्रायः दार्शनिकता का और वायवीपन का आवरण चढ़ा हुआ था। वस्तुतः छायावादी काव्य में ही कुछ ऐसी प्रवृत्तियाँ उभर रही थीं जो छायावाद की वायवीयता से मुक्त हो अनुभव के धरातल पर रचनाकर्म को उद्वेलित कर रही थीं। ऐसे कवियों में हरिवंश राय 'बच्चन', माखनलाल चतुर्वेदी, बालकृष्ण शर्मा 'नवीन', रामधारीसिंह 'दिनकर', सुभद्राकुमारी चौहान, भगवतीचरण वर्मा आदि उल्लेख्य हैं।

हरिवंशराय 'बच्चन' (1907-2003)–बच्चन ने छायावाद-काल में ही लिखना आरम्भ किया था और जीवनपर्यन्त लिखते रहे। उनके काव्य–विकास को मधु–काव्य, विषाद–काव्य, प्रणय–काव्य, राजनीतिक–सामाजिक काव्य की श्रेणियों में विभाजित किया जा सकता है।

मधु–काव्य के अन्तर्गत मधुशाला, मधुबाला और मधुकलश आते हैं। 'मधुशाला' सन् 1935 में छपी किन्तु यह 1933 में ही लिखी जा चुकी थी। 'मधुबाला' 1936 में छपी और 'मधुकलश' 1937 में।

कवि–सम्मेलनों में 'मधुशाला' की धूम रही। 'मधुबाला' और 'मधुकलश' में भी नियति, भाग्यवाद आदि मिलेंगे पर उनमें यौवन का उल्लास, साहस और चुनौतियों का सामना करने की स्पृहा है। इन सन्दर्भों में इन संग्रहों की 'मिट्टी का तन मस्ती का मन/क्षण भर जीवन–मेरा परिचय', 'उल्लास चपल, उन्माद सरल / प्रतिपल पागल–मेरा परिचय।' 'इस पार प्रिये मधु है, तुम हो/ उस पार न जाने क्या होगा?' 'है आज भरा जीवन मुझमें/है आज भरी मेरी गागर।' 'तीर पर कैसे रुकूँ मैं/ आज

लहरों का निमन्त्रण' द्रष्टव्य हैं। एक ओर वह अकेला है तो दूसरी ओर सबके साथ तम के पार झिलमिलाती लौ की ओर जाने का प्रयास।

सहसा पत्नी की अकाल-मृत्यु के कारण वह बिल्कुल अकेला हो जाता है। उसका कण्ठ विषाद-राग में फूट पड़ता है। निशा-निमन्त्रण (1938), एकान्त संगीत (1939) और आकुल अन्तर (1943) विषाद-राग के गीत-संग्रह हैं। जीवनोल्लास से भरी गागर रीत जाती है। ये शोकगीत हैं। इन तीनों की वेदना का सघनतम रूप 'निशा-निमन्त्रण' में मिलता है।

'निशा-निमन्त्रण' में उजड़े हुए नीड़ की व्यथा-कथा है। आरम्भ में ही कवि कहता है-'हो जाय न पथ में रात कहीं/मंजिल भी तो है दूर नहीं-/यह सोच थका दिन का पंछी भी जल्दी-जल्दी चलता है! /बच्चे प्रत्याशा में होंगे /नीड़ों में झाँक रहे होंगे/ यह ध्यान परों में चिड़ियों के भरता कितनी चंचलता है! /मुझसे मिलने को कौन विकल? / मैं होऊँ किसके हित चंचल?' चिड़ियों की नीड़-यात्रा को देखते हुए वह अपना भग्न नीड़ देखता है। बच्चों की याद से चिड़ियों के डैनें गतिशील हो उठते हैं। किन्तु जब घर ही नहीं है तो गतिशील होने का प्रश्न ही नहीं उठता।

यह नीड़ दूसरे छन्दों में भी है-'अन्तरिक्ष में आकुल-आतुर/कभी इधर उड़ कभी उधर उड़/पन्थ नीड़ का खोज रहा है बिछड़ा पंछी एक अकेला!' पक्षियों की आकुलता कवि की ही आकुलता है। नंगी डालों पर काँपते हुए नीड़ों को देखकर उसकी मानवीय संवेदना मुखर हो उठती है-'मत देख नजर लग जायेगी, यह चिड़ियों का सुखधाम सखे !' अनुभूति की सघनता, करुण होने पर और सघन हो जाती है। कविता अनुभूतिजन्य होती है, बुद्धिजन्य नहीं-

मुझमें है देवत्व जहाँ पर
झुक जायेगा लोक वहाँ पर
पर न मिलेंगे मेरी दुर्बलता को दुलरानेवाले!

दुर्बलता को दुलरानेवाली मानवता दुर्लभ है। मुक्तिबोध का कहना है कि "बच्चन का 'निशा-निमन्त्रण' अत्याधुनिक इसलिए है कि उसमें जितनी उत्तमता से यथार्थ के प्रति भावात्मक रिश्ते का दिग्दर्शन कराया गया है वह हिन्दी साहित्य जगत् में दुर्लभ है।" उनका कहना है कि महादेवी ने दुःखवाद को धर्म (कल्ट) बना लिया जो वास्तविक न होकर कल्पनाजन्य है। बच्चन में दूसरों को रुला सकने की अपूर्व क्षमता है।

'एकान्त-संगीत' में अकेलापन, प्रश्नाकुल मन और आत्मनिष्ठा से सम्बद्ध गीत हैं। वह अपने एकान्त और व्याकुलता के सामने घुटने नहीं टेकता बल्कि उनसे उबरने का संकल्प लेता है। 'कितना अकेला आज मैं' के साथ वह प्रश्न उठाता है-'किसके

लिए, किसके लिए', 'पूछता पाता न उत्तर' आदि। इसी के साथ वह यह भी कहता है—'क्षतशीश मगर नतशीश नहीं।' आस्थापरक दो अन्य गीत भी हैं—'अग्निपथ ! अग्निपथ ! अग्निपथ !' और 'प्रार्थना मत कर, मत कर, मत कर।' जीवन में बहुत–कुछ नष्ट हो जाने पर कुछ शेष रह जाता है। वह कहता है—'जीवन में जो कुछ बचता है/ उसका भी है कुछ आकर्षण।'

सतरंगिनी, मिलनयामिनी और प्रणय-पत्रिका में कवि के विकास की तीसरी मंजिल देखी जा सकती है। उसमें एक मानसिक परिवर्तन होता है। 'सतरंगिनी' में वह कहता है—'जो बीत गयी सो बात गयी', 'नीड़ का निर्माण फिर–फिर', 'है अँधेरी रात पर/दीवा जलाना कब मना है।' 'मिलनयामिनी' और 'प्रणय-पत्रिका' में शृंगारप्रधान मिलन गीत हैं।

चौथे चरण में सामान्यतः उनकी सामाजिक–राजनीतिक कविताएँ संगृहीत हैं। इस कालावधि में उनके अनेक संग्रह प्रकाशित हुए जिनमें गाँव के गीतों की लय और सोंधी गन्ध है, कुछ रचनाओं में नये मिथकों के सृजन का प्रयास भी है। 'बंगाल का अकाल', 'खादी के फूल', 'सूत की माला', 'धार के इधर–उधर', 'आरती और अंगारे', 'बुद्ध और नाचघर', 'त्रिभंगिमा', 'चार खेमे चौंसठ खूँटे', 'दो चट्टानें', 'जाल समेटा' आदि उनकी ऐसी रचनाएँ हैं। 'जाल समेटा' (1973) के साथ उन्होंने वस्तुतः लेखन का जाल समेट लिया।

'निशा–निमन्त्रण' उनका सर्वश्रेष्ठ काव्य है। अनुभूति की ऐसी तीव्रता, छन्द की सुघड़ता, गेयता, भाषा की सरसता फिर नहीं दिखायी पड़ी।

गाँधीवाद सम्बन्धी रचनाकार

महात्मा गाँधी के सत्याग्रह आन्दोलन के पहले से ही क्रान्तिकारी आन्दोलन की चिनगारी सुलग चुकी थी। सन् 1925 में सरदार भगतसिंह ने भारतीय गणतन्त्रात्मक समाजवादी संघ की स्थापना की और इसके माध्यम से बिखरे हुए क्रान्तिकारी आन्दोलन को पुनर्गठित किया। सन् 1929 में केन्द्रीय विधानसभा में बम फेंकने के अपराध में वे अपने साथियों सहित गिरफ्तार कर लिये गये और 1931 में फाँसी के फन्दे पर लटका दिये गये। फलतः भारतीय जनता में विप्लव की लहर दौड़ पड़ी। पेशावर, चटगाँव, शोलापुर आदि में ब्रिटिश साम्राज्यवाद के विरुद्ध सशक्त विद्रोह भड़क उठा। किन्तु गाँधी–इरविन पैक्ट (1931) और गोलमेज कॉन्फेरेन्सों ने सारे आन्दोलनों का भट्ठा बैठा दिया। फिर भी गाँधीवाद के प्रति आस्था बनी हुई थी। इन कवियों में विप्लववाद के साथ गाँधीवादी आस्था भी मिलती है तथा प्रणय–निवेदन भी। मूलतः सांस्कृतिक चेतना के इन कवियों में प्रमुख हैं—

माखनलाल चतुर्वेदी, सियारामशरण गुप्त, बालकृष्ण शर्मा 'नवीन', भगवतीचरण वर्मा, सुभद्राकुमारी चौहान, रामधारीसिंह 'दिनकर', नरेन्द्र शर्मा, रामेश्वर शुक्ल 'अंचल' आदि। चतुर्वेदीजी ने लम्बी अवधि तक ब्रिटिश कारागार की यातनाएँ भी सही थीं और साहित्य भी रचा था।

माखनलाल चतुर्वेदी (1888-1968) कवि, लेखक, पत्रकार और राष्ट्रीय कार्यकर्त्ता एक साथ थे। उन्होंने प्रभा, प्रताप और कर्मवीर का सम्पादन किया। 'कर्मवीर' तो राष्ट्रीय जागरण का अग्रदूत था। उन्होंने स्वतन्त्रता की लड़ाई का लम्बा संघर्ष देखा था, वे स्वयं उसके भागीदार थे। वे राजनीति और साहित्य के सम्बन्ध को अनिवार्य समझते हैं। यह अनिवार्यता छायावादी कवियों की नहीं थी। वे मूलतः सांस्कृतिक चेतना के कवि थे पर माखनलालजी का कहना है–

सखे, बता दो कैसे गाऊँ, अमृत मौत का नाम न हो,
जगे एशिया, हिले विश्व और राजनीति का नाम न हो।

'पुष्प की अभिलाषा' में बलिदानी कवि कहता है–

मुझे तोड़ लेना बनमाली !
उस पथ में देना तुम फेंक
मातृभूमि पर शीश चढ़ाने
जिस पथ जावें वीर अनेक।

किन्तु स्वराज्य–प्राप्ति के बाद पदलोलुप देशभक्तों से वे निराश हो चुके थे-'अब तुम पदलोलुप देशभक्त अनदेखे।' इसके अतिरिक्त उनमें रहस्य की अस्पष्टता और प्रणय–निवेदन भी है।

इतिहास की प्रवृत्ति जानने की दृष्टि से उनका महत्त्व अवश्य है। किन्तु साहित्य के इतिहास में उनकी भूमिका सामान्य है। छायावादी कवियों की भाषा को इन लोगों ने पीछे ठेला है। भाषा और भाव दोनों में अटपटापन है। 'हिमकिरीटिनी', 'हिमतरंगिणी', 'वेणु लो गूँजे धरा', 'माता', 'युगचरण', 'मरणज्वार', 'बिजुली काजल आँज रही' आदि उनके काव्य–संग्रह हैं।

सियारामशरण गुप्त (1895-1963)–गुप्तजी शैली में छायावादी और विचारधारा में गाँधीवादी हैं। शैली और विचारधारा अपने द्वन्द्वात्मक सम्बन्धों में एक–दूसरे का नियमन करते हैं। इससे छायावादी शैली की सूक्ष्मता और गाँधीवादी विचारधारा की स्थूलता कम हो जाती है, कविता मध्यवर्ती मार्ग का अनुगमन करने लगती है। महात्मा गाँधी के सत्याग्रह को वे एक सांस्कृतिक आन्दोलन मानते हैं न कि अन्य कवियों की भाँति केवल राजनीतिक आन्दोलन। इसलिए स्वाभाविक है कि वे अपने

अग्रज मैथिलीशरण गुप्त के मर्यादावाद से भिन्न सूक्ष्म नैतिकता बोध का मार्ग अपनाते ।

मैथिलीशरण गुप्त गाँधीवादी वैष्णवता के अनुकर्त्ता हैं और सियारामशरण गुप्त भी उसी के अनुगामी हैं–"अग्रज का वैष्णव भक्त है तो अनुज का वैष्णव चिन्तक। अग्रज की वैष्णवी करुणा पौराणिक और ऐतिहासिक गाथाओं की पारिवारिकता के बीच चक्कर काटती है तो अनुज की करुणा अधिक व्यापक, सामाजिक और मानवीय प्रतिष्ठा से जुड़ी हुई है। इसीलिए अग्रज के उल्लास और बहिर्मुखता के स्थान पर अनुज में निर्वेद और अन्तर्मुखता दिखायी पड़ती है।"

उन्होंने एक स्थान पर लिखा है–'हिंसा का है एक अहिंसा प्रत्युत्तर।' एक सीमा तक इसे अस्वीकार नहीं किया जा सकता। किन्तु इसके विपरीत अन्य ऐतिहासिक स्थितियों से वह बेखबर नहीं हैं। शोषित वर्ग के प्रति आँसू बहाकर, सहानुभूति का प्रदर्शन उसका अपमान है–

करता है क्या? अरे मूढ़ कवि, यह क्या करता?
उत्पीड़ित के अश्रु लिये ये कहाँ विचरता?
दिखा-दिखाकर इन्हें न कर अपमानित उसको,
लौटा आ तू इन्हें उसी पाषाण पुरुष को।

मौर्य विजय, अनाथ, दूर्वादल, आर्द्रा, आत्मोत्सर्ग, पाथेय, मृण्मयी, बापू, उन्मुख, दैनिकी, नकुल, नोआखाली आदि उनके काव्यग्रन्थ हैं।

बालकृष्ण शर्मा 'नवीन' (1897-1960)–अपने समकालीन कवियों में नवीन का व्यक्तित्व सबसे अधिक जुझारू और संघर्षमय था। राष्ट्रीय जागरण के इतिहास में कानपुर के 'प्रताप' पत्र का बहुत महत्त्वपूर्ण स्थान है। यह गणेशंकर विद्यार्थी का कीर्ति-स्तम्भ था। 'नवीन' विद्यार्थी के दायें हाथ थे। बलिदानी जीवन की दीक्षा उन्हें विद्यार्थी से ही मिली थी। उन्होंने स्वयं लिखा है–'यों शूलयुक्त, यों अहि-आलिंगित जीवन।' वह अपने को 'अनिकेतन' और 'विषपायी' कहते हैं। वास्तव में उनका जीवन फकीराना मस्ती और बाघम्बरी ठाट में बीता। उनका ओजपूर्ण जीवन और ओजपूर्ण कृतित्व है। वे गाते हैं–

कवि, कुछ ऐसी तान सुनाओ, जिससे उथल-पुथल मच जाये
एक हिलोर इधर से आये, एक हिलोर उधर से आये
प्राणों के लाले पड़ जायें, त्राहि-त्राहि स्वर नभ में छाये
बरसे आग, जलद जल जाये, भस्मसात् भूधर हो जाये।

यद्यपि नवीनजी महात्मा गाँधी और गाँधीवाद के प्रति आस्था रखते थे तथापि मानव दारिद्र्य की घृणित एवं विकृत तस्वीर देखकर वे अराजकतावादी और क्रोधित हो उठते हैं।

जूठे पत्तल चाटते हुए पुरुष को देखकर उनका क्षोभजन्य कण्ठ फूट पड़ता है—

और चाटते जूठे पत्ते उस दिन देखा मैंने नर को
उस दिन सोचा, क्यों न लगा दूँ आज आग दुनिया भर को?
यह सोचा, क्यों न टेंटुआ घोंटा जाय स्वयं जगतपति का?
जिसने अपने ही स्वर को रूप दिया इस घृणित विकृति का?

ईश्वर के विरुद्ध यह पहली विद्रोहवाणी है। बच्चन मन्दिर-मस्जिद की साम्प्रदायिकता पर वार कर चुके थे, पर ईश्वर उनके प्रहार से बच गया था।

थकान के समय वे प्रणय-गीत भी लिखते थे और रहस्यलोक में भी झाँक लेते थे। माखनलाल चतुर्वेदी की अपेक्षा 'नवीन' की कविताओं में वैयक्तिकता का स्पर्श अधिक है। चतुर्वेदी की भाषा की तरह 'नवीन' की भाषा असम नहीं है। लोकजीवन से भी उन्होंने शब्दों और मुहावरों को लिया है जो भावी कविता का मार्ग प्रशस्त करते हैं।

कुंकुम, रश्मिरेखा और अपलक, विनोबास्तवन, उर्मिला, हम विषपायी जनम के उनके काव्य-संग्रह हैं।

भगवतीचरण वर्मा (1903-1981)—वर्माजी का मुख्य क्षेत्र कथा-साहित्य है, कविताएँ उन्होंने कम ही लिखी हैं। पर उनमें भी :'नवीन' की मस्ती और दीवानगी है—

हम दीवानों की क्या हस्ती
हैं आज यहाँ कल वहाँ चले
मस्ती का आलम साथ चला
हम धूल उड़ाते जहाँ चले।

मधुकण, प्रेमसंगीत में उनके प्रणय-गीत संगृहीत हैं। वस्तुतः ये वर्णित कवि न पूरी तरह स्वच्छन्दतावादी हैं, और न प्रगतिवादी। ये नव्यस्वच्छन्दतावादी हैं और राष्ट्रीयता तथा सांस्कृतिक चेतना के सम्पोषक।

सुभद्राकुमारी चौहान (1904-1948)—जिस परिवेश में कविता लिख रही थीं, वह अग्निवर्षी तथा उथल-पुथल मचानेवाले कवियों का परिवेश था।

सुभद्राजी राष्ट्रीय संग्राम में कूदकर भी परिवार से बँधी रहीं। इसीलिए उनमें गहन मानवीय प्रेम है, संयम है, व्यवस्था है। प्रणय कविताएँ भी पारिवारिक संयम से बँधी होने के कारण अलग हैं।

उनकी राष्ट्रीय कविताओं में अग्निवर्षा नहीं है। जो संयम पारिवारिक कविताओं में है, वही 'झाँसी की रानी' और 'जलियाँवाला बाग में बसन्त'-जैसी राष्ट्रीय कविताओं में भी है।

रामधारीसिंह 'दिनकर' (1908-1974)–'दिनकर'–विशेषतः आरम्भिक दिनकर में माखनलाल चतुर्वेदी, नवीन तथा भगवतीचरण वर्मा का समन्वित, परिष्कृत और संयमित रूप परिलक्षित होता है। ये तीनों कवि उन्हें प्रिय हैं–विशेष रूप से माखनलाल चतुर्वेदी। भगवती बाबू की भाषा और तकनीक की वे प्रशंसा करते हैं। उनका कहना है कि जनता के बीच हिन्दी कविता को प्रतिष्ठित करने का श्रेय इन्हीं कवियों को है। छायावादी कविता जनता के बीच प्रतिष्ठित नहीं हो सकी। पूछा जा सकता है कि प्रथमतः कविता कविता के बीच प्रतिष्ठित होती है। वे तीनों कवि अपनी मस्ती-दीवानगी के बावजूद कविता के बीच प्रतिष्ठित नहीं हो सके किन्तु इससे उनका ऐतिहासिक महत्त्व कम नहीं होता।

दिनकर के आरम्भिक काव्य-संग्रहों–रेणुका, हुंकार, सामधेनी, रसबन्ती और द्वन्द्वगीत-पर उपर्युक्त कवियों की छाया दीख पड़ती है। 'रेणुका' (1935) में कवि की द्विधागत चित्तवृत्ति तत्कालीन राष्ट्रीय परिवेश के द्वन्द्व की परिचायक हैं–एक ओर क्रान्ति तथा विप्लव का आह्वान तो दूसरी ओर बौद्ध दया, ममता और अहिंसा यानी गाँधीवाद। 'हुंकार' में कवि जन-जागरण का वैतालिक बन जाता है। 'हाहाकार' में वह लिखता है–'हटो व्योम के मेघ, पन्थ से, स्वर्ग लूटने हम आते हैं/'दूध' 'दूध' ओ वत्स! तुम्हारा दूध खोजने हम जाते हैं।' इसमें चतुर्वेदी, नवीन और वर्मा की प्रतिध्वनि सुनायी पड़ती है। वह युधिष्ठिर-जैसे धर्मराज को स्वर्ग भेज देने के लिए तैयार हैं क्योंकि सशस्त्र युद्ध में उनकी उपयोगिता नहीं के बराबर है। पर अर्जुन और भीम को लौटा लेना चाहता है। वह शंकर के प्रलय-नृत्य का आह्वान करता है–'कह दे शंकर से आज करें/वे प्रलय नृत्य फिर एक बार।' सत्याग्रही अजाधर्म से उसे ऊब हो चुकी है–'ऊब गया हूँ देख चतुर्दिक् अपने/अजाधर्म का ग्लानिविहीन प्रवर्तन।' पर कलिंग विजय में (जो 'सामधेनी' में संगृहीत है) यह अजाधर्म तिरस्करणीय नहीं रह जाता। 'सामधेनी' ऋग्वेद की उस ऋचा का नाम है जो यज्ञाग्नि प्रज्चलित करते समय पढ़ी जाती है। दिनकर की सामधेनी में स्वाधीनता के यज्ञ में बलि होनेवाली जवानियों का आह्वान है।

अगले दो संग्रहों-द्वन्द्वगीत और रसवन्ती-पर भी कहीं-न-कहीं उपरले स्तर पर छायावाद का प्रभाव है। द्वन्द्वगीत में जीवन-जगत् के रहस्यों को उभारा गया है और रसवन्ती में शृंगारिक छन्द हैं। वस्तुतः 'कुरुक्षेत्र' काव्य में वह छायावाद से मुक्त होता है।

'यशोधरा' (1946) के प्रकाशन ने दिनकर को आवेशमयता से मुक्त करके गम्भीर कवि के रूप में प्रतिष्ठित किया है। इसके पहले दुनिया दो भयानक महायुद्ध

झेल चुकी थी। तीसरे आणविक विश्वयुद्ध के घने मेघ आकाश में मँडरा रहे थे। इस युद्ध से विश्व की सभ्यता-संस्कृति के मिट जाने की अकल्पनीय त्रासदी से बुद्धिजीवी वर्ग युद्ध और शान्ति के बारे में गम्भीरतापूर्वक सोचने लगा था और आज भी सोच रहा है। यह समस्या 'सामधेनी' की कलिंग विजय नामक कविता में उठ चुकी थी।

'कुरुक्षेत्र' मूलतः महाभारत के भीष्म-युधिष्ठिर संवाद पर आधारित है। युद्ध से सम्बद्ध तर्क भी वहीं से उठा लिये गये हैं। पर समस्या के हल के लिए समाजवादी दर्शन को सम्मिलित कर लिया गया है जो प्रगतिवादी काव्य-आन्दोलन का परिणाम ज्ञात होता है।

इसमें कहा गया है कि न्यायोचित अधिकार माँगने से नहीं मिलता, उसे लड़कर लेना पड़ता है। सहिष्णुता, क्षमा, दया विजेता का शोभन धर्म है। पराजित जाति के लिए सहिष्णुता कलंक है। आसुरी शक्ति को आत्मशक्ति द्वारा नष्ट नहीं किया जा सकता। अतः अन्याय के विरोध में युद्ध की अनिवार्यता स्वतः सिद्ध है। महाभारत युद्ध के बाद क्षत-विक्षत शवों से पटे कुरुक्षेत्र के भयानक बियावान को देखकर अपराध-बोध से ग्रस्त युधिष्ठिर भीष्म पितामह के पास जाते हैं। भीष्म पितामह कहते हैं–'जिस प्रकार तूफ़ान प्रकृति के विकारों का परिणाम है, उसी प्रकार युद्ध मानवीय विकारों का। युद्ध रोका नहीं जा सकता। वह तभी रुक सकता है जब मानव-मन स्वार्थों से निःसंग हो जाय, सुख में सबका सम भाग हो।'

आज के सन्दर्भ में युद्ध और शान्ति की समस्या बहुत गम्भीर हो गयी है। यदि आज विश्वयुद्ध का बिगुल बज जाय तो उसका परिणाम होगा सारे संसार का विनाश और विकलांग पीढ़ी का जन्म। अतः किसी भी मूल्य पर युद्ध की विभीषिका से विश्व को बचाना होगा। स्थानीय युद्ध और वर्ग-संघर्ष होते रहेंगे। किन्तु जिस युद्ध की सैद्धान्तिक वकालत दिनकर ने की है, वह अब प्रासंगिक नहीं है।

एक समीक्षक की दृष्टि में–"हिन्दी काव्य-परम्परा में कुरुक्षेत्र कामायनी की परम्परा में नहीं पड़ता है, यद्यपि इसका कथानक भी बहुत ही झीना है। अपनी भाषिक बुनावट में यह मैथिलीशरण गुप्त परम्परा का काव्य है–वही वर्णनात्मक शैली, वही अभिधा-प्रयोग। नाटकीयता, वक्तृत्व, ओज उनका अपना वैशिष्ट्य है। काव्य की नीरसता की पूर्ति उपर्युक्त विशेषताओं द्वारा होती है। गद्य की लय में लिखी गयी नीरस पंक्तियाँ काव्य-संग्रह में बाधक हैं।"

'उर्वशी' (1961) दिनकर का दूसरा महत्त्वाकांक्षापूर्ण काव्य है। इसे गीति-नाट्य भी कहा गया है, यद्यपि इसमें नाट्य-तत्त्व कम है। 'उर्वशी' कथा-तत्त्व भी अत्यन्त झीना है, पात्रों की संख्या भी बहुत कम है। नाट्य-प्रबन्ध के आरम्भ में पुरूरवा की राजधानी प्रतिष्ठानपुर के नन्दन-कानन में अप्सराओं का अवतरण होता है। यहीं पर

उर्वशी–पुरूरवा के बीच प्रेम का अंकुर उगता है। द्वितीय अंक में पुरूरवा की राजमहिषी औशीनरी को इस प्रेम–प्रपंच का समाचार मिलता है। तृतीय अंक को रति–चित्रों का एलबम कहा जा सकता है। इसका चित्रण अत्यन्त समारोहपूर्वक किया गया है। इसी के साथ प्रणय के पार, जीवन की चरम उपलब्धि या मोक्ष की आकांक्षा भी अभिव्यक्त है। चौथे अंक में उर्वशी अपना नवजात शिशु च्यवन ऋषि की पत्नी सुकन्या को लालन–पालन के लिए सौंप देती है। पाँचवें अंक में सुकन्या उर्वशी–पुरूरवा के पुत्र आयु को प्रतिष्ठानपुर ले आती है। भरत मुनि का शाप प्रतिफलित होता है–उर्वशी अदृश्य हो जाती है और पुरूरवा संन्यास ले लेता है।

दिनकर की उर्वशी की समस्या कामाध्यात्म की है। पुरूरवा काम-पीड़ा से व्याकुल होकर उर्वशी के प्रेम में डूब जाता है। इस निर्बाध–विलास में वह ऐन्द्रिय प्रेम तथा अतीन्द्रिय प्रेम के साथ–साथ परम तत्त्व के बारे में भी सोचता है। काम–समाधि अथवा रति–सुख के स्मृति–चित्रों के समानान्तर परम तत्त्व चिन्तन नहीं चल सकता। इस स्थिति को मुक्तिबोध कृत्रिम मनोविज्ञान कहते हैं। कामाध्यात्म का सूत्र उन्हें बौद्ध सिद्धों के 'महासुखवाद' से मिला है। 'महासुखवाद' में नारी को अनुष्ठान के रूप में ग्रहण किया जाता था। किन्तु उर्वशी में नारी–देह के प्रति पूरी आसक्ति है–

1. देह डूबने चली अतल मन के अकूल सागर में

× × ×

2. वह विद्युन्मय स्पर्श तिमिर है पाकर जिसे त्वचा की
नींद टूट जाती, रोमों में दीपक जल उठते हैं।

× × ×

3. रेंगने लगते सहस्रों साँप सोने के रुधिर में

× × ×

4. रूप की आराधना का मार्ग/आलिंगन नहीं तो और क्या है?

रतिक्रीड़ा निजी व्यापार है। किन्तु इस व्यापार को इतने आडम्बरपूर्ण ढंग से मुखरित किया गया है कि मुक्तिबोध के शब्दों में–"मानो पुरूरवा और उर्वशी के रति–कक्ष में भोंपू लगे हों जो शहर और बाजार में रति–कक्ष के आडम्बरपूर्ण कामात्मक संलाप का प्रसारण–विस्तारण कर रहे हों।"

जिस तरह रति–सुख दैहिक विलास है उसी तरह परम तत्त्व की खोज मानसिक विलास। दैहिक विलास छायावादी अतीन्द्रिय प्रेम की प्रतिक्रिया होकर रीतिकाव्य बन जाता है तो अध्यात्म छायावादी रहस्यवाद के आगे बढ़कर वायवीय। दोनों ही क्रियाएँ सामन्ती मनोवृत्ति की देन हैं। इसी प्रवृत्ति का परिणाम है च्यवन सुकन्या के गार्हस्थ्य

प्रेम का कमजोर चित्रण। कहाँ पुरूरवा-उर्वशी का उन्मत्त प्रेम और कहाँ च्यवन-सुकन्या का स्थिर और प्रशान्त प्रेम! औशीनरी को सुकन्या मध्यकालीन तर्क से समझा देती है–'और त्रिया जो अबल, मात्र आँसू, केवल करुणा है।' यह पंक्ति मैथिलीशरण की 'अबला जीवन हाय तुम्हारी यही कहानी' की याद दिला देती है। ज्योतिष के आधार पर पुरूरवा के संन्यास की अनिवार्यता इसे पूरी तरह मध्यकालीन मनोवृत्ति का काव्य बना देती है।

दिनकर मुख्यतः आवेग के कवि हैं। शृंगार में आवेग दोष बन जाता है। लम्बी आत्मश्लाघाएँ, रति-बिम्ब बासी प्रतीत होने लगते हैं। भाषा का रेहटारिक, लम्बे वाक्यविन्यास शृंगार के माधुर्य को दबा देते हैं। रति-चित्रों की भी सीमा होती है। अतः उन्हें दुहराने के लिए कवि अभिशापित है।

'रश्मिरथी' (1952) और 'परशुराम की प्रतीक्षा' (1963) उनके अन्य प्रबन्ध काव्य हैं। पहले को आधुनिक सन्दर्भ में रखा गया है और दूसरे को चीन-भारत युद्ध के सन्दर्भ में। इतिहास के आँसू, धूप और धुआँ, दिल्ली, नीम के पत्ते, हारे को हरि राम आदि उनके काव्य-संग्रह हैं।

दिनकर का 'कुरुक्षेत्र' ही ऐसा काव्य है जो उनका प्रतिनिधित्व करता है। उसकी समस्या और द्वन्द्व एकदम आधुनिक है। उर्वशी की तरह न उसमें वागाडम्बर है और न अलंकृति का अतिरेक। युधिष्ठिर का द्वन्द्व आधुनिक मनुष्य का द्वन्द्व है। पुरूरवा का द्वन्द्व मध्यकालीन सामन्त का द्वन्द्व है।

नरेन्द्र शर्मा-शर्माजी का काव्य-लेखन प्रेम और प्रगति के द्वन्द्व से आरम्भ होता है। 'शूल-फूल' और 'कर्णफूल' उनके प्रारम्भिक काव्य-संग्रह हैं। उनसे चुनी हुई कुछ कविताओं को 'प्रभात फेरी' (1938) में प्रकाशित किया गया। इसमें विध्वंसक गीत और प्रेमगीत संगृहीत हैं। उनका सर्वाधिक लोकप्रिय काव्य-संग्रह 'प्रवासी के गीत' (1939) है। इन गीतों में स्मृतिजन्य विह्वलताएँ हैं–

आह अन्तिम रात वह बैठी रही तुम पास मेरे
शीश कन्धे पर धरे घन-कुन्तलों में गात घेरे
क्षीण स्वर में कहा था, 'अब कब मिलोगे?'

हंसमाला, रक्तचन्दन, अग्निशस्त्र, कदलीवन, उत्तरजय उनके काव्य-संग्रह और द्रौपदी खण्डकाव्य है।

रामेश्वर शुक्ल 'अंचल' (1915-1995)–अंचलजी की काव्य-रचना का आरम्भ स्वच्छन्दतावादी काव्य के वायवीय प्रेम के विरुद्ध मांसल या शरीरी प्रेम की कविताओं से हुआ।

प्यास का सागर तुम्हारा, स्वप्न-सा मधु-स्पर्श नारी
जल रहा परितृप्त अंगों में पिपासाकुल पुजारी
है तृषा इतनी विपुल, कितना बनूँगा अब विकल मैं
एक पल के ही दरस में, जल उठी तृष्णा अतल में

बाद में वे मार्क्सवादी दर्शन की ओर उन्मुख़ हुए। किरणवेला और करील में उनकी प्रगतिशील रचनाएँ संगृहीत हैं।

नयी कविता : प्रमुख कवि, कृतियाँ एवं प्रवृत्तियाँ

नयी कविता हिन्दी साहित्य श्रृंखला की सशक्त एवं जीवन्त प्रक्रिया है। आधुनिक काल की विविध काव्य-प्रवृत्तियों एवं काव्य-शैलियों में से यह एक है। मानव-जीवन की यथार्थपरक एवं बौद्धिक भंगिमा नयी कविता में दृष्टिगोचर होती है। नयी कविता का दिशागमन आधुनिक हिन्दी काव्य के लिए महत्त्वपूर्ण रहा है। दिनकरजी ने लिखा है कि नयी कविता जिस दिशा की ओर जा रही है, वह साहित्य की सबसे श्रेष्ठ दिशा है।

स्वतन्त्रता-प्राप्ति के पश्चात् भारतीय जनमानस में एक आशा एवं उत्साह का भाव आया। भावी जीवन के प्रति नयी-नयी योजनाएँ बनने लगीं। किन्तु समय बीतता रहा और योजनाएँ असफल रहीं। लोग लक्ष्यविहीन हो गये। यही दशा साहित्य की थी। प्रयोगवाद की कुण्ठा, अहम् और दमित काम-वासना से साहित्यकार ऊब चुके थे। इन विषम परिस्थितियों में नयी कविता का आविर्भाव कवियों का एक सम्बल बना, जिसके माध्यम से कवियों ने परम्परागत कविता से पृथक् नये भावबोधों की अभिव्यक्ति के साथ ही नये मूल्यों एवं नये शिल्पविधान की स्थापना की। डॉ० रामदरश मिश्र ने लिखा है कि "नयी कविता की दृष्टि मानवतावादी है, किन्तु यह मानवतावाद मिथ्या आदर्शों की परिकल्पनाओं पर आधारित नहीं है, बल्कि यथार्थ की तीखी चेतना, अपने परिवेश से जुड़े मनुष्य के बौद्धिक प्रयासों और उसकी संवेदना के उलझे हुए नाना स्तरों तक अनुभूति और चिन्तन दोनों दिशाओं से पहुँचने की चेष्टाओं पर अवलम्बित है। इसने छोटे-बड़े का भेद नहीं रखा, छोटी-बड़ी अनुभूतियों, सत्यों, क्षणों, स्थितियों, घटनाओं और दृश्यों का बनावटी अन्तर नहीं स्थापित किया।" समीक्षकों ने नयी कविता की अवधि सन् 1951 से 1960 तक मानी है।

प्रगतिवाद और प्रयोगवाद की समन्वित भावभूमि से विकसित नयी कविता के काव्यकारों में अधिकांशतः प्रगतिवाद और प्रयोगवाद के खेमों में रह चुके कवि थे। नयी कविता दोनों वर्गों के कवियों के लिए सामान्य भूमि के रूप में प्राप्त हुई।

'दूसरा सप्तक' (1951) के प्रकाशन के साथ प्रयोगवाद नयी कविता में रूपान्तरित हो जाता है : 'नयी कविता' नाम भी अज्ञेय का ही दिया हुआ है। सन् 1952 में पटना रेडियो से उन्होंने इसकी घोषणा की थी। सन् 1954 में जगदीश गुप्त के सम्पादकत्व में 'नयी कविता' नामक पत्रिका का प्रकाशन भी होने लगा। वास्तव में नयी कविता प्रगतिवाद और प्रयोगवाद के अतिवादी छोरों को मिलानेवाली रेखा के किसी बिन्दु पर होती है। 'दूसरा सप्तक' में एक भी कवि प्रगतिवादी नहीं है। अपनी घोषणा के बावजूद शमशेर प्रगतिवादी नहीं, प्रयोगवादी ही कहे गये हैं। रघुवीर सहाय अर्द्ध प्रगतिवादी हैं। भवानीप्रसाद मिश्र गाँधीवादी हैं। इस सप्तक में न राजनीतिक व्यंग्य है और न आत्मग्रस्त वैयक्तिकता। पर प्रत्येक कवि प्रगतिशील और प्रयोगवादी दोनों है। 'दूसरा सप्तक' की टेकनीक सधी हुई, भाषा बोलचाल के निकट और भावानुभूति मर्मस्पर्शी तथा प्रकृति की ताजा छवियों से युक्त है। सन् 1950 के आसपास साहित्यकारों की दृष्टि गाँव की ओर गयी है। यह स्वतन्त्र देश की आर्थिक-सामाजिक नीति का परिणाम भी था। इसमें जवाहरलाल नेहरू और भारत की आरती (15 अगस्त, 1947) पर भी कविताएँ संगृहीत हैं।

'तीसरा सप्तक' 1959 में प्रकाशित हुआ। सन् 1956 में नकेन के प्रपद्यवाद का प्रकाशन हो चुका था। प्रपद्यवाद का दावा है कि असली प्रयोगवादी नकेन ही हैं। यह एक प्रकार का रूपवाद या कलावाद था। अतः इसकी नोटिस नहीं ली गयी। 'तीसरा सप्तक' की भूमिका में लगे हाथ अज्ञेय ने प्रपद्यवादियों को आड़े हाथों लिया है। इस सप्तक में प्रायः व्यक्ति और समाज का द्वन्द्व मिलेगा। कुछ लोगों ने बुद्धिवाद का—उसके अतिरेक का विरोध भी किया है। कहीं-कहीं निराशा और उदासी भी है। पर समग्रतः यह उल्लासमय है। काव्यभाषा का उल्लेख करते हुए केदारनाथ सिंह ने बिम्बों पर विशेष जोर दिया है। यह इस सप्तक की उपलब्धि है। बाद में यह काव्यालोचन का केन्द्रवर्ती शब्द हो गया। सन् 1979 में अज्ञेय ने 'चौथा सप्तक' का सम्पादन किया। सप्तकीय परिवेश के बाहर भी जगदीश गुप्त, दुष्यन्त कुमार, लक्ष्मीकान्त वर्मा, बालकृष्ण राव आदि नयी कविता लिख रहे थे।

नयी कविता में नयी प्रवृत्तियाँ दिखायी पड़ती हैं। पहली प्रवृत्ति है वादमुक्तता। न वह पूरे तौर पर प्रयोगवादी है और न प्रगतिवादी। वह इन दोनों अतिवादों को जोड़नेवाली रेखा के किसी बिन्दु पर हो सकती है। आस्था-आशा, संकल्प, उत्साह तथा अनास्था-निराशा, भय, अँधेरा, अनिश्चितता, शंका, सन्देह आदि के स्वरों की अनुगूँज इसकी दूसरी विशेषता है। वैचारिकता-संवेदनात्मक वैचारिकता—को सभी नये कवियों ने स्वीकार किया है। कहीं परम्परा की—परिवर्तमान परम्परा की—स्वीकृति है तो कहीं अस्वीकृति। कहीं कोरी वैयक्तिकता है तो कहीं व्यक्ति और समाज की टकराहट। जहाँ तक भाषा का सम्बन्ध है, अज्ञेय ने शब्दों में नये अर्थ भरने की बात

उठायी है। फन्तासी, अन्यापदेश के अतिरिक्त नये अर्थ-गर्भ प्रतीकों, बिम्बों, विडम्बनाओं, विसंगतियों आदि पर कवियों का विशेष ध्यान दिया गया है।

सन् 1962 में चीन-भारत युद्ध के परिणामस्वरूप देश का स्वाभिमान बुरी तरह आहत हुआ। कविता हताशा की दिशा की ओर मुड़ गयी। प्रयोगवादी वैयक्तिकता ने नये गुल खिलाने शुरू किये। हर कवि कोई-न-कोई पत्रिका निकालकर नया काव्यान्दोलन आरम्भ कर देता था। नवलेखन, सूर्योदयी कविता, अकविता, बीटनिक कविता, नवगीत आदि कविता के कुकुरमुत्तायी आन्दोलन हैं जो एक क्षण जन्मते हैं और दूसरे क्षण मर जाते हैं। ये सब पश्चिम से प्रभावित रहे हैं। नयी कविता के प्रमुख कवियों में अज्ञेय सर्वप्रथम उल्लेखनीय हैं। अज्ञेय (1911-87) के साथ ही भवानी भाई (1913-85), मुक्तिबोध (1917-64), शमशेर (1911-93), नरेश मेहता (1922-2000), धर्मवीर भारती (1926-97), कुँवर नारायण (1927-), सर्वेश्वरदयाल सक्सेना, रघुवीर सहाय एवं केदारनाथ सिंह आदि उल्लेख्य हैं।

अज्ञेय (1911-1987)—अज्ञेय समग्रतः प्रयोगशील या प्रयोगवादी हैं। उनके चिन्तन और कविता का सरोकार सर्जनात्मक लेखन की समस्याओं से है। छायावादोत्तर काल में यदि किसी और को प्रयोगवादी कहा जा सकता है तो वह अपनी 'वाम वाम दिशा' के बावजूद शमशेर हैं। शमशेर का प्रयोगवाद सामान्यतः संवेदना का धरातल नहीं छोड़ता। पर अज्ञेय का प्रयोगवाद संवेदना के धरातल के आसपास से गुजर जाता है। ये कविताएँ अभिव्यक्ति, सम्प्रेषण और साधारणीकरण की समस्याएँ भी उठाती हैं। उन्होंने नयी कविता को एक हद तक दीक्षागम्य कहा है। वे प्रगतिवाद-विरोधी हैं, प्रगति के मिथक में उन्हें विश्वास नहीं है। व्यक्ति-स्वातन्त्र्य में उनकी दृढ़ आस्था है।

वे अपनी सोच और तकनीक में आधुनिक हैं। वे आत्मचेतस्, आत्मनिष्ठ और एक हद तक आत्मग्रस्त हैं। यह आत्मग्रस्तता उनके चिन्तन और काव्य दोनों में मुखर है। 'मैं' की चारदीवारी से वे बाहर निकलना चाहते हैं, बाहर को कुछ देना चाहते हैं; पर इस चाहत में भी गर्व की दीप्ति है। यही उनके अनुभव की अद्वितीयता की सीमा है। उसमें शब्द-तराश की चमक तो है पर अर्थगौरव की गमक नहीं है। किन्तु जहाँ वह चमत्कार, मौन की मुखरता और रहस्य-दर्शन से मुक्त है वहाँ काव्य संवेदनशील भी बन पड़ा है।

इनका जन्म 7 मार्च, 1911 को देवरिया जिले के कसया नामक स्थान पर हुआ था। इनके पिता का नाम हीरानन्द शास्त्री तथा माता का नाम वयन्ती देवी था। बी० एस-सी० करने के बाद अँगरेजी से एम० ए० करना शुरू किया था कि राष्ट्रीय आन्दोलन में भाग लेने के कारण इन्हें चार वर्ष का कारावास तथा दो वर्ष की नजरबन्दी का दण्ड मिला।

अज्ञेयजी को अँगरेजी, हिन्दी एवं संस्कृत का अच्छा ज्ञान था। यायावरी एवं क्रान्तिशीलता इनके व्यक्तित्व की विशेषता थी। पत्रकारिता एवं आकाशवाणी के क्षेत्र में इन्हें महारत हासिल थी। सैनिक, विशाल भारत, बिजली, प्रतीक, दिनमान, नया प्रतीक–जैसी पत्रिकाओं के साथ इन्होंने आधुनिक हिन्दी साहित्य एवं तारसप्तक, दूसरा सप्तक एवं तीसरा सप्तक का सम्पादन भी बड़ी ही कुशलता से किया। 'भारतीय ज्ञानपीठ' से मिली पुरस्कार राशि से इन्होंने 'वत्सलनिधि' की स्थापना कर उसके माध्यम से युवापीढ़ी में साहित्यिक चेतना जागृत करने का कार्य किया। अज्ञेय द्वारा सृजित कविता–संग्रहों की संख्या सत्तरह है जो इस प्रकार है–भग्नदूत, चिन्ता, इत्यलम्, हरी घास पर क्षण भर, बावरा–अहेरी, इन्द्रधनु रौंदे हुए ये, अरी ओ करुणा प्रभामय, आँगन के पार द्वार, पूर्वा, सुनहले शैवाल, कितनी नावों में कितनी बार, क्योंकि मैं उसे जानता हूँ, सागर मुद्रा, पहले मैं सन्नाटा बुनता हूँ, महावृक्ष के नीचे, नदी की बाँक पर छाया और ऐसा कोई घर आपने देखा है। सन् 1986 में अज्ञेय के सभी काव्यसंग्रह सदानीरा भाग–1 एवं सदानीरा भाग–2 में एक जगह प्रकाशित हुए हैं।

भग्नदूत (1933), चिन्ता (1942) और इत्यलम् (1946) उनके प्रारम्भिक काव्य–संग्रह हैं। स्पष्ट है कि उनका लेखन छायावाद काल में ही प्रारम्भ हो चुका था। 'भग्नदूत' पर प्रसाद के 'आँसू' और निराला के गीतों का प्रभाव है। 'चिन्ता' में समर्पण, पीड़ा, आत्ममदन को पुराने ढंग से नारी के मत्थे मढ़ा गया है। 'इत्यलम्' में वे यौन–वर्जनाओं के विरुद्ध जिहाद छेड़ते हैं–'मूत्र सिंचित मृत्तिका के वृत्त में/तीन टाँगों पर खड़ा, नतग्रीव/धैर्यधन गदहा' लिखकर वह अ–स्वच्छन्दतावादी (एण्टी–रोमाण्टिक) रुख व्यक्त करते हैं।

वस्तुतः 'हरी घास पर क्षण भर' से अज्ञेय की नयी काव्ययात्रा आरम्भ होती है। 'इत्यलम्' (इति+अलम्) से ही स्पष्ट है कि अज्ञेय ने जो कुछ लिखा है उसकी अब वे इति चाहते हैं। इसके बाद से नयी शुरुआत उनके 'अन्तर्गुहावासी' की बेचैनी से आरम्भ होती है और कभी भी समाप्त नहीं होती। 'अन्तर्गुहावासी' कविता उनकी चिन्ता और कवि–कर्म की कुंजी है। वह 'स्व–रति' को पहचान करके भी अनपहचाना कर देता है। इस कविता में उनका दाता स्वरूप भी उभरता है, व्यष्टि के अभिमान का उल्लेख भी इसी में है।

'नदी के द्वीप' शीर्षक कविता में कवि प्रतीकों के माध्यम से अपने को, अपनी अस्मिता को परिभाषित करता है–

'किन्तु हम हैं द्वीप/हम धारा नहीं हैं/स्थिर समर्पण है हमारा/ हम सदा के द्वीप हैं स्रोतस्विनी के/किन्तु हम बहते नहीं हैं।/क्योंकि बहना रेत होना है/ हम बहेंगे तो रहेंगे ही नहीं।' महत्त्वपूर्ण रहना या होना है। धारा में बहकर, इतिहास प्रवाह में

घुलकर, उसका अपना निजीपन नहीं रहेगा। उनकी कविता की अभिव्यक्तियाँ एक प्रकार की सुरक्षा–कवच हैं, धारा के लिए अवेध्य।

इसके बाद की रचनाओं-'बावरा अहेरी', 'इन्द्रधनु रौंदे हुए ये', 'अरी ओ करुणा प्रभामय', 'आँगन के पार द्वार', 'कितनी नावों में कितनी बार', 'सागर मुद्रा', 'मैं सन्नाटा बुनता हूँ' आदि में उनके पूर्ववर्ती प्रत्यय (कान्सेप्ट), शब्द, रचना–प्रक्रिया, प्रकृति–चित्र, प्रेम–मृत्यु, समर्पण, आत्मदान, मौन रहस्य को भी सूक्ष्मतर ढंग से अभिव्यक्त किया गया है। सभी कविताओं में व्यक्तित्व की अद्वितीयता का सार तत्त्व अवश्य मिलेगा।

'समर्पण' और 'आत्मदान' में बुनियादी अन्तर नहीं है। गणितीय शब्दावली में कहा जाय तो दोनों की आधाररेखा 'अहं' ही है। 'बावरा अहेरी' की एक कविता है– 'दीप अकेला'। वे लिखते हैं–

यह मधु है : स्वयं काल की मौना का युग संचय
यह अंकुर : फोड़ धरा को रवि को तकता निर्भय
यह प्रकृत, स्वयंभू, ब्रह्म, अयुत : इसको भी शक्ति को दे दो

'आँगन के पार द्वार' संग्रह की कविता 'भीतर जागा दाता' में उसका आत्मदान भी अहंग्रस्त है। उसका दाता बोलता है–'लो, यह सागर मैंने तुम्हें दिया', 'लो, यह हरी–भरी धरती –यह सवत्सा कामधेनु-मैंने तुम्हें दी', 'यह अनुभव अद्वितीय, जो केवल मैंने जिया, सब तुम्हें दिया।' दान की सूची में अन्य वस्तुएँ भी सम्मिलित हैं। इस दान में दाता का दम्भ मुखर हो गया है।

'आँगन के पार द्वार' की अन्तिम कविता 'असाध्य वीणा' में मौन भी है, समर्पण भी है, अद्वैत भी है, रचना–प्रक्रिया भी है, रहस्य भी है। शब्द–प्रयोग में अदभुत तराश, चमक, ध्वनि और चमत्कार है। एक दर्शन या प्रत्यय को लेकर शुरू होती कविता उसी में लीन हो जाती है।

अज्ञेय के प्रकृति–प्रेम में एक विराटता, एकान्त और सन्नाटा है। उन्होंने उस प्रकृति को चुना है जिसे छायावादी कवियों ने मटमैला और प्रगतिवादी कवियों ने गँदला नहीं बनाया है। रामविलास शर्मा ने ठीक लिखा है–"प्रकृति–प्रेम उनमें नैसर्गिक है, खेतों–खलिहानों से दूर साधारणतः उनका मन ऐसे प्राकृतिक दृश्यों में रमता है जो सामान्य हिन्दी पाठकों के लिए असाधारण होते हैं। शब्दों और उपमानों की तरह वह इस तरह के दृश्य भी काफी अनुसन्धान के बाद प्राप्त करते हैं। वड्र्सवर्थ का प्रकृति–चित्रण काफी सुरक्षित किस्म का माना जाता है। फिर भी वड्र्सवर्थ निर्जन प्रकृति का कवि नहीं है, वह प्रकृति के संसर्ग में निर्धन, पीड़ित, संघर्षरत मनुष्यों को भी देखता है। पर अज्ञेय की प्रकृति को मनुष्य का अस्तित्व गन्दा

नहीं करता। उनके लिए पर्वतों में मनुष्य की बस्तियाँ नहीं हैं, बस प्रकृति है और हैं अज्ञेय।"

अज्ञेय ने शब्दों में नया अर्थ भरा है। सागर, मछली, पेड़, चिड़िया, दीप आदि पुराने प्रतीक हैं किन्तु कवि अज्ञेय ने उन्हें एकदम नया सन्दर्भ देकर नयी अर्थवत्ता से भर दिया है। जगह-जगह बिम्बों की जिजीविषा देखते ही बनती है—'उछली हुई मछली/जिसकी मरोड़ी हुई देह-वल्ली में/उसकी जिजीविषा की आतुरता मुखर है।'

अज्ञेय संस्कारी कवि हैं—भाषा के प्रति, उसमें भी शब्दों के प्रति अत्यधिक सचेत और सतर्क। चिन्तन के क्षणों में उन्होंने शब्द पर विचार किया है, कविता में भी यह विषयवस्तु बनकर आया है। उनके काव्य-विकास में सही शब्द खोजने के साथ-साथ वे अपने को भी खोजते रहे हैं। शब्दों के अर्थगर्भ उपयोग की चरम परिणति है।

कविवर अज्ञेय ने काव्य को जीवन की साधना माना है। उनके काव्य में अनुभूति की गहनता एवं अभिव्यक्ति की स्वच्छन्दता है। उन्होंने अपनी भावाभिव्यक्ति के लिए शब्दों को जैसे चाहा है बिठा दिया है। इस दृष्टि से भाषा उनके काव्य में भावानुगामिनी है। समसामयिक परिस्थितियों का पूरा प्रभाव उनके काव्य पर पड़ा जिससे उनकी कविताएँ युगचेतना के अनुरूप ही हैं। उनकी कविता में निरन्तर विकसनशीलता के दर्शन होते हैं जो उनके व्यक्तित्व का परिचायक है। भाव, भाषा, उपमान, प्रतीक, बिम्ब आदि सभी दृष्टियों से उनके काव्य में नवीनता है। उन्होंने अपने काव्य में अधिकतर विचारों की अभिव्यक्ति प्रतीकों एवं बिम्बों के माध्यम से की है, जो अपना मार्मिक प्रभाव छोड़ जाती है। अज्ञेय की रचना-शैली के कुछ उदाहरण निम्नवत् हैं—

हरित-छटामय-विटप राजि पर विलुलित थे पलाश के फूल।
मादकता-सी भरी हुई थी मलयानिल में परिमल धूल।
पागल-सी भटकी फिरती थी वन में भौंरों की गुंजार,
मानो पुष्पों से कहती हो, मधुमय है मधु का संसार।।

भवानीप्रसाद मिश्र (1913-1985)—भवानीप्रसाद मिश्र का जन्म 29 मई, सन् 1913 में मध्य प्रदेश के होशंगाबाद जिले में हुआ था। इनके पिता श्री सीताराम मिश्र शिक्षा विभाग में निरीक्षक थे। आजीविका के लिए इन्होंने आल इण्डिया रेडियो में नौकरी की। दूसरा तारसप्तक के विशेष कवियों में इनका नाम लिया जाता है। अगर मुक्तिबोध जटिलता के प्रतीक थे तो मिश्रजी अपनी सरलता एवं सहजता के। नयी कविता के ये सहज संवेदना के कवि थे। मिश्रजी की काव्यकृतियों में-गीत फरोश, चकित है दुःख, अँधेरी कविताएँ, गान्धी पंचशती, बुनी हुई रस्सी, खुशबू के शिलालेख, व्यक्तिगत, परिवर्तन जिये, अनाम तुम आते हो, त्रिकाल सन्ध्या, शरीर

कविता, फसलें और फूल, कालजयी, सम्प्रति नीली रेखा तक, तूस की आग, इदन्नमम्, मानसरोवर के दिन आदि का नाम लिया जाता है, जिसमें 'कालजयी' कवि का एकमात्र खण्डकाव्य है। काव्यरचना के अतिरिक्त मिश्रजी ने संस्मरण एवं निबन्ध लेखन भी किया है। हिन्दी के अतिरिक्त संस्कृत एवं बँगला का इन्हें अच्छा ज्ञान था। स्वतन्त्रता-संग्राम सेनानी, अध्यापक एवं सम्पादक आदि के रूप में मिश्रजी की अपनी पहचान है। इन पर गाँधीवाद का विशेष प्रभाव है। इनके काव्य में सघन अनुभूति एवं संयत अभिव्यक्ति की छटा विद्यमान है। मिश्रजी की भाषा और अभिव्यक्ति में लोक-जीवन का प्रभाव है जिसके कारण इन्होंने बोलचाल की भाषा पर ही ध्यान दिया है। प्रकृति प्रेम, ग्राम्य प्रेम, मानवतावाद, व्यंग्यात्मकता, कर्मवाद की प्रेरणा आदि इनकी कविता की सामान्य विशेषताएँ हैं। मिश्रजी का व्यक्तित्व नितान्त सहज और सरल था। 'दूसरा सप्तक' में प्रकाशित उनकी कविताएँ—'गीत फरोश', 'टूटने का सुख', 'सतपुड़ा के जंगल' आदि बहुत लोकप्रिय हुईं! उनकी कविता की बेबाक अभिव्यक्ति का नमूना द्रष्टव्य है—

रोना किसान के मजदूर के दुखड़े को
शीशे में हजार बार देखना मुखड़े को
काम से, पसीने से, कोई पहचान नहीं,
कोरी कविता का और, किस पर अवसान नहीं
उतरे भी कैसे उन शब्दों में व्याकुलता
जिनका दुःख गाना है उनका दुःख जानो तो।

भक्तिकाल के बाद छायावाद हिन्दी कविता का चरमोत्कर्ष था। छायावादोत्तर अथवा स्वच्छन्दतावादोत्तर हिन्दी कविता (प्रगति, प्रयोग और नयी कविता तथा अधुनातन कविता) उस ऊँचाई का स्पर्श नहीं कर सकी जो प्रसाद, पन्त, निराला और महादेवी ने किया। भाषा-शिल्प, काव्यभाषा, भावोत्कर्ष, भावाभिव्यक्ति, सौन्दर्य तथा सृजनात्मक कल्पना की जिन ऊँचाइयों पर छायावादी कविता पहुँची वहाँ तक परवर्ती हिन्दी कविता नहीं। यद्यपि यथार्थ की अभिव्यक्ति से प्रगति, प्रयोग तथा नये कवि जुड़े किन्तु यथार्थ के नाम पर फूहड़पन की अभिव्यक्ति, गलीज शब्द-विधान, उच्छृंखल यौनानुभूतियाँ, घटिया बिम्ब-विधान, प्रतीकविधान तथा भदेस भाषा भी इनकी विशेषता रही है। कविता का बहुलांश इस यथार्थ की कुत्सा के अतिरंजित वर्णनों से भरा हुआ है। एक छोटा अंश उत्कृष्ट कोटि की अभिव्यंजना (कथ्य और रूप के स्तर पर) से ही सम्बद्ध है। किन्तु भविष्य उज्ज्वल प्रतीत हो रहा है क्योंकि इधर देखा गया है कि भाव और शिल्प, कथ्य और छन्द की दृष्टि से अच्छी रचनाएँ सामने आ रही हैं। 21वीं शती के आरम्भ में हिन्दी की रचनाधर्मिता का (पद्य-गद्य दोनों स्तरों पर) पर्याप्त विकास होता दिखायी दे रहा है। अस्तु।

गजानन माधव 'मुक्तिबोध' (1917-1964)—का जन्म 13 नवम्बर, 1917 को मध्य प्रदेश के ग्वालियर जिले में एक महाराष्ट्रीय कुलकर्णी ब्राह्मण परिवार में हुआ था। काव्य-प्रतिभा का समावेश बाल्यावस्था से ही इनके अन्दर था। किशोरावस्था में ये काव्य-रचना करने लगे थे। आजीविका के लिए इन्होंने पत्र-पत्रिकाओं का सम्पादन-लेखन, आकाशवाणी एवं माध्यमिक विद्यालय से लेकर महाविद्यालयीय अध्यापन तक का कार्य किया। प्रयोगवाद और नयी कविता के विशेष कवि के रूप में इनकी पहचान बनी हुई है। अज्ञेय के पश्चात् नयी कविता के विकास में मुक्तिबोध ने महत्त्वपूर्ण भूमिका का निर्वहन किया। इनकी प्रमुख काव्य-कृतियों में 'चाँद का मुँह टेढ़ा है', और 'भूरि-भूरि खाक धूल' का नाम लिया जाता है। 'चाँद का मुँह टेढ़ा है' में छोटी-बड़ी कुल 28 कविताएँ हैं। काव्यरचना के अतिरिक्त कहानी, निबन्ध एवं समीक्षा-लेखन पर भी मुक्तिबोध का पूरा अधिकार था।

काव्य-मूल्यों को चुनौती देनेवाले कवि मुक्तिबोध का आविर्भाव हिन्दी साहित्य-इतिहास के अति मूल्यवान् कालखण्ड में हुआ। हिन्दी साहित्य का यह कालखण्ड साहित्य-चेतना के अन्यान्य आयामों के अन्वेषण का काल था। इस युग में परम्परित जीवन-मूल्यों एवं साहित्य-मूल्यों को चुनौती दी जा रही थी। कवि मुक्तिबोध स्वयं भी काव्य-मूल्यों को चुनौती देनेवाले कवि थे। नयी पीढ़ी के कदाचित् सर्वश्रेष्ठ विचारक कवि मुक्तिबोध मार्क्सवादी चिन्तक काव्यकारों में प्रखरतम एवं अन्यतम हैं। जीवन की कटुता, संत्रास, समाज में व्याप्त क्रूरता, विसंगति, विडम्बना और अराजकता की मुखर अभिव्यक्ति मुक्तिबोध के काव्य में हुई है।

मुक्तिबोध की काव्य-चेतना उनके जीवन-बिन्दुओं की टेढ़ी-मेढ़ी स्थितियों से होकर गुजरी है। मुक्तिबोध प्रयोगवादी और नयी कवितावादी काव्य-चेतना के प्रमुख सूत्रधारों में से हैं। किन्तु प्रयोगवादी हठधर्मिता मुक्तिबोध में नहीं है। उनके काव्य का मूल स्वर मार्क्सवादी है। हिन्दी साहित्य में आद्यन्त मार्क्सवादी चिन्तन का समर्थ कवि यदि कोई है तो वह मुक्तिबोध ही हैं। "मुक्तिबोध ने मार्क्सवाद को यथार्थ विकास का, मानव-संज्ञा के विकास का, दर्शन कहा है। मार्क्सवाद ने कुछ विशिष्ट मूल्यों को ऐतिहासिक सन्दर्भों और वर्ग-सम्बन्धों के आधार पर अवास्तविक और अस्वीकार्य घोषित कर दिया था। मुक्तिबोध के काव्य में इसी अस्वीकार का स्वर बड़ा स्पष्ट और प्रखर है। उनकी जीवनचर्या में कुछ ऐसे मोड़ आये जिन्होंने उनकी आस्था को हिलाकर रख दिया। एक प्रकार से ईश्वर की सत्ता मात्र से उनका विश्वास उठ गया। उनकी यह अनास्था एक अल्पशून्य के प्रति शीर्षक कविता में व्यक्त हुई है जिसमें ईश्वर को असत्य घोषित कर दिया है। उनका स्पष्ट मत है कि हमारा सामाजिक व्यक्तित्व ही हमारी आत्मा है।"

मुक्तिबोध के काव्य में आत्मसंघर्ष और आत्मान्वेषण प्रबल रूप से विद्यमान है। प्रयोगशीलता और प्रगतिशीलता की समन्वित दृष्टि से मुक्त है मुक्तिबोध का काव्य। मुक्तिबोध अपने विकास से असन्तुष्ट थे। वस्तुतः संघर्षमय जीवन में आत्मान्वेषण की प्रवृत्ति ने उन्हें क्षण भर रुककर शान्ति से सोचने का अवकाश ही नहीं दिया कि वे आत्मबोध अनुभव कर पाते। इस असन्तोष, वैफल्य एवं निराशापूर्ण अवसाद के साथ उस क्षोभ की भावना उनके जीवनगत परिवेश की ही देन है। मुक्तिबोध की काव्यचेतना किस प्रकार परिवार और समाज के परम्परागत संस्कारों से उनके विरोधी और विद्रोही व्यक्तित्व के टकराव से विस्फुटित हुई, उसका प्रमाण उनका अपना ही यह कथन है—"मेरा अपना यह ख्याल है कि आज के बहुत-से लेखकों के काव्य में जो वैफल्य का भाव है, उस वैफल्य की संवेदनाओं का एक स्रोत उसके परिवार की स्थिति और दशा या परिवार के भीतर उस लेखक की स्थिति और दशा में खोजा जा सकता है। क्या यह बताने की जरूरत है कि परिवार के भीतर नये और पुराने का जबर्दस्त संघर्ष चलता है कि उसके भीतर अहंवादी तथा अनुदार संकुचित दृष्टिवादी प्रवृत्तियों की टकराहट होती हैं..." इस प्रकार हम देखते हैं कि मुक्तिबोध की काव्य-चेतना उनके आन्तरिक संघर्ष का शाब्दिक प्रस्तुतीकरण है। उनका काव्य सच्चे अर्थों में जनवादी है।

मुक्तिबोध एक चिन्तक कवि थे। उनकी कविताएँ, चिन्तनप्रधान अधिक हैं, भावप्रधान कम। अतः उनकी काव्यगत 'भावधारा' को 'चिन्तनधारा' कहना अधिक उपयुक्त होगा। उनके चिन्तन का सर्वप्रमुख आयाम है—मार्क्सवाद। मार्क्सवादी चिन्तन का आधार द्वन्द्वात्मक भौतिकवाद है। अतः अनास्था, विद्रोह एवं आत्मवादी दृष्टि उसकी प्रमुख पहचान है। मुक्तिबोध ने इसके अतिरिक्त वर्तमान जीवन की विद्रूपता को भी विभिन्न प्रकार से साकार किया है। सभ्यता और संस्कृति के मुखौटों को पहनकर, शोषण और भ्रष्टाचार के मसीही षड्यन्त्र-चक्र को अवरुद्ध करने में कवि ने अपनी पूरी शक्ति लगा दी है। उनके इस काव्य-प्रयास को हम एक ओर जहाँ विध्वंस चेतना का नाम दे सकते हैं वहीं मानवीय जिजीविषा भी कह सकते हैं। क्योंकि कवि समस्त विरोधों, विद्रोह, आक्रोश एवं क्षोभ का निष्कर्ष निराशा अथवा असहायता न होकर जीवन को साहस से जीने का परोक्ष प्रयास है। यही कवि मुक्तिबोध अपने समानधर्मा अन्य प्रगतिशील मार्क्सवादी चिन्तकों से अलग पहचाने जाते हैं। चारों ओर घिरे पीड़ाओं के चक्रव्यूहों के मध्य एकाकी होते हुए भी उनकी 'जीने की कोशिश' मानवता का एक चरम आयाम प्रस्तुत करती है। इस प्रकार उनकी चिन्तनधारा को कोई एक नाम या शीर्षक नहीं दिया जा सकता। वह विभिन्न विचारसूत्रों से संश्लिष्ट है।

शोषण के विरुद्ध मुक्तिबोध ने आवाज बुलन्द की है। शोषण एक तिलस्मी चक्रव्यूह है। पूँजीवाद और सामन्तवाद की एक ऐसी व्यवस्था है जिससे पूरा विश्व,

पूरा समाज संत्रस्त है। उसे ध्वस्त करना ही होगा। यथा–''शोषण की सभ्यता के नियमों के अनुसार बनी हुई संस्कृति के तिलस्मी, स्याह चक्रव्यूहों में फँसे हुए प्राण. ...याद... है।''

मुक्तिबोध को पीड़ा अस्तित्व–निर्वाह के संघर्ष से उद्भूत हुई है–वह जीवन की अपरिहार्य आवश्यकताओं (बेअर नेसेसिटीज) की उपलब्धि की असफलताओं से जनमी है। श्री नेमिचन्द्र जैन के नाम 1957 में अपने पत्र में मुक्तिबोध ने लिखा था...''मौजूदा नैकरी सवा दो सौ देती है। वह बिल्कुल नाकाफी है। अगर आपको गवर्नमेण्ट डिपार्टमेण्ट अथवा यूनिवर्सिटी में कोई अच्छी नौकरी दिखायी दे तो मुझे जरूर सूचित कीजियेगा। सब जगह एम० ए० फर्स्ट क्लास या डॉक्टरेट माँगते हैं। मैं मात्र सेकेण्ड क्लास हूँ। वैसे लेक्चररशिप के लिए मेरा जी अभी भी ललकता है।'' पारिवारिक दायित्व और जीविका की अपर्याप्तता के द्वन्द्व से मुक्तिबोध बुरी तरह पीड़ित थे। मुक्तिबोध के काव्य में प्रबल संत्रास है। यह संत्रास कष्टमय जीवन की अनिवार्य परिणति थी। मुक्तिबोध का संत्रास आरोपित नहीं, दुःखों और अभावों के प्रबल झंझावातों की देन है।

मुक्तिबोध की वेदना व्यक्तिगत होते हुए भी समष्टिगत है क्योंकि उसका सम्बन्ध युगव्यापी मूल्य–भ्रंश और भ्रष्ट तन्त्र एवं व्यवस्था से है। ''उनके व्यक्तित्व की यह अपनी टेक थी कि वे भ्रष्टाचार और अन्याय से समझौता नहीं कर सकते थे और इसलिए वे सदैव उस सुख–सुविधापूर्ण जीवन एवं सम्मान तथा स्वीकृति से वंचित रहे जो अवसरवादी बेईमानों को सहज ही उपलब्ध थी।'' अपने युग की यह दुरवस्था मुक्तिबोध के लिए बड़ी चुनौती रही थी। श्री नेमिचन्द्र जैन को अपने 30–10–45 के पत्र में उन्होंने लिखा–विक्षुब्ध आत्मा लेकर एक आदमी ने जन्म लिया....अपने युग की उच्चतम आकांक्षाओं और अपने जमाने की महानतम दुर्बलताओं से विक्षुब्ध।

मुक्तिबोध के काव्य में पुरानी आस्थाओं और धार्मिक रूढ़ियों पर करारा व्यंग्य हुआ है। इसी व्यंग्य–वृत्ति के वश, वे सामान्य जन की वेदना, घुटन और निराशा से मर्माहत होकर तथाकथित सुसंस्कृत वर्ग की पोल खोलते हैं। आधुनिक सभ्यता की विसंगति और विद्रूपताओं तथा छद्म आधुनिकीकरण पर भी उन्होंने भरपूर व्यंग्य किया है–

पावडर में सफेद अथवा गुलाबी
छिपे बड़े–बड़े चेचक के दाग मुझे दीखते हैं
सभ्यता के चेहरे पर।

मार्क्सवादी प्रभाव उनकी जनवादी दृष्टि के रूप में काव्य में मुखरित हुआ है। साम्यवादी दृष्टि के कारण ही प्रबल वर्ग-चेतना उनके काव्य में है। परसाईजी ने

वर्ग-चेतना और वर्ग-संघर्ष दोनों उनके काव्य में ढूँढ़े हैं। उन्होंने अपनी अनेक कविताओं में क्रान्ति की पदचाप सुनी है और जनविप्लव के दृश्य अंकित किये हैं। "प्रशोषण-सभ्यता की दुष्टता के भव्य देशों की गरीबिन जो कि जनता है, उसी में से कई मल्लाह कवि के अन्तर्मन के तट पर उतरे हैं। उन्हीं से सब सूचनाएँ और ज्ञान मिलने की बात भी मुक्तिबोध ने कही है।"

किन्तु फिर भी यह नहीं कहा जा सकता कि मुक्तिबोध किसी एक दर्शन के प्रति समर्पित रहे। वस्तुतः अनवरत जीवन-संघर्ष एवं अदम्य ज्ञान-पिपासा ने उन्हें चैन से कभी न बैठने दिया। फलतः स्थिर चित्त होकर किसी एक जीवन-दृष्टि के प्रति वे सर्वतोभावेन समर्पित न हो सके। यही कारण है कि उनकी काव्य-चेतना की निर्मात्री जीवन-दृष्टियाँ एकाधिक हैं। मार्क्सवादी जीवन-दृष्टि, मनोविश्लेषण सिद्धान्त, अस्तित्ववादी दर्शन आदि का युगपत समाहार मुक्तिबोध के काव्य का मूल मन्त्र है।

मुक्तिबोध अपने युग के प्रति जागरूक तथा युग-संघर्ष के प्रति संवेदनशील थे। "अपने युग की परिस्थितियों के सम्बन्ध में उनकी चिन्ता रह-रहकर उभरती रही है। अपने समाज से भ्रष्टाचार, अवसरवाद और अनाचार के मूल उत्स की खोज में उन्होंने बुजुर्गों को दोषी ठहराया है और सड़ी हुई व्यवस्था में सत्ताधिकारियों के प्रतीक रावणों और उनके सामने पूँछ हिलानेवालों की दो टूक आलोचना की है। ऐसे वातावरण में योग्य व्यक्तियों की अवहेलना और अयोग्यों के लाभान्वेषण को अनावृत किया है—पेट और प्रवृत्ति के समन्वय से उत्पन्न सफलता के प्रति अपनी घृणा प्रकट की है जो काफी चुभती हुई है। लेखक वर्तमान व्यवस्था की मूल्यविगर्हणापूर्ण उस स्थिति से क्षुब्ध हो उठा है जिसमें अयोग्य किन्तु तिकड़मी लोगों को लाभान्वित होते देखकर योग्य और सिद्धान्तनिष्ठ व्यक्ति को अपनी अलाभकारी सिद्धान्तनिष्ठा पर ग्लानि होने लगती है....आज का जमाना कैसा है जब बुलबुल भी यह चाहती है कि वह उल्लू क्यों न हुई। इस प्रकार की उक्तियों में यथार्थ की संवेदनामयी अभिव्यक्ति हृदयस्पर्शी हो उठी है—उसमें लोक-संग्रह से सम्पृक्त वैयक्तिक आक्रोश की ऊष्मा है, निजीपन का लगाव है, अन्तरंग संवेदना की प्रामाणिकता है और सामाजिक परिवेश के अन्तर्विलयन की प्रक्रिया है।"

मुक्तिबोध को क्रान्ति काम्य रही है। इस हार्दिक भावना के लिए—"कवि पोस्टर को ही कविता मानता है क्योंकि उससे क्रान्ति की प्रेरणा मिलती है जो कि जीवन-लक्ष्य की दुर्दान्त मूर्ति है। पोस्टरों की चर्चा करते समय कवि-वाणी में क्रान्ति की धधक-भभक मूर्ति हो उठी है।"

'तारसप्तक' के अन्य कवियों—रामविलास शर्मा, प्रभाकर माचवे, भारतभूषण अग्रवाल, गिरिजाकुमार माथुर—में माथुर की काव्य-यात्रा लम्बी और अपने ढंग की

है। वे मूलतः रोमान और रंगों के कवि हैं। प्रेम या प्रणय के चतुर्दिक् उनकी कविता घूमती रहती है। 'मंजीर' उनका पहला संग्रह है। उसमें कैशोर भावुकता की अभिव्यक्ति है। धूप के धान, शिला पंख चमकीले, भीतरी नदी की यात्रा में उनकी प्रणयानुभूति कम नहीं होती। रामविलास शर्मा के शब्दों में–"उनका किशोर मन न वयस्क होता है, न प्रौढ़, वार्द्धक्य तो दूर की बात है।"

रचना–शिल्प की दृष्टि से मुक्तिबोध अनूठे कवि हैं। उनके काव्य में दुरूहता है, ऐसी दुरूहता जो काव्य–गरिमा का विस्तार करती है। डॉ० जगदीश शर्मा के शब्दों में "मुक्तिबोध-रचित परिदृश्यों में असाधारण प्रभावी शक्ति है, साथ ही अर्थ–सम्प्रेषण की वक्रता भी। मुक्तिबोध के काव्य का आस्वाद ऊपरी सतह पर सम्भव नहीं है, उसके लिए प्रतीक बिम्ब–निर्मित समग्र परिदृश्य की टेढ़ी–मेढ़ी ऊबड़–खाबड़ पगडण्डी (वेग सम्पन्न आरोहावरोहों की गतिशीलता) को पारकर उनके मन्तव्य तक पहुँचना बहुत आवश्यक है। उनके काव्य में ऋजुता नहीं है, किन्तु काव्य में वक्रोक्ति का जो सौन्दर्य आचार्यों ने प्रतिपादित किया है, वह आधुनिक रूप में मुक्तिबोध के काव्य में अपनी पूरी शक्ति के साथ विद्यमान है। उनका काव्य फैण्टेसी निर्मित है और उसके आस्वाद के लिए फैण्टेसियों के प्रतीकार्थ तक पहुँचना आवश्यक है। ये फैण्टेसियाँ कहीं परी–कथा के रूप में हैं तो कहीं एकालापी नाटक का आभास देती हैं, किन्तु सर्वत्र निश्चित अभिप्राय की ओर संकेत करती हैं। इससे मुक्तिबोध की फैण्टेसियों में अपूर्व व्यंजना–शक्ति आ गयी है। अनर्गल से प्रतीत होनेवाले परिदृश्यों के पीछे एक गहरी अर्थवत्ता है। फलतः मुक्तिबोध का काव्य एक दुःस्वप्न के समान हमारी चेतना को मथ देता है–

जिन्दगी के भयंकर स्वप्नों के मेह
रहते तैरते मसानी आसमान में। (मुझे याद आते हैं)"

मुक्तिबोध को समझने के लिए उनके काव्य फैण्टेसियों, उनकी रूपात्मक (एलिगारिकल) दृष्टि को समझना जरूरी है। यही कारण है कि बिना रूपात्मक दृष्टि के स्पष्ट हुए प्रतीकों की पहचान हुए बिना उनका काव्य जटिल एवं दुर्बोध प्रतीत होता है। उनके प्रतीकों का अर्थ भी समझना कभी–कभी कठिन होता है। कहीं–कहीं कविता दूर तक प्रतीक स्तर पर ही चलती रहती है तब कहीं बहुत दूर जाकर प्रतीकार्थ के विरल संकेत प्राप्त होते हैं और जहाँ ये विरल संकेत निहित होते हैं, वहीं यदि थोड़ा–सा ध्यान चूक जाय तो उस कविता के एक बड़े भाग का अर्थ दुर्बोध हो जाता है।

शमशेर बहादुर सिंह (1911–1993) का जन्म 13 जनवरी, सन् 1911 ई० को उ० प्र० (अब उत्तरांचल) के देहरादून जिले में एक प्रतिष्ठित जाट परिवार में हुआ था। उनके पिता बाबू तारीफ सिंह कलेक्ट्रेट के मुख्य रीडर थे। काव्य–प्रतिभा उनके

अन्दर बचपन से ही विद्यमान थी। 9–10 वर्ष की उम्र में ही उन्होंने अँगरेजी में पहली कविता लिखी थी। उनके सार्थक लेखन की विधिवत् शुरुआत सन् 1938–39 में हुई, किन्तु अज्ञेय के 'दूसरा सप्तक' के प्रकाशन से ही कवि रूप में चर्चित एवं प्रतिष्ठित हुए। शमशेर बहादुर सिंह की प्रमुख काव्य–कृतियों में 'कुछ और कविताएँ', 'चुका भी हूँ मैं नहीं', 'इतने पास अपने', 'उदिता–अभिव्यक्ति का संघर्ष', 'बात बोलेगी', 'काल तुझसे होड़ है मेरी' आदि हैं। काव्य–रचना के अतिरिक्त गद्य के विविध विधाओं कहानी, निबन्ध, आलोचना, डायरी लेखन तक भी उनकी पहुँच थी। नयी कविता के कवि शमशेर की कविताओं में प्रयोगशील एवं प्रगतिशील दोनों की झलक मिलती है। वे यथार्थ के कुशल चित्रकार एवं सौन्दर्य के उपासक थे, पर उनकी अधिकांश कविताओं का स्वर कुण्ठित प्रेम का है। मार्क्सवादी विचारों के प्रभाव के कारण शमशेर की जनवादी चेतना अधिक मुखरित है। बिम्ब, उपमान, शब्द संगीत, अमूर्त चित्रात्मकता आदि ने शमशेर के काव्य-शिल्प को नवीन रूप प्रदान करने में सहयोग किया है, किन्तु अभिव्यक्ति की नवीनता ने अनुभव लोक को मूर्त करने के स्थान पर उलझा दिया है।

शमशेर मूलतः प्रयोगवादी कवि हैं। इस दृष्टि से वे अज्ञेय की परम्परा में पड़ते हैं। शमशेर और अज्ञेय में अन्तर यह है कि शमशेर के प्रयोगवाद का रथ संवेदना का धरातल नहीं छोड़ता। लेकिन जिस प्रकार धर्मराज युधिष्ठिर का रथ धरती से चार अंगुल ऊपर चला करता था, उसी प्रकार अज्ञेय का प्रयोगवादी रथ भी संवेदना के धरातल से चार अंगुल ऊपर चलता है। शमशेर अपनी निजी अनुभूतियों, उनकी बारीक बुनावट और प्रायः दुरूहता के कारण भी लोगों का ध्यान आकृष्ट करते हैं। वे छायावाद–काल के अन्तिम वर्षों में लिख रहे थे। निराला और पन्त के प्रभाव को वे स्वयं स्वीकार करते हैं, पर वे छायावादी नहीं हैं। 'हंस' का सम्पादन करते समय वे शिवनदानसिंह चौहान के सम्पर्क में आये और मार्क्सवाद के प्रति आकृष्ट हुए, प्रगतिवादी कविताएँ भी लिखते रहे। किन्तु रचना में प्रगतिवादी नहीं हैं। वे प्रयोगवादी हैं—मानवीय सरोकारों से विरहित प्रयोगवादी नहीं। आत्म–संघर्ष उन्होंने भी किया है, पर इनकी प्रजाति दूसरी है। एट्स का कहना है कि दूसरों से संघर्ष करनेवाला रेहटारिक लिखता है और अपने से सघर्ष करनेवाला कविता। निराला और मुक्तिबोध में बहिरन्तर का गहरा संघर्ष है। पर शमशेर का आत्मसंघर्ष निजी है, प्राइवेट है। उसमें अद्भुत कशिश है। शमशेर कहते हैं—''मेरी कविताओं को/अगर वो उठा सकें और एक घूँट/पी सकें/अगर।' इस 'अगर' की विवेचना उनकी कविता की विवेचना है।

शमशेर ने प्रगतिवादी कविताएँ भी लिखी हैं। 'वाम वाम वाम दिशा/समय–साम्यवादी' प्रतिवादी–रीतियुक्त हैं। 'लेकर सीधा नारा' कविता को प्रगतिवादी काव्यान्दोलन में बार–बार याद किया गया है—'लेकर सीधा नारा/कौन पुकारा/अन्तिम आशाओं की

सन्ध्याओं से/मैं समाज तो नहीं, न मैं कुल जीवन/कण समूह में हूँ मैं केवल / एक कण/एक सहारा।' 'अमनराग' एक लम्बी कविता है—प्रगतिवादी सरोकारों से सम्बद्ध। पर इन कविताओं में वे रम न सके। उससे मुक्त भी नहीं हो सके। 'उदिता' (1980) की भूमिकाओं में (इसमें दो भूमिकाएँ) हैं। वे प्रगतिवादी काव्यान्दोलन की आवश्यकता महसूस करते हैं। किन्तु अपने वर्ग-संस्कारों के कारण इससे जुड़ न सके। 'मेरी असली जमीन तो रोमानी ही थी, रोमानी बनी रही।'

वे मुख्यतः प्रेम और प्रकृति-सौन्दर्य के कवि हैं—कहीं दोनों अलग हैं और कहीं दोनों का अद्भुत रासायनिक घोल है। अपने चित्रों को बनाने में वे अनेक रंगों का प्रयोग करते हैं। रंग कई हैं—पर एक भी चटकीला नहीं है—सब किंचित् मटमैले, धुँधले, साँवले, उदास। कहीं गुलाबी है तो उसका रंग कत्थई है। कहीं केसरिया है तो साँवलेपन की छाया लिये हुए, बिजली है तो कुहरिल, बादलों के पंख गेरुआ रँगे हैं। रंगों के मिश्रण या कम्पोजीशन का क्या कहना? उन्हें उसकी अनेक विधियाँ मालूम हैं। सूर्योदय का एक रंगारंग दृश्य है—"प्रात का नभ था बहुत नील शंख-जैसे/भोर का नभ बहुत नील शंख-जैसे/भोर का नभ/राख का लीपा हुआ चौका—" उनके आगे रंगीन सिने—कैमरा का जादू देखिये-"काली सिल थोड़ी केसर से धुल जाती है, फिर स्लेट पर लाल खड़िया मल दी जाती है, नील जल में गौर देह झिलमिला जाती है।" यह है सूर्योदय : रंगीन बिम्बों से बुना हुआ जागरण का पर्व।

प्रातःकाल के बिम्ब की तरह शाम का भी निजी बिम्ब है—"नींबू का नमकीन—सा शरबत, शाम/(गहरा नमकीन)/प्राचीन ईसाई चीजों—सी कुछ/राजपूताने की—सी बहुत—कुछ/गहरी सोन—चम्पई/सोन—गोरिया शाम/...शान्त। /तुम्हारी साड़ी की—सी शाम/बहुत परिचित/मेरे दिल के अजीब फैलाव की/लातानी पीतल—काँसे के घण्टों की—सी/क्लासिक शाम/बहुत दूर तक बजती हुई शाम।" रूप, रस, गन्ध आदि के साथ इसमें देशी—विदेशी बिम्बों को सम्मिलित करके शाम को अन्तर्राष्ट्रीय रूप दे दिया गया है। टी० एस० इलियट की तरह शमशेर भी धार्मिक और यौन—बिम्बों को एक साथ रखकर नया प्रभाव पैदा करते हैं। लातानी पीतल—काँसे के घण्टों—सी बहुत दूर तक बजती हुई शाम क्लासिक शाम में बदल जाती है। उनकी प्रेम—कविताओं पर हलका गौरिक रंग है। 'टूटी हुई बिखरी हुई' कविता में वे लिखते हैं—"बहुत—से तीर, बहुत—सी नावें, बहुत—से पर इधर/उड़ते हुए आये, घूमते हुए गुजर गये/मुझको लिये, सब-के-सब। तुमने समझा/कि उनमें तुम थे। नहीं, नहीं, नहीं।/उनमें कोई न था। सिर्फ बीती हुई/होनी अनहोनी की उदास/रंगीनियाँ थीं। फकत।' कितनी सधी हुई लय है—सिद्ध लय ! भावानुरूप लय को बड़ा भी किया गया है और छोटा भी। इसी से अर्थाभिनय होता है। सारी चीजें बिखरी हुई हैं, टूटी हुई हैं जो वह स्वयं हैं। एक वक्तव्य-'उसमें कोई न था।' यदि कोई होता तो बिखराव क्यों? सरल

वक्तव्य भी वक्रोक्तिपूर्ण या जटिल हो जाता है। 'फकत तो उदासी को घनीभूत कर देता है।

उनकी दूसरी प्रेम–कविता है जिसमें प्रेम और प्रकृति को एक में मिलाकर रखा गया है। यह कविता है–'एक पीली शाम'। ''एक पीली शाम/पतझर का जरा अटका हुआ पत्ता/मेरी भावनाओं में तुम्हारा मुख-कमल/कृश, म्लान, हारा–सा....अब गिरा अब गिरा वह अटका हुआ आँसू/सान्ध्य तारक–सा /अतल में।'' पीलापन शाम का ही नहीं है, वह प्रेम पर भी छाया हुआ है। इस सन्दर्भ में प्रिय का मुख–कमल म्लान होना कविता की संरचना के भी अनुरूप है और कवि की भावना के भी। शाम, तारक–दल और आँसू का गिरना एक साथ होता है–वह भी अतल में। यह भी एक विरहानुभूति है पर किसी अन्य विरहानुभूति से अलग–पीली शाम की उदासी और ठण्डापन लिये हुए।

उनके प्रेम में गहरी आसक्ति भी है और छायावादी पवित्र वायवीयता भी। कवि कहता है–'तुम मुझे प्रेम करो जैसे मछलियाँ लहरों से करती हैं।' वह प्रिय पर एकाधिकार नहीं चाहता। लहरों में कूदती, उछलती, मचलती, स्वच्छन्दताप्रिय मछलियों के प्रेम में अद्भुत जीवनोत्सव होता है। लेकिन प्रिय के मन का छन्द स्पर्शातीत है। 'तन का छन्द' कथन मात्र से शरीर–यष्टि का कालिदास के शब्दों में, अन्यथाकृत सौन्दर्य अपनी गरिमा में उजागर हो जाता है। ऐसे ही प्रयोगों को देखकर मितता का भाषिक गुण प्रत्यक्ष हो उठता है। वस्तुतः शमशेर अन्तर्मुखी प्रवृत्ति के कवि थे।

अतः अपने में ही सीमित होने के कारण शमशेर की विषयवस्तु भी सीमित हो गयी है। उनकी प्रगतिवादी रचनाएँ कमजोर हैं। लेकिन उन बहुत–से प्रगतिवादी कवियों की रचनाओं से बेहतर हैं जिनके नारों, सिद्धान्तानुवादों का गुणगान करते हुए बड़े–बड़े आलोचक नहीं अघाते। जब वे अपनी सीमा लाँघते हैं तो रहस्यलोक में घूम आते हैं, इसमें सन्देह नहीं। भाषा कुछ अधिक अपारदर्शी है। अतः उनकी रचना अन्यों की तुलना में सम्प्रेषण की समस्याएँ अवश्य अधिक खड़ी करती है।

नरेश मेहता-नयी कविता के शीर्षस्थ कवि नरेश मेहता का जन्म 15 फरवरी, 1922 ई० को शाजापुर मालवा के एक गुजराती ब्राह्मण परिवार में हुआ था। उन्होंने काशी हिन्दू विश्वविद्यालय से एम० ए० की उपाधि ग्रहण की। अज्ञेय के 'दूसरा सप्तक' के प्रकाशन से 'नरेश मेहता' प्रकाश में आये। अपनी शिल्प सजगता एवं नवीनता के ही कारण पाठकों के आकर्षण के केन्द्र रहे। बहुमुखी प्रतिभा के धनी नरेश मेहताजी ने काव्यरचना के अतिरिक्त गद्य की विविध विधाओं-कहानी, नाटक, उपन्यास, रेडियो एकांकी, निबन्ध, आलोचना आदि के विकास में भी योगदान किया। मेहताजी की प्रमुख काव्यकृतियों में वनपाखी! सुनो!!, बोलने दो चीड़ को, मेरा

समर्पित एकान्त, उत्सवा, तुम मेरा मौन हो, पिछले दिनों नंगे पैरों, आखिर समुद्र से तात्पर्य!, देखना एक दिन, अरण्या अपांक्तेय और गाँधी गाथा का नाम लिया जाता है। संशय की एक रात, महाप्रस्थान, प्रवाद पर्व और शबरी इनके प्रसिद्ध खण्डकाव्य हैं।

नयी कविता के कवियों में मेहताजी का विशेष स्थान है। समयानुकूल नवीनता को स्वीकार मेहताजी ने काव्य के क्षेत्र में नये-नये प्रयोग किये जो उन्हें समकालीन कवियों से भिन्न बनाती है। नवीन प्रतीकों, बिम्बों, उपमानों, अप्रस्तुत विधानों के माध्यम से उन्होंने अपनी अनुभूति को अभिव्यक्ति प्रदान की है। युवा पीढ़ी के अन्तर्द्वन्द्व, आकुल प्रश्न, मानवीय दुर्बलता, सामाजिक विसंगति के साथ संशय, कुण्ठा, घुटन, निराशा आदि का चित्रांकन उनके काव्य में है। नये-नये रूपकों की योजना सजीव बिम्बों के प्रयोग आदि उनके काव्य की विशेषता है।

नरेश के रहन-सहन, वेश-भूषा और काव्य-रचना पर सुरुचिपूर्ण आभिजात्य की स्पष्ट छाप दिखायी पड़ती है। वे मालवा के निवासी और काशी के अन्तेवासी रहे हैं। उनकी रचनाओं में दोनों स्थानों की हलकी गहरी अनुगूँज सुनायी पड़ती है। 'दूसरा सप्तक' के अपने वक्तव्य में नरेश ने लिखा है कि वह 'आग' लिखना चाहते हैं, किन्तु उनका व्यक्तित्व 'आग' लिखने से मना करता है। उनकी आरम्भिक कविताओं पर ऋग्वैदिक ऋचाओं के आदिम बिम्बों का गहरा प्रभाव है। 'दूसरा सप्तक' में संगृहीत 'किरण धेनुएँ' और 'उषस्' सम्बन्धी चार गीत इसके प्रमाण हैं। कुछ उदाहरणों से यह बात और भी स्पष्ट हो जायगी—'सरिताओं में सोम दुह रहा, वह अहीर मतवाला', 'इन्द्र हमारे रक्षक होंगे खेतों, खेतों औ खलिहान', 'रैण डूँगरी उतर गये सप्तऋषि अपने वरुण देश में।' इन बिम्बों में अद्भुत आकर्षण और टटकापन है। 'वनपाखी! सुनो!!', 'बोलने दो चीड़ को', 'मेरा समर्पित एकान्त' आदि उनके काव्य-संग्रह है। 'संशय की एक रात' नाट्य शैली में लिखी गयी एक लम्बी कविता है।

'मेरा समर्पित एकान्त' में एक रचना है—समय-देवता। यह 'दूसरा सप्तक' में भी संगृहीत है। इस कविता को नरेश ने नयी कविता की पहली लम्बी कविता कहा है। सम्भवतः मुक्तिबोध की लम्बी कविताओं का रचनाकाल इसके पहले का है। यदि मुक्तिबोध को नयी कविता का कवि न माना जाय, तो दूसरी बात है। 'समय-देवता' में दुनिया भर के देशों की सांस्कृतिक-राजनीतिक गतिविधियों का दृश्यांकन हुआ है। 'समय-देवता' एक महत्त्वाकांक्षापूर्ण कविता है। इसके माध्यम से कवि विभिन्न भूखण्डों के भूगोल, इतिहास और संस्कृति पर कुछ इस ढंग से प्रकाश डालता है कि वहाँ के निवासियों की रीति-नीति और आशा-आकांक्षाएँ उद्घाटित हो उठती हैं। लम्बी कविता होने के कारण इसके चरणों में विलम्बित लय का विधान किया गया

है। जहाँ कविता को दूसरी दिशा की ओर मोड़ने की आवश्यकता पड़ी है वहाँ एक छोटी-सी लय जड़ दी गयी है। इस कविता पर भी वैदिक बिम्बों का स्पष्ट प्रभाव है। यहाँ पर भी सूरज ग्वाला दिन की गाय हाँकता हुआ दिखायी पड़ता है। जगह-जगह देश-विदेश के सांस्कृतिक चिह्नों का उल्लेख करते हुए कवि ने सम्बद्ध संस्कृति और दर्शन को भी रेखांकित किया है। सोवियत भूमि के प्रति इसमें गहरी आस्था प्रकट की गयी है। इस कविता का अन्त करते हुए कवि ने लिखा है—'और मनुज की पेशानी की चरागाह पर/दौड़ रही तूफानों की/नयी हवाएँ।' यह नयी हवा इतिहास की हवा है, जिसके प्रति कवि पूर्णतः सचेत है।

'संशय की एक रात' में युद्ध को लेकर राम के मन में उठनेवाले अन्तर्द्वन्द्वों का चित्रण किया गया है। राम का निर्णय व्यक्ति का निर्णय नहीं होता। जिस समय नरेश मेहता लिख रहे थे, उस समय व्यक्ति-स्वातन्त्र्य की बात पूरे जोर-शोर से उठायी जा रही थी लेकिन नरेश के राम सबके निर्णय में अपना निर्णय मानते हैं—'अब मैं निर्णय हूँ/सबका/अपना नहीं।' पर फार्मूलाबद्ध निर्णय गहन आन्तरिकता के स्पर्श से बहुत-कुछ अछूता रह जाता है। उनकी काव्यभाषा के उदाहरण द्रष्टव्य हैं—

गोमती तट,
दूर पेन्सिल-रेख-सा
वह बाँस झुरमुट
शरद् दुपहर के कपोलों पर उड़ी वह
धूप की लट
जल के नग्न ठण्डे बदन पर का
झुका कुहरा
लहर पीना चाहता है

* * *

धोबियों की हाँक
बट की डालियाँ दुहरा रही हैं।
अभी उड़कर गया है वह-
छतर मंजिल का पक्षी।

धर्मवीर भारती (1926-1997)—धर्मवीर भारती का जन्म दिसम्बर, सन् 1926 में इलाहाबाद में हुआ था। इनकी शैक्षिक योग्यता एम० ए०, पी-एच० डी० थी। ये इलाहाबाद विश्वविद्यालय में हिन्दी के प्राध्यापक थे। भारतीजी की प्रारम्भिक रचनाओं में किशोर प्रेम की भावनाएँ व्यक्त हैं। परवर्ती रचनाएँ ही इनकी कीर्ति के प्रमुख स्तम्भ हैं। इनकी प्रमुख काव्यकृतियों में 'अन्धायुग', 'कनुप्रिया' और 'सात गीत वर्ष' का नाम लिया जाता है। धर्मवीर भारती ने अपनी अधिकांश रचनाओं

का विषय सांस्कृतिक क्रान्ति को बनाया है। 'कनुप्रिया' में राधा को प्रतीक्षारत एवं श्रीकृष्ण को महाभारत में व्यस्त दिखाकर कवि ने पौराणिक प्रतीकों के माध्यम से संघर्ष एवं आस्था की अभिव्यक्ति की है। 'सात गीत वर्ष' की कविताओं में कवि ने अपनी रूमानी भावुकता को यथार्थ के धरातल पर प्रस्तुत किया है तथा समसामयिक सामाजिक, राजनीतिक विसंगतियों को व्यंग्यात्मक कविताओं के माध्यम से अभिव्यक्ति प्रदान की है।

छायावादोत्तर काल के प्रयोगवादी 'नये' कवियों में डॉ० धर्मवीर भारती प्रतिनिधि कवि गायक के रूप में प्रतिष्ठा प्राप्त कर चुके हैं। उन्होंने 'रोमांस' की कविताओं से कवि-कर्म प्रारम्भ कर आस्था एवं आत्मविश्वास की चिरन्तन ज्योति प्रकाशित की है। डॉ० भारती का लेखन-कार्य विविध आयामी है। वे एक साथ ही उपन्यासकार, नाटककार, लेखक एवं श्रेष्ठ कवि हैं। उनके कवि-कर्म को प्रकाशित करनेवाली रचनाओं में विभिन्न कविताओं के साथ ही नाट्यगीति 'अन्धा युग', आख्यानगीति 'कनुप्रिया' के नाम उल्लेखनीय हैं। हिन्दी-जगत् में डॉ० भारती का अभ्युदय उत्तर छायावादी गीतकार के रूप में हुआ।

यद्यपि भारतीजी ने अपने शिक्षाकाल से कविताएँ लिखना प्रारम्भ कर दिया था किन्तु दूसरे 'तार सप्तक' के प्रकाशन पर एकत्र संकलन के रूप में इनकी कविताएँ सर्वप्रथम प्रकाश में आयीं। डॉ० भारती की आरम्भिक रचनाएँ कैशोर भावुकता से आपूरित हैं। उनमें लोकजीवन की रोमानी छाया और आदिम गन्ध है। "जन-परिवेश की मस्ती और उमंग भी उनमें भरपूर है। किशोर-सुलभ रूपासक्ति, आकुल निराशा और रोमाण्टिक प्रवृत्ति उनकी काव्य-चेतना के सहज एवं आरम्भिक आयाम हैं। लेकिन यहाँ भारतीजी की विशेषता यह है कि उनका रूमानी हृदय अपार्थिव कल्पनाओं एवं अज्ञातलोक के स्वप्निल आवरण से आवृत नहीं, वह स्पष्ट रूप से यथार्थ के धरातल पर पूरी आत्मस्वीकृति के साथ उतरा है।" दूसरे 'तार सप्तक' में प्रकाशित वक्तव्य के आधार पर भारतीजी के काव्य-वैशिष्ट्य के प्रथम सोपान को अनावृत किया जा सकता है। वक्तव्य इस प्रकार है-"जब उसकी (भारती की) चेतना ने पंख पसारे तब छायावाद का बोलबाला था। उसे लगा कि कविता की शाहजादी इन अपार्थिव कल्पनाओं, टेढ़े-मेढ़े शब्द जालों, अस्पष्ट रूपकों और उलझे हुए जीवन-दर्शन की शिलाओं से बँधी उदास जल-परी की तरह कैद है और भारती को चाहिए कि वह उसे उन्मुक्त कर सर्वथा मानवीय धरातल पर उतार लाये....इसलिए भारती ने सबसे पहले लिखी सरलतम भाषा में रंग-बिरंगी चित्रात्मकता से समन्वित साहसपूर्ण उन्मुक्त रूपोपासना और उद्दाम यौवन के सर्वथा मांसल गीत, जो न तो मन की प्यास झुठलायें और न उनके प्रति कोई कुण्ठा प्रकट करें....।"

डॉ० भारती के काव्य-जगत् के विकास का दूसरा चरण वह है, जब कवि मांसलता एवं यौवन के उद्दाम आवेग से मुक्त हो सौम्यता की ओर उन्मुख होता है। इस चरण का कवि यद्यपि प्रणय-पिपासा से व्याकुल है, फिर भी सनातन मूल्यों से असम्पृक्त नहीं। यही कारण है कि सन् 1952 में प्रकाशित काव्य-संग्रह 'ठण्डा लोहा' में यौवन की धधकती आग, पर्याप्त शीतल एवं शान्त दिखायी देती है। कवि के ही शब्दों में, "कैशोरावस्था के प्रणय, रूपासक्ति और आकुल निराशा से एक पावन **आत्मसमर्पणमयी वैष्णव भावना** और उसके माध्यम से अपने मन के अहं का शमन कर अपने से बाहर की व्यापक सच्चाई को हृदयंगम कर, संकीर्णताओं और कट्टरता से ऊपर एक **जनवादी भावभूमि की खोज** मेरी इस छन्द-यात्रा के यही प्रमुख मोड़ रहे हैं।" (ठण्डा लोहा की भूमिका)

यौवन के उद्दाम आवेग से मुक्त कवि पौराणिक आख्यानों की ओर अभिमुख होता है और अस्तित्व में आते हैं—'अन्धा युग' (1955) जिसमें वर्तमान युग के धृतराष्ट्रों की अन्ध-चेतना में भी आस्था और विश्वास की किरण फूट रही है तथा 'कनुप्रिया' (1959) जिसमें दार्शनिक पृष्ठभूमि पर राधा-कृष्ण के रोमाण्टिक प्रणय-व्यापार के अनगिनत चित्र भास्वर हो उठते हैं। वस्तुतः यहाँ कवि की जनवादी चेतना उसके रूमानी आवेग से ऊपर उठकर प्रकाशित हुई है।

'सात गीत वर्ष' (1959) तक पहुँचते-पहुँचते भारती की काव्यचेतना वास्तविकता की कठोर भूमि पर स्थिर हो जाती है। 'सात गीत वर्ष' का कवि मोहक सौन्दर्य, प्रबल आकर्षक मांसल रूपोपासना को आत्म-संस्कार से माँज लेता है। वस्तुतः "इस काव्य-संग्रह में प्रणय-संवेदना है अवश्य, लेकिन 'मांसल भूख' न होकर तन-मन से एक होने की चाह है, संघर्ष, आस्था और विश्वास कवि की शक्ति बनकर आये हैं। कवि की वाणी 'गैरिक वसना' होकर 'गोरे अंगों को फूलों के वसनों में कसना' भूल जाती है। निराशा, पलायन एवं अनास्था का कुहासा 'अँजुरी भर धूप' से दूर हो जाता है, अतः इस काव्य-संकलन में प्रणय-राग के अतिरिक्त 'संक्रान्ति वेला' में गाये गये 'पराजित पीढ़ी के गीत' के दर्द को भी कवि ने उभारा है और 'धूल भरी आँधी' का भी साक्षात्कार किया है। कवि के 'मन की प्यास' मुर्दा होकर पिघले फूलों की आग एक नया प्रश्नचिह्न जगाती है। युगीन परिस्थितियों का दंश और अभिशाप फूट पड़ता है और कवि यथार्थ के धरातल पर उतरकर सांस्कृतिक, सामाजिक एवं राजनैतिक असंगतियों-विसंगतियों के प्रति व्यंग्य कटुता से भर उठता है।"

1959 के उपरान्त भारतीजी की जो स्फुट कविताएँ समय-समय पर प्रकाशित होती रही हैं, उनमें उनकी जनवादी चेतना एवं प्रौढ़ सामाजिक दृष्टि ने स्थान पाया है। यदि डॉ० भारती के काव्य-विकास का तटस्थ विवेचन किया जाय, तो कहा जा सकता है कि उन्होंने प्रायः जन-मन की भावनाओं को शब्द दिये हैं। ये भावनाएँ

प्रणय की सूक्ष्म एवं मांसल अनुभूतियों से लेकर विद्रोह-चेतना तक परिव्याप्त है। "स्थापित और प्रचलित आचारहीनता पर व्यंग्य एवं सामाजिक यथार्थ के प्रति संवेदनात्मक दृष्टिकोण के अतिरिक्त उनके काव्य में सबसे प्रबल स्वर आस्था, विश्वास एवं दृढ़ संकल्पमयी आशा का है।"

नये कवियों में प्रणयानुभूति के जैसे सम्मोहक चित्र डॉ० भारती ने उतारे हैं अन्यत्र दुर्लभ हैं। उनकी रूमानियत सबसे निराली है। वे अपने मन की प्रणयानुभूति को नितान्त ईमानदारी से प्रकट करते हैं, यही उनकी विशिष्टता है, यथा—

इन फरोजी होंठों पर बरबाद मेरी जिन्दगी।

स्वातन्त्र्योत्तर भारत में जन-जीवन, समाज एवं राजनीति में व्याप्त भ्रष्टाचार पर भारतीजी ने करारा व्यंग्य किया है। वायदों के झूठे छलावे में डालनेवाले ये नेता-

ये सब बीमार हैं जो उन्मादग्रस्त रोगी से
मंचों पर जाकर चिल्लाते हैं।

डॉ० भारती की कविताओं में अनास्था एवं विद्रोह का स्वर भी मुखरित हुआ है। नयी कविता में ईश्वर अथवा भाग्य के प्रति अनास्था रही है। दस्तुतः अनेक विडम्बनाओं का शिकार जन-जीवन, विभिन्न विभीषिकाओं से त्रस्त मानव-चेतना जब कराह रही हो और जगत् के कर्णधार प्रभु चुप्पी साधे निष्क्रिय हों, ऐसी स्थिति में कवि के विद्रोही स्वर का मुखरित होना सहज ही है—

लगता है मेरे प्रभु
उस निकम्मी धुरी की तरह हैं
जिसके सारे पहिये उतर गये हैं
और खुद घूम नहीं सकती।

'अन्धा युग' की उक्त पंक्तियाँ विदुर ने कही हैं, प्रभु श्रीकृष्ण के प्रति। यही नहीं 'पराजित पीढ़ी' में भी ईश्वर के अस्तित्व पर प्रश्नचिह्न हैं—

तुम क्या समझोगे ओ प्रभु
इन गत्यवरोधों का दर्द
कैसे तरुणाई में ही घुट-मर जाते हैं विश्वास।

किन्तु कवि की यही अनास्था नास्तिकता के स्तर को नहीं पहुँची है। इसमें शंका का स्वर है, दैवीय शक्ति का उद्‌बोधन है, ईश्वर का खण्डन नहीं। 'अन्धायुग' में जो कृष्ण कायर, वंचक आदि विशेषणों से कवि के उपालम्भ का विषय है, अन्ततोगत्वा वही 'अन्धा युग' में ज्योति की रेखा के प्रकाशक के रूप में चित्रित हुए हैं।

जिस क्षितिज रेखा पर पहुँच व्यक्ति की राह झूठी पड़ जाती
मैं उस सीमा के बाद पुनः उठनेवाला नूतन अघ हूँ।

मानव की शक्ति और प्रतिभा के प्रति भारतीजी को पूर्ण विश्वास है। वे नियति निर्भर होने की अपेक्षा मानव संकल्प को महत्त्व देते हैं–

नियति नहीं है पूर्व निर्धारित
उसको हर क्षण मानव-निर्णय बनाता-मिटाता है।

समग्रतः भारतीजी 'नये विश्वास', 'आस्था', 'आशा, संकल्प और जनवादी चेतना' के कवि हैं और यही उनका नयी कविता को प्रदेय है।

शिल्प की दृष्टि से भी डॉ० भारती के काव्य की कतिपय विशेषताएँ रेखांकित की जा सकती हैं। भारतीजी के गीत अधिकांशतः अतुकान्त और गद्यात्मक हैं। उनमें काव्यभाषा की ओर कोई प्रयास नहीं है, फिर भी उनमें भावात्मक लय और स्वर सामंजस्य विद्यमान है।

बिम्ब और प्रतीकों की दृष्टि से भारती का काव्य समृद्ध है। "भारती की काव्य-शैली, अपनी मूर्तता और पारदर्शिता के कारण विशेष प्रभावशाली और हृदयस्पर्शी बन गयी है जिसके लिए अनेक बिम्ब, प्रतीक और उपमान अनायास ही कवि की सहायता के लिए जुट आये हैं। 'साँझ के बादल' कविता में चाक्षुष बिम्बों की छवि देखते ही बनती है–

ये अनजान नदी की नावें
जादू के से पाल
उड़ाती
आतीं
मन्थर चाल !

नीचे की पंक्तियों में स्पर्श संवेदन-प्रधान बिम्ब द्रष्टव्य हैं–

अपने हल्के-फुल्के उड़ते स्पर्शों से छू जाती है
जार्जेट के पल्ले-सी यह दोपहर नवम्बर की।

प्रकृति-चित्रण सम्बन्धी कविताओं में बिम्बों और उपमानों की सहक्रीड़ा अधिक सार्थक सिद्ध हुई है।"

भारतीजी प्रतीकों में पौराणिक सन्दर्भो का स्पर्श देने में सिद्धहस्त हैं। प्रमथ्यू गाथा, टूटा पहिया, बृहन्नला आदि प्रतीक ध्यानाकर्षित करते हैं। 'टूटा पहिया' कविता में 'टूटे पहिये' को मानव संकल्प शक्ति और आस्था का प्रतीक मानकर लिखा है–

मैं/रथ का टूटा हुआ पहिया हूँ/लेकिन मुझे फेंको मत/ब्रह्मास्त्रों से लोहा ले सकता हूँ।

समग्रतः भारती समसामयिक युगबोध और आधुनिक हिन्दी कविता के पुरोधा रचनाकार हैं।

कुँवर नारायण (1927)—कुँवर नारायण चिन्तक कवि हैं। 'तीसरा सप्तक' में कवि–वक्तव्य से यह पुष्ट हो जाता है। 'चक्रव्यूह' उनका पहला काव्य–संग्रह है, 'परिवेश : हम तुम' दूसरा और 'आत्मजयी' एक चिन्तनपरक प्रबन्ध विधान। यदि 'परिवेश : हम तुम' को बीच से हटा दिया जाय तो उनके चिन्तन का विकास देखा जा सकता है। फिर भी 'चक्रव्यूह' से 'आत्मजयी' तक की यात्रा को विकास न कहकर छलाँग कहना अधिक औचित्यपूर्ण है।

'तीसरा सप्तक' में कवि का कहना है कि राजनीतिक मताग्रह कविता की समझदारी का बाधक है, उसे साहित्यिक स्तर पर देखना चाहिए। कविता में अनुभव के प्रति तीव्र और विचारपूर्ण प्रतिक्रिया आवश्यक है। कवि को वैज्ञानिक की तरह तटस्थ होकर अन्वेषी प्रश्न उठाना चाहिए। पास्कल का एक वाक्य उद्धृत करता हुआ कवि कहता है–'अनन्त विस्तार का अटूट मौन मुझे भयभीत करता है।' उस मूल संवेदना का आरम्भ है जहाँ मनुष्य अपने को, मृत्यु की निश्चित और बाद की अनिश्चित सम्भावनाओं के बीच, बिलकुल अकेला पाता है–जहाँ वह अपने अल्प और असार जीवन को आनेवाले महाशून्य के सन्तुलन में विचारता है–'जहाँ मैं क्या हूँ? मैं क्यों हूँ' का चिर अप्रस्तुत प्रश्न जीवन की हर अवस्था को रौंदता रहता है। इस उद्धरण से उसका काव्यात्मक दृष्टिकोण 'क्रिस्टल' की तरह स्पष्ट है। इस वक्तव्य में 'आत्मजयी' के बीज भी मिल जाते हैं।

'चक्रव्यूह' में रहना आदमी की नियति है तो उसे तोड़ना उसका धर्म है। 'चक्रव्यूह' काव्य–संग्रह का केन्द्रीय कथ्य यही है–'मैं नवागत का वह अजित अभिमन्यु हूँ/प्रारब्ध जिसका गर्भ में ही हो चुका निश्चित/अपरिचित जिन्दगी के व्यूह में फेंका हुआ उन्माद/बाँधी पंक्तियों को तोड़/क्रमशः लक्ष्य तक बढ़ता हुआ जयनाद।' यहाँ पर जिन्दगी का ही चक्रव्यूह नहीं है। कविता की भी बँधी हुई पंक्तियाँ हैं–प्रयोगवाद, प्रगतिवाद, नयी कविता। इनसे अलग हटकर पूरी तटस्थता से कवि आज की मौलिक समस्याओं की तह में घुसता है। 'चक्रव्यूह' में ही वह कहता है–'पूज्य मिट्टी है मगर पत्थर नहीं/कर्मयोगी आदमी बंजर नहीं/मत इन्सान को शिशुमेघों से घेरो/उसे पूरी तरह तम से निकलने दो-/आँक लेगा वह पनपकर/विश्व का विस्तार अपनी अस्मिता में-/सिर्फ उसकी बुद्धि को हर दासता से मुक्त रहने दो।' दासता से मुक्त होकर-दासता चाहे विचारधारा की हो या काव्य–परम्परा की–व्यक्ति सत्य के सही अन्वेषण के निकट पहुँच सकता है।

'परिवेश : हम तुम' में आत्मान्वेषण की उतनी ललक तो नहीं है पर 'चक्रव्यूह' से निकलकर वह जीवन के सर्जनात्मक लक्ष्य की ओर संकेत करता है–'कि या तो अ ब स की तरह बेसबब जीना है/या सुकरात की तरह जहर पीना है।' वह समूह के साथ रहने का किताबी दावा नहीं करता, पूरी ईमानदारी से कहता है–'मैं समूह से विच्छिन्न हूँ/क्योंकि कुछ भिन्न हूँ।' मुक्तिबोध उसे 'पीड़ित विवेक चेतना' का कवि कहते हैं। 'आत्मजयी' में इसी चेतना की अभिव्यक्ति है।

'आत्मजयी' की कथावस्तु 'कठोपनिषद्' की 'यम–नचिकेता' कहानी पर आधारित है। उपनिषद्–काल वैदिक काल के भौतिकवाद के विरुद्ध; एक आध्यात्मिक प्रतिक्रिया है। इस वृत्ति में भी भौतिकता के विरुद्ध इसी प्रकार की प्रतिक्रिया व्यक्त की गयी है। किन्तु इसे जीने की सार्थकता या सर्जनात्मकता से जोड़कर आधुनिक बना दिया गया है।

नचिकेता को अपने पिता के वैभव और हिंसा से घृणा है क्योंकि इनसे जीवन की सार्थकता नहीं मिल सकती है। पिता वाजश्रवा विवाद करते हुए पुत्र को शाप देता है–'मृत्यवे त्वा ददामि।' नचिकेता प्रश्नाकुल हो उठता है–पृच्छाओं से भरा हुआ–ये चीजें मेरी हैं/सम्बन्धी मेरे हैं/धरा, धाम, सखा, बन्धु/पिता, नाम, वर्तमान.../ मुझमें हैं–मुझसे हैं–मेरे हैं–/अनजाने, पहचाने, माने, बेमाने/सब मेरे हैं–मैं सबका हूँ-/लेकिन मैं क्या हूँ? मैं क्या हूँ ? मैं क्या हूँ?' 'मैं क्या हूँ' की प्रतिध्वनियाँ बार–बार उठती रहती हैं। इसी को वह 'अस्तित्वबोध' कहता है। नचिकेता आत्महत्या का प्रयास करता है लेकिन विफल होता है। स्वप्नावस्था में भूत और भविष्य देखता है। यम से साक्षात्कार होता है। वह कहता है–'शक्तिशाली प्रकृति मेरे अनुकूल हो-मनुष्य कहता-/मुझे समृद्धि चाहिए-/वंश की वृद्धि चाहिए-यश, प्रसिद्धि चाहिए-/स्वर्ग की निधि चाहिए–चाहिए–चाहिए' 'बोल नचिकेता तुझे क्यां चाहिए।'-'इन्हें अस्वीकार करके वह आत्मज्ञान माँगता है, पाता है। इस मिथक के सहारे भीतर–बहुत भीतर पैठकर यह ज्ञान प्राप्त करता है क्योंकि जो कुछ है वह भीतर है। अब वह मृत्यंजय हो जाता है।

यह आत्मज्ञान औपनिषदिक आत्मज्ञान से भिन्न नहीं है किन्तु 'नचिकेता' और 'आत्मजयी' पर अस्तित्ववाद का प्रभाव भी परिलक्षित होता है।

सर्वेश्वरदयाल सक्सेना (1927–1983)–सर्वेश्वरदयाल ने अपने को किसी दल-विशेष–राजनीतिक दल-विशेष से स्पष्टतः बाँधा नहीं है। इसका अर्थ नहीं है कि वे दल–विशेष के विरुद्ध नहीं हैं। 'काठ की घण्टियाँ' में संगृहीत एक कविता-'काफी हाउस में एक मेलोड्रामा' दल-विशेष के विरुद्ध लिखी गयी है–'बचो, उनसे बचो/जो मुर्दा हाथ गिनकर/युग-निर्माण की धोषणा कर रहे हैं।/बचो, उनसे बचो/जो लकड़ी की टाँगों पर दौड़कर/मानव प्रगति का इतिहास लिखने में लगे हैं।' इसकी व्याख्या

आवश्यक नहीं है। यों उन्होंने किसान–मज़दूर जीवन तथा व्यवस्था के विरोध में बहुत–सी कविताएँ लिखी हैं। काठ की घण्टियाँ, बाँस का पुल, एक सूनी नाव, गर्म हवाएँ, कुआनो नदी, जंगल का दर्द और खूँटियों पर टँगे लोग उनके काव्य–संग्रह हैं।

कवि का दावा है कि 'मैं नया कवि हूँ-/इसी से जानता हूँ कि सत्य की चोट बहुत गहरी होती है/मैं नया कवि हूँ।' एक दूसरे स्थान पर वह पुनः लिखता है–'लीक पर वे चलें जिनके/चरण दुर्बल और हारे हैं/हमें तो हमारी यात्रा से बने/ऐसे अनिर्मित पन्थ प्यारे हैं।' पर उसकी कविता में ऐसा नयापन नहीं मिलता जो उसकी कोई विशिष्ट पहचान बनाता हो। जहाँ तक पन्थ का प्रश्न है, वह जिस बिन्दु से आरम्भ होता है उसी बिन्दु पर लौट आता है।

आरम्भ में कुछ प्रेम–कविताएँ अपनी सहजता में आकर्षक बन पड़ी हैं–चार नयन मुस्काये, खोये, फिर पथराये/ कितनी बड़ी विवशता जीवन की कितनी कह पाये।'

'लोकतन्त्र को जूते की तरह लाठी से लटकाये/भागे जा रहे हैं सीना फुलाये।' 'प्रौढ़ शिक्षा' में एक राजनीतिक व्यंग्य है–'उसके खुरदुरे हाथों में रख दी गयी एक चिकनी किताब/उसने उसे सिर से लगाया/ और सारा घर खोज आया/ पर उसे रखने के योग्य स्थान उसने नही पाया।'

सर्वेश्वर की कविता में किसी भी प्रकार का द्वन्द्व नहीं है–न व्यक्ति और न समाज का और न अपनी ही आत्मा और बुद्धि का, न ही अन्तर और बाह्य का। अतः सारी कविताएँ सरलीकरण की पद्धति पर रची दिखायी पड़ती हैं।

रघुवीर सहाय (1929–1990)–अपनी भाषा, कला–सजगता, सामाजिक सरोकार और विशिष्ट अभिव्यंजना प्रणाली के कारण अपनी अलग पहचान बनाते हैं। 'दूसरा सप्तक' और 'सीढ़ियों पर धूप' (जो उनका प्रथम काव्य–संग्रह है) की कविताओं पर रोमान का प्रभाव है; किन्तु शेष काव्य–संग्रहों-'आत्महत्या के विरुद्ध', 'हँसो हँसो, जल्दी हँसो', 'लोग भूल गये हैं' और 'कुछ पते कुछ चिट्ठियाँ' में रोमान से मुक्त होकर वे नये कला–प्रयोगों तथा गम्भीर समस्याओं से उलझते हैं। उन्होंने ठीक ही कहा है–"मैं अपनी एक मूर्ति बनाता हूँ और एक ढहाता हूँ और आप कहते हैं कि कविता की है।"

देश के स्वतन्त्र होते ही हमारे साहित्य का ध्यान गाँवों की ओर गया। कविता, कहानी, उपन्यास में उसके टटके चित्र खींचे गये जो गुप्तजी के 'अहा ग्राम्य जीवन भी क्या है' की भावनामयता से भिन्न और अनुभूतिपरक है। सहाय के गाँव अपने गाँव मालूम पड़ते हैं। वसन्त, पहला पानी, सायंकाल इसके प्रमाण हैं। यहाँ 'चंचल पग दीपशिखा के धर', वसन्त नहीं आता न 'चित्रशलभ'–सी पंख खोलकर घाटी उड़ने–उड़ने को होती है। गाँव का बसन्त सरसों के फूलों, फसलों के गदराये तन,

गेहुएँ गालों और गदराई फसलों में आता है। 'पहला पानी' के टटके अछूते बिम्ब अन्यत्र नहीं मिलेंगे—'दो गोरे-गोरे बलगर बैलों की गोई/हो गयी ठुमुक कर खड़ी पकरिया के नीचे/'और सन्ध्याकाल ! 'आगे-आगे गोरू जिनकी चिकनी पीठों/पर साँझ बिछलकर चमक रही।'

'सीढ़ियों पर धूप में' एक अनाहत जिजीविषा, मध्यवर्गीय जीवन का दबाव और लोकतन्त्र की विडम्बनाएँ चित्रित हैं। 'आत्महत्या के विरुद्ध' (1967) प्रकाशित होने पर वे महत्त्वपूर्ण कवि के रूप में प्रतिष्ठित होते हैं। यह संग्रह जीवन में होनेवाली आत्महत्याओं के विरुद्ध ही नहीं है बल्कि साहित्य की हत्या करनेवाले वीटनीकों और अकवितावादियों के विरुद्ध भी है। वह लोकतन्त्र की विडम्बनाओं से सीधे साक्षात्कार करता है। ये विडम्बनाएँ नेहरू-युग के बाद की विडम्बनाएँ हैं। रघुवीर सहाय के पाँच काव्य-संग्रह प्रकाशित हो चुके हैं। वे वाचिक परम्परा के कवि हैं।

केदारनाथ सिंह (1934)—केदार विशिष्ट शब्दार्थों के कवि हैं। उनकी कविता में शब्दार्थों की जो अद्वैतता है, स्पर्द्धाधर्मिता है, वह उसे विशिष्ट बनाती है। विशिष्ट इसलिए भी है कि तत्कालीन एकोन्मुखता को उसने वैविध्य और जीवन की समग्रता की ओर मोड़ा। सन् 1960 के बाद की हिन्दी कविताओं की दो दिशाएँ थीं—देहगाथा की दिशा और बुर्जुआ लोकतन्त्र के विरोध की दिशा। केदार ने कविता को उनसे मुक्त कर संवेदनात्मक बौद्धिकता से जोड़ा। इस संवेदना में विस्तार भी है और गहराई भी।

सन् 1960 में प्रकाशित उनके प्रथम संग्रह 'अभी बिलकुल अभी' की 'प्रक्रिया' से स्पष्ट है कि वह कहीं 'होने की लगातार कोशिश' में हैं। कविता को समझने के प्रयास में लिखा गया कि 'मैंने जब भी सोचा/मुझे रामचन्द्र शुक्ल की मूँछें याद आयीं। मूँछों में दबी बारीक-सी हँसी/हँसी के पीछे कविता का राज/कविता के राज पर हँसती हुई मूँछें।' कविता के राज को अन्तिम रूप से जान लेना असम्भव है।

'होने की लगातार कोशिश' का परिणाम है कि 'अभी बिलकुल अभी' में 'तीसरा सप्तक' में प्रकाशित उनकी कुछ रचनाएँ ले ली गयी हैं और कुछ छोड़ दी गयी हैं। कवि के क्रमिक विकास को जानने के लिए छोड़ी हुई रचनाओं का विशेष महत्त्व है। छोड़ी हुई रचनाएँ गीत हैं। यह परिवर्तन की ही प्रक्रिया है। वह गीतों को अलविदा कहता है और काव्य की नयी दुनिया में प्रवेश करता है।

इस संग्रह के बाद उनका दूसरा संग्रह 'जमीन पक रही है' (1980) दो दशकों के बाद आया।

'उत्तर कबीर और अन्य कविताएँ' (1995) में प्रकाशित हुई। यहाँ कवि कहता है—'उत्तर आधुनिक/या आधुनिक के उत्तर/या पता नहीं क्या?/मेरे कान इन शब्दों

से पक गये हैं।/' फिर भी अवधारणाएँ कुछ-न-कुछ काम करती हैं। कविताओं में डर है, अनिश्चयता है।

बाघ (1996) केदार की लम्बी कविता है—'हिन्दी की लम्बी कविताओं की परम्परा से भिन्न और उसकी पूर्ववर्ती कविताओं की परिपाटी से भी अलग। इसका एस्थेटिक्स मिथकीय है। पूर्ववर्ती कविताओं में भी जहाँ-तहाँ मिथक है पर उन्हें मिथकीय नहीं कहा जा सकता। यहाँ पर तरह-तरह की वैश्विक समस्याएँ हैं, उन्हें रचनात्मक ढंग से प्रस्तुत करने के लिए मिथकीय पैटर्न आवश्यक था। कवि ने एट्स की तरह एक नया मिथक गढ़ा है। पूर्ववर्ती कविताओं में भी बाघ बुद्ध और पाणिनि हैं। बाघ में सबका मिथकीकरण हो जाता है और वे 20वीं शती की ढलान और 21वीं शती की समस्याओं से जुड़ जाते हैं। ऐसा लगता है जैसे बाघ 21वीं शताब्दी के दरवाजे पर दस्तक दे रहा है।

वस्तुतः उत्तर आधुनिकता का फलसफा हिन्दी को प्रभावित कर रहा है। करता रहा है। केदार भी उससे मुक्त नहीं हैं। इसीलिए केदार की शायद ही कोई कविता हो जो अपनी बुनावट में जटिल न हो। 'बैल' कविता को ही लीजिये। इसमें एक झीना कथा-तत्त्व भी है। पगडण्डी, पेड़, भूसा, चरागाह, जूआ, सींगें आदि से वह कविता को एक मिथक में बदल देता है। आइरिश कवि एट्स भी अपनी कविताओं को मिथक बनाता था। उसकी शानदार सींगें—सिर्फ उठी हुई सींगें—सूर्यास्त तक चमकती रहती हैं। केवल 'सिर्फ' शब्द अनुपस्थित अर्थ को उपस्थित कर देता है और कविता की बुनावट में भी चमक आ जाती है और 'बैल' का व्यंग्यार्थ भी ध्वनित हो उठता है।

नयी कविता की प्रवृत्तियाँ

नयी कविता की पृष्ठभूमि में जीवन की नश्वरता और अस्तित्व के क्षणवादी दृष्टिकोण को प्रश्रय मिला है। नयी कविता एक ओर अस्तित्ववादी जीवन-दृष्टि से तो दूसरी ओर बौद्ध दर्शन की मान्यताओं से अनुप्राणित रही है। बौद्धों ने 'सर्व' 'क्षणिक' 'क्षणिकम' कहकर क्षणवाद को जन्म दिया और जीवन की नश्वरता पर बल दिया। किन्तु भारतीय दर्शन में मनुस्मृतिकार और शंकराचार्य ने आत्मा के अस्तित्व को क्षणातीत मानते हुए क्षणवाद का विरोध किया। पश्चिम में अस्तित्ववादी दर्शन के सम्पोषक दार्शनिक विलियम जेम्स, हेनरी वर्गसाँ, एमिल जोलाँ तथा मैक्स पिकार्ड वर्तमान में अनुभूत 'क्षण' को ही सत्य मानते हैं और भविष्य के अस्तित्व को नकारते हैं। 'भूत', उनके अनुसार काल-प्रवाह और 'इतिहास' ऐतिहासिक नैरन्तर्य का ही योगफल है। कुल मिलाकर 'क्षण' ही मूल्यवान् है और सत्य है। अनुभूति का क्षण ही मुक्ति का क्षण भी है।

चूँकि नयी कविता के कवि 'क्षण' के अनुभव पर बल देते हैं और उस अनुभूति को शब्दबद्ध करने के लिए संकल्पित रहे हैं, अतः उक्त जीवन-दृष्टि नयी कविता की एक प्रमुख प्रवृत्ति के रूप में उभरी। –वस्तुतः नयी कविता ने जिस प्रकार समाज के बजाय व्यक्ति-चेतना तथा उसकी सत्ता को महत्ता दी उसी प्रकार उसने काल की अनन्तता में क्षण को महत्त्व दिया है। नये कवियों के अनुसार अतीत, वर्तमान और भविष्य तीनों का संगम एक बिन्दु पर हो जाता है। यह क्षण वह बिन्दु है जो लघु होकर भी विराट् है, और महत्ता का अधिकारी है। इस दृष्टि से प्रत्येक क्षणकाल की अनन्तधारा में प्रवहमान् होने के कारण सम्पूर्ण है–अज्ञेय ने 'इन्द्र धनु रौंदे हुए ये' में लिखा है–

एक क्षण : क्षण में प्रवहमान्
व्याप्त सम्पूर्णता
इससे कदापि बड़ा नहीं था महाम्बुधि जो
पिया था अगस्त्य ने

कहने की आवश्यकता नहीं कि मुक्तिबोध, कीर्ति चौधरी, रवीन्द्र भ्रमर, धर्मवीर भारती, भारतभूषण अग्रवाल आदि अनेक नये कवियों ने क्षण के इस महत्त्व को अपनी कविताओं में मुखरित किया है।

समग्रतः नयी कविता की इस क्षणवादी मान्यता का ही यह परिणाम है कि उसमें यदि एक ओर वर्तमान के प्रति ममत्व का प्राबल्य है तो दूसरी ओर भोगवादी प्रवृत्तियों का। नयी कविता में मुक्त अनुषगों (फ्री एसोशिएशन्स) के चित्रण की प्रवृत्ति भी उसके क्षणवादी सिद्धान्त की देन है। अज्ञेय, भारती, सर्वेश्वर, राजा दुबे तथा नकेनवादी कवियों में इस प्रवृत्ति के पर्याप्त दर्शन होते हैं।

मानव सम्बन्धी संकल्पना–नयी कविता के कथ्य में लघु मानव, मध्यवर्गीय मानव तथा नये मानव विषयक दृष्टिकोण अपने-आपमें परम्परावादी मान्यताओं के विरुद्ध रहा है।

नये कवियों की दृष्टि में मानव सृष्टि का सर्वोत्तम प्राणी है, अतः काव्य का लक्ष्य भी मानवता को सर्वाधिक महत्त्व देना है। नयी कविता का दृष्टिकोण परम्परावादी काव्य से भिन्न है, अतः स्वभावतः उसमें चित्रित मानवता भी अपनी नयी भूमिका में प्रस्तुत है। प्राचीन काव्य में जहाँ अवतारों, देवी-देवताओं, सिद्ध पुरुषों तथा आदर्शों के समुच्च शृंगों पर खड़े महामानव अथवा अतिमानव का अंकन-चित्रण है वहाँ नयी कविता में यथार्थ की इसी मिट्टी से उत्पन्न लघु मानव, मध्यवर्गीय मानव तथा शोषित-दलित एवं उपेक्षित-तिरस्कृत मानव को स्थान दिया गया है। उसका मानव 'आहत पीढ़ी' का मानव है, कुण्ठा एवं आक्रोश को वाणी देनेवाले 'नाराज युवकों' का प्रतीक है।

नव–स्वच्छन्दतावादी भावना

जिस प्रकार पाश्चात्य साहित्य में बिम्बवाद के उत्थान–पतन के उपरान्त नव–स्वच्छन्दतावाद का उदय हुआ उसी प्रकार नयी कविता ने भी नव–स्वच्छन्दतावादी प्रवृत्तियों को जन्म दिया। इस विषय में डॉ० देवराज ने 'धरती और स्वर्ग' शीर्षक अपनी पुस्तक की भूमिका में सन् 1955 में लिखा था कि नया काव्य शीघ्र ही रोमाण्टिक नवोत्थान को जन्म देगा। उनकी यह भविष्यवाणी पूर्णतः चरितार्थ तो नहीं हुई पर तीसरे सप्तक तथा उसके कवियों की अन्य रचनाओं एवं नवागत अनेक कवियों की रचनाओं ने यह प्रमाणित कर दिया कि डॉ० देवराज की भविष्यवाणी आंशिक रूप से सत्य अवश्य थी क्योंकि नयी कविता में नव–स्वच्छन्दतावाद ने एक प्रवृत्ति के रूप में अपना स्थान बना लिया। यद्यपि श्रीकान्त वर्मा की यह मान्यता कि सम्पूर्ण नयी कविता रोमाण्टिक नवोत्थानवादी अथवा नव–स्वच्छन्दतावादी कविता है तथ्याश्रित नहीं है तथापि इस बात में कोई सन्देह नहीं कि नव–स्वच्छन्दतावाद नयी कविता की एक प्रमुख प्रवृत्ति है। कहने की आवश्यकता नहीं कि उसकी इस प्रवृत्ति का ही यह परिणाम है कि बौद्धिकता से बोझिल मानी जानेवाली नयी कविता में भी नव–स्वच्छन्दतावादी भावुकता एवं कल्पना की रंगीनियाँ तथा उनका मधुमय वैभव है। निम्नांकित अवतरण इसका उत्कृष्ट प्रमाण है–

जब याद तुम्हारी आती है,
साँसों में केसर की उसाँस छा जाती है
यह आसपास का जग फीका–फीका-सा लगता है....
मैं सिहर–सिहर रह जाती हूँ
आकण्ठ डूबकर मधु के निर्मल सागर में।

इसके साथ ही प्रतीक, बिम्ब, मुक्त छन्द, भाषा संयोजन आदि नयी कविता की विशेषताएँ हैं।

स्पष्ट है कि नयी कविता की प्रवृत्तियाँ उसके सिद्धान्तों की देन हैं। नया कवि वर्तमान में जीता है, परम्परा से उसे एलर्जी है, पाश्चात्य अस्तित्ववादी, मार्क्सवादी तथा मनोविश्लेषणवादी मान्यताओं का उस पर प्रभूत प्रभाव है, ईश्वर, धर्म, बाह्याडम्बर, अवतार, पैगम्बर, अतिमानव अथवा महामानव में उसकी आस्था नहीं; आदर्शवाद का वह विरोधी है, यथार्थवाद एवं अतियथार्थवाद उसके शस्त्र हैं। मौलिकता एवं नव्यता उसके ध्येय हैं। वस्तुतः अपनी नवीन रूपात्मकता और उत्तर आधुनिक स्थितियों तथा समस्याओं के समावेशन के कारण नयी कविता हिन्दी साहित्येतिहास में 'माइल स्टोन' बन गयी है।

●

आधुनिकतावाद और उत्तरशती का हिन्दी काव्य

देशकाल की परिस्थितियाँ आधुनिकतावाद के उदय की मूल कारक रही हैं। अपनी ऐतिहासिक परिस्थितियों के फलस्वरूप विश्व के विभिन्न भू-भागों में इसकी उत्पत्ति का समय भी भिन्न-भिन्न रहा है। भारत में सन् 1960 के उपरान्त इस वैश्विक प्रवृत्ति ने दस्तक दी। इसके पूर्व पश्चिम में कला और साहित्य के क्षेत्र में इसका पूर्ण विकास हो चुका था। चित्रकला में पिकासो, साहित्य के क्षेत्र में टी० एस० इलियट, जेम्स ज्वायस, काफ्का, लॉकाँ आदि इसका पूरा प्रतिनिधित्व कर रहे थे। परिणामस्वरूप अपने देश में कतिपय विकृतियों के साथ आधुनिकतावाद की लहर आयी। हिन्दी कविता में प्रयोगवादी काव्य में भी आधुनिकता के चिह्न दिखायी देने लगे थे विशेष रूप से इलियट से प्रभावित अज्ञेय में और शमशेर में भी। वस्तुतः सन् '60 के उपरान्त हिन्दी कविता में जो स्वर उगे हैं, वे नयी कविता में बीजरूप में विद्यमान थे। किन्तु नयी कविता में सर्वथा विच्छिन्न या विरोधी रूप में इनकी व्याख्या नहीं हो सकती। ऐतिहासिक और सामाजिक परिवर्तनों के फलस्वरूप नयी कविता के परवर्ती स्वरूप में कई अल्पजीवी काव्यान्दोलनों का विकास हुआ। सच यह है कि एक ही तरह का असन्तोष, क्षोभ, उत्तेजना और विद्रोह इस काल के रचनाकारों में है और ये सभी काव्यान्दोलन समकालीन मानसिक स्थिति को रूपायित करने का दावा करते हैं। इसीलिए इन सभी काव्यान्दोलनों की कुछ सर्वमान्य विशिष्टताओं के कारण समन्वित रूप '60 के बाद की कविताओं को साठोत्तरी कविता के नाम से अभिहित किया गया। हिन्दी के बहुलांश विद्वानों ने इस शीर्षक 'साठोत्तरी कविता' को स्वीकार कर लिया है।

हिन्दी में साठोत्तरी कविता की पृष्ठभूमि में ऐतिहासिक/राजनीतिक जमीन थी। सन् 1962 के चीन-भारत युद्ध ने रही-सही जनतान्त्रिक आशाओं की कमर तोड़ दी। सन् 1964 में नेहरू की मृत्यु के साथ बहुत-सारी चीजें मर जाती हैं। कांग्रेस दल में दरारें दिखायी देने लगती हैं। समाजवादी दल दो टुकड़ों में बँट जाता है। इसी वर्ष भारतीय कम्युनिस्ट पार्टी के भी दो खण्ड हो जाते हैं। स्थानीयता का जोर बढ़ जाता है। भ्रष्टाचार का घोड़ा बेलगाम सरपट दौड़ने लगता है। इन स्थितियों के बीच

राममनोहर लोहिया की आक्रामकता (एडवेंचरिज्म) का मूल्य है, लेकिन है वह भी आधुनिकतावाद की देन।

इस निराशा, घुटन, अराजकता और मूल्यहीनता के माहौल में अमेरिकी कवि गिन्सबर्ग 1962–63 में अमेरिकी मूल्यों को लेकर भारतवर्ष आया। इस देश में वर्षों भ्रमण करता रहा। उसका स्थायी निवास बनारस का दशाश्वमेध घाट था। उसके यौनवाद का प्रभाव युवा कवियों पर पड़ा। कुछ नामी–गिरामी प्रगतिशील भी उसके चक्कर में फँसे। गिन्सबर्ग का 'हाउल' युवा कवियों का धर्मग्रन्थ बन गया। इसी समय अस्तित्ववाद की निषेधात्मक विचारधारा अपने पूरे उमंग के साथ आयी । यह आकस्मिक नहीं है कि सन् 1961 में अज्ञेय का प्रसिद्ध अस्तित्ववादी उपन्यास 'अपने–अपने अजनबी' छपा। इन सभी स्थितियों का साहित्य पर ऐसा प्रभाव पड़ा कि ऊब, उपभोक्तावाद और यौन–विकृतियों की बजबजाहट हिन्दी साहित्य के सिर के ऊपर से बहने लगी।

आधुनिकतावाद के तहत एक अकवितावादी आन्दोलन चल पड़ा। कुछ दिनों तक 'अकविता' पत्रिका भी प्रकाशित हुई। आधुनिकतावाद का प्रभाव बँगला कविता पर भी पड़ा। हिन्दी में इसके पुरोधा राजकमल चौधरी हैं। उनके 'मुक्तिप्रसंग' और 'कंकावती' में वेश्या, बीमार शहर, सड़े गोश्तोंवाली औरतों के साथ सम्भोग के वीभत्स चित्र हैं। कैलाश वाजपेयी यज्ञ और वेश्या में कोई फर्क नहीं मानते।

इसी समय नवगीत का आन्दोलन भी चल निकला। यों तो हिन्दी में गीत लिखने की परम्परा पुरानी है लेकिन नयी कविता आन्दोलन के समय सामान्यतः कवियों ने गीत लिखना छोड़ दिया। किन्तु नयी कविता के वजन पर नवगीत नाम से इसे जिलाये रखने की कोशिश की गयी। यह कार्य मुख्य रूप से शम्भुनाथ ने किया। शम्भुनाथजी ने अच्छे गीत लिखे हैं। जगदीश गुप्त, ठाकुरप्रसाद सिंह, रवीन्द्र भ्रमर, रामदरश मिश्र, श्रीकृष्ण तिवारी के गीतों की संख्या भी कम नहीं है, लेकिन नवगीत हिन्दी कविता की मुख्यधारा से कभी भी जुड़ नहीं पाया।

स्वतन्त्र भारत ने जो थोड़ी–बहुत प्रगति भी की थी, सन् 1962 में चीनी आक्रमण ने उसे बहुत प्रभावित किया। आर्थिक स्थिति दयनीय हो गयी। शिक्षित बेरोजगारी बढ़ने लगी। युवा पीढ़ी के जीवन की सार्थकता सन्देहास्पद लगने लगी। अर्थात् स्वतन्त्रता के पश्चात् जनसामान्य के मन में जो आशा, उत्साह एवं भावी जीवन की योजनाएँ थीं, वे दिवा स्वप्न की भाँति निरर्थक सिद्ध हुईं। अराजकता, भ्रष्टाचार बढ़ने लगा। मानव-मूल्यों का ह्रास होने लगा, जो साहित्य के क्षेत्र में साठोत्तरी कविता के माध्यम से असन्तोष, विद्रोह, अस्वीकृति, निराशा आदि के रूप में मुखरित हुआ। सन् 1960 के बाद कवियों की जो परम्परा दीख पड़ती है उनमें पूर्ववर्ती कवियों की अपेक्षा परिवर्तन के स्वर अधिक तीव्र थे। साठोत्तरी कविता का इतिहास भी विभिन्न

आन्दोलन का इतिहास था जैसा कि हिन्दी काव्य में पहले नहीं हुआ था। परिणामस्वरूप अलग–अलग मंचों से इस काल की कविता को अलग–अलग नाम दिये गये। यथा-अकविता, सनातन सूर्योदयी कविता, युयुत्सावादी कविता, अस्वीकृत कविता, वीर कविता, ताजी कविता, प्रतिबद्ध कविता, सहज कविता, भूखी पीढ़ी की कविता, श्मशानी कविता आदि। श्री विश्वनाथ तिवारी ने लिखा है कि "एक ही स्तर का असन्तोष, क्षोभ, उत्तेजना और विद्रोह उनमें है, और ये सभी काव्यान्दोलन समकालीन मानसिक स्थिति को रूपायित करने का दावा करते हैं।" इसलिए उन सभी आन्दोलनों की कुछ सर्वमान्य विशेषताओं के कारण समन्वित रूप में सन् '60 के बाद की कविताओं को साठोत्तरी कविता के नाम से जाना जाता है। आज यह नामकरण बहुलांश विद्वानों द्वारा मान्य है।

इस धारा के प्रमुख रचनाकारों में श्याम परमार, जगदीश चतुर्वेदी, गंगाप्रसाद विमल, श्रीराम वर्मा, सौमित्रमोहन, सुदामाप्रसाद पाण्डेय 'धूमिल', राजकुमार कुम्भज, राजकमल चौधरी, ऋतुराज, चन्द्रकान्त देवताले, लीलाधर जगूड़ी, पद्मधर त्रिपाठी, प्रणवकुमार बन्द्योपाध्याय, कैलाश वाजपेयी, देवेन्द्रकुमार, रघुवीर सहाय, श्रीकान्त वर्मा, कमलेश, मणिमधुकर, दूधनाथ सिंह, सर्वेश्वरदयाल सक्सेना, मुक्तिबोध, विजय देवनारायण साही, प्रयाग शुक्ल, मलयज, केदारनाथ सिंह आदि प्रमुख हैं। इन कवियों की कविताओं में तद्‌युगीन सामाजिक, राजनीतिक, आर्थिक, सांस्कृतिक चेतना की अनुपम लहर है।

" '60 के बाद की हिन्दी कविता नवीन काव्याभिरुचि, नवीन सौन्दर्यबोध और नये संवेदन की कविता है। रोमाण्टिक भावुकता के स्थान पर यथार्थपरक बौद्धिकता, संयम, सुरुचि, सन्तुलन और भद्रता के स्थान पर सच्चाई, साहस और खरापन, मसृण और कोमल के स्थान पर परुष और अनगढ़ की स्वीकृति; समझौता और यथास्थितिवाद के स्थान पर संघर्ष और विद्रोह का आग्रह; परम्परागत मूल्यवादी दृष्टि के स्थान पर अनास्था और मूल्यहीनता का स्वर, अलंकृत भाषा के स्थान पर बेलौस सपाटबयानी तथा आक्रोश, क्षोभ, उत्तेजना, तनाव और छटपटाहट आदि-संक्षेप में, साठोत्तरी कविता की प्रमुख विशेषताएँ हैं। पर यथार्थ के नाम पर उच्छृंखल अभिव्यक्ति, सच्चाई और साहस के नाम पर आक्रामक नग्नता; विद्रोह के नाम पर बड़बोलापन और यौन–विकृतियों का प्रदर्शन, सपाटबयानी के नाम पर सतही बयानबाजी; और तनाव के नाम पर अति नाटकीय मुद्रा भी साठोत्तरी कविता में कम नहीं है, बल्कि अधिक ही है।"

इस तरह साठोत्तरी कविता की सामान्य प्रवृत्तियों को निम्नवत् ढंग से व्यक्त कर सकते हैं–

यथार्थवादी दृष्टि-प्रगतिवाद में सामाजिक यथार्थ एवं प्रयोगवाद में अतियथार्थवाद को वर्ण्य–विषय के रूप में स्वीकार किया गया। जबकि साठोत्तरी कविता में यथार्थ

के बौद्धिक रूप को स्थान दिया गया। सामाजिक एवं राजनीतिक विसंगतियों का प्रभाव आर्थिक पक्ष पर पड़ना स्वाभाविक है। आर्थिक विषमता बढ़ी। कवियों ने आर्थिक विषमता और महँगाई का चित्रण किया।

सामाजिक-आर्थिक विषमता का चित्रण-साठोत्तरी कविता के कवियों ने सामाजिक-आर्थिक विषमता को भी वर्ण्य-विषय के रूप में स्वीकार किया है। खान-पान की भिन्नता के कारण धनी वर्ग की महिलाएँ वृद्धावस्था में भी युवा की भाँति सजी-सँवरी एवं स्वस्थ दिखलायी पड़ती हैं, जबकि दूसरी ओर आर्थिक विपन्नता के कारण, काम की अधिकता एवं पौष्टिक आहारों के अभाव में निर्धन परिवारों की स्त्रियाँ युवावस्था में वृद्धा की भाँति कमजोर हो जाती हैं तथा उनका सौन्दर्य क्षीण हो जाता है। सुदामाप्रसाद पाण्डेय 'धूमिल' की दृष्टि से समाज का यह कोना भी अछूता न रहा। उन्होंने लिखा है कि-

वह कौन-सा प्रजातान्त्रिक नुस्खा है
कि जिस उम्र में
मेरी माँ का चेहरा
झुर्रियों की झोली बन गया है
उसी उम्र में
मेरे पड़ोस की महिला के चेहरे पर
मेरी प्रेमिका के चेहरे-सा
लोच है। —धूमिल

व्यंग्यात्मकता-अपने पूर्ववर्ती प्रगतिवादी, प्रयोगवादी एवं नयी कविता के कवियों की परम्परा का निर्वाह करते हुए साठोत्तरी कविता के कवियों ने भी व्यंग्यवादिता को भी अपने काव्य में स्थान दिया है। व्यंग्य के माध्यम से इस धारा के कवियों ने देश की सामाजिक-राजनीतिक दशा को मुखरित किया है। यथा-

मेरे देश का समाजवाद
माल गोदाम में लटकती हुई
उन बालटियों की तरह है
जिस पर आग लिखा है
और जिसमें बालू और पानी भरा है।

* * *

अपने यहाँ संसद्
तेल की वह घानी है
जिसमें आधा तेल/आधा पानी है। —धूमिल

आदर्शवादी जीवन-दृष्टि का नकार-प्रत्येक व्यक्ति या समाज के कुछ मूल्य या आदर्श होते हैं जिनका पालन कर, वह विकास करता है। पूर्ववर्ती द्विवेदीयुगीन एवं छायावादी कवियों ने ढेर-सारे आदर्शों एवं मूल्यों की प्रतिस्थापना की थी, किन्तु धीरे-धीरे वे काल-कवलित होते गये। सन् '60 के बाद की कविताओं में उसके प्रति अश्रद्धा का भाव व्यक्त किया गया, क्योंकि व्यावहारिक जीवन में ये आदर्श एवं मूल्य व्यक्ति की समस्या के समाधान नहीं थे। उसे वे आदर्श एवं मूल्य खोखले लग रहे थे।

श्रद्धा, सम्मान और प्रेरणा-जैसे शब्दों को,
पान की पीक के साथ थूकता हूँ मैं। —मणिमधुकर

राजनीतिक भ्रष्टाचार का चित्रण-साठोत्तरी कविता समाज की दुर्बल मान्यताओं, खण्डित परम्पराओं और सामाजिक-राजनीतिक भ्रष्टाचार से क्षुब्ध मानव की अभिव्यक्ति है। स्वतन्त्रता-प्राप्ति के पश्चात् भी देश आत्मनिर्भर बनने की अपेक्षा समस्याग्रस्त एवं उलझावपूर्ण हो गया। जनसामान्य के सपने चकनाचूर हो गये। नेता भ्रष्ट हो गये, वे जनमानस को दिग्भ्रमित कर स्वार्थपूर्ति करने लगे। स्वतन्त्रता की वास्तविक उपलब्धियों से दूर-दूर तक वास्ता नहीं। ऐसी स्थिति का चित्रण जगूड़ी ने किया है—

सूचना विभाग के हर पोस्टर पर
खुशहाली है ! चारों ओर
कंगाली के पास आटा नहीं
गाली है
और जिस पर कोई नहीं
खाना चाहता
आजादी जूठी थाली है।

-लीलाधर जगूड़ी

साठोत्तरी कविता में सामान्य जन की दीनता-हीनता, प्रजातन्त्र के प्रति अविश्वास, भविष्य के प्रति निराशा-अनिश्चितता, साधारण आदमी का संकटग्रस्त अस्तित्व, पतित राजनीतिक व्यवस्था का अनगढ़ किन्तु प्रहारात्मक भाषा-शैली में विरोध किया गया है। अपरिमार्जित भाषा में किये इन व्यंग्यात्मक प्रहारों को लोग सपाटबयानी भी कहते हैं। इस तरह की सपाटबयानी साठोत्तरी कविता के कुछ कवियों में पायी जाती है। भाव, भाषा, शैली, अभिव्यक्ति के धरातल आदि अनेक पहलुओं से साठोत्तरी कविता पूर्ववर्ती हिन्दी कविता (प्रगति और प्रयोग) से भिन्न एवं विशिष्ट है। साठोत्तरी अथवा आधुनिकतावादी उत्तरशती की हिन्दी कविता में कतिपय कवियों का प्रस्तुतीकरण यहाँ आवश्यक है।

आधुनिकतावादी दौर के प्रसिद्ध कवि हैं—**श्रीकान्त वर्मा** (1931–1986) और **धूमिल** (1931–1986)। इसका प्रभाव श्रीकान्त वर्मा पर अधिक है और धूमिल पर कम। धूमिल पर पीछे विचार हो चुका है।

श्रीकान्त वर्मा के काव्य-संकलनों—दिनारम्भ, माया दर्पण, जलसा घर में आत्मरति और आत्मश्लाघा का प्राधान्य है, भीड़ से घृणा है। यौन विकृतियों की बजबजाहट भी कम नहीं है—'जैसे किसी वेश्या के कोठे से/अपने को बुझा कर।' इन रचनाओं में ऊब, अनिर्णयात्मकता, आक्रामकता, विडम्बना, यौन-विकृति आदि सभी-कुछ आधुनिकतावाद के लक्षण हैं। पर 'मगध' में शान्ति है, सोच है, रास्ते की खोज है, ऐतिहासिक अतीत को वर्तमान की असंगति से जोड़ने का प्रयास है। इसका पूर्वाभास पूर्ववर्ती रचनाओं में जहाँ-तहाँ दिखायी देता है; जैसे-'जलसा घर' का कलिंग।

श्रीकान्त वर्मा के काव्य में विचारशीलता भी है और अस्तित्ववादी दृष्टि भी। भटकाव और मृत्युबोध में उसका अन्त भी होता है।

धूमिल का उदय धूमकेतु की तरह होता है जिसमें अग्नि भी है, धुआँ भी। धुआँ आधुनिकता है और अग्नि प्रगतिशील चेतना। धूमिल की ऊर्जा, विक्षोभ, आक्रामकता, भाषिक नवोन्मेष निराला की तरह ही है। पर धूमिल का एक छोर आधुनिकता से बँधा था तो दूसरा छोर अराजकता से। ये दोनों प्रवृत्तियाँ शुरू से ही दिखायी पड़ती हैं और अन्त तक इन दोनों ने अपना संग-साथ निभाया। सन् 1967 में ही वह एक ओर आधुनिकतावादी 'कविता' लिख रहे थे तो दूसरी ओर 'मोचीराम।'

उनके तीनों संग्रहों—संसद् से सड़क (1972), कल सुनना मुझे और सुदामा पाण्डेय का प्रजातन्त्र—में दोनों प्रवृत्तियाँ मिलेंगी। राजकमल चौधरी की मृत्यु पर लिखी गयी उनकी कविता में आधुनिकता की विकृतियाँ भरी पड़ी हैं। स्त्री के प्रति उनका दृष्टिकोण भिन्न नहीं है। गाँव-घर से उठाये हुए मुहावरों तथा बिम्बों से भी यह स्पष्ट है, जैसे...'उसने जाना कि हर लड़की/तीसरे गर्भपात के बाद/धर्मशाला हो जाती है', 'मासिक धर्म में डूबे हुए लत्ते-सा लड़खड़ाता दिन..' औरत के प्रति धूमिल के रुख और चौधरी के रुख में कोई अन्तर नहीं है।

जहाँ तक राजनीतिक विचारधारा का प्रश्न है, वह किसी भी विचार से प्रतिबद्ध नहीं है। भारतीय लोकतन्त्र से कवि का मोहभंग हो चुका है। उसे दूसरे लोकतन्त्र की तलाश है—'यह जनतन्त्र/जिसकी रोज सैकड़ों बार हत्या होती है/और हर बार/वह भेड़ियों की जुबान पर जिन्दा है।' जनतन्त्र जल रहा है, उसका नक्शा ट्रैफिक पुलिस के चेहरे पर अक्स है। सुरक्षा का सवाल व्यर्थ हो गया है क्योंकि 'और वह सुरक्षित नहीं है/जिसका नाम हत्यारों की सूची में नहीं है।' संसद् के बारे में उसका विचार

है–'अपने यहाँ संसद्-/तेल की वह घानी है/जिसमें आधा तेल /आधा पानी है।' 'प्रजातन्त्र के विरुद्ध' स्वयं एक कविता है।

दूसरे प्रजातन्त्र को खोज रहा है। कोई रास्ता नहीं मिलता। वह वामपन्थ की सम्भावनाएँ टटोलता है, बायें हाथ का समर्थन करता है। एक अन्य स्थान पर कवि कहता है–'लोकतन्त्र के/इस अमानवीय संकट के समय/कविता के जरिये/मैं भारतीय/वामपन्थ के चरित्र को/भ्रष्ट होने से बचा सकता हूँ।' कविता के जरिये उसे बचाना एक इच्छित कल्पना है पर उसकी दृष्टि में वामपन्थ का चरित्र भ्रष्ट है। 'पतझड़' कविता में वह जनवाद और जनसंघ को एक सूत्र में बाँध देता है–'जनवादी मुद्रा में/शाखों पर चढ़ी नकचढ़ी हवा/शब्द-वृद्ध पत्तों पर/समकालीनता के जनसंघी नुस्खे लिखती है।' क्रान्ति की सम्भावनाओं पर भी उसे विश्वास नहीं है–'यहाँ के प्रसंग लोगों के लिए/किसी अबोध बच्चे के/हाथों की जूजी है।'

धूमिल की 'मोचीराम' कदाचित् सर्वोत्तम कविता है–निहायत संयमित और निहायत प्रभावशाली–जटिल व्यापारों और बिम्बों से गुँथी हुई। आधुनिकता से प्रभावित धूमिल की कविता की भाषा समस्यामूलक हो गयी है। सन् 1960 के बाद के कवियों ने शब्द, भाषा और कविता पर बहुत-सारी कविताएँ लिखी हैं। बदले हुए माहौल में छायावादी भाषा या नयी कविता की बिम्बधर्मी भाषा काम की नहीं रह गयी थी। धूमिल ने जिन मुहावरों का प्रयोग किया, वे नये और टटके हैं।

लीलाधर जगूड़ी–मूलतः वामपन्थी विचारधारा के कवि हैं। प्रायः कहा जाता है कि उनकी आरम्भिक कविताओं पर धूमिल के मुहावरेबाजी का प्रभाव है। किन्तु दोनों कवि लगभग एक साथ लिख रहे थे। जिस वर्ष धूमिल का 'संसद् से सड़क तक' प्रकाशित हुआ, उसी वर्ष (1972) में जगूड़ी का भी पहला संग्रह 'नाटक जारी है' छपा। दोनों ही अकवितावाद से मुक्त नहीं हैं। दोनों ने मुख्यतः लोकतन्त्र के विरुद्ध लिखा है। अकवितावाद या आधुनिकतावाद के प्रमाण में कुछ पंक्तियाँ उद्धृत की जा सकती हैं–'इक्कीसवीं शताब्दी को/इस बेरौनक लोकतन्त्र में जीना है तो/वेश्या की सार्वजनिक योनि से सम्भव है।' स्त्री के प्रति उनका दृष्टिकोण धूमिल से अलग नहीं है। भेड़िये धूमिल की कविताओं में भी हैं, जगूड़ी की कविताओं में भी-'आदमियों के जंगल में छिपे हुए भेड़िये/पिछले पंजों से मिट्टी खोद रहे हैं/और हिलती फिर रही हैं/लोमड़ी कुण्ठाओं की रोयेंदार पूँछें ।'

'इस अवस्था में' इस संग्रह की लम्बी कविता है। वस्तुतः व्यवस्था का हाल बेहाल है–'नौकरी, गरीबी, कुर्सी, कानून सब अस्त-व्यस्त।' वास्तविकता तो यह है कि 'इस व्यवस्था में/हर आदमी कहीं-न-कहीं चोर है...' किन्तु इसे बदलने के लिए वह कोई कारगर संकेत नहीं देता। आजादी की जूठी थाली का फैशन यहाँ भी है।

जगूड़ी की स्वीकारोक्ति है–'संशय की भाषा में बड़बड़ाता हूँ जो न क्रान्ति होता है न नजरिया, न विचार।'

उनके अन्य संग्रह हैं–इस यात्रा में, रात अब भी मौजूद है, बची हुई पृथ्वी और घबराये हुए शब्द, भय भी शक्ति देता है आदि। 'इस यात्रा में' व्यवस्था-विरोध के साथ विषयवस्तु का विस्तार हुआ है। भाषा की खामियों के बावजूद चीजों को समग्रतः पकड़ने की क्षमता बढ़ी है। 'रात अब भी मौजूद है' में परिवेश की भयावहता का यथार्थ अंकन है। 'बची हुई पृथ्वी' में सीधी-सादी भाषा में कविता की व्यंजकता समृद्ध हुई है। इसे उनकी काव्य-यात्रा की अगली मंजिल कह सकते हैं। 'अन्तर्देशीय' और 'चिड़िया-2' इस संग्रह की अच्छी रचनाएँ हैं।

अपने आगामी रचना-कर्म के सम्बन्ध में वे कहते हैं–'असर में एकदम धर्म-सरीखी, मैं हर बार एक कविता लिखना चाहता हूँ...' धर्म के नाम पर मुँह बिचकानेवाले लोग नहीं समझते कि इसका ध्वन्यर्थ क्या है। असल में धर्म-सरीखी कविता लिखना बहुत कठिन काम है। असल में यह कथन अपने-आपमें एक कविता है। जिस दिन जगूड़ी की यह प्रतिज्ञा पूरी होगी, वह दिन उनकी काव्य-यात्रा का छलाँग-दिन होगा। इस संग्रह की कुछ कविताओं में इसकी शुरुआत देखी जा सकती है। इस तरह की कविताओं के लिए जनमानस के भीतर गहरी पैठ, घनीभूत संवेदना, शैलीगत परिवर्तन और समग्रबोध अपेक्षित है।

चन्द्रकान्त देवताले ने एक सीमा तक धूमिल-जगूड़ी के भाषायी आतंक से अपने को बचाया है। वह उन्हीं के समसामयिक कवि हैं। उनके कई कविता-संग्रह प्रकाशित हो चुके हैं–'हड्डियों में छिपा ज्वर', 'दीवार पर खून से' और 'लकड़बग्घा हँस रहा है।' धूमिल-जगूड़ी के रेहटारिक से बचने का अर्थ यह नहीं कि उनका अपना रेहटारिक नहीं है। जाँघों में छटपटाती नावें, समुद्र प्रार्थना-सा बिछा रह जायेगा, पीले बुखार के रक्तहीन उजाले में आदि उनके अपने आविष्कृत मुहावरे हैं। मतलब यह कि आधुनिकता की तकनीक यहाँ भी है। आधुनिकतावाद और उत्तर आधुनिकतावाद की झोंक कवि का संवेदन और भाषायी व्यूहरचना यहाँ उनके कथ्य को फूहड़ बनाते हैं। 'रण्डियों के जूते खाये दिन भूलकर', 'मुझे मत घसीटो इतवार के नाम पर/रण्डियों के बाजार में नहीं जाऊँगा।' पर यह सब हाशिये पर है।

वह पीड़ा के कवि हैं। कविता को बुलेट बनाने की बड़बोली स्पृहा उनमें नहीं है। आज की दुनिया को सही दिशा में न ले जाने की कविता की अक्षमता उन्हें दुःखी कर देती है–"और यह जानते हुए भी कि भ्रष्ट परिवेश में व्यर्थ हो गयी है कविता, मुझे उसी में मरना है।" एक जगह कवि लिखता है–'मैं भड़भूजे की तरह इन शब्दों को कब तक फोड़ता रहूँगा? मस्तिष्क के भीतर मृत मछलियों को अबेरते हुए नदी के चढ़ते बुखार को कब तक अपनी हड्डियों के थर्मामीटर में चुपचाप पढ़ता रहूँगा?'

इसी बेचैनी का फल है कि वह कहता है—"मैं थिरकती हुई धरती पर/खिलते हुए वसन्त के साथ/उस साबुत घर के सपने की/कविता सौंपना चाहता हूँ।"

वे कविता की कमजोरी को जानते हैं लेकिन उनका कहना है—'सभ्यता के इस उफनते हुए उजाले में/भूमिगत कैन्सर के खिलाफ/अपनी एक निहत्थी कविता को लेकर/मैं भी कीचड़ की दीवार पर/कुछ छाप देना चाहता हूँ।' यहाँ पर कविता का सरोकार समाज का सरोकार बन जाता है। सामाजिक सरोकारों से सम्बद्ध कविता में एक प्रकार का संयम है। जहाँ कहीं उसका संयम मन्द हुआ वहाँ कविता सपाटबयानी में बदल जाती है।

विनोदकुमार शुक्ल का काव्य-संग्रह 'वह आदमी नया गरम कोट पहनकर विचार की तरह चला गया', कविता के अद्यावधि प्रतिमानों के आगे प्रश्नचिह्न लगा देता है। उसे यथार्थवाद, प्रगतिवाद, आधुनिकतावाद आदि के खानों में नहीं रखा जा सकता। उसकी अलग कोटि है। इसे लेखक के उपन्यास 'नौकर की कमीज' के साथ पढ़ना चाहिए। उनके काव्य और उपन्यास दोनों पर लातानी 'जादुई यथार्थवाद' का प्रभाव है। इनमें यथार्थ के साथ कुछ अयथार्थ अद्भुत खिलंदड़ापन आदि का समावेश होता है। यथार्थ सिर्फ सर्वहारा की फतह और गेहूँ के भाव तक सीमित नहीं है। 'सब-कुछ होना बचा रहेगा' उनका दूसरा काव्य-संग्रह है।

उनकी रचनाएँ एक ऐसे जनतन्त्र की देन हैं जहाँ लोग एक-दूसरे से परिचित होकर भी अपरिचित हैं, व्यक्ति-व्यक्ति के बीच विश्वसनीय सम्प्रेषण की कमी है। खण्डित वार्त्तालाप उनकी नियति है। वे सारे भद्र पाण्डित्य को अस्वीकार करते हैं। उदाहरणार्थ-'चड्ढी में पत्नी की फटी-पुरानी साड़ी की/मजबूत किनारे के नाड़े से गाठान लगाता हुआ/परिवार हो गया।' किन्तु उनकी शैली-'कम्पोजीशन' कविता और पाठक के बीच ऐसा व्यवधान खड़ी करती है कि पाठक इसे लगभग नमस्कार कर लेता है। 1960 के उपरान्त कविता निरन्तर गतिशील रही है। इसमें युग-सन्दर्भों का उल्लेख, प्रहार और कहीं-कहीं अतिक्रमण भी है।

किन्तु साठोत्तरी कविता के बीस-बाईस वर्ष बाद जिस आधुनिकतावाद के नाना रूपों का हिन्दी कविता में जो संश्लेष था, वह 1980 के उपरान्त उत्तर आधुनिक और विखण्डनवादी प्रवृत्तियों से आक्रान्त हुआ और प्रतिबद्ध भी। वस्तुतः सन् 1980 एक ऐसा वर्ष है जिसमें कविता एक नया मोड़ लेती है। इस वर्ष कई महत्त्वपूर्ण संग्रह प्रकाशित होते हैं; जैसे-कुमार विमल का 'एक छोटी-सी लड़ाई', अरुण कमल का 'अपनी केवल धार', मंगलेश डबराल का 'पहाड़ पर लालटेन', राजेश जोशी का 'एक दिन बोलेंगे पेड़', उदय प्रकाश का 'सुनो कारीगर' और असद जैदी का 'बहनें तथा अन्य कविताएँ।' पहले दो संग्रहों को छोड़कर शेष में आधुनिक भाषायी तकनीक का प्रयोग किया गया है। इन्हें समग्रतः नव्य-प्रगतिशील या जनवादी रचनाएँ कहा जा

सकता है। इनमें गोला–बारूद नहीं है। कवियों को कविता की सामर्थ्य–सीमा मालूम है। अतः वे व्यापक जीवन से, जो उनकी अनुभूति के अंग बन चुके हैं, विषयों को चुनते हैं और उन्हें संवेदना के धरातल पर सामान्य मनुष्य की समस्याओं से जोड़ देते हैं।

कुमार विकल सातवें–आठवें दशक के ऐसे कवि हैं जो वस्तुओं का सीधे साक्षात्कार करते हैं और चमत्कारमूलक मुहावरों के बिना उसे प्रतिबद्ध कविता में बदल देते हैं। उनकी विचारधारा किताबी विचारधारा नहीं है बल्कि उनके रक्त–मांस में घुल–मिलकर कवि व्यक्तित्व का अविभाज्य अंग बन गयी है। इसीलिए उनकी रचनाओं में वैयक्तिकता का संस्पर्श, सहज आवेग और ऊर्जा का समावेश हो जाता है। विचारधारा के अतिरिक्त उनकी कविताएँ पंजाब की नदियों, प्रेम कथाओं, पहाड़ी धूप, पंजाबी भाषा और संस्कृति का जायजा लेती हुई वृहत्तर जीवन को समेट लेती है। इसके प्रमाण में उनके दोनों काव्य-संकलनों-'एक छोटी–सी लड़ाई' और 'रंग खतरे में है'—को देखा जा सकता है।

पहले वे प्रगतिवादी संघर्ष कर रहे थे। विकल को संघर्ष का हश्र मालूम था। इसलिए उन्होंने कविता को ऐसा मोड़ दिया कि उनकी कविताएँ 'बच्चों की लोरियाँ बन जायें', 'जिन्हें नदियों में मछुआरे/खेतों में किसान/मिलों में मजदूर/झूमते गायें... ।'

वे गहरे अर्थों परिवर्तन के पक्षधर हैं जो सिद्धान्तों पर नहीं, प्रामाणिक अनुभव पर आधारित है। उन्हें घर याद आता है जिसमें 'माँ खामोश दीये-सी जलती थी' और घर 'एक शराबी के कदमों की तरह लड़खड़ाता था।' इन्कलाब के रास्ते पर एक और घर है जिसमें खाँसती बत्ती और एक डर है। इन डरों को भूलकर परिवर्तन के माया-दर्पण में क्रान्ति की कौंध देखना क्रान्ति का बेहद सरलीकरण है। इन अनुभवों को समेटता हुआ कवि कहता है—'मेरा ध्यान पत्नी की हड्डियों/बच्चों की गालियों की ओर जाता है/लेकिन हर बार/देश की सरहदों पर लौट आता है/जहाँ दुश्मन की फौजें तैनात हो चुकी हैं/और देश खतरे में है।' सरहद के खतरे की आहट सिर्फ विकल की कविता में मिलती है। देश के भीतर वामपन्थी दलों का अलगाव भी उनका सरोकार है। वे प्रार्थना करते हैं कि रोशनियाँ एक में मिल जायें। कहीं–कहीं नक्सलवाद भी झाँक जाता है और तरक्कीपसन्द नक्सलवादी भी।

इनके अतिरिक्त उनकी कविता में चम्बा के चौगान में बैठी गाय है। प्यारी धूप है, सतलज, व्यास, रावी आदि का आदिम संगीत है, कस्बे की गन्ध है। कवि कहता है—'जब तक बहता है झरना/और मँडराती है मेरे जिस्म के आसपास/एक पहाड़ी कस्बे की गन्ध/मैं नहीं अकेला/मैं नहीं निस्संग।' इन उल्लासपूर्ण रंग–गन्ध के भीतर

से एक करुण स्वर भी सुनायी पड़ता है—'सभी प्रार्थनाएँ लेकर मुझसे/एक शराबी कविता दे दो।' इसका दायित्व किस पर है।

यदि शास्त्रीय शब्दावली का प्रयोग किया जाय तो विकल की कविताएँ 'अभिधा उत्तम काव्य है' का मॉडल हैं। सर्वत्र कविता की लय जीवन की लय में घुली-मिली है, कहीं पहाड़ी नदियों का आवेग है तो कहीं मैदानी नदी की मन्थरता।

अरुण कमल—प्रगतिशील धारा के कवि हैं। उन्होंने अपनी कविता की धार इस तरह से पैदा की है जिसमें आधुनिकतावादी तकनीकी कारीगरी नहीं है। इसलिए उनकी कविता बिना किसी व्यवधान के अपना लक्ष्य-वेध कर लेती है। अपने समकालीन कवियों से विचारधारा में भिन्न न होते हुए भी, भाषा-शैली में भिन्न हैं। वे त्रिलोचन की परम्परा के कवि हैं। लेकिन उनकी सरल दिखायी पड़नेवाली कविताओं में थोड़ा-बहुत बाँकपन है ही। बाँकपन कविता का आन्तरिक गुण है। जहाँ वह नहीं है वहाँ उनकी कविताएँ कमजोर पड़ गयी हैं। सबसे अच्छी बात तो यह है कि वे प्रतिबद्ध कवि होते हुए भी न उसका बयान करते हैं न बखान। यही उनकी शक्ति है। 'अपनी केवल धार' उनका काव्य-संग्रह है।

उनके सौन्दर्य का अपना एस्थेटिक्स है। शुक्लजी के शब्दों में यह कर्म का सौन्दर्य है। कर्म भी तरह-तरह के होते हैं। बारिश, आँधी-तूफान, अत्याचार से टकराने में ही सौन्दर्य निहित है। धरती की ओर से संघर्षरत पेड़ों का एक दृश्य है—'गरजता है गगन और बिजलियों की देह में सोखने को उद्यत/गरजते हैं धरती की ओर से/ये वृक्ष/ठहरेगा कौन इस राह पर आज/देखोगे कौन इन संघर्षरत वृक्षों का दुर्द्धर्ष सौन्दर्य?'

इसी तरह का सौन्दर्य 'मई का एक दिन' में है। वह अपनी थकान, हार, पारिवारिक दुःख को वियतनाम और कम्बोडिया के संघर्षों से जोड़कर जीत का अनुभव करने लगता है। प्रकृति भी इसी संघर्ष में लगी हुई है, वह स्वयं भी अशोक पेड़ की तरह अतल ताप को हरे रंग में बदलता है, नीला आकाश ताल में अपनी शाखाएँ फेंक रहा है। अब वह भविष्य से बातें करने के लिए प्रस्तुत है। हाशिये पर अंकित अन्तर्विरोध के बावजूद सूर्यग्रहण ऊर्जा और संघर्षजन्य सौन्दर्य की कविताएँ हैं। सूर्य, पृथ्वी और चन्द्रमा आमने-सामने खड़े हैं—ग्रह-कक्ष की अभूतपूर्व हलचल। सौन्दर्य के इस विपुल पुंज को देखने की ललक किस सहृदय में नहीं होगी, पर अपनी आँखों के मूल्य पर नहीं। ग्रहण के बाद भी सूर्य बना रहना उसका आन्तरिक धर्म है। 'ग्रहण-3' में ब्रह्माण्ड का भव्य सौन्दर्य द्रष्टव्य है जो देख सके वह देखे। अन्त में सिरफिरे लोगों के विरोध में कवि कहता है—'ऐसी सुन्दरता कौन काम की/ जिसके देखे दीदा फूटै?'

'एक नवजात बच्ची को प्यार' में प्यार का पारम्परिक ढंग बदला हुआ है। प्रायः लोग स्त्री का तिमिराच्छन्न वर्तमान देखते हैं। लेकिन कवि ने उसके भविष्य का यथार्थ चित्र खींचा है। वह इतिहास के परिवर्तमान् प्रवाह को जानता है। अतीत की स्त्रियों, बच्चियों के बरक्स भविष्य का यह चित्र एक भव्य वास्तविकता है। टूसे-सी टहकती देह और माथे की कस्तूरी-गन्ध नवजात बच्ची के वर्तमान का ही सौन्दर्य नहीं है, भविष्य का भी है। करुणा के घोल के कारण दृश्य का प्रभाव और बढ़ गया है। 'दरजिन' के वर्गभेद में भी करुणा और आस्वाद्यता है जिसे कवि ने एक शब्द 'नहीं' द्वारा अभिव्यक्त किया है। 'करमा का गीत', 'रोली का टीका 'सोच भरे ललाट' पर लगता है। सब मिलाकर वह 'उर्वर प्रदेश' का कवि है जहाँ अँखुए निकलते हैं, कंछा फूटता है। कुछ कविताएँ; जैसे—होटल, हाथ, खबर अपनी सपाटबयानी में कमजोर हैं। अरुण का दूसरा संग्रह 'सबूत' उनकी काव्य-यात्रा के विकास का अगला चरण है।

मंगलेश डबराल के पहले संग्रह 'पहाड़ पर लालटेन' में पहाड़ से महानगर में निर्वासित कवि के अत्यन्त आत्मीय स्मृति-बिम्ब हैं। यहाँ से वहाँ तक स्मृति-बिम्बों की माला फैली हुई है। शुक्लजी के शब्दों में—वह स्मृति-रूप-विधान का कवि है। इसमें शहर के परिप्रेक्ष्य में पहाड़ को और पहाड़ के परिप्रेक्ष्य में शहर को देखा गया है। इस परिप्रेक्ष्य को ध्यान में रखने पर ही उनकी रचनाओं की सरसता और अर्थबोध स्पष्ट है।

उनकी रचनाओं को जिस क्रम से रखा गया है उसमें एक प्रकार का प्रबन्ध-विधान भी मिलता है। भाषा में मुहावरा गढ़ने का चमत्कार नहीं है। इसमें अभिधामूलक ध्वनि है, वक्रोक्ति नहीं है। लालटेन की मद्धिम रोशनी और ढलान की पहाड़ी लय की धीमी आहट कविता की प्रत्येक पंक्ति में सुनायी पड़ेगी। संग्रह की अन्तिम कविता में इसकी लय कुछ तेज होकर भविष्य का संकेत करती है। उनका दूसरा संग्रह भी अच्छा काव्य-संकलन है।

राजेश जोशी प्रतिबद्ध कवि हैं। वे अपने विचारों और भावों के लिए कहानी बनाते हैं, कहानी को 'फेबुल' में बदलते हैं और 'फेबुल' को मिथ में। 'एक दिन बोलेंगे पेड़' जोशीजी का चर्चित काव्य है। चाकू, चिड़िया, बच्चा, हवा, घोड़ा, पेड़ आदि से उनका काव्य-संग्रह 'बोलेंगे एक दिन पेड़' भरा पड़ा है। 'चमत्कारिक चाकू' को ही लें। चाकू में चमत्कार-ही-चमत्कार है—'जिससे वे/अपने कमरे के गलीचों, दीवारों, गैलरियों/और आँगन के नाप की धूप/काटकर ले गये।/' अन्त में कवि इस चाकू की काट की काट का इशारा करता है। यह अन्योक्ति कविता है। अन्तिम पंक्ति का इशारा इसके अन्योक्ति होने की पुष्टि करता है। इसमें चाकू, धूप आदि स्वयं में कुछ नहीं हैं। इसलिए कविता एक सामान्य जादूगरी बन जाती है। 'लेबर

कॉलोनी के बच्चे', 'बिजली सुधारनेवाले', 'एक आदिवासी लड़की की इच्छा' आदि स्वयं में भी हैं। इसलिए अन्योक्ति नहीं हैं। वे वस्तु होकर ही कुछ ध्वनित करती हैं। भारतीय आचार्यों की शब्दावली में उनमें वस्तु-ध्वनि है। इनमें कवि का सामाजिक अभिप्रेत कविता की जमीन नहीं छोड़ता।

किस्सा तोता-मैना, रमजान मियाँ बतर्ज भोपाल और लोककथा अच्छी कविताएँ हैं। 'किस्सा तोता-मैना' का तर्क लोककथा का है--वही लय, वही भाषा, वही नाट्य-मानता। किताब की बोली में अद्भुत ताकत है--'उड़ा इन्हें/और दे गाली।' कंगाली का राज किताब अर्थात् ज्ञान से खुलेगा। रमजान मियाँ से बातचीत में भोपाल की स्थानिकता जान डाल देती है। इसकी केन्द्रीय पंक्ति है--'अल्लाह का फजल है।' कवि के सम्पूर्ण सन्दर्भ में यह तीखे व्यंग्य में बदल जाता है। 'लोककथा' कविता की सामाजिकता को लोककथा के रूप में प्रभावशाली ढंग से प्रस्तुत करती है।

उदय प्रकाश के दो कविता-संग्रह प्रकाशित हैं--'सुनो कारीगर' और 'अबूतर-कबूतर'। राजेश जोशी की तरह वे भी प्रतिबद्ध कवि हैं। राजेश के पास काव्य-रूप है, किन्तु उदय प्रकाश में प्रतिबद्धता का उत्साह है। उत्साहित प्रतिबद्धता अपने-आपमें हुमककर रह जाती है--न कविता में रह पाती है और न उसके बाहर जा पाती है। सामूहिकता पर बार-बार बल दिया गया है--'अब सिर्फ मैं नहीं था अकेला/अपने जागने में/चलने के पहले/एक बार और पुकार मुझे/मैं तुम्हारे साथ हूँ।' एक दूसरी कविता 'हालचाल' में वे लिखते हैं--'ये अकेले का सफर नहीं है/जीवनदास/तुम अपनी साइकिल के/अकेले अनोखे सवार नहीं हो।' एक तो यह थीम इतनी पिटी हुई हो गयी है कि अपने बासीपन में अग्राह्य हो जाती है; दूसरे, कविता में एक 'मिडिएशन' की आवश्यकता होती है; वह भी यहाँ अनुपस्थित है।

उदय प्रकाश के वैयक्तिक परिवेश और सुख-दुःख की कविताओं में आत्मीयता है, नयापन है और संवेदना को छू सकने की क्षमता है। एक प्रेम-कविता का एक अंश है--'मैं उसकी खामोशी की बगल में/एक पत्र रखकर लौट आया/ उसमें मेरी नींद के करीब एक गुलाब रख दिया/अक्षर और खुशबू के फासले पर/हमने एक-दूसरे का नाम लिखा।' यह स्मृति-बिम्ब की कविता है। 'सब-कुछ छूटते चले जाना' कविता के अमूर्तन को मूर्त कर देता है। वैयक्तिक संवेदना से पुष्ट कविताओं में सन्तुलित अमूर्तन है। लेकिन सपाट जनवादी कविताएँ चल नहीं सकतीं क्योंकि उनमें अमूर्तन की कमी है।

असद जैदी भी स्मृति-बिम्बों के कवि हैं। मंगलेश की अपेक्षा जैदी के बिम्बों में मैदानी धुँधलका अधिक है। आत्मसंघर्ष दोनों में है। जैदी का मुख्य आधार करुणा है। करुणा और निर्ममता के तनावों से निर्मित है उनकी कविता।

संग्रह की अधिकांश कविताओं में उदास आत्मालाप है। विस्मृत आवास, प्रस्ताव, ऐसा आदमी था मैं, खामोशी और हँसी, बहनें, आयशा के लिए कुछ कविताएँ आदि में करुणा और निर्ममता का गहरा अन्तर्द्वन्द्व है। 'विस्मृत आवास' में कवि कहता है—'खुलो मेहमानों को पानी दो' और यह पूछना कि 'माँ कहाँ है?' सारे प्रसंग को करुण बना देता है।

अशोक वाजपेयी की प्रारम्भिक कविताओं में तोतों, बच्चों और चिड़ियों से लोगों को परेशानी होती थी। पर बाद में ये उनकी काव्य-संरचना के सर्जनात्मक अंग हो गये हैं। वह कविता का साँचे ढला मार्ग छोड़कर अपनी अलग पहचान बनाते हैं। अनेकानेक मताग्रहों, अवधारणाओं से अपने को मुक्त रखकर वह एक हद तक कविता को भी मुक्त करते हैं। उनका मानना है कि अभी भी जीवन में सौन्दर्य, आर्द्रता और ऐन्द्रीयता शेष है। छायावाद के विरोध में चलनेवाले काव्यान्दोलनों में जन्मी कविताओं में क्रमशः नीरन्ध्र नीरसता और ऊब भरती गयी। बौद्धिक रुखाई और छायावाद विरोधी फैशन को किनारे हटाकर उन्होंने अपने काव्य को नव्य रूमानियत और नये राग से सँवारा। वह रागात्मकता के कवि हैं।

उसकी कविता के मुख्य विषय हैं—प्रेम, प्रकृति, जीवन और मृत्यु। सामाजिकता अस्पृश्य नहीं है, पर वह ढाँचाबद्ध भी नहीं है। प्रेम से देह का महत्त्व उसे अस्वीकार्य नहीं है, किन्तु देह के आर-पार भी बहुत-कुछ है। 'शब्द से भी जागती है देह/ जैसे एक पत्ती के आघात से होता सवेरा।' शब्द और सवेरा अर्थ के नये आयाम उद्घाटित करते हैं। प्रेम में एक नवोन्मेष भर उठता है। 'विदा में तुम चले जाओगे। और थोड़ा-सा यहीं रह जाओगे' में 'और' सुख-दुःखात्मक अनुभूति की दुखती रग पर उँगली रख देता है।

वह छोटे-छोटे सच के कवि हैं। सच चाहे प्रेम का हो, जीवन का हो या मृत्यु का। उन्हें आशा है कि 'सब-कुछ नष्ट नहीं होगा। कुछ तो बच ही जायेगा।' इसे दूसरी कविता में स्पष्ट किया गया है—'अगर बच सका/ तो वही बचेगा/ हम सब में थोड़ा-सा आदमी'। आज के सर्वनाशी परिवेश में समूचा आदमी नही बचेगा; किन्तु थोड़ा-सा बच सकता है। अशोक की कविता इसी को बचाना चाहती है। मृत्यु गीतों में सबसे महत्त्वपूर्ण गीत है—'बहुरि अकेला' जो कुमार गन्धर्व के दिवंगत होने पर लिखा गया है। इस विदागीत के कैनवस पर जीवन में मृत्यु, मृत्यु में जीवन, रहस्य, जिज्ञासा, प्रार्थना का मौन और वैष्णवी समर्पण है। हिन्दी की लम्बी कविता-परम्परा की यह विशिष्ट कड़ी है। भाषा सरल, किन्तु अन्दाज नया है। शहर अब भी सम्भावना है, एक पतंग अनन्त में, अगर इतने से तत्पुरुष, कहीं नहीं वहीं, बहुरि अकेला उनके काव्य-संग्रह हैं।

इस क्रम में ऋतुराज, कुम्भज, विष्णु खरे, गिरिधर राठी, विजेन्द्र, प्रयाग शुक्ल, भगवत रावत, सोमदत्त, ज्ञानेन्द्रपति, कुमार, कृष्ण, इब्बार रब्बी आदि उल्लेख्य हैं।

अब आतंक और दहशत के बावजूद राष्ट्रों के बीच शीतयुद्ध समाप्त हो गया है, समस्याएँ बदल गयी हैं, मत–वैभिन्य का अवकाश बढ़ गया है। जनतान्त्रिक समाजवाद की ओर जो रुझान पैदा हुआ है, उससे एक नया सोच विकसित हो रहा है। नयी पीढ़ी इन परिवर्तनों से अवगत है, पिछले दो दशकों में रूपवाद के प्रति मोह से भी वह सतर्क है। ''लोकां को याद करते हुए हम सिर्फ आशा कर सकते हैं कि अगली पीढ़ी एक दमकता, इस्पात–जैसा ढला गीत देगी जो विचारों से समृद्ध, पछतावे और पीड़ा से अम्लान तथा उड़ान–भरे सपनों से बेदाग होगा।''

शहरों में इधर हिन्दी कविता की खेती होने लगी है। हर शहर में दिल्ली, बनारस, लखनऊ, इलाहाबाद आदि में कवियों की और काव्यों–महाकाव्य, खण्डकाव्य, स्फुट काव्य आदि की चतुरंगिणी मैदान में उतर आयी है और सैकड़ों काव्य–संग्रह सामने आये हैं जिनका लेखा-जोखा यहाँ सम्भव नहीं। कालान्तर में कुछ स्थापित होंगे और नये इतिहास–ग्रन्थों की शोभा बढ़ायेंगे। अस्तु।

•

गद्य का विकास

खड़ीबोली गद्य का आविर्भाव हिन्दी भाषा-साहित्य के उत्तरोत्तर विकास और उन्नति के लिए एक ऐतिहासिक घटना ही है। साहित्यिक हिन्दी-गद्य का क्रमबद्ध इतिहास 19वीं शती से प्राप्त होता है। इसके पूर्व राजस्थानी गद्य, ब्रजभाषा गद्य तथा खड़ीबोली गद्य की परम्पराएँ तो थीं किन्तु नितान्त क्षीण, मन्द और शिथिल रूप से प्रवहमान् थीं। राजस्थानी गद्य का सूत्रपात 10वीं शती के आस-पास माना जाता है। ब्रजभाषा गद्य का प्रयोग अनुमानतः 1350 ई० के आसपास स्वीकार किया गया है। खड़ीबोली का प्रयोग यूँ तो अमीर खुसरो, सन्त कवियों तथा दक्खिनी हिन्दी के कवियों में स्फुट रूप से बराबर होता रहा है किन्तु खड़ीबोली गद्य की परम्परा पटियाला के रामप्रसाद निरंजनीकृत 'भाषा योगवासिष्ठ' 1741 ई० से ही मानी गयी है।

खड़ीबोली गद्य के चार प्रवर्तक-संवत् 1860 (1803 ई०) में फोर्ट विलियम कॉलेज (कलकत्ता) की स्थापना हुई और हिन्दी-उर्दू अध्यापक जॉन गिलक्राइस्ट के सद्प्रयत्नों से खड़ीबोली गद्य में पुस्तक लिखने की योजना बनी। फोर्ट विलियम कॉलेज के आश्रय में लल्लूलालजी ने खड़ीबोली गद्य में 'प्रेमसागर' और सदल मिश्र ने 'नासिकेतोपाख्यान' लिखा। इसी समय के लगभग दो अन्य महानुभात्रों ने खड़ीबोली गद्य के कलेवर को पुष्ट किया। वे थे, मुन्शी सदासुखलाल नियाज और 'रानी केतकी' के रचयिता सैय्यद इन्शाअल्ला खाँ। खड़ीबोली गद्य के प्रारम्भिक काल में इन चारों महानुभावों ने बड़ा सहयोग दिया इसीलिए ये खड़ीबोली गद्य के प्रवर्तक के नाम से प्रसिद्ध हैं।

इन चार महानुभावों में मुन्शी सदासुखलाल की भाषा में पूरबीपन और पण्डिताऊपन की बहुलता है। इन्होंने संस्कृतमिश्रित गद्य भाषा का प्रयोग किया है। सैय्यद इन्शाअल्ला खाँ की भाषा फारसीपन लिये हुए है। उसमें फारसी शैली पर भी पद रचना हुई है जैसे "सिर झुकाकर नाक रगड़ता हूँ अपने बनानेवाले के सामने जिसने हम सबको बनाया।" "इस सिर झुकाने के साथ ही दिन-रात जपता हूँ उस अपने दाता के भेजे हुए प्यारे को।" आदि।

इन्शा की कहानी का गद्य चटकीली, रंगीन, चुलबुली और मुहावरेदार भाषा में लिखा हुआ है। इसीलिए मुन्शी सदासुखलाल के समान इनकी फारसीपन लिये हुए

गद्य की शैली परवर्ती लेखकों के लिए आदर्श न बन सकी। लल्लूलालजी का खड़ीबोली गद्य ब्रजभाषा का पुट लिये हुए है और पण्डिताऊपन के कारण भी वह विकसित नहीं हुआ। सदल मिश्र ने खड़ीबोली का विशेष विकास किया और परवर्ती खड़ीबोली गद्य में इनका अनुकरण भी हुआ। इन्होंने न तो ब्रजभाषा के रूपों की भरमार की न काव्यभाषा की पदावली को स्थान दिया। यह बिहार के रहनेवाले थे, इसीलिए इनकी भाषा में पूर्वी प्रयोग मिलते हैं। इनकी भाषा में अधिक प्रवाह था इसलिए वह परवर्ती गद्य साहित्य के विकास में सहयोगी सिद्ध हुई।

ईसाई धर्म का प्रचारकार्य और खड़ीबोली गद्य-ईस्ट इण्डिया कम्पनी के शासनकाल में ही ईसाई मिशनरियों ने भारतीय जनता में अपने मत का प्रचार करने के लिए बाइबिल का जनता की भाषा में अनुवाद किया। शुद्ध खड़ीबोली गद्य में भी बाइबिल का अनुवाद हुआ। इसी प्रकार 'नये धर्म नियम' तथा अन्य धर्म का प्रचार करनेवाले पैम्फ्लेटों के अनुवाद एवं रचना खड़ीबोली गद्य में हुए। हिन्दू जनता में अपना मत फैलाने की दृष्टि से उन्होंने अपनी गद्य भाषा में उर्दूपन का कतई बहिष्कार करके संस्कृतमिश्रित हिन्दी या भाषा को अपनाया और मुन्शी सदासुखलाल को अपना आदर्श बनाया। इसी प्रकार अंग्रेजी भाषा की शिक्षा देने के लिए जो स्कूल खोले गये उनमें हिन्दी और उर्दू की पढ़ाई भी होती थी। इसलिए शिक्षा-सम्बन्धी पुस्तकों के प्रकाशन के लिए **'स्कूल बुक-सोसाइटी'** स्थापित हुई, जिसने कुछ इतिहास और भूगोल की पाठ्य-पुस्तकों की हिन्दी में रचना करायी। इस प्रकार ईसाई प्रचारकों ने खड़ीबोली गद्य के विकास में अपूर्व सहयोग दिया।

पाठ्य-पुस्तकों की परम्परा—हिन्दी में पाठ्य-पुस्तकों की परम्परा का प्रारम्भ फोर्ट विलियम कॉलेज में निर्मित लल्लूलालजी और सदल मिश्र की रचनाओं से होता है। खड़ीबोली गद्य की प्रारम्भिक पाठ्य-पुस्तकों में सदल मिश्रकृत 'रामचरित्र' तथा 'नासिकेतोपाख्यान', लल्लूलालजी का 'प्रेमसागर' और उनके सहायक मजहर अली द्वारा लिखित 'बैताल पच्चीसी' और काजिम अली द्वारा लिखित 'सिंहासन बत्तीसी' प्रसिद्ध हैं।

ईसाई साहित्य और स्कूल बुक-सोसाइटियाँ-19वीं शती में खड़ीबोली और उसके गद्य का निर्माण और विकास करने में फोर्ट विलियम तथा हैलेवरी कॉलेज का तो योग है ही, अंग्रेज शासकों और ईसाई मिशनरियों द्वारा विभिन्न नगरों में स्थापित सकूल बुक-सोसाइटियों और ट्रेनिंग नार्मल स्कूलों का कार्य भी महत्त्वपूर्ण है। इन संस्थाओं का उद्देश्य यूरोपीय विज्ञान और आदर्शों को भारतीय जनता में प्रसारित करना था। संवत् 1872 (1815 ई०) में एन० बी० एडमास्टन तथा कुछ अन्य अंग्रेज अधिकारियों ने फोर्ट विलियम कॉलेज के संचालकों का ध्यान भाषा-समस्या की ओर आकृष्ट किया। लगभग 8 वर्ष तक कोई महत्त्वपूर्ण परिणाम नहीं हुआ। संवत् 1880

(सन् 1823 ई०) में एक आयोजना और एक सरकारी शिक्षा–समिति बनायी गयी जिसका कार्य लोगों की शिक्षा-स्थिति जानकर उसमें सुधार करना था। इसके दूसरे ही वर्ष संवत् 1881 (सन् 1824 ई०) में हिन्दी का महत्त्व समझकर उसे पाठ्यक्रम में विशेष स्थान दिया गया। कम्पनी सरकार के सुधारों और अंग्रेजों के सम्पर्क से भारतीयों में नये विचारों और विषयों का प्रचार पहले ही हो चुका था। इन विचारों और विषयों को अधिक प्रसारित करने के लिए नवीन गद्य-पुस्तकों की आवश्यकता अनुभव हुई। शिक्षा प्रसार के लिए भी अभिनव पुस्तकों की आवश्यकता थी। अतः स्थान–स्थान पर ईसाई मिशनरियों और अंग्रेज शासकों द्वारा स्कूल बुक-सोसाइटियाँ स्थापित की गयीं जिनका उद्देश्य था पाठ्य-पुस्तकों का निर्माण और वितरण। इन संस्थाओं में प्रमुख थीं-

(1) कलकत्ता (सन् 1817 ई०) (2) मद्रास (1820 ई०) (3) बम्बई (1820 ई०) (4) दिल्ली (1828 ई०) तथा (5) आगरा स्कूल बुक सोसाइटी (1833 ई०) तथा नार्दर्न इण्डियन क्रिश्चियन टेक्स्टबुक सोसाइटी आगरा, बनारस (1848 ई०) । इनमें से आगरा–बनारस की संस्थाओं ने हिन्दी की पुस्तकें अपेक्षाकृत अधिक प्रकाशित कीं। इन संस्थाओं ने कथा, इतिहास, भूगोल, अर्थशास्त्र, राजनीति, गणित, चिकित्सा, भौतिक विज्ञान आदि विषयों पर दर्जनों पुस्तकें तैयार करायीं जो तत्कालीन विद्यालयों में प्रयुक्त हुईं।

सोसाइटियों के अतिरिक्त आगरा कॉलेज आगरा, नॉर्मल स्कूल आगरा और दिल्ली कॉलेज ने भी खड़ीबोली हिन्दी गद्य का प्रचार–प्रसार किया।

पाठ्य–पुस्तकें-इस युग (संवत् 1858–1929), (सन् 1801–1872) की पाठ्य-पुस्तकें स्थूलतः विविध हैं। (क) स्वतन्त्र अनुवादित, (ख) उर्दू, अंग्रेजी, संस्कृत, बँगला आदि से अनूदित और (ग) अन्य पुस्तकों के आधार पर लिखित। अनूदित पुस्तकों की संख्या सबसे अधिक है। ये बहुधा मूल की भाषा से प्रभावित हैं। हिन्दी गद्य के विकास में भी इनका पर्याप्त योग है। वस्तुतः उस समय तक गद्य का प्रांजल और सुष्ठु विकास नहीं हो सका था। अधिकांश गद्य अललित और अपरिमार्जित हैं। परन्तु इस काल में गद्य में सर्वत्र दुर्बलता नहीं है। अनेक पाठ्य–पुस्तकों और इतर रचनाओं में शब्दों का उपयुक्त प्रयोग और सन्तुलित सामंजस्यपूर्ण वाक्यरचना है। अंग्रेजी सम्पर्क से हिन्दी का शब्द-भण्डार बढ़ा। विषय-विस्तार और अभिव्यक्ति-सामर्थ्य का वर्द्धन भी हुआ। 1850 ई० के बाद की पुस्तकों में भाषा अपेक्षाकृत सुष्ठु और सशक्त है।

हिन्दी के समाचार–पत्र-इसी समय के आस–पास हिन्दी के समाचार-पत्रों ने भी खड़ीबोली गद्य के विकास में सहयोग दिया। 1826 ई० में युगलकिशोर शुक्ल

ने 'उदन्त मार्तण्ड' नामक पहला हिन्दी समाचार-पत्र निकला। इसी समय कुछ और हिन्दी के समाचार-पत्रों का प्रकाशन हुआ जिनमें राजा शिवप्रसाद का **'बनारस'** अपनी सुव्यवस्थित भाषा–शैली के लिए विशेष महत्त्वपूर्ण है। किन्तु इसमें फारसीबहुल भाषा-शैली थी, अतएव प्रतिक्रियास्वरूप हिन्दी के विद्वानों ने सन् 1850 ई० में 'सुधाकर' नाम का शुद्ध खड़ीबोली का पत्र निकाला। इसके दो वर्ष बाद आगरा से **'बुद्धिप्रकाश'** नामक परिमार्जित खड़ीबोली का एक पत्र और निकला जो सामाजिक दृष्टि से भी प्रगतिशील था। समाचार-पत्रों के प्रकाशन से खड़ीबोली गद्य का जनता में प्रचार हुआ।

राजा शिवप्रसाद और लक्ष्मणसिंह का गद्य-यद्यपि अंग्रेजी सरकार की नीति हिन्दी के प्रतिकूल थी और सरकार की कृपा से खड़ीबोली का अरबी-फारसीमय रूप अदालती भाषा बना फिर भी नवीन शिक्षा के पाठ्यक्रम में इसे स्थान देना पड़ा। इसी समय (सन् 1823 से 1835) राजा शिवप्रसाद शिक्षा विभाग में आये और उन्होंने हिन्दी की रक्षा के लिए सरकारी रुख को ध्यान में रखकर **'आम फहम'** तथा **'खास पसन्द'** (अरबी-फारसी के चलते शब्दों से युक्त) हिन्दी का रूप निर्माण किया। उन्होंने अपने **'राजा भोज का सपना'** नामक पुस्तक में अपनी 'आम फहम' शैली को रूप दिया। उर्दू की ओर इतना अधिक झुकाव होने पर भी उन्होंने साहित्य की पाठ्य-पुस्तक 'गुटका' में भाषा का आदर्श हिन्दी (सस्कृत और ब्रजभाषा मिश्रित) ही रखा। राजा शिवप्रसाद के विरोध में राजा लक्ष्मणसिंह (1826 से 1896) ने हिन्दी और उर्दू को न्यारी–न्यारी बोली घोषित करके हिन्दी में संस्कृत के शब्दों का महत्त्व बढ़ाया और अरबी-फारसी के शब्दों के मिश्रण का विरोध किया। इन्होंने कालिदास के 'शाकुन्तलम्' का अनुवाद अपनी इसी विशिष्ट शैली में किया।

स्वामी दयानन्द, नवीनचन्द और खड़ीबोली गद्य-1875 ई० में आर्यसमाज की स्थापना करके महर्षि दयानन्द ने सामाजिक क्षेत्र में क्रान्ति की। इसके साथ ही उन्होंने पंजाब तथा अन्य अहिन्दी प्रान्तों में हिन्दी भाषा की शिक्षा का प्रचार किया और इस प्रकार खड़ीबोली गद्य के विकास में अपूर्व सहयोग दिया। उधर बंगाल के नवीनचन्द भी इसी समय ब्रह्मसमाज के सिद्धान्तों और हिन्दी भाषा का प्रचार कर रहे थे। स्वामी दयानन्द तथा नवीनचन्द दोनों ही महापुरुषों ने अपने प्रवचनों से हिन्दी भाषा का प्रचार करने के निमित्त अपने उपदेश हिन्दी में दिये और हिन्दी में पुस्तकों की रचना की। नवीनचन्द ने हिन्दी की पत्रिकाएँ भी निकालीं। स्वामी दयानन्द ने अपने प्रसिद्ध ग्रन्थ 'सत्यार्थ प्रकाश' की रचना खड़ीबोली गद्य के परमार्जित रूप में की है। संवत् 1910 के लगभग प्रसिद्ध विद्वान् श्रद्धाराम फुल्लौरी के व्याख्यानों और कथाओं का पंजाब में बहुत प्रचार हुआ। उन्होंने कुछ पुस्तकों की रचना भी की।

उनका हिन्दी गद्य बड़ा ही प्रौढ़ और सुलझा हुआ है जिसमें उन्होंने कठिन दार्शनिक तथ्यों को सरल भाषा में समझाने का सफल प्रयत्न किया है।

खड़ीबोली गद्य का काल-विभाजन

खड़ीबोली गद्य का प्रादुर्भाव तो बहुत पहले हो गया किन्तु इसके विकास की सम्यक् परम्परा भारतेन्दु हरिश्चन्द्र से ही मिलती है। प्रमुख प्रवृत्तियों के आधार पर खड़ीबोली गद्य को निम्नलिखित कालों में विभाजित किया जा सकता है–

1. नवजागरण काल (भारतेन्दु-युग) (सन् 1870 से सन् 1903)
2. परिमार्जन काल (द्विवेदी-युग) (सन् 1903 से सन् 1920)
3. उत्कर्ष काल (रामचन्द्र शुक्ल-युग) (सन् 1920 से सन् 1936)
4. वर्तमान काल (सन् 1936 से आज तक)

1. नवजागरण काल (भारतेन्दु–युग सन् 1870 से सन् 1903)–भारतेन्दु के उदय के साथ ही हिन्दी साहित्य के नवजागरण काल के दर्शन होते हैं। इस युग में साहित्य के दोनों पक्षों–पद्य और गद्य–का अभूतपूर्व विकास हुआ, एक नवीन चेतना दिखायी पड़ी। भारतेन्दु से हिन्दी गद्य का सुष्ठु विकास विविधमुखी हुआ और गद्य साहित्य के विविध अंग–नाटक, निबन्ध, कहानी आदि का उद्‌भव एवं विकास हुआ। वस्तुतः इस युग में देशप्रेम की लहर उठ रही थी, सामन्ती संस्कृति का ह्रास और जन-संस्कृति का उद्‌भव हो रहा था और इस सबका भौतिक रूप सन् 1885 में इण्डियन नेशनल कांग्रेस की स्थापना में दिखायी पड़ा। युग की चेतना को जनता तक पहुँचाने में इस युग के लेखकों ने अपूर्व सहयोग दिया। नाटक प्रदर्शन, सभा संस्थाओं में व्याख्यान, ग्रामीण छन्दों में पद्य रचना और पत्र–पत्रिकाओं में लेख लिखकर इस युग के लेखकों ने जनता तक आधुनिक युग में उद्‌भूत जन–संस्कृति का प्रचार किया और इसीलिए अब गद्य का विविधमुखी विकास होने लगा।

भारतेन्दुजी नवजागरण काल के–नवीन जन–जाग्रति के–अग्रदूत थे। उन्होंने हिन्दी भाषा और साहित्य के निर्माण एवं विकास में बड़ा महत्त्वपूर्ण कार्य किया, इसीलिए उनका साहित्य-रचनाकाल उनके नाम पर 'भारतेन्दु–युग' कहलाता है। विशेषकर गद्य साहित्य का विकास करने के लिए उन्होंने कई पत्रिकाएँ निकालीं। सन् 1867 में 'कविवचन सुधा' और सन् 1873 ई० में 'हरिश्चन्द्र चन्द्रिका' का प्रकाशन हुआ। 'हरिश्चन्द्र चन्द्रिका' के द्वारा भारतेन्दुजी ने हिन्दी की नयी शैली की नींव डाली। डॉ० हजारीप्रसाद द्विवेदी के शब्दों में 'भारतेन्दु–युग' की भाषा 'बहुत स्वाभाविक और भाव प्रकाशन में सक्षम भाषा थी।'

सरल हिन्दी शैली का प्रवर्तन

भारतेन्दुजी ने सामान्य भाषा-शैली को जन्म दिया। उनके समय में एक ओर

तो राजा शिवप्रसाद की 'आम फहम' शैली चल रही थी और दूसरी ओर संस्कृत–तत्सम शब्द-प्रधान विशुद्ध हिन्दी की शैली। भारतेन्दुजी ने दोनों का परित्याग करके मध्यम मार्ग को अपनाया। इसी सामान्य शैली का प्रयोग उनके नाटक, निबन्ध आदि गद्य की रचनाओं में मिलता है। कहीं–कहीं गवेषणात्मक एवं गम्भीर दार्शनिक विचारों की अभिव्यक्ति के लिए उन्होंने तत्सम–शब्द-प्रधान गूढ़ शैली को भी अपनाया। भारतेन्दुजी अपनी नवीन शैली के लिए प्रसिद्ध हुए और उनके सहयोगियों एवं समकालीन लेखकों ने उसको आदर्श मानकर अनुसरण किया। उनकी शैली का सबसे बड़ा गुण सहजपन एवं भावों का अनुसरण है। भारतेन्दु-युग के गद्य लेखकों में **बालकृष्ण भट्ट, प्रतापनारायण मिश्र, लाला श्रीनिवासदास, बदरीनारायण चौधरी 'प्रेमघन'** आदि प्रमुख हैं। इनमें बालकृष्ण भट्ट और प्रतापनारायण मिश्र स्वतन्त्र शैलीकार के रूप में दिखायी पड़ते हैं। **पं० रामचन्द्र शुक्ल** के शब्दों में बालकृष्ण भट्ट की शैली की विशेषता उसका खरापन है–"पं० बालकृष्ण भट्ट की भाषा अधिकतर वैसी होती थी जैसी खरी–खरी सुनाने के काम में लायी जाती है। जिन लेखों में उनकी चिड़चिड़ाहट झलकती है वे विशेष मनोरंजक हैं। नूतन और पुरातन का वह संघर्षकाल था। इससे भट्टजी को चिढ़ने की पर्याप्त सामग्री मिल जाया करती थी। समय के प्रतिकूल पुराने बद्धमूल विचारों को उखाड़ने और परिस्थिति के अनुकूल नये विचारों को जमाने में उनकी लेखनी सदा तत्पर रहती थी। भाषा उनकी चटपटी, तीखी चमत्कारपूर्ण होती थी।" वस्तुतः बालकृष्ण भट्ट में भारतेन्दुजी की निबन्धों की शैली का विकास मिलता है किन्तु इन्हें भाषा की शुद्धता का आग्रह नहीं है। साथ ही नुकीला व्यंग्य छोड़ने का प्रयत्न करने के कारण इनकी भाषा में अंग्रेजी, उर्दू और फारसी के शब्द भी गुँथे हुए मिलते हैं। इन्होंने मुहावरों का भी बहुतायत से प्रयोग किया है।

पं० प्रतापनारायण मिश्र की शैली में उनका विनोदी व्यक्तित्व स्पष्ट झलकता है। वे भाषा को चटपटी बनाने के लिए ग्राम्य प्रयोग भी कर देते थे। हास्य, व्यंग्य, ग्राम्य प्रयोगों तथा पूरबी कहावतों और मुहावरों की बौछार से समन्वित होकर इनकी शैली प्रौढ़, सुबोध, रोचक एवं सजीव हो गयी है। इन्होंने भारतेन्दु की सामान्य शैली को आदर्श माना था। इस युग के ठाकुर जगमोहन सिंह, बदरीनारायण चौधरी 'प्रेमघन' आदि की शैली में पुरानी परम्परा का निर्वाह अधिक है, नवीनता कम।

गद्य की विविध विधाएँ-उद्भव और विकास

यहाँ तक हमने भारतेन्दुयुगीन गद्य शैली के विकास का अध्ययन किया। वस्तुतः भारतेन्दु–युग खड़ीबोली गद्य के विकास में अपने विविध रूपों के कारण विशेष महत्त्वपूर्ण हुआ। भारतेन्दु-युग में खड़ीबोली गद्य साहित्य के विविध अंगों में नाटक, उपन्यास और निबन्ध का उद्भव एवं निर्माण हुआ। स्वयं भारतेन्दु ने

बहुत–से मौलिक एवं अनूदित नाटक प्रस्तुत करके अपने सहयोगियों को भी नाटक निर्माण करने की प्रेरणा दी। उन्होंने 'निबन्ध' के लिए अनुकूल वातावरण तैयार करने के लिए पत्रिकाओं का प्रकाशन किया। यों तो गद्य के समालोचना अंग का सूत्रपात भी इसी युग में हो गया था किन्तु उसका विशेष विकास न हो सका। भारतेन्दु-युग में गद्य के इन विविध अंगों का विकास एक और प्रकार से भी हुआ। वह था अनुवाद का तरीका। अंग्रेजी और बँगला से बहुत-से उपन्यास एवं नाटकों का अनुवाद हुआ। भारतेन्दु–युग का अन्त होते–होते तो अनूदित उपन्यासों का ताँता बँध गया। प्रायः अनुवादकों ने भाषा को सुव्यवस्थित बनाने की ओर विशेष ध्यान नहीं दिया था, इसलिए बँगला के शब्द और मुहावरे भी ज्यों–के–त्यों रख देते थे।

भारतेन्दु–युग में गद्य साहित्य का कलेवर मौलिक और अनूदित दोनों प्रकार के ग्रन्थों से भरा गया। गद्य की शैली को भी सुव्यवस्थित रूप मिला, जिसे हम 'खड़ीबोली हिन्दी गद्य की शैली' नाम दे सकते हैं। एक प्रकार से खड़ीबोली का सुव्यवस्थित प्रवर्तन भारतेन्दुजी के द्वारा ही हुआ।

2. परिमार्जन काल–द्विवेदी–युग (सन् 1903 ई० से सन् 1920)–हिन्दी खड़ीबोली गद्य का उद्भव एवं विकास भारतेन्दु-युग में पर्याप्त हुआ। विविध शैलियों और लेखकों की व्यक्तिगत शैलीगत विशेषताओं के कारण भारतेन्दु-युग में गद्य–शैली का विकास तो हुआ, पर उसका परिमार्जन न हो सका। आचार्य पं० महावीरप्रसाद द्विवेदी के 'सरस्वती पत्रिका' का सम्पादन भार ग्रहण करते ही हिन्दी गद्य शैली के परिमार्जन काल का प्रारम्भ हो गया। आचार्य द्विवेदी ने अपनी पत्रिका के द्वारा भाषा परिमार्जन का महत्त्वपूर्ण कार्य किया और खड़ीबोली गद्य की प्रौढ़ शैली का स्वरूप निश्चित किया। इन्होंने गद्य साहित्य का कलेवर भी बढ़ाया। प्रौढ़ लेखकों के साथ ही लेख्य विषयों की भी वृद्धि हुई। साहित्यिक आलोचना का एक प्रकार से जन्म द्विवेदी–युग में ही हुआ। निबन्धों का भी बहुमुखी विकास हुआ और पुरातत्त्व, इतिहास, विज्ञान, राजनीति, भ्रमण, जीवनी आदि अनेक विषयों पर लेख लिखे गये। इसी प्रकार मौलिक नाटक और उपन्यासों का विकास एवं बहुलता से निर्माण हुआ, साथ ही लघु कथा के रूप में गद्य की नयी शाखा का जन्म भी इसी युग में हुआ। फलतः भाषा की अभिव्यंजना शक्ति एवं शैलियों में विविधरूपता आयी।

हिन्दी गद्य शैली का विकास

आचार्य द्विवेदी ने सरस्वती के द्वारा हिन्दी गद्य का रूप स्थिर किया। उन्होंने केवल उच्चकोटि के लेखों को सरस्वती में स्थान देकर उसको आदर्श बनाया। यहाँ तक कि वे किसी लेखक की भाषा में त्रुटियाँ देखकर उसके लेख को स्वयं परिमार्जित

भाषा में लिखकर छापते थे। व्याकरण की अशुद्धियों की ओर उनका विशेष ध्यान रहता था। इस प्रकार इन्होंने अपने सम्पादन-काल में खड़ीबोली गद्य का संस्कार किया और हिन्दी गद्य को नवीन प्रौढ़ शैली प्रदान की जिसने उसका गौरव बढ़ाया। द्विवेदी-युग में विषय का विस्तार हुआ किन्तु अधिक ध्यान भाषा संस्कार पर ही रहा। द्विवेदीजी की शैली विशिष्ट है। उसकी सबसे बड़ी विशेषता उसका संयम है। उसमें दूसरी विशिष्टता प्रसाद और ओजगुणों का संयोजन है। इसके अतिरिक्त इनकी शैली में प्रवाह और सजीवता भी है। द्विवेदीजी की भाषा सरल और प्रवाहपूर्ण है, कहीं-कहीं यह व्यंग्यात्मक भी हो जाती है और तब इसमें शब्दों के तोड़-मरोड़ से बड़ा चमत्कार आ जाता है। द्विवेदीजी भाषा में तद्भव शब्दों के पक्षपाती हैं।

द्विवेदी-युग के कुछ प्रसिद्ध गद्य लेखक

द्विवेदी-युग के कुछ प्रसिद्ध गद्य लेखकों पर द्विवेदीजी या सरस्वती की विशिष्ट शैली की छाप है। नागरी प्रचारिणी के संस्थापक एवं हिन्दी भाषा के महान् समर्थक एवं सहायक बाबू श्यामसुन्दर दास की शैली में भावुकता, प्रवाह एवं संस्कृत के तत्सम शब्दों की मधुर झन्कार है। उनकी सबसे बड़ी विशेषता अत्यन्त नीरस एवं शुष्क विषयों में सरसता का संचार करके भावविभोर हो जाने की है। वस्तुतः इसके पीछे उनके हृदय की अव्यक्त भावुकता है। संस्कृतनिष्ठ भाषा के पक्षपाती होने पर भी उन्होंने उर्दू-फारसी के प्रचलित शब्दों को अपनाया है। उनकी शैली की सबसे बड़ी विशेषता इसी में है कि उन्होंने जटिल भावों को सरलातिसरल भाषा में व्यक्त करके पाठक को हृदयंगम कराने का प्रयत्न किया है।

द्विवेदी-युग के दूसरे महारथी **पं० पद्मसिंह शर्मा** की शैली में उर्दू शैली की चुलबुलाहट और चलताऊपन है जो उनके व्यक्तित्व की अभिव्यक्ति है। बिहारी का **'संजीवन भाष्य'** लिखते हुए उन्होंने अपनी इस व्यंग्यात्मक, फड़कती हुई सजीव शैली का परिचय दिया है। इनकी शैली भी इस युग में अपना विशिष्ट स्थान रखती है। इसी युग में प्रेमचन्द अपनी नवीन सरल शैली को लेकर आये। ये स्वभाव से शान्त और सरल थे। इनकी शैली भी सरल और चलते हुए रूप की व्यंजना करती है। प्रेमचन्दजी की कहानी और उपन्यास की शैली प्रेमचन्द स्कूल के लेखकों के लिए आदर्श बनी। यों तो स्वयं प्रेमचन्दजी ने भी विचारात्मक निबन्धों में सरस्वती की प्रौढ़ शैली को अपनाया है। द्विवेदी-युग के दो भावात्मक लेखकों की भावुक शैली भी अपनी अलग विशेषता रखती है। ये हैं-**माधवप्रसाद मिश्र और सरदार पूर्णसिंह**। यों तो दोनों की ही शैली भावात्मक है, फिर भी मिश्रजी की शैली में ओज और उत्तेजना है तो पूर्णसिंह की शैली में गम्भीरता और अनुभूतिपूर्ण विचारधारा का आधिक्य है। इन दो लेखकों ने हिन्दी गद्य के विकास में अपनी विशिष्ट शैली से विशेष योग दिया।

तीन प्रकार की गद्य-शैलियाँ

द्विवेदी-युग में हिन्दी गद्य-शैली का विविधमुखी विकास हुआ। स्वयं आचार्य द्विवेदीजी की शैली कई प्रकार की थी। श्री कृष्णदेवप्रसाद गौड़ ने उनकी तीन प्रकार की गद्य-शैलियों का वर्णन इस प्रकार किया है—

1. एक शैली इनकी वह है जिसमें यह सभी भाषाओं के शब्दों का प्रयोग बेखटके करते हैं। अंग्रेजी, फारसी, संस्कृत, इस प्रकार की भाषा वह उस समय लिखते हैं, जब कुछ समझाना होता है।

2. इनकी दूसरी शैली वह है, जिसका प्रयोग वह आलोचना के समय करते हैं। भाषा की दृष्टि से यह वही शैली है जो पहली, किन्तु इसमें व्यंग्य का गहरा पुट है। द्विवेदीजी क्रोधी स्वभाव के आदमी थे। इसी कारण उनका व्यंग्य लेख होता था और खूब बैठता था।

3. जब वह किसी गूढ़ विषय पर लिखते हैं तब उनकी शैली विशुद्ध हिन्दी की हो जाती है। वे गम्भीर वाक्यों में संस्कृत शब्दों का व्यवहार करते हैं किन्तु दुरूह नहीं लिखते।

3. उत्कर्ष काल (रामचन्द्र शुक्ल-युग) (सन् 1920 सन् 1936)—द्विवेदी-युग के अनन्तर गम्भीर एवं सूक्ष्म विषयों का विश्लेषण करनेवाली प्रौढ़ शैली को लेकर प्रसिद्ध निबन्धकार एवं आलोचक आचार्यप्रवर पं० रामचन्द्र शुक्ल अवतीर्ण हुए। शुक्लजी की शैली एक सुन्दर गद्य-लेखक का आदर्श प्रस्तुत करती है। उनकी गम्भीर विचारधारा को लेकर चलनेवाली प्रौढ़ शैली में संस्कृत के तत्सम शब्दों की प्रधानता है, किन्तु जहाँ भाव स्पष्ट करना होता है वहाँ वे फारसी या अंग्रेजी के शब्दों का भी व्यवहार करने में नहीं हिचकते, भाव के अनुसार ही भाषा चलती है। आलोचनात्मक निबन्धों में उनकी शैली विश्लेषणप्रधान है। उन्होंने बेकार के वाक्य और शब्दों की भरती नहीं की है। गम्भीर विषयों के विवेचन में प्रौढ़ शैली है तो व्यक्तिगत प्रसंग जोड़ते समय सरल एवं विनोदपूर्ण शैली का रूप दिखायी पड़ता है। इनकी शैली में कहीं-कहीं अलंकारों का, तुकदार वाक्यों एवं मुहावरों का भी प्रयोग हुआ है। भाषा व्याकरणसम्मत और शुद्ध है। इसीलिए शुक्लजी की प्रौढ़ शैली आज तक आदर्श बनी हुई है।

प्रेमचन्द ने अपने 'गबन' नामक उपन्यास में गद्य की जिस सुव्यवस्थित शैली का सूत्रपात किया था, उससे उनके समकालीन एवं परवर्ती कथाकार बहुत प्रभावित हुए। उनका अनुकरण करनेवालों में सुदर्शन, कौशिक, जैनेन्द्र आदि प्रमुख हैं। इधर उपन्यास क्षेत्र में कुछ नवीन शैलियों का प्रवर्तन हुआ है, जैसे मनोविश्लेषणात्मक, लाक्षणिक, व्यंग्यमूलक एवं साम्यवादी विचारों को वहन करनेवाली। इस क्षेत्र में प्रतीकों के माध्यम से मनोविश्लेषण करनेवाले प्रमुख शैलीकार अज्ञेयजी हैं।

छायावाद-युग में गद्य-शैलियों का विकास

छायावाद-युग में भी गद्य-शैलियों का विविधमुखी विकास हुआ है। उसमें लाक्षणिकता, अलंकृति, काव्यात्मकता एवं ऐश्वर्यपूर्ण तत्त्वों का विकास हुआ है। इस युग के प्रवर्तक **कविवर जयशंकर प्रसाद** अपनी विविधरूपिणी प्रौढ़ शैली के लिए प्रसिद्ध हैं। उनके निबन्धों में प्रौढ़ दार्शनिक विचारों को वहन करनेवाली तत्सम शब्द-प्रधान शैली है, कहानियों में भावपूर्ण सरल गद्य-शैली के दर्शन होते हैं। नाटकों की शैली में प्रौढ़ शैली और भावप्रधान शैली का मिश्रण है। कहीं तो वे एकदम काव्यात्मकता के प्रवाह में बह गये हैं और 'अमृत के सरोवर में स्वर्ण कमल' (स्कन्दगुप्त) खिला देते हैं और अन्यत्र 'अहंकारमूलक आत्मवाद का खण्डन करके' (स्कन्दगुप्त) आदि में प्रौढ़ सुगठित निबन्ध शैली के दर्शन कराते हैं। प्रसिद्ध रहस्यवादिनी कवयित्री **श्रीमती महादेवी वर्मा** का आधुनिक गद्य शैली के इतिहास में अपनी ओजपूर्ण एवं गम्भीर संस्कृतनिष्ठ शैली के कारण महत्त्वपूर्ण स्थान है। उनके काव्यग्रन्थों की भूमिकाएँ संस्कृतबहुला, काव्यात्मक एवं गम्भीर गद्य-शैली के परिचायक हैं, तो उनके संस्मरणात्मक निबन्ध प्रवाहपूर्ण व्यंग्य, हास्य एवं हृदय की गहरी करुण अनुभूति की व्यंजक मार्मिक शैली का प्रदर्शन करते हैं। **निरालाजी** की सरल, प्रवाहपूर्ण एवं व्यंग्यात्मक शैली के दर्शन उनके निबन्धों में होते हैं। उनके कथा-साहित्य में ओजपूर्ण शैली मिलती है। **सुमित्रानन्दन पन्त** की गद्य-शैली क्लिष्ट एवं संस्कृतनिष्ठ है। **माखनलाल चतुर्वेदी** भी इसी युग की विभूति हैं। उनकी शैली अन्योक्तिप्रधान होने के कारण सांकेतिक हो गयी है फिर भी उसमें सरलता एवं स्पष्टता बनी हुई है। उनकी शैली में तन्मयता, रागात्मकता एवं सुबोधपन है।

छायावाद-युग में विकसित होनेवाली अनुसन्धानात्मक गद्य-शैली का विकास धीरे-धीरे हो रहा था। यों तो गवेषणा का सूत्रपात आचार्य द्विवेदीजी ने विधिवत् रूप से कर दिया था और बाबू श्यामसुन्दर दास ने इसका विकास किया, किन्तु इसका पूर्ण विकास वर्तमान काल में आचार्य पं० रामचन्द्र शुक्ल, चन्द्रधर शर्मा गुलेरी, डॉ० धीरेन्द्र वर्मा, डॉ० रामकुमार वर्मा और आचार्य पं० हजारीप्रसाद द्विवेदी प्रभृति विद्वान् आलोचकों में दिखायी पड़ा। वैज्ञानिक गद्य-शैली का रूप डॉ० धीरेन्द्र वर्मा के भाषा के इतिहास में देखने को मिलता है। आचार्य पं० हजारीप्रसाद द्विवेदी के 'नाथपन्थ', 'कबीर' आदि ग्रन्थों में गवेषणात्मक शैली का परिचय मिलता है।

जयशंकर प्रसाद की रचनाओं में भाषा का मँजा हुआ सजीव, भावात्मक एवं प्रौढ़ रूप प्रयुक्त है जो अन्यत्र दुर्लभ है। प्रसादजी के निबन्धों में संस्कृतनिष्ठ शैली, कहानियों में सरल गद्य-शैली तथा नाटकों में प्रौढ़ शैली के दर्शन होते हैं। गद्य साहित्य के विकास की दृष्टि से उनके नाटक अत्यन्त महत्त्वपूर्ण हैं।

मुन्शी प्रेमचन्द पहले उर्दू के लेखक थे। अतः उनकी भाषा-शैली पर उर्दू का प्रभाव स्वाभाविक है। इस तरह रामचन्द्र शुक्ल एवं प्रसादजी की भाषा-शैली के विपरीत भाषा का रूप इनकी कृतियों में मिलता है। उन्होंने भाषा की यथार्थवादी परम्परा का निर्वाह किया, तथा उसे एक स्थिर एवं व्यापक रूप दिया है। प्रेमचन्द ने गबन नामक उपन्यास में गद्य की जिस सुव्यवस्थित शैली का नियोजन किया है वह परवर्ती लेखकों के लिए प्रेरणादायक सिद्ध हुई। भाषा एवं साहित्य की दृष्टि से प्रेमचन्द एवं प्रसाद की कृतियाँ भविष्य के लिए एक नये युग का निर्देश करती हैं।

महादेवी वर्मा की ओजपूर्ण एवं गम्भीर संस्कृतनिष्ठ शैली का आधुनिक गद्य-शैली के इतिहास में महत्त्वपूर्ण स्थान है। निरालाजी के निबन्धों में सरल, प्रवाहपूर्ण एवं व्यंग्यात्मक शैली के दर्शन होते हैं। सुमित्रानन्दन पन्त की गद्य-शैली संस्कृतनिष्ठ एवं दुरूह है। माखनलाल चतुर्वेदी की गद्य-कृतियों में अन्योक्ति प्रधानता के कारण सांकेतिक शैली के दर्शन होते हैं।

इस काल में गद्य साहित्य के ही साथ गद्य काव्य का भी विकास हुआ। प्रमुख गद्यकाव्यकारों में राय कृष्णदास और वियोगी हरि का नाम लिया जाता है। राय कृष्णदास की भाषा में संस्कृत साहित्य की शैली के प्रभाव के कारण पण्डिताऊपन की झलक मिलती है। जबकि वियोगी हरि की भाषा में संस्कृत शब्दों की अधिकता के कारण संस्कृत की समासान्त पदावली के दर्शन होते हैं। वियोगी हरि की भाषा-शैली का एक उदाहरण द्रष्टव्य है–

"अपने मन-मन्दिर पर मैंने एक लालसा-लता चढ़ायी थी। आँसुओं से सींच-सींचकर उसे बढ़ाया था। उसके फूल कहीं फेंक न देना, तुम्हारे ही चरणों पर आज चढ़ा देता।"

राय कृष्णदास और वियोगी हरि की ही भाँति चतुरसेन शास्त्री की भाषा में भी स्वाभाविकता एवं भावात्मकता के दर्शन होते हैं।

भाषा की दृष्टि से अनेक महत्त्वपूर्ण तथा श्रेष्ठ कृतियों का निर्माण हुआ। गद्यकाव्य, एकांकी, समस्या नाटक, ललित निबन्ध का आविर्भाव भी इस काल में हुआ।

वर्तमान काल-आधुनिक गद्य साहित्य का वर्तमान युग गद्य की विविध विधाओं के विकास का चरमोत्कर्ष काल है। इस युग में गद्य लेखकों के एक नये वर्ग का दर्शन होता है। प्रमुख गद्य लेखकों में वृन्दावनलाल वर्मा, जैनेन्द्र कुमार, डॉ० हजारीप्रसाद द्विवेदी, नन्ददुलारे वाजपेयी, भगवतीचरण वर्मा, इलाचन्द्र जोशी, अज्ञेय, लक्ष्मीनारायण मिश्र, सेठ गोविन्ददास, डॉ० रामकुमार वर्मा, डॉ० रामविलास शर्मा, डॉ० नगेन्द्र, बाबू गुलाबराय, विश्वनाथप्रसाद मिश्र, डॉ० श्री कृष्णलाल, उपेन्द्रनाथ अश्क, प्रभाकर माचवे, कुबेरनाथ राय, विद्यानिवास मिश्र आदि हैं।

इन साहित्य-पुजारियों ने अपनी विविध गद्य रचनाओं के द्वारा खड़ीबोली गद्य साहित्य को ऐश्वर्यशाली बना दिया, जिस पर आज सम्पूर्ण हिन्दी साहित्य गौरवान्वित होता है।

इस काल में भाषा में स्थायित्व आया, और उसे राष्ट्रभाषा के रूप में देखने की प्रवृत्ति सर्वत्र दिखायी पड़ने लगी। सन् 1935 में ही प्रगतिशील लेखक संघ की स्थापना हो गयी थी जिससे मार्क्सवादी विचारधारा का प्रभाव गद्य साहित्य पर भी पड़ने लगा। राहुल सांकृत्यायन, यशपाल, डॉ० रामविलास शर्मा, शिवदानसिंह चौहान आदि गद्य लेखकों ने भारत की आर्थिक एवं राजनीतिक दशा को वर्ण्य-विषय के रूप में चुना। इस दृष्टि से यशपालकृत 'दादा कामरेड' तथा प्रेमचन्दकृत 'मंगलसूत्र' अत्यन्त महत्त्वपूर्ण है। प्रेमचन्द ने मंगलसूत्र के पात्र देवकुमार से कहलवाया है कि-

"धर्म वह है जिससे समाज का हित हो, अधर्म वह है जिससे समाज का अहित हो। समाज अपनी मर्यादाओं पर टिका हुआ है। उन मर्यादाओं को तोड़ दो, समाज का अन्त हो जायगा।"

इस काल के हिन्दी गद्य के विविध विधाओं का पूर्णतया विकास तो हुआ ही साथ ही कुछेक में नयी शैलियों के भी दर्शन होने लगे। यथा-कहानी में नयी कहानी, निबन्ध में ललित निबन्ध, नाट्य साहित्य में रेडियो नाटक आदि। इस प्रकार नाटक, उपन्यास, कहानी, निबन्ध, आलोचना, एकांकी, गद्यगीत, गद्यकाव्य, रेडियो नाटक, रिपोर्ताज, डायरी लेखन, जीवनचरित, आत्मकथा, संस्मरण, ध्वनि रूपक, यात्रा-साहित्य, ललित निबन्ध आदि इस युग में विधिवत् पुष्पित-पल्लवित हो रहे हैं। इन सभी प्रकार की कृतियों में समसामयिक परिस्थितियों का चित्रण है।

उपन्यास के क्षेत्र में गोदान के पश्चात् अज्ञेय की 'शेखर : एक जीवनी' उत्कृष्ट कृति है। इसमें व्यावहारिक भाषा का प्रयोग किया गया है। यथा—कुछ पंक्तियाँ-

"नौकरी ऐसी बुरी तो नहीं है। मेरी तरह की सरकारी नौकरी न कहिये पर प्रोफेसरी तो बड़ी अच्छी चीज है। आदर भी होता है, काम भी कम होता है। छुट्टियाँ भी अच्छी मिलती हैं। फिर विद्या का साथ रहता है, आदमी पढ़ता-लिखता रह सकता है और अच्छे विचारों का प्रचार भी कर सकता है।"

डॉ० हजारीप्रसाद द्विवेदी की निबन्ध-शैली अपने-आपमें अत्युत्तम बन पड़ी है। इसमें वाक्य छोटे-छोटे, सरल, ओजपूर्ण एवं मर्मस्पर्शी हैं। संस्कृत की पाण्डित्यपूर्ण शैली का भी प्रयोग इन्होंने किया है, जिससे भावुकतावश लम्बे-लम्बे वाक्यों की रचना हुई है। डॉ० द्विवेदी के समान सरस, भावपूर्ण, प्रभावात्मक एवं प्रशंसात्मक शैली इस युग के बहुत कम गद्यकारों ने प्रयोग किया है। डॉ० जयकिशन प्रसाद खण्डेलवाल

ने इस सन्दर्भ में लिखा है कि "द्विवेदीजी संस्कृत के प्रकाण्ड विद्वान् हैं और रवीन्द्रनाथ टैगोर की काव्य-परम्परा में विकसित हुए हैं। इसलिए जब वे भावुकता में आकर लिखते हैं तब उनकी शैली समासबहुला और संस्कृतनिष्ठ हो जाती है। कहीं-कहीं वे विशेषणों की भरमार एवं एक ही भाव के प्रकाशक अनेक शब्दों को लेकर गद्य में भाषण शैली का सौन्दर्य उत्पन्न कर देते हैं। इनकी शैली में गूढ़ एवं शिष्ट व्यंग्य के दर्शन भी होते हैं।"

हिन्दी गद्य-परम्परा के विकास में बाबू गुलाबराय का भी महत्त्वपूर्ण स्थान है। इनकी गद्यशैली सरस, प्रवाहपूर्ण एवं सुव्यवस्थित है। डॉ० नगेन्द्र की गद्यशैली में भावात्मक, विचारात्मक एवं कलात्मक शैलियों के दर्शन होते हैं। डॉ० रामविलास शर्मा ने अपनी कृतियों के माध्यम से ओजपूर्ण प्रगतिशील गद्यशैली का परिचय दिया है। डॉ० रांगेय राघव विश्लेषणात्मक एवं मनोवैज्ञानिक तर्कपूर्ण गद्यशैली को अपनी रचना का आधार बनाया है। प्रगतिशील लेखकों की गद्यशैली में एक ओर व्यंग्य एवं कटूक्तियों की अधिकता है तो दूसरी ओर उनमें व्यक्तिनिष्ठता एवं चलताऊपन भी आ गया है। ललित निबन्धकारों में प्रमुख, विद्यानिवास मिश्र ने काव्यात्मक गद्यशैली को आधार बनाकर संस्कृत के ललित शब्दों को सम्मान दिया है। कुबेरनाथ राय की भाषा-शैली विषयानुरूप ललित एवं काव्यमय है। शिवप्रसाद सिंह, हरिशंकर परसाई, शरद जोशी, रवीन्द्रनाथ त्यागी, धर्मवीर भारती आदि गद्य लेखकों ने लालित्यप्रधान गद्यशैली को अपनाकर हिन्दी गद्य के विकास में अपूर्व योगदान किया। डॉ० बलवन्त लक्ष्मण कोतमिरे ने लिखा है कि "इस काल की यह एक विशेषता है कि डॉ० हजारीप्रसाद द्विवेदी, नन्ददुलारे वाजपेयी, शान्तिप्रिय द्विवेदी, डॉ० सत्येन्द्र, विनयमोहन शर्मा, डॉ० रामविलास शर्मा, बाबू गुलाबराय, पं० विश्वनाथप्रसाद मिश्र आदि समालोचकों ने हिन्दी साहित्य के विविध अंगों पर लिखकर उसका सम्पूर्ण रूप लोगों के सामने उपस्थित किया। इन लेखकों की रचनाओं के कारण हिन्दी की अनेक कृतियों का मूल्यांकन किया गया और भाषा को एक सुगठित एवं परिमार्जित रूप मिला।"

वस्तुतः हिन्दी साहित्य के आदिकाल से लेकर आज तक गद्य-लेखन की परम्परा किसी-न-किसी रूप में अबाधगति से आगे बढ़ती हुई दिखलायी पड़ती है। देश, काल एवं वातावरण या अनुकूल परिस्थितियों के अभाव में आधुनिक काल से पूर्व के गद्य की कोई सुव्यवस्थित परम्परा नहीं मिलती। फिर भी ब्रज, राजस्थानी, मैथिली, अवधी आदि के गद्य यत्र-तत्र प्राप्त हो जाते हैं। भारतेन्दु-युग से पूर्व का गद्य इस परम्परा के आरम्भिक रूप को दर्शाता है। आरम्भिक काल के गद्य पर खड़ीबोली पूर्णतया प्रभावित थी। इसी युग में खड़ीबोली के चार लेखकों इन्शाअल्ला खाँ, मुन्शी

सदासुखलाल, लल्लूलाल एवं सदल मिश्र ने हिन्दी गद्य को एक भावभूमि देने का प्रयास किया, जिस पर आज गद्य-साहित्य का भव्य भवन खड़ा हुआ है। 18वीं शताब्दी के पूर्व का काल गद्य-साहित्य का बीजारोपण काल, 18वीं शताब्दी के बाद भारतेन्दु-युग से पूर्व का काल अंकुरित काल है। महावीरप्रसाद द्विवेदी से छायावादोत्तर काल (प्रगति, प्रयोग और नयी कविता का काल) तक हिन्दी गद्य का बहुआयामी विकास हुआ है। उत्तरशती अथवा उत्तर आधुनिकता और देरिदा के विखण्डन के कालखण्ड में, मनोहर श्याम जोशी, कृष्ण बलदेव वैद, सुरेन्द्र वर्मा, उदय प्रकाश आदि का गद्य उत्तर आधुनिकता के संस्पर्श के कारण 'जादुई यथार्थ' का गद्य माना जा रहा है। नहीं कहा जा सकता कि उत्तर आधुनिक काल के इन रचनाकारों का गद्य किस मोड़ पर ले जायगा। फिलहाल हम इन्हें पूरे हिन्दी गद्य-साहित्य का प्रतिमान नहीं मान सकते।

अधुनातन युग में गद्य-साहित्य का विविधमुखी विकास हो रहा है। रेडियो रूपक, रिपोर्ताज, रेखाचित्र, यात्रा-वर्णन, डायरी-लेखन इत्यादि अनेक नये-नये गद्यरूपों का विकास हो रहा है। गद्य के पूर्व विकसित अंगों का भी विविधरूपी विकास हो रहा है। नवीन-नवीन प्रयोगों से गद्य-साहित्य का कलेवर भरा जा रहा है। आज का गद्य लेखक अपनी अनुभूति के प्रति अधिक सचाई दिखाता है, इसलिए युगजनित जटिल एवं उलझी हुई विचारधारा को व्यक्त करने के लिए, अपने मन के सभी भावों को व्यक्त कर देने के लिए, मन के अनेक स्तरों का विश्लेषण करने के लिए, वह नयी-नयी शैलियों का प्रयोग करता है। गद्य-साहित्य की इस विविधमुखी विकसित अवस्था को देखकर ही कुछ विद्वान् हिन्दी साहित्य की रचना के आधुनिक काल का गद्यकाल नामकरण करते हैं।

●

हिन्दी-उपन्यास : उद्भव और विकास

उद्भव-हिन्दी में उपन्यास नामक गद्य की विधा का वर्तमान रूप में प्रादुर्भाव आधुनिक काल से ही माना जा सकता है। 'उपन्यास' नामक गद्य-विधा की विद्वानों ने अनेक परिभाषाएँ प्रस्तुत की हैं। उपन्यास सम्राट् मुन्शी प्रेमचन्द ने उपन्यास के सम्बन्ध में लिखा है–"मैं उपन्यास को मानव-चरित्र का चित्र मात्र समझता हूँ। मानव-चरित्र पर प्रकाश डालना और उसके रहस्य को खोलना ही उपन्यास का तत्त्व है।" पं० जवाहरलाल नेहरू ने ठीक ही लिखा है कि "महान् उपन्यास हमेशा आदमी को सोचने की प्रेरणा देते हैं, क्योंकि वे जिन्दगी की ऐसी तस्वीरें हैं, जो बड़े दिमागों ने खींची हैं।"

प्राचीन भारतीय साहित्य में कथा-साहित्य का सुप्रसिद्ध ग्रन्थ 'वृहत्कथा' मिलता है और संस्कृत में भी पौराणिक आख्यान तथा अन्य उपन्यास-जातीय काव्य मिलते हैं।

स्पष्ट है कि आधुनिककालीन उपन्यास जो गद्य की नवीन विधा के रूप में जाना जाता है, उसके मूल तत्त्व संस्कृत के उपदेशात्मक कहानियों, कथात्मक काव्य-ग्रन्थों तथा साहित्यिक आख्यायिकाओं में मिल जाते हैं। किन्तु वर्तमान में उपन्यास का जो स्वरूप प्रचलित है, वह सर्वथा उससे भिन्न है, क्योंकि वह आधुनिक काल की देन होने के कारण अँगरेजी, बँगला एवं उर्दू साहित्य से पूर्णतया प्रभावित है। आचार्य हजारीप्रसाद द्विवेदी का कथन है कि "बँगला उपन्यासों ने हिन्दी को एक ओर तो अति प्राकृत, अतिरंजित, घटनाबहुल ऐयारी उपन्यासों से मुक्त किया तो दूसरी ओर शुद्ध भारतीय संस्कृति की ओर उन्मुख किया।" इस तरह हिन्दी उपन्यास आधुनिक काल की देन है। उपन्यास द्वारा मानव-जीवन का सांगोपांग वर्णन के साथ-साथ उसके जीवन के सूक्ष्म-से-सूक्ष्मतर भावों का विश्लेषण भी हो जाता है।

हिन्दी उपन्यास का उद्भव एवं विकास-हिन्दी उपन्यास के मूल तत्त्व संस्कृत साहित्य में मिलते हैं। किन्तु उसका जो वर्तमान स्वरूप प्रचलित है उसके निरूपण में अँगरेजी, बँगला एवं उर्दू-फारसी उपन्यास साहित्य का विशेष योगदान रहा। आधुनिक काल के भारतेन्दु-युग से ही इसकी परम्परा मिल जाती है। स्वयं भारतेन्दुजी ने उपन्यास साहित्य की ओर 'हरिश्चन्द मैगजीन' के माध्यम से जन सामान्य का ध्यान आकृष्ट किया; जिससे बँगला, अँगरेजी एवं उर्दू-फारसी की शैली पर हिन्दी में

भी उपन्यास लिखे जाने लगे। भारतेन्दुयुगीन श्रद्धाराम फुल्लौरीकृत 'भाग्यवती' उपन्यास को कुछ आलोचकों ने प्रथम उपन्यास की संज्ञा दी है, किन्तु आचार्य शुक्ल ने लाला श्रीनिवासदासकृत 'परीक्षा गुरु' को हिन्दी में अँगरेजी शैली के प्रथम उपन्यास की संज्ञा दी है। जबकि आचार्य हजारीप्रसाद द्विवेदी ने भारतेन्दु हरिश्चन्द्रकृत 'पूर्ण प्रकाश और चन्द्रप्रभा' को हिन्दी का सर्वप्रथम उपन्यास कहा है। परन्तु वर्तमान में बहुलांश लोगों द्वारा लाला श्री निवासदासकृत परीक्षा गुरु को ही हिन्दी का प्रथम उपन्यास स्वीकार कर लिया गया है। आधुनिक अर्थ में परीक्षा गुरु ही ऐसा उपन्यास है, जिसमें उपन्यासकार ने सर्वप्रथम सामाजिक जीवन को चित्रित करने का प्रयास किया है। इसमें बड़ी ही साधारण–सी कथा है–एक अमीर व्यक्ति के बिगड़ने और अन्ततः मित्र के सहयोग से सुधरने की घटना वर्णित की गयी है।

आरम्भिक काल-भारतेन्दुयुगीन (1872–1900)–हिन्दी उपन्यास के विकासक्रम का आरम्भिक युग 1872 से 1900 तक स्वीकार किया जाता है। यह आधुनिक काल का भारतेन्दु–युग था। भारतेन्दु–युग में ही हिन्दी के मौलिक उपन्यास-लेखन का सूत्रपात हो चुका था। भारतेन्दुजी ने स्वयं हरिश्चन्द्र मैगजीन के माध्यम से उपन्यास की ओर संकेत किया था। बाद में इसी पत्रिका में 15 अक्टूबर, 1873 से बाबू गदाधर सिंह द्वारा बँगला से अनूदित उपन्यास 'कादम्बरी' का धारावाहिक प्रकाशन प्रारम्भ हुआ था। सन् 1877 में श्रद्धाराम फुल्लौरी ने 'भाग्यवती' नामक सामाजिक उपन्यास लिखा। तत्पश्चात् लाला श्रीनिवासदासकृत 'परीक्षा गुरु' का प्रकाशन 1882 ई० में हुआ, जो आज बहुलांश विद्वानों द्वारा हिन्दी का प्रथम उपन्यास माना जाता है। भारतेन्दुजी ने स्वयं 'पूर्ण प्रकाश और चन्द्रप्रभा' उपन्यास लिखा, जिसे डॉ० हजारीप्रसाद द्विवेदी ने हिन्दी का प्रथम उपन्यास कहा है। भारतेन्दु–युग में अन्य बहुत-से लेखकों ने उपन्यास साहित्य की अभिवृद्धि की। इनमें बाबू राधाकृष्णदासकृत निःसहाय हिन्दू और पं० बालकृष्ण भट्टकृत नूतन ब्रह्मचारी तथा सौ अजान एक सुजान अधिक लोकप्रिय हुए। ठाकुर जगमोहन सिंह ने गद्य–पद्य मिश्रित श्यामा स्वप्न (1885) शीर्षक से उपन्यास लिखा, जिसमें उपन्यासकार ने आदर्शवाद की स्थापना करनी चाही है। इस काल के अन्य उपन्यासकारों में किशोरीलाल गोस्वामीकृत-स्वर्गीय कुसुम, अयोध्यासिंह उपाध्यायकृत - प्रेमकान्ता, रत्नचन्द लीडरकृत नूतन चरित्र, अम्बिकादत्त व्यासकृत-आश्चर्य वृत्तान्त, देवकीनन्दन खत्रीकृत-चन्द्रकान्ता आदि इसी काल की देन हैं। किशोरीलाल गोस्वामी ने सामाजिक, ऐतिहासिक एवं जासूसी आदि उपन्यासों को मिलाकर छोटे–बड़े कुल 65 उपन्यास लिखकर हिन्दी उपन्यास साहित्य को समृद्ध किया। उनके स्वर्गीय कुसुम, त्रिवेणी, लवंगलता, हृदय हारिणी आदि महत्त्वपूर्ण उपन्यास हैं। भारतेन्दु-युग में राधाकृष्णदास, देवकीनन्दन खत्री, किशोरीलाल गोस्वामी, ठाकुर जगमोहन सिंह, बालकृष्ण भट्ट आदि उल्लेखनीय उपन्यासकार हैं।

इस काल में मौलिक उपन्यासों के अतिरिक्त अनूदित उपन्यास भी प्रकाश में आये। यथा-बाबू गदाधर सिंह ने बंग-विजेता, बाबू राधाकृष्णदास ने स्वर्णलता, राधाचरण गोस्वामी ने सावित्री, बिरजा, तथा प्रतापनारायण मिश्र ने राजसिंह, राधारानी इन्द्रा आदि अनूदित उपन्यास लिखे। इन उपन्यासों से लाभ यह हुआ कि हिन्दी पाठकों को नवीन ढंग के सामाजिक एवं ऐतिहासिक उपन्यासों का परिचय मिल गया। इस युग में सामाजिक एवं ऐतिहासिक उपन्यासों के अतिरिक्त जासूसी, ऐयारी, तिलस्मी एवं आख्यायिका शैली के उपन्यास लिखे गये। आलंकारिक, उपदेशात्मक एवं मनोरंजन शैली का प्राधान्य होते हुए भी इस युग के उपन्यासों में यथार्थवादी विचारधारा का प्राधान्य है।

निर्माण काल द्विवेदीयुगीन (1900-1918)–डॉ० बलवन्त लक्ष्मण कोतमिरे ने लिखा है कि "उपन्यास के निर्माण की दृष्टि से यह काल-विभाग अत्यन्त महत्त्वपूर्ण है, और इसमें सामाजिक, तिलस्मी, जासूसी, भावप्रधान, ऐतिहासिक आदि अनेक प्रकार के उपन्यास लिखे गये। इसी प्रकार इस काल में बँगला, अँगरेजी, मराठी आदि भाषाओं के अच्छे-अच्छे उपन्यासों का अनुवाद हुआ।" हिन्दी उपन्यास के आरम्भिक काल के तीन उपन्यासकारों ने इस काल में भी धूम मचा दी। देवकीनन्दन खत्री, किशोरीलाल गोस्वामी एवं गोपालराम गहमरी के कारण इस युग में जासूसी, तिलस्मी एवं ऐयारी उपन्यासों का प्राधान्य हो गया। डॉ० हजारीप्रसाद द्विवेदी के शब्दों में इन उपन्यासों की प्रवृत्तियाँ इस प्रकार हैं–"इनमें अद्भुत और साधारण घटनाओं की ऐसी रेलपेल है कि पाठकों का चित्त धक्का खा-खाकर आगे बढ़ता जाता है। उसे कथानक के गठन और चरित्र के विकास की बात याद नहीं रहती है। अति प्राकृत, अद्भुत और असाधारण घटनाओं से आश्चर्यजनक परिस्थितियों का निर्माण तिलस्माती कथानकों का प्रधान आकर्षण था।"

बाबू देवकीनन्दन खत्री को उस कालखण्ड का उपन्यास सम्राट् कहा जाता है। चन्द्रकान्ता के प्रकाशन से उन्होंने अत्यन्त यश अर्जित किया।

चन्द्रकान्ता-चार भागों में विभक्त एक अत्यन्त लोकप्रिय उपन्यास प्रमाणित हुआ। इस उपन्यास ने हिन्दी पाठकों का विशाल जनसमूह तैयार किया जिसमें न केवल शहरों के पढ़े-लिखे लोग ही थे वरन् गाँव-कस्बों के कम पढ़े-लिखे लोग भी थे। उपन्यास का रोमानी कथानक यथार्थ की आधुनिक भूमि को भले ही स्पर्श न करता हो परन्तु प्रेम-मुहब्बत की एक अत्यन्त रोचक, कल्पनाप्रधान दास्ताँ पाठकों के मन को गहराई से स्पर्श करती है।

उपन्यास की कथा दो रजवाड़ों नौगढ़ और चुनारगढ़ के इर्द-गिर्द घूमती है जिसमें चन्द्रकान्ता के प्रेमी वीरेन्द्र सिंह एक सच्चरित्र रूपवान् नवयुवक हैं जो अत्यन्त रूपसी

नवयुवती चन्द्रकान्ता को प्रेम करते हैं। उन दोनों का प्रेम समर्पण और संघर्ष का प्रेम है। एक-दूसरे पर प्राणोत्सर्ग करने के लिए तत्पर प्रेमी मिलन की उत्कण्ठा और विछोह की पीड़ा से विदग्ध रहते हैं। चुनारगढ़ का गतयौवन राजा शिवदत्त सिंह चन्द्रकान्ता के रूप का लोलुप है और उसे प्राप्त करना चाहता है तथा अपने ऐयारों के जरिये उसका अपहरण करा लेता है। चुनारगढ़ बड़ा राज्य है, ऐयारी और सैन्यबल से सशक्त। शिवदत्त की विशाल सेना के आगे वीरेन्द्र सिंह का सैन्यबल सीमित है। किन्तु वह वीर, साहसी है, दुर्द्धर्ष योद्धा है। दोनों में संघर्ष होता है किन्तु चालाकी से शिवदत्त चन्द्रकान्ता को तिलस्म में छुपा देता है। तिलस्म एक जादुई स्नेह है जिसका आकार मीलों तक फैला होता है और जिसमें फँसने के बाद निकल पाना असम्भव-जैसा ही होता है। शिवदत्त को परास्त कर वीरेन्द्र सिंह अपने अदम्य साहस तथा अपने मित्र ऐयार तेजसिंह के साथ तिलस्म तोड़कर चन्द्रकान्ता को मुक्त कराता है तथा चन्द्रकान्ता से विवाह कर लेता है। साथ ही ऐयार तेजसिंह, चन्द्रकान्ता की सखी चपला से विवाह कर अपने प्रेम को भी सफलीभूत करता है। इस तरह चन्द्रकान्ता एक प्रेम कहानी है जिसका अन्त त्रासिक नहीं सुखद है। तिलस्म तोड़ना कुछ वैसा ही है जैसा शीरी के लिए फरहाद द्वारा पत्थर के कोहकान पहाड़ को काटकर नहर निकालना।

देवकीनन्दन खत्री ने चन्द्रकान्ता में प्रकृति के सहज रूप (नदी, नाले, पहाड़, तेंदुआ, रम्य हरीतिमा, सुन्दर जल प्रपात आदि) का मोहक वर्णन किया है। चन्द्रकान्ता की भाषा उर्दू-फारसी शब्दावलीयुक्त नितान्त अनगढ़ और सरल हिन्दी है। खत्रीजी की किस्सागोई शैली अत्यन्त प्रभावशाली है। उपन्यासकार की वर्णन (नैरेशन) क्षमता मूल्यवान् है। उपन्यास की सबसे बड़ी विशेषता पाठकों की चित्ताकर्षक शक्ति है। उपन्यास पढ़ते हुए पाठक मनोरंजन और आनन्द में ऐसा निमग्न होता है कि थोड़ी देर के लिए सुध-बुध खो बैठता है।

इस काल में देवकीनन्दन खत्री के उपन्यासों से जनसामान्य अधिक प्रभावित हुआ। उनके चन्द्रकान्ता, चन्द्रकान्ता सन्तति और भूतनाथ जनता का मनोरंजन कर सकने में समर्थ थे। खत्रीजीकृत अन्य उपन्यासों में नरेन्द्र माहिनी, वीरेन्द्रवीर, कुसुमकुमारी, काजर की कोठरी, गुप्त गोदना, भूतनाथ (छह भाग) आदि विशेष उल्लेखनीय हैं। किशोरीलाल गोस्वामी के उपन्यासों में खत्रीजी के उपन्यासों की विकसित परम्परा के दर्शन होते हैं। इनके सामाजिक उपन्यास महत्त्वपूर्ण बन पड़े हैं। उन पर बँगला उपन्यासों का स्पष्ट प्रभाव परिलक्षित होता है। आधुनिक उपन्यास-कला के तत्त्वों का उनके उपन्यास में अभाव है। उपन्यास की शिल्पविधि का आरम्भिक ढाँचा ही इनके उपन्यासों में उपलब्ध है जो आगे चलकर विकसित हुआ है। गोस्वामीजी के प्रमुख उपन्यासों में **प्रणयिनी परिणय, लवंगलता, जिन्दे की लाश, लीलावती, राजकुमारी, लखनऊ की कब्र, अँगूठी का नगीना,** रंगमहल के

हलाहल, तारा, चपला व नव्य समाज, कनक कुसुम, मल्लिका देवी आदि का नाम लिया जाता है। किशोरीलाल गोस्वामी के समकालीन उपन्यासकारों में ईश्वरीप्रसाद शर्मा, गंगाप्रसाद गुप्त (वीरपत्नी), लज्जाराम शर्मा महतो (आदर्श दम्पति), भगवानदास बी० ए० (राधाकान्त), अयोध्यासिंह उपाध्याय (ठेठ हिन्दी का ठाठ), जैनेन्द्र किशोर, ब्रजनन्दन सहाय, श्रीधर पाठक आदि का नाम उल्लेखनीय है। ईश्वरीप्रसाद शर्मा ने अपने 'स्वर्णमयी' तथा 'जैसी करनी वैसी भरनी' उपन्यास के माध्यम से तत्कालीन उपन्यासों पर व्यंग्य किया है। इन्होंने स्वर्णमयी में लिखा है कि-

"यार ! क्या ऐसे ही उपन्यास लिखना होता है? जरा चटपटी, चुलबुली नायिका हो, सुन्दर सलोना नायक हो, कुटनियों की कूट हो, ऐयारों की ऐयारी, माशूक आशिक के चोंचले हों, तिलस्मी की पेचदार कथा हो, तब उपन्यास की बहार होती है।"

स्पष्ट है कि इस काल के उपन्यासकारों ने अधिकांश उपन्यास पाठकों के मनोरंजन अथवा मनोविनोद के लिए ही लिखा है। फलतः इस काल के उपन्यासों में आदर्श चरित्र-चित्रण, कथा-संगठन आदि पर उपन्यासकारों का ध्यान नहीं है। गोपालराम गहमरीकृत **चतुरंचला, गुप्तचर, डबल जासूस, जमुना का खून, चक्करदार** चोरी, बेकसूर फाँसी, घड़े में थाली, जासूस की बुद्धि, मेरी और मेरीना, खूनी की खोज आदि उल्लेखनीय उपन्यास हैं। गहमरीजी ने अपराधवृत्ति, चोरी, हत्या, डकैती आदि को ही अपने उपन्यासों का विषय बनाया है।

किन्तु इस काल में उर्दू, अँगरेजी, बँगला भाषा के उपन्यासों का हिन्दी में अनुवाद भी हुआ। बँगला के उपन्यासों का प्रभाव हिन्दी के उच्चकोटि के उपन्यासों में देखा जा सकता है। बँगला से हिन्दी में अनुवाद करनेवालों में पं० रूपनारायण पाण्डेय, बाबू गोपालराम गहमरी और पं० ईश्वरीप्रसाद शर्मा का महत्त्वपूर्ण स्थान है।

विकास काल प्रेमचन्दयुगीन (1918–1936)—सन् 1918–1936 तक का समय हिन्दी उपन्यास के विकासक्रम का विकास काल है। मुन्शी प्रेमचन्द के नाम पर इसे प्रेमचन्द–युग की संज्ञा दी गयी। सन् 1918 में प्रेमचन्दकृत उपन्यास सेवा-सदन के प्रकाशन से हिन्दी उपन्यास साहित्य के नये युग का प्रारम्भ हो गया। प्रेमचन्द के आविर्भाव से उपन्यास-जगत् का सर्वविध विकास हुआ। डॉ० जयकिशन प्रसाद खण्डेलवाल ने लिखा है कि "अब तक उपन्यास निर्माण का प्रमुख उद्देश्य मनोरंजन था, प्रेमचन्द ने सर्वप्रथम यथार्थ की भूमिका पर चरित्र निर्माण की ओर पूर्णरूपेण ध्यान दिया, और मानव-जीवन, मुख्यतया कृषक वर्ग एवं राष्ट्रीय आन्दोलन को अपने उपन्यासों में बड़ी संवेदनशील शैली में प्रदर्शित किया। इसलिए उन्हें कुछ परिस्थिति चित्रण भी करने पड़े जो सजीव एवं यथार्थ है।"

प्रेमचन्दजी (1880–1936 ई० वास्तविक नाम धनपत राय) हिन्दी-जगत् में एक युग की प्रेरणास्वरूप आये। उनके उपन्यासों में तत्कालीन भारत की सामाजिक,

राजनीतिक, पारिवारिक, आर्थिक दशाओं का चित्रांकन देखा जा सकता है। किसानों की आर्थिक दशा, ग्राम्य जीवन की दुर्बलता, विधवाओं तथा वेश्याओं की समस्या, सामाजिक कुरीतियाँ, अन्धविश्वास, जमींदारों तथा पुलिस द्वारा सामान्य जनता पर किये जा रहे अत्याचार आदि का हृदयग्राही चित्र-बिम्ब उनके उपन्यासों में उपलब्ध है। उन्होंने जीवन का यथार्थ चित्रण करके उसके पोषण के लिए आदर्शवाद की स्थापना की। इस प्रकार वे आदर्शोन्मुख यथार्थवाद के पोषक थे। डॉ० हजारीप्रसाद द्विवेदी ने प्रेमचन्दजी के सम्बन्ध में लिखा है कि "प्रेमचन्द शताब्दियों से पददलित, अपमानित और निष्पोषित कृषकों की आवाज थे, पर्दे में कैद, पद-पद पर लांछित और असहाय नारी जाति की महिमा के जबरदस्त वकील थे। गरीबी और बेकसी के महत्त्व के प्रचारक थे। अगर आप उत्तर भारत की समस्त जनता के आचार-विचार, भाषा-भाव, रहन-सहन, आशा-आकांक्षा, दुःख-सुख और सूझ-बूझ जानना चाहते हैं, तो प्रेमचन्द से उत्तम परिचायक आपको नहीं मिल सकता। झोपड़ियों से लेकर महलों तक, खोमचेवालों से लेकर बैंकों तक, गाँव से धारासभाओं तक, आपको इतने कौशलपूर्ण प्रामाणिक भाव से कोई नहीं ले सकता।" इन भावों की अभिव्यक्ति लगभग 300 कहानियों और उपन्यासों में हुई है।

मुन्शी प्रेमचन्द ने क्रमशः सेवासदन, प्रेमाश्रम, रंगभूमि, कायाकल्प, निर्मला, गबन, कर्मभूमि, गोदान, मंगलसूत्र (अपूर्ण) नामक उपन्यासों का प्रणयन किया। इस प्रकार प्रेमचन्द ने अपने उपन्यासों द्वारा एक युग का निर्माण करके जन-सामान्य को हिन्दी उपन्यास साहित्य के सशक्त एवं समृद्धिपूर्ण अस्तित्व का परिचय दिया। तत्कालीन युग की सभी परिस्थितियों को प्रेमचन्द के उपन्यासों में देखा जा सकता है। मानवतावादी दृष्टि एवं आदर्शोन्मुख यथार्थवाद की अनुभूति का पूर्ण परिपाक इनके उपन्यासों में उपलब्ध है। सम्भवतः इसीलिए इन्हें उपन्यास सम्राट् की संज्ञा से विभूषित किया गया।

प्रेमचन्दजी एक उपन्यासकार, कहानीकार, अनुवादक, नाटककार, पत्रकार के रूप में हिन्दी-जगत् पर छाये रहे और उपन्यास सम्राट् कहलाये। प्रेमचन्दजी के अधिकांश उपन्यास जमींदारों, साहूकारों से शोषित किसानों की व्यथा-कथा कहते हैं। अपने उपन्यास **सेवासदन** (1916 ई०) में उन्होंने नारी समस्या उठायी है। यह एक सुधारवादी उपन्यास है। दरोगा कृष्णचन्द्र और उनकी पत्नी गंगाजली की सुमन और शान्ता नाम की दो पुत्रियाँ हैं। प्रारम्भ में दरोगाजी कर्त्तव्यनिष्ठ ईमानदार अफसर थे किन्तु लड़कियों के विवाह में दहेज की समस्या के कारण घूस लेते हैं, पकड़े जाते हैं और पाँच साल के कारागार का दण्ड पाते हैं। पत्नी को दोनों बेटियों के साथ भाई के घर रहना पड़ता है। सुमन जो स्वभाव से शौकीन और शृंगारप्रिय थी का बेमेल

विवाह 15 रुपये मासिक आयवाले गजाधर नामक व्यक्ति से कर दिया जाता है। यह विवाह अवस्था, स्वभाव, रुचि आदि की दृष्टि से बेमेल था। गजाधर और सुमन कुछ दिन ठीक से रहते हैं किन्तु अतृप्ति और धनाभाव उनके बीच परस्पर संघर्ष का कारण बनता है। सामने रहनेवाली भोली नामक वेश्या के शृंगार, ठाट-बाट, आदर-सम्मान भरे जीवन के प्रति सुमन आकृष्ट होती है और कालान्तर में विवश और असहायावस्था में वेश्यावृत्ति में फँस जाती है।

प्रेमचन्द ने 'सेवासदन' के माध्यम से वेश्याओं की दुरवस्था से मुक्ति और सामाजिक जीवन में वेश्याओं को प्रवेश दिलाने के असफल आदर्शवादी प्रयास किये हैं किन्तु सफलता नहीं मिल सकी है। वस्तुतः नारी जीवन की निस्सहाय, प्रताड़ित और शोषित अवस्था के चित्र उनके कथा-साहित्य में भरे पड़े हैं। यहाँ प्रेमचन्द यथार्थ और आदर्श के द्वन्द्व से संघर्षरत है।

रंगभूमि (1924-25 ई०) में जीवन के प्रति प्रेमचन्द का दृष्टिकोण अत्यन्त उदात्त है। जीवन क्रीड़ा है—क्षेत्र है-रंगभूमि है। यहाँ हर व्यक्ति खेल खेलने आया है किन्तु "खेल खेलते क्यों धर्म नीति को तोड़े।" रंगभूमि का नायक सूरदास शोषण का शिकार है किन्तु नितान्त संघर्षरत रहते हुए भी उसके अन्तःकरण में—मन में द्वेष और प्रतिहिंसा की भावना नहीं। दीन-हीन सूरदास में आत्मबल, धैर्य, क्षमा, सत्यनिष्ठा और साहस का अगाध भण्डार है। देह पर मांस नहीं, किन्तु हृदय में सहानुभूति और प्रेम प्रतिष्ठित है। ऐसे पात्र का सृजन करके प्रेमचन्द ने गाँधीवादी दृष्टिकोण का प्रतिपादन किया है, जिसमें कर्त्तव्य-कर्म और निष्ठा तो होती है किन्तु प्रतिशोध और हिंसा नहीं। वस्तुतः इस उपन्यास में एक ओर काशी के कुँवर भरत सिंह और रानी जाह्नवी, जॉन सेवक और मिसेज जॉन सेवक, राजा महेन्द्र सिंह आदि सामन्ती, पूँजीवादी 'इलीट' समाज की कहानी है और दूसरी ओर सूरदास, जगधर, बजरंगी आदि गरीबों की कहानी है। नौकरशाही और पूँजीवाद तथा देशी राजाओं के साथ जनवाद का संघर्ष चित्रित करना इस उपन्यास का केन्द्रवर्ती बिन्दु है।

गोदान (सन् 1936 ई०) प्रेमचन्द का अन्तिम तथा प्रसिद्ध उपन्यास है। 'गोदान' को गद्यात्मक महाकाव्य और लोमहर्षक त्रासदी की संज्ञा भी समीक्षकों ने दी है। इसका कथानक कृषकों का जीवन है। इसीलिए इसे कृषक-जीवन का महाकाव्य भी कहा जाता है। कथानक की दो परते हैं। एक प्रधान परत जो, ग्रामीण, शोषित, दलित होरी और उसकी पत्नी धनिया से सम्बन्धित है, दूसरी गौण परत राय साहब, डॉ० मेहता एवं मालती के नगरीय जीवन से सम्बन्धित। असहाय गरीब किसान होरी को अपनी बेटी का बेमेल विवाह करना होता है। होरी निरन्तर कर्ज में डूबा रहता है और अन्त में एक गाय का दान करके मृत्यु को प्राप्त होता है। नगरीय कथा में राय साहब सामन्तीय मनोवृत्ति के होते हुए भी उदार दृष्टि के व्यक्ति

हैं। मेहता और मालती आपस में प्रेम करते हैं किन्तु विवाह न करके मित्र भाव से रहकर दीन-दलितों की सेवा का संकल्प लेते हैं। उपन्यास का अन्त अत्यन्त मर्मस्पर्शी और हृदयद्रावक है। इस उपन्यास में प्रेमचन्द के जीवनानुभवों का निखरा हुआ रूप तथा उनकी सृजनधर्मिता का चरमोत्कर्ष दिखायी देता है। सहज प्रकृति की अनेक सुन्दर चित्रावलियाँ उपन्यास में बिखरी पड़ी हैं। तद्‌युगीन भारतीय समाज की जीर्ण-शीर्ण एवं विशृंखल स्थितियों के सजीव चित्र उपन्यास में प्रस्तुत किये गये हैं। सामन्ती, पूँजीवादी और धर्म के ठेकेदारों के हथकण्डों से प्रताड़ित होरी समाज की इन घिनौनी जकड़बन्दियों को चुनौती देकर चला जाता है। इस उपन्यास में प्रेमचन्द जनवाद और समाज-सेवा का फलसफा प्रस्तुत करते हैं। समीक्षकों ने गोदान का कथानक श्लथ माना है जिसमें प्रेमचन्द ग्रामीण और नगर की कथाओं में सामंजस्य स्थापित नहीं कर पाये हैं।

मुन्शी प्रेमचन्दजी के समान ही जयशंकर प्रसाद ने भी अपने कंकाल, तितली और इरावती नामक उपन्यासों द्वारा हिन्दी उपन्यास साहित्य की परम्परा को सुदृढ़ एवं सशक्त बनाने में योगदान किया। प्रेमचन्द ने जिन सामाजिक समस्याओं को उभारा था उसका यथार्थ विश्लेषण प्रसादजी के उपन्यासों में उपलब्ध है। वस्तुतः प्रसादजी के उपन्यासों में भारत के नवनिर्माण का प्रयत्न है। उसमें मानव के लिए कर्मठता एवं साहस का सन्देश है। देश के उज्ज्वल भविष्य के प्रति लेखक की पूर्ण आस्था है।

प्रेमचन्दयुगीन अन्य उपन्यासकारों में—पं० विश्वम्भरनाथ कौशिक (माँ और भिखारिणी), चतुरसेन शास्त्री (हृदय की परख, हृदय की प्यास और अमर अभिलाषा), सियारामशरण गुप्त (गोद और अन्तिम आकांक्षा), प्रतापनारायण श्रीवास्तव (विदा), सूर्यकान्त त्रिपाठी निराला (अप्सरा, अलका और निरूपमा), भगवतीप्रसाद वाजपेयी (प्रेममयी, अनाथ पत्नी और पतिता की साधना), पाण्डेय बेचन शर्मा 'उग्र' (दिल्ली का दलाल और बुधुवा की बेटी), जैनेन्द्र कुमार (परख), शिवप्रसाद गुप्त (श्यामा), हरिदास मणिक (राजपूतों की बहादुरी), गोविन्दवल्लभ पन्त (सूर्यास्त और प्रतिभा), चण्डीप्रसाद हृदयेश (मनोरमा), शिवपूजन सहाय (देहाती दुनिया), शिवरानी देवी (नारी-हृदय) आदि उल्लेखनीय हैं। ऐतिहासिक उपन्यासों में भगवतीचरण वर्माकृत 'चित्रलेखा' तथा वृन्दावनलाल वर्माकृत 'गढ़कुण्डार' एवं 'विराटा की पद्‌मिनी' आदि का महत्त्वपूर्ण स्थान है।

इस काल में बँगला, अँगरेजी, मराठी, गुजराती, उर्दू आदि भाषाओं के साहित्य का अनुवाद भी किया गया। बँगला से बंकिमचन्द चट्टोपाध्याय, रवीन्द्रनाथ ठाकुर, प्रभात मुकर्जी आदि, अँगरेजी से ड्यूमा, तालस्ताय, गोर्की आदि, मराठी से हरिनारायण आपटे, गुजराती से रमणलाल देसाई आदि के उपन्यासों का हिन्दी में अनुवाद हुआ।

इनसे बँगला साहित्य का प्रभाव हिन्दी पर अधिक रहा। जैसा कि पदुमलाल पुन्नालाल बख्शी ने लिखा भी है कि–"हिन्दी के आधुनिक कथा-साहित्य के विकास में बंगभाषा के श्रेष्ठ उपन्यासों के अनुवादों का महत्त्वपूर्ण स्थान है। उसके द्वारा लोकरुचि का परिष्कार हुआ, कथाशैली में नवीनता आयी, भाषा में प्रौढ़ता आयी और आधुनिक युग की विचारधारा का भी प्रसार हुआ है। उनमें भी रवीन्द्र बाबू और शरत् बाबू की कृतियों का विशेष प्रभाव पड़ा है।"

इस काल–खण्ड के उपन्यासों पर मुन्शी प्रेमचन्द का प्रभाव अधिक दिखलायी पड़ता है। अधिकतर उपन्यासों में तत्कालीन सामाजिक, राजनीतिक एवं आर्थिक परिस्थितियों का चित्रण हुआ है। इस काल में बौद्धिकता की प्रधानता होने के कारण उपन्यासकारों को नयी–नयी दिशाओं में सोचने का अवसर मिला। फलतः उनकी रचनाओं में नव्यतर प्रवृत्तियों का सूत्रपात हुआ।

प्रेमचन्दोत्तर युग में उपन्यास साहित्य का विपुल विस्तार हुआ है। पूर्ववर्ती युगों का विशेष आग्रह कथनीय पर रहा, आलोच्य युग में ही उपन्यासकार शिल्प–सजग हुए। यही शिल्प सजगता आगे अनेक अभिनव प्रयोगों में मूर्तिमन्त हुई है। वस्तुतः उपन्यास की लोचपूर्ण स्वच्छन्दता में अन्य साहित्य–रूपों को स्वयं में विलय करने की जो अद्भुत सामर्थ्य है, उसका वास्तविक तथा प्रभूत परिचय इसी युग में मिला है।

हिन्दी उपन्यास–साहित्य के इस विस्तार काल (प्रेमचन्दोत्तर) में भारत की सामाजिक, राजनीतिक, शैक्षणिक, धार्मिक आदि परिस्थितियों में परिवर्तन के लक्षण दृष्टिगोचर होने लगे, जिसका प्रभाव उपन्यास–साहित्य पर पड़ना स्वाभाविक था। अंग्रेजी सभ्यता एवं शिक्षा के प्रसार के कारण एक नवीन युग का उदय हुआ। प्रेमचन्द की विरासत को उनके उत्तराधिकारी सम्हाले हुए थे, तत्पश्चात् उपन्यास-साहित्य की वेगवती धारा देश-काल–परिस्थितियों के कारण कई शाखाओं में विभक्त हो गयी। प्रेमचन्दोत्तर उपन्यास-साहित्य का सिंहावलोकन करते हुए श्री प्रकाशचन्द गुप्त ने लिखा है कि "प्रेमचन्द की किसान–परम्परा को तजकर हिन्दी उपन्यास कई शाखाओं में बढ़ा-तत्त्व और रूप, दोनों ही दृष्टि से। एक धारा निम्न–मध्यवर्ग के जीवन, उसकी निराशाओं और सफलताओं को अपनाती है। इसके प्रमुख परिचायक- जैनेन्द्र, भगवतीप्रसाद वाजपेयी, अश्क आदि हैं। दूसरी धारा व्यक्तित्ववादी, अहंवादी, नाशवादी दृष्टिकोण को अपनाती है। इसके प्रतिनिधि-भगवतीचरण वर्मा, अज्ञेय आदि हैं। एक धारा मनोविश्लेषणशास्त्र के प्रभाव में कुण्ठित अतृप्त वासनाओं की अभिव्यक्ति करती है। इसके प्रमुख प्रतिनिधि पं० इलाचन्द्र जोशी रहे हैं। एक अन्य धारा भारतीय श्रमजीवी वर्ग की अग्रगामी शक्तियों से सम्बन्ध जोड़ती है, और भविष्य की धरती को सँजोती है। इसके प्रमुख प्रतिनिधि-यशपाल, रांगेय राघव, पहाड़ी, भगवतशरण

उपाध्याय, नागार्जुन, अमृतलाल नागर आदि हैं।" प्रेमचन्दोत्तर काल में उपन्यास-साहित्य ने परिमाण एवं गुणवत्ता की दृष्टि से अधिकाधिक उन्नति किया। प्रवृत्तियों के आधार पर इस समय के उपन्यास-साहित्य को निम्न कोटियों में रखा जा सकता है–

1. सामाजिक उपन्यास-हिन्दी उपन्यास के विकासक्रम के आरम्भिक काल से ही सामाजिक उपन्यासों के लेखन की परम्परा रही है। मुन्शी प्रेमचन्द, जयशंकर प्रसाद, विश्वम्भरनाथ कौशिक आदि ने इस परम्परा को सशक्त एवं गतिशील बनाया। प्रेमचन्दोत्तर काल के सामाजिक उपन्यास लेखकों में–भगवतीप्रसाद वाजपेयी (यथार्थ के आगे, सूनी राह, सपना बिक गया, पतवार और गुप्त धन), भगवतीचरण वर्मा (आखिरी दाँव, भूले-बिसरे चित्र, वह फिर नहीं आयी, टेढ़े-मेढ़े रास्ते, अपने खिलौने, रेखा और सबहि नचावत राम गुसाई), प्रतापनारायण श्रीवास्तव (बयालीस और विसर्जन), जैनेन्द्र (सुखदा, बिवर्त और जयवर्द्धन), आचार्य चतुरसेन शास्त्री (धर्मपुत्र, गोली), राजेन्द्र यादव (उखड़े हुए लोग), विष्णु प्रभाकर (तट के बन्धन), धर्मवीर भारती (सूरज का सातवाँ घोड़ा, गुनाहों का देवता), नरेश मेहता (यह पथ बन्धु था, डूबते मस्तूल), उपेन्द्रनाथ अश्क (सितारों के खेल और गिरती दीवारें), मोहन राकेश (अँधेरे बन्द कमरे), यशपाल (झूठा सच), उषा प्रियंवदा (पचपन खम्भे लाल दीवारें), कमलेश्वर (एक सड़क सत्तावन गलियाँ) आदि विशेष रूप से उल्लेखनीय हैं।

मनोवैज्ञानिक उपन्यास-प्रेमचन्दोत्तर काल में हिन्दी मनोवैज्ञानिक उपन्यासों के प्रणेता श्री जैनेन्द्र कुमारजी माने जाते हैं। जीवन और जगत् की यथार्थ समस्याओं ने अतृप्तिजन्य कुण्ठाओं एवं निराशाजनक भावनाओं का बीजारोपण किया और इसी के साथ प्रेम, विवाह और सेक्स की समस्या उभरकर आयी। मनोवैज्ञानिक उपन्यासों में इनका सूक्ष्म एवं विशद चित्रण हुआ है। प्रेमचन्दोत्तरकालीन मनोवैज्ञानिक उपन्यासकारों में जैनेन्द्र कुमार (सुनीता, कल्याणी, सुखदा, विवर्त, त्यागपत्र, व्यतीत तथा जयवर्द्धन), इलाचन्द्र जोशी (जहाज का पंछी, संन्यासी, प्रेत और छाया, पर्दे की रानी, मुक्ति पथ, सुबह के भूले, जिप्सी तथा ऋतुचक्र), अज्ञेय (शेखर : एक जीवनी, नदी के द्वीप, अपने-अपने अजनबी), डॉ० देवराज (पथ की खोज, बाहर-भीतर, रोड़े और पत्थर, अजय की डायरी), धर्मवीर भारती (गुनाहों का देवता), प्रभाकर माचवे ('द्वाभा' तथा 'साँचा'), अमृतलाल नागर (महाकाल) आदि का नाम विशेष रूप से लिया जाता है।

ऐतिहासिक उपन्यास-प्रेमचन्दोत्तर काल में ऐतिहासिक उपन्यासों की संख्या भी अन्यों से कम नहीं रही। ऐतिहासिक उपन्यासों की परम्परा का सूत्रपात तो किशोरीलाल गोस्वामी के कुसुमकुमारी से ही हो गया था, जो प्रेमचन्दोत्तर काल में अपने चरमोत्कर्ष पर पहुँचा। इस काल के ऐतिहासिक उपन्यासकारों में-जयशंकर प्रसाद (इरावती), वृन्दावनलाल वर्मा (विराटा की पद्मिनी, मुसाहिबजू, झाँसी की रानी,

कचनार, माधवजी सिन्धिया, मृगनयनी, भुवन विक्रम और अहिल्याबाई), यशपाल (दिव्या), डॉ० हजारीप्रसाद द्विवेदी (बाणभट्ट की आत्मकथा), चतुरसेनशास्त्री (वैशाली की नगर वधू), सेठ गोविन्ददास (इन्दुमती), रांगेय राघव (विषाद मठ, मुर्दों का टीला, चीवर), शिवसागर मिश्र (राजतिलक), राहुल सांकृत्यायन (जय यौधेय तथा सिंह सेनापति), अमृतलाल नागर (महाकाल, सात घूँघटवाला मुखड़ा, एकदा नैमिषारण्ये, मानस का हंस) आदि महत्त्वपूर्ण हैं।

आंचलिक उपन्यास-डॉ० धीरेन्द्र वर्मा का कथन है कि–"कुछ उपन्यासों में किसी प्रदेश-विशेष का यथा–तथ्य और बिम्बात्मक चित्रण प्रधानता प्राप्त कर लेता है, उन्हें प्रादेशिक आंचलिक उपन्यास कहा जाता है।" आंचलिक उपन्यासों में किसी विशेष जनपद, प्रान्त या क्षेत्र के जन–जीवन का चित्रण किया जाता है। इसके अन्तर्गत उनकी सामाजिक, धार्मिक, आर्थिक, सांस्कृतिक, शैक्षणिक स्थितियों का चित्र–बिम्ब प्रस्तुत किया जाता है। प्रेमचन्दोत्तरकालीन आंचलिक उपन्यासकारों में-वृन्दावनलाल वर्मा (मृगनयनी), फणीश्वरनाथ रेणु (मैला आँचल), नागार्जुन (बलचनमा), उदयशंकर भट्ट (सागर, लहरें और मनुष्य), देवेन्द्र सत्यार्थी (ब्रह्मपुत्र), शैलेश मटियानी (चिट्ठी, रसैन), हिमांशु श्रीवास्तव (लोहे के पंख), राजेन्द्र अवस्थी (जंगल का फूल), अमृतलाल नागर (बूँद और समुद्र), रांगेय राघव (कब तक पुकारूँ), डॉ० रामदरश मिश्र (पानी के प्राचीर) आदि का नाम लिया जाता है।

व्यक्तिवादी उपन्यास-प्रेमचन्दोत्तर काल में अन्य उपन्यासों की तरह व्यक्तिवादी उपन्यास भी लिखे गये। ऐसे उपन्यासों में मानव–जीवन से सम्बन्धित मनोवैज्ञानिक पहलुओं-प्रेम विवाह, यौनाकर्षण, हीनता का भाव आदि को वर्ण्य–विषय के रूप में स्वीकार किया गया है तथा काव्यजगत् के अतियथार्थवाद की तरह उपन्यास-जगत् में ही ऐसे साहित्य प्रस्तुत किये गये हैं। व्यक्तिवादी उपन्यासकारों में अज्ञेय (नदी का द्वीप), भगवतीचरण वर्मा (रेखा), नरेश मेहता (डूबते मस्तूल), जैनेन्द्र कुमार (मस्तूल), डॉ० देवराज (पथ की खोज), भगवतीप्रसाद वाजपेयी (उनसे न कहना) आदि का नाम उल्लेखनीय है।

उपन्यास का प्रेमचन्दोत्तर युग छायावादोत्तर अथवा उत्तर स्वच्छन्दतावादी कालखण्ड से माना जाता है जो नितान्त व्यापक और विस्तीर्ण है। प्रगति-प्रयोग और नयी कविता के समय के उपरान्त उत्तरशती में विकसित उत्तर आधुनिकतावादी आन्दोलन से अधुनातन काल की इस परिधि में हिन्दी उपन्यास के नाना प्रवृत्त्यात्मक रूप उभरकर सामने आये जिसमें व्यक्तिवादिता, प्रकृतिवादिता, मनोविश्लेषणवादिता, ऐतिहासिकता, आंचलिकता, सामाजिक यथार्थवादिता आदि प्रमुख हैं। इन प्रवृत्तियों से जुड़े उपन्यासकार एकाधिक कोटियों में वर्गीकृत किये जा सकते हैं। इनमें से कुछेक की चर्चा की जा चुकी है। कुछ प्रमुख उपन्यासों और उपन्यासकारों का संक्षिप्त विवरण यहाँ अपेक्षित है।

शेखर : एक जीवनी

प्रगति–प्रयोग के काल में 1941 में अज्ञेय का उपन्यास 'शेखर : एक जीवनी' प्रकाशित हुआ। उसी साल यशपाल का उपन्यास 'दादा कामरेड'। मनोविज्ञान, प्रगतिवाद और प्रयोगवाद की चिन्ताधारा समान रूप से प्रवहमान् हुई। अज्ञेय कविता के साथ कथा-साहित्य में भी प्रयोगशील थे।

कुछ आलोचकों की दृष्टि में 'शेखर : एक जीवनी' मनोवैज्ञानिक अथवा मनोविश्लेषणवादी उपन्यास है। यहाँ फ्रायडीय मनोविज्ञान का विशेष रूप 'ऑडियस काम्प्लेक्स' का प्रभाव अज्ञेय पर रहा है। उपन्यास का नायक अपनी रिश्ते की बहन से शारीरिक सम्बन्ध स्थापित करता है। किन्तु डॉ० बच्चन सिंह इसे पूर्णतः 'निहिलिस्ट' (नकारवादी) उपन्यास मानते हैं। उनके अनुसार शेखर एक निहिलिस्ट विद्रोही है। यद्यपि अज्ञेय स्वयं उपन्यास में नकारात्मक 'निहिलिस्ट' मोड़ को स्वीकार नहीं करते।

शेखर के विद्रोह के तीन अस्त्र हैं–प्रेम, घृणा और यातना। प्रेम वह अपने को करता है, अपने व्यक्तित्व को, घृणा दूसरों को और यातना में स्वयं रहता है और जिससे सम्पृक्त होता है उसे भी रखता है। अपने लिये शेखर का कहना है–"मैं अपने बीते युगों, असंख्य युगों का निचोड़ हूँ। नृजाति के उच्चतम आदर्शों का केन्द्रीभूत पुंज भी मैं ही हूँ, और मैं नया हूँ, अपूर्व हूँ। अज्ञेय की कविता में इसे बार–बार दुहराया गया है। यह नीत्शे का अतिमानव (सुपरमैन) बोल रहा है।

शेखर प्रत्येक व्यक्ति और बँधी हुई प्रणाली के विरुद्ध विद्रोह करता है–माँ के विरुद्ध, पिता के विरुद्ध, विवाह–प्रथा के विरुद्ध, शिक्षा–पद्धति के विरुद्ध, पुराने मानवीय रिश्तों के विरुद्ध आदि। प्रेम का मँगता तो वह है, किन्तु दाता नहीं है, इसलिए जिम्मेदार नहीं है। उसके अस्तित्व और अस्मिता के लिए यौनाकांक्षा अनिवार्य है, प्रेम चाहे किसी किशोरी का हो, दूर के रिश्ते की बहन शशि का हो अथवा आन्द्रेजीद के किसी किशोर का, उसकी अपनी निर्मिति के लिए प्रेमास्पद को टूटना ही होगा। अपने प्रिय को वह नींबू की तरह निचोड़ लेना चाहता है–सिर्फ अपने लिये। शशि उसके लिए टूटती है, मरती है। किन्तु उसकी स्मृतियों की लाश ढोता हआ वह सर्जनात्मक बनना चाहता है।

जिस प्रकार यह अपने कथ्य में प्रयोगात्मक है उसी प्रकार शिल्प–शैली और रूप-विधान में भी। कथ्य और रूप का ऐसा विरल संयोग कम मिलता है। इसमें सबसे महत्त्वपूर्ण प्रयोग काल का है। उपन्यास कालक्रमिक नहीं है। सारा काल सिमटकर एक बिन्दु या क्षण में समाहित हो जाता है। कालक्रम के स्थान पर उसका विपर्यय है। यह काल–विपर्यय ही उसका कालक्रम है। कहीं स्मृतियाँ हैं तो कहीं स्वप्न–बिम्ब,

किसी में कहीं अनुक्रम नहीं है। विचार भी बिखरे-बिखरे हैं। पर इन्हें एक काल-केन्द्र में नियोजित करके स्मृतियों, घटनाओं आदि को एककालिक बना दिया गया है।

'नदी के द्वीप' (1951) प्रेमाख्यान नहीं, कामाख्यान है—आधुनिक बौद्धिक और अद्वितीय। राग-बोध की डोर में तीन ही व्यक्ति बँधे हैं—रेखा, भुवन और गौरा। रेखा का पति हेमन्त और उसे विलास-वस्तु समझनेवाला चन्द्रमाधव हाशिये पर हैं। हेमन्त उसे प्यार नहीं करता। उसे पुरुष के रूप में रेखा ने अनुभव ही नहीं किया। वह शैवाल ढँके पोखर की तरह शान्त और निश्चल है। भुवन उसके जीवन में तूफान की तरह आकर पोखर को आन्दोलित कर देता है। उसी में अपनी रागात्मकता उँड़ेलकर वह प्रतिफलित (फुलफिल्ड) हो उठती है और प्रतिफलित होकर मुक्त। प्रतिफलन तन्मयता का सघनतम क्षण है। यह क्षण ही नदी का द्वीप है क्योंकि इतिहास-निरपेक्ष है।

रेखा के चरित्र की ऊँचाई वहाँ दिखायी देती है जहाँ वह भुवन को मुक्त करती है। वह जानती है कि भुवन के मन में एक और मूर्ति बसी हुई है। भुवन एक अपराध-बोध के तहत रेखा से विवाह का प्रस्ताव करता है। लेकिन रेखा उसे स्वीकार नहीं करती, औरों के पक्ष में अपने को हटा लेती है। इस तरह भुवन को मुक्त कर देती है। अज्ञेय की एक कविता है—'दुःख सबको माँजता है/और/चाहे स्वयं सबको मुक्ति देना वह न जाने किन्तु/जिसको माँजता है/उन्हें यह सीख देता है कि सबको मुक्त रखे।'

उसके मन में कहीं कोई ईर्ष्या नहीं है। ईर्ष्या का न होना प्रेम का उच्चतर सोपान है लेकिन उसका प्रेम लगभग एकतरफा है इसलिए प्रेम प्रेम न होकर राग रह जाता है। प्रश्न होता है कि यदि वह इतनी बौद्धिक और अपने प्रति आस्थावान् है तो भ्रूण-हत्या क्यों करती है? फिर भी उसका निःसंग समर्पण उसके अनुरूप है। पर उनका यह समर्पण इतना निजी है कि उसके व्यक्तित्व को पूर्ण नहीं कहा जा सकता। पूर्ण तो तब होता जब अपने से बाहर को भी जो निज से बड़ा है, समर्पित होती। भुवन और गौरा के चरित्र पारम्परिक हैं। अद्वितीयता केवल रेखा में है।

इस उपन्यास की भाषा और टकसाल-ढले शब्दों की एक स्वर से सराहना की गयी है। बिम्बों, प्रतीकों की विलक्षणता और तत्सम-तद्भव के टकराहटजन्य सौन्दर्य का उल्लेख किया गया है। पर इस पिटी हुई प्रणाली से इसके कलात्मक सौन्दर्य का उद्घाटन नहीं हो सकता। यह आधुनिकता से सम्बद्ध उपन्यास है। यथार्थवादी उपन्यासों के पैटर्न से एकदम अलग। इसमें रेखा ही 'फुलफिल्ड' नहीं होती, कला भी 'फुलफिल्ड' होती है, कला जीवन का निर्माण करती है। इसकी संरचना एक संगीतात्मक लय, काव्यात्मक संवेदना और कला-चेतना की नाट्यमानता को एकसूत्रता में पिरोती है। इसकी अपील सौन्दर्यबोध के प्रति है न कि इतिहासबोध के प्रति।

अज्ञेय का तीसरा उपन्यास **'अपने-अपने अजनबी'** भी एक प्रयोग है। इसमें अस्तित्ववादी मुहावरे को ग्रहण करते हुए भी उसे उलट दिया गया है। जो लोग इसे अस्तित्ववादी उपन्यास कहते हैं वे भ्रम में हैं, यह तो उसका खण्डन करता है। इसका परिवेश विदेशी है, एक को छोड़ सभी पात्र विदेशी हैं। इसकी समस्या वरण की स्वतन्त्रता की है, अकेलेपन की है, मृत्युबोध और अजनबीपन की है। सेल्मा इनके विरुद्ध है। वह योके से कहती है—'तुम जो अपने को स्वतन्त्र मानती हो, वही सब कठिनाइयों की जड़ है, न तो हम अकेले हैं, न हम स्वतन्त्र हैं और इसलिए चुनने या फैसला करने का अधिकार हमारा नहीं है—ऐसी सब स्वतन्त्रताओं की कल्पना निरा अहंकार है।' उसे क्षण को परम्परा से जोड़ने में आस्था है। इस विश्वास और आस्था को उसने जिया है। वरण की स्वतन्त्रता के नाम पर केवल आत्महत्या की जा सकती है। किन्तु आत्महत्या का प्रसंग निहायत अगम्भीर हो गया है।

इन तीनों उपन्यासों में 'शेखर : एक जीवनी' में जीवन की प्रखरता सबसे अधिक है। अराजकतावादी होते हुए भी शेखर ऐसी बहुत-सी मान्यताओं को ध्वस्त करता है जिनके ध्वंस पर ही नये समाज का निर्माण हो सकता है।

यशपाल (1903-63) जीवन में क्रान्तिकारी, विचारों में मार्क्सवादी और लेखन में प्रगतिवादी हैं। सन् 1938 में जेल से मुक्त होने पर मार्क्सवादी विचारधारा के कट्टर समर्थक हो गये। सन् 1938 में इस विचारधारा के प्रचारार्थ 'विप्लव' नामक पत्र भी निकाला। वे मूलतः प्रेमचन्द-परम्परा के ही उपन्यासकार हैं। प्रेमचन्द की परम्परा का ही उसमें गुणात्मक परिवर्तन है।

उसका पहला उपन्यास **'दादा कामरेड'** (1941) लेखक के अपने ही रूपान्तरण का आख्यान है। दादा अलग है और कामरेड अलग। दादा क्रान्तिकारी है और कामरेड मार्क्सवादी। कामरेड मजदूरों के संगठन और पूँजीवाद के विरोध पर बल देता है। मजदूर वर्ग की एकरेखीय विजय-यात्रा के भद्दे सिद्धान्त के कारण उपन्यास सपाट हो जाता है। नारी पात्र को अपना व्यक्तित्व नहीं मिल पाया है। वह प्रेरणा ही नहीं होती, और भी कुछ होती है।

देशद्रोही (1941) कम्युनिस्ट पार्टी की उस गलत नीति के समर्थन में लिखा गया था जिसके तहत पार्टी ने कांग्रेस के 'भारत छोड़ो' आन्दोलन के विरुद्ध विश्वयुद्ध में रूस के शामिल हो जाने के कारण अंग्रेजों की मदद की थी। पार्टी कामरेड (1947) अपेक्षाकृत साफ-सुथरा उपन्यास है। पर मताग्रह और यौनासक्ति का प्राधान्य इस उपन्यास में भी है।

'झूठा सच' (पहला भाग 1958; दूसरा भाग 1960) के प्रकाशन से सिद्ध हो गया कि यशपाल जीवन के विशाल फलक पर औपन्यासिक रंग-रेखा को उसके विविध आयामों में उतार सकते हैं। भारत-विभाजन के समय धर्मोन्माद का जो प्रालेय

ताण्डव हुआ उसकी मिसाल दुनिया के इतिहास में नहीं है। लूट-पाट, हत्या, मारकाट, आगजनी, बलात्कार का एक अटूट सिलसिला चलता रहा। वतन और देश अलग-अलग हो गये। इससे देश की समाज और अर्थ-व्यवस्था तो क्षतिग्रस्त हुई ही, सांस्कृतिक व्यवस्था भी परिवर्तित हुई। इसका प्रभाव देश के भावी निर्माण पर भी पड़ा। यशपाल ने इस उपन्यास में खण्डित देश के गहरे घावों का पूरे विस्तार से चित्रण किया है। यह दूसरी बात है कि इसमें विस्तार तो है लेकिन गहराई नहीं है।

इसका पहला भाग 'वतन और देश' है। जो देश है वह वतन नहीं है। इस प्रकार के विभाजन की जिम्मेदारी किस पर है? साम्राज्यवादी अंग्रेजों पर? स्वार्थान्ध देशभक्तों पर? धर्मान्ध फिरकापरस्तों पर? पिछड़ेपन और अज्ञान पर? आर्थिक विषमता पर? विभाजन के लिए जिम्मेदार इन सभी कारणों का समावेश इसमें हुआ है। किन्तु इसमें पारस्परिक सन्तुलन का अभाव है। किसी भी समस्या के मूल में आँख मूँदकर अर्थ की निर्णायक भूमिका मान लेने के कारण लेखक ने आर्थिक विषमता पर अधिक बल दिया है। विभाजन का दोष कांग्रेस पर है, किन्तु इस सन्दर्भ में मुस्लिम लीग और जिन्ना की भूमिका का पर्दाफाश नहीं किया गया है। बल्कि लीग की तरह ही लेखक मुस्लिम लीग को मुसलमानों की पार्टी तथा कांग्रेस को हिन्दुओं की पार्टी कहता है। जाहिर है, मतवादी आग्रह के कारण वह इतिहास को मनमाना अर्थ ही नहीं देता है बल्कि कथा का आन्तरिक सन्तुलन भी बिगाड़ देता है। फिर भी प्रथम भाग में विभाजन का भयावह दृश्यालेख यथार्थवादी ढर्रे पर प्रस्तुत किया गया है। एक बात द्रष्टव्य और महत्त्वपूर्ण है कि इस अन्धकारपूर्ण सर्वनाश में सब-कुछ स्वाहा हो जाने पर भी लेखक उस मानवीयता को, उसकी एक चिनगारी को बचा लेता है। हत्या के इस अभूतपूर्व मनुष्य-मेध में कुछ हिन्दू-मुसलमान ऐसे भी हैं जो सम्प्रदाय के ऊपर उठकर एक-दूसरे की सहायता करते हैं। इस चिनगारी को बचाये रखने की जरूरत है। तमसाच्छन्न देश को इसी से प्रचुर प्रकाश मिलेगा।

उपन्यास के दूसरे भाग में विभाजन के फलस्वरूप पाकिस्तान से आये हुए शरणार्थियों की समस्याओं को केन्द्र में रखकर नये आर्थिक, सामाजिक, राजनीतिक, सांस्कृतिक संकटों को उठाया गया है। शरणार्थियों ने अपने श्रम और पौरुष के बल पर अपनी आर्थिक समस्याएँ हल कर लीं। किन्तु उनका दबाव यहाँ के व्यवसायियों पर पड़ा, शरणार्थियों को बसाने के लिए कुछ पैसे लेकर जिन किसानों ने अपनी जमीन छोड़ी थी उनका भटकाव बढ़ गया। कांग्रेसी नेता और मन्त्रिगण आत्मनिष्ठ और भ्रष्ट हो गये। पंजाबियों की संस्कृति का गहरा प्रभाव उत्तर भारत की संस्कृति पर पड़ा। स्त्रियों में अपने पैरों पर खड़े होने की शक्ति आयी। इसके साथ ही स्वैराचार और संकीर्णता भी आयी। नयी परिस्थितियों में कुछ पात्र टूटते हैं और कुछ जूझते रहते हैं। इनके साथ विभिन्न वर्गों की भूमिकाओं पर भी यशपाल की दृष्टि गयी है।

पर दूसरा भाग पहले भाग की तरह गठा हुआ और यथार्थपरक नहीं बन पड़ा है। उसके पास यथार्थ को पकड़ने का एक वैज्ञानिक दृष्टिकोण है पर विधायक कल्पना का अभाव है। तथ्यों का बेमेल जमावड़ा और इतिवृत्तात्मक भाषा उपन्यास के प्रभाव को कम कर देते हैं। 'मेरी तेरी उसकी बात' उबाऊ और 'अप्सरा का शाप' तथा 'क्यों फँसे' सामान्य उपन्यास हैं।

'दिव्या' और 'अमिता' उनके ऐतिहासिक उपन्यास हैं। इनमें 'दिव्या' में स्त्रीत्व को जो गौरव दिया गया है वह स्पृहणीय है। इसमें चार्वाक मारिश प्रणय-याचना करता हुआ कहता है—"मैं देवी को राजप्रासाद में महादेवी का आसन नहीं दिला सकता और न निर्वाण के मिथ्या सुख का आसन ही दे सकता हूँ। वह नश्वर जीवन में सन्तोष की अनुभूति दे सकता है तथा सन्तति की परम्परा में मानव की अमरता दे सकता है।" यहाँ पर वैज्ञानिक भौतिकवादी दृष्टिकोण दिव्या को वास्तविक सार्थकता देने में बहुत सही ढंग से प्रयुक्त हुआ है।

फणीश्वरनाथ रेणु (1921-1977) के कथा-साहित्य में अंचल-विशेष की जेहालत, अन्धविश्वास, भोलापन, तिकड़म, माटी की महक, लोक-संस्कृति, गाँव की बोली-बानी को जिस समग्रता में साकार किया गया है वह अद्वितीय है। यों तो उन्होंने कई उपन्यास लिखे हैं—मैला आँचल, परती परिकथा, दीर्घतपा, जुलूस, पल्टू बाबू रोड आदि; पर उपन्यासकार के रूप में उनकी ख्याति के आधार 'मैला आँचल' और 'परती परिकथा' ही हैं। इन्हें वे आंचलिक उपन्यास कहते हैं। 'मैला आँचल' के सम्बन्ध में उनका कहना है—"यह है मैला आँचल, एक आंचलिक उपन्यास। कथानक है पूर्णिया।" पर आंचलिक कहने से इसकी सीमा संकुचित हो जाती है। अतः इन्हें ग्रामांचल के उपन्यास कहना अधिक औचित्यपूर्ण है। इस तरह के उपन्यास केवल रेणु ने लिखे हैं—ऐसे उपन्यास जिसके नायक ग्रामांचल के हों। ये नायक अपनी सीमाओं में बँधे रहकर भी उनके पार जाते हैं।

देश के स्वतन्त्र हो जाने के बाद नेताओं और सामाजिक कार्यकर्त्ताओं का ध्यान ग्रामोत्थान की ओर गया। रेणु ने अपनी गहरी ग्रामीण संवेदना के आधार पर मेरीगंज गाँव को, उसके सम्पूर्ण अन्तर्विरोधों और अँगड़ाई लेती हुई चेतना को जीवन्त औपन्यासिक रूप दिया है। रेणु का गाँव प्रेमचन्द का गाँव नहीं है। यहाँ पुरातन जड़ता और नवीन गत्यात्मकता की टकराहट है, विभिन्न राजनीतिक आन्दोलनों के अन्तर्विरोध हैं, बिरादरीवाद की कड़वाहट है, इनके बीच बजती हुई लोक-संस्कृति की शहनाई है। रूपात्मक विन्यास में भी यह प्रेमचन्द के 'गोदान' से भिन्न है। यह ग्रामीण उपन्यासों की नैरेटिव परम्परा को तोड़ता हुआ एक कोलाज बनाता है। आरकेस्ट्रा का बिम्ब उभरता है। ऐसा बिम्ब न रेणु के गुरु सतीनाथ भादुड़ी के 'ढोढ़ाय चरित मानस' में मिलेगा, न ताराचन्द बन्द्योपाध्याय में।

मेरीगंज में मलेरिया-उन्मूलन के लिए डॉ० प्रशान्त का प्रवेश एक घटना है। प्रशान्त देखता है कि गाँव में तरह-तरह के कीटाणु हैं—मठ, जमींदार, स्त्री-पुरुषों का अवैध अमानवीय सम्बन्ध, भ्रष्टाचार, बाल-वृद्ध विवाह, राजनीतिक मूल्यहीनता आदि। उसकी समस्या इन कीटाणुओं को नष्ट करने की भी है। राजनीतिक भ्रष्टाचार में बावनदास-जैसे ईमानदार गाँधीवादी रास्ते को ही अपनाते हैं और भविष्य समाजवाद में देखते हैं। इसे अन्तर्विरोध नहीं समझना चाहिए। समय आ गया है कि गाँधीवाद और समाजवाद में तालमेल बैठाया जाय। उपन्यास के अन्त में प्रशान्त एक दोमुहानी पर खड़ा है। कमला और ममता उसके बच्चे को, उसी के भविष्य की सुरक्षा में, पटना ले जाने का निश्चय कर चुकी हैं और प्रशान्त गाँव में प्यार की फसल उगाने का निर्णय।

'मैला आँचल' की दुनिया का समाधान 'परती परिकथा' में खोजा जा सकता है। यह विवादास्पद उपन्यास है—कुछ की दृष्टि में 'मैला आँचल' से आगे, कुछ की दृष्टि में उससे पीछे। इससे उसका महत्त्व कम नहीं होता। परिकथा के वस्तु-विन्यास में भी परिवर्तन हुआ है। 'मैला आँचल' में कच्चा रोमांस है; किन्तु 'परती परिकथा' को इससे बचा लिया गया है। परानपुर गाँव की हजारों एकड़ बन्ध्या धरती को उपजाऊ बनाने की मुख्य कथा के साथ गीता मिश्र के डायरीवृत्त को मिलाकर दो पीढ़ियों के अन्तराल को रचनात्मक धरातल पर चित्रित किया गया है। एक वृत्त में ढहता हुआ सामन्ती समाज है तो दूसरे में समाज को बदलनेवाला उसी का वंशज जितेन्द्र। यान्त्रिक मार्क्सवाद के समर्थक सामन्त बाप के बेटे को प्रगतिशील नहीं मानते। वर्गवाद का किताबी नुस्खा हर जगह लागू नहीं होता। पता नहीं कितने सामन्तों के बेटे मार्क्सवादी-समाजवादी हो चुके हैं।

'मैला आँचल' की मैल यहाँ भी है, पर यह संयमित है। पात्रों की बेशुमार भीड़ में प्रत्येक को पहचान लिया जाता है। कहीं-कहीं हल्की रेखाओं में गम्भीरतम विकृतियों को उभार दिया गया है। मलारी का गोरा होना यौन-विकृति का चिह्न है। इरावती का मानसिक बन्ध्यात्व विभाजन की क्रूरताओं का प्रमाण है। ताजमनी का प्रेम अपनी गरिमा में अमर है, न भुलाया जानेवाला है। रेणु का आस्थावादी दृष्टिकोण दोनों उपन्यासों को सामाजिक सार्थकता प्रदान करता है।

प्रेमचन्दोत्तर कथा-साहित्य को प्रभावित करनेवाला वैश्विक परिदृश्य (1940 से 1965 तक) अत्यधिक उथल-पुथल भरा हुआ था। द्वितीय विश्वयुद्ध गाँधीवाद, स्वतन्त्रता, देश-विभाजन, चीनी आक्रमण आदि ऐसी घटनाएँ घटित हुई थीं जिससे लेखकों की दो पीढ़ियाँ समानान्तर रचनाकर्म में तल्लीन थीं। इस कालखण्ड के रचनाकारों में आदर्श और यथार्थ का बराबर द्वन्द्व था। धीरे-धीरे कथा-साहित्य यथार्थोन्मुखी हुआ। परम्परा के प्रति विद्रोह के भाव भी कुछ रचनाकारों में उभरने लगे

थे। परिणामतः स्वच्छन्दतावादी, मानवतावादी, प्रकृतवादी, प्रगति और प्रयोगवादी तथा मनोविश्लेषणवादी प्रवृत्तियाँ उपन्यास को अलग-अलग सीमा में विकसित करने लगी थीं किन्तु कुत्सा, कुण्ठा, मूल्यों के विघटन और 'एलिएनेशन' की अभिव्यक्ति अभी उपन्यासों में विकसित नहीं हुई थी। प्रेमचन्दोत्तर युग की दो समानान्तर पीढ़ियों के रचनाकारों में—चतुरसेन शास्त्री, इलाचन्द्र जोशी, सियारामशरण गुप्त, प्रतापनारायण श्रीवास्तव, जैनेन्द्र, उपेन्द्रनाथ 'अश्क', भगवतीचरण वर्मा, वृन्दावनलाल वर्मा, भगवतीप्रसाद वाजपेयी, यशपाल, बेचन शर्मा 'उग्र', ऋषभचरण जैन, 'अज्ञेय', रामेश्वर शुक्ल 'अंचल', राहुल सांकृत्यायन, मन्मथनाथ गुप्त, हजारीप्रसाद द्विवेदी, देवेन्द्र सत्यार्थी, विष्णु प्रभाकर, अमृतलाल नागर आदि आते हैं। दूसरी पीढ़ी में उदयशंकर भट्ट, प्रभाकर माचवे, वीरेन्द्र कुमार जैन, भैरवप्रसाद गुप्त, भीष्म साहनी, फणीश्वरनाथ 'रेणु', नागार्जुन, लक्ष्मीनारायण लाल, रांगेय राघव, धर्मवीर भारती, डॉ० रघुवंश, अमृतराय, डॉ० देवराज, कृष्णचन्द शर्मा भिक्खु, रुद्र काशिकेय, अनन्त गोपाल शेवडे, नरेश मेहता, मोहन राकेश, राजेन्द्र यादव, लक्ष्मीकान्त वर्मा, कंचनलता सब्बरवाल, शिवानी, श्रीलाल शुक्ल, शैलेश मटियानी, कमलेश्वर, मार्कण्डेय, ठाकुरप्रसाद सिंह, रामदरश मिश्र, दुष्यन्त कुमार, निर्मल वर्मा, मनहर चौहान आदि लेखक आते हैं।

पिछले कुछ वर्षों में उपन्यास लेखकों की एक तीसरी पीढ़ी भी तैयार हो गयी है। इनमें केशवप्रसाद मिश्र, विवेकीराय, कृष्ण बलदेव वैद, राही मासूम रजा, शिवप्रसाद सिंह, मनु शर्मा, वदी उज्जमाँ, अमरकान्त, विश्वम्भरनाथ उपाध्याय, राजेन्द्र अवस्थी, जगदीशचन्द्र, राजकमल चौधरी, श्रीकान्त वर्मा, हृदयेश, योगेश गुप्त, गंगाप्रसाद विमल, महेन्द्र भल्ला, शानी, महीप सिंह, मुद्राराक्षस, जगदम्बाप्रसाद दीक्षित, मनोहर श्याम जोशी, रवीन्द्र कालिया, काशीनाथ सिंह, गिरिराज किशोर, रमेशचन्द्र शाह, कामतानाथ, हिमांशु जोशी, द्रोणवीर कोहली, रामदेव शुक्ल, गिरीश अस्थाना, गोविन्द मिश्र, विनोद कुमार शुक्ल, नरेन्द्र कोहली, मणिमधुकर, राजकृष्ण मिश्र, योगेशकुमार, प्रमोद सिन्हा, पंकज विष्ट, संजीव आदि उल्लेखनीय हैं। उपन्यास लेखिकाओं में शशिप्रभा शास्त्री, कृष्णा सोबती, उषा प्रियंवदा, मृदुला गर्ग, दीप्ति खण्डेलवाल, मन्नू भण्डारी, राजी सेठ, कान्ता भारती, दिनेशनन्दिनी डालमिया, निरुपमा सोबती, प्रतिमा वर्मा, ममता कालिया, मेहरुन्निसा परवेज, मृणाल पाण्डेय, मैत्रेयी पुष्पा, अलका सरावगी आदि विशेष सक्रिय हैं।

प्रेमचन्द के बाद के इन तमाम उपन्यासकारों और उनकी कृतियों को कई प्रकार से वर्गीकृत करने की चेष्टा की गयी है। सामान्यतः इन उपन्यासों को सामाजिक एवं मानवतावादी, स्वच्छन्दतावादी, प्रकृतवादी, व्यक्तिवादी, मनोविश्लेषणवादी, सामाजिक, यथार्थवादी, ऐतिहासिक तथा आंचलिक वर्गों में रखा गया है। इस प्रकार का वर्गीकरण सुविधा की दृष्टि से किया गया है, अन्यथा अनेक उपन्यास ऐसे हैं, जिनमें

एक से अधिक प्रवृत्तियों को समान महत्त्व दिया गया है। देखा जाय तो स्वच्छन्दतावादी और मनोविश्लेषणवादी उपन्यास भी व्यक्तिवाद की सीमा में ही आते हैं। इनमें व्यक्ति को ही महत्त्व प्राप्त है। सामाजिक (मानवतावादी) उपन्यासों में व्यक्ति और समाज के सामंजस्य पर बल दिया गया है। उक्त उपन्यासकारों में कुछेक का संक्षिप्त विवरण दिया जा रहा है।

भीष्म साहनी (1915–2003 ई०) के कुल सात उपन्यास-'झरोखे' (1927 ई०), 'कड़ियाँ' (1970 ई०), 'तमस' (1973 ई०), 'वसन्ती' (1980 ई०), 'मय्यादास की माड़ी' (1988 ई०), 'कुन्तो' (1993 ई०), 'नीलू नीलिमा नीलोफर' (2000 ई०) प्रकाशित हैं। 'झरोखे' में एक आर्यसमाजी संस्कारोंवाले मध्यवर्गीय परिवार में घटित छोटी–छोटी घटनाओं को स्मृति–चित्रों के रूप में सँजोया गया है। 'कड़ियाँ' में विपरीत संस्कारोंवाले मध्यवर्गीय 'पति–पत्नी' की जीवन–कथा कही गयी है।

तमस : साहनी का सर्वाधिक चर्चित उपन्यास है। इसमें लेखक ने 1947 ई० के मार्च–अप्रैल में हुए भीषण साम्प्रदायिक दंगे की पाँच दिनों की कहानी इस रूप में प्रस्तुत की है कि हम देश–विभाजन के पूर्व की सामाजिक मानसिकता और उसकी अनिवार्य परिणति की विभीषिका से पूरी तरह परिचित हो जायँ। इसे पढ़कर हम यह अनुभव करते हैं कि बड़े लोगों के स्वार्थ की पूर्ति करनेवाली नीतियाँ जनसाधारण के जीवन से खिलवाड़ करके बड़े–बड़े राष्ट्रों के इतिहास और भूगोल बदल लेती हैं। यद्यपि लेखक यह नहीं मानता कि उपन्यास लिखते समय उसका कोई निश्चित नजरिया था या उसके इरादे निश्चित थे। वह इतना ही स्वीकार करता है–"एक संकटपूर्ण स्थिति की पृष्ठभूमि में विभिन्न धर्मों, वर्गों, विचारधाराओं के लोगों की प्रतिक्रिया और उनके क़ारनामें ही दिखाये गये हैं। इससे अधिक कुछ नहीं।" परन्तु इन प्रतिक्रियाओं और कारनामों पर विचार करने से, जो निष्कर्ष निकलता है, वह निश्चय ही क्षुद्र स्वार्थों, साम्प्रदायिक संकीर्णताओं और हिंसक पाशविक वृत्तियों से ऊपर उठकर उच्चतर मानव–मूल्यों की प्रतिष्ठा करनेवाला है।

निर्मल वर्मा (1929–2005 ई०) के पाँच उपन्यास-'वे दिन' (1964 ई०), 'लालटीन की छत' (1974 ई०,) 'एक चिथड़ा सुख' (1979 ई०), 'रात का रिपोर्टर', (1989 ई०), 'अन्तिम अरण्य' (2000 ई०) प्रकाशित हैं। वे लेखक की प्रतिबद्धता के कायल नहीं हैं। उनकी पहली कृति 'वे दिन' में 'आधुनिकताबोध' के सारे सूत्र-'अकेलेपन का बोध', 'विजातीयता की अनुभूति', 'महायुद्ध का संत्रास', 'जीवन की व्यर्थता का बोध', 'उदासी', 'तनाव', 'अनिश्चय' आदि विद्यमान हैं। सोचने की बात यह है कि यह सब-कुछ युद्धोत्तरकालीन यूरोपीय समाज का सत्य है या भारतीय समाज का? क्या भारतीय जीवन–चाहे वह किसी महानगर का ही क्यों न हो?-इन

सारी स्थितियों एवं असंगतियों का शिकार हो चुका है? यदि हुआ भी है तो क्या जीवन की व्यर्थता प्रमाणित करना ही लेखक का एकमात्र पुरुषार्थ और दायित्व है? लालटीन की छत में एक किशोरी (काया) के युवती बनने के बीच के अन्तराल की मनःस्थितियों–रहस्य, आतंक, भोलापन, अकेलापन–का अंकन स्मृति–चित्रों के सहारे किया गया है।'

कमलेश्वर (1932 ई० – 2007 ई०) के प्रायः सभी उपन्यास-'एक सड़क सत्तावन गलियाँ' (1957 ई०), 'डाक बँगला' (1959 ई०), 'लौटे हुए मुसाफिर' (1961 ई०), 'समुद्र में खोया हुआ आदमी' (1967 ई०), 'काली आँधी' (1974 ई०), 'तीसरा आदमी' (1976 ई०), 'आगामी अतीत' (1976 ई०), 'वही बात' (1980 ई०), 'सुबह दोपहर शाम' (1982 ई०), 'रेगिस्तान' (1988 ई०) छोटे–छोटे हैं। इधर आपका एक बड़ा उपन्यास 'कितने पाकिस्तान' (2000 ई०) प्रकाशित हुआ है। कमलेश्वर पुराने नैतिक आदर्शों और आधुनिक व्यावहारिक मूल्यों की टकराहट और उससे उत्पन्न तनाव का यथार्थ चित्र अंकित करने में पटु हैं। **एक सड़क सत्तावन गलियाँ** में उन्होंने आधुनिक परिवेश में कस्बे की जिन्दगी की अच्छी–बुरी स्थितियों का चित्रण किया है। **डाक बँगला** में मातृहीना 'इरा' का 'विमल' के प्रति आकृष्ट होकर पिता से अलग होने और उसके बाद जीवन–प्रवाह में अनेक लोगों से जुड़ने–बिछुड़ने और संघर्ष करने की कहानी कही गयी है। **तीसरा आदमी** में पति–पत्नी के बीच अनिवार्य परिस्थितियों में आर्थिक दबाव के फलस्वरूप तीसरे आदमी के आने और अन्ततः पति के अप्रासंगिक हो जाने की त्रासदी और उससे उत्पन्न तनाव का चित्रण किया गया है। **समुद्र में खोया हुआ आदमी** में सिन्धी ट्रान्सपोर्ट कम्पनी में क्लर्की करनेवाले 'श्यामलाल बाबू', उनकी पुत्री 'तारा' तथा पुत्र 'वीरन' की कहानी कही गयी है।

जैनेन्द्र : मनोविश्लेषणवादी उपन्यासकारों में सर्वश्री जैनेन्द्र, इलाचन्द्र जोशी, 'अज्ञेय' और डॉ० देवराज अग्रणी हैं। जैनेन्द्र गाँधीवाद के अध्यात्मपक्ष पर बल देते हुए आत्म–पीड़न के द्वारा हृदय–परिवर्तन में विश्वास करते हैं। उनके अनुसार मानव में दो मूल प्रवृत्तियाँ हैं–स्पर्द्धा और समर्पण। स्पर्द्धा अहम् का सृजन करती है। 'समर्पण–वृत्ति' 'स्व' को 'पर' को उत्सर्ग कर देने में अपनी सार्थकता अनुभव करती है। जैनेन्द्र ने 'अहं' की निस्सारता दिखाकर समर्पण द्वारा 'स्व' और 'पर' में अभेद स्थापित करने की चेष्टा की है। 'अहं' को विगलित करने में पीड़ा और व्यथा ही समर्थ है। व्यथा का तीव्रतम रूप कामगत यातना में प्राप्त होता है। इसीलिए जैनेन्द्र ने अपने उपन्यासों में काम–पीड़ा और समर्पण का चित्रण करके अहं का विसर्जन किया है। मानव की मूल वृत्तियों के संघर्ष को समझने और उभारने के लिए जैनेन्द्र को अन्तर्मुखी होना पड़ा है। वे व्यक्ति–मन की अतल गहराई में उतरे हैं; थोड़े अबूझ

और रहस्यमय हुए हैं। स्वयं उन्हीं के शब्दों में–"जो एकदम वास्तविकता में लिप्त है–वह फिर चाहे जितना भी बड़ा आदमी समझा जाता हो–सफल उपन्यासकार नहीं हो सकता। एकदम जरूरी है कि वह कुछ अबोध भी हो, मिस्टिक हो।" जैनेन्द्र के **'परख'** (1929 ई०), 'सुनीता' (1934 ई०), 'त्यागपत्र' (1937 ई०), 'कल्याणी' (1939 ई०), 'सुखदा' (1952 ई०), 'विवर्त' (1953 ई०), 'व्यतीत' (1953 ई०), 'जयवर्द्धन' (1956 ई०), 'मुक्तिबोध' (1965 ई०), 'अनन्तर' (1968 ई०), 'अनामस्वामी' (1974 ई०) और 'दशार्क' (1985 ई०) ये बारह उपन्यास प्रकाशित हो चुके हैं। प्रायः इन सभी उपन्यासों में काम–पीड़ा का दर्शन स्वीकार किया गया है। काम–अभुक्ति मानव को खण्डित कर देती है। वह भटकने लगता है। विद्रोही और उच्छृंखल हो जाता है। उसका दृष्टिकोण ध्वंसात्मक हो जाता है। नारी के समर्पण से ही वह सन्तुलित हो पाता है। जैनेन्द्र विविध प्रकार से इस एक ही सत्य को प्रकाशित करते हैं। **'परख'** में कट्टो और सत्यधन; **सुनीता** में सुनीता और हरिप्रसन्न; **त्यागपत्र** में मृणाल, **कल्याणी** में कल्याणी; **सुखदा में** सुखदा और लाल; **विवर्त** में भुवनमोहिनी और जितेन; **व्यतीत** में जयन्त और अनीता तथा **जयवर्द्धन** में जय और इला के बीच काम–अभुक्ति ही प्रधान है। जैनेन्द्र ने अपने ढंग से स्त्री-पुरुष के सम्बन्ध को मानसिक धरातल पर विवेचित कर उसका उदात्तीकरण करना चाहा है। धीरे–धीरे उनका यह प्रयोग विवाह–संस्था के निषेध का रूप ले लेता है। नारी पुरुष के अहं को विघटित करने के लिए उसके प्रति समर्पिता हो सकती है, किन्तु इसके लिए विवाहिता होना आवश्यक नहीं है। **'मुक्तिबोध'** में 'पत्नी' का स्वीकार तो है, किन्तु वह इसलिए कि "उमर आने पर उसकी गहरी वत्सलता पति को ही प्राप्त होती है।" (मुक्तिबोध, पृ० 10) वैसे प्रेरणा और स्फूर्ति यहाँ भी 'पत्नी' (राजश्री) से नहीं प्रेमिका (नीला) से ही प्राप्त होती है। अनन्तर में भी केन्द्र में 'अपराजिता' को रखा गया है, जिसने अपने अँगरेज पति चार्ल्स को इसलिए तलाक दे दिया है कि वह अपने को अधिक मानता था। यहाँ भी पत्नी (रामेश्वरी) नहीं प्रेमिका (अपराजिता) ही जीवन में गति और स्फूर्ति प्रदान करती है। नयी दुनिया को लानेवाला प्रकाश साफ कहता है–"हिन्दुस्तान में कुनबा एक कोल्हू होता है। लड़का उसमें जुते और चकराता रहे। ऐसे क्या फिर नयी दुनिया लाने के लिए वह बचा रह सकता है? (अनन्तर, पृ० 146)। **अनामस्वामी** की 'उदिता' का मानना है कि "विकास प्राप्त समाज उस आवश्यकता से (पिता के नाम के साथ माता के स्वीकार्य) मुक्ति पा निकला है। उन्नति और प्रगति की ओर की इतनी चुनौतियाँ हैं कि अब माँ बनना तरुणी के लिए आवश्यक नहीं है।" (अनामस्वामी, पृ० 171)। अन्त में लेखक ने उदिता को अमेरिका में तीसरे प्रेम के बाद विवाह स्वीकार करके सुख–सुविधा से जीवन व्यतीत करते दिखाया है। उसका लक्ष्य मानव-जाति को धार्मिक रूढ़ियों और परम्पराओं से

मुक्त करना है। **दशार्क** में विवाह–सम्बन्ध के टूटने पर स्त्री को वेश्या जीवन व्यतीत करने के लिए विवश दिखाया गया है। सम्बन्ध टूटने का कारण पैसा है। पैसे की प्रधानता होने पर सहज मानवीयता का ह्रास होता है और स्त्री भी माल बन जाती है। ऐसी स्थिति में वर्तमान मर्यादाओं पर चोट करना आवश्यक है। पैसे की जगह प्यार की प्रतिष्ठा से ही मानवता का कल्याण सम्भव है। इस प्रकार परवर्ती उपन्यासों में जैनेन्द्र ने पूँजीवाद से उत्पन्न भोगवादी संस्कृति पर प्रहार करते हुए यान्त्रिकता के ऊपर मानवीयता और पैसे की जगह प्यार को प्रतिष्ठित करना चाहा है, किन्तु यह सब उन्होंने अपनी विरल दार्शनिक तर्क–पद्धति के सहारे चिन्तन के स्तर पर ही किया है। इसीलिए गोविन्द मिश्र को 'दशार्क' उपन्यास कम एक चिन्तन ग्रन्थ ज्यादा लगा है। (सारिका, अक्टूबर, 1985, द्वितीय पक्ष) वस्तुतः जैनेन्द्र की यह रहस्यमय दार्शनिक मुद्रा प्रारम्भ से ही लक्षित की जा सकती है और उनका यह चिन्तक रूप उनके उपन्यासकार पर निरन्तर छाया रहा है।

श्री इलाचन्द्र जोशी (1902–1982 ई०) के 'लज्जा' (1929 ई०), 'संन्यासी' (1940 ई०), 'पर्दे की रानी' (1942 ई०), 'प्रेत और छाया' (1944 ई०), 'निर्वासित' (1946 ई०), 'मुक्तिपथ (1948 ई०), 'सुबह के भूले' (1951 ई०), 'जिप्सी' (1952 ई०), 'जहाज का पंछी' (1954 ई०), 'ऋतुचक्र' (1969 ई०), 'भूत का भविष्य' (1973 ई०), 'कवि की प्रेयसी' (1976 ई०) आदि कई उपन्यास प्रकाशित हो चुके हैं। इनमें 'संन्यासी', 'पर्दे की रानी', 'प्रेत और छाया' तथा 'जहाज का पंछी' को विशेष ख्याति मिली है। जोशीजी ने मनोविश्लेषण को अपनी कला का साधन बनाया है। यों आप फ्रॉयड और मार्क्स दोनों के समन्वय में विश्वास करते हैं और इसी आधार पर समाज की स्वस्थ प्रगति की अनिवार्यता स्वीकार करते हैं। अपनी प्रारम्भिक कृतियों में आपने काम–वर्जनाओं के उन्नयन पर बल दिया है। आपके प्रथम उपन्यास **घृणामयी** (जो अब लज्जा नामसे प्रचलित है) में लज्जा नामक आधुनिक शिक्षाप्राप्त युवती की काम–चेष्टाओं का मनोविश्लेषण किया गया है। **संन्यासी** आत्मकथात्मक शैली में लिखा गया है। इसमें नायक नन्दकिशोर के अहंभाव का मनोविश्लेषण किया गया है। अन्त में नन्दकिशोर संन्यासी हो जाता है और देश–सेवा में अपने को लगा देता है। यह उसके अहंभाव का उन्नयन है। **पर्दे की रानी** में नायिका निरंजना खूनी पिता और वेश्या माता की पुत्री है। यह जानकारी उसमें हीनता–ग्रन्थि उत्पन्न करती है और वह समाज के प्रति घृणा और प्रतिहिंसा का भाव रखने लगती है। **प्रेत और छाया** में नायक पारसनाथ को पता चलता है कि उसकी माँ वेश्या थी। उसमें हीनता की भावना उत्पन्न होती है और वह समस्त नारी–जाति को घृणा करने लगती है। **निर्वासित** में 'महीप' एक भावुक कवि हैं, वह 'नीलिमा'

को प्रेम करता है, किन्तु उसका व्यक्तित्व आकर्षक नहीं है। महीप अन्य क्षेत्रों में अपनी महत्ता स्थापित करके नीलिमा को प्रभावित करना चाहता है। वह क्रान्तिकारी बन जाता है। उसका अन्त एक निराश प्रेमी का अन्त बन जाता है। वह अस्पताल में रोगग्रस्त होकर मर जाता है।

महिला उपन्यासकार

यों तो प्रेमचन्द-युग में ही हिन्दी-कथा-रचना के क्षेत्र में महिलाओं का प्रवेश हो चुका था, किन्तु स्वतन्त्रता-प्राप्ति के बाद नारी-जागरण और स्त्री-शिक्षा के व्यापक प्रचार-प्रसार के फलस्वरूप इस क्षेत्र में महिला रचनाकारों की एक सशक्त पीढ़ी का उदय हुआ। दिनेशनन्दिनी डालमिया (1922-2006 ई०), शशिप्रभा शास्त्री (1923-2000 ई०), शिवानी (1923-2003 ई०), कृष्णा सोबती (1925 ई०), दीप्ति खण्डेलवाल (1930 ई०), मन्नू भण्डारी (1931 ई०), उषा प्रियंवदा (1931 ई०), राजी सेठ (1935 ई०), कान्ता भारती (1935-2001 ई०), मंजुल भगत (1936-1998 ई०), मृदुला गर्ग (1938 ई०), चन्द्रकान्ता (1938 ई०), कुसुम कुमार (1939 ई०), ममता कालिया (1940 ई०), मेहरुन्निसा परवेज (1944 ई०), चित्रा मुद्गल (1944 ई०), सूर्यबाला (1944 ई०), मृणाल पाण्डेय (1946 ई०), कमल कुमार (1946 ई०), नासिरा शर्मा (1948 ई०), निरूपमा सोबती आदि महिला उपन्यासकारों ने समकालीन उपन्यास-लेखन के क्षेत्र में महत्त्वपूर्ण भूमिका अदा की है। इनके अतिरिक्त पिछले कुछ वर्षों में इस क्षेत्र में जिन अन्य लेखिकाओं ने ध्यान आकृष्ट किया है उनमें चित्रा चतुर्वेदी (1939 ई०), प्रभा खेतान (1942 ई०), मैत्रेयी पुष्पा (1944 ई०), रमा सिंह, वीणा सिन्हा (1957 ई०), गीतांजलि श्री (1957 ई०), मधु काँकरिया (1957 ई०), जया जादवानी (1959 ई०), अलका सरावगी (1960 ई०), नीरजा माधव (1962 ई०) और रजनी गुप्त (1963 ई०), दिनेशनन्दिनी डालमिया आदि प्रमुख हैं।

उषा प्रियंवदा के तीन उपन्यास 'पचपन खम्भे लाल दीवारें' (1961 ई०), 'रुकोगी नहीं राधिका' (1967 ई०), 'शेष यात्रा' (1984 ई०) प्रसिद्ध हैं। आपके उपन्यासों में 'नयी कविता' के दौर की आधुनिकता के सारे तत्त्व —अकेलापन, संत्रास, ऊब, घुटन, अजनबीपन-विद्यमान हैं। अपने पहले उपन्यास **पचपन खम्भे लाल दीवारें** में आपने 'सुषमा' नामक एक मध्यवर्गीय नारी को केन्द्र में रखकर

आधुनिक नारी की मानसिक यन्त्रणा का सजीव अंकन किया था। **रुकोगी नहीं राधिका** में इस संत्रास को दूसरे सन्दर्भ में प्रस्तुत किया गया है। 'राधिका' अपना स्वतन्त्र विकास करना चाहती है। वह अपने भारतीय संस्कारोंवाले 'पापा' की अवहेलना करके 'डैन' से विवाह करके अमेरिका जाना चाहती है। डैन उसे अस्वीकार कर देता है, उसके बाद वह 'अक्षय' और 'मनीष' के बीच अनिश्चय की स्थिति में भटकती है। 'अक्षय' उसके लिए अधिक उपयुक्त है, किन्तु वह अपने पिता को 'शॉक' देने के लिए 'मनीष' को चुन लेती है। इस प्रकार वह निरन्तर असुरक्षा की स्थिति में रहती है। **शेष यात्रा** में 'अनु', 'प्रणव' से ब्याह करके अमेरिका चली जाती है। वहाँ उसे शीघ्र ही अहसास हो जाता है कि 'प्रणव' के लिए उसका महत्त्व उपभोग–सामग्री से अधिक नहीं है। ब्याह के बाद साढ़े चार वर्षों के भीतर ही तलाक की स्थिति उत्पन्न हो जाती है। दोनों अलग हो जाते हैं। दस साल बाद 'प्रणव' की भेंट 'अनु' से होती है। अब उसने 'दिव्या' के भाई 'दीपंकर चौधरी' से शादी कर ली है और एक अस्पताल के कैन्सर रिसर्च सेक्शन में जूनियर रिसर्च पैथोलाजिस्ट हो गयी है। 'प्रणव' इसी अस्पताल में 'चेकअप' के लिए आता है। वह हार्ट का मरीज है और 'नमिता' नामक एक विधवा के साथ रहता है। दोनों एक-दूसरे को देखते हैं और कतराकर चले जाते हैं। इस उपन्यास में भी आधुनिक नारी की समस्या को ही केन्द्र में रखा गया है, किन्तु यहाँ वह असहाय और असुरक्षित नहीं है। स्वावलम्बन, आत्मगौरव, सम्मान और स्वातन्त्र्यभाव के बल पर निखरकर, वह नये जीवन–यथार्थ में नये विश्वास से प्रतिष्ठित हो चुकी है। इधर उषा प्रियंवदा का नया उपन्यास 'अन्तर्वशी' (2000 ई०) प्रकाशित हुआ है। यह अमेरिका में प्रवास करनेवाले भारतीय परिवारों की जीवन–शैली का विश्लेषण करनेवाला उपन्यास कहा गया है, किन्तु इसे पढ़कर प्रवासी भारतीयों की जीवन–स्थितियों, मनः द्वन्द्वों, संघर्षों और आपसी सम्बन्धों का अन्तरंग परिचय नहीं मिलता। लेखिका ने मुक्त यौन–सम्बन्धों के स्थूल चित्रण में अधिक रस लिया है। किसी भी दृष्टि से यह लेखिका के पूर्व उपन्यासों से बेहतर नहीं कहा जा सकता।

मृदुला गर्ग के छह उपन्यास-'उसके हिस्से की धूप' (1975 ई०), 'वंशज' (1976 ई०), 'चितकोबरा' (1979 ई०), 'अनित्य' (1980 ई०), 'मैं और मैं' (1984 ई०), कठगुलाब (1996 ई०) -प्रकाशित हैं। मृदुला गर्ग ने अपनी पहचान अभिजातवर्गीय नारी के स्वातन्त्र्य, प्रेम–विवाह, वैवाहिक जीवन की एकरसता, ऊब, ताजगी की तलाश में परपुरुष की ओर झुकाव तथा प्रेम की अनुभूति के सूक्ष्म विश्लेषण के माध्यम से मानव–जीवन की सार्थकता की तलाश द्वारा बनायी थी। **उसके हिस्से की धूप** से लेकर **चितकोबरा** तक यह तलाश जारी थी। **अनित्य** में उन्होंने अपनी जमीन बदल दी। इसमें उन्होंने गाँधीवाद की व्यर्थता और भगतसिंह के नेतृत्व में संचालित

क्रान्तिकारी आन्दोलन की सार्थकता प्रमाणित करने की चेष्टा की है। इस उपन्यास में स्वतन्त्रता-संग्राम और उसके बाद के भारतीय जीवन के इतिहास को नयी दृष्टि से देखने का आग्रह किया गया है। नये सन्दर्भ में चन्द्रशेखर आजाद और भगतसिंह के देश-प्रेम तथा उनकी प्रगतिशील जीवन-दृष्टि का मूल्यांकन तो ठीक है, किन्तु गाँधी के नेतृत्व में लड़ी गयी स्वतन्त्रता की लड़ाई तथा उसके मूल में विद्यमान सत्याग्रही जीवन-दृष्टि को पूरी तरह नकारना उचित नहीं प्रतीत होता। **'मैं और मैं'** में मृदुलाजी ने एक ऐसी स्त्री की अस्मिता की खोज की है, जो कथा-लेखिका भी है। कथा-लेखिका 'माधवी' अपने पति 'राकेश' और दो पुत्रों के साथ सुविधा और शान्ति का जीवन व्यतीत करती है। एक दिन उसके जीवन में दूसरे लेखक 'कौशल' -जो कुरूप और कुण्ठित, किन्तु प्रभावशाली है--का प्रवेश होता है। कौशल बड़ी सूझ-बूझ के साथ 'माधवी' की रचनाओं की प्रशंसा करता है। माधवी, कौशल को बिल्कुल पसन्द नहीं करती, लेकिन उसके द्वारा की गयी प्रशंसा से प्रभावित होकर बहुत दूर तक उसे झेलती चलती है। बाद में वह भी उसके साथ उसी प्रकार खेलने लगती है, जिस प्रकार आरम्भ में झूठ और छद्म के सहारे वह उसे (माधवी को) इस्तेमाल करता था।' मधुरेश के शब्दों में-" **'मैं और मैं'** में एक मैं 'माधवी' का है और एक 'कौशल' का। कौशल के द्वारा बुनी पर्तों को झाड़कर वह जैसे स्वयं को नये सिरे से अन्वेषित करती है।" **कठगुलाब** पुरुष-प्रधान उपन्यास है।

नासिरा शर्मा ने एक प्रगतिशील मानवधर्मी लेखिका के रूप में अपनी पहचान बनायी है। उनके छह उपन्यास-'सात नदियाँ : एक समुन्दर' (1984 ई०), 'शाल्मली' (1987 ई०), 'ठीकरे की मँगनी' (1989 ई०), 'जिन्दा मुहावरे' (1993 ई०), 'अक्षयवट' (2003 ई०) और 'कुइयाँजान' (2005 ई०) प्रकाशित हैं। **सात नदियाँ : एक समुन्दर** में आज के ईरान की कथा कही गयी है। ईरान की जनता ने रजाशाह पहलवी के खिलाफ बगावत करके उनकी तानाशाही से मुक्ति प्राप्त करनी चाही थी, किन्तु इस बगावत से उसे लक्ष्य की प्राप्ति नहीं हुई। शाह के जाने के बाद इस्लामी गणतन्त्र के नाम पर अयातुल्ला खुमैनी ने जनता पर एक-दूसरे प्रकार की तानाशाही लाद दी। प्रस्तुत उपन्यास में लेखिका ने इस धार्मिक तानाशाही के दबाव में पिसती हुई जनता का बड़ा ही सजीव चित्र खींचा है। लेखिका ने जनता के दुःख-दर्द को मानवीय दृष्टि से देखा है और उसे पूरी सहानुभति दी है। **शाल्मली** में लेखिका ने एक सुशिक्षिता और केन्द्रीय सरकार की सेवा में प्रथम श्रेणी की पदाधिकारी पत्नी और किसी सरकारी दफ्तर में सेक्शनल ऑफिसर के रूप में कार्यरत हीन-भावना-ग्रस्त पति के बीच उभरनेवाले पारिवारिक तनावों और विसंगतियों का चित्रण किया है। पति की क्रूरता को सहन करती हुई भी पत्नी (शाल्मली) परिवार को टूटने-बिखरने से बचाये रखना चाहती है। वह अपनी विस्तृत दृष्टि को संकुचित नहीं होने देती। चुपचाप निर्लिप्त भाव से पति (नरेश) के अत्याचारों को सहती जाती

है। दाम्पत्य जीवन की विसंगतियों का यह समाधान व्यापक सामाजिक स्वीकृति पा सकेगा, इसमें सन्देह है। **ठीकरे की मँगनी** रूढ़ियों में जकड़े एक मध्यवर्गीय मुसलिम परिवार की शिक्षित और संवेदनशील युवती 'महरूख' की संघर्ष-कथा है। महरूख के परिवार में लड़कियाँ नहीं जीती थीं, इसलिए टोटके के रूप में पैदा होते ही उसकी मँगनी मौसेरे भाई रफत से कर दी जाती है। बी० ए० कर लेने के बाद रफत भाई की इच्छानुसार उसका दाखिला जे० एन० यू० (दिल्ली) में करा दिया जाता है। जे० एन० यू० में पढ़ते हुए वह उस प्रख्यात संस्था के अन्तर्विरोधों से परिचित होती है। वह देखती है कि साम्यवाद एक मुखौटा बन गया है, जिसे प्रायः लोग अपने विकास की सीढ़ी बना लेते हैं। रफत भाई वजीफा लेकर आगे पढ़ने के लिए अमेरिका चले जाते हैं। वहाँ एक अमेरिकन लड़की से ब्याह रचाते हैं, फिर उसे तलाक देकर भारत लौट आते हैं। उनके इस व्यवहार से महरूख भीतर से टूट जाती है। वह उनसे शादी करने से इन्कार कर देती है। जे० एन० यू० में अपना शोध कार्य छोड़कर एक छोटे-से गाँव में पढ़ाने लगती है। वह गाँव के लोगों को साहस के साथ अन्याय से लड़ना सिखाती है। वह अपने जीवन के सारे अनुभव सामने रखकर सोचती है कि सारे संवैधानिक और कानूनी अधिकारों के बावजूद आज भी स्त्री दासी है और पुरुष स्वामी। वह इस निर्णय पर पहुँचती है—"यह लड़ाई एक-दो दिन की नहीं, पूरी सदी तक लड़ी जानेवाली है, जब सब बदलकर एकदम नये की बुनियाद डाली जायगी। वरना पैबन्द लगाते-लगाते यह खस्ता इमारत कब तक खड़ी रखेंगे महरूख की यह सोच लेखिका की सोच भी हो सकती है। ऐसी स्थिति में उसे यह भी सोचना चाहिए था कि बिना किसी संघटन और ठोस वैचारिक आधार के कोई भी लड़ाई नहीं लड़ी जा सकती, आज के समाज को देखते हुए वह वैचारिक आधार क्या होगा? और संघटन का स्वरूप कैसा होगा?" जिन्दा मुहावरे देश के बँटवारे की भयंकर त्रासदी को केन्द्र में रखकर लिखा गया है। बँटवारे के समय परिवार के लोगों के विरोध के बावजूद निजाम पाकिस्तान (कराची) चला जाता है। वहाँ धीरे-धीरे अपने परिश्रम और लगन के बल पर सम्पन्न तो हो जाता है, किन्तु सुकून प्राप्त नहीं कर पाता। वह अपने घर-परिवार के लोगों के लिए बिसूरता रहता है। बहुत दिनों बाद वह घर लौटता है। पुराने लोग बड़े अपनत्व के साथ मिलते हैं, किन्तु जब वह अपने ही एक खानदानी दोस्त सैफउल्लाह से उसकी बेटी का हाथ अपने बेटे अख्तर के लिए माँगता है तो वह कहता है—"कौन अपनी लड़की नेपाल, अफगानिस्तान, ईरान ब्याहता है? फिर पाकिस्तान क्यों हम ब्याहें?" निजाम अनुभव करता है कि अब उसकी हैसियत गैर मुल्क के एक नागरिक की हो गयी है। बँटवारे के बयालीस वर्षों बाद एक ही कौम के लोग एक चने की दो दाल न रहकर दो अलग-अलग दरख्त बन गये हैं। धर्म और सम्प्रदाय की राजनीति ने लोगों के मन में जहर घोल दिया है। निजाभ दुःखी होकर पाकिस्तान लौट जाता है। उपन्यास लिखते हुए लेखिका ने यह विश्वास प्रकट

किया है कि भविष्य में आनेवाली नस्लें मानवीय पीड़ा और काले अनुभवों से सबक लेंगी, और ऐसी राजनीति से हाथ खींचेंगी, जो अभिशाप बन दिलों को काटती, जमीन को बाँटती, घरों को उजाड़ती, बारूद के ढेर पर बैठे इन्सान को रूहानी तौर पर लगातार कमजोर बनाती जा रही है। निश्चय ही नासिरा शर्मा के उपर्युक्त दोनों ही उपन्यासों ने उन्हें एक नयी पहचान दी है। **'अक्षयवट'** (2003 ई०) की पूरी कथा 'इलाहाबाद' शहर को केन्द्र में रखकर लिखी गयी है। इलाहाबाद का जीवन द्वन्द्वात्मक है। एक ओर तो उसके पास उदात्त मानवीय मूल्यों की विरासत है, दूसरी ओर वर्तमान जीवन–व्यवस्था की विकृतियाँ। लेखिका ने इस द्वन्द्व को पूरी सजगता से अंकित करते हुए 500 पृष्ठों के इस वृहत् उपन्यास की रचना की है। **'कुइयाँजान'** (2005 ई०) में लेखिका ने अनेक छोटे–बड़े कथा–सूत्रों के माध्यम से आधुनिक टेक्नालॉजी के बढ़ते प्रभाव के कारण क्रमशः निरन्तर छीजते जलस्रोतों की समस्या पर गम्भीरता से विचार किया है। पूरे उपन्यास में यह समस्या अन्तर्धारा के रूप में प्रवहमान् है। लेखिका ने इस तथ्य की ओर हमारा ध्यान आकृष्ट किया है कि यही स्थिति रही तो एक दिन मानव–जीवन घोर संकट में पड़ सकता है।

मधु काँकरिया का उपन्यास **खुले गगन के लाल सितारे** (2000 ई०) प्रकाशित है। यह उपन्यास नक्सलवादी आन्दोलन को केन्द्र में रखकर लिखा गया है। उपन्यास की केन्द्रीय पात्र 'मणि' है। 'इन्द्र' उसका कल्पना-पुरुष है। वह कलकत्ता के समीपवर्ती मध्यम ग्राम के पुराने जमींदार परिवार का लड़का है। 'मणि' निम्न-मध्यवर्गीय जैन परिवार की लड़की है। 'इन्द्र' उसे वेद की ऋचाओं की तरह पवित्र, दिव्य एवं रहस्यमय लगता है। वह माओ भक्त है और नक्सल आन्दोलन से जुड़ा है। पुलिस इन्द्र को पकड़कर ले जाती है और लाल बाजार लॉकअप में यन्त्रणा देकर मार डालती है। आधिकारिक तौर पर उसके विषय में कुछ भी पता नहीं है। 'मणि' लम्बी उम्र तक उसकी तलाश में भटकती रहती है। नक्सल आन्दोलन और क्रूरतापूर्वक उसके दमन की कथा के साथ उपन्यास निम्न-मध्यवर्गीय मारवाड़ी जैन परिवार के अन्तर्विरोधों से भी हमारा परिचय कराता है। अपने लम्बे भटकाव से मणि जीवन के अन्य अनेक सन्दर्भों एवं उनकी विसंगतियों से परिचित होती है। संन्यासियों एवं साध्वियों के जीवन का सच, अस्पतालों की दुर्दशा, डॉक्टरों की अमानवीयता, स्त्रियों की घुटन, स्नेह की कोमल छाया देनेवाली बहन पारसी के जीवन की त्रासदी और इस तरह की ज़ाने कितनी सचाइयों से वह समृद्ध होती गयी थी। जीवन के पैंतालीसवें वर्ष में 'मणि' के जीवन में आलोक जो प्रौढ़ प्रेमी के रूप में आते हैं वह उनकी आँखों में इन्द्र की आँखों की झिलमिलाहट देखती है। वे उसे इन्द्र के 'ऑल्टर ईगो' प्रतीत होते हैं। इन्द्र अब भी मणि की चेतना का अंग बना रहता है। दूसरे दिन वह उस क्रान्तिकारी कवि का आखिरी साक्षात्कार लेने जाती है, जिसके साथ इन्द्र ने एक ही सेल में आखिरी दिन गुजारे थे, शायद अकेले। स्मृति, डायरी,

पूर्वदीप्ति और हस्तक्षेप के सहारे लिखे गये इस उपन्यास में अनेक अवसरों पर लेखिका ने अपनी मान्यताओं और निष्कर्षों को सीधे प्रस्तुत करते हुए महत्त्वपूर्ण प्रश्नों का सामान्यीकरण कर दिया है। फिर भी आम आदमी के लिए एक बेहतर स्वप्न देखने की आकांक्षा से दीप्त यह उपन्यास स्वागत योग्य है। इधर उनके दो उपन्यास और प्रकाशित हुए हैं–**'सलाम आखिरी'** (2002 ई०) इस उपन्यास में वेश्याओं की जीवन-कथा कही गयी है। इसकी सफलता इस बात में है कि इसे पढ़कर पाठक के मन में वेश्याओं के प्रति करुणा उत्पन्न होती है तथा **'पत्ताखोर'** (2005 ई०) इसमें आज के युवावर्ग में बढ़ती नशाखोरी के भीषण और घातक परिणाम की ओर ध्यान आकृष्ट किया गया है।

समग्रतः हिन्दी-उपन्यास की विकासयात्रा उत्साहजनक है। यद्यपि नयी टेकनीक और शिल्प के आकर्षण में जीवनानुभवों और जीवन–दर्शन की समग्र अभिव्यक्ति का अभाव यहाँ खटकता है, किन्तु यह युगधर्म है। उत्तर–आधुनिकता, पूँजीवादी तन्त्र, आतंकवाद, नक्सलवाद और उपभोक्तावाद के बढ़ते दबाव, यथार्थ का कुरूप आग्रह तथा विखण्डित मानवीय मूल्यों के इस समाज में यही सम्भव है। फिर भी नितान्त ऐसे उच्चकोटि के उपन्यााास—गोदान, त्यागपत्र, झूठा सच, भूले बिसरे चित्र, मुझे चाँद चाहिए आदि हैं, जो हिन्दी ही नहीं विश्वसाहित्य में बेजोड़ हैं।

यहाँ कतिपय महत्त्वपूर्ण उपन्यासों की चर्चा अलग से की जा रही है–

आँवाँ : चित्रा मुद्गल ने विज्ञापन जगत् में होनेवाले नारी–शोषण को सार्थक औपन्यासिक परिणति देकर एक सफल उपन्यास–लेखिका के रूप में अपने को स्थापित कर लिया है। एक जमीन अपनी (1990 ई०) उनका चर्चित उपन्यास है। 'आब्जर्वेशन एडवरटाइजिंग' के मुख्य कार्यकारी अधिकारी मि० मैथ्यू 'अंकिता'–जैसी प्रतिभासम्पन्न 'कापीराइटर' को सिर्फ इसलिए अपने यहाँ से निकाल देते हैं कि वह पार्टियों में उनके क्लाइण्ट्स द्वारा की गयी अश्लील हरकतों को बरदाश्त नहीं करती। इसके विपरीत 'नीता' हर तरह के समझौते करके उसी कम्पनी में उसकी जगह नियुक्ति पा लेती है। लेकिन इसका मूल्य उसे देना पड़ता है। नित्य के शोषण से ऊबकर अन्त में वह आत्महत्या कर लेती है। इस प्रकार पूरे उपन्यास में स्त्री-शोषण के सम्बन्ध में संचार माध्यमों की भोगवादी दृष्टि का पर्दाफाश किया गया है। एक लम्बे अन्तराल के बाद लगभग 544 पृष्ठों में समाप्त होनेवाला आपका दूसरा उपन्यास **आँवाँ** (1999 ई०) प्रकाशित हुआ है। यह उपन्यास बम्बई के मजदूर संघटनों के जीवन–संघर्ष को केन्द्र में रखकर लिखा गया है। उपन्यास में दो बातें उभरकर सामने आयी हैं। एक तो यह कि कभी वर्गहीन समाज रचने के महान् उद्‌देश्य को सामने रखकर संघर्ष करनेवाली ट्रेड यूनियनें आज स्वयं सत्ताकांक्षियों की कठपुतली बन गयी हैं और उनका संघर्ष लक्ष्यभ्रष्ट हो चुका है। दूसरी यह कि समाज

का कोई वर्ग क्यों न हो, आज भी सर्वत्र पुरुषप्रधान समाज में नारी ही उत्पीड़ित होने के लिए अभिशप्त है। आज की उपभोक्तावादी संस्कृति ने मानवीय संवेदना को कुण्ठित कर दिया है और सब-कुछ बिकाऊ माल बन गया है। खरीद-फरोख्त के रास्ते इतने तिलिस्मी हो गये हैं कि एक बार उनमें फँस जाने के बाद मुक्ति का कोई मार्ग दिखायी नहीं पड़ता। मजदूरों के लिए आजीवन संघर्ष करनेवाले पक्षाघात से पीड़ित पाण्डेयजी की अत्यन्त संवेदनशील पुत्री कथानायिका 'नमिता' को यह समझाया जाता है कि "मत भूलो औरत के अस्तित्व का तिलिस्म उसकी देह से ही उपजता है।" और तो और, मजदूर-आन्दोलन के शिखर-पुरुष अनिता के पिता-तुल्य अन्ना साहब की यौन-कुण्ठा भी उसके शरीर से फूटती हुई आम्र बौर की बौरानेवाली मादक महक से ही उद्दीप्त होती है। प्रश्न उठता है कि आँवाँ की आग की तरह झुलसानेवाली आज की इस मानवीय नियति का विकल्प क्या है? 'नमिता' का मोहभंग और उसका अपनी सौतेली माँ किशोरी बाई के पास लौटना दिखाकर कथा-लेखिका ने एक विकल्प की ओर संकेत किया है। किशोरी बाई एक मजदूर माँ भी है। उसके पास लौटने का अर्थ है—संघर्ष की मूल नैतिक भूमि की ओर वापसी। उपन्यास के अन्त में उद्धृत 'पाश' की यह कविता सन्दर्भ सापेक्ष है।

हम लड़ेंगे, जब तक दुनिया में
लड़ने की जरूरत बाकी है।
हम लड़ेंगे कि लड़े बगैर
कुछ नहीं मिलता।

मुझे चाँद चाहिए : सुरेन्द्र वर्मा ने कुल तीन उपन्यास लिखे हैं—'अँधेरे से परे' (1980 ई०), 'मुझे चाँद चाहिए' (1993 ई०) तथा 'दो मुर्दों के लिए गुलदस्ता' (1998 ई०) किन्तु एक उपन्यासकार के रूप में उनकी ख्याति 'मुझे चाँद चाहिए' (1993 ई०) पर आधृत है। इसके बाद उनका एक अन्य उपन्यास-'दो मुर्दों के लिए गुलदस्ता' (1998 ई०) प्रकाशित हुआ है। 'मुझे चाँद चाहिए' एक महत्त्वाकांक्षी कलाकार की संघर्ष-गाथा है। यह संघर्ष दुहरा है। व्यक्ति के रूप में उसे पारिवारिक-सामाजिक परिवेश और कलाबाजार की प्रतिकूल परिस्थितियों से जूझना पड़ता है और कलाकार के रूप में अपनी प्रतिभा और कला-क्षमता के बल पर कला-परिवेश से सन्तुलन स्थापित करते हुए उच्चतम कला-मूल्यों की उपलब्धि के लिए संघर्ष करना पड़ता है। इस संघर्ष-गाथा को वर्षा-वशिष्ठ और उसके प्रेमी हर्षवर्द्धन दोनों की संघर्ष-कथाएँ मिलकर पूर्णता प्रदान करती हैं। असम्भव को साधने के प्रयत्न में हर्षवर्द्धन-जैसा प्रतिभासम्पन्न कलाकार अन्ततः आत्महत्या कर लेता है, किन्तु इसी प्रयत्न में वर्षा-वशिष्ठ शाहजहाँपुर-जैसे एक कस्बे से निकलकर अपनी प्रतिभा, इच्छाशक्ति, विवेक तथा चरित्र की नमनीयता के बल पर पूर्णतः सफल होती

है। वह बुलन्दियों के चाँद को छू लेती है। उसकी दृष्टि में जिन्दगी बड़े-से-बड़े कला–मूल्य से अधिक मूल्यवान् है। आत्महत्या कोई समाधान नहीं है। इस उपन्यास के सम्बन्ध में प्रख्यात समीक्षक श्याम कश्यप की निम्नलिखित टिप्पणी महत्त्वपूर्ण है–"जीवन यथार्थ की गहरी सूझ–बूझ के साथ कलात्मक चित्रांकन में सूक्ष्म-से-सूक्ष्म 'डिटेल्स' का सटीक वर्णन और भाषा से लेकर गद्य–शैली तक हिन्दी को लगभग एक नया संस्कार देने की उनकी कोशिश, सर्वोपरि सुरेन्द्र वर्मा की सकारात्मक जीवन–दृष्टि उन्हें निर्विवाद रूप से एक बड़ा लेखक एवं सक्षम कलाकार साबित करती है।" 'दो मुर्दों के लिए गुलदस्ता' लिखकर सुरेन्द्र वर्मा ने उपन्यासकार के रूप में अपनी प्रतिष्ठा को पीछे ढकेल दिया है। इस उपन्यास में दिल्ली के एक शोधछात्र और मथुरा के एक चौकीदार के बहाने बम्बई की भयानक अपराध और कुत्सित सेक्स की दुनिया का चित्रण किया गया है। उपन्यास में अपराध की भयानक दुनिया के साथ समृद्ध नारियों के अतृप्त सेक्स जीवन की तुष्टि के निमित्त पुरुष–वेश्या के सेक्स–प्रसंगों के जो रंगीन चित्र खींचे गये हैं, वे यदि किसी हद तक सच भी हों, तो सामाजिक प्रतिबद्धता और कलात्मक संयम से रहित इस उपन्यास को लिखकर लेखक ने कौन–सी रचनात्मक उपलब्धि हासिल की है, यह समझ से परे है। निश्चय ही यह उपन्यास उपभोक्ता संस्कृति के दबाव में शुद्ध व्यावसायिक प्रयोजन से लिखा गया है।

पाँच आँगनोंवाला घर : गोविन्द मिश्र (1939 ई०) के कई उपन्यास–'वह अपना चेहरा' (1970 ई०), 'उतरती हुई धूप' (1971 ई०), 'लाल पीली जमीन' (1976 ई०), 'हुज़ूर दरबार' (1981 ई०), 'तुम्हारी रोशनी में' (1985 ई०), 'धीर समीरे' (1988 ई०), **'पाँच आँगनोंवाला घर'** (1995 ई०), 'फूल, इमारतें और बन्दर' (2000 ई०), 'कोहरे में कैद रंग' (2004 ई०) प्रकाशित हैं। **वह अपना चेहरा** में दफ्तरी परिवेश की जानी–पहचानी स्थितियों के बीच घिरा उपन्यास का नायक 'मैं' अपने असली चेहरे को बेनकाब नहीं कर पाता। बड़े अफसर का व्यवहार उसमें नफरत उत्पन्न करता है किन्तु छोटे–छोटे प्रलोभनों के चक्कर में वह अपने वास्तविक रूप को पेश नहीं कर पाता। **उतरती हुई धूप** दो किशोर प्रेमियों की रूमानी प्रेम–कथा है। इसके दो भाग हो गये हैं। पहले भाग में प्रेमी यथार्थ की जमीन पर स्थित है किन्तु प्रेमिका शुद्ध रूमानी आदर्शवाद के आकाश में संचरण करती है। दूसरे भाग में प्रेमिका यथार्थ की जमीन पर आ गयी है और प्रेमी भावातिरेक में असहज हो गया है। फलतः दो प्रेमियों का सपना यथार्थ से टकराकर चूर–चूर हो जाता है। **लाल पीली जमीन** में बुन्देलखण्डी उपनगर के युवा छात्रों की भटकी हुई जिन्दगी की कहानी कही गयी है। यह भटकाव गुण्डागर्दी, अनुशासनहीनता और सेक्स को लेकर दिखाया गया है। **हुज़ूर दरबार में** ब्रिटिश साम्राज्य की छाया में सुरक्षित एक राजघराने की कथा कही गयी है, जो यह जानता है कि अब उसका

अस्तित्व मिटने ही वाला है। इस क्रम में लेखक ने 20वीं शताब्दी के आरम्भ से स्वतन्त्रता-प्राप्ति के तत्काल बाद के भारतीय जीवन को उसके अन्तर्विरोधों के साथ चित्रित किया गया है। एक स्थापित राज-सत्ता अपने पूरे ताम-झाम के साथ उखड़ जाती है और उसके स्थान पर नयी सत्ता जम जाती है। इनसे मुक्ति की कामना लिये सामान्यजन (जिनका प्रतिनिधि हरीश है।) जहाँ-का-तहाँ अवश और असहाय रह जाता है। **तुम्हारी रोशनी में** स्त्री-पुरुष के सम्बन्धों का विश्लेषण करनेवाला उपन्यास है। रमेश और सुवर्णा आधुनिक शिक्षाप्राप्त दम्पति हैं। रमेश पर्याप्त उदार है। सुवर्णा भी नौकरी करती है और उसके भी कई मिलने-जुलनेवाले मित्र हैं। उदारता के बावजूद रमेश में कहीं पुराने संस्कारोंवाला पति विद्यमान है, जो 'सुवर्णा' पर पूरा अधिकार चाहता है। वह उसके मित्रों से जानना चाहता है कि क्या जो स्वतन्त्रता वे उसकी पत्नी से लेते रहे हैं, वही स्वतन्त्रता उसे अपनी-अपनी पत्नियों से लेने की छूट दे सकते हैं। पति के दबाव से ऊबकर सुवर्णा अपनी माँ के पास आ जाती है। उसका एक मित्र 'अनन्त' उसके साथ आता है। सुवर्णा को यह अहसास हो गया है कि 'अनन्त' उसे पूरी तरह समझता है। वह उसकी तरफ आकृष्ट होती है। 'अनन्त' की सन्निकटता से सुवर्णा में आत्मीय साझेदारी का बोध विकसित होता है। मधुरेश के शब्दों में " 'तुम्हारी रोशनी में' इस तथ्य को साग्रह रेखांकित करता है कि नारी-मुक्ति की सार्थकता हार्दिक प्रेम में है। आधुनिक छद्म उच्छृंखलता में नहीं।"

इदन्नमम : महिला कथा-लेखिकाओं में **मैत्रेयी पुष्पा** ने अपनी रचनाओं की ताजगी और ऊष्मा से सहसा हिन्दी-जगत् का ध्यान आकृष्ट कर लिया है। अब तक उनके—'स्मृतिदंश' (1990 ई०), 'बेतवा बहती रही' (1993 ई०), 'इदन्नमम' (1994 ई०), 'चाक' (1997 ई०), 'झूला नट' (1999 ई०), 'अल्मा कबूतरी' (2000 ई०), 'कहे ईसुरी फाग' (2004 ई०) तथा 'त्रिया हठ' (2005 ई०) आदि कई उपन्यास प्रकाशित हो चुके हैं। **'स्मृतिदंश'** आपका पहला उपन्यास है। अपने दूसरे उपन्यास—**'बेतवा बहती रही'** से आपने अपनी पहचान कायम की और **'इदन्नमम्'** से आपको व्यापक ख्याति प्राप्त हुई। **बेतवा बहती रही** एक गरीब परिवार में जन्मी, बहुत कम पढ़ी-लिखी स्त्री 'उर्वशी' की संघर्ष-गाथा है। उर्वशी का ब्याह सर्वदमन से होता है। सर्वदमन नयी रोशनी का सुशिक्षित युवक है। पेशे से वकील है। उसका भरपूर प्यार उर्वशी को मिलता है, किन्तु भाग्य की विडम्बना कि वह बहुत कम उम्र में विधवा हो जाती है। इसके बाद से ही उसकी जीवन-दिशा बदल जाती है। उसका सगा भाई दस बीघा जमीन लेकर उसका ब्याह एक नर-राक्षस बरजोरसिंह से कर देता है। बरजोरसिंह उसकी सखी मीरा का बाप है और उसकी पिता की उम्र का है। उर्वशी अपने दुधमुँहे बच्चे को अपने जेठ के संरक्षण में छोड़कर आयी थी। उसके लिए उसके मन में हूक उठती रहती है। वह जिन्दा लाश बनकर जीती है। उसका मूक विद्रोह

उसकी प्रत्येक चेष्टा से झलकता है, किन्तु वह बिना कुछ बोले साँस ढोती रहती है। वह बस एक बार अपनी जबान तब खोलती है, जब बरजोरसिंह अपने बड़े बेटे विजय की मृत्यु के बाद साल के भीतर पैसे के लोभ में अपने दूसरे बेटे उदय की शादी बिना उसकी मर्जी के मनमाना दहेज लेकर करना चाहते हैं। वह कहती है—"उदय की शादी के लिए जो लोग आये हैं, पइसावाले हैं, अपनी बिटिया के लिए आसानी से उदय-जैसा वर खोज लेंगे, लेकिन हमारे विजय की बहू, कहाँ जायेगी वह? कौन ब्याहने आयेगा उसे? तुमने कबहूँ सोची जे बात।" वह उदय की सहमति से उसका ब्याह विजय की विधवा से करा देती है। बरजोरसिंह चुप नहीं बैठते। वे वैद्य को मिलाकर उर्वशी को धीमी गति से असर करनेवाला जहर दिलवा देते हैं। सूचना पाकर उसके जेठ उसे देखने आते हैं और उसकी अन्तिम इच्छा को मान देते हुए उसका दाह बेतवा के किनारे सम्पन्न कराते हैं। उपन्यास का अन्तिम वाक्य उर्वशी के अन्तर्दाह की कथा बन गया है—"आसमान जल उठा, जल उठी धरती और सारे दाह को स्वयं में समेटे आग की लपटों के साथ-साथ धधकती बेतवा क्रुद्ध भाव से बहती रही।" उर्वशी की कथा के साथ-साथ लेखिका ने स्वतन्त्रता-प्राप्ति के बाद नेताओं की टुच्ची राजनीति, अनैतिक आचरण, विकास के नाम पर जनता का शोषण, सरकारी कर्मचारियों की घूसखोरी, पैसे का बढ़ता प्रभाव, अमानवीयता, अराजकता आदि का भी प्रभावी चित्रण किया है। उपन्यास की सबसे बड़ी विशेषता है—गाँव की नारी का जागृत होना। सदियों से गाय की तरह जड़ता के खूँटे से बँधी असहाय नारी अब पुरुष वर्चस्व को चुनौती देने के लिए अपना कदम बढ़ा चुकी है। **इदन्नमम्** की कथा-भूमि विस्तृत है। इसमें नारी-चेतना को व्यापक सामाजिक परिवेश में उभारा गया है। यहाँ देश के स्वतन्त्र होने के बाद का पूरा सामाजिक यथार्थ अपने अन्तर्विरोधों के साथ विद्यमान है। सामन्तीय संस्कारों में रचे-बसे परिवार, आर्थिक प्रलोभनों के चलते, दरकते हुए पारिवारिक रिश्ते, भ्रष्ट राजनीति, नौकरशाही का अमानवीय चरित्र, नये नेता और शोषण के नये तरीके, वोट की राजनीति, जातीय समीकरण, हिन्दू-मुस्लिम सम्बन्धों में खटास, आरक्षण की राजनीति, असन्तुलित विकास-योजनाएँ और चरित्र के संकट के चलते उनकी विफलता इन सारे जीवन-सन्दर्भो की सघनता उपन्यास को समृद्ध करती है। नारी-पात्रों का शोषण यहाँ भी है, किन्तु यहाँ वे अपेक्षाकृत सक्रिय हैं और अपने ढंग से पुरुष वर्चस्व को चुनौती देती हैं। उपन्यास का केन्द्रीय नारी पात्र 'मन्दा' है। वह महेन्दर सिंह की बेटी है। महेन्दर स्वप्नदर्शी नेता थे। उनकी राजनीतिक हत्या के बाद 'मन्दा' उनके सपनों को साकार करने का व्रत लेती है। कच्ची उम्र में ही उसके साथ बलात्कार हुआ है, किन्तु उसके मन में किसी प्रकार का अपराधबोध नहीं है। मकरन्द उसका प्रेमी है, किन्तु उससे उसका ब्याह नहीं हो पाता। मकरन्द का प्रेम उसे शक्ति देता है। महाराज-जैसे

नैतिक, विवेकनिष्ठ और सर्वमान्य व्यक्ति से वह प्रेरणा लेती रहती है। वह सामूहिक संघर्ष में विश्वास करती है और इसके लिए लोकशक्ति जागृत करती है। वह मजदूरों को उनकी मेहनत का महत्त्व और मूल्य समझाती है और आगे बढ़कर अभिलाष सिंह–जैसे शक्तिशाली ठेकेदार को चुनौती देती है। उपन्यास यह प्रभाव छोड़ने में पूरी तरह सफल रहा है कि आज भी पुरुष–सत्ता का प्राधान्य है। वह सब-कुछ करके मूँछों पर ताव देता रहता है और नारी का जरा–सा स्खलन उसकी बरबादी का कारण बन जाता है, किन्तु अब नारी–शक्ति जाग उठी है। अब सामाजिक ढाँचे को तोड़ती हुई न केवल वह अपने अधिकारों को सुरक्षित करेगी, वरन् समाज को नयी दिशा में आगे भी बढ़ायेगी।

कलि कथा : वाया बाईपास : अलका सरावगी के तीन उपन्यास–'कलि कथा : वाया बाईपास' (1998 ई०), 'शेष कादम्बरी' (2001 ई०) और 'कोई बात नहीं' (2004 ई०) प्रकाशित हैं। **कलि कथा : वाया बाईपास** की विशेष चर्चा हुई है। इसके कथानायक किशोरबाबू की बाईपास सर्जरी करायी गयी है। ऑपरेशन के बाद स्ट्रेचर पर वार्ड में ले जाने के क्रम में उनके सिर के पिछले हिस्से में लोहे की किसी चीज से चोट लग गयी है। इसका असर उसके दिमाग पर पड़ा है। उनमें विचित्र परिवर्तन हो गया है। वे प्रायः कलकत्ता की सड़कों पर पैदल घूमते रहते हैं। कभी–कभी किसी अलक्षित व्यक्ति से बात करते रहते हैं। बातों में संगति नहीं होती। उनमें पागलपन, आत्मविस्मृति, बदहवासी और व्यक्तित्वारोपण के लक्षण एक साथ दिखायी देते हैं। इसी मनोदशा में वे कथा कहते हैं। स्वाभाविक है कि ऐसा व्यक्ति अतीत की चर्चा करते–करते वर्तमान पर आ जायगा। वर्तमान की बात के साथ अतीत को जोड़ देगा। पात्र–विशेष के सन्दर्भ के साथ किसी दूसरे पात्र का सन्दर्भ संग्रथित कर देगा। इस प्रकार कथा–लेखिका ने यथार्थ और फैण्टेसी को जोड़कर नये शिल्प का आविष्कार कर लिया है और किशोरबाबू की एक जिन्दगी के भीतर तीन जिन्दगियों की कथा कहने तथा कलकत्ता की कथा को कलियुग की कथा बना देने की छूट ले ली है। किशोरबाबू की पहली जिन्दगी उनके बचपन से लेकर देश के आजाद होने तक, दूसरी आजादी की स्वर्ण–जयन्ती अर्थात् 1997 ई० तक और तीसरी उसके बाद जनवरी सन् 2000 ई० तक मान्य है। उनकी पहली जिन्दगी में उनके पूर्वजों का सारा अतीत ऊपर की पर्तों की तह में विद्यमान है। उसकी जड़ें 18वीं शती के आरम्भ तक जाती हैं। कलकत्ता शहर का बसना, राजपूताने से रोजी–रोटी की तलाश में मारवाड़ियों का यहाँ आना, कलकत्ते के विकास में उनकी भूमिका, अंग्रेजों और बंगालियों के रिश्ते, उत्तर कलकत्ता में कालों और दक्षिण में गोरों का आबाद होना, दोनों के बीच में मिश्रित रक्तवाले यूरेशियन लोगों का बसना और अमीरी–गरीबी को एक साथ साधनेवाले एक नये किस्म के महानगर का उदय, यह सब उनकी जिन्दगी के पहले हिस्से के विस्तार में समाहित है। यह सारा इतिहास

किशोरबाबू ने अपने परदादा रामविलास की बेतरतीब डायरियों और कलकत्ता में सबसे पहले आकर बसनेवाले सम्भ्रान्त बंगालियों की विरासत के दावेदार अपने मित्र शान्तनु से प्राप्त सूचनाओं के आधार पर रचा है। इसके बाद के इतिहास–स्वाधीनता आन्दोलन, सुभाष बाबू और गाँधी की टकराहट, द्वितीय महायुद्ध, बंगाल का भीषण अकाल, साम्प्रदायिक दंगे, देश के साथ बंगाल का विभाजन, स्वाधीनता के बाद का कलकत्ता, स्वतन्त्रता सेनानियों के सपनों का बिखरना, जीवन के सभी क्षेत्रों में नैतिक मूल्यों का ह्रास–को किशोरबाबू ने स्वयं देखा और भोगा है। बाईपास सर्जरी के बाद की उनकी सनकीपन की तीसरी जिन्दगी पुराने और नये जमाने को एक साथ देखने और उनके अन्तर्विरोधों को महसूस करने की दर्दभरी जिन्दगी है। सिर की चोट के कारण वे अपने भीतर की दुनिया में झाँकने में समर्थ हो गये थे। उन्हें लग रहा था कि चालू मापदण्डों को निर्णायक मानकर नयी पीढ़ी ने जो संसार बनाया है, वह उथला और रिक्त है। इसी जिन्दगी में वे आधुनिक कलियुग को देखने और महसूस करने लगे थे-जिसमें सोनिया, लालू, राबड़ी, धीरेन्द्र ब्रह्मचारी, चन्द्रास्वामी–जैसी हस्तियों के साथ विदेशी कम्पनियों और पैसों के प्रवेश से पूरी संस्कृति फैशन और बिकाऊ माल बनती जा रही थी। उपन्यास में इस बाहरी दुनिया के साथ मारवाड़ी परिवार की स्त्रियों की घुटनभरी जिन्दगी की एक भीतरी दुनिया भी है। यहाँ अँधेरा–ही–अँधेरा है। इस अँधेरे की एक ही लकीर हमें विचलित करने के लिए पर्याप्त है। यह लकीर है किशोरबाबू की विधवा भाभी। किसी राजा की रानी होने लायक यह नारी अपने वेश्यागामी पति के प्रतिरोध में कुल इतना ही कर पाती है कि राजयक्ष्मा से पीड़ित होने पर दवा खाने से इन्कार कर देती है। मारवाड़ी परिवारों के ऊपरी तामझाम के भीतर कितना गहरा और घना अँधेरा था, इसे विस्तार न देना ही अच्छा होगा।

उपन्यास का अन्त बड़ा ही नाटकीय और जादुई है। 1 जनवरी, 2000 ई० के दिन सुबह–सुबह किशोरबाबू सवेरे नहा–धोकर विक्टोरिया पार्क में महारानी विक्टोरिया की विशालकाय मूर्ति की जगह महर्षि अरविन्द की दुबली–पतली छोटी–सी मूर्ति के पूर्व की ओर खड़े हो जाते हैं। थोड़ी देर बाद उनका छात्र जीवन का मित्र शान्तनु अपनी पुरानी बग्घी से उतरकर उनके पास आता है और उन्हें गले लगा लेता है। किशोरबाबू उससे कहते हैं–"तुम आ गये शान्तनु? मैंने तो सोचा ही नहीं था कि तुम्हें आज की बात याद होगी।" शान्तनु उनका उत्तर देता है–"मैं तुम्हें बाईपास करके कैसे आगे की जिन्दगी की तरफ बढ़ता किशोर? जब हमारी दुनिया के सारे बाईपास के रास्ते बन्द हो गये, तो फिर मेरे पास यहाँ आने के सिवाय और क्या चारा था?" किशोरबाबू को उसकी बात समझ में नहीं आती। वह समझाता है–"देखो, एक रास्ता जाम होता था, तो हम दूसरा रास्ता बना लेते थे। हमने किसी समस्या के कारणों को मिटाने की कभी कोशिश नहीं की। हर समस्या को बाईपास करने के रास्ते ढूँढ़ते रहे। पर अब तो कोई बाईपास काम नहीं कर सकता।" तभी किशोरबाबू

के छात्र-जीवन का दूसरा मित्र अमोलक सहसा प्रकट होता है और शान्तनु की पीठ पर हाथ रखकर कहता है–"तुम एकदम ठीक कह रहे हो, शान्तनु। अब तुम्हें मेरी बात समझ में आयी है? मैंने यही तो कहा था तुमसे-"अपने देश के स्रोतों को बाईपास कर विदेशी फण्ड से तुम कुछ नहीं कर सकोगे। तुम्हें जो करना है वह अपने बूते पर करना होगा।" किशोरबाबू और शान्तनु दोनों अमोलक को देखकर भौचक थे, क्योंकि यह प्रचारित था कि बाबरी मस्जिद काण्ड में उसकी मौत हो चुकी है। अमोलक कहता है–"नहीं, मैं नहीं मरा था, जो मरा था वह मेरा डुप्लीकेट था।"

•

हिन्दी कहानी का विकासात्मक इतिवृत्त

कहानी भाषा के विकास के साथ ही आदिम मानव से जुड़ी रही होगी। प्राचीन भाषाओं के साहित्य में कहानी की परम्परा सुरक्षित है। परन्तु हिन्दी कहानी का उद्भव 20वीं शती के प्रारम्भिक वर्षों से ही हुआ है। सरस्वती का प्रकाशन और हिन्दी कहानी की उत्पत्ति लगभग समानान्तर घटनाएँ हैं।

वस्तुतः हिन्दी कहानी के गर्भ में संस्कृत के पौराणिक कथावृत्तों का आधार रहा है। हिन्दी कहानी की उत्पत्ति से पूर्व इसी तरह का कथात्मक रूप कहानी का था। लल्लूलालजी का 'प्रेमसागर' और 'सुख सागर', सदल मिश्र का 'नासिकेतोपाख्यान' क्रमशः 'भागवत' और उपनिषद् पर आधारित है और 'बैताल पच्चीसी', 'सिंहासन बत्तीसी' आदि संस्कृत कथाओं के आधार पर लिखी गयी है।

फारसी कहानियों के आधार पर 'लैला-मजनूँ', 'शीरी फरहाद', अंग्रेजी के नाटकों के आधार पर लिखी गयी कहानियाँ हिन्दी कहानी के उत्स के मूल कारक रहे हैं। वस्तुतः यह हिन्दी कहानी का पूर्व रूप रहा है। हिन्दी कहानी के उद्भव से लेकर उत्तर आधुनिकतायुगीन कहानियों के इतिवृत्त को निम्नलिखित शीर्षकों में वर्गीकृत किया जा सकता है—

1. प्रेमचन्द-पूर्व हिन्दी कहानी-प्रथम उत्थानकाल (सन् 1900 - 1910)

2. प्रेमचन्दयुगीन कहानी-द्वितीय उत्थानकाल (सन् 1910 से 1935)

3. उत्तर स्वच्छन्दतावाद (प्रगति-प्रयोग) युगीन कहानी-तृतीय उत्थानकाल (सन् 1935 से 1950)

4. उत्तरशती (उत्तर आधुनिकता) और नयी कहानी-चतुर्थ उत्थानकाल (सन् 1950 से आज तक)

प्रेमचन्द-पूर्व हिन्दी कहानी का प्रथम उत्थानकाल (सन् 1900 से 1910)— वस्तुतः सन् 1900 से ही हिन्दी कहानी का प्रारम्भ होता है। सरस्वती के प्रथम वर्ष (सन् 1900) में ही किशोरीलाल गोस्वामी की 'इन्दुमती' नामक कहानी छपी। पं० रामचन्द्र शुक्ल के शब्दों में "यदि इन्दुमती किसी बँगला कहानी की छाया नहीं है तो हिन्दी की यही पहली मौलिक कहानी ठहरती है।" आचार्य हजारीप्रसाद द्विवेदी ने गोस्वामीजी की इन्दुमती को लक्ष्य करके लिखा है—"सन् 1900 में

पं० किशोरीलाल गोस्वामी ने 'टेम्पेस्ट' की छाया लेकर एक कहानी लिखी जिसमें वातावरण तो भारतीय था, मूल कथानक को ही उसमें गूँथने का प्रयास था। इसे ही हिन्दी की सर्वप्रथम कहानी कहा जाता है। निस्सन्देह इसमें अच्छी कहानी के कई गुण थे पर यह वस्तुतः अंग्रेजी नाटकों की छाया पर आधारित अर्द्ध अनुवादित कहानियों से सिर्फ इस बात में भिन्न थी कि लेखक ने यह प्रयत्न किया था कि कहानी मौलिक जान पड़े।''

'इन्दुमती' में आधुनिक युग की सबसे प्रमुख विशेषता यथार्थ की प्रवृत्ति का अभाव है। इसका कथानक सामान्य दैनिक जीवन-जैसा न होकर राजपूती जीवन का है जिसमें आजमगढ़ के राजकुमार चन्द्रशेखर ने इब्राहीम लोदी को मारकर देवगढ़ के राजा को प्रसन्न कर उसकी इकलौती पुत्री इन्दुमती से विवाह किया है।

लक्ष्मीनारायण लाल ने आचार्य रामचन्द्र शुक्लकृत 'ग्यारह वर्ष का समय' (1903) को प्रथम कहानी की मान्यता प्रदान की है। राय कृष्णदास ने बंग-महिलाकृत 'दुलाईवाली' (1907) को प्रथम कहानी माना है। इनके अतिरिक्त अन्य कहानियाँ भी हैं जिन्हें आलोचकों ने अपने-अपने ढंग से हिन्दी की प्रथम कहानी का गौरव प्रदान किया है। यथा-

1. मास्टर भगवानदासकृत प्लेग की चुड़ैल (1903)
2. गिरिजादत्त वाजपेयीकृत पण्डित और पण्डितानी (1903)

विभिन्न मतों एवं तर्क-वितर्कों के पश्चात् बहुलांश विद्वानों द्वारा अब किशोरीलाल गोस्वामीकृत **'इन्दुमती'** को ही पहली कहानी माना जाता है। **'सरस्वती'** और **'इन्दु'** पत्रिकाओं के माध्यम से अनेक कहानीकारों की कहानियाँ पाठकों के समक्ष आयीं। इस युग के कहानीकारों में किशोरीलाल गोस्वामी, आचार्य रामचन्द्र शुक्ल, बंगमहिला, गिरिजादत्त वाजपेयी, मास्टर भगवानदास, पं० वेंकटेशनारायण, लाला पार्वतीनन्दन, पं० सूर्यनारायण दीक्षित, वृन्दावनलाल वर्मा, विश्वम्भरनाथ कौशिक, चन्द्रधर शर्मा गुलेरी, जयशंकर प्रसाद, राधिकारमण सिंह, जी० पी० श्रीवास्तव, गोपालराम गहमरी आदि हैं। इस युग की कहानियाँ स्वरूप की दृष्टि से पूर्ववर्ती कहानियों से भिन्न हैं। इन कहानीकारों में जागरूकता एवं चेतनता के लक्षण स्पष्ट प्रतीत होते हैं, किन्तु इस युग में मौलिकता की अपेक्षा अनुवाद की प्रवृत्ति अधिक दिखलायी पड़ती है, यथा-बंगमहिला और लाला पार्वतीनन्दन ने बँगला कहानियों से, राधाकृष्णदास और सूर्यनारायण दीक्षित ने अंग्रेजी से, गदाधर सिंह और जगन्नाथ त्रिपाठी ने संस्कृत की अनेक कहानियों का अनुवाद किया। अधिकांश कहानियों के कथानक का विकास आकस्मिक एवं दैवी घटनाओं के आधार पर हुआ है, फिर भी समसामयिक परिस्थितियों का पूरा प्रभाव इन कहानीकारों एवं उनकी कहानियों पर परिलक्षित होता है। इन कहानीकारों ने यथार्थ की भावभूमि से ऊपर उठकर आदर्शवाद की प्रतिष्ठा

को कहानी का उद्‌देश्य बनाया है। इस सम्बन्ध में डॉ० विवेकीराय का कथन सत्य प्रतीत होता है–

"इस काल की कहानियों पर आदर्शवाद का रंग बहुत गाढ़ा प्रतीत होता है। पुनरुत्थान की मानसिकता अपनी गौरवमयी सांस्कृतिक परम्पराओं के भीतर से उन सामाजिक सम्बन्धों के अन्वेषणों में दत्तचित्त दृष्टिगोचर होती है जो प्रेम, भ्रातृत्व, मानवीयता अथवा सघन भावात्मकता के ऊपर आधारित होती है।"

कहानीकला की दृष्टि से उत्कृष्ट कहानियों में चन्द्रधर शर्मा गुलेरीकृत 'उसने कहा था' प्रमुख बन पड़ी है। आचार्य शुक्ल ने इसकी बहुत प्रशंसा की है। जयशंकर प्रसाद की विविध कहानियाँ परम्परा को पुष्ट करनेवाली हैं। उन्होंने 'इन्दु' पत्रिका के माध्यम से कहानी विधा को और आगे बढ़ाया। राजनाथ शर्मा ने लिखा है कि "हिन्दी कहानीकला के विकास की दृष्टि से 'इन्दु' द्वारा जयशंकर प्रसाद, 'सरस्वती' द्वारा चन्द्रधर शर्मा गुलेरी और 'हिन्दी गल्पमाला द्वारा इलाचन्द्र जोशी के अभ्युदय ने समष्टि रूप से एक नये और अपूर्व स्वस्थ युग का द्वार खोला।"

प्रेमचन्द--काल-सन् 1916 में 'सरस्वती' पत्रिका के माध्यम से कहानी सम्राट् मुन्शी प्रेमचन्द की पहली कहानी 'पंचपरमेश्वर' प्रकाश में आयी। मुन्शी प्रेमचन्दजी का आविर्भाव हिन्दी कहानी–साहित्य के लिए वरदान सिद्ध हुआ। प्रेमचन्द से पूर्व हिन्दी कहानी कहीं-न-कहीं से परावलम्बी बनी हुई थी। प्रेमचन्द ने उसे स्वावलम्बी बनाया। प्रेमचन्दजी ने कहानीकला की शिल्प-विधि का निर्माण कर उसे चरमोत्कर्ष तक पहुँचाया। जिस समय प्रेमचन्द एक प्रतिष्ठित कथाकार के रूप में प्रतिष्ठित हो चुके थे, वह काल काव्य का छायावाद तथा राजनीति का गाँधीवाद कहलाता है। प्रेमचन्द ने अपनी कहानियों में गाँधीवाद को आत्मसात् किया है। प्रेमचन्दजी जनसामान्य के लेखक थे। अपनी कहानियों द्वारा उन्होंने सहस्रों मूक और दीन किसान–मजदूरों का प्रतिनिधित्व किया, जो पददलित थे। पूस की रात, शतरंज के खिलाड़ी, कफन, आत्माराम आदि इनकी प्रसिद्ध कहानियाँ हैं। प्रसादजी ने अपनी कहानियों में छायावाद की प्रतिष्ठा की है। व्यक्तिवादिता उनकी पहचान है, वे अपने वैयक्तिक आदर्शों को विसर्जित नहीं कर पाये हैं। आकाशदीप, गुण्डा आदि कहानियाँ प्रसादजी के इस प्रवृत्ति के प्रमाण हैं। इस तरह प्रेमचन्द और प्रसादजी इस काल के सामाजिक चेतना और वैयक्तिक चेतना के रूप में दो छोर हैं। चण्डीप्रसाद हृदयेश, राय कृष्णदास, विनोदशंकर व्यास और पाण्डेय बेचन शर्मा 'उग्र' पर प्रसादजी का प्रभाव है। प्रेमचन्द की परम्परा से गोविन्दवल्लभ पन्त, भगवतीप्रसाद वाजपेयी, सुदर्शन, चतुरसेन शास्त्री, कमलाकान्त वर्मा आदि प्रभावित हैं।

मुन्शी प्रेमचन्द यथार्थवादी परम्परा के कर्णधार हैं। उनका यथार्थवाद आदर्श की ओर उन्मुख है, फलतः उनकी कहानियों में आदर्शोन्मुखी यथार्थवाद को प्रतिष्ठा हुई

है। देश–प्रेम, समाज–सुधार, नारी-उत्थान, शोषण–अत्याचार का विरोध आदि उनकी कहानियों के विषय हैं। इनकी कफन कहानी पूर्णतया गाँधीवादी विचारधारा पर आधारित है। प्रेमचन्दयुगीन अन्य कहानीकारों में पदुमलाल पुन्नालाल बख्शी, शिवपूजन सहाय, नवीन, वृन्दावनलाल वर्मा, विनोदशंकर व्यास, निराला, इलाचन्द्र जोशी आदि हैं। इन कहानीकारों ने हिन्दी कहानी साहित्य–परम्परा को सशक्त एवं समृद्ध बनाने में विशेष योगदान किया।

प्रेमचन्दोत्तर काल–प्रेमचन्दोत्तर काल हिन्दी कहानी साहित्य का पूर्ण उत्कर्ष-काल माना जाता है। इस युग में कहानी ने नवीन दिशा तथा नया रंग–रूप प्राप्त किया। उसका सर्वतोमुखी विकास हुआ। पाश्चात्य दर्शन के सम्पर्क से कहानी के विषय-चयन, कथा–गठन, चरित्र–चित्रण, वातावरण–निर्माण, भाषा–शैली और उद्देश्य सभी क्षेत्रों में विकास हुआ। इस युग के कहानीकारों में जैनेन्द्र, इलाचन्द्र जोशी, यशपाल, अज्ञेय, उपेन्द्रनाथ अश्क आदि प्रमुख हैं। इनकी कहानियों में आदर्शवादी परम्परा से आगे बढ़कर वैज्ञानिक यथार्थवादी परम्परा का निर्वाह हुआ है। जैनेन्द्र मनोवैज्ञानिक कहानीकारों में अग्रगण्य थे। इनकी प्रेमचन्दोत्तरयुगीन कहानियाँ 'पाजेब' और 'जयसन्धि' नामक कहानी-संग्रहों में संकलित हैं। अज्ञेय ने मनोवैज्ञानिक एवं सामाजिक धरातल की कहानियाँ लिखी हैं। त्रिपथगा, परम्परा, कोठरी की बात, जयदोल, शरणार्थी आदि इनके कहानी-संग्रह हैं। इलाचन्द्र जोशी के कहानी–संग्रहों में रोमाण्टिक छाया, खँडहर की आत्माएँ, डायरी के नीरस पृष्ठ, आहुति, होली और दीवाली आदि का नाम लिया जाता है।

साम्यवाद तथा मनोविश्लेषण के समन्वय से कहानी का जो नया रूप देखने को मिलता है, उसके प्रतिनिधि कहानीकार उपेन्द्रनाथ अश्क हैं। पिंजड़े की उड़ान, वो दुनिया आदि उनके 15 कहानी-संग्रह प्रकाशित हो चुके हैं। यशपाल की कहानियों में कलात्मक कसाव, सन्तुलन तथा सौन्दर्यावृत्ति है। फिर भी उसमें यथार्थवादी दृष्टि निहित है। परदा, मक्रील, शिव–पार्वती आदि कहानियाँ इसके प्रमाण हैं। भगवतीप्रसाद वाजपेयी मुख्यतः प्रेमचन्द से प्रभावित हैं। उन्होंने लगभग 400 कहानियाँ लिखीं। भगवतीचरण वर्मा की कहानियों में समाज की रूढ़ियों, अन्धविश्वासों, जड़ मूल्यों पर तीखा व्यंग्य निहित है। रांगेय राघव की कहानियों में निम्नवर्ग के जीवन की दुर्दशा वर्णित है। राहुल सांकृत्यायन ने प्राचीनता को आधार बनाकर कई कहानियाँ लिखी हैं। अमृतलाल नागर की कहानियाँ व्यंग्यप्रधान हैं। इस युग के कुछ लेखकों ने मानवीय पीड़ा, कुण्ठा, संघर्ष आदि को सेक्स से जोड़ा है। फलतः उनमें रोमानी सौन्दर्यबोध अधिक मुखरित होता है।

प्रेमचन्द के समकालीन एवं परवर्ती काल में महिला कहानीकारों ने भी हिन्दी कहानी विधा को सशक्त एवं समृद्ध बनाने में सहयोग किया। इनमें प्रमुख रूप से

शिवरानी देवी, उषादेवी मित्रा, होमवती देवी, सुभद्राकुमारी चौहान, सत्यवती मलिक, कमलादेवी चौधरानी आदि का नाम आता है। इन कहानीकारों ने अपनी कहानियों के माध्यम से नारी-व्यथा, अन्तर्द्वन्द्व, उसकी स्थिति आदि को वर्ण्य-विषय के रूप में स्वीकार किया है।

उत्तर-स्वच्छन्दतावाद युग के पहले दौर में दो कहानीकारों का नाम विशेष रूप से उभरता है। इन दोनों में से एक अज्ञेय हैं और दूसरे यशपाल। अज्ञेय मूलतः कवि हैं और उनका मुख्य दायित्व कला के प्रति है; पर कहानियों में सामाजिकता उपेक्षित नहीं है। अज्ञेय अपनी रचनाओं में भाषा और रूप के प्रति अत्यधिक सचेत हैं। यह सचेतता उनके कथा-साहित्य में विशेष रूप से मिलती है। वे प्रेमचन्द-परम्परा के कहानीकार नहीं हैं। अज्ञेय की कहानियों में वैयक्तिक संवेदना और मानसिकता को संश्लिष्ट रूप से प्रस्तुत किया गया है। उन्होंने क्रान्तिकारी जीवन, शरणार्थियों की समस्याओं पर भी कहानियाँ लिखी हैं, पर मध्यवर्गीय जीवन से सम्बद्ध कहानियाँ अधिक मार्मिक और कलात्मक बन पड़ी हैं। रोज, पठार का धीरज, पुलिस की सीटी, जयदोल आदि प्रसिद्ध कहानियाँ हैं। इलाचन्द्र जोशी व्यक्ति-मन के मनोविश्लेषण के कहानीकार हैं। जैनेन्द्र संवेदनात्मक विचार के कहानीकार हैं।

यशपाल विचारों में मार्क्सवादी हैं। उनकी दृष्टि में साहित्य साधन है, साध्य नहीं। मार्क्स का प्रभाव तो उन पर है, फ्रायड का भी कम नहीं है। वह कहानियों को प्रायः दृष्टान्त के रूप में ग्रहण करते हैं। इसलिए उनकी कहानियाँ बहुत-कुछ पूर्वनियोजित होती हैं। पर यशपाल को कहानी कहने की कला खूब मालूम है। अतः कहीं पर भी कथा-रस की कमी नहीं मिलेगी। वर्ग-संघर्ष, मनोविश्लेषण और तीखे व्यंग्य के कारण उनकी कहानियाँ जानदार हो गयी हैं। पाठकों के रूढ़ संस्कारों पर प्रहार करते हुए वह उनका 'शाक ट्रीटमेण्ट' करते हैं। पराया सुख, तुमने क्यों कहा था कि मैं सुन्दर हूँ, फूलो का कुर्ता, ज्ञानदान, चित्र का शीर्षक आदि की गणना उनकी प्रमुख कहानियों में की जाती है।

मध्यवर्गीय जीवन की कुछ बहुत अच्छी कहानियाँ अश्क ने भी लिखी हैं, जैसे-डाची, काँगड़ा का तेली। अन्य कहानीकारों में विष्णु प्रभाकर, निर्गुण, भैरवप्रसाद गुप्त, अमृतराय उल्लेख्य हैं। बिहार के राधाकृष्ण अपनी व्यंग्यात्मक कहानियों के लिए स्मरण किये जायेंगे। 'रामलीला' अपने समय की चर्चित कहानी रही है।

देश के स्वतन्त्र हो जाने के बाद जिस तरह शासकों का ध्यान गाँव की ओर गया उसी प्रकार कुछ कहानी-लेखकों ने भी गाँव को विषयवस्तु के रूप में चुना। इनमें शिवप्रसाद सिंह, मार्कण्डेय और फणीश्वरनाथ रेणु प्रमुख हैं। इनके गाँव प्रेमचन्द के गाँव से भिन्न हैं। प्रेमचन्द की कहानियों पर स्वतन्त्रता संग्राम और गाँधीवादी मूल्यों का प्रभाव है। किन्तु इन कहानीकारों की प्रारम्भिक कहानियों में गाँव की मिट्टी की महक और लोगों के जीवट के चित्र खींचे गये हैं जो मूलतः रोमाण्टिक हैं। शिवप्रसाद

सिंह की 'दादी माँ' इस ढंग की पहली कहानी है। मार्कण्डेय के 'गुलरा के बाबा' का जीवट बहुत-कुछ रोमानी होकर भी अद्भुत है।

प्रारम्भिक कहानियों में कमलेश्वर अद्भुत जिजीविषा लेकर आये। इसके प्रमाण में 'देवा की माँ' देखी जा सकती है। राकेश की 'आर्द्रा' से इसकी संवेदना तीव्रतर है। 'नीली झील' में एक काव्य-दृष्टि है जो मानवीय संवेदना को उसकी विस्तृति में समेट लेती है। उनकी महानगरीय बोध की कहानियाँ प्राणवत्ता में क्षीण हैं और वे अक्सर इकहरी हो जाती हैं।

मोहन राकेश की कहानियाँ त्रासद तनाव की कहानियाँ हैं। उनका सारा साहित्य तनाव और अन्तर्द्वन्द्वों से भरा पड़ा है। उनके पात्र प्रायः ऐसी परिस्थितियों में होते हैं जो उन्हें टूटने के हद तक छोड़ जाते हैं। 'मलबे का मालिक' को ही लें। यह कहानी भारत-विभाजन से उत्पन्न परिस्थितियों पर आधारित है। मलबा उन्माद और वहशीपन का प्रभावी प्रतीक है।

राजेन्द्र यादव की कहानियों में वैयक्तिकता से सामाजिकता बीस पड़ती है। इसलिए वहाँ पर द्वन्द्व की घनीभूतता नहीं दिखायी पड़ती। कहीं-कहीं यह द्वन्द्व आरोपित लगता है। स्वतन्त्रता-प्राप्ति के पश्चात् सामाजिक, राजनीतिक, धार्मिक आदि क्षेत्रों में विशेष परिवर्तन देखने को मिलता है जिसका प्रभाव साहित्य पर पड़ना स्वाभाविक है। साम्प्रदायिक दंगे, अकाल, दुर्भिक्ष, बेरोजगारी, दिशाहीनता आदि ने साहित्यकारों को यथार्थवादी बनने के लिए मजबूर कर दिया। इस युग का साहित्यकार कल्पना की उड़ानें भरने की अपेक्षा, यथार्थ की भावभूमि पर विचरण करना अधिक पसन्द करने लगा जिसका प्रभाव कहानी-विधा पर पड़ना स्वाभाविक है। इस युग के कहानीकार शीघ्र ही नयी चेतना से प्रभावित हो नयी दिशा में चल पड़े। फलतः कहानी क्षेत्र में सन् 1950 से लेकर आज तक विविध आन्दोलन सामने आये। इन आन्दोलनों ने कहानी-विधा को अधिकाधिक जीवन्त बनाकर युगानुरूप ढालने का प्रयास किया। इन प्रमुख आन्दोलनों में नयी कहानी, आंचलिक कहानी, अकहानी, सचेतन कहानी, समान्तर कहानी आदि का नाम आता है।

'नयी कहानी' शब्द का प्रयोग सर्वप्रथम दिसम्बर, 1957 में प्रयाग के साहित्यकार सम्मेलन में बार-बार किया गया। हरिशंकर परसाई ने इस अवसर पर जो निबन्ध पढ़ा वह 'नयी कहानी' की ओर ही संकेत करता है-"हिन्दी में कहानी की पुष्ट और स्वस्थ परम्परा है और वर्तमान कहानी उसी का विकसित रूप है।" शिवदानसिंह चौहानकृत 'दादी माँ' को डॉ० नामवर सिंह ने पहली 'नयी कहानी' की संज्ञा दी है। नयी कहानी में राजनैतिक, सामाजिक, वैयक्तिक समस्याओं को वर्ण्य-विषय के रूप में स्वीकार किया गया है। इस दृष्टि से इस युग की आरम्भिक कहानियों में धर्मवीर भारतीकृत गुल की बन्नो, शिवप्रसाद सिंहकृत कर्मनाशा की हार, भीष्म साहनीकृत

चीफ की दावत, रांगेय राघवकृत 'गदल', मोहन राकेशकृत मलबे का मालिक आदि विशेष प्रसिद्ध हैं। नयी कहानी में नये मूल्यों की प्रतिष्ठा भी की गयी है। कमलेश्वरकृत 'कस्बे का आदमी' ऐसी ही कहानी है।

वास्तव में नयी कहानी ग्राम्य जीवन की प्राणप्रतिष्ठा का आन्दोलन था। फलतः इस युग में अनेक आंचलिक कहानियाँ भी लिखी गयीं। यद्यपि कहानी की वर्तमान आंचलिकता प्रेमचन्दोत्तर काल की ही देन है, पर वह सर्वथा भिन्न मार्ग से अवतरित हुई है। इस युग के प्रमुख आंचलिक कहानीकारों में फणीश्वरनाथ रेणुकृत रसप्रिया, रांगेय राघवकृत गदल, शिवप्रसाद सिंहकृत नन्हो, शिवप्रसादकृत आये, आये, आये, शैलेश मटियानीकृत-दो दुखों का एक सुख, राजेन्द्र अवस्थीकृत एक प्यासी पहेली, और मेहरुन्निसाकृत टोना आदि प्रसिद्ध हैं।

स्वातन्त्र्योत्तर काल में हिन्दी के क्षेत्र में हुए आन्दोलनों में कहानी का भी विशेष योगदान है। डॉ० रामदश मिश्र ने लिखा है कि "अकहानी को यदि आन्दोलन के रूप में न लें, तो हम पायेंगे कि यह कहानी संरचना में नयी कहानी का ही सहज विकास है।" मिश्रजी ने अन्यत्र भी लिखा है कि "अकहानी कथा की विरोधी है, वह कोई कथा नहीं गढ़ती, बल्कि रोजमर्रा की जिन्दगी के कुछ सहज घटित सन्दर्भों और संवेदनों को पकड़कर प्रस्तुत कर देती है।" स्वातन्त्र्योत्तर काल की जिन कहानियों में अकहानी का स्वरूप दिखलायी पड़ता है, वे हैं—कृष्ण बलदेव वैद्यकृत त्रिकोण, नीला अँधेरा, ऋण, रमेश बक्षीकृत शबरी, पिता दर पिता, गिरिराज किशोरकृत रिश्ता, दूधनाथ सिंहकृत विजेता, सुखान्त, सुदर्शन चोपड़ाकृत सड़क दुर्घटना और श्रीकान्त वर्माकृत घर आदि। कथाहीनता और मूल्यहीनता अकहानी के दो उद्देश्य थे। 20वीं शताब्दी के सातवें दशक की अधिकांश कहानियों में इन दोनों उद्देश्यों की पूर्ति हुई है। कहानी के क्षेत्र में जो विविध आन्दोलन हुए, उनमें सचेतन कहानी का भी विशेष योगदान था। सचेतन कहानी ने पहली बार रूपवाद, व्यक्तिवाद, अनास्थावाद, अस्पष्ट रहस्यवाद तथा नियतिवाद के विरुद्ध मोर्चा लिया, और हिन्दी की कहानी को इनसे दूर वैचारिक धरातल को अपनाकर आस्था एवं सक्रियता को अपनाने का मार्ग बतलाया है। सचेतन कहानी के कलाकारों में-धर्मेन्द्र गुप्तकृत मोड़ से पहले, जगदीश चतुर्वेदीकृत अधखिले गुलाब, मधुकर सिंहकृत सैलाब, मनहर चौहानकृत 'बीस सुबहों के बाद' तथा हिमांशु जोशीकृत 'आदमी जमाने का' आदि हैं।

हिन्दी कहानी को सशक्त एवं समृद्धि करने में समान्तर कहानी का भी योगदान रहा। इसकी जो विशेषताएँ सामने आती हैं उनमें पहली, व्यक्ति के सामाजिक बदलाव के लिए किये जानेवाले संघर्ष के प्रति प्रतिबद्ध होना और दूसरी, अनुभव जगत् को विस्तार देना। तीसरी, केवल भोगे हुए यथार्थ तक सीमित न रहना। चौथी,

भाषा को कथ्य पर छोड़ देना आदि। समान्तर कहानी ने हिन्दी कहानी को एक ओर शिल्प-चमत्कार तथा दूसरी ओर जीवन-स्थितियों के अप्रामाणिक रूप से बचाया है। इसके प्रमुख कहानीकारों में कमलेश्वरकृत लाश तथा मानसरोवर के हंस, हरिशंकर परसाईकृत ग्राण्ट अभी नहीं आयी है, अमरकान्तकृत घुड़सवार, भीष्म साहनीकृत अमृतसर आ गया, हृदयेशकृत वक्त कटी, हिमांशु जोशीकृत-काला धुआँ आदि का नाम लिया जाता है।

वस्तुतः सन् 1950 से 1960 तक प्रकाशित कहानियों को देखते हुए कहा जा सकता है कि कहानियों का एक नया दौर शुरू होकर स्थापित हो गया था। सन् 1954 में 'कहानी' पत्रिका का पुनः प्रकाशन आरम्भ हुआ। नयी कहानी के विकास में इसकी मुख्य भूमिका रही है। इसके अतिरिक्त 'संकेत' और 'हंस' ने भी नये कहानीकारों की कहानियाँ प्रकाशित कीं। रांगेय राघव की 'गदल', अमरकान्त की 'डिप्टी कलक्टरी', कमलेश्वर की 'राजा निरबंसिया', मोहन राकेश की 'मलबे का मालिक', 'जानवर और जानवर', भीष्म साहनी की 'चीफ की दावत', राजेन्द्र यादव की 'जहाँ लक्ष्मी कैद है', निर्मल वर्मा की 'परिन्दे', 'लवर्स', शेखर जोशी की 'दाज्यू', 'बदबू' और 'कोसी का घटवार', मन्नू भण्डारी की 'यही सच है', उषा प्रियंवदा की 'वापसी', हरिशंकर परसाई की 'भोलाराम का जीव', धर्मवीर भारती की 'गुल की बन्नो' आदि इसी कालावधि में प्रकाशित हुईं। 1956 में प्रकाशित अपने एक लेख में नामवर सिंह ने नयी कविता के वजन पर नयी कहानी कहने का संकेत दिया। विषयवस्तु, रूप–बन्ध, भाषा और दृष्टिकोण में ये कहानियाँ पूर्ववर्ती कहानियों से भिन्न हैं। ये प्रयोगधर्मी हैं, इनमें प्रामाणिक अनुभूति है, इनका विन्यास अपने–आपमें नियन्त्रित है।

उपर्युक्त लेखकों को सुविधा की दृष्टि से दो वर्गों में बाँटा जा सकता है—पहले वर्ग में रांगेय राघव, अमरकान्त, भीष्म साहनी, शेखर जोशी और हरिशंकर परसाई आयेंगे तो दूसरे वर्ग में कमलेश्वर, मोहन राकेश, राजेन्द्र यादव, कृष्णा सोबती, निर्मल वर्मा, मन्नू भण्डारी और उषा प्रियंवदा की गणना की जायगी। पहला वर्ग प्रगतिशील चिन्तनधारा से सम्बद्ध है तो दूसरा वर्ग आधुनिकता से।

विविध कहानी आन्दोलन-यद्यपि विविध कहानी आन्दोलन अकहानी, सचेतन कहानी, समान्तर कहानी आदि नयी कहानी का ही परिविस्तार अथवा 'डेविएशन' विचलन है तथापि कुछ लेखक–समीक्षक इन आन्दोलनों को नयी कहानी के विरोधस्वरूप भी ग्रहण करते हैं। इनका दावा है कि नयी कहानी में नवीन जीवन-सन्दर्भों की अभिव्यक्ति जड़ और अक्षम हो गयी थी, इसलिए अकहानी का जन्म हुआ। वस्तुतः परम्परागत सारे मूल्यों का अस्वीकार, घोर निराशा, आधुनिक खण्डित मनोवृत्तियों की अभिव्यक्ति हेतु तथा स्वयं को स्थापित करने के जोश में **अ–कहानी**

अस्तित्व में आयी। सन् 1960-62 के आसपास नयी कहानी आन्दोलन का सूत्रपात हुआ। डॉ० गंगाप्रसाद विमल ने पहले तो 1960 के बाद की कहानियों को **समकालीन कहानी** की संज्ञा दी किन्तु बाद में अ-कहानी आन्दोलन की प्रतिस्थापना की जिसके पक्षधरों में गंगाप्रसाद विमल, जगदीश चतुर्वेदी, रवीन्द्र कालिया, दूधनाथ सिंह, प्रयाग शुक्ल, सुधा अरोड़ा, ज्ञानरंजन, रमेश बक्षी, श्रीकान्त वर्मा आदि थे जो नयी कहानी के स्थापित कहानीकारों—मोहन राकेश, राजेन्द्र यादव, कमलेश्वर आदि के विरुद्ध मोर्चा खोल रहे थे। यह एक नकारात्मक कहानी आन्दोलन ही था, जिससे हिन्दी कहानी को कोई सकारात्मक लाभ नहीं हुआ।

सचेतन कहानी-नयी कहानी के विरोध में दूसरा आन्दोलन 'सचेतन कहानी' के रूप में उभरा। इसके पुरोधा डॉ० महीप सिंह कहे जाते हैं। 1964 ई० में 'आधार' पत्रिका के **सचेतन कहानी विशेषांक** से इस आन्दोलन का प्रादुर्भाव हुआ। 'सचेतन कहानी' के सम्बन्ध में महीप सिंह ने कहा कि नयी कहानी के अन्दर जो अन्तर्विरोध थे उन्हें स्पष्ट करने के लिए और जीवन-दृष्टि में सही बदलाव के लिए, एक सचेतन दृष्टि से जीवन जीने और भोगने के लिए, सचेतन दृष्टिसम्पन्न कहानी की आवश्यकता है। और यही सचेतन कहानी है। वस्तुतः सचेतन कहानी पश्चिम से आयातित जीवन-मूल्यों—कुण्ठा, निराशा, ऊब, अकेलापन, अजनबीयत आदि उत्तर आधुनिक स्थितियों की कृत्रिम अभिव्यक्ति का एक प्रयास था। इस आन्दोलन से जुड़े रचनाकारों में महीप सिंह, कमल जोशी, मधुकर सिंह, योगेश गुप्त, हिमांशु जोशी, मनहर चौहान, वेदराही आदि उल्लेख्य हैं। यह आन्दोलन 'अ-कहानी' आन्दोलन की तरह ही अल्पजीवी था। 1968 ई० में अमृतराय ने 'नयी कहानियाँ' पत्रिका का प्रकाशन प्रारम्भ किया था। अमृतराय ने एक नया **सहज कहानी** का नारा दिया। 1972 ई० में कमलेश्वर ने **'समान्तर कहानी'** आन्दोलन 'सारिका' पत्रिका के माध्यम से चलाया। उन्होंने 'समान्तर-एक' में 'अरविन्द', 'आशीष सिन्हा', 'इब्राहीम शरीफ', 'कामतानाथ', 'जितेन्द्र भाटिया', 'निरुपमा सोबती', 'मृदुला गर्ग', 'सुधा अरोड़ा' आदि की कहानियाँ प्रकाशित कीं। डॉ० विनय ने समान्तर कहानी के सम्बन्ध में कहा कि इस कहानी में सिर्फ आम आदमी है और आम आदमी किसान, मजदूर, क्लर्क आदि सर्वहारा वर्गों में बँटा हुआ न होकर एक संश्लिष्ट व्यक्ति (व्यक्तित्व) है जिसकी दुःख, तकलीफें, चिन्ताएँ और मजबूरियाँ हैं। इन्हें रेखांकित करना ही समान्तर कहानी का लक्ष्य है।

जनवादी आन्दोलन—1977 ई० में दिल्ली विश्वविद्यालय में जनवादी विचारमंच की स्थापना हुई। अक्टूबर, 1978 में इसी मंच के तहत एक लेखक शिविर का आयोजन किया गया। इसी समय से रचना क्षेत्र में जनवादी आन्दोलन का सूत्रपात

हुआ। जनवादी कहानी की परम्परा प्रेमचन्द की 'कफन' और 'पूस की रात'-जैसी कहानियों से मानी गयी। इस आन्दोलन से जुड़े रचनाकारों में ज्ञानरंजन, काशीनाथ सिंह, रमेश उपाध्याय, रमेश बतरा, असगर वजाहत, उदय प्रकाश आदि उल्लेख्य हैं।

सक्रिय कहानी-1979 ई० में राकेश वत्स ने 'मंच' पत्रिका के माध्यम से सक्रिय कहानी आन्दोलन का सूत्रपात किया जिसे रमेश बतरा, चित्रा मुद्गल, सुरेन्द्र सुकुमार, धीरेन्द्र अस्थाना आदि ने समर्थन दिया है। किन्तु सक्रिय कहानी की अवधारणा में 'समान्तर कहानी' तथा 'जनवादी कहानी' की स्थापनाओं को एकाकार कर दिया गया है। यह आन्दोलन भी प्रभावहीन ही रहा है।

समग्रतः कहानी साहित्य के विशाल क्षेत्र में कतिपय कहानीकारों का संक्षिप्त उल्लेख यहाँ उचित प्रतीत होता है–

प्रेमचन्द : सन् 1907 से चलकर 1930 ई० तक प्रेमचन्द के कथा-साहित्य की विकासयात्रा के फलस्वरूप उन्हें 'कथा सम्राट्' के रूप में स्वीकृति मिली। इस दौरान उन्होंने जीवन-दर्शन, अपनी जीवन-दृष्टि और मान्यताओं में निरन्तर परिवर्तन किया। उन्होंने लगभग 300 कहानियाँ लिखीं जिनमें मुख्य रूप से चार प्रकार की कहानियाँ हैं–

1. चरित्रप्रधान कहानियाँ
2. वातावरणप्रधान कहानियाँ
3. कथानकप्रधान कहानियाँ
4. कार्यप्रधान कहानियाँ

उनकी कहानियों में 'कफन', 'पूस की रात', 'दो बैलों की कथा', 'शतरंज के खिलाड़ी', 'नशा', 'ईदगाह', 'ठाकुर का कुआँ' आदि अत्यन्त लोकप्रिय हैं।

कफन–कफन प्रेमचन्द की श्रेष्ठ कहानियों में से एक है। यह चरित्रप्रधान कहानी है जिसमें पिता, पुत्र और पुत्रवधू के वृत्त को लेकर बेहद स्वार्थी और घृणित मनोविज्ञान का दुर्लभ चित्र प्रस्तुत किया गया है। घीसू (पिता), माधव (पुत्र), दोनों ही दलित वर्ग (चमार) के हैं और बेहद कामचोर और स्वार्थी भी हैं। कहानी का आरम्भ जाड़े की रात में बुधिया (माधव की पत्नी) की प्रसव-वेदना के वर्णन से होता है। बुधिया जो इन दोनों (घीसू और माधव) का मेहनत मजदूरी करके पेट पालती थी, आज प्रसव की दारुण व्यथा से पछाड़ें खा रही थी किन्तु दोनों घर के बाहर अलाव पर बैठे उसे इसलिए देखने नहीं जाते कि अलाव में भूने हुए आलू कहीं एक ही व्यक्ति न खा ले। ये आलू वे किसी के खेत से चुराकर लाये थे। अन्त में बुधिया तड़प-तड़पकर मर जाती है और पिता-पुत्र गरम आलू निगलकर ही उसे देखने जाते हैं। बुधिया के

दाह–संस्कार (कफन) के लिए ये दोनों गिड़गिड़ाकर गाँव के जमींदार से पैसे उधार लेते हैं तथा कस्बे से 'कफन' खरीदने जाते हैं। किन्तु कफन न खरीदकर उन पैसों की शराब पीते हैं और नशे में नाच–गाकर गिर पड़ते हैं। कहानी के इस लघु कथानक के माध्यम से प्रेमचन्द ने घीसू और माधव की घृणित–स्वार्थी मनोवृत्ति का चित्र तो खींचा ही है, साथ ही, पूँजीवादी समाज–व्यवस्था पर गहरा व्यंग्य भी किया है। प्रेमचन्द की कुछ पंक्तियाँ यहाँ द्रष्टव्य हैं–

शराब पीते हुए घीसू कहता है–"कफन लगाने से क्या मिलता? आखिर जल ही तो जाता! कुछ बहू के साथ तो न जाता। ....बड़े आदमियों पर धन है। चाहे फूँकें। हमारे पास फूँकने को क्या है? ......बड़ा विचित्र रिवाज है जीते जी जिसे तन ढकने को चिथड़ा न मिला, उसे मरने पर नया कफन चाहिए।"

दो बैलों की कथा–इस कहानी में पशु मनोविज्ञान का विशद वर्णन हुआ है। 'झूरी' काछी के सुन्दर और कमाऊ दो बैल हीरा–मोती थे। दोनों बैलों में बड़ा प्रेम था। वे एक–दूसरे को स्पर्श करके, चूम–चाटकर प्रेम प्रदर्शित करते थे। झूरी की पत्नी भी बैलों को दुलार से रखती थी। एक बार झूरी का साला दोनों बैलों को अपने गाँव ले जाता है। बैल मालिक और मालकिन से अलग नहीं होना चाहते। अतः उस गाँव से भाग आते हैं। इस कहानी में पशु मनोविज्ञान का सहज और सरल भाषा में चित्रण हुआ है। पशु भी मालिक से प्रेम करते हैं।

ठाकुर का कुआँ–'ठाकुर का कुआँ' दो दलितों (स्त्री-पुरुष) की कहानी है। इसमें अछूतों को सवर्णों के कुएँ से पानी न लेने–देने का वर्णन है। यह भारतीय समाज की छुआछूत और जातीय विभेद पर करारा व्यंग्य है। बीमार और प्यासा जोखू कहता है–"ठाकुर के कुआँ पर कौन चढ़ने देगा। दूर से लोग डाँट बतायेंगे।" यह कथानक (घटना) प्रधान कहानी है।

पूस की रात–'पूस की रात' वातावरणप्रधान कहानी है जिसमें जाड़े की रात की कठोर प्रकृति का चित्रण किया गया है। कर्ज में डूबा हुआ 'हल्कू' नामक किसान अपने कुत्ते 'जबरा' को लेकर नीलगायों से खेत बचाने के लिए, मचान पर बैठकर रखवाली करने के लिए जाता है। रात के घटाटोप अन्धकार और हड्डी कँपकँपानेवाली ठण्ड से हल्कू अपने को कैसे बचाता है, इसका जीवन्त चित्र इस कहानी में देखने को मिलता है। कठोर प्रकृति का अनुभूतिजन्य वर्णन यहाँ देखते ही बनता है। यथा-"पूस की अँधेरी रात! आकाश पर तारे ठिठुरते हुए मालूम होते थे। हल्कू.... .बाँस के खटोले पर अपनी पुरानी गाढ़े की चादर ओढ़े काँप रहा था। खाट के नीचे उसका संगी कुत्ता 'जबरा' पेट में मुँह डाले सर्दी से कूँ–कूँ कर रहा था। दोनों में से एक को भी नींद न आती थी।"

वस्तुतः प्रेमचन्द ने यहाँ कर्ज में डूबे हुए भारतीय किसान की दरिद्रता और अभावग्रस्त जीवन का जीवन्त चित्र प्रस्तुत किया है।

ईदगाह-ईदगाह एक गरीब बालक के मातृत्व प्रेम की कहानी है। हामिद अपनी दादी अमीना को रोटी सेंकते देखता रहता था। घर में 'चिमटा' नहीं है। इसलिए उसकी दादी का हाथ अक्सर जल जाता है। उसके माता-पिता मर चुके थे। घर में खाने को दाना नहीं था। मेहनत-मजदूरी से कमाने पर अमीना के पास कुल दो आना (आठ पैसे) ईद के दिन थे। वह तीन पैसे हामिद को ईदगाह का मेला देखने और मेले में कुछ खाने के लिए देती है। हामिद कुछ न खाकर दादी के लिए एक चिमटा खरीद लाता है। दादी के प्रति यह मातृ-प्रेम अद्भुत है।

शतरंज के खिलाड़ी-अवध के नवाब वाजिद अली शाह के जमाने में लखनऊ विलासिता, ऐयाशी और नवाबी शौकों से बेहाल था। दो नवाबों मिर्जा साहब और मीर साहब को शतरंज खेलने का शौक था। इसी शौक की तहत हार-जीत के नाम पर दोनों आपस में लड़कर मर जाते हैं। किन्तु उन्हें लखनऊ पर अंग्रेजों के आक्रमण, दासता की बेड़ियों की कोई चिन्ता नहीं। निकम्मेपन और विलासिता की जीती-जागती तस्वीर है यह कहानी।

प्रेमचन्दयुगीन कहानीकारों में पं० चन्द्रधर शर्मा गुलेरी हिन्दी कहानी के क्षेत्र में 'उसने कहा था' कहानी लिखकर ही अमर हो गये।

उसने कहा था का कथानक द्वितीय विश्वयुद्ध की घटना से सम्बद्ध है। कथानायक लहनासिंह की किशोरावस्था में एक किशोरी से मुलाकात होती है। दोनों में प्रथम दृष्ट्या प्रेम हो जाता है। वर्षों उपरान्त अंग्रेजी फौज के सिपाही के रूप में लाम पर जाते समय लहनासिंह से उसी लड़की की जो अब सूबेदार हजारासिंह की पत्नी और एक जवान बेटे की माँ है, पुनः भेंट होती है। लहनासिंह सूबेदार हजारासिंह की पलटन में ही सिपाही है और उसकी प्रेयसी का बेटा भी सिपाही है। इस अन्तिम मुलाकात में लहनासिंह से उसकी पूर्व प्रेयसी कहती है कि युद्ध में मेरे पति और बेटे की रक्षा करना। घमासान युद्ध होता है और लहनासिंह अपने प्राणों की परवाह न करके सूबेदार हजारासिंह तथा उसके बेटे की जान बचाता है। युद्ध में गम्भीर रूप से घायल लहनासिंह अस्पताल में भर्ती है। सूबेदार हजारासिंह के इस प्रश्न पर कि उसने अपने प्राणों की बाजी लगाकर उसकी रक्षा क्यों की? लहनासिंह मरते समय इतना ही कहता है कि "उसने कहा था।"

युद्ध और तज्जन्य विभीषिका का भयावह और विषादमय चित्र इस कहानी की विशेषता है। यह एक आदर्श प्रेम, जिसे अंग्रेजी में 'प्लेटोनिक लव' कहते हैं, की अनुपम कहानी है।

महिला कहानीकार

प्रेमचन्द-युग में भी उषादेवी मित्रा, कमला चौधरी, सत्यवती मलिक, सुभद्राकुमारी चौहान, श्रीमती चन्द्रकिरण सौनरिक्सा, श्रीमती होमवती देवी आदि महिला कहानी-लेखिकाएँ तत्कालीन सामाजिक सन्दर्भों को केन्द्र में रखकर कहानी-लेखन के क्षेत्र में सक्रिय थीं और इनके बाद रजनी पण्णिकर, कंचनलता सब्बरवाल, शान्ति मेहरोत्रा, सोमावीरा, श्रीमती राजेश्वरी देवी चकोरी, श्रीमती स्वर्णलता देवी आदि लेखिकाओं ने इस परम्परा को आगे बढ़ाया था, किन्तु स्वतन्त्रता-प्राप्ति के बाद तो महिला लेखिकाओं का एक वर्ग ही उठ खड़ा हुआ है।

सम्प्रति महिला कहानीकारों की दो पीढ़ियाँ एक साथ सक्रिय हैं। पहली पीढ़ी में वे लेखिकाएँ आती हैं जो 'नयी कहानी' के दौर के आस-पास से लिखती आ रही हैं और दूसरी पीढ़ी में वे लेखिकाएँ आती हैं, जिन्होंने आठवें दशक में लिखना आरम्भ किया है। पहली पीढ़ी की लेखिकाओं में शशिप्रभा शास्त्री, शिवानी, कृष्णा सोबती, मन्नू भण्डारी, उषा प्रियंवदा, ममता कालिया आदि उल्लेखनीय हैं। दूसरी पीढ़ी में दीप्ति खण्डेलवाल, मृणाल पाण्डेय, मृदुला गर्ग, चित्रा मुद्गल, राजी सेठ, मंजुला भगत, मणिका मोहिनी, प्रतिमा वर्मा, सुधा अरोड़ा, निरुपमा सोबती, सूर्यबाला, मेहरुन्निसा परवेज, इन्दुबाली, अचला नागर आदि ने अपनी निजी पहचान कायम कर ली है।

मृदुला गर्ग (1938 ई०) प्रेम और काम-सम्बन्धों का आधुनिक दृष्टि से खुला विश्लेषण करनेवाली एक सशक्त कहानीकार के रूप में चर्चित हैं। 'कितनी कैदें' (1975 ई०), 'टुकड़ा टुकड़ा आदमी' (1977 ई०), 'डेफोडिल जल रहे हैं' (1978 ई०), 'ग्लेशियर से' (1980 ई०), 'उर्फ सैम' (1986 ई०), 'समागम' (1996 ई०), 'मेरे देश की मिट्टी अहा' (2001 ई०) आदि आपके प्रकाशित कहानी-संग्रह हैं। आधुनिक जीवन के बदले माहौल में परम्परागत नैतिक मूल्यों का विघटन, सामाजिक रिश्तों का खोखलापन, प्रेम और विवाह से सम्बद्ध समस्याएँ, सेक्स जीवन की विसंगतियाँ और अतृप्तिबोध, पुरुष-निरपेक्ष नारी का व्यक्तित्व और उसकी मानसिकता, बलात्कार का मनोवैज्ञानिक प्रभाव और उससे मुक्ति, उच्चवर्गीय अत्याधुनिक जीवन की विसंगतियाँ, विदेशों में बसे भारतीयों की मानसिकता आदि अनेक जीवन-सन्दर्भों को केन्द्र में रखकर आपने कहानी की एक नयी जमीन तैयार की है। आपकी इधर की कहानियाँ नये सन्दर्भों को लेकर सामने आयी हैं। **उर्फ सैम** संग्रह की 'अगली सुबह' कहानी में इन्दिरा गाँधी की हत्या के बाद दिल्ली में होनेवाले साम्प्रदायिक दंगे और **विनाशदूत** कहानी में 'भोपाल गैस त्रासदी' का चित्रण किया गया है। बेनकाब कहानी में चम्बल क्षेत्र में व्याप्त अत्याचार और शोषण का अंकन किया गया है। इस प्रकार इधर आपकी कहानियों का कथा-फलक विस्तृत हुआ है। देखा जाय तो आपने

अपने लेखन का आरम्भ सत्ता द्वारा स्थापित जीवन-मूल्यों पर प्रश्नचिह्न लगाने से किया था, उसके बाद आपने वर्तमान विश्वव्यवस्था में पदार्थीकरण के दबाव से मानवीय रिश्तों में आनेवाली गिरावट की ओर ध्यान आकृष्ट किया। इधर आपकी कहानियों में हास्य, व्यंग्य और फन्तासी की प्रवृत्ति बढ़ी है। इनके माध्यम से आपने अपनी गहरी पीड़ा का ही इजहार किया है। सब मिलाकर आपकी कहानियाँ बहुत-कुछ आपके जीवनानुभव और सोच की कहानियाँ हैं, उन्हें किसी साँचे या आन्दोलन के साथ जोड़कर नहीं देखा जा सकता है।

चित्रा मुद्‌गल (1944 ई०) उन महिला कहानीकारों में अग्रणी हैं, जिन्होंने स्त्री-पुरुष सम्बन्धों के दायरे से बाहर निकलकर महानगरों में संघर्षरत नौकरी-पेशा नारियों एवं झोपड़पट्टियों में घिसटते हुए निम्नवर्गीय लोगों के जीवन में भी झाँककर देखा है। 'जहर ठहरा हुआ' (1980 ई०), 'लाक्षागृह' (1982 ई०), 'अपनी वापसी' (1983 ई०), 'इस हमाम में, एवं ग्यारह लम्बी कहानियाँ' (1987 ई०), 'जगदम्बा बाबू गाँव आ रहे हैं' (1992 ई०), 'जिनावर' (1996 ई०), 'भूख' (2001 ई०) लपटें (2002 ई०) आदि आपके प्रकाशित कहानी-संग्रह हैं। ''क्या आपकी कहानियों को 'नयी कहानी', 'अकहानी', 'जनवादी कहानी' आदि के साँचे में ढाला जा सकता है?'' इस प्रश्न के उत्तर में आपने 'रामकली सराफ' को लिखा था कि आपकी कहानियाँ ''मनुष्यता और जिन्दगी के बीच की कहानियाँ हैं।'' आपकी कहानियों में आज की बिखरी हुई जिन्दगी की तसवीर देखी जा सकती है। इन कहानियों में भिखारी हैं, युवा भिखारिनें हैं, सफेदपोश चेहरे हैं, संवेदनाहीन ठीकेदार हैं, वेश्याएँ हैं, पत्नियों की अदला-बदली करनेवाले बड़े लोगों के क्लब हैं, पुलिस के सिपाही हैं, मोटर ड्राइवर हैं, सर्वहारा किस्म के पत्रकार हैं, मेहनत-मजदूरी करके घर चलानेवाली स्त्रियाँ हैं, तस्करी और लड़कियों से धन्धा करानेवाली औरतें हैं तथा अपने अस्तित्व और अस्मिता की लड़ाई लड़ती हुई नारियाँ हैं। आपने यह भी लक्षित किया है कि इन तमाम लोगों, विशेषकर स्त्रियों के शोषण के मूल में व्यवस्था की विसंगतियों के साथ ही हमारी सामाजिक दायित्वहीनता भी एक कारण है। यह सब होने पर भी आपकी कहानियों के सम्बन्ध में मधुरेश की यह टिप्पणी ध्यान देनेवाली है-''क्लब, दोस्तों की सोसाइटी, ताश और पेग या फिर एक सुनिश्चित दूरी से देखी गयी निम्नवर्ग की जिन्दगी से सम्बन्धित कहानियाँ एक निश्चित ढर्रे को तो बेशक तोड़ती हैं, लेकिन उनकी संवेदना प्रायः ही पत्रकारिता की सतही और कामचलाऊ तफसीलों में ढल जाती हैं।''

मन्नू भण्डारी (1931 ई०) को 'नयी कहानी' के दौर में ही 'यही सच है' कहानी के प्रकाशन के साथ विशेष ख्याति मिली थी। आपने बदले हुए परिवेश में संस्कार और आधुनिकता के बीच उलझे हुए नारी-मन के द्वन्द्व को बड़ी ईमानदारी से चित्रित किया है। 'मैं हार गयी' (1957 ई०), 'यही सच है' (1966 ई०), 'एक प्लेट सैलाब'

(1968 ई०), 'तीन निगाहों की एक तस्वीर' (1968 ई०), 'त्रिशंकु' (1978 ई०) आदि आपके प्रसिद्ध कहानी-संग्रह हैं। मन्नू भण्डारी ने अपनी कुछ कहानियों में मजदूर वर्ग की असहाय नारियों की दरिद्रता, संघर्ष और मानसिकता का बड़ा ही मार्मिक चित्र खींचा है। **रानी माँ का चबूतरा** ऐसी ही मार्मिक कहानी है। अन्य कहानी लेखिकाओं की तुलना में आपका कथा-फलक विस्तृत है। वस्तुतः आपने भावुकता से हटकर बदले हुए जीवन-सन्दर्भ में खुले दिमाग से नारी-जीवन की वास्तविकता को देखा-परखा है और उसे बड़ी सादगी के साथ व्यक्त किया है। मन्नू भण्डारी एक सशक्त उपन्यासकार भी हैं। उनका उपन्यास 'आपका बण्टी' अत्यन्त लोकप्रिय है। बालक की जिन्दगी को आधार बनाकर लिखा गया हिन्दी का सबसे सफल और कलात्मक उपन्यास है। मन्नू भण्डारी का 'आपका बण्टी' की स्थूल कथा काफी संक्षिप्त है। सुशिक्षित आधुनिक पति-पत्नी के अहं के टकराव से तनाव और फिर सम्बन्ध-विच्छेद। बण्टी की स्थितियों में पिसते जाना और अकेले पड़ जाना इसी प्रक्रिया का अंग है। शिक्षित पति-पत्नी के अहं की मार बण्टी को झेलनी पड़ती है। वह न तो डॉ० जोगी के परिवार में अपने को फिट पाता है और न अपने पिता के साथ ही। परिणामतः माता-पिता दोनों के होने पर भी उसे हॉस्टल में भर्ती करा दिया जाता है। इस असमय की चोट ने उसे असाधारण बना दिया। प्रश्न उठा कि "क्या वह अभाव में गुमराह न हो जायगा? क्या बनेगा वह? हिप्पी या निहिलिस्ट या कुछ और?" ऐसे तमाम प्रश्न यह उपन्यास अपने अन्त में उठाता है। मनोवैज्ञानिक उपन्यासों में यह उपन्यास अपने ढंग का सार्थक प्रयोग है।

'आपका बण्टी' (1971) अत्यन्त महत्त्वपूर्ण उपन्यास बन गया है। यह शरच्चन्द्रीय भावुकता नहीं पैदा करता। यह पाठक को संवेदना के स्तर पर विक्षुब्ध करता है। मध्यवर्गीय अहंग्रस्त समाज की दुखती रग पर उँगली रख देता है। पश्चिम के समाज में तलाकशुदा पति-पत्नी में अन्तर्द्वन्द्व नहीं मिलेगा, किन्तु भारतीय समाज में एक परिस्थिति-विशेष का तलाक बेहद उलझी हुई समस्या है।

पढ़े-लिखे समाज में पति-पत्नी के अपने-अपने अहं की टकराहट अस्वाभाविक नहीं है। इस टकराहट का फल है शकुन और अजय का तलाक। इन दोनों के बीच उनका बेटा बण्टी बुरी तरह पिसता है—पिसते-पिसते वह पहचान के परे होता जाता है। सारा उपन्यास तनावों से भरा हुआ है। यह तनाव अजय में कम है, शकुन में ज्यादा। पश्चिमी माँ का ममत्व चाहे मर गया हो किन्तु भारतीय माँ का ममत्व अभी जीवित है जिसे पाश्चात्य आधुनिकता धीरे-धीरे मार रही है।

अलका सरावगी परम्परा से विच्छिन्न आधुनिक नव धनाढ्य वर्ग के पारिवारिक जीवन की धुरी उन नारियों की पीड़ा को रेखांकित करने के लिए जानी जाती हैं, पराधीनता जिनकी नियति है। आपके दो कहानी-संग्रह—'कहानी की तलाश में'

(1995 ई०) और 'दूसरी कहानी' (2002) प्रकाशित हैं। इन कहानियों में कलकत्ता महानगर के ऐसे परिवारों को केन्द्र में रखा गया है, जिनमें सामन्तीय मूल्य आज भी सुरक्षित हैं। इन परिवारों में दो तरह की नारियाँ हैं। कुछ तो सामन्तीय मूल्यों से समझौता करके जीने की कोशिश करती हैं, किन्तु भीतर-भीतर घुट रही हैं। कुछ दूसरे तरह की नारियाँ हैं, जो इन मूल्यों को चुनौती देती हैं, किन्तु निष्कृति का कोई मार्ग नहीं तलाश पातीं। कहानियों में कलकत्ते के बाहर की जिन्दगी की अनुगूँजें भी कभी-कभार सुनायी पड़ जाती हैं, किन्तु लेखिका का मुख्य सरोकार परिवार के सामन्तीय ढाँचे के भीतर घुटती नारी की पीड़ा ही है। वस्तुतः अलका सरावगी की ख़्याति के आधार उनके उपन्यास हैं, कहानियाँ नहीं। कहानी-लेखिका के रूप में आप अपने प्रयोग-काल से ही गुजर रही हैं।

मधु काँकरिया के दो कहानी-संग्रह—'अन्तहीन मरुस्थल' (1999 ई०) और 'बीतते हुए' (2004 ई०) प्रकाशित हैं। वर्तमान जीवन-सन्दर्भों के अनेक आयामों को उजागर करनेवाली आपकी कहानियाँ पाठक की सोच को रचनात्मक दिशा प्रदान करनेवाली हैं।

उर्मिला शिरीष के 'वे कौन थे', 'मुआवजा', 'केंचुली', 'सहमा हुआ कल', 'शहर में अकेली लड़की' (1999 ई०), 'रंगमंच' (2001 ई०), 'निर्वासन' (2003 ई०) आदि कई कहानी-संग्रह प्रकाशित हो चुके हैं। आपकी कहानियों में मुख्यतः पारिवारिक जनतन्त्र की और स्त्रियों की आजादी को महत्त्व दिया गया है।

जया जादवानी के दो कहानी-संग्रह—'मुझे ही होना है बार-बार' (2000 ई०), 'अन्दर के पानियों में कोई सपना काँपता है' (2004 ई०) प्रकाशित हैं। प्रथम संग्रह में आधुनिक सभ्य जीवन के खोखलेपन और दूसरे संग्रह में नारी-जीवन की त्रासदी को पूरी सहानुभूति के साथ व्यक्त किया गया है।

उपर्युक्त कहानीकारों के अतिरिक्त ज्योत्स्ना मिलन, अर्चना वर्मा, अचला शर्मा, अचला नागर, सुनीता जैन, कुसुम अंसल, अल्पना मिश्र, मीनाक्षी सिंह, दुर्वा सहाय, क्षमा शर्मा, डॉ० रमा सिंह, विभा रानी, रजनी गुप्त आदि अन्य लेखिकाएँ भी कहानी-रचना के क्षेत्र में सक्रिय हैं। विस्तार-भय से हम इन सबकी चर्चा यहाँ नहीं कर पा रहे हैं। कहानी के क्षेत्र में इतनी सारी लेखिकाओं की सक्रियता से इतना तो स्पष्ट है कि अब कहानी कथा-रचना के केन्द्र में आ गयी है। जीवन के वे दबे-सिकुड़े कोने में भी उभरने लगे हैं, वे मनः स्थितियाँ भी सामने आने लगी हैं और दुःख-दर्द की वे रेखाएँ भी आकार ग्रहण करने लगी हैं, जिन तक पुरुष वर्ग की दृष्टि नहीं जाती थी या जाती भी थी तो वे विश्वसनीय और प्रामाणिक रूप में अभिव्यक्त नहीं हो पाते थे। यह शुभ संकेत है। भविष्य में कहानी जीवन को समग्रता में बिम्बित करनेवाले सशक्त माध्यम के रूप में उभरेगी भले ही वे समग्र बिम्ब छोटे-छोटे जीवन-सन्दर्भों के संश्लेष से उरेहे और उकेरे गये हों।

नासिरा शर्मा देश–काल, धर्म, जाति, सम्प्रदाय के भेदों से ऊपर उठकर एक दिल और एक दिमागवाले इनसान के दुःख–दर्द, उत्थान–पतन को आकार देनेवाली कहानीकार हैं। अब तक आपके आठ कहानी–संग्रह-'शामी कागज', 'पत्थर गली' (1986 ई०), 'संगसार' (1993 ई०), 'इब्ने मरियम' (1994 ई०), 'सबीना के चालीस चोर' (1997 ई०), 'खुदा की वापसी' (1998 ई०), 'इनसानी नस्ल' (2001 ई०), 'दूसरा ताजमहल' (2002 ई०) प्रकाशित हैं। हिन्दी, उर्दू, अंग्रेजी, फारसी आदि कई भाषाओं की मर्मज्ञ नासिरा शर्मा का रचना–संसार व्यापक मानवीय संवेदना का संसार है। उनकी कहानियों में ईरान की धरती से जुड़े वहाँ के आम आदमी का संघर्ष और दुःख–दर्द है। रूढ़ियों में जकड़ी किन्तु आधुनिक जीवन की दौड़ में आगे बढ़ने के लिए बेचैन पिछड़े वर्ग की मुसलमान जनता है। तानाशाही के विरुद्ध ईरानी जनता का संघर्ष है। फिलीस्तीनी गुरिल्लाओं की दर्दनाक फटेहाली है। दूसरे विश्वयुद्ध के दौर में बेहद तनाव की जिन्दगी जीनेवाले यहूदी हैं। आधुनिक सुविधाओं से वंचित हिन्दुस्तान की गरीब जनता है। पुरुषप्रधान समाज में हदीस शरीयत और कुरान में औरतों को दिये गये अधिकारों की जानकारी से लैस अपने हक के लिए संघर्ष करती मुस्लिम औरतें हैं। धर्म, जाति, भाषा और सम्प्रदाय के ऊपरी भेद–भाव को लेकर आपस में टकरानेवाले इन्सानों की छीजती संवेदना का गहरा अहसास और दर्द है; अर्थात् वह सब है, जो आज की जिन्दगी को समग्रता में उपस्थित करने के लिए जरूरी है। इन सबके बावजूद हिन्दुस्तान की बहुलतावादी संस्कृति से प्रभावित नासिरा शर्मा की कहानियों की सबसे बड़ी शक्ति सारे भेद–प्रभेदों के ऊपरी आवरण के नीचे दबी इन्सानियत को उभारकर ऊपर लाने की प्रतिबद्धता में निहित हैं।

वस्तुतः स्त्री-लेखन की अपनी दुनिया होती है जो पुरुष–लेखन की दुनिया के समानान्तर चलती रहती है। फिर भी स्त्री से सर्वथा अलग न पुरुष की दुनिया हो सकती है और न पुरुष से सर्वथा अलग स्त्री की दुनिया। ऐतिहासिक, राजनैतिक, प्राणिशास्त्रीय कारणों से उनमें अलगाव दिखायी देता है। इस अन्तर या पार्थक्य से स्त्री-लेखन की पहचान बनती है।

वर्जीनिया वुल्फ ने लिखा है–"स्त्री का लेखन स्त्री का होता है, स्त्रीवादी होने से बच नही सकता। अपने सर्वोत्तम में वह स्त्रीवादी ही होगा।" पुरुषप्रधान समाज में स्त्री का निरन्तर शोषण होता रहा है। अपने देश में वह शूद्र की श्रेणी में रखी गयी है, केवल भोग्या मानी गयी है। पश्चिम में स्त्री को खतरनाक 'सेक्स' कहा गया है। इस खतरे से बचने या इसे कम करने के लिए उसे घर के बाहर कहीं पर भी कोई अधिकार नहीं मिला है।

उसके लेखन और बौद्धिकता को भी बराबर हेय दृष्टि से देखा गया है। चेखव और टी० एस० इलियट–जैसे लेखकों ने भी उनका मजाक उड़ाने में कोई कोर–कसर

नहीं की है। 19वीं शती के मध्य में हार्थर्न ने उनके उपन्यासों को सनसनीखेज और भावुकतापूर्ण बताया है। हिन्दी में भी आलोचकों ने उनकी उपेक्षा की है। सन् 1984 की 'सारिका' में एक वरिष्ठ आलोचक ने लिखा है कि स्त्रियों की रचनाएँ इसलिए छपती हैं कि वे स्त्रियाँ हैं।

किन्तु स्त्री-मुक्ति आन्दोलन और स्त्रीवादी चेतना के फलस्वरूप नारी-जीवन में एक नयी ऊर्जा दिखायी पड़ी, एक नया उन्मेष आया। इसका प्रभाव दुनिया-भर की लेखिकाओं पर पड़ा।

पुरुष-लेखन के वर्चस्व को चुनौती देती हुई स्त्रियों की एक कतार खड़ी है—महाश्वेता देवी, अनिता देसाई, प्रतिभा राय, अरुन्धती राय, कृष्णा सोबती, मन्नू भण्डारी आदि। मन्नू का 'आपका बण्टी' 1971 में छप चुका था, सोबती का 'जिन्दगीनामा' 1979 में प्रकाशित हुआ। इन उपन्यासों को पुरुष-उपन्यासों के समकक्ष रखने में किसी को संकोच नहीं होगा।

आधुनिक हिन्दी कथा-साहित्य की शुरुआत महिला-लेखन से ही होती है। कुछ लोगों के मतानुसार हिन्दी की पहली कहानी की रचनाकार एक महिला हैं—श्रीमती राजेन्द्रबाला घोष (बंग महिला)। उनकी कहानी 'दुलाईवाली' का रचनाकाल सन् 1900 ई० है—उन्नीसवीं शताब्दी का अन्तिम वर्ष।

बीसवीं शताब्दी के प्रारम्भिक दो दशकों में कुछ कथा-लेखिकाएँ उभरकर सामने आती हैं—उषादेवी मित्रा, होमवती देवी, चन्द्रकिरण सौनरिक्सा, रजनी पण्णिकर आदि। किन्तु उनके आदर्श पुराने हैं, जैसे-सतीत्व की मर्यादा, विधवा-विवाह का समर्थन, बाल-विवाह, अनमेल विवाह का विरोध। कहीं-कहीं जैनेन्द्रीय आत्मपीड़ा भी है। सन् 1950 तक स्त्री कथा-साहित्य गिरता-पड़ता चलता रहा।

यह आकस्मिक नहीं है कि सन् 1950 में महादेवी वर्मा की 'शृंखला की कड़ियाँ' प्रकाशित हुई। परतन्त्रता की कड़ियाँ तो टूट चुकी थीं किन्तु स्त्री शृंखलाबद्ध थी। शिक्षा के प्रसार और आर्थिक आत्मनिर्भरता के कारण स्त्रियों में नयी जागृति उत्पन्न हुई। उनका ध्यान जातीय शृंखला की कड़ियों की ओर गया। आगे चलकर स्त्री-लेखिकाओं ने इन कड़ियों को तोड़ना शुरू किया-किसी ने झटके से, किसी ने धीरे-धीरे।

सन् 1950 ई० के बाद बहुत-सी कथा-लेखिकाओं का उदय हुआ। अपनी संख्या के अनुपात में उन्होंने अच्छी रचनाएँ कम दीं। सामान्यतः उनके अनुभव का दायरा संकीर्ण ही रहा, रूपात्मक प्रयोग भी बहुत कम हुए। उनकी दृष्टि मुक्त प्रेम पर नहीं, मुक्त देह-सम्बन्ध पर विशेष रूप से टिकी रही। कभी-कभी ऐसा प्रतीत होता है कि पुरुष-वर्चस्व का विरोध करते हुए भी वे पुरुष वर्ग की ओर से ही लड़ रही हैं। फिर भी स्त्री-चेतना के कई आयामों को लेकर उन्होंने कई अच्छी रचनाओं से हिन्दी-साहित्य को संवृद्ध किया।

उषा प्रियंवदा (1931) ने नारी कथा–साहित्य को एक दूसरी दिशा की ओर मोड़ा–देहगाथा से अलग प्रेम से अलगाव और अकेलेपन की नियति से। पर कथाकार के रूप में उन्हें प्रतिष्ठित करने का श्रेय उनकी 'वापसी' को जाता है। अकेलापन यहाँ भी है। विघटनशील मूल्य–चेतना के कारण बहू–बेटों से भरे परिवार में गजाधर बाबू अकेले हैं। पर अधिकांश कहानियों में पूर्वी और पश्चिमी संस्कारों का टकराव, विवाह और प्रेम दोनों का अस्वीकार मिलेगा। 'मछलियाँ' इसका प्रतिनिधित्व करती हैं।

उनके उपन्यास 'रुकोगी नहीं राधिका' (1967) में 'मछलियाँ' की तरह भारतीय और अमेरिकी विचारों-संस्कारों की टकराहट है। राधिका एक ओर उनके प्रेम–सम्बन्धों को काटती है तो दूसरी ओर उन्हें जोड़ने की कोशिश करती है। लेकिन वे जुड़ नहीं पाते। भारत लौटने पर भी वह दुविधाग्रस्त बनी रहती है। वह विवाह नहीं कर पाती। अन्ततोगत्वा अकेलेपन का वरण करती है। सब मिलाकर यह उच्च मध्यमवर्ग का संकीर्ण उपन्यास बनकर रह जाता है।

आधुनिकतावादी दृष्टि का विकास

सातवें–आठवें दशक में श्रीकान्त वर्मा, ज्ञानरंजन, गिरिराज किशोर, दूधनाथ सिंह, रामनारायण शुक्ल, कामता नाथ, गंगाप्रसाद विमल, महेन्द्र भल्ला, विजयमोहन सिंह, रवीन्द्र कालिया, काशीनाथ सिंह, विश्वेश्वर, महीप सिंह, इब्राहीम शरीफ, इजराइल, रमेश उपाध्याय आदि कहानियाँ लिख रहे थे। कविता के अस्तित्ववादी मुहावरे उनकी कहानियों में भी घुस गये हैं। महेन्द्र भल्ला, रवीन्द्र कालिया आदि में यौन–विकृतियाँ उसी ढंग की मिलती हैं जो ढंग उस समय की कविताओं और उपन्यासों ने अपनाया था। गिरिराज किशोर में विच्युतियाँ तो नहीं हैं पर आधुनिकतावाद का अकेलापन और तनाव है।

पिछले दशक में जनवादी कहानियों का जोर रहा है। वे जनवादी अधिक, कहानियाँ कम हैं। रमेश उपाध्याय, स्वयंप्रकाश और नमिता सिंह जनवादी कहानीकार हैं। रमेश और नमिता की कहानियाँ फार्मूलाबद्ध हैं। स्वयंप्रकाश बारीकी से कहते हैं पर फाँकों से फार्मूले झाँक जाते हैं। हिन्दू–मुस्लिम साम्प्रदायिकता पर असगर वजाहत ने कुछ अच्छी कहानियाँ लिखी हैं। हिन्दू–सिक्ख समस्या पर तेजिन्दर की कहानियाँ द्रष्टव्य हैं। अभी हाल में कुछ कहानीकारों ने मिखाइल गोर्बाच्योव के 'ग्लासनोस्ट' और 'पेरिस्त्रोइका' के प्रभाव में पार्टी के फार्मूलों और पार्टी की तानाशाही के विरोध में कहानियाँ लिखी हैं। लेकिन ये लोग तथाकथित सही मार्क्सवादी फार्मूले की गिरफ्त में फँस जाते हैं। इधर **उदयप्रकाश** ने कहानी की नयी जमीन तोडी है।

इसका प्रमाण है उनका कहानी-सग्रह 'पालगोमरा का स्कूटर'। 'पीली छतरीवाली लड़की', 'वारेन हेस्टिंग्स का साँड़' आदि उनकी चर्चित कहानियाँ हैं।

समग्रतः हिन्दी-कहानी अब प्रेमचन्द-युग से बहुत आगे निकल आयी है। **प्रेमचन्द** के बाद जैनेन्द्र, इलाचन्द्र जोशी, यशपाल, 'अश्क' आदि लेखकों ने उसे नयी जमीन दी थी। स्वतन्त्रता-प्राप्ति के बाद अनेक आन्दोलनों के दौर से गुजरती हुई अब वह यथार्थ से सीधा साक्षात्कार करने में समर्थ है। इस बीच उसने अनेक देशी-विदेशी रचनाकारों के शिल्प-सौन्दर्य से अपने को समृद्ध किया है। अब उसकी कथा-भूमि भी पर्याप्त विस्तृत हो गयी है। उसमें उत्तर आधुनिकता, स्त्रीवाद, दलित चेतना आदि नाना भूमियों को संस्पर्श मिला है।

•

नाटक : उद्‌भव और विकास

ऐतिहासिक दृष्टि से भारतेन्दु से पूर्व स्वाँग और रास की परम्परा थी जिन्हें नाटक नाम से अभिहित किया गया है। इन रचनाओं का समय प्रायः 14वीं शती से 19वीं शती के मध्य तक माना जाता है। इनमें प्रमुखतः विद्यापतिकृत 'रक्मिणी हरण', 'पारिजात हरण', केशवदासकृत 'विज्ञान गीता', हृदयरामकृत 'हनुमन्नाटक', 'ब्रजवासी-दासकृत 'प्रबोध चन्द्रोदय', 'प्रद्युम्न विजय' आदि हैं।

भारतेन्दु हरिश्चन्द्र के नाट्य क्षेत्र में पदार्पण के पूर्व तक जन नाट्य-परम्परा प्रचलित थी। नाट्य सम्बन्धी कोई शास्त्रीय और लक्षण ग्रन्थ (संस्कृत ग्रन्थों को छोड़कर) का निर्माण नहीं हुआ था। इस परम्परा पर अंग्रेजी नाट्य-परम्परा का ही प्रभाव था। अस्तु भारतेन्दु ने परिवर्तित समय और रुचि के अनुसार पाश्चात्य नाट्यपद्धति का अवलम्बन ग्रहण कर एक स्वच्छन्द और नवीन नाट्य-प्रणाली का श्रीगणेश किया जिसका विकास भारतेन्दुयुगीन नाटककारों ने किया। वस्तुतः गद्य क्षेत्र में भारतेन्दुजी का ध्यान सर्वप्रथम नाटकों की ओर ही गया। भारतेन्दु पूर्व तीन प्रकार के नाटकों की परम्परा रही है—अनूदित, मौलिक, साहित्यिक-सामाजिक। अनूदित नाटकों की परम्परा में 'हनुमन्नाटक', 'प्रबोध चन्द्रोदय' और 'शकुन्तला' संस्कृत नाटकों के हिन्दी अनुवाद हैं। मौलिक नाटकों की परम्परा में रीवाँ के राजा विश्वनाथसिंह का 'आनन्द रघुनन्दन' है। इसकी रचना सन् 1700 के लगभग हुई। रामचन्द्र शुक्ल इसे ब्रजभाषा का नाटकत्वपूर्ण प्रथम नाटक मानते हैं। इसी कोटि का भारतेन्दु के पिता गिरधरदास का 'नहुष' नाटक है। सामाजिक नाटकों में उन नाटकों की गणना है जो जनता अपने मनोरंजन के लिए खुले मैदानों में स्वाँग आदि के रूप में खेलने लगी। रामलीला, रासलीला आदि ऐसे ही नाटक हैं जो जनता में मनोरंजन के साथ धार्मिक प्रवृत्ति को भी जागृत करते रहे। इस प्रकार के नाटकों में लक्ष्मण का रामलीला, ईश्वरीप्रसाद का उषा अनिरुद्ध आदि नाटक प्रसिद्ध हैं। इन नाटकों के सम्बन्ध में एक प्रमुख बात इनमें साहित्यिकता के अभाव एवं पद्यबद्धता की है।

भारतेन्दु-युग के नाटक-हिन्दी साहित्य मंच पर भारतेन्दु हरिश्चन्द्र का आगमन नाट्य विधा के लिए वरदान सिद्ध हुआ। हिन्दी नाटकों का सूत्रपात सही अर्थों में भारतेन्दु-युग में ही हुआ और भारतेन्दु हरिश्चन्द्र को हिन्दी नाटकों का

जन्मदाता माना जा सकता है। भारतेन्दु–युग प्राचीनता के अनुवर्तन एवं नवीनता के प्रवर्तन का युग था। परिणामतः उनके नाटकों में इस संक्रमण की तीव्र प्रतिध्वनि है। भारतेन्दु ने स्वयं मौलिक एवं अनूदित नाटक लिखे। उनके मौलिक नाटकों में वैदिकी हिंसा हिंसा न भवति, चन्द्रावली, विषस्य विषमौषधम्, भारत दुर्दशा, नीलदेवी, अन्धेर नगरी एवं प्रेमजोगिनी आदि हैं तथा अनूदित नाटकों में विद्या सुन्दर, पाखण्ड विडम्बनम्, धनंजय विजय, कर्पूरमंजरी, मुद्राराक्षस, भारत जननी आदि हैं। सत्य हरिश्चन्द्र उनका मौलिक नाटक माना जाता है। उनके नाटकों पर बँगला एवं संस्कृत का प्रभाव है। भारतेन्दु के नाटकों का वर्ण्य–विषय सामाजिक, ऐतिहासिक, राजनीतिक, पौराणिक एवं प्रेमतत्त्व से सम्बन्धित है, साथ ही उनमें युगचेतना की अभिव्यक्ति भी है। भारतेन्दु–युग के अन्य प्रभावशाली नाटककारों में प्रतापनारायण मिश्र तथा राधाकृष्णदास का नाम लिया जाता है। प्रतापनारायण मिश्र ने गौ–संकट, कलि प्रभाव, जुआरी–ख्वारी और हम्मीर हठ नामक चार नाटक लिखे। राधाकृष्णदास ने महारानी पद्मावती, महाराणा प्रताप, दुखिया बाला आदि नाटकों का निर्माण किया। इसके अतिरिक्त लाला श्रीनिवास दास ने रणधीर प्रेम–मोहिनी, संयोगिता स्वयंवर, तप्ता संवरण आदि; बदरीनारायण चौधरी 'प्रेमघन' ने भारत–सौभाग्य; बाबू गोपालचन्द्र ने बूढ़े मुँह मुँहासे-लोग चले तमाशे; बाबू केशवदास ने सज्जाद सम्बल, शमशाद सौसन, गजाधर भट्ट ने मृच्छकटिक, अम्बिकादत्त व्यास ने लतिका, बालकृष्ण भट्ट ने दमयन्ती स्वयंवर, वेणी संहार, जैसा काम वैसा परिणाम, शिक्षादान आदि नाटकों की रचना की । भारतेन्दु–युग में कुछ नाटककारों ने 'रामलीला' को वर्ण्य–विषय के रूप में चुनकर नाटकों की रचना की है। उनमें देवकीनन्दनकृत सीताहरण और रामलीला; बलदेवजीकृत रामलीला विजय; दामोदर सप्रेकृत रामलीला के सात नाटक, बन्दीजनकृत सीताहरण और सीता स्वयंवर तथा ज्वालाप्रसाद मिश्रकृत सीता वनवास एवं रामलीला रामायण ऐसे ही नाटक हैं। इस युग में कृष्णलीला को भी आधार बनाकर नाटकों का प्रणयन किया गया। यथा-कृष्ण सुदामा, ऊषा–हरण, रुक्मिणी परिणय, प्रद्युम्न विजय, द्रौपदी चीरहरण आदि। इसके अतिरिक्त ध्रुव तपस्या, अभिमन्यु वध–जैसे नाटक भी लिखे गये।

भारतेन्दु–युग में संस्कृत, अँगरेजी एवं बँगला नाटकों का अनुवाद भी हुआ। लाला सीताराम और राधाकृष्ण वर्मा का नाम इस दिशा में उल्लेखनीय है। लाला सीताराम ने भवभूति, कालिदास एवं शूद्रक के नाटकों का तथा राधाकृष्ण वर्मा ने बँगला नाटकों-राजकिशोर डेकृत पद्मावती, द्वारिकानाथ गांगुलीकृत वीरनारी और मधुसूदनदत्तकृत कृष्णमुरारी का अनुवाद किया। अँगरेजी नाटकों में सबसे अधिक अनुवाद शेक्सपीयर के नाटकों का हुआ। यथा–भारतेन्दु हरिश्चन्द्र ने 'मर्चेण्ट ऑफ वेनिस' का 'दुर्लभ बन्धु' नाम से; रत्नचन्द्र ने 'कामेडी ऑफ एरर्स' का 'भ्रमजालक'

नाम से; मथुराप्रसाद उपाध्याय ने 'मैकबेथ' का 'साहसेन्द्र साहस' नाम से अनुवाद किया। इनके अतिरिक्त गोपीनाथ एवं लाल साहब आदि के भी अनूदित नाटक इस काल में रचे गये।

भारतेन्दुयुगीन नाटकों की विशेषताएँ

भारतेन्दु–युग की नाट्य-रचना के सम्बन्ध में दो बातें विशेष महत्त्वपूर्ण हैं। एक तो इस युग के नाटकों में समय के साथ देवता, गन्धर्व, राक्षस आदि दैवी एवं पौराणिक पात्रों की कमी होती गयी और इनके स्थान पर मनुष्य की बुद्धि और उसके भावों का चमत्कार अधिक दिखाया जाने लगा। इस प्रकार नाटक का जीवन के विविध अंगों से सम्बन्ध स्थापित हो गया। दूसरी उल्लेखनीय बात पद्य के स्थान में गद्य के प्रयोग की प्रचुरता एवं ब्रजभाषा के स्थान पर गद्य में पूर्णतया और पद्य में अंशतः खड़ीबोली की स्थापना है। शैली की दृष्टि से इस युग के नाटकों में संस्कृत की शास्त्रीय शैली (नान्दी पाठ, भरतवाक्य, स्वगत भाषण, अंकावतार, काव्यात्मक वातावरण इत्यादि की योजना) का अनुकरण हुआ है। उसमें कहीं–कहीं पारसी-नाटक-शैली का प्रभाव भी दृष्टिगोचर होता है।

भारतेन्दु–युग के अन्तिम दिनों में पारसी नाटक कम्पनियों के लिए भी कुछ उर्दू ढंग के मनोरंजक नाटकों की रचना हुई। साहित्यिकता को दृष्टिकोण में लानेवाली भावना के अभाव को देखकर ही हमने यहाँ उनका उल्लेख नहीं किया।

द्विवेदी–युग में हिन्दी नाट्य–साहित्य की परम्परा

भारतेन्दु के पीछे नाटकों की परम्परा कुछ क्षीण रूप से प्रवहमान् हुई। द्विवेदी–युग में मौलिक और अनूदित दोनों प्रकार के नाटकों की रचना हुई, फिर भी अनूदित नाटकों की बहुलता है। वस्तुतः द्विवेदी–युग में भाषा परिमार्जन एवं गद्य शैली का विकास ही अधिक हुआ, नाटक आदि की रचना की ओर लोगों का ध्यान न गया। वस्तुतः इस युग के मौलिक नाटकों में ऐतिहासिक और पौराणिक नाटकों का प्राधान्य है और सामाजिक जीवन के विविध अंगों एवं समस्याओं को लेकर रचे जानेवाले नाटकों का अभाव है। ऐतिहासिक विषय–वस्तु को लेकर चलनेवाले नाटकों में जगन्नाथप्रसाद चतुर्वेदी का 'तुलसीदास', वियोगीहरि का 'प्रबुद्ध यमुना', मिश्रबन्धु का 'शिवाजी' आदि प्रमुख हैं। सामाजिक विषयों पर कुछ व्यंग्यमूलक प्रहसनों की रचना हुई जिनमें जीवन की असंगतियों एवं नवीन वातावरण (पाश्चात्य संस्कृति का प्रभाव) के प्रति व्यंग्य है। बद्रीनाथ भट्ट के 'विवाह विज्ञापन' में पाश्चात्य ढंग की कृत्रिम साजसज्जा पर व्यंग्य है। पं० बलदेवप्रसाद मिश्र ने 'लल्लाबाबू' में समाज की असंगतियों का एक चित्र प्रस्तुत किया है। जी० पी० श्रीवास्तव के कुछ प्रहसन भी निकले किन्तु वे उच्चकोटि की नाट्यकला का परिचय नहीं देते। इस युग में

पौराणिक कथाओं के आधार पर थियेट्रिकल ढंग के नाटक भी बने। ये नाटक उर्दू में ही लिखे जाते थे और केवल 'तमाशा' एवं स्वाँग रूप में थे। इनमें साहित्य और कला दोनों की मिट्टी पलीत थी। इन कम्पनियों में हिन्दी के नाटकों का प्रवेश करानेवाले पं० नारायणप्रसाद 'बेताब' ने 'महाभारत' नाटक लिखा जिसने जनता की रुचि को उर्दू नाटकों से हिन्दी की ओर मोड़ा। इसी प्रकार के नाटककारों में पं० राधेश्याम कथावाचक तथा पं० हरिकृष्ण जौहर की गणना है। इन्होंने भी अभिमन्यु इत्यादि के पौराणिक विषय को लिया। राधेश्याम के 'वीर अभिमन्यु' नाटक में पौराणिक विषय लेकर आधुनिक समाज का दृश्य अंकित करने का सुन्दर प्रयत्न है। पौराणिक विषयों को लेकर कुछ साहित्यकारों ने भी मौलिक नाटकों की रचना की जैसे अयोध्यासिंह उपाध्याय का 'रुक्मिणी परिणय', प्रद्युम्न विजय व्यायोग; पं० ज्वालाप्रसाद का 'सीता वनवास', बलदेवप्रसाद मिश्र का 'प्रभास मिलन', 'मीराँबाई'; बा० शिवनन्दन सहाय का 'सुदामा' इत्यादि। पूर्णतया कल्पित कथावस्तु को लेकर चलनेवाला राय देवीप्रसाद पूर्ण का 'चन्द्रकला भानुकुमार' नाटक मध्ययुगीन दरबारी संस्कृति को दर्शाता है।

अनूदित नाटक-अब इस युग के अनूदित नाटकों की भी चर्चा कर ली जाय। इस युग में संस्कृत की अपेक्षा अंग्रेजी और बँगला के नाटकों के अनुवाद अधिक हुए। बँगला के उत्कृष्ट नाटकों का अनुवाद करनेवाले पं० रूपनारायण पाण्डेय, अंग्रेजी के शेक्सपीयर के नाटकों का अनुवाद करनेवाले पुरोहित गोपीनाथ तथा संस्कृत नाटकों का अनुवाद करनेवाले लाला सीताराम प्रसिद्ध हैं। पं० सत्यनारायण कविरत्न ने भवभूति के उत्तररामचरित और मालतीमाधव का बड़ी सरस और साहित्यिक भाषा में अनुवाद किया।

द्विवेदी-युग के नाटकों की शैली में प्रायः पूर्ववर्ती नाटकों की परम्परा चलती रही और प्रायः उन्हीं प्रवृत्तियों का विकास हुआ। हाँ, नाटकों में पद्य की भाषा धीरे-धीरे खड़ीबोली होने लगी और पाश्चात्य तथा बँगला प्रभाव से पद्य का प्राधान्य हटने लगा। गद्य की भाषा बड़ी साफ-सुथरी एवं तत्समप्रधान होने लगी।

तृतीय उत्थानकाल-प्रसाद-युग-हिन्दी-नाट्य-साहित्य का पूर्ण विकास तृतीय उत्थानकाल में या जयशंकर प्रसाद के इस क्षेत्र में आगमन से हुआ। नाटक के क्षेत्र में नवीन शैली के या यों कहें, कि हिन्दी की अपनी मौलिक शैली के जन्मदाता प्रसादजी हैं। उन्होंने एक नवीन नाट्य-शैली को जन्म देकर आगे के नाटककारों का मार्ग-दर्शन किया। प्रसादजी ने हिन्दी नाट्य-साहित्य का पूर्ण परिपाक करके उसे चरमोन्नति की सीढ़ी पर पहुँचा दिया। हिन्दी नाट्य-साहित्य का यह विकासकाल 'प्रसाद-युग' के नाम से प्रसिद्ध है।

प्रसादजी की नाट्यकला में इतिहास एवं कल्पना का समन्वय तो हुआ ही है, साथ ही भारतीय एवं पाश्चात्य नाट्य शैली का समन्वित प्रभाव भी देखा जा सकता है। प्रसादजी ने जहाँ भी कोई उपयोगी तत्त्व देखा, उसे स्वाभाविक रूप से निःसंकोच ग्रहण कर लिया, किन्तु अन्धानुकरण नहीं किया है। उन्होंने हिन्दू संस्कृति के श्रेष्ठ तत्त्वों की अभिव्यक्ति नाटकों के माध्यम से की है। प्रसादजी ने स्वयं लिखा है कि "इतिहास का अनुशीलन किसी भी जाति को अपना आदर्श संगठित करने के लिए अत्यन्त लाभदायक होता है.........मेरी इच्छा भारतीय इतिहास के अप्रकाशित अंश में से उन प्रकाण्ड घटनाओं का दिग्दर्शन कराने की है जिन्होंने हमारी वर्तमान स्थिति को बनाने का प्रयत्न किया है।"

प्रसादजी द्वारा प्रणीत नाटकों में—स्कन्दगुप्त, अजातशत्रु, चन्द्रगुप्त, ध्रुवस्वामिनी, विशाख, कामना, जनमेजय का नागयज्ञ, राजश्री, सज्जन, करुणालय, प्रायश्चित्त और एक घूँट है। ये सभी नाटक सांस्कृतिक एवं साहित्यिक दृष्टि से अपना महत्त्व रखते हैं। उनमें सर्वत्र राष्ट्रीय चेतना विद्यमान है। प्रसाद-युग के अन्य प्रमुख नाटककारों में —गोविन्दवल्लभ पन्त, जी० पी० श्रीवास्तव, जगन्नाथप्रसाद, प्रेमचन्द, गोपालराम गहमरी, सुदर्शन, बेताब, बेचन शर्मा 'उग्र', राधेश्याम कथावाचक आदि हैं। इस काल के नाटकों में पौराणिक, ऐतिहासिक, सामाजिक, सांस्कृतिक एवं हास्यप्रधान विषयों का समावेश हुआ है। डॉ० कमलिनी मेहता ने लिखा है कि "प्रसाद के समसामयिक नाटककारों ने भी मुख्यतः इतिहास और पुराण को अपना विषय बनाया। इनमें उल्लेखनीय हैं—सुदर्शन का दयानन्द, बलदेवप्रसाद मिश्र का मीराँबाई, उग्र का महात्मा ईसा, प्रेमचन्द का कर्बला, बद्रीनाथ भट्ट का दुर्गावती, मिलिन्द का प्रताप प्रतिज्ञा, वियोगी हरि का प्रबुद्ध यमुना, उदयशंकर भट्ट का चन्द्रगुप्त मौर्य और विक्रमादित्य, गोविन्ददास का हर्ष। ये सभी ऐतिहासिक हैं। मैथिलीशरण की तिलोत्तमा, चन्द्रहास और अनघ, कौशिक का भीष्म, बद्रीनाथ भट्ट का बेनचरित्र, मिश्रबन्धुओं का 'पूर्वभारत' और 'उत्तरभारत', सुदर्शन का अंजना तथा गोविन्दवल्लभ पन्त का 'वरमाला' पौराणिक नाटक हैं।"

प्रसाद ने जनमेजय का नागयज्ञ नामक पौराणिक नाटक लिखा है। इसमें प्रसाद ने पहली बार पौराणिक वातावरण को नवीन युग के आलोक में आलोकित किया है और भारतेन्दुयुगीन पौराणिक नाट्य-शैली से पार्थक्य सूचित किया। तीसरे, पाश्चात्य समस्या-नाटक की शैली का परिचय इन्होंने 'ध्रुवस्वामिनी' में दिया। चौथे, इन्होंने अंग्रेजी के एलीगेरी (अन्योपदेश) ढंग का नाटक 'कामना' लिखा। इसमें भाव एवं मनोविकारों का मानवीकरण है और प्रतीकात्मक शैली का प्राधान्य है। इसलिए कुछ विद्वान् इसे 'भावात्मक नाटक' कहते हैं और अन्य 'प्रतीकात्मक'। पाँचवें, प्रसादजी ने 'करुणालय' नामक प्रथम गीतिकाव्य का सृजन किया। छठें, प्रसादजी ने 'एक

घूँट' लिखकर एकांकी शैली का भी सूत्रपात किया। इस प्रकार प्रसादजी ने नाट्य-साहित्य के क्षेत्र में विविध शैलियों का प्रयोग किया जिनका परवर्ती नाटककारों पर गहरा प्रभाव पड़ा है।

ऐतिहासिक नाटककार-प्रसादजी के बाद **ऐतिहासिक नाट्यकारों** में हरिकृष्ण प्रेमी, उग्र, गोविन्दवल्लभ पन्त, उदयशंकर भट्ट और सेठ गोविन्ददास प्रमुख हैं। इन लेखकों ने इस क्षेत्र में नवीन शैली की उद्भावनाएँ की हैं। इनमें प्रेमीजी का 'रक्षा बन्धन', उग्र का 'महात्मा ईसा' और सेठ गोविन्ददास का 'हर्ष' विशेष प्रसिद्ध हुआ।

पौराणिक नाटककार-पौराणिक नाटकों के क्षेत्र में भी नवीन शैली-विधान दिखायी पड़ता है। इस नवीन शैली-विधान का संयोजन करनेवालों में सुदर्शन, माखनलाल चतुर्वेदी और उदयशंकर भट्ट प्रमुख हैं। सामाजिक नाटकों का सृजन करनेवालों में सेठ गोविन्ददास और उदयशंकर भट्ट विशेष रूप से उल्लेखनीय हैं। उदयशंकर भट्ट ने पौराणिक प्रसंगों के आधार पर सुन्दर गीति-नाट्यों की (विश्वामित्र, मत्स्यगन्धा, राधा) रचना करके अपनी प्रतिभा का परिचय दिया है।

भावात्मक नाटककार-भावात्मक (अन्योपदेशिक) नाटककारों में सुमित्रानन्दन पन्त का अपनी 'ज्योत्स्ना' के लिए विशेष महत्त्व है। वस्तुतः जयशंकर प्रसाद एक मौलिक व्यक्तित्व लेकर अवतरित हुए। उन्होंने विदेशी नाट्य-शैली में जो कुछ अच्छा था वह सब अपना बनाकर अपनाया है। पुरानी रूढ़ियों को हटाकर अपनी मौलिक प्रतिभा का परिचय दिया है। इन्होंने पहली बार अपने नाटकों के पात्रों को स्वतन्त्र व्यक्तित्व प्रदान किया और चरित्र-चित्रण की ओर विशेष ध्यान देकर रस की धारा प्रवाहित की। प्रसादजी ने यूरोप में प्रचलित शील-वैचित्र्यवाद का अन्धानुकरण न करके और शील-वैचित्र्यवाद के सिद्धान्त को रस-विधान के अन्तर्गत अपनाकर अपनी मौलिकता का परिचय दिया। प्रसादजी के नाटकीय पात्रों में अनेक प्रकार की परिस्थितियों के बीच जो अन्तर्द्वन्द्व की अवतारणा हुई है वह आधुनिक मनोविज्ञान के अनुकूल हे। इससे वे पात्रों के मन के अनेक स्तरों को खोलकर दिखाने में समर्थ हुए हैं। नारी-चरित्र की अनेक प्रकार की कल्पना करके उन्होंने अपनी प्रतिभा का परिचय दिया है। सारांश यह है कि ऐतिहासिक अनुशीलन और नवीन कल्पना के प्रयोग से उन्होंने नाट्य-कला में नवीन उद्भावनाएँ कीं। उनकी सांस्कृतिक पुनरुत्थान की भावना प्राचीन भारतीय संस्कृति की नाटकीय कला के द्वारा खोज में प्रकट हुई है। उनकी नाट्यकला की मुख्य विशेषताएँ हैं--सांस्कृतिक धारा के अक्षुण्ण प्रवाह की भावना, दार्शनिक चिन्तन, स्वाभाविक चरित्र कल्पना, राष्ट्रीयता का आग्रह, संघर्ष के द्वारा जीवन के मूलतत्त्व की खोज, नारी में शक्ति और चेतना की प्रतिष्ठा, काव्यात्मकता का प्रवाह, पद्य में खड़ीबोली की पूर्ण प्रतिष्ठा और प्राचीन शास्त्रीय नीरस रूढ़ियों का बहिष्कार और नवीन युगानुकूल नाट्य-शैली की प्रतिष्ठा।

विविध विषय एवं शैली-विधान

प्रसादजी ने विविध विषयात्मक एवं शैली-विधानात्मक नाटकों का सृजन किया। उन्होंने पश्चिम में प्रचलित कई नाट्य-शैलियों को अपनाया। प्रसादजी के नाटक संक्षेप में इन कोटियों में रखे जा सकते हैं—प्रथम, ऐतिहासिक नाटक-जैसे चन्द्रगुप्त, स्कन्दगुप्त आदि। इन नाटकों में प्राचीन भारतीय संस्कृति के सजीव चित्र हैं। उन्होंने प्राचीन भारतीय संस्कृति की खोज नाटकीय कला के द्वारा की और ऐतिहासिक तत्त्वों के विश्लेषण में मौलिक ढंग अपनाया। इन नाटकों में प्रसादजी ने विभिन्न संस्कृतियों का संघर्ष दिखाकर मूल भारतीय संस्कृति की धारा को अक्षुण्ण बनाये रखा और नवीन राष्ट्रीय चेतना की भावना को विशेष बल दिया।

एकांकी नाटक-नाटकों के विकास के इस वर्तमान युग में एकांकी नाटकों का सृजन भी पाश्चात्य साहित्य के अनुकरण पर हुआ है। सर्वप्रथम जयशंकर प्रसाद ने 'एक घूँट' नामक एकांकी लिखा। इसके बाद भुवनेश्वरप्रसाद का 'कारवाँ' संग्रह पश्चिमी शैली को लेकर आया। वर्तमान युग में समय की बचत की दृष्टि से तथा चित्रपट के विकास के कारण एकांकी नाटकों का विशेष महत्त्व हो गया है। एकांकी नाटकों में भी शैली का खूब परिष्कार हो रहा है। प्रमुख एकांकीकार डॉ० रामकुमार वर्मा ने अपने कुछ एकांकियों का सृजन इलाहाबाद विश्वविद्यालय के रंगमंच के लिए किया और उनमें सामाजिक एवं ऐतिहासिक विषय-वस्तु का संयोजन किया। मध्यवर्गीय जीवन की समस्याओं का मनोवैज्ञानिक विश्लेषण करनेवाले उपेन्द्रनाथ 'अश्क' प्रमुख एकांकीकार हो गये हैं। अन्य एकांकीकारों में जैनेन्द्र, अज्ञेय, सेठ गोविन्ददास, उदयशंकर भट्ट, उग्र, सद्गुरुशरण अवस्थी, विष्णु प्रभाकर आदि प्रमुख हैं।

चतुर्थ उत्थानकाल—प्रसाद के बाद नाट्य-साहित्य के विकास के चतुर्थ उत्थान में तीन प्रमुख नाटककारों गोविन्ददास, हरिकृष्ण प्रेमी, उदयशंकर भट्ट के बाद पं० लक्ष्मीनारायण मिश्र महत्त्वपूर्ण हैं। आप हिन्दी के प्रमुख समस्यामूलक नाटककार कहे जाते हैं। डॉ० हजारीप्रसाद द्विवेदी ने लिखा है, "हिन्दी समस्या नाटकों में सबसे अधिक प्रतिभाशाली लक्ष्मीनारायण मिश्र हैं। उन्होंने 'जो अनुभव किया है', उसे 'नाटक के रूप में' हमारे सामने रख दिया है, यथार्थ, ज्यों-का-त्यों। उन्होंने जान-बूझकर मनोरंजन के लिए या धोखा देने के लिए किसी को पापी या पुण्यात्मा नहीं बनाया, बल्कि अपने चरित्रों को जिन्दगी की सड़क पर लाकर छोड़ दिया है। वे अपनी प्रवृत्तियों और परिस्थितियों के चक्करदार घेरे में होकर रुकते हुए, घूमते हुए, ठोकर खाते हुए आगे बढ़ते गये हैं और नाटककार बराबर एक सच्चे जिज्ञासु की तरह बड़ी सावधानी से चलता गया है।"

इन्होंने पश्चिम के इब्सन, वाईल्ड तथा शॉ की विशेषताओं का सामंजस्य अपने नाटकों (सिन्दूर की होली, राजयोग, मुक्ति का रहस्य इत्यादि) में प्रस्तुत किया है। समस्यामूलक नाटकों में युग की नवीन समस्याओं को प्राचीन रूढ़ियों और परम्पराओं के साथ संघर्ष दिखाते हुए इस प्रकार प्रदर्शित किया जाता है कि पाठक स्वयं निर्णय नहीं कर पाता कि कौन-सा पक्ष सही है। इसी उद्देश्य से प्राचीन रूढ़ियों एवं परम्पराओं के विरोधी विचारों को उभारकर अंकित किया जाता है। नाटककार एक विशिष्ट चिन्तक के रूप में पाठक की विचारशक्ति उद्बुद्ध करने का प्रयत्न करता है। मिश्रजी ने अपने नाटकों में यथार्थवादी शैली अपनायी है और इसलिए उनके नाटकों में संवादों की लघुता, अधिक अंक एवं दृश्यों का अभाव मिलता है। उन्होंने व्यंग्य, विनोद एवं हाजिरजवाबी का संयोजन करके अपने नाटकों में बुद्धिवाद को प्रखर रूप में व्यक्त किया है। पाश्चात्य टेकनीक को अपनाकर भी मिश्रजी पूर्णतया भारतीय-भावनावादी, आदर्शवादी एवं परम्परावादी हैं। नाटकीय विधान की सरलता उनके समस्यामूलक नाटकों की विशेषता है। उन्होंने ऐतिहासिक नाटक (गरुड़ध्वज) भी लिखा है।

लक्ष्मीनारायण मिश्र ने ऐतिहासिक, पौराणिक एवं वैयक्तिक समस्याप्रधान नाटक लिखे हैं। ऐतिहासिक नाटकों के माध्यम से भारत के प्राचीन सांस्कृतिक गौरव को उपस्थित कर पाश्चात्य संस्कृति से श्रेष्ठ सिद्ध किया है। अशोक, गरुड़ध्वज, वत्सराज, दशाश्वमेध और वितस्ता की लहरें उनके ऐतिहासिक नाटक हैं। पौराणिक नाटकों में नारद की वीणा और चक्रव्यूह मात्र दो का नाम लिया जाता है। मिश्रजी की ख्याति का आधार उनके वैयक्तिक समस्याप्रधान नाटक हैं। इन्हीं के आधार पर उन्हें समस्या नाटककार कहा जाता है। इन नाटकों में संन्यासी, राक्षस का मन्दिर, सिन्दूर की होली, मुक्ति का रहस्य, राजयोग तथा आधी रात है। इन नाटकों के माध्यम से नाटककार ने पारिवारिक एवं सामाजिक अनेक समस्याओं को उठाया है। मिश्रजी के अतिरिक्त समसामयिक अन्य समस्या नाटककारों एवं उनकी कृतियों में—बेचन शर्मा 'उग्र' कृत डिक्टेटर, चुम्बन, आवारा, गोविन्दवल्लभ पन्तकृत अंगूर की बेटी, सेठ गोविन्ददासकृत विकास, सेवापथ, प्रकाश, अमीरी और गरीबी, उपेन्द्रनाथ अश्ककृत स्वर्ग की झलक, लक्ष्मी का स्वागत, देवताओं की छाया, अलग-अलग रास्ते, हरिकृष्ण प्रेमीकृत छाया, बन्धन, वृन्दावनलाल वर्माकृत खिलौने की खोज आदि का नाम लिया जाता है। इन नाटककारों ने पारिवारिक एवं सामाजिक समस्याओं—विवाह और प्रेम, आधुनिक शिक्षा, वर्गभेद, विधवा-विवाह, अमीरी-गरीबी, भ्रष्टाचार, दूषित न्याय प्रणाली, मूल्यों का ह्रास आदि को वर्ण्य-विषय के रूप में स्वीकार कर वाणी प्रदान की है।

प्रसादोत्तर काल के अन्य नाटककारों में गोविन्दवल्लभ पन्तकृत राजमुकुट, अन्तःपुर का छिद्र, उदयशंकर भट्टकृत सिन्धुपतन, मुक्तिपथ और शक विजय, चन्द्रगुप्त विद्यालंकारकृत अशोक, सेठ गोविन्ददासकृत हर्ष, कुलीनता, शशिगुप्त आदि हैं। जगदीशचन्द्र माथुरकृत कोणार्क तथा वृन्दावनलाल वर्माकृत 'फूलों की बोली' एवं 'पूर्व की ओर' आदि इस काल की नाट्य-परम्परा की उत्कर्षता का स्मरण दिलाते हैं। माथुरजी का कोणार्क इस काल का प्रथम ऐतिहासिक नाटक है जिसमें यथार्थवादी नाट्यकला के सर्वोत्तम तत्त्वों का समावेश हुआ है। वर्माजी के नाटक भी शुद्ध ऐतिहासिक तथ्यों पर आधारित हैं।

एकांकी—एकांकी में हमें जीवन का एक क्रमबद्ध विवेचन न मिलकर उसके एक पहलू, एक घटना, एक विशेष परिस्थिति अथवा एक उद्दीप्त क्षण का चित्र मिलता है। इस प्रकार एक घटना अथवा जीवन की एक समस्या अथवा पहलू को लेकर चलनेवाला एकांकी घटना के चरमोत्कर्ष की ओर तीव्र गति से अग्रसर होता है। वस्तुतः जीवन के उद्दीप्त क्षण का चित्र ले सकने के कारण एकांकीकार को बड़े कौशल का सहारा लेना पड़ता है। उसे लाघव के साथ ही संकलनत्रय का सुन्दर नियोजन करना पड़ता है। एकांकी की महत्ता इसी में है कि वह केवल एक ही भावना अथवा चित्तवृत्ति का उत्तेजनापूर्ण, विस्मयपूर्ण तथा रोचक प्रदर्शन करे। उसे एकता का बहुत अधिक ध्यान रखना पड़ता है और इस एकता के तत्त्व के द्वारा वह सम्पूर्ण संवादों को कथावस्तु के उस महत्त्वपूर्ण स्थल की ओर प्रेरित करता है जहाँ पहुँचकर पाठक का मन एकदम चमत्कृत हो जाता है। उसे एकांकी की समस्या का स्वरूप स्पष्ट प्रतिभासित हो जाता है और उसकी बुद्धि पर एक विशेष प्रभाव पड़ता है। डॉ० रामकुमार वर्मा ने एकांकी नाटक की संक्षिप्तता की ओर ध्यान आकृष्ट किया है। उपेन्द्रनाथ अश्क ने नाट्य-परम्परा में एकांकी नाटक के स्वरूप का उद्घाटन इन शब्दों में किया है—"बड़े नाटक की तुलना में एकांकी जीवन के एक अंश का पृथक् विच्छिन्न चित्र उपस्थित करता है। जीवन की एक झाँकी मात्र देता है। विभिन्नता के बदले एकीकरण, विशृंखलता के बदले एकाग्रता, पूर्णता के बदले अपूर्णता, फैलाव के बदले सिमटाव, विस्तार के बदले संक्षिप्तता इसके गुण हैं। एकांकी लेखक किसी मूलभूत विचार को उसकी समस्त सम्भावनाओं के साथ व्यक्त नहीं करता वरन् उसका संकेत मात्र करता है।

एकांकी के चार प्रमुख तत्त्व-नाटक एवं कथा-साहित्य के छह तत्त्व होते हैं किन्तु एकांकी में चार तत्त्व ही होते हैं—(1) कथानक (2) संवाद (3) वातावरण (4) उद्देश्य। एकांकी के प्रमुख उपादान ये हैं—कथावस्तु, संघर्ष या द्वन्द्व, संकलनत्रय, पात्र और चरित्र-चित्रण, कथोपकथन, अभिनयशीलता, रंगमंच निर्देश। कथानक में भी एक ऐसी आकस्मिकता रहती है कि कब एकांकी शुरू हुआ और कहाँ खत्म हुआ

इसका पता नहीं चलता। चरमसीमा (Climax) पर पहुँचते ही एकांकी समाप्त हो ज़ाता है। इस प्रकार चरमसीमा का एकांकी में विशेष महत्त्व है। एकांकी में कथानक की अपूर्णता ही उसकी सफलता की द्योतक है। जहाँ तक संवादों का प्रश्न है, एकांकी में संक्षिप्त संवाद रहते हैं। स्वगतकथन का प्रायः अभाव रहता है। संक्षिप्त संवाद भी बड़े मार्के के होते हैं क्योंकि इनसे एक ओर तो कथावस्तु का विकास होता है और दूसरी ओर पात्रों के चरित्रों की प्रमुख विशेषताओं एवं मनःस्थिति की झलक मिलती है।

वातावरण और देशकाल का एकांकी में विशेष महत्त्व है किन्तु संकलनत्रय का एक दृश्यवाले एकांकी में महत्त्व नहीं है। उसमें तो वैसे ही संकलनत्रय हो जाता है लेकिन एकांकीकार रंगमंच के निर्देश पूर्णरूपेण प्रस्तुत करता है। उद्देश्य एकांकी का अत्यन्त महत्त्वपूर्ण तत्त्व है। कथानक की संक्षिप्तता थोड़े पात्र, संक्षिप्त एवं मार्के के संवाद सभी उद्देश्य के अनुकूल होते हैं। न तो उसमें व्यर्थ के वाद-विवाद को स्थान है और न उद्देश्य के विपरीत किसी अवान्तर कथा को।

इस प्रकार हम देखते हैं कि एकांकी में और नाटक की टेकनीक में मौलिक अन्तर है। एकांकी कहानी के बहुत-कुछ समीप होता हुआ भी उससे भिन्न है। संक्षिप्तता एकांकी का प्राण है।

भारतेन्दु-काल के एकांकीकारों में देवकीनन्दन त्रिपाठी, राधाचरण गोस्वामी, बालकृष्ण भट्ट, प्रतापनारायण मिश्र उल्लेख्य हैं। द्विवेदी-युग के प्रमुख एकांकीकारों में पं० राधेश्याम कथावाचक, जयशंकर प्रसाद, सियारामशरण गुप्त, बद्रीनाथ भट्ट, पाण्डेय बेचनशर्मा 'उग्र', सुदर्शन, पं० रामनरेश त्रिपाठी महत्त्वपूर्ण हैं।

एकांकी के तृतीय और चतुर्थ उत्थानकाल के प्रमुख एकांकीकारों के नाम ये हैं-रामवृक्ष बेनीपुरी, विनोद रस्तोगी, अर्जुन चौबे कश्यप, गोविन्द शर्मा, प्रेमनारायण टण्डन, महेन्द्र भटनागर, जयनाथ नलिन, लक्ष्मीनारायण लाल, रावी, जनार्दन मुक्तिदूत, अनन्तकुमार पाषाण, सत्यदेव शर्मा, कृष्णदत्त भारद्वाज, इन्दुशेखर, धर्मवीर भारती, विमला लूथरा, लक्ष्मीनारायण अग्रवाल।

वर्तमान एकांकी विषय-वस्तु की दृष्टि से निम्न वर्गों में बाँटे जा सकते हैं- (1) सामाजिक एकांकी (2) ऐतिहासिक एकांकी (3) राजनैतिक एकांकी (4) मानवतावादी एकांकी (5) धार्मिक-पौराणिक-नैतिक एकांकी (6) मनोवैज्ञानिक एकांकी (7) रेडियो एकांकी (8) गीति-नाट्य।

सामाजिक एकांकीकारों में उदयशंकर भट्ट, अश्क तथा विष्णु प्रभाकर उल्लेखनीय हैं। इन्होंने सामाजिक समस्याओं को मार्मिक ढंग से प्रस्तुत किया।

ऐतिहासिक एवं पौराणिक एकांकीकारों में डॉ० रामकुमार वर्मा, रामवृक्ष बेनीपुरी, सेठ गाविन्ददास, व्यथित हृदय आदि का स्थान महत्त्वपूर्ण है। इनके एकांकी पूर्ण ऐतिहासिक और अर्द्ध ऐतिहासिक दोनों प्रकार के हैं। सेठ गोविन्ददास इनमें अग्रणी हैं। राजनैतिक एकांकीकारों में अमृतराय, कृष्णचन्दर, प्रकाशचन्द्र गुप्त, पहाड़ी, प्रभाकर माचवे, जयनाथ नलिन, विष्णु प्रभाकर, सुब्बाराव, शिवदानसिंह चौहान आदि प्रमुख हैं। इनमें कुछ **गाँधीवादी** एकांकीकार हैं और कुछ प्रगतिशील विचारधारा से सम्बन्धित हैं। गाँधीवादी एकांकीकारों में विष्णु प्रभाकर, हरिकृष्ण प्रेमी, रामचरण महेन्द्र, हरिशंकर शर्मा आदि प्रमुख हैं। मानवतावादी एकांकीकारों में रामचन्द्र तिवारी, विष्णु प्रभाकर, देवीदयाल चतुर्वेदी आदि प्रमुख हैं। इन्होंने मानवीय गुणों के विकास पर जोर दिया है। धार्मिक–पौराणिक–नैतिक एकांकीकारों में व्यथित हृदय, डॉ० रामचरण महेन्द्र, डॉ० सरनाम सिंह, उदयशंकर भट्ट आदि प्रमुख हैं। मनोवैज्ञानिक एकांकीकारों में पात्रों के हृदयतल की खोज का प्रयत्न है। विष्णु प्रभाकर, प्रभाकर माचवे, डॉ० रामकुमार वर्मा के एकांकी इस प्रवृत्ति को स्वस्थ रूप में प्रदर्शित करते हैं।

इधर एक नवीन शैली के नाटक लिखे जा रहे हैं जिन्हें रेडियो नाटक कहा जा सकता है। इनमें इस युग की नितान्त नवीन नाट्य–शैली का परिचय मिलता है। यह नाट्य–शैली भी पश्चिमी देशों की देन है। मण्डन-शिल्प के आधार पर डॉ० दशरथ ओझा ने रेडियो नाटक के 9 मुख्य भेदों का उल्लेख किया है–(1) रेडियो रूपक, (2) फीचर, (3) ध्वनि नाट्य (मनोवैज्ञानिक), (4) स्वोक्ति, (5) फैण्टेसी (भावनाट्य या ऋतु सम्बन्धी), (6) ध्वनि गीति रूपक, (7) रिपोर्ताज, (8) जननाटक तथा (9) व्यंग्य। रेडियो नाटक की इस नितान्त अभिनव प्रवृत्ति ने नाट्य–साहित्य को विशेष समृद्ध किया है। प्रसिद्ध रेडियो नाटककारों में सुमित्रानन्दन पन्त, उदयशंकर भट्ट, उपेन्द्रनाथ अश्क, विष्णु प्रभाकर, चिरंजीव, सुशील, अमृतलाल आदि हैं।

गीतिनाट्य

स्वरूप-गीतिनाट्य में कविता 'नाटकीय कविता' के रूप में हमारे सामने आती है। कविता और नाटक का समन्वय, एक नवीन सत्ता का निर्माण गीतिनाट्य है। उसमें दर्शक या पाठक को नाटक के साथ ही काव्यत्व का पूर्ण रसास्वादन होता है। गीतिनाट्य में द्वन्द्व या अन्तर्द्वन्द्व के द्वारा नाटकीयता का आधान होता है। काव्यात्मकता के द्वारा गीतिनाट्य का नाटकीय तत्त्व सूक्ष्म एवं तरल तथा सहृदयसंवेद्य बन जाता है। डॉ० नगेन्द्र ने अन्तर्द्वन्द्वमय स्थिति को गीतिनाट्य का प्राण तत्त्व माना है, "भावना का प्राधान्य होने के कारण गीतिनाट्य में संघर्ष स्वभावतः बाह्य न होकर अन्तरिक होता है। अर्थात् मन की एक भावना का दूसरी भावना के विरुद्ध संघर्ष

ही यहाँ मिलेगा। बाह्य परिस्थितियों का संघर्ष यदि होगा भी तो उसका प्रयोग आन्तरिक संघर्ष को तीव्रतर बनाने के लिए होगा।''

गीतिनाट्य मानव-हृदय की विभिन्न प्रकार की समस्याओं को लेकर चलता है। नाटककार पाठक को अन्तस्तल की ओर ले जाता है, मन के उथल-पुथल का चित्रण करता है, जिससे मनुष्य अपने अन्तर्तम को समझ सके। इसमें एक नाटकीय प्रभाव के द्वारा परिसमाप्ति होती है। गीतिनाट्य की वस्तु का चयन ऐतिहासिक, पौराणिक एवं काल्पनिक कथाओं से ही नहीं, युग के सामाजिक जीवन से भी किया जाता है। अंग्रेजी साहित्य के गीतिनाट्यकारों ने सामाजिक जीवन को ही अपनी आधारभूमि बनाया है। गीतिनाट्य में पात्रों के अन्तरंग का सूक्ष्मातिसूक्ष्म विश्लेषण तीव्रतम रूप में प्रस्तुत करके लेखक अपने पात्रों को जीवन प्रदान करता है। संवादों में भी पद्य का प्रयोग होने से रागात्मक अनुभूतियों, आकांक्षाओं और विचारों की गहनता की मार्मिक अभिव्यक्ति होती है। संवादों का पद्यात्मक होना अनिवार्य है क्योंकि गीतिनाट्य की भावातिरेक प्रखरता का वेग कविता की लय ही वहन कर सकती है। अतः गीतिनाट्य सर्वथा पद्यबद्ध एवं कवित्वपूर्ण होता है। ऐंबरक्रॉम्बी ने तो यहाँ तक कहा है कि ''गीतिनाट्य में पात्र स्वयं ही काव्य प्रतीत होते हैं और उनका व्यक्तित्व काव्यमय बिम्ब अथवा प्रतीक के समान होता है। उनकी भावमय सृष्टि के लिए काव्यमय भाषा अनिवार्य बन जाती है।'' इस प्रकार गीतिनाट्य में छन्दोमय विधान की अनिवार्यता स्पष्ट ही है, इसमें प्रवाह एवं गति के कारण मुक्तक छन्द ही अधिक स्वाभाविक सिद्ध होता है।

भाषा—गीतिनाट्य की भाषा चित्रात्मक, अलंकृत एवं प्रतीकात्मक होती है, क्योंकि उसमें जीवन की आवेगमयी झाँकी रहती है। बिम्ब-विधान के कौशल से लेखक युग के जीवित सत्यों को प्रस्तुत करता है किन्तु इसमें अधिक सतर्कता की आवश्यकता है क्योंकि इन बिम्बों का निर्माण जीवनगत संवेदनाओं और अनुभवों से होने पर ही भावोद्वेलन की सृष्टि सम्भव है। प्रतीकों के द्वारा गूढ़ संवेदनाओं की अभिव्यक्ति की जाती है।

दुष्यन्तकुमार का काव्यनाटक 'एक कण्ठ विषपायी' (1963) में कहीं-कहीं नाटकीय तनाव का आभास देने के लिए 'रेटॅरिक' का भी सहारा लिया गया है जो पारसी थियेटर के संवादों की याद ताजा करता है—

आह ! चले गये।
(आकाश की ओर देखते हुए उँगली उठाकर)
क्रूर नियति!
वह तेरे हाथों से छले गये,
बोल,

मुझे बता,
मुझ पर शाप क्यों पड़ा तेरा?
कब मुझसे धर्म की अवज्ञा हुई है?
कब मैंने शंकर की मानता नहीं मानी।
कब मैंने सपनों में,
किसी अमर्यादा की छाया हुई है? *-पृष्ठ 33*

गीतिनाट्यकारों में उदयशंकर प्रमुख हैं किन्तु अब संगीत का प्रयोग एकांकी की प्रकृति के प्रतिकूल एवं युगानुकूल न होने के कारण समाप्त हो रहा है।

एकपात्रीय नाटक—संस्कृत में दशरूपकों के अन्तर्गत एक भेद 'भाण' भी है, जिसमें केवल एक पात्र होता है। अंग्रेजी साहित्य में 'मोनोलॉग' एकपात्रीय नाटक होते हैं। हिन्दी में भाण और मोनोलॉग की परम्परा में सेठ गोविन्ददास ने चतुष्पथ, रामवृक्ष बेनीपुरी ने सीता की माँ और विष्णु प्रभाकर ने धुआँ नामक एकपात्रीय नाटकों की रचना की है। हिन्दी रंगमंच पर एकपात्रीय नाटक का अभिनय भी प्रारम्भ हुआ है।

प्रतीकात्मक नाटक—रूपक या साध्यवसान (Allegorical) या प्रतीकात्मक नाटकों की परम्परा संस्कृत साहित्य में विद्यमान है। अंग्रेजी में प्रतीकात्मक नाटकों की रचना हुई है। हिन्दी में भी रूपकात्मक या प्रतीकात्मक नाटकों का सृजन हुआ है। विष्णु प्रभाकर की दृष्टि की खोज और बाज और कबूतर; लक्ष्मीनारायण लाल का मादा कैक्टस, सुन्दर रस और सूखा सरोवर; गिरिजाकुमार माथुर का पृथ्वीकल्प; अज्ञेयजी का बसन्त; धर्मवीर भारती का नीली झील, आचार्य चतुरसेन शास्त्री का पगध्वनि आदि प्रतीकात्मक नाटक हैं।

गीतिनाट्य का विकास-हिन्दी में गीतिनाट्यों की रचना छायावाद युग से ही हो रही है। जयशंकर प्रसाद ने करुणालय नामक गीतिनाट्य का सृजन किया। पन्तजी ने भी एक शुभ्र पुरुष नामक गीतिनाट्य की रचना की। वर्तमान गीतिनाट्यकारों में धर्मवीर भारती का अन्धा युग विशेष लोकप्रिय हुआ। इन नाटकों में दृश्य और श्रव्यकाव्य का समन्वित रूप मिलता है।

रेडियो ऑपेरा-वर्तमानकाल में आकाशवाणी के प्रश्रय से रेडियो रूपकों या ऑपेरा का सृजन हुआ है। यह प्रवृत्ति रेडियो तक ही सीमित है, अभी रंगमंच पर इस टेकनीक का प्रयोग नहीं हुआ है। कवि नरेन्द्रशर्मा का 'तथागत बुद्ध' आदि ऑपेरा टेकनीक के रूपक आकाशवाणी दिल्ली आदि केन्द्रों से प्रसारित होते रहते हैं।

हिन्दी एकांकी उन्नति के पथ पर अग्रसर है और खुले रंगमंच के प्रयोग चल रहे हैं। अब एकांकी रंगमंच के लिए लिखने की प्रवृत्ति बढ़ रही है।

स्वातन्त्र्योत्तर नाटक-स्वतन्त्रता-प्राप्ति के पश्चात् सन् 1950 के आसपास का समय हिन्दी नाट्य-साहित्य के लिए अधिक उपयोगी सिद्ध हुआ है। साहित्य की अन्य विधाओं की तरह इस नयेपन का असर कम रहा, वह आन्दोलनों से बचा रहा। नाट्य साहित्य के क्षेत्र में कोणार्क (1951), अन्धा युग (1954), आषाढ़ का एक दिन (1958) आदि ने एक नवीन मोड़ प्रदान किया जिससे उसके लिए सर्वतोमुखी प्रगति के द्वार खुल गये। इस युग के प्रमुख नाटककारों में जगदीशचन्द्र माथुर, विष्णु प्रभाकर, लक्ष्मीनारायण लाल, धर्मवीर भारती, मोहन राकेश, नरेश मेहता, मन्नू भण्डारी, कृष्णचन्द्र लाल आदि के नाम आते हैं। सभी ने पूरे आत्मविश्वास के साथ नाटक के क्षेत्र में वस्तु एवं शिल्प दोनों दृष्टियों से नवीन प्रयोग कर उत्तरोत्तर नाटक को चरमोत्कर्ष पर पहुँचाया।

इस युग के प्रमुख नाटककारों में जगदीशचन्द्र माथुर विशेष प्रसिद्ध हैं। इनके द्वारा प्रणीत नाटकों में कोणार्क (1951), शारदीया (1959), पहला राजा (1969) आदि विशेष प्रसिद्ध हैं। मोहन राकेश इस युग के दूसरे प्रसिद्ध नाटककार हैं। इन्होंने आषाढ़ का एक दिन (1958) तथा लहरों के राजहंस (1962) जैसा नाटक लिखा। मोहन राकेश की प्रसिद्धि का कारण 'आषाढ़ का एक दिन' है। अन्य कलाकारों में विष्णु प्रभाकरकृत-डॉक्टर, विनोद रस्तोगीकृत-आजादी के बाद, नये हाथ, बर्फ की मीनार, डॉ० लक्ष्मीनारायण लालकृत अन्धा कुआँ आदि हैं। विष्णु प्रभाकर का 'डॉक्टर' नारी मनोविज्ञान पर आधारित है। विनोद रस्तोगीकृत नाटकों में बाह्य एवं आन्तरिक संघर्षों का अंकन किया गया है। लक्ष्मीनारायण लालकृत अन्धा कुआँ का कथानक ग्राम्य जीवन से सम्बन्धित है। 'अन्धा कुआँ' से कुछ पंक्तियाँ द्रष्टव्य हैं–"अन्धा कुआँ यही है जिसके संग मैं ब्याही गयी हूँ-जिसमें एक बार मैं गिरी कि फिर न उबरी। न कोई मुझे निकाल पाया, न मैं खुद निकल सकी और न कभी निकल ही पाऊँगी।"

सन् 1960 के पश्चात् हिन्दी नाटक में नये–नये प्रयोग शुरू हो गये थे। इस समय के नाटककारों में विपिन कुमार अग्रवाल प्रमुख हैं। इनके ग्यारह लघु नाटकों का संग्रह 'तीन अपाहिज' (1963) प्रकाशित हुआ। अन्य नाटककारों में ज्ञानदेव अग्निहोत्रीकृत–शुतुरमुर्ग, अमृतरायकृत–चिन्दियों की झालर, शताब्दी, हम लोग, सर्वेश्वरदयाल सक्सेनाकृत–बकरी, लक्ष्मीकान्त वर्माकृत–अपना-अपना जूता, रोशनी एक नदी है, डॉ० लक्ष्मीनारायण लालकृत–रातरानी, दर्पन, कलंकी, मिस्टर अभिमन्यु, कर्फ्यू, अब्दुल्ला दीवाना, व्यक्तिगत, एक सत्य हरिश्चन्द्र, सुरेन्द्र वर्माकृत-सूर्य की अन्तिम किरण से सूर्य की पहली किरण तक, तीन नाटक, शंकरशेषकृत–बिन बाती

के दीप, फन्दी, बन्धन, अपने-अपने, खजुराहो के शिल्पी, एक और द्रोणाचार्य, नरेन्द्र कोहलीकृत 'शम्बूक की हत्या' (1975), मोहन राकेशकृत–'आधे-अधूरे' (1973) आदि हैं। धर्मवीर भारतीकृत–अन्धायुग तथा नरेश मेहताकृत–'सुबह के घण्टे' स्वातन्त्र्योत्तर नाट्य-साहित्य-परम्परा को सशक्त एवं समृद्ध बनाने में सहयोगी हैं। अन्धायुग में नाटककार ने नवयुग सापेक्ष्य मानवीय सम्बन्धों का अंकन किया है। स्वातन्त्र्योत्तर नाट्य-परम्परा ने हिन्दी रंगमंच को नयी कलात्मकता दी है।

वस्तुतः **जगदीशचन्द्र माथुर** (1917–78) के आगमन के साथ हिन्दी नाटक प्रसाद से भिन्न स्तर पर खड़ा होता है। माथुर तत्कालीन रंगान्दोलन के प्रति सक्रिय रूप से सचेत थे, समय के बदलाव की उन्हें पूरी पहचान थी। अतः उन्होंने ऐतिहासिक विषयवस्तु को न लेकर मिथकीय विषयवस्तु चुना। मिथक लचीले होने के कारण जीवन के अनेक आयामों और अन्तर्विरोधों को समग्रता में समेट लेते हैं। वस्तु को अपेक्षित ढंग से विन्यस्त करने के लिए उन्होंने नये नाट्य–प्रयोग भी किये।

उनका पहला महत्त्वपूर्ण नाटक 'कोणार्क' सन् 1951 में प्रकाशित होता है। 'दूसरा सप्तक' का प्रकाशन वर्ष भी यही है। नयी कविता की शुरुआत इसी सप्तक से मानी जाती है। इस समय तक प्रगतिवाद और प्रयोगवाद दोनों ही एक में घुलमिल गये थे। इसका मिला–जुला रूप 'कोणार्क' में भी दिखायी पड़ता है। नये नाटक का आरम्भ 'कोणार्क' से ही होता है। इसे नयी कविता की बगल में रखा जा सकता है।

इस नाटक में इतिहास का जो ढाँचा लिया गया है वह बहुत झीना है, बस इतना कि नरसिंहदेव ने कोणार्क का मन्दिर बनवाया। नरसिंहदेव के प्रवास–काल में मन्त्री राजराज का शक्तिशाली होना और कोणार्क के विध्वंस का कारण बनना भी इतिहाससम्मत है। यथास्थान इसका प्रयोग किया गया है। किन्तु केन्द्र में शिल्पी पिता और शिल्पी पुत्र का मिथक है। इसमें गहन मनोवैज्ञानिक, राजनीतिक द्वन्द्व के साथ वर्ग–संघर्ष का भी समावेशन हुआ है। इनसे नाट्य में गहरा तनाव (टेन्शन) पैदा होता है और एक प्रभावशाली नाट्य–बिम्ब की सृष्टि होती है।

इसमें तीन प्रकार के द्वन्द्वों का समाकलन है—सर्जना और विध्वंस का द्वन्द्व, नयी पीढ़ी-पुरानी पीढ़ी का द्वन्द्व और राजसत्ता तथा जनसत्ता का द्वन्द्व। कोणार्क के निर्माण के मूल में प्रधान शिल्पी विशु की अपनी ही स्मृतियाँ कलारूपों में पुनर्जीवित हो रही हैं। कला के प्रति अद्‌भुत सम्मोहन है उसमें। इसी बहाने माथुर कलावाद की समस्या उठाते हैं। कोणार्क के टूटने पर कलावाद भी टूटता है। कला की तुलना में जीवन अधिक महत्त्वपूर्ण है। स्वयं विशु अपने पुत्र से प्रभावित होकर अपनी ही कला को तोड़ देता है। विशु का पुत्र नयी पीढ़ी का प्रतिनिधित्व करता है जो राजसत्ता के विरुद्ध

खड़ी है। वह कहता है—"क्या हम लोग भेड़-बकरियाँ हैं जो चाहे जिसके हवाले कर दी जायँ? जिस सिंहासन को तुम डाँवाँडोल कर रहे हो, वह हमारे कन्धों पर टिका है।"

माथुर केवल प्रगतिशील चेतना के ही पक्षधर नहीं हैं, कला-प्रयोग के भी समर्थक हैं। उनका कहना है—'हम एशियावासी कितने आधुनिक क्यों न हो जायँ, नाटक, गीत और नृत्य का मिला-जुला स्वरूप हमारे स्वभाव और धरोहर का एक अंग ही बन गया है।' मन्दिर के उद्‌घाटन के अवसर पर अभिनय के लिए तैयार किया गया कुन्ती-सूर्य नृत्य-नाट्य में विशु और धर्मपद की माँ के प्रणय को भी प्रच्छन्न रूप से शामिल कर लेता है। एक विचित्र बात यह है कि इसमें एक भी नारी पात्र नहीं है। पर सारा नाट्य नारी की प्रणय-चेतना की नियति से है। यह भी एक प्रयोग है।

रेडियो के ध्वनि-बिम्बों की तरह नाटक का तीसरा अंक पूर्णतः ध्वनि-बिम्बों पर आधारित है। मूर्ति खण्डन के समय पत्थर पर पड़ती चोट पर चोट, कुदाली का आघात, ध्वंस की क्रूरतम अन्तिम आवाज और अनुगूँज तथा तीखी रोशनी की व्यवस्था नाट्य की त्रासदी को घनीभूत कर देती है।

माथुर का दूसरा महत्त्वपूर्ण नाटक है 'पहला राजा' (1969)। इसके कथा-सूत्रों को वेद, महाभारत, भागवत, विष्णु पुराण, हड़प्पा, मोहनजोदड़ो के मिथकों और ऐतिहासिक वृत्तों से ग्रहण किया गया है। इन सूत्रों को नाट्य रूप देने के लिए नाटककार ने बुद्धिसम्मत कल्पना का सहारा लिया है। इसका व्यापक फलक, अन्यापदेशिकता, दूरीकृत प्रभाव आदि ब्रेश्ट के 'एपिक थिएटर' का स्मरण कराता है।

उस समय कविता-कहानी पर अस्तित्ववादी दर्शन का प्रभाव पड़ रहा था। उसकी एक झलक 'पहला राजा' में भी मिलेगी। इसकी नाट्य-संरचना अधिक जटिल है। अतः अपनी प्रभावान्विति में वह कोणार्क की तरह प्रगीतात्मक न होकर बौद्धिक है। उनके दो और नाटक हैं—'शारदीया' और 'दशरथ नन्दन'।

धर्मवीर भारती का 'अन्धा युग' (1955) उनकी समस्त कृतियों का शिखर एक गीतिनाट्य है। इसमें 'महाभारत' के अठारहवें दिन के युद्ध के बाद की वह कथा ली गयी है जिसमें प्रभासतीर्थ में कृष्ण की मृत्यु भी सम्मिलित है। वस्तुतः यह नाटक युद्धजन्य अर्द्धसत्यों, कुण्ठाओं, अन्धी स्वार्थपरता, विवेकशून्यता आदि के बीच आस्था, दायित्व और ज्योति का उद्‌घाटन करता है। अन्धों के माध्यम से यह ज्योति-नाट्य है। यह विचित्र युद्ध था, किसी की भी जय नहीं हुई। विजय केवल अन्धेपन की होती है, शुभ और कोमल पराजित होते हैं। सभी युद्धों की यही परिणति है। इसमें ईश्वर की भी मृत्यु होती है, उसका स्थान व्यक्ति का उत्तरदायित्व लेता है।

दुष्यन्त कुमार का गीतिनाट्य 'एक कण्ठ विषपायी' की विषयवस्तु युद्ध-विरोधी है। इसके साथ ही 'जर्जर परम्परा और रूढ़ियों के शव से चिपटे' और उससे मुक्त होने का अंकन भी शिव-सती कथा के माध्यम से किया गया है। किन्तु युद्ध का रुकना विश्वसनीय नहीं बन सका है। अज्ञेय का 'उत्तर प्रियदर्शी' भी जापानी नोह के आधार पर लिखा गया निष्प्रभ गीतिनाट्य है। सिद्धनाथ के 'सृष्टि की साँझ और अन्य नाटक' में कई लघु-लघु गीतिनाट्य संगृहीत हैं।

मोहन राकेश (1925-72) मुख्यतः प्रयोगशील नाटककार हैं पर वैयक्तिक और सामाजिक समस्याओं पर भी उनकी दृष्टि बराबर केन्द्रित रही है। वह प्रसाद की परम्परा का नया प्रवर्तन लेकर आये। ऐतिहासिक दृष्टि से स्वच्छन्दतावाद काल में जो स्थान प्रसाद का है, उत्तर-स्वच्छन्दतावाद काल में वही स्थान राकेश का है। प्रसाद के ऐतिहासिक नाटकों में इतिहास की सुरक्षा पर पूरा ध्यान है, पर राकेश ने इतिहास का नाममात्र सहारा लिया है। यहाँ इतिहास मिथक बन गया है। अतः इतिहास की कड़ियाँ मिलाने की आवश्यकता ही नहीं पड़ी है। युगानुरूप राकेश की समस्याएँ भी भिन्न हैं। नाटकीयता की दृष्टि से राकेश प्रसाद को काफी पीछे छोड़ देते हैं। वैयक्तिकता के समावेश के कारण राकेश के नाटकों में मोहन-तत्त्व आ गया है। आषाढ़ का एक दिन (1958), लहरों के राजहंस (1963) मिथकीय नाटक हैं, तो आधे-अधूरे (1969) सामाजिक और समस्यामूलक।

'आषाढ़ का एक दिन' राज्याश्रय और व्यक्ति-स्वातन्त्र्य के बीच भटकती हुई सर्जनात्मकता का नाट्यबिम्ब है। भक्तिकाल के कवियों को छोड़कर कवि प्रायः राज्याश्रय में पलते रहे हैं। किन्तु व्यक्ति-स्वातन्त्र्य और राज्याश्रय के द्वन्द्व की चेतना आधुनिक है। इस चेतना के बावजूद आज का साहित्यकार एक ओर व्यवस्था-विरोधी तेवर लेकर चलता है तो दूसरी ओर व्यवस्था का तौक भी पहनता है। कालिदास कहता है—"मैं अनुभव करता हूँ कि यह ग्राम प्रान्त मेरी वास्तविक भूमि है। मैं कई सूत्रों में इस भूमि से जुड़ा हूँ। उन सूत्रों में तुम हो, यह आकाश और मेघ है। यहाँ की हरीतिमा है, हरिणों के बच्चे हैं, पशुपालक हैं—यहाँ से जाकर मैं अपनी भूमि से उखड़ जाऊँगा।" उसका दावा है कि "मैं राजकीय मुद्राओं से क्रीत होने के लिए नहीं हूँ।" पर राजकीय मुद्राएँ उसे खरीद लेती हैं। राजपुरुष के रूप में वह गाँव लौटता है, पर मल्लिका की आँखों से बिंधने के डर से उससे मिले बिना ही लौट जाता है। इसके पीछे राजाश्रय के छूट जाने का भय है। राजाश्रय धीरे-धीरे उसकी सर्जनात्मकता सोख लेता है।

कालिदास गाँव लौटता है। विलोम की परिणीता होकर मल्लिका एक बच्चे की माँ बन चुकी है। पर कालिदास के प्रति वह उसी प्रकार स्नेहमयी और आस्थावान् है। किन्तु रोमाण्टिक कालिदास का सब-कुछ टूट जाता है जबकि मल्लिका टूटकर

भी नहीं टूटती। अपनी इसी आस्था के कारण मल्लिका महिमामयी और कालिदास दुर्बल, रीढ़हीन और बौना हो जाता है। अपने देश के इस महान् सांस्कृतिक महापुरुष को राकेश ने अजनबी बना दिया है। वह पहचान में ही नहीं आता।

सारा नाटक विरोधी चरित्रों से बुना गया है। मल्लिका और अम्बिका एक-दूसरे की विरोधी हैं—पहली भावनापरक, दूसरी यथार्थपरक। कालिदास और विलोम भी एक-दूसरे के विरोधी हैं—एक भावनामय, दूसरा यथार्थपरक। ऐसा लगता है कि ये विभाजित व्यक्तित्व के अलग-अलग रूप हैं। कालिदास का व्यक्तित्व विभाजित है—कालिदास और विलोम में। राकेश ने स्वयं कहा है—'पराजित टूटा हुआ व्यक्ति कालिदास नहीं, अपने में संयोजित विलोम है।' मल्लिका और अम्बिका भी एक ही व्यक्तित्व के विभाजित अंग हैं। टूटन यथार्थ में भी है और रोमांस में भी। सम्भवतः राकेश इन दोनों में ही समायोजन के आकांक्षी थे। किन्तु किसी गहन अर्थवत्ता के अभाव में यह सम्भव नहीं था।

यह बिम्बधर्मी प्रगीतात्मक नाटक है। इसमें मुख्य बिम्ब मेघ का ही है। आरम्भ में बरसात की झड़ी में तन-मन से भीगती मल्लिका कालिदास से जुड़ जाती है। फिर मेघ उज्जयिनी चले जाते हैं। मल्लिका अपने गीले कपड़े सुखाती है। अन्त में अपने गर्जन-तर्जन लेकर मेघ पुनः लौटते हैं; पर वे कुछ भिगो नहीं पाते। वे स्मृतियों के प्रतीक बन जाते हैं और सारा नाटक एक त्रासदी में बदल जाता है।

'लहरों के राजहंस' आधुनिक मनुष्य के गहन अन्तर्द्वन्द्व का नाटक है। 'आषाढ़ का एक दिन' में रोमांस-यथार्थ का अन्तर्द्वन्द्व था तो 'लहरों के राजहंस' में राग-विराग का। राग-विराग का अन्तर्द्वन्द्व मानवीय जीवन की एक शाश्वत परम्परा है। पहले राग विराग में बदल जाता था; किन्तु अब कोई किसी में बदलता नहीं। उनका द्वन्द्व चलता रहता है। नन्द का द्वन्द्व यही है। विरोधात्मकता की जो तकनीक 'आषाढ़ का एक दिन' में अपनायी गयी थी वह यहाँ भी है। बुद्ध और यशोधरा बरक्स नन्द और सुन्दरी।

इसका प्रेरणास्रोत अश्वघोष का 'सौन्दरनन्द' है। नन्द की आसक्ति, सुन्दरी का रूप-दर्प, नन्द की दीक्षा, केश-कर्तन आदि वहीं से लिये गये हैं। 'लहरों के राजहंस' शीर्षक भी 'सौन्दरनन्द' के एक श्लोक से उठाया गया है। सौन्दरनन्द में नन्द बुद्ध से दीक्षित हो जाता है। एक कोटि से दूसरी निर्दिष्ट कोटि में चले जाना पुरानी पद्धति थी; किन्तु राकेश का नन्द तो एक भटकाव में—'ययौ न तस्थौ'—में जीता है। इस भटकाव से मुक्ति पाने के लिए वह एक किरण की तलाश में है।

नन्द के आकर्षण के दो बिन्दु हैं—सुन्दरी यानी काम और बुद्ध यानी अध्यात्म। नन्द इन दोनों के बीच भटकता रहता है। सुन्दरी के प्रति उसका आकर्षण आध्यात्मिक है। सुन्दरी सोचती है—काश, वह किंचित् दुर्विनीत होता। जिस दिन

यशोधरा भिक्षुणी बनने जा रही थी उसके एक दिन पूर्व सुन्दरी कामोत्सव का आयोजन करती है। यह भी सौन्दर्य-दर्प का ही लक्षण है। मैत्रेय को छोड़कर इसमें कोई नहीं आता। सुन्दरी आहत होती है। नन्द सुन्दरी का शृंगार कर रहा था उसी समय गौतम बुद्ध भिक्षा माँगने आये किन्तु वापस लौट गये। अपराधबोध से ग्रस्त नन्द क्षमा माँगने गौतम के पास जाता है पर लौटता है मुण्डित मस्तक होकर। सुन्दरी का रूप-दर्प खण्डित हो जाता है। लेकिन नन्द न भिक्षु बन पाता हैं न गृहस्थ। दोनों के बीच त्रिशंकु की तरह लटकता रहता है। उसके पास बहुत-से प्रश्न हैं जिनका उत्तर नहीं मिलता। आनन्द ने ठीक ही कहा था-"जो व्यक्ति तुम्हारे किसी भी प्रश्न का उत्तर दे सकता है वह मैं नहीं हूँ। उत्तर तुम्हें केवल एक ही व्यक्ति से मिल सकता है और उस व्यक्ति का नाम नन्द है।"

नन्द के भटकाव, प्रश्नाकुलता, सुन्दरी के दर्द आदि को अनेक प्रतीकों में व्यक्त किया गया है। श्यामांग, दर्पण, दीपाधार, मृत हरिणशावक, मदनोत्सव, व्याघ्रयुद्ध आदि प्रतीकों द्वारा मानसिक अन्तर्द्वन्द्वों और टूटन को कुशलतापूर्वक व्यक्त किया गया है। मानसिंक धरातल पर अधिक संचरण करने से इसमें मौलिक धरातल छूट जाता है।

'आधे-अधूरे' एक विवादास्पद नाटक है। विवाद का मुख्य मुद्दा नाट्य-प्रयोग है। कुछ लोग इस प्रयोग को सार्थक और कुछ लोग चमत्कारिक मानते हैं। जहाँ तक कथा का सम्बन्ध है, कुछ लोगों की दृष्टि में, वह समकालीन जीवन को यथार्थ स्तर पर उजागर करता है और कुछ लोगों की दृष्टि में उसमें जीवन की गहरी समस्याएँ नहीं ली गयी हैं। ये दोनों मत आधे भी हैं, अधूरे भी। पर सत्य का अंश दोनों में है। किन्तु इसमें कोई सन्देह नहीं कि अपने नवीन नाट्य-प्रयोग के कारण ही यह लोगों का ध्यान आकृष्ट कर सका है।

उत्तर-स्वच्छन्दतावादी साहित्य में न जीवन की पूर्णता मिलेगी और न विधान की। इसके पहले के साहित्य में जीवन की भी पूर्णता होती थी और रचना-विधान की भी। पर अब कविता, कहानी, उपन्यास और नाटक का अन्त खुलेपन में होता है क्योंकि किसी वस्तु या समस्या का अन्तिम समाधान नहीं होता। नर में नारायण की कल्पना करने का समय बीत चुका है। आदमी आधा-अधूरा रहने के लिए अभिशप्त है। यदि व्यक्ति इस अधूरेपन को पूर्णता में बदलना चाहता है तो उसकी जिन्दगी और भी गहरे अर्थ में अभिशापित हो जाती है। पर वह अपनी निजता की तलाश कर सकता है। किन्तु इस नाटक के पात्रों की निजता एक विशिष्ट महानगरीय परिवेश में खो गयी है। निजता के लोप का एक कारण आर्थिक भी है।

इस मध्यवर्गीय परिवार का केन्द्रीय पात्र सावित्री है जो किसी पूर्ण पुरुष को पाकर अपने अधूरेपन को भरना चाहती है। पति उसकी कमायी खाता है। उसके

विषय में सावित्री कहती है—"आदमी होने के लिए क्या यह जरूरी नहीं कि उसमें अपना एक माद्दा, अपनी एक शख्सियत हो?....वह खुद एक आदमी का आधा-चौथाई भी नहीं है।" पुरुष एक, दो, तीन, चार सभी एक ही नौका के सवार हैं—मुखौटे अलग-अलग पर चेहरा एक। सावित्री अपनी पूर्णता के लिए सभी से सम्पर्क स्थापित कर चुकी है; किन्तु सभी आधे-अधूरे हैं।

पुरुष-चार सावित्री के भ्रम को तोड़ते हुए कहता है—"महेन्द्र की जगह इनमें से कोई भी होता, तुम्हारी जिन्दगी में तो साल-दो-साल बाद तुम यही महसूस करती। क्योंकि तुम्हारे लिये जीने का मतलब रहा है कितना कुछ एक साथ होकर, कितना कुछ एक साथ पाकर और कितना कुछ एक साथ ओढ़कर जीना, वह उतना कुछ कभी तुम्हें एक जगह न मिल पाता।" प्रश्न होता है कि क्या पुरुष-चार दूसरे पुरुषों से भिन्न नहीं है? यदि है तो एक ही चेहरेवाले पाँच पुरुषों की रंग-युक्ति बहुत सार्थक नहीं प्रतीत होती।

उस समय प्रामाणिक जिन्दगी जीने और चुनाव की स्वतन्त्रता के अस्तित्ववादी प्रश्न उठ खड़े हुए थे। इनकी प्रतिध्वनियाँ तीनों नाटकों में सुनायी पड़ती हैं। इस नाटक में पुरुष-चार कहता है—"फिर भी तुम्हें लगता रहा कि तुम चुनाव कर सकती हो, लेकिन क्या सचमुच कोई चुनाव नजर आया तुम्हें?" चुनाव का नजर न आना परिस्थितियों में बन्द होना है। आरम्भ में ही पुरुष कहता है—"परिस्थितियाँ बदल जाती हैं तो भी मैं यहीं रहता।" इसके आगे तो 'नो इजिक्ट' का पट्ट लगा हुआ है।

पत्नी बाहर जाने का प्रयास करने पर भी बाहर नहीं जा पाती। घर में लौटने को विवश है। बड़ी लड़की ससुराल से इसी घर में लौटती है। लड़के-लड़की सबको घर काटने दौड़ता है। लेकिन वे भी इसी में जीने को अभिशप्त हैं—'नो.इजिक्ट।' इस तरह नाटक अपने निष्कर्ष में ऊलजलूल नाटक (एब्सर्ड ड्रामा) के आसपास पहुँच जाता है। बोलचाल की भाषा का नाट्य रूपान्तरण अवश्य प्रशंसनीय है। राकेश के पहले दोनों नाटकों की भाषा पर रोमानियत का गहरा पुट है, पर आधे-अधूरे की भाषा इससे मुक्त है।

नरेश मेहता ने दो नाटक लिखे-सुबह के घण्टे (1956) और खण्डित यात्राएँ (1962)। पहले में व्यक्ति-स्वातन्त्र्य का समर्थन है और दूसरे में मूल्यों के विघटन का चित्रण। विष्णु प्रभाकर के 'डॉक्टर' (1958) और 'युगे-युगे क्रान्ति' में विगत का आदर्शवादी स्वर मुखर हुआ है।

स्वच्छन्दतावाद काल के समापन के साथ ही आधुनिकतावादी नाटकों का लेखन प्रारम्भ हो जाता है। भुवनेश्वर का 'ऊसर' (1938) इसका प्रारम्भिक बिन्दु है। ऊब, घुटन, ऊलजलूलता के बावजूद उनसे मुक्त होने की राह है। गृहस्वामी कहता है—"मैं

कहता हूँ कि आनेवाली जेनरेशन, चाहे वह बिल्लियों की हो या सर्पों की, हमसे अच्छी होगी...हमसे।" 'ताँबे के कीड़े' (1946) विसंगति का अच्छा नमूना है। विपिनकुमार अग्रवाल का 'तीन अपाहिज', 'शम्भुनाथ सिंह का 'दीवार की वापसी', लक्ष्मीकान्त वर्मा का 'अपना-अपना जूता', राजकमल चौधरी का 'भग्न स्तूप का एक अक्षत स्तम्भ', मन्नू भण्डारी का 'बिना दीवारों का धर' इसी परम्परा के नाटक हैं।

साठोत्तरी नाटककारों में दो नाटककार उभरकर सामने आये-लक्ष्मीनारायण लाल और सुरेन्द्र वर्मा। दोनों मूलतः प्रयोगवादी हैं। लाल के नाटकों की संख्या एक दर्जन से ऊपर होगी। इनमें मादा कैक्टस, दर्पन और अब्दुल्ला दीवाना विशेष रूप से उल्लेख्य हैं। लाल प्रयोग के प्रति जितने उत्साही हैं, भाषा के प्रति उतने ही लापरवाह और शब्द-प्रयोग के प्रति उतने ही अनवधान।

सुरेन्द्र वर्मा ने तीन नाटक लिखे हैं—द्रौपदी (1970), सूर्य की अन्तिम किरण से सूर्य की पहली किरण तक (1975) और आठवाँ सर्ग (1976)। अपने प्रयोगों तथा कामभावना के सूक्ष्मतर स्पन्दनों के नाट्यांकन के कारण इन नाटकों की प्रशंसा हुई है। 'द्रौपदी' में राकेश के 'आधे-अधूरे' की पाँच मुखौटोंवाली रंग-युक्ति का अधिक सफाई से प्रयोग किया गया है। पति के विभाजित व्यक्तित्व की त्रासदी पूरे परिवार की त्रासदी बन जाती है। इसमें द्रौपदी केवल एक पति-उसके एक पक्ष को तलाशती है न कि राकेश की सावित्री की तरह अनेक पक्षों को। अलका-वर्षा और अनिल-राकेश के एकरूप संवाद रोमांस की एकरसता, आवृत्त्यात्मकता पर गहरा व्यंग्य किया गया है।

'सूर्य की अन्तिम किरण से सूर्य की पहली किरण तक' में नपुंसक पति और पत्नी को अत्यन्त मार्मिक ढंग से प्रस्तुत किया गया है। पति ओक्काक की व्यथा यह है कि यौन-सुख उसके लिए अनजाना रह जाता है। शीलवती शील और मातृत्व के मिथक को तोड़कर यौन-सुख के यथार्थ की प्रतिष्ठा करती है। 'आठवाँ सर्ग' का प्रेरणास्रोत कालिदास प्रणीत 'कुमार सम्भव' का आठवाँ सर्ग है। इसमें काम-सम्बन्धों का बड़ा ही सूक्ष्म और ब्यौरेवार चित्रण हुआ है। इस सिलसिले में श्लीलता-अश्लीलता और अभिव्यक्ति-स्वातन्त्र्य के प्रश्न भी उठाये गये हैं। किन्तु ये प्रश्न नाटक की अनिवार्यताएँ नहीं हैं, अलग से खड़े किये प्रश्न हैं।

सवाल उठता है कि इस तरह के नाटक किन सामाजिक परिस्थितियों के उत्पादन हैं? साठोत्तरी रचनात्मक साहित्य की अनेक प्रवृत्तियों में सेक्स का निर्वस्त्र चित्रण भी एक प्रवृत्ति थी। अकविता, बीट आन्दोलन में इसी का प्राधान्य था। सुरेन्द्र वर्मा सेक्स को थोड़ा-बहुत सामाजिक, मनोवैज्ञानिक सन्दर्भ देकर नंगे सेक्स को

संयमित बनाते हैं। किन्तु कलात्मक आवरण, नाटककार की मनोवृत्ति को ढँक नहीं पाता। कोई चाहे तो उनके नाटकों को रूपवादी कह सकता है। रूपवाद रीतिवाद का अनुगामी है।

यौन-विकृतियों का दुःसाहसिक चित्रण रमेश बक्षी के देवयानी (1972) और मृदुला गर्ग के 'एक और अजनबी' (1972) में देखा जा सकता है। इनके विरुद्ध कुछ देश-प्रेम और कुछ प्रगतिशील-जनवादी नाटक लिखे गये। शिवप्रसाद सिंह की 'घाटियाँ गूँजती हैं', ज्ञानदेव अग्निहोत्री का 'नेफा की एक शाम' चीन-भारत युद्ध से सम्बद्ध नाटक हैं जिन्हें पहली श्रेणी में रखा जा सकता है। काशीनाथ सिंह का 'घोआस', मुद्राराक्षस के 'मरजीवा' और 'योर्स फेथफुली', शंकर शेष के 'एक और द्रोणाचार्य' और 'पोस्टर', सर्वेश्वरदयाल सक्सेना का 'बकरी', असगर वजाहत का 'वीरगति', हमीदुल्ला का 'उलझी आकृतियाँ' व्यवस्था-विरोधी नाटक हैं। अभी हाल में दूधनाथ सिंह का राजनीतिक थिएटर की सम्भावनाओं से युक्त 'यमगाथा' नाटक प्रकाशित हुआ। अपनी नयी रंग-युक्तियों और प्रगतिशील 'विजन' में यह प्रसाद, माथुर, राकेश की परम्परा को आगे बढ़ाता है।

•

उत्तरशती का हिन्दी नाटक

प्रगति–प्रयोग की समन्वित दृष्टि से उत्तर–आधुनिक काल के नाटककारों में प्रायः तीन पीढ़ियाँ एक साथ क्रियाशील रही हैं। प्रथम पीढ़ी में वे नाटककार हैं जो वार्द्धक्यगामी हैं जिनमें कुछ दिवंगत भी हो चुके हैं किन्तु प्रसाद-काल से ही जो लिखते रहे हैं। इनमें लक्ष्मीनारायण मिश्र (1903–1987), हरिकृष्ण प्रेमी (1908-1974), उदयशंकर भट्ट (1898–1966), गोविन्दवल्लभ पन्त (1898–1996) आदि उल्लेख्य हैं। इस पीढ़ी में भगवतीचरण वर्मा, अमृतलाल नागर आदि भी रखे जा सकते हैं जिनकी संक्षिप्त चर्चा की जा चुकी है।

दूसरी पीढ़ी (आयु के नहीं संवेदना के नये स्वरों के धरातल के कारण) प्रथम पीढ़ी के ही समकालीन होते हुए भी अलग–सी है। इसमें विष्णु प्रभाकर (1912—2009 ई०), भीष्म साहनी (1915–2003 ई०), जगदीशचन्द्र माथुर (1917–1978 ई०), लक्ष्मीकान्त वर्मा (1922–2002 ई०), शम्भुनाथ सिंह (1916–1991), विनोद रस्तोगी (1923 ई०), मोहन राकेश (1925–1972 ई०), लक्ष्मीनारायण लाल (1927–1983 ई०), सर्वेश्वरदयाल सक्सेना (1927-1983 ई०), अमृतराय (1921–1996 ई०) आदि महत्त्वपूर्ण हैं।

विष्णु प्रभाकर को 'डॉक्टर' (1958 ई०) नाटक लिखने पर विशेष ख्याति प्राप्त हुई। यह मनोवैज्ञानिक सामाजिक नाटक है। इसमें इंजीनियर सतीशचन्द्र शर्मा की परित्यक्ता पत्नी मधुलक्ष्मी डॉ० अनीला शर्मा के नाम से एक नर्सिंग होम का संचालन करती है। इंजीनियर शर्मा की दूसरी पत्नी बीमार होकर इसी नर्सिंग होम में इलाज के लिए आती है। डॉ० अनीला को जब यह ज्ञात होता है, तो वह आवेश में आकर उसे निकाल देने की आज्ञा देती है। डॉक्टर होने के नाते किसी भी मरीज का इलाज करना उसका कर्त्तव्य है। उसके भीतर भावावेग और कर्त्तव्य का भीषण द्वन्द्व उठ खड़ा होता है। नाटक में इस द्वन्द्व को कुशलता से मूर्त किया गया है। इसके बाद आपके 'युगे–युगे क्रान्ति' (1969 ई०), 'टूटते परिवेश' (1974 ई०), 'कुहासा और किरण' (1975 ई०), 'डरे हुए लोग' (1978 ई०), 'बन्दिनी' (1979 ई०), 'अब और नहीं' (1981 ई०), 'सत्ता के आर पार' (1981 ई०), 'श्वेत कमल' (1984 ई०) आदि अनेक नाटक प्रकाशित हो चुके हैं। विष्णु प्रभाकरजी संस्कारतः मानवतावादी रचनाकार हैं, इसलिए आधुनिक समाज में व्याप्त शोषण, भ्रष्टाचार, मूल्यहीनता,

अवसरवाद, झूठ, फरेब, आपको भीतर से हिला देते हैं। आपने अपने नाटकों में इस युग की विभीषिका के प्रत्येक प्रमुख पक्ष को सजीव करने का प्रयत्न किया है। आपके नाटक मंच की कसौटी पर भी खरे उतरते हैं। आपका स्वर आज भी आशावादी है। मानव-मूल्यों के प्रति अगाध निष्ठा के कारण आप आज भी कुहासा में किरण देख रहे हैं। आपका विश्वास है कि आज की यान्त्रिक और उपभोगवादी संस्कृति ने जीवन-मूल्यों में जो बदलाव उपस्थित किया है, वे मानवता के लिए कल्याणकारी नहीं हैं। स्थिति जटिल है। इस जटिलता को समझना और उसका विश्लेषण करना प्रत्येक रचनाकार का धर्म है।

भीष्म साहनी मूलतः कथाकार हैं। इधर आपने नाटकों के क्षेत्र में भी कुछ प्रयोग किये हैं। **'हानूश'** (1977 ई०), 'कबिरा खड़ा बजार में' (1981 ई०), 'माधवी' (1985 ई०), 'मुआवजे' (1993 ई०), 'रंग दे बसन्ती चोला' (1998 ई०), और 'आलमगीर' (1999 ई०) आपके चर्चित नाटक हैं। हानूश चेकोस्लोवाकिया में प्रचलित एक लोक-कहानी पर आधारित है। श्री साहनी अपने परवर्ती नाटकों में 'हानूश' से आगे नहीं बढ़ सके हैं और आज भी 'हानूश' ही उनकी नाट्य-कला का शिखर बना हुआ है। **जगदीशचन्द्र माथुर** को उनके नाटक 'कोणार्क' (1951 ई०) से ख्याति मिली। इसके बाद आपके 'शारदीया' (1959), 'पहला राजा' (1969 ई०), 'दशरथ नन्दन' (1974 ई०) और 'रघुकुल रीति' (1985 ई०) ये चार नाटक प्रकाशित हुए हैं। 'कोणार्क' में इतिहास इतना ही है कि कोणार्क का मन्दिर नरसिंहदेव ने निर्मित कराया था। शेष सब-कुछ नाटककार की कल्पना की उपज है।

लक्ष्मीकान्त वर्मा आधुनिकताबोध के नाटककार हैं। उनके नाटक प्रयोगधर्मी हैं। उन्होंने बिखराव के माध्यम से नाटकीय कथ्य को प्रस्तुत करने की कोशिश की है। उनके 'तिन्दुवुलम्' (1958 ई०), 'सीमान्त के बादल' (1963 ई०), 'अपना-अपना जूता' (1964 ई०), 'रोशनी एक नदी है' (1974 ई०), 'ठहरी हुई जिन्दगी' (1980 ई०) आदि कई नाटक प्रकाशित हैं। आपका नाटक **रोशनी एक नदी है** विशेष रूप से चर्चित हुआ। इसमें कोई कथावस्तु नहीं है। नाटककार ने आज के सामाजिक जीवन की विसंगतियों का एहसास हंगामा, शोर, नारेबाजी, जुलूस, भीड़ आदि के दृश्यों को बेतरतीब बिखेरकर कराना चाहा है। नाटक में अनेक प्रकार के नये प्रयोग किये गये हैं। कहीं सकेत-अभिनय है, कहीं मुखौटा है कहीं प्रेक्षकों को अभिनय में शामिल किया गया है, कहीं उन्हें बताया गया है कि जो हो रहा है वह नाटक है और कहीं प्रतीकों के माध्यम से मनःस्थितियों को संकेतित किया गया है। इस प्रकार यह नाटक परम्परा से अलग एक प्रकार का एब्सर्ड नाट्य-प्रयोग है। **ठहरी हुई जिन्दगी** में वर्माजी ने "राम और रावण की लोक-शैली को लीला को उसके बीच से उठाकर सीधे सड़क पर लाकर खड़ा कर दिया है।" आज के विसंगतिपूर्ण जीवन में राम की

तलाश इस नाटक का प्रतिपाद्य है। एक प्रकार से इसे विसंगति के बीच संगति की खोज कह सकते हैं। **शम्भुनाथ सिंह** के दो नाटक 'दीवार की वापसी' और 'अकेला शहर' प्रकाशित है। आपको भी विसंगतिबोध के नाटककार के रूप में ही पहचाना गया है।

विनोद रस्तोगी को रंगमंचीय नाटकों की रचना में विशेष सफलता मिली है। आधुनिक समस्याओं से जुड़े होने पर भी आपके नाटक आधुनिकताबोध के नाटक नहीं हैं। 'आजादी के बाद', 'नये हाथ', 'बर्फ की मीनार', 'जनतन्त्र जिन्दाबाद', 'गोपा का दान', 'देश के दुश्मन', 'फिसलन और पाँव', 'भगीरथ के बेटे', 'सराय के अन्दर' आदि आपके प्रकाशित नाटक हैं। इन नाटकों में स्वतन्त्रता-प्राप्ति के बाद के सामाजिक-राजनैतिक अवमूल्यन के विविध पक्षों-भ्रष्टाचार, शोषण, जाति-भेद, अवसरवादी राजनीति को मूर्त किया गया है। रस्तोगीजी का पूरा नाट्य-लेखन सोद्देश्य है। नाटकीय कार्य-व्यापार एक निश्चित उद्देश्य की सिद्धि की ओर ले जाता है। नाटकों में बिखराव नहीं है। वस्तु-योजना, वातावरण, पात्र सभी का संयोजन सन्तुलित है। नाटक मंच की दृष्टि से सफल हैं। 'नये हाथ' का मंचन अनेक अवसरों पर सफलतापूर्वक किया जा चुका है।

मोहन राकेश-आधुनिक हिन्दी-नाटक के विकास में उनका योगदान महत्त्वपूर्ण है। उन्होंने हिन्दी-नाटक को रोमाण्टिक भावबोध से मुक्त कर आधुनिक भावबोध से जोड़ा है। 'प्रसाद' के बाद, जितनी व्यापक स्वीकृति आपके नाटकों को मिली, उतनी किसी अन्य नाटककार के नाटकों को नहीं। हो सकता है कि कालिदास के रूप में 'समस्त भारतीय सर्जनात्मक प्रतिभा' को प्रस्तुत करने का राकेश का संकल्प पूरा न हो सका हो, हो सकता है कि उनके पात्रों की 'प्रामाणिक जिन्दगी जीने और व्यक्तित्व की पूर्णता को लब्ध करने की तलाश' अधूरी रह गयी हो, किन्तु यह निर्विवाद है कि 'प्रसाद' के बाद उन्होंने हिन्दी-नाटक को एक नयी भूमि प्रदान की।

मोहन राकेश के साथ आधुनिक हिन्दी-नाटक के क्षेत्र में दूसरा चर्चित नाम **लक्ष्मीनारायण लाल** का है। आपने बहुत-से नाटक लिखे हैं। इन नाटकों में इतने सारे प्रयोग किये गये हैं, इतनी समस्याएँ उठायी गयी हैं और जीवन-दृष्टि के सन्दर्भ में इतने उलझाव, मोड़ और परिवर्तन उपस्थित किये गये हैं कि डॉ० लाल के सम्बन्ध में एक निश्चित धारणा बनाना कठिन हो गया है। 'अन्धा कुआँ' (1955 ई०), 'मादा कैक्टस' (1959 ई०), 'तीन आँखोंवाली मछली' (1960 ई०), 'सूखा सरोवर' (1960 ई०), 'नाटक बहुरंगी' (1961 ई०), 'नाटक तोता मैना' (1962 ई०), 'रातरानी' (1962 ई०), 'दर्पन' (1962 ई०), 'रक्तकमल' (1963 ई०), 'सूर्यमुख' (1968 ई०), 'कलंकी' (1969 ई०), 'मिस्टर अभिमन्यु' (1971 ई०), 'कर्फ्यू' (1972 ई०), 'दूसरा

दरवाजा' (1972 ई०), 'अब्दुल्ला दीवाना' (1973 ई०), 'नरसिंह कथा' (1975 ई०), 'व्यक्तिगत' (1975 ई०), 'गुरु' (1976 ई०), 'यक्ष प्रश्न' (1976 ई०), 'एक सत्य हरिश्चन्द्र' (1976 ई०), 'गंगा माटी' (1977 ई०), 'सगुन पंछी' (1977 ई०), 'सब रंग मोह भंग' (1977 ई०), 'पंचपुरुष' (1978 ई०), 'राम की लड़ाई' (1979 ई०), 'बलराम की तीर्थयात्रा' (1983 ई०), 'कजरीवन' आदि आपके प्रकाशित नाटक हैं। इन नाटकों में डॉ० लाल ने 'वस्तु' और 'शिल्प' दोनों स्तरों पर अनेक प्रयोग किये हैं। ग्राम्य जीवन में बढ़ते हुए आर्थिक दबाव से उत्पन्न पारिवारिक द्वन्द्व का चित्रण किया है। शहरी मध्यवर्ग के जीवन में नये-पुराने मूल्यों का संघर्ष दिखाया गया है। स्त्री-पुरुष सम्बन्धों की जटिलता का विश्लेषण किया है। 'जीवन किसका है?', 'इसका स्वामी कौन है?' जैसे दार्शनिक प्रश्न उठाये हैं। 'मनुष्य की नियति मनुष्य के ही हाथ में है' जैसे समाधान दिये हैं। अनेक पौराणिक सन्दर्भों को आधुनिक जीवन-सन्दर्भों से जोड़ा है। नारी-मन की जटिलता का साक्षात्कार किया है और अन्त में आधुनिक होने-बनने के प्रयत्न को छोड़कर एक शब्दातीत शक्ति का अनुभव किया है। शिल्प के स्तर पर आपने लोक नाट्य-शैली, आधुनिक यूरोपीय नाट्य-शैली और भारतीय नाट्य-शैली सभी के प्रयोग किये हैं। सब-कुछ होने पर भी डॉ० लाल में यह संयम और परिष्कार नहीं है, जो मोहन राकेश में है। डॉ० बच्चन सिंह ने ठीक ही कहा है कि डॉ० लाल ''नाट्य-कौशलों से पूरी तरह परिचित हैं, लेकिन प्रयोग के उत्साह में उनका सम्यक् समायोजन नहीं कर पाते। उनकी दूसरी दिक्कत है कि उनके पास कोई अपनी जीवन-दृष्टि नहीं है। रह-रहकर प्रयोग साधन न होकर साध्य हो जाता है।''

सर्वेश्वरदयाल सक्सेना मूलतः कवि हैं। इनका पहला नाटक 'बकरी' (1974 ई०) विशेष चर्चित हुआ है। आलोचकों ने इसे जनवादी नाटकों की परम्परा में रखा है। यह एक प्रकार का व्यंग्य नाटक है। स्वतन्त्रता-प्राप्ति के बाद सत्ता, व्यवस्था और नेतृत्व तीनों ने आम जनता को छला है। लोक-तन्त्र, शान्ति-प्रतिष्ठान, सेवा-संघ-जैसी संस्थाएँ आम जनता को भुलावे में डालकर उसके निरन्तर शोषण का माध्यम बनी हैं। नाटक में इस पूरे छद्म पर व्यंग्य किया गया है।

अमृतराय के तीन नाटक-'चिन्दियों की एक झालर' (1969), 'शताब्दी', 'हम लोग' प्रकाशित हैं। अब तीनों नाटकों को **आज अभी** (1973 ई०) शीर्षक से एक जिल्द में प्रकाशित कर दिया गया है। **चिन्दियों की एक झालर** में स्वतन्त्रता-प्राप्ति के बाद पूरी सामाजिक व्यवस्था में होनेवाले व्यापक अवमूल्यन को प्रस्तुत किया गया है। शताब्दी में व्यवस्था के विरुद्ध दिशाहीन विद्रोह को मूर्त किया गया है। **हम लोग**

में आज की उस मानसिकता की हँसी उड़ायी गयी है, जिसके चलते हम लोग बड़ी-बड़ी बातें करते हैं, लड़ते-झगड़ते हैं लेकिन अँधेरे के खिलाफ रोशनी की तलाश नहीं करते।

तीसरी पीढ़ी के नाटककारों में ज्ञानदेव अग्निहोत्री, रेवतीसरन शर्मा, राजेन्द्रकुमार शर्मा, सुरेन्द्र वर्मा, रमेश बक्षी, काशीनाथ सिंह, हमीदुल्ला, सत्यव्रत सिन्हा, विपिनकुमार अग्रवाल, सुशीलकुमार सिंह, मणिमधुकर, दयाप्रकाश सिन्हा, शंकर शेष, गिरिराज किशोर, बलराज पण्डित, मुद्राराक्षस, दूधनाथ सिंह, ब्रजमोहन शाह, रामेश्वर प्रेम, नरेन्द्र मोहन, शरद जोशी, सुदर्शन मजीठिया, नन्दकिशोर आचार्य, कृष्णबलदेव वैद, नाग वोडस, स्वदेश दीपक, राजेश जैन, प्रताप सहगल आदि उल्लेखनीय हैं। दूसरी और तीसरी पीढ़ी के नाटककारों में संवेदना के स्तर पर बहुत स्पष्ट अन्तर नहीं किया जा सकता। दूसरी पीढ़ी के नाटककारों में मोहन राकेश, लक्ष्मीनारायण लाल, लक्ष्मीकान्त वर्मा, सर्वेश्वरदयाल सक्सेना आदि को आसानी से तीसरी पीढ़ी की नाट्य-संवेदना के साथ जोड़ा जा सकता है। भीष्म साहनी और अमृतराय के नाटक भी तीसरी पीढ़ी के जनवादी नाट्य-चेतना से सम्बद्ध माने जा सकते हैं। रचना के स्तर पर पूर्ववर्ती पीढ़ी नयी पीढ़ी के साथ संश्लिष्ट भाव से जुड़ी होती है। यहाँ पीढ़ियों का अलग-अलग उल्लेख विवेचन की सुविधा की दृष्टि से किया गया है।

ज्ञानदेव अग्निहोत्री को उनके 'शुतुरमुर्ग' (1968 ई०), नाटक के प्रकाशन से पर्याप्त ख्याति प्राप्त हुई। 'अनुष्ठान', 'शुतुरमुर्ग' के बाद की रचना है। 'शुतुरमुर्ग' में नेहरूकालीन राजनीतिक स्थितियों पर चोट की गयी है। यह एक प्रतीकात्मक नाटक है। जिस प्रकार शुतुरमुर्ग बालू में अपनी गर्दन गड़ाकर अपने को सुरक्षित समझ लेता है, उसी तरह आज की सत्ता और व्यवस्था भी जीवन के यथार्थ से पलायन कर झूठे आश्वासनों, कागजी योजनाओं और खोखले नारों के आवरण में छुपकर अपने को सुरक्षित अनुभव करने का भ्रम पाल लेती है। नाटककार ने एक ऐसी नगरी की कल्पना की है, जिसका राजा शुतुरमुर्ग, नगरी शुतुरमुर्ग और राजचिह्न शुतुरमुर्ग है। राजा, विरोधी लाल को विकास मन्त्री, मामूली राम को जनता का नेता माना है।

सुरेन्द्र वर्मा नये नाटककारों में अपना विशिष्ट स्थान रखते हैं। 'द्रौपदी' (1972 ई०), 'सेतुबन्ध' (1972 ई०), 'नायक खलनायक विदूषक' (1972 ई०), 'सूर्य की अन्तिम किरण से सूर्य की पहली किरण तक' (1975 ई०), 'आठवाँ सर्ग' (1976 ई०), 'छोटे सैयद बड़े सैयद' (1982 ई०), 'एक दूनी एक' (1987 ई०), 'शकुन्तला की अँगूठी' (1990 ई०), 'कैद-ए-हयात' (1993 ई०) आदि आपके प्रसिद्ध नाटक हैं। द्रौपदी नाटक से आपको विशेष ख्याति प्राप्त हुई थी। इसमें महाभारतकालीन द्रौपदी के पाँच पतियों के मिथक को आधुनिक जीवन-सन्दर्भ के अनुकूल बिलकुल नये रूप में प्रस्तुत किया गया है। 'सुरेखा' के पति मनमोहन का व्यक्तित्व खण्डित

है। वह अनैतिक है, महत्त्वाकांक्षी है, अर्थ-लोलुप है, कामुक है और आत्मान्वेषी भी है। उसके ये विभाजित रूप ही सुरेखा के लिए पाँच पति बन जाते हैं। मनमोहन का यह खण्डित व्यक्तित्व पूरे घर को खण्डित कर देता है। नाटककार ने अनेक रंग-युक्तियों का प्रयोग करके नाटक के मंचीय प्रभाव में वृद्धि की है। **सेतुबन्ध** संस्कृत के प्राचीन नाटक **'सेतुबन्ध'** (वाकाटक नरेश प्रवरसेन द्वितीय द्वारा रचित) को आधार बनाकर लिखा गया है। इसमें आधुनिक नारी की प्रेम-सम्बन्धी अवधारणा को सशक्त रूप में प्रस्तुत किया गया है। इस ओर संकेत किया गया है कि भावना के अभाव में शारीरिक सम्बन्ध निरर्थक है। **नायक खलनायक विदूषक** में यह दिखाया गया है कि किस प्रकार परिस्थिति व्यक्ति को विवश करके अनेक रूपों में आचरण करने के लिए बाध्य कर देती है। एक ही पात्र कभी नायक, कभी खलनायक और कभी विदूषक-जैसा आचरण करता है। कण्व के आश्रम में शकुन्तला से प्रेम करनेवाला दुष्यन्त नायक है। अपनी राजसभा में उसे तिरस्कृत कर देनेवाला दुष्यन्त खलनायक बन जाता है। अन्त में उसी शकुन्तला से क्षमा-याचना करनेवाला दुष्यन्त विदूषक प्रतीत होता है। **सूर्य की अन्तिम किरण से सूर्य की पहली किरण तक** में नारीत्व की सार्थकता की तलाश की गयी है। इसके सम्बन्ध में गिरीश रस्तोगी की टिप्पणी ध्यान देने योग्य है—"सही शब्दों में निश्चय ही यह हिन्दी में अकेला नाटक है, जो वर्जनाओं, पुराने मूल्यों, सामाजिक निषेधों और पति-पत्नी के रिश्ते को लेकर बनी हुई अत्यन्त नैतिक पवित्र तस्वीर को तोड़ता है। बिना किसी कुण्ठा के या अपराधबोध के।" **आठवाँ सर्ग** में कालिदास के 'कुमारसम्भव' महाकाव्य के आठवें सर्ग को आधार बनाकर अश्लीलता और लेखकीय अभिव्यक्ति की स्वतन्त्रता का प्रश्न उठाया गया है। **छोटे सैयद बड़े सैयद** में मुगल सम्राट् मुहम्मदशाह के समय की अस्थिर, घृणित, स्वार्थ-प्रेरित और कुटिल राजनीतिक गतिविधियों के माध्यम से आधुनिक राजनीतिक अस्थिरता और स्वार्थपरता की ओर संकेत किया गया है। इस नाटक में वर्माजी ने अपने स्त्री-पुरुष सम्बन्धों के विश्लेषण की परिचित भूमि से बाहर आकर व्यापक जीवन-सन्दर्भों का साक्षात्कार किया है। **एक दूनी एक** में एक ऐसे व्यक्ति को प्रस्तुत किया गया है, जो काम-सम्बन्धों के द्वारा दूसरे से जुड़ना चाहता है किन्तु जुड़ नहीं पाता। अर्थात् उसकी जिन्दगी का पहाड़ा एक दूनी दो न होकर 'एक दूनी एक' रह जाता है। **शकुन्तला की अँगूठी** (1990 ई०) में आज की यथार्थपरक मंचन-शैली के माध्यम से संघर्षविहीन प्राचीन नाट्य-दृष्टि का पुनर्निर्माण किया गया है। इसमें नाटक के पात्र मंच पर 'कालिदास' के 'अभिज्ञान शाकुन्तल' का रिहर्सल करते हैं। इस क्रम में उनका अपना जीवन-यथार्थ भी दृश्यांकित होता चलता है और आधुनिक दुष्यन्त और शकुन्तला उभरकर सामने आते हैं। आधुनिक दुष्यन्त को अमेरिकन थियेटर की स्टडी के लिए फेलोशिप मिल जाती है और वह

शकुन्तला को छोड़कर अमेरिका चला जाता है। शकुन्तला उसे मुक्त कर देती है और सुदर्शन के साथ घर बसा लेती है। आधुनिक दुष्यन्त के लिए सन्तान जरूरी नहीं है। अकेला होना और रोना यही उसकी नियति है। नाटक का मूल्य कथ्य आज की इस मध्यवर्गीय जीवन-स्थिति का उद्घाटन ही है। **'कैद-ए-हयात'** (1993 ई०) उर्दू के प्रख्यात शायर मिर्जा गालिब के जीवन को आधार बनाकर लिखा गया है। गालिब का निजी जीवन बेहद तनाव-भरा था। उनकी पत्नी उमराव ने उनके शायराना मिजाज को कभी समझने की कोशिश नहीं की। वे अपनी कातिवा को प्यार करते थे। उनका खर्च ज्यादा और आमदनी कम थी। सरकारी मुआवजे की रकम बढ़वाने के लिए उन्होंने ब्रिटिश सरकार से अपील की थी। इसी सिलसिले में उन्हें कलकत्ता जाना पड़ा था। वे बहुतों के कर्जदार थे। लौटे तो उन्हें पता चला कि महाजनों ने डिग्री करा रखी है। वे घर में कैद होकर रह गये। बाहर निकलने पर गिरफ्तारी का डर था। उनकी कातिवा इस समय मृत्यु-शय्या पर थी। चाहते हुए भी वे उससे मिल नहीं सके। कातिवा से मिलने पर पत्नी से बचे-खुचे रिश्ते के भी हमेशा के लिए टूट जाने का भय था। इस नाटक में किसी भी परम्परा तोड़नेवाले शायर या रचनाकार के तनावभरे जीवन की झलक देखी जा सकती है। नाटक की भाषा में फारसी शब्दों की बहुलता है। यह भाषा हिन्दी के सामान्य पाठकों और दर्शकों के लिए नाटक के कथ्य तक पहुँचने में व्यवधान बन सकती है।

दयाप्रकाश सिन्हा का पहला बालनाटक संग्रह 'पंचतन्त्र' (अभिनेय लघु नाटक) 1960 ई० में प्रकाशित हुआ था। 'मन के भँवर' 1968 ई० में प्रकाशित हुआ। इसके बाद 'दुश्मन' (1969 ई०), 'अपने-अपने दाँव' (1972 ई०), 'इतिहासचक्र' और 'ओह अमेरिका' (1973 ई०), 'साँझ सबेरा' (1974 ई०), 'मेरे भाई मेरे दोस्त' (1974 ई०), 'हास्य एकांकी' (एकांकी-संग्रह 1975 ई०), 'कथा एक कंस की' (1976 ई०), 'सादर आपका' (1980 ई०), 'सीढ़ियाँ' (1990 ई०) आदि अनेक नाटक प्रकाशित हुए हैं।

रंगमंच से सक्रिय रूप से जुड़े होने के कारण अभिनेयता एवं मंचोपयोगिता आपके सभी नाटकों की विशेषता है। अपने नाटकों की सर्वप्रथम प्रस्तुति के आप स्वयं निदेशक या अभिनेता रहे हैं। आपकी प्रतिभा की अभिव्यक्ति नाट्य-लेखन की प्रायः सभी विधाओं-जैसे हास्य, व्यंग्य, सामाजिक परिवेश और समस्याओं, व्यक्तिपरक सम्बन्धों के अन्वेषण, मनोवैज्ञानिक विश्लेषण के माध्यम से हुई है। किन्तु आपके नाटककार का सर्वश्रेष्ठ साक्षात्कार आपके राजनीतिक नाटकों में होता है। अपनी राजनीतिक नाटक-त्रयी-'इतिहासचक्र', 'कथा एक कंस की' और 'सीढ़ियाँ'-के द्वारा आपने व्यक्ति और सत्ता के पारस्परिक युग-निरपेक्ष सम्बन्धों को नाटकीय मुहावरे में ढालने का अद्वितीय प्रयास किया है। **इतिहासचक्र** एक युद्ध-विरोधी नाटक है, जिसमें युद्ध क्यों होते हैं? जैसे प्रश्न के उत्तर के लिए राजनेता, पूँजीवादी,

बुद्धिजीवी, नौकरशाह और सामान्यजन के प्रतीक-चरित्रों के माध्यम से उनकी मनःप्रक्रिया का नाटकीय अध्ययन किया गया है। **कथा एक कंस की** में कृष्णकथा का नाटकीय अध्ययन किया गया है। 'कथा एक कंस की' किसी भी युग में जन्मे तानाशाह के उदय और पतन की सर्वकालिक गाथा है। इसमें कंस तानाशाह का प्रतीक है तो कृष्ण तानाशाही के विरुद्ध विद्रोह करती युवाशक्ति का। आधुनिक सन्दर्भों में मिथक के नाटकीय निरूपण का यह एक अत्यन्त सफल प्रयोग है। इससे नाटककार को विशेष प्रतिष्ठा प्राप्त हुई है। **सीढ़ियाँ** नाटक में, मुहम्मदशाह रँगीले के शासन के अन्तर्गत मुगल शासन के अन्तिम चरण में व्याप्त भ्रष्टाचार, नैतिक अवमूल्यन और सामाजिक पतन का चित्रण हमारे आधुनिक सामाजिक अवमूल्यन की ओर संकेत करता है। नाटककार के अनुसार, ''मैंने इस नाटक की परिकल्पना कुदसिया बेगम और जावेद की प्रेमकथा रूप में की थी, किन्तु जब लिखने लगा तो प्रेमकथा गौण हो गयी। वह युग उभरकर सामने आया, जिसमें सामान्य स्त्री का प्रेम भी अवमूल्यित हो जाता है।'' श्री सिन्हा निरन्तर रचनारत हैं। अभी आपकी नाट्य-सम्भावनाएँ शेष नही हुई हैं।

शंकर शेष विसंगतिबोध से जुड़े नाटककार माने जाते हैं। आपको एक और द्रोणाचार्य (1977 ई०) नाटक से विशेष ख्याति प्राप्त हुई। **'घरौंदा'** (1978 ई०), 'अरे मायावी सरोवर' (1080 ई०), 'रक्तबीज', 'बन्धन अपने अपने', 'चेहरे', 'कोमल गान्धार', 'पोस्टर', 'खजुराहो का शिल्पी' आदि आपके अन्य नाटक हैं। **एक और द्रोणाचार्य** में दो नाटक समानान्तर चलते है। एक ओर अरविन्द, उसके परिवार और कॉलेज के प्रसंग हैं, दूसरी ओर द्रोणाचार्य, उनके परिवार तथा महाभारतकालीन पात्रों—युधिष्ठिर, अर्जुन, भीम, अश्वत्थामा, एकलव्य आदि—के प्रसंग हैं। अरविन्द के घोर मानसिक द्वन्द्व के क्षण में उसका एक मृत सहकर्मी विमलेन्दु प्रकट होता है और उसे जीवन में समझौतावादी होने की सलाह देता है। अपनी इस जीवन-दृष्टि के समर्थन में वह अपने लिखे 'द्रोणाचार्य' नाटक के दृश्यों को प्रस्तुत करता है। इस प्रकार 'अरविन्द' के नाटक के साथ द्रोणाचार्य का नाटक शुरू हो जाता है। अरविन्द स्वभावतः ईमानदार और सिद्धान्तवादी प्रोफेसर है, किन्तु अन्ततः अपनी पत्नी 'ललिता' के आग्रह पर वह व्यवस्था से समझौता करके 'व्यवस्था और सत्ता के कोणों से पिटा हुआ' द्रोणाचार्य बन जाता है। **घरौंदा** में महानगरों के दफ्तरों में काम करनेवाली युवतियों के जीवन-यथार्थ को चित्रित किया गया है। **अरे मायावी सरोवर, कोमल गान्धार**-जैसे नाटकों में पौराणिक सन्दर्भों को समकालीन जीवन की विसंगतियों के साथ जोड़ा गया है। **खजुराहो का शिल्पी** में काम और अध्यात्म के प्रश्न को आधुनिक मनोविज्ञान के सहारे समझाने का प्रयत्न किया गया है। **चेहरे** में आज के जीवन में व्याप्त दोहरे आचरण का पर्दाफाश किया गया है। **पोस्टर** में आज के जीवन की बहुआयामी विसंगतियों के बीच जीने के लिए विवश आदमी की त्रासदी को मूर्त किया गया है। शंकर शेष के अधिकांश नाटक लघुनाटकों को

श्रेणी में आते हैं। आपके असामयिक निधन से हिन्दी नाटक की बहुत बड़ी क्षति हुई है।

स्वदेश दीपक प्रगतिशील चेतना के रचनाकार हैं। आपके 'नाटक बालभगवान्' (1989 ई०), 'कोर्ट मार्शल' (1991 ई०), 'जलता हुआ रथ' (1998 ई०), 'सबसे उदास कविता' (1998 ई०), 'काल कोठरी' (1999 ई०) आदि कई नाटक प्रकाशित हैं। इनका सफलतापूर्वक मंचन भी किया गया है। **नाटक बालभगवान्** लेखक की इसी शीर्षक की लम्बी कहानी का नाट्य रूपान्तर है। इस नाटक में गाँव का एक चालाक किस्म का मास्टर गाँव के ही एक शराबी पण्डित के अविकसित दिमागवाले बेटे (सिद्धू) को बाल भगवान् के रूप में प्रचारित करके अपना उल्लू सीधा करता है। वह अपने साथ गाँव के चौधरी (रतन), लाला (जगत) और लड़के के पिता (पण्डित) को भी शामिल कर लेता है। उसका धन्धा चल निकलता है। बड़े-बड़े सेठ और नेता बाल भगवान् का आशीर्वाद लेने के लिए शहर से आने लगते हैं। नाटक में एक साथ दुहरे सामाजिक यथार्थ को व्यक्त किया गया है। एक ओर तो यह दिखाया गया है कि देश के तथाकथित शिक्षित लोग भी उतने ही अन्धविश्वासी हैं, जितने ग्रामीण अशिक्षित, दूसरी ओर यह भी स्पष्ट कर दिया गया है कि आज देश की राजनीति पूरी तरह अवसरवादी और आदर्शहीन हो गयी है। बड़े-से-बड़ा नेता आज भूखी, अशिक्षित और पीड़ित जनता की चिन्ता न करके सत्ता-प्राप्ति के लिए कुछ भी करने को तुले हुए हैं। **'कोर्ट मार्शल'** में दिखाया गया है कि वर्ग एवं जाति-भेद के रोग से ग्रस्त देश की फौज भी इस रोग से मुक्त नहीं है। कैप्टन कपूर छोटी जाति के जवान रामचन्दर के साथ अमानवीय व्यवहार करता है। स्वाभिमानी रामचन्दर उस पर गोली चला देता है। उसका कोर्ट मार्शल होता है। वह विचलित हुए बिना सजा-ए-मौत को स्वीकार करता है। फौजी जीवन के सच की कथा कहनेवाला यह नाटक यह सन्देश भी देता है कि पूँजीवादी और सामन्तीय समाज में सदैव मानवीयता, स्वाभिमान और सच्चाई का ही कोर्ट मार्शल होता है। इससे मुक्ति का एक ही उपाय है कि दलितों और शोषितों के स्वाभिमान को जगाया जाय और उन्हें संघटित कर संघर्ष की प्रेरणा दी जाय। **'जलता हुआ रथ'** में नाटककार ने स्पष्टतः आज के समाज को दो वर्गों में विभक्त दिखाया है। एक ओर शोषक शक्तिसम्पन्न हिंसक वर्ग है, दूसरी ओर रोटी के लिए तड़पता शोषित-पीड़ित वर्ग। शोषकों द्वारा 'पीड़ित समाज ही' जलता हुआ रथ है। पीड़ितों को शक्ति और सम्बल देनेवाला नाटक का केन्द्रीय पात्र है—'बाबा'। वह उनमें यह चेतना पैदा करता है कि सजग, सतर्क और संघटित होकर ही वे जलते हुए रथ में अपनी रक्षा कर सकते हैं। वह उनके सोये हुए आत्मविश्वास को जागृत करता है और उन्हें आश्वस्त करता है कि अन्ततः शोषक वर्ग अन्दर से खोखले वृक्षों की तरह धराशायी हो जायगा और शोषित जनता शीतल छाया देनेवाले वृक्षों की तरह उठ खड़ी होगी। **सबसे उदास कविता'** में वर्ग-संघर्ष का खुलकर चित्रण किया गया है। शिवदान सिंह जमींदार भी हैं और

व्यवसायी भी। वह पूँजीवादी और सामन्तीय वर्ग का प्रतिनिधि है। अपूर्वा और उसका प्रेमी सुकान्त सामान्य जनता के पैरोकार हैं। संघर्ष में जमींदार का बेटा और डी० एस० पी० आहूजा मारे जाते हैं। इस नाटक में विकसित देशों द्वारा अपने कचरा उत्पादों को तीसरी दुनिया के देशों के मत्थे मढ़ने के षड्यन्त्र को भी उजागर किया गया है। लेखक की दृष्टि से आज के समाज में औरत, मजदूर और निर्धनता सबसे उदास कविता है। इनकी उदासी दूर करने के लिए वर्ग-संघर्ष का रास्ता ही एकमात्र विकल्प है। **काल कोठरी** में दिखाया गया है कि कला-मूल्यांकन की विवेकहीन जड़-दृष्टि, कुत्सित राजनीति तथा सिफारिश, सम्पर्क और गुटबाजी के माहौल में आज कला ही कलाकार के लिए काल-कोठरी बन गयी है। नाटक के भीतर नाटक की शैली में लिखे गये इस नाटक में इस सच्चाई को बड़ी ही तल्ख और बेबाक शैली में मंचीय अभिव्यक्ति दी गयी है। वस्तुतः स्वदेश दीपक के सभी नाटक सामन्तीय सोच और पूँजीवादी व्यवस्था के विरुद्ध जनता का पक्ष प्रस्तुत करते हैं। आज की भ्रष्ट नौकरशाही और अवसरवादी राजनीति पर प्रहार करने से भी वे नहीं चूकते। वर्ग-संघर्ष में उनकी आस्था अडिग है। हिन्दी-भाषी क्षेत्र की मानसिकता की उन्हें अच्छी समझ है। उनके पात्रों में यह मानसिकता अच्छी तरह प्रतिबिम्बित होती है। अपनी इन विशेषताओं के चलते पिछले दस वर्षों के भीतर नाट्य-रचना के क्षेत्र में उन्हें अच्छी ख्याति प्राप्त हुई है।

राजेश जैन—पिछले दस वर्षों में नाट्य-रचना के क्षेत्र में अपनी पहचान कायम करनेवालों में राजेश जैन का नाम भी उल्लेखनीय है। आपके दो नाटक-'वायरस' (1994 ई०), 'विष वंश' (1999 ई०) चर्चित हुए हैं। 'वायरस' में एक ही जिल्द में एक और नाटक 'धक्का पम्प' भी संगृहीत है। 'वायरस' की सारी कथा तीन पात्रों—अतुल (रंजना का पति), रंजना (अतुल की पत्नी) और वन्दना (रंजना की छोटी बहन) के इर्द-गिर्द घूमती है। अतुल का दाम्पत्य जीवन दुःखमय है। कारण है—उसकी पत्नी रंजना का कुण्ठाग्रस्त और चिड़चिड़ी होना। उसके विपरीत अतुल सहिष्णु और शान्त स्वभाव का है। वन्दना, अतुल का दर्द समझती है। रंजना को सही रास्ते पर लाने के लिए वह अतुल के सामने यह प्रस्ताव रखती है कि वह रंजना से मुक्त हो जाय और उससे (वन्दना से) ब्याह कर ले। नाटक के अन्त में उसकी इस युक्ति के सफल होने का संकेत मिलता है। नाटककार की दृष्टि में दाम्पत्य-जीवन का असामान्य होना वैसा ही है, जैसा कम्प्यूटर में 'वायरस' लगना। **'धक्का पम्प'** व्यंग्यात्मक नाटक है। इसका नाट्य-शिल्प भी नया है। इसमें दर्शकों में से ही निकलकर नाटक के पात्र मंच पर आते हैं और उनकी नोक-झोंक तथा व्यंग्यात्मक संवादों से ही नाटक की 'वस्तु' निर्मित होती है। आज की पूरी व्यवस्था दिशाहीन और नाकारा है। नाटक में पात्रों के व्यंग्यात्मक संवाद इस तथ्य की व्यंजना करने में समर्थ हैं। इसी कारण यह नाटक मंचन की दृष्टि से सफल और प्रभावी बन गया है। 'विष दंश' को भारतेन्दु की 'अन्धेर नगरी' की परम्परा का नाटक माना गया है। इसमें राजा हैं—अटपट सिंह

और उनके सर्वेसर्वा महामन्त्री हैं–चण्ट प्रताप सिंह। इन्हीं की करतूतों के माध्यम से नाटककार ने आज की सड़ी–गली भ्रष्ट शासन–व्यवस्था, नारी–उत्पीड़न और राजनीति में बढ़ते वंशवाद पर करारा व्यंग्य किया है। नाटक का मूल उद्देश्य यह दिखाना है कि प्रजातन्त्र में राष्ट्र की सम्पूर्ण शक्ति प्रजा में होनी चाहिए। राजनीति में 'वंशवाद' मध्यकालीन राजतन्त्र का अवशेष है। वस्तुतः **राजेश जैन** के नाटकों का महत्त्व उनके कथ्य से अधिक उनकी व्यंग्यात्मकता और अभिनेयता के कारण है।

प्रताप सहगल–पिछले दशक के नाटककारों में प्रताप सहगल के दो नाटक-'अन्वेषक' (1992 ई०) और 'नहीं कोई अन्त' (1999 ई०) विशेष रूप से सराहे गये हैं। **'अन्वेषक'** भारत के प्रसिद्ध गणितज्ञ और ज्योतिषी आर्यभट्ट (जन्म 476 ई०) के व्यक्तित्व को केन्द्र में रखकर लिखा गया है। आर्यभट्ट अपने समय से बहुत आगे का खगोलविद् था। उसने स्थापित किया था कि पृथ्वी अपनी धुरी पर सूर्य के चारों ओर चक्कर लगाती है। इसी से दिन और रात होते हैं। इस नाटक में आर्यभट्ट के बहाने आज की सत्ता और धर्म के गठजोड़ की राजनीति के बरक्स एक सच्चे वैज्ञानिक को प्रस्तुत करके प्रगतिशील शक्तियों के संघर्ष को मंचीय अभिव्यक्ति दी गयी है। **'नहीं कोई अन्त'** एक मनोवैश्लेषिक नाटक कहा जा सकता है। आज के शिक्षित और पाश्चात्य जीवन–शैली से प्रभावित व्यक्ति की सोच में जो बदलाव आया है, उसके चलते एक तो दाम्पत्य जीवन–सम्बन्धी व्यक्ति की निजी मान्यताएँ सामाजिक आदर्शों से टकराने लगी हैं, दूसरे स्त्री–पुरुष सम्बन्ध भी असहज और तनावग्रस्त हो गये हैं। इस बदलाव के मूल में व्यक्ति के अवचेतन की सक्रियता भी कम महत्त्वपूर्ण नहीं है। इस सक्रियता और इससे उत्पन्न व्यक्ति–जीवन की पीड़ा का कोई अन्त नहीं है। नाटककार ने अजय शर्मा और उसके जीवन में आनेवाली नारियों के मनोविश्लेषण के माध्यम से इस सच्चाई की ओर इशारा किया है।

उपर्युक्त नाटककारों के अतिरिक्त गोविन्द चातक, असगर वजाहत, सिद्धनाथ कुमार, जितेन्द्र मित्तल, ललित मोहन थपल्याल, विवेकानन्द, सुरेशचन्द्र शुक्ल, विष्णु चन्द्र शर्मा, किरन चन्द्र शर्मा, विनोद शाही, अनुपम आनन्द, ललित कुमार सहगल, राजेश जोशी, प्रभाकर श्रोत्रिय आदि अनेक नाटककार आज के जीवन–यथार्थ के विविध स्तरों और आयामों को मूर्त करने में सक्रिय हैं।

गद्य साहित्य की अन्य विधाओं की भाँति अब नाटक रचना के क्षेत्र में भी महिला लेखिकाएँ महत्त्वपूर्ण भूमिका निभा रही हैं। समकालीन महिला नाटककारों में मन्नू भण्डारी, शान्ति मेहरोत्रा, मृदुला गर्ग, मृणाल पाण्डेय, शोभना भूटानी, कुसुम कुमार, गिरीश रस्तोगी आदि उल्लेखनीय हैं।

पत्रकारिता : उद्भव और विकास

संसार में पत्रकारिता का इतिहास अत्यन्त प्राचीन है किन्तु हिन्दी पत्रकारिता का प्रारम्भ कानपुर निवासी पं० जुगलकिशोर शुक्ल (कलकत्ता की सदर दीवानी अदालत में प्रोसीडिंग रीडर थे) के पत्र 'उदन्त मार्तण्ड' के 16 फरवरी, 1826 ई० के प्रकाशन से हुआ। यह हिन्दी का प्रथम समाचार-पत्र था जिसे अल्पकालीन सफलता किन्तु लोकप्रियता मिली और जिसकी प्रेरणा से हिन्दी में अन्य पत्र भी प्रकाश में आये। हिन्दी पत्रकारिता के क्रमिक विकास को सुविधा के लिए पाँच चरणों में रखा जा सकता है--

प्रथम-'उदन्त मार्तण्ड' के प्रकाशन 1826 ई० से 1870 ई० तक

द्वितीय-भारतेन्दु-युग (1870 ई० से 1900 ई० तक)

तृतीय-द्विवेदी-युग (1900 से 1920 ई० तक)

चतुर्थ--छायावादी एवं छायावादोत्तर युग (1920 से 1950 ई० तक)

पंचम--उत्तरवर्ती युग (1950 ई० के उपरान्त)

प्रारम्भिक चरण-'उदन्त मार्तण्ड' से प्रारम्भ होनेवाली हिन्दी पत्रकारिता के इतिहास में द्वितीय उल्लेखनीय समाचार-पत्र राजा राममोहन राय द्वारा प्रकाशित 'हिन्दू हेरल्ड' था, जिसे 'बंगदूत' के नाम से जाना जाता है। इसके सम्पादक नीलरत्न हलदार थे। यह साप्ताहिक पत्र था, जो कलकत्ता से 1829 ई० में निकला था। तत्पश्चात् राजा शिवप्रसाद सितारे-हिन्द की प्रेरणा से सन् 1845 ई० में 'बनारस अखबार' प्रकाशित हुआ। 'गोविन्द रघुनाथ अत्ते' इसके सम्पादक थे। सन् 1846 ई० में मौलवी नासिरुद्दीन के सम्पादन में 'मार्तण्ड' नामक पत्र हिन्दी, उर्दू, बँगला, फारसी और अँगरेजी में एक साथ निकाला गया। इसके बाद सन् 1849 ई० में मालवा अखबार नामक साप्ताहिक पत्र हिन्दी और उर्दू में एक साथ प्रकाशित हुआ। लाहौर से 'कोहेनूर' और बनारस से 'सुधाकर' नामक पत्र सन् 1850 ई० में एक साथ प्रकाशित हुए, जिसे देखकर बालमुकुन्द गुप्त ने कहा था कि "जिस प्रकार गद्य लिखने की नींव आधुनिक हिन्दी में उर्दू गद्य से दो-एक साल ही पीछे पड़ी, वैसे ही समाचार-पत्र की नींव भी दो-चार साल बाद ही पड़ गयी थी।" सुधाकर का प्रकाशन 'बनारस अखबार' की भाषा-नीति के विरोध में किया गया था। सन् 1850 ई० में

ही जुगलकिशोर शुक्ल के सम्पादन में कलकत्ता से 'साम्यदण्ड मार्तण्ड' प्रकाशित हुआ। सन् 1852 में सदासुखलाल के सम्पादन में 'बुद्धिप्रकाश' तथा सन् 1853 ई० में श्री लक्ष्मणप्रसाद के सम्पादन में 'ग्वालियर गजट' का प्रकाशन हुआ। सन् 1854 ई० में हिन्दी में सर्वप्रथम दैनिक समाचार-पत्र 'समाचार–सुधावर्षण' का प्रकाशन कलकत्ता से हुआ। इसके सम्पादक बाबू श्यामसुन्दर सेनजी थे। इसी प्रकार सर्वहितकारक (1855 ई०), प्रजाहितैषी (1855 ई०), पयामे आजादी (1857 ई०) आदि पत्र थे। पयामे आजादी के प्रवर्तक स्वातन्त्र्य आन्दोलन के नेता श्री नजीमुल्ला खाँ थे। यह पत्र राष्ट्रीय भावना से ओत–प्रोत था। प्रथम स्वतन्त्रता-संग्राम से पूर्व समाचार-पत्रों ने आन्दोलन को खूब भड़काया, किन्तु ब्रिटिश सरकार ने सभी को कुचल दिया। फिर भी भारतवासियों के मन में देशप्रेम के भाव को बलवती करने में इन पत्रों का बहुत योगदान रहा। प्रथम स्वतन्त्रता-संग्राम के पश्चात् सन् 1859 ई० में अहमदाबाद से 'धर्मप्रकाश', सन् 1861 ई० में आगरा से सूरज प्रकाश, सन् 1865 ई० में बरेली से 'तत्त्वबोधिनी', सन् 1863 ई० में सिकन्दरा, आगरा से ईसाई धर्म प्रचारक पत्र 'लोकमत', सन् 1861 ई० में इटावा से 'प्रजाहित', सन् 1866 ई० में आगरा से 'भारखण्ड मित्र' एवं 'ज्ञानदीप' आदि पत्रिकाओं का प्रकाशन प्रारम्भ हुआ।

भारतेन्दु हरिश्चन्द्रजी के आगमन से हिन्दी पत्रकारिता के इतिहास में एक नये युग का सूत्रपात हुआ। पत्र–पत्रिकाओं को विकसित होने का अवसर मिला। 15 अगस्त, सन् 1867 ई० को काशी से भारतेन्दुजी ने 'कवि वचन सुधा' मासिक पत्र का प्रकाशन आरम्भ कर हिन्दी पत्रकारिता के इतिहास में एक नया अध्याय जोड़ दिया। इसे हम हिन्दी का सर्वप्रथम महत्त्वपूर्ण पत्र कह सकते हैं। यह पत्रिका शीघ्र ही पाक्षिक और फिर साप्ताहिक हो गयी। इसमें पद्य के स्थान पर गद्य का समावेश होने लगा। इसी बीच सन् 1866 ई० में 'ज्ञानदीपक' तथा सन् 1867 ई० में ही 'वृत्तान्त विलास' नामक पत्रों का प्रकाशन आरम्भ हुआ, किन्तु भाषा, कला एवं पत्रकारिता की दृष्टि से 'कवि वचन सुधा' की अपेक्षा इनका विशेष मूल्य नहीं था। सन् 1869 के बीच हिन्दी में अनेक पत्र प्रकाशित हुए। इनमें मंगल समाचार, जगत् समाचार, जगदानन्द आदि हैं। सन् 1871 ई० में हिन्दी पत्र–पत्रिकाओं की बाढ़–सी आ गयी। इनमें हिन्दू प्रकाश, प्रयागदूत, म्यूरगजट, साण्डर्स गजट आदि हैं। प्राप्त अभिलेखों के अनुसार सन् 1871–72 में शुद्ध हिन्दी में पाँच और हिन्दी–उर्दू में पाँच समाचार–पत्र प्रकाशित होते थे। सन् 1872 ई० में रायबहादुर सालिकराम ने आगरा से 'प्रेमपत्र' नामक पाक्षिक पत्र का प्रकाशन प्रारम्भ किया जिसके सम्पादक पं० रुद्रदत्त थे जो अपने समय के प्रसिद्ध सम्पादक माने जाते थे।

द्वितीय चरण-इस चरण को हिन्दी पत्रकारिता का निर्माण काल माना जाता है। सन् 1873 ई० में भारतेन्दुजी ने 'हरिश्चन्द्र मैगजीन' नामक पत्र का प्रकाशन किया

जो सन् 1874 ई० से 'हरिश्चन्द्र चन्द्रिका' के नाम से प्रकाशित होने लगी। तत्पश्चात् सन् 1874 ई० में ही स्त्रियों में शिक्षा के प्रचार के लिए भारतेन्दुजी ने 'बालाबोधिनी' नामक पत्र निकाला। सन् 1874 ई० में ही मेरठ से 'नागरी प्रकाश' मासिक पत्र प्रकाशित हुआ। भारतेन्दु हरिश्चन्द्रजी के अतिरिक्त जिन प्रमुख पत्र एवं पत्रकारों ने पत्रकारिता के विकास में योगदान किया वे इस प्रकार हैं–हिन्दी प्रदीप (बालकृष्ण भट्ट), आनन्द कादम्बिनी (चौधरी बदरीनारायण प्रेमघन), प्रेमसागर (देवकीनन्दन त्रिपाठी), ब्राह्मण (प्रतापनारायण मिश्र), पीयूष प्रवाह (अम्बिकादत्त व्यास) आदि हैं। अन्य पत्रों में जयपुर गजट (1878 ई०), सार सुधानिधि (1879 ई०), ज्ञानचन्द्रोदय और काशी पंच (1879 ई०) आदि प्रकाशित हुए। उन्नीसवीं शताब्दी के अन्तिम दो दशकों के दौरान देश के विभिन्न भागों में विविध पत्र–पत्रिकाओं का प्रकाशन प्रारम्भ हो गया, जिससे अनेक मासिक, पाक्षिक एवं साप्ताहिक पत्र–पत्रिकाएँ प्रकाश में आयीं यथा–उचित वक्ता (1880), नवीन वाचक (1881), हिन्दोस्तान (1883), धर्मप्रचारक व भारतमित्र (1885 ई०), रसिक पंच (1886) आदि।

तृतीय चरण-बीसवीं शताब्दी के प्रथम दशक में ही 'सरस्वती'–जैसे युगान्तकारी पत्रिका का प्रकाशन रत्नाकरजी और श्यामसुन्दर दास के सम्पादन में प्रारम्भ हुआ। प्रकाशन के कुछ ही दिन बाद इस पत्रिका का सम्पादन भार महावीरप्रसाद द्विवेदीजी के कन्धों पर आया। पत्रिका में लेखकों की संख्या कम होने के कारण लगभग एक वर्ष तक पत्रिका के विविध लेख द्विवेदीजी स्वयं लिखते थे, फिर धीरे–धीरे नवीन लेखकों को उत्साहित एवं प्रेरित कर, अनेक आलोचक, नाटककार, कवि, उपन्यास–लेखक, कहानीकार और निबन्ध-लेखक पैदा किये। मैथिलीशरण गुप्त, प्रेमचन्द, निराला, प्रसाद, राय कृष्णदास, गणेशशंकर विद्यार्थी आदि साहित्यकार एवं पत्रकार इसके प्रमाण हैं। विकास के इस चरण में हिन्दी पत्रकारिता के स्वरूप एवं स्तर में बहुत परिवर्तन हो गया। इस चरण की पत्रिका साहित्यिक एवं राजनीतिक क्षेत्र का भी प्रतिनिधित्व कर रही थी। सरस्वती के प्रकाशन के उपरान्त बीसवीं शताब्दी के बढ़ते चरणों के साथ–साथ हिन्दी का समाचार जगत् विविध पत्र–पत्रिकाओं से भर गया। सन् 1901 ई० में 9 मासिक, 1 पाक्षिक एवं 2 साप्ताहिक पत्रों का प्रकाशन हुआ। सन् 1902 ई० में कुल 8 पत्रों का प्रकाशन हुआ। सन् 1907 ई० में अभ्युदय, 1909 ई० में कर्मयोगी, 1911 ई० में 'सम्मेलन-पत्रिका', 1913 ई० में प्रताप, 1914 ई० में कलकता समाचार, 1915 ई० में विज्ञान, 1917 ई० में विश्वामित्र आदि प्रकाशित हुए। इस युग में हिन्दी पत्रकारिता को संख्या वृद्धि की दृष्टि से तो उत्साहजनक नहीं कहा जा सकता, किन्तु कला एवं शिल्प की दृष्टि से अवश्य उल्लेखनीय विकास किया है। इस चरण की पत्रिकाओं में राजनीतिक चेतना की

प्रधानता रही, परिणामस्वरूप ब्रिटिश सरकार आये दिन नये-नये प्रशासनिक एवं वैधानिक कानून बनाकर इसे पंगु बना रही थी, परन्तु हिन्दी-प्रेमी साहित्यकार एवं देशभक्त व्यक्तिगत एवं संस्थाओं के माध्यम से शनैः-शनैः इसे गति प्रदान कर रहे थे। इस चरण की पत्रिकाओं में हिन्द केसरी, स्वातन्त्र्य, आज, इन्दु आदि का नाम विशेष उल्लेखनीय है। इनके अतिरिक्त अन्य पत्रों में निर्भय, ब्रह्मानन्द (इटावा), सुदर्शन (काशी), सनातन धर्म पताका (मुरादाबाद), जैनी (इलाहाबाद), प्रेमपत्रिका (कानपुर), भारतोद्धार (मेरठ), कर्मवीर, स्वराज्य, सैनिक सन्देश और नवशक्ति आदि हैं।

चतुर्थ चरण-बीसवीं शताब्दी के तीसरे दशक के प्रारम्भिक चरण के आस-पास महात्मा गाँधी द्वारा राजनीतिक नेतृत्व ग्रहण करते ही भारतीय जनमानस में नवचेतना की लहर दौड़ गयी। फलस्वरूप हिन्दी पत्रकारिता की सोच एवं दिशा में भी परिवर्तन होना स्वाभाविक था। इस चरण में साहित्यिक एवं राजनीतिक दोनों ही क्षेत्रों में पत्र-पत्रिकाओं ने क्रान्तिकारी परिवर्तन ला दिया। राष्ट्रीय आन्दोलन की प्रगति के साथ-साथ हिन्दी पत्र-पत्रिकाओं के सम्मान एवं महत्त्व में भी वृद्धि होने लगी। सन् 1920 ई० से ही हिन्दी पत्रकारिता जगत् में दैनिक पत्रों के नवीन युग का श्रीगणेश हुआ। इसी वर्ष 8 दैनिक पत्र प्रकाश में आये, जिसमें 5 सितम्बर, 1920 ई० को 'आज' का प्रकाशन प्रारम्भ हुआ। सन् 1921 ई० में नवलकिशोर प्रेस लखनऊ से 'माधुरी' का प्रकाशन प्रारम्भ हुआ। इसका सम्पादन समय-समय पर पं० कृष्णबिहारी मिश्र, प्रेमचन्द, मातादीन शुक्ल-जैसे विद्वानों ने किया। हिन्दी पत्रकारिता के इतिहास के इस चरण में समन्वय (1922), मतवाला, चाँद (1923 ई०), श्री शारदा (1925 ई०), महारथी (1926 ई०), आशा (1927 ई०), किसान, नवयुग, विशाल भारत, त्यागभूमि (1928 ई०), वनलता (1929 ई०), हंस, अभय (1930 ई०), विश्वमित्र (1933 ई०), रूपाभ, साहित्य सन्देश (1938 ई०), कमला (1939 ई०), जीवन साहित्य (1940 ई०), विश्वभारती संगम (1942 ई०), नया साहित्य, पारिजात (1945 ई०), हिमालय (1946 ई०), साधना (1948 ई०) आदि पत्र-पत्रिकाओं का प्रकाशन हुआ। सन् 1931 ई० में 'गंगा' का सम्पादन भागलपुर से रामगोविन्द त्रिपाठी ने किया। सन् 1932 ई० में शिवपूजन सहाय और प्रेमचन्द के सम्पादकत्व में जागरण पाक्षिक पत्र प्रकाशित हुआ। इसी वर्ष सूर्यकान्त त्रिपाठी 'निराला' के सम्पादन में 'रँगीला' नामक पत्र प्रकाश में आया। शान्तिनिकेतन से 'विश्वभारती' (1936 ई०) पत्रिका निकली। अज्ञेय द्वारा सम्पादित 'प्रतीक' पत्रिका काफी लोकप्रिय हुई। द्वितीय विश्वयुद्ध के दौरान विभिन्न भाषाओं के पत्रों की अधिकाधिक बिक्री हुई। हिन्दी पत्रों का भी काफी बोलबाला रहा। उनमें हरिजन-सेवक, नवशक्ति, विश्ववाणी, विश्वभारती, संघर्ष, जनता, देशदूत आदि प्रमुख थे।

पंचम चरण-पंचम चरण में अर्थात् उत्तरशती में पत्र-पत्रिकाएँ खेमेबद्ध हो गयी हैं। उत्तर-आधुनिकता, स्त्री-विमर्श, दलित आन्दोलन आदि का प्रभाव पत्रकारिता पर पड़ रहा है। पत्रकारों और पत्रों के मूल्यों में गिरावट आयी है। ग्लैमर, सनसनीखेज काल्पनिकता, स्त्री-देह का प्रदर्शन, आतंक आदि कतिपय विषय हैं जो पत्र-पत्रिकाओं के हाशिये से हटकर केन्द्र में आ गये हैं। पत्रकारिता का बहुविध विकास हुआ, किन्तु पत्रकार के दायित्व का निर्वाह करते हुए कुछ ही समाचार-पत्र निकल रहे हैं। अन्यथा पीत पत्रकारिता को बढ़ावा मिला है। आज साहित्यिक, राजनीतिक, सामाजिक, मनोरंजक, जासूसी, धार्मिक, जातीय, महिलापयोगी, बालोपयोगी आदि विषयों से सम्बन्धित अधिकाधिक पत्र-पत्रिकाएँ बहुचर्चित हो गयी हैं। यथा-धर्मयुग, साप्ताहिक हिन्दुस्तान, कादम्बिनी, आजकल, नवनीत, ज्ञानोदय, निकष, सरिता, दस्तावेज, गृहशोभा, चम्पक, सरिता, नन्दन, बालजगत्, खेल-खिलाड़ी, चमकते सितारे, मनोहर कहानियाँ, दिनमान, रविवार, ब्लिट्ज, विज्ञान प्रगति, सुषमा, पराग, चन्दामामा, मेरी सहेली, नन्हीं दुनिया, प्रतियोगिता दर्पण, प्रतियोगिता सम्राट्, क्रिकेट सम्राट्, नन्हें सम्राट्, इण्डिया टुडे आदि। ये विविध पत्र-पत्रिकाएँ विभिन्न पाठक वर्गों के लिए सामग्री प्रस्तुत करने में अति सक्षम हैं।

श्री महेन्द्र चतुर्वेदी ने लिखा है कि "परिमाण की दृष्टि से तो स्वतन्त्रता के बाद हमारी पत्र-पत्रिकाओं ने प्रगति की है, किन्तु गुणात्मक दृष्टि से उनका ह्रास हुआ है। पराड़करजी, सप्रेजी, गर्देजी, श्री बनारसीदास चतुर्वेदी आदि पत्रकारों का उत्कर्ष, लगन और सेवाभाव आज सम्पादकों में कहाँ दृष्टिगोचर होता है।

●

निबन्ध : उद्भव और विकास

निबन्ध गद्य का अत्यन्त ही शक्तिशाली रूप-विधान है। यह गद्य-लेखन की कसौटी है। गद्य कवियों की कसौटी है तो निबन्ध गद्य का सर्वश्रेष्ठ प्रतिमान है। गद्य की प्रौढ़ता भाषा की व्यंजना-शक्ति के विकास की द्योतक है। निबन्ध प्रौढ़ गद्य-लेखन का ही प्रतीक है। निबन्ध का अर्थ है 'गठा हुआ, कसा हुआ, बँधा हुआ।'

निबन्ध का अर्थ आज एक विशिष्ट साहित्य-विधा के रूप में रूढ़ हो गया है और यह आज अंग्रेजी के 'एसे' (Essay) शब्द का पर्याय बन गया है। 'एसे' (Essay) शब्द की उत्पत्ति फ्रांसीसी शब्द एसेइस' (Essais) के अनुकरण पर हुई जिसका अर्थ प्रयास, प्रयत्न या परीक्षण है और जिसके जन्मदाता फ्रांसीसी साहित्य-प्रेमी न्यायाधीश 'माइकेल मौण्टेन' थे। माइकेल मौण्टेन ने 18वीं शती में 'ऐसइस' नाम से निबन्धों का एक संग्रह प्रकाशित किया था। उसी के अनुप्रभाव से अंग्रेजी 'ऐसे' गद्य रचनाविधि विकसित हुई और हिन्दी निबन्ध अनुप्राणित हुआ।

आधुनिक हिन्दी निबन्ध का आविर्भाव भारतेन्दु-युग से हुआ। हिन्दी का प्रथम निबन्धकार किसे माना जाय, इसमें विद्वानों में मतैक्य नहीं है। कुछ लोगों ने हिन्दी निबन्ध का उद्भव भारतेन्दु से पूर्व ब्रजभाषा निबन्ध की परम्परा से जोड़ा है तथा बनारसीदास जैन को हिन्दी का प्रथम निबन्धकार माना है। किन्तु अधिकांश विद्वान् डॉ० जगन्नाथप्रसाद शर्मा, रामरतन भटनागर, जयनाथ नलिन, पद्मसिंह शर्मा, उदयनारायण तिवारी आदि भारतेन्दुजी को ही हिन्दी का प्रथम निबन्धकार मानते हैं।

भारतेन्दु हरिश्चन्द्रजी से लेकर वर्तमान तक हिन्दी निबन्ध विभिन्न परिस्थितियों से गुजरता हुआ सतत गतिशील बना हुआ है। ज्यों-ज्यों हिन्दी खड़ीबोली गद्य में परिमार्जन हुआ, उसमें निखार आया, त्यों-त्यों हिन्दी निबन्ध-विधा में भी निखार आया है। वर्तमान में उसके विभिन्न रूप वर्णनात्मक, भावात्मक, विवरणात्मक तथा विचारात्मक आदि मुखरित हो चुके हैं। भारतेंन्दुजी से लेकर आज तक की हिन्दी निबन्ध-विकास-परम्परा को निम्नवत् ढंग से समझ सकते हैं–

1. **भारतेन्दु-युग** (प्रथम उत्थानकाल) सन् 1873 से 1900 ई० तक
2. **द्विवेदी-युग** (द्वितीय उत्थानकाल) सन् 1900 ई० से 1920 ई० तक

3. शुक्ल–युग (तृतीय उत्थानकाल) सन् 1920 से 1940 ई० तक

4. शुक्लोत्तर–युग (चतुर्थ उत्थानकाल) सन् 1940 से वर्तमान तक।

1. भारतेन्दु–युग-यह युग हिन्दी निबन्ध का प्रारम्भिक युग माना जाता है। हिन्दी निबन्ध इसी युग में जन्म लेकर सतत पुष्पित–पल्लवित–विकसित हुआ। हिन्दी निबन्ध के व्यक्तित्व–निरूपण में सर्वाधिक सहयोग पत्र–पत्रिकाओं का रहा। हिन्दी की विभिन्न पत्र–पत्रिकाओं-उदन्त मार्तण्ड, बंगदूत, बनारस अखबार, कवि वचन सुधा, हरिश्चन्द्र चन्द्रिका आदि में संक्षिप्त गद्य–रचना की आवश्यकता ने हिन्दी निबन्ध का स्वरूप निर्माण किया। डॉ० रामविलास शर्मा ने कहा भी है कि "भारतेन्दु–युग में पत्र–साहित्य ने जो उन्नति की, उससे निबन्ध रचना को विशेष प्रोत्साहन मिला।" इस सम्बन्ध में बाबू गुलाबराय ने भी लिखा है कि "नाटकों की भाँति निबन्धों का भी आविर्भाव हरिश्चन्द्र-युग में ही हुआ। अंग्रेजी साहित्य की भाँति हिन्दी में भी 'स्पेक्टेटर' आदि समाचार-पत्रों के साथ निबन्धों का प्रचार हुआ। छोटे–छोटे लेख या निबन्ध समाचार-पत्रों के आवश्यक अंग हो जाते हैं।"

समसामयिक सामाजिक, राजनीतिक एवं धार्मिक परिस्थितियों के कारण इस युग के निबन्धकारों ने सामाजिक रूढ़ियों, अन्धविश्वासों, छल–कपट, पूँजीपतियों की स्वार्थपरक नीति, पाश्चात्य संस्कृति का दुष्प्रभाव, देश की अव्यवस्था, सत्ता का अत्याचार, अंग्रेजों की शोषण नीति आदि को अपने निबन्धों का विषय बनाया। भारतेन्दुयुगीन निबन्धकारों में भारतेन्दु हरिश्चन्द, पं० बालकृष्ण भट्ट्ट, पं० प्रतापनारायण मिश्र, पं० अम्बिकादत्त व्यास, बदरीनारायण चौधरी 'प्रेमघन', राधाचरण गोस्वामी, तोताराम, बालमुकुन्द गुप्त आदि महत्त्वपूर्ण लेखक थे। भारतेन्दु बाबू के निबन्धों के दो संग्रह—हरिश्चन्द्र कला–भाग चार और भारतेन्दु के निबन्ध प्रकाशित हो चुके हैं। इन्होंने अपने निबन्धों में भूमिका, जीवनी, जाति–वर्णन, यात्रा–वर्णन, भावप्रधान एवं व्यंग्यपूर्ण आदि शैलियों का प्रयोग किया है। विषय–वैविध्यता की दृष्टि से-सामाजिक, धार्मिक, साहित्यिक, सांस्कृतिक, ऐतिहासिक आदि निबन्ध भारतेन्दुजी ने लिखे हैं। उनकी भाषा–शैली का एक उदाहरण—

"कंकड़ को प्रणाम है, देव नहीं, महादेव, क्योंकि काशी के कंकड़ शिव शंकर के समान हैं। आप अंग्रेजी राज्य में भी गणेश चतुर्थी की रात को स्वच्छन्द रूप में भड़ाभड़ लोगों के सिर पर पड़कर रुधिर धारा से नियम और शान्ति का अस्तित्व बहा देते हो। अतएव हे अंग्रेजी राज्य में नवाबी स्थापक! तुमको नमस्कार है।"

भारतेन्दुयुगीन निबन्धों की प्रमुख विशेषताएँ इस प्रकार हैं—

1. आत्मीयता इस युग के निबन्धों की प्रमुख विशेषता है। तात्पर्य यह कि पाठक रचना द्वारा लेखक के साथ तादात्म्य स्थापित कर लेता है, अपना आत्मीय समझने लगता है।

2. इस युग के निबन्ध अत्यन्त रोचक तथा सजीव हैं। लेखक जनता के दैनिक अथवा सामाजिक जीवन से सम्बद्ध विषयों को चुनकर रोचक तथा मनोहारी शैली में अभिव्यक्त करते थे। उनकी भाषा सरल तथा स्वाभाविक एवं मुहावरों से पूर्ण होती थी।

3. इस युग के निबन्ध राजनीतिक चेतना से ओत-प्रोत थे अतः व्यंग्यात्मक शैली को प्रमुख स्थान मिला।

4. इस युग में विविध विषयों—राजनीति, समाज, धर्म, साहित्य—सभी पर लेखों की रचना हुई। इस कार्य से भाषा की विभिन्न शैलियों का विकास हुआ और उसमें गम्भीर तथा सूक्ष्म भावों को व्यक्त करने की अपूर्व क्षमता आ गयी।

5. इस काल के निबन्धों में प्राचीनता और नवीनता का मिश्रण और विषयों की अनेकरूपता मिलती है क्योंकि इस युग के लेखकों का उद्‌देश्य हिन्दी का प्रचार था।

भारतेन्दु-युग के निबन्ध साहित्य का मूल्यांकन

इस युग में निबन्ध सहित्य का पर्याप्त विकास हुआ। डॉ० रामविलास शर्मा ने लिखा है—"जितनी सफलता भारतेन्दु-युग के लेखकों को निबन्ध-रचना में मिली उतनी कविता और नाटक में नहीं मिली।" फिर भी इस युग में निबन्धकला का पूर्ण विकास न हो सका। गद्य का नवजागरणकाल गद्य-रचना का प्रारम्भिक युग ही था, अतः उच्चकोटि के कलात्मक निबन्धों के स्थान पर इस युग में विविध विषयात्मक निबन्ध ही अधिक लिखे गये जिनमें सामाजिक परिस्थितियों से लेकर राजनीति एवं धर्मनीति तक का समावेश हुआ। उस समय उच्चकोटि के कलात्मक साहित्य के लिए पाठक भी नहीं थे। अतः यह समय का ही प्रभाव था कि उच्चकोटि के निबन्धों की संख्या इस युग में अल्प रही।

महावीरप्रसाद द्विवेदी तथा सरस्वती पत्रिका का प्रकाशन

बीसवीं शताब्दी के प्रारम्भ में निबन्ध साहित्य की रूपरेखा में परिवर्तन हुआ। अब पत्र-पत्रिकाओं की संख्या बढ़ने के साथ ही साप्ताहिक एवं मासिक पत्रों का रंग-रूप भी बदला और उन्होंने गम्भीर रूप धारण किया। इसी समय सरस्वती के यशस्वी सम्पादक पं० महावीरप्रसाद द्विवेदी का आविर्भाव हुआ और गम्भीर साहित्यिक निबन्धों की परम्परा का उद्‌घाटन हुआ। अब तक के लेखों में देश की परम्परागत भावना, पर्व, त्योहार इत्यादि विषय रहते थे। अब वर्णनात्मक और भावात्मक दोनों शैलियों का बड़ा सुन्दर सामंजस्य था। धीरे-धीरे वैयक्तिकता का ह्रास हो रहा था।

द्विवेदी-युग-द्विवेदी-युग के प्रसिद्ध निबन्ध लेखक **माधवप्रसाद मिश्र, गोपालराम गहमरी, बालमुकुन्द गुप्त, पं० गोविन्द नारायण मिश्र, पं० चन्द्रधर शर्मा गुलेरी और अध्यापक पूर्णसिंह** आदि हैं। द्विवेदीजी ने भाषा-शैली का परिष्कार किया। फिर

भी उनका महत्त्व एक शैलीकार के रूप में नहीं, किन्तु शुद्ध भाषा-प्रणाली स्थापित करने में है।

इस प्रकार द्विवेदी-युग में कुछ उत्कृष्ट भावात्मक एवं विचारात्मक निबन्धकारों को छोड़कर सभी लेखक निबन्ध के व्यक्तिपक्ष को दबा रहे थे। स्पष्टवादिता से भरे हुए इन निबन्धों में अर्जित ज्ञान की पुनरावृत्ति ही मिलती है, सम्पूर्ण मानसिक सत्ता-अर्थात् बुद्धि और भावात्मक हृदय-का सामंजस्य नहीं।

द्विवेदी-युग के निबन्धों की प्रमुख विशेषताएँ निम्नलिखित हैं-

1. इस युग में हिन्दी निबन्धों का क्रमिक विकास मिलता है। लेखकों ने जीवन और साहित्य के सभी क्षेत्रों में विषयों का चयन किया। यदि एक ओर राजनीतिक, सामाजिक, धार्मिक भावनाओं को निबन्धों में प्रश्रय मिला तो दूसरी ओर साहित्य के विभिन्न अंगों की विवेचना करने के लिए भी निबन्धों की रचना हुई। स्थायी और सामयिक तथा सामान्य और विशेष सभी प्रकार के विषयों पर निबन्धों की रचनाएँ प्रस्तुत की गयीं।

2. इस युग की दूसरी विशेषता है हिन्दी-गद्य-शैली का विकास। आत्मपरक तथा विषयप्रधान शैलियों के पृथक् उदाहरण इस युग के निबन्धों में मिलते हैं। इस युग के निबन्धों में पहली बार कलात्मक सौन्दर्य भी मिलता है।

3. इस युग के निबन्धों का उद्देश्य पाठकों का ज्ञान-विस्तार एवं रुचि-परिष्कार रहा है और इसमें लेखकों को अभूतपूर्व सफलता मिली है।

4. इस युग में विचारात्मक निबन्धों को प्रधानता मिली। विचारप्रधान विषयों के लेखन में इस युग के निबन्धकार को अभूतपूर्व सफलता मिली और गम्भीर मनोभावों का सुन्दर विवेचन हुआ। भारतेन्दु-युग में भावात्मकता की प्रधानता थी तो इस युग में विचारात्मकता को प्रमुखता मिली।

5. इस युग में अन्य भाषाओं के निबन्धों का अनुवाद अत्यधिक मात्रा में हुआ।

द्विवेदी-युग के कुछ निबन्धकारों का स्वतन्त्र विकास भी हुआ है। इनमें मिश्रबन्धु, श्यामसुन्दर दास और गुलाबराय मुख्य हैं। मिश्रबन्धु के निबन्ध उस युग की उपदेशमूलक प्रवृत्ति के परिचायक एवं ज्ञानवृद्धि में सहायक हैं। बाबू श्यामसुन्दर दास के निबन्धों में ओजपूर्ण शैली एवं सुष्ठु विचारों के गुम्फन ने उन्हें उत्कृष्ट विचारात्मक निबन्धकार के रूप में प्रस्तुत किया है, फिर भी उसमें उनके शिक्षक पद की झलक मिलती है। बाबू गुलाबरायजी की चर्चा हम आगे करेंगे।

रामचन्द्र शुक्ल-युग-आचार्य पं० रामचन्द्र शुक्ल के साथ निबन्ध-साहित्य में एक नये युग का सूत्रपात होता है। इन्होंने विचारात्मक और व्यक्तित्वप्रधान, दोनों प्रकार के उत्कृष्ट निबन्ध लिखे। विचारात्मक निबन्धों के आलोचनात्मक, गवेषणात्मक एवं विवेचनात्मक आदि विविध रूपों का विकास शुक्लजी ने किया। इनके भावों या

मनोविकारों पर लिखे गये निबन्ध अपनी विशेषता रखते हैं। इनमें शुक्लजी ने समाज में व्यवहृत प्रधान भावों पर ही विचार किया है। किन्तु इस विवेचन से उन्होंने शास्त्रीय पक्ष को आत्मानुभूति से समन्वित करके प्रस्तुत किया है। इसलिए उनमें उनका व्यक्तित्व स्पष्ट झलकता है।

शुक्ल-युग के प्रमुख निबन्धकारों में आचार्य नन्ददुलारे वाजपेयी, आचार्य हजारीप्रसाद द्विवेदी, डॉ० रामविलास शर्मा, डॉ० नगेन्द्र, शिवदान सिंह चौहान, विद्यानिवास मिश्र आदि हैं। इनमें हजारीप्रसाद द्विवेदी सर्वोपरि हैं। इस युग के अन्य निबन्धकारों में अज्ञेय, रामधारीसिंह दिनकर, जैनेन्द्र कुमार, पं० परशुराम चतुर्वेदी, यशपाल, इलाचन्द्र जोशी, विश्वनाथप्रसाद मिश्र, विनय मोहन शर्मा, डॉ० सत्येन्द्र, डॉ० भगीरथ मिश्र, विजयेन्द्र स्नातक, नलिनविलोचन शर्मा, प्रभाकर माचवे, लक्ष्मीसागर वार्ष्णेय, देवराज उपाध्याय, रघुवंश, बालकृष्ण राव, इन्द्रनाथ मदान, राजनाथ पाण्डेय, विश्वम्भर मानव, कुबेरनाथ राय आदि का नाम आता है।

आचार्य हजारीप्रसाद द्विवेदी के निबन्ध-संग्रहों में अशोक के फूल, बसन्त आ गया प्रमुख हैं। उनकी प्रसिद्धि का कारण उनके व्यक्तिप्रधान एवं ललित निबन्ध हैं। आलोचकों ने द्विवेदीजी के इन निबन्धों की खूब प्रशंसा किया है। डॉ० बच्चन सिंह का कथन है कि "उनके ललित निबन्धों में सांस्कृतिक विरासत के वर्चस्व के साथ नवीन जीवनबोध, उत्कट जिजीविषा और नयी सामाजिक समस्याओं के बीच राह पाने की ललक सर्वत्र दिखायी पड़ती है।"

आलोचनात्मक निबन्धों में आचार्य द्विवेदी के पश्चात् डॉ० नगेन्द्र को सर्वाधिक सफलता मिली है। भारतीय एवं पाश्चात्य शैली का पूर्ण समन्वय इनके निबन्धों में हुआ है। 'आस्था के चरण' उनके निबन्धों का प्रसिद्ध संग्रह है। त्रिशंकु, आत्मनेपद, हिन्दी साहित्य : एक आधुनिक परिदृश्य, आलबाल, भवन्ती और लिखि कागद कोरे, अज्ञेय के निबन्ध-संग्रह हैं। जैनेन्द्रजी गाँधीवादी आस्था के साहित्यकार हैं। उन्होंने साहित्यिक एवं सांस्कृतिक निबन्ध लिखे हैं। जड़ की बात, सोच-विचार, ये और वे, मन्थन आदि इनके चर्चित निबन्ध-संग्रह हैं। विद्यानिवास मिश्र और कुबेरनाथ राय के निबन्ध व्यक्तिप्रधान और ललित निबन्धों की कोटि में आते हैं। छितवन की छाँह, आँगन का पंछी और बनजारा मन, तुम चन्दन हम पानी, बसन्त आ गया पर कोई उत्कण्ठा नहीं आदि विद्यानिवास मिश्र के निबन्ध-संग्रह हैं। कुबेरनाथ राय के निबन्ध-संग्रहों में प्रियानीलकण्ठी, रस आखेटक, गन्धमादन का नाम लिया जाता है।

उपर्युक्त विवेचन के आधार पर कहा जा सकता है कि ज्यों-ज्यों हिन्दी खड़ीबोली परिमार्जित हो, निखरती गयी, त्यों-त्यों निबन्ध-विधा भी अपने चरमोत्कर्ष पर पहुँचता गया। वर्तमान में हिन्दी निबन्ध की कई कोटियाँ विकसित हैं। डॉ० जयकिशन प्रसाद खण्डेलवाल ने लिखा है कि "हिन्दी निबन्ध साहित्य का भविष्य अत्यन्त उज्ज्वल है। विचारात्मक, भावात्मक, वर्णनात्मक, विवरणात्मक,

यात्रा-वर्णन, संस्मरणात्मक, रेखाचित्रात्मक, समीक्षात्मक, व्यंग्यात्मक, फीचर रूप में, रिपोर्ताज रूप में, जीवनीपरक, डायरी के पन्ने के रूप में आदि विविध विषयों एवं शैलियों में निबन्ध लिखे जा रहे हैं।"

शुक्ल-युग के निबन्ध साहित्य की प्रमुख विशेषताएँ—वर्तमान युग विवेचन एवं बौद्धिकताप्रधान है। इसमें विश्लेषण की प्रवृत्ति ने विशेष शक्ति अर्जित की है तथा भाषा में साहित्य का समावेश हुआ है। इस युग की भाषा-शैली बहुत ही परिष्कृत एवं सुसंस्कृत है। इस युग में प्रायः सभी प्रकार के निबन्धों का पूर्ण विकास हुआ है। विभिन्न शैलियाँ उत्कर्ष को प्राप्त हुई हैं। वर्तमान युग के निबन्धकारों को सामान्यतः दो वर्गों में विभक्त किया जा सकता है। यथा—

(क) जो कवि भी हैं और निबन्ध-लेखक भी हैं। इनमें जयशंकर प्रसाद, पन्त, महादेवी वर्मा, निराला, दिनकर प्रभृति कवि प्रमुख हैं।

(ख) जो आलोचक भी हैं और निबन्ध-लेखक भी हैं। इस वर्ग में प्रमुख हैं—डॉ० नगेन्द्र, डॉ० हजारीप्रसाद द्विवेदी, नन्ददुलारे वाजपेयी, शान्तिप्रिय द्विवेदी तथा बाबू गुलाबराय। इन निबन्ध-लेखकों को हम शुक्लजी की परम्परा में मान सकते हैं। ये निबन्ध-लेखक शैली की दृष्टि से तो शुक्लजी से कुछ भिन्न हैं, किन्तु जीवन और साहित्य को परस्पर सम्बद्ध मानने के कारण उनके एकदम निकट दिखायी देते हैं।

समीक्षात्मक निबन्धकारों में जैनेन्द्र, शिवदानसिंह चौहान, डॉ० रामविलास शर्मा, प्रो० प्रकाशचन्द्र गुप्त, डॉ० रांगेय राघव, डॉ० सत्येन्द्र, डॉ० नामवर सिंह, डॉ० जयकिशन प्रसाद खण्डेलवाल के नाम भी उल्लेखनीय हैं।

इस युग के अधिकांश निबन्ध प्रायः आलोचना की कोटि के अन्तर्गत आते हैं। शुद्ध निबन्धों का अभाव एक खटकनेवाली बात है।

शुक्लोत्तरकाल के प्रमुख निबन्ध-लेखक—डॉ० हजारीप्रसाद द्विवेदी के अधिकांश निबन्ध संस्कृति-सम्बन्धी हैं। उनमें एक विशेष प्रकार की शास्त्रीयता का पुट रहता है। कहीं-कहीं विनोदप्रियता के भी दर्शन हो जाते हैं। 'अशोक के फूल', 'विचार और वितर्क' तथा 'कल्पलता' उनके उच्चकोटि के निबन्ध-संग्रह हैं, जिनमें विद्वान् लेखक का महान् व्यक्तित्व सर्वत्र झलकता है। पाठक से मैत्री-सम्बन्ध स्थापित करने एवं उसे विश्वास में लेने की द्विवेदीजी में अद्भुत क्षमता है।

डॉ० नगेन्द्र के निबन्धों पर पाश्चात्य साहित्य के अनुशीलन की छाप है। विचार और भाषा दोनों ही दृष्टियों से वे कुछ जटिल हैं। डॉ० नगेन्द्र के निबन्ध जनता की वस्तु नहीं, वे पण्डितों के मनन करने की वस्तु हैं। उनके निबन्ध-संग्रह ये हैं—'विचार और विवेचन', 'विचार और विश्लेषण' तथा 'विचार और अनुभूति'। शान्तिप्रिय द्विवेदी के निबन्धों में आलोचक की अपेक्षा निबन्धकार का रूप अधिक दिखायी देता

है। उनके निबन्धों में स्वच्छन्दता और संवेदनशीलता ये दोनों ही गुण पाये जाते हैं। 'सामयिकी', 'संचारिणी', 'साहित्यिकी', 'शाकल्य' इनके निबन्ध-संग्रह हैं।

स्वर्गीय शान्तिप्रिय द्विवेदी ने भावात्मक और विवेचनात्मक दोनों प्रकार के निबन्ध लिखे हैं। इनके निबन्धों में विचारावलि के अन्तर्गत हास्य-व्यंग्य से सजीवता आ गयी है। इनके विचारात्मक निबन्धों में गम्भीर विवेचन मिलता है।

श्री जैनेन्द्र कुमार उपन्यासकार एवं कहानीकार के साथ ही उत्कृष्ट निबन्धकार भी हैं। आपके कई उत्कृष्ट निबन्ध-संग्रह हैं। आपने सामान्य विषय को भी गम्भीर दार्शनिक पुट देकर प्रस्तुत किया है, फिर भी आपकी शैली सरल एवं आत्मपरक है। जैनेन्द्रजी के कुछ निबन्ध-संग्रहों के नाम ये हैं—'मन्थन', 'साहित्य का श्रेय और प्रेय', 'सोच-विचार'।

डॉ० रामविलास शर्मा के निबन्धों की भाषा सरल एवं व्यंग्यपूर्ण होती है। उनमें मौलिक चिन्तन की छाप है। छायावाद के कवियों—पन्त, प्रसाद, निराला तथा महादेवी वर्मा ने पुस्तकों की भूमिकाओं के रूप में तथा स्वतन्त्र रूप में अच्छे निबन्ध लिखे हैं। इनकी गणना आलोचनात्मक निबन्ध-लेखकों में की जा सकती है। राय कृष्णदास, वियोगी हरि, चतुरसेन शास्त्री तथा माखनलाल चतुर्वेदी ने भावात्मक निबन्ध लिखे हैं। स्वामी सत्यदेव, देवेन्द्र सत्यार्थी, राहुल सांकृत्यायन ने भाषा सम्बन्धी तथा पं० श्रीराम शर्मा ने शिकार पर अच्छे निबन्ध लिखे हैं। डॉ० वासुदेवशरण अग्रवाल ने सांस्कृतिक विषयों पर अनुसन्धानपूर्ण विचारात्मक निबन्ध प्रस्तुत किये हैं। आपकी शैली पुष्ट एवं गम्भीर है। आपके निबन्ध अत्यन्त गवेषणापूर्ण साहित्यिक निबन्ध हैं। 'कला और संस्कृति', 'पृथ्वीपुत्र', 'मातृभूमि' आपके प्रसिद्ध निबन्ध-संग्रह हैं।

वर्तमान युग में निबन्ध साहित्य का बहुमुखी विकास हुआ है। आज निबन्ध में नयी-नयी शैलियों का प्रयोग मिलता है। इस युग में समीक्षात्मक, विचारात्मक, भावात्मक, अनुसन्धानात्मक एवं सांस्कृतिक निबन्धों के अतिरिक्त संस्मरणात्मक निबन्धों का भी विकास हुआ। संस्मरणात्मक निबन्ध-लेखकों में श्री गुलाबराय, महादेवी वर्मा, नरहरिविष्णु गाडगिल, देवेन्द्र सत्यार्थी, भदन्त आनन्द कौसल्यायन, डॉ० हजारीप्रसाद द्विवेदी प्रभृति भी प्रसिद्ध हैं। गुलाबराय की 'मेरी असफलताएँ', महादेवीजी की 'स्मृति की रेखाएँ', डॉ० हजारीप्रसाद द्विवेदी के 'अशोक के फूल' के कुछ निबन्ध संस्मरणात्मक निबन्ध हैं। 'अशोक के फूल' में द्विवेदीजी के हृदय की कोमल भावनाओं, सरल एवं सहज व्यक्तित्व का परिचय मिलता है। ललित निबन्धकारों में कुबेरनाथ राय और विद्यानिवास मिश्र उल्लेख्य हैं।

हिन्दी आलोचना : उद्‌भव और विकास

हिन्दी आलोचना का प्रारम्भिक रूप भक्तिकालीन ग्रन्थों से स्वीकार किया जाता है। नाभादासकृत 'भक्तमाल' में भक्तिकाल के कवियों (सूरदास आदि) की काव्यगत विशेषताओं का पद्यात्मक विवरण मिलता है। रीतिकाल में शृंगार निरूपक ग्रन्थों को हिन्दी काव्यशास्त्र (समीक्षा) का अंश माना जा सकता है। कवि केशवदास रीति निरूपक आचार्य थे।

वस्तुतः आधुनिक काल में भारतेन्दु-युग से हीं हिन्दी आलोचना का सही अर्थों में सूत्रपात हुआ। अंग्रेजी की 'जुक रिव्यू' पद्धति से हिन्दी आलोचना अनुप्राणित रही है। पत्र-पत्रिकाओं के विकास से साथ ही बदरीनारायण चौधरी 'प्रेमघन' ने आधुनिक हिन्दी आलोचना का सूत्रपात किया। 'आनन्द कादम्बिनी' तथा 'नागरी नीरद' नामक पत्रिकाओं में 'प्रेमघन' जी ने लाला श्रीनिवासदास रचित संयोगिता स्वयंवर तथा गदाधर सिंह द्वारा अनूदित 'बंग विजेता' नामक कृतियों की दोष-विवेचनात्मक शैली में समीक्षा की। वस्तुतः आधुनिक हिन्दी समीक्षा के प्रणेता और प्रवर्तक प्रेमघनजी माने जाते हैं। हिन्दी आलोचना के विकास के चार चरण रहे हैं-

1. द्विवेदीयुगीन आलोचना
2. शुक्लयुगीन आलोचना
3. शुक्लोत्तरयुगीन आलोचना
4. उत्तरशतीयुगीन आलोचना।

द्विवेदीयुगीन आलोचना-सन् 1900 ई० में सरस्वती पत्रिका का प्रकाशन आरम्भ होना, हिन्दी आलोचना के विकास में महत्त्वपूर्ण रहा। 1903 में महावीरप्रसाद द्विवेदी ने पत्रिका का कार्यभार ग्रहण करते ही पत्रिका में एक विशेष स्तम्भ 'पुस्तक परीक्षा' नाम से रखा, जिसमें वे स्वयं समीक्षाएँ लिखा करते थे। 'सुदर्शन' और 'समालोचक' पत्रिका का प्रकाशन ही पुस्तक-समीक्षा के उद्‌देश्य से किया गया था। नागरी प्रचारिणी पत्रिका के प्रकाशन से हिन्दी आलोचना इस काल में अत्यन्त पुष्ट एवं समृद्ध हुई। आचार्य महावीरप्रसाद द्विवेदी ने नैतिकता एवं उपयोगितावाद को साहित्य की कसौटी बनाया। रीतिकालीन काव्यांग निरूपण का विरोध कर एक ओर

विषय की उच्चता पर ध्यान दिया तो दूसरी ओर अभिव्यक्ति की सादगी का समर्थन किया। द्विवेदीजी ने स्वयं लिखा है कि–"हिन्दी काव्य की हीन दशा को देखकर कवियों को चाहिए कि वे अपनी विद्या और अपनी बुद्धि और अपनी प्रतिभा का दुरुपयोग इस प्रकार के ग्रन्थ लिखने में न करें। अच्छे काव्य लिखने का उन्हें प्रयत्न करना चाहिए।" डॉ० जयकिशनप्रसाद खण्डेलवाल ने लिखा है कि–

"द्विवेदीजी की आलोचना में निर्णयात्मक समीक्षा–पद्धति के दर्शन 'कालिदास की निरंकुशता' में होते हैं। व्याख्यात्मक समीक्षा–पद्धति 'नैषधचरित चर्चा' में और परिचयात्मक समीक्षा-पद्धति उनकी सम्पादकीय टिप्पणियों में झलकती है।"

द्विवेदी–युग में तुलनात्मक आलोचना की खूब धूम रही। तुलना के विषय के रूप में रीतिकालीन कवि देव और बिहारी थे। देव और बिहारी के बीच श्रेष्ठता सिद्ध करने के लिए द्विवेदी–युग के प्रायः सभी महत्त्वपूर्ण आलोचकों ने भाग लिया। पं० पद्‌मसिंह शर्मा, लाला भगवानदीन, पं० कृष्णबिहारी मिश्र आदि उनमें मुख्य थे। इस सन्दर्भ में उस समय कृष्णबिहारी मिश्रकृत–'देव और बिहारी', लाला भगवानदीनकृत 'बिहारी और देव' और पद्‌मसिंह शर्माकृत–'बिहारी सतसई की भूमिका' को विशेष प्रसिद्धि मिली। द्विवेदी–युग में सुदर्शन, श्री वेंकटेश्वर समाचार, भारत मित्र, समालोचक, छत्तीसगढ़ मित्र आदि पत्रों ने समसामयिक कथा-साहित्य पर अपनी समीक्षा-दृष्टि, प्रस्तुत की। इस सन्दर्भ में छत्तीसगढ़ मित्र ने 'परीक्षा गुरु' की समीक्षा छापी। किशोरीलाल गोस्वामीकृत 'तारा' (उपन्यास) की समीक्षा समालोचक पत्र ने छापी। इसी युग में मिश्रबन्धुओं का 'मिश्रबन्धु विनोद' भी प्रकाशित हुआ। श्री देवीशरण रस्तोगी ने द्विवेदीयुगीन आलोचना से सन्दर्भित लिखा है कि "डॉ० श्यामसुन्दर दास और मिश्रबन्धुओं की कई खोज रिपोर्ट, सभा ने प्रकाशित की। राधाकृष्णदास, एडविन ग्रीब्ज और मुन्शी देवीप्रसाद के कई खोजपूर्ण लेख सभा की पत्रिका में प्रकाशित हुए। सन् 1913 से सन् 1915 के मध्य 'मिश्रबन्धु विनोद' प्रकाश में आया। सैद्धान्तिक आलोचना से सम्बन्धित कई अन्य ग्रन्थ भी प्रकाश में आये–कन्हैयालाल पोद्‌दार के 'अलंकार प्रकाश' तथा 'काव्य कल्पद्रुम', लाला भगवानदीन का 'अलंकार मंजूषा', जगन्नाथप्रसाद भानु का 'छन्द प्रभाकर' आदि।"

अन्ततः स्पष्ट है कि द्विवेदीयुगीन आलोचना में आधुनिक आलोचना-पद्धति का सर्वथा अभाव है। इस काल में कवियों की विशेषताओं का अन्वेषण एवं अन्तःप्रवृत्तियों का उद्‌घाटन नहीं है। फिर भी समीक्षा की पाँच पद्धतियाँ निर्णयात्मक, व्याख्यात्मक, परिचयात्मक, तुलनात्मक एवं सम्पादकीय इस युग में मिल जाती हैं।

शुक्लयुगीन आलोचना–आचार्य रामचन्द्र शुक्ल ने अपनी प्रखर प्रतिभा के बल पर हिन्दी आलोचना को गौरव के उच्च शिखर पर पहुँचा दिया। इसी युग में

आलोचना को वास्तविक प्रतिष्ठा प्राप्त हुई। आचार्य रामचन्द्र शुक्ल ने आधुनिक हिन्दी आलोचना का प्रणयन एवं पल्लवन करने के साथ ही हिन्दी के आलोचकों का मार्गदर्शन भी किया। शुक्लजी ने प्राचीन एवं नवीन के समन्वय द्वारा एक ऐसी आलोचना-पद्धति की स्थापना की जो सर्वगुणसम्पन्न थी। पं० विश्वनाथप्रसाद मिश्र ने लिखा है कि–"भारतीय पक्ष को अपने ढंग से प्रस्तुत करनेवाले और उसके मापदण्ड से देशी–विदेशी सभी प्रकार की विचार–सारणियों को माप लेनेवाले सबसे पहले भारतीय समीक्षक शुक्लजी ही हैं। इसके लिए शुक्लजी ने कुछ साँचे अथवा कसौटियाँ अपने हृदय में बना रखी थीं। इसमें सन्देह नहीं कि ये कसौटियाँ उन्होंने बहुत सोच–विचार के पश्चात् खोज निकाली थीं। संस्कृत के आचार्यों ने जैसे रस की कसौटी निकाली, उसी प्रकार शुक्लजी ने भावों की, लोक की, प्रकृति की कसौटियाँ निकालीं। इनके द्वारा वे सारे विश्व का साहित्य परख सकते थे। सबसे अद्भुत बात यह है कि ये कसौटियाँ एक–दूसरे से मिली हुई हैं, पृथक्–पृथक् नहीं। बुद्धि और हृदय के सच्चे योग से यह कौशल दिखलाया गया है।" शुक्लजी ने द्विवेदीयुगीन बिहारी और देव-जैसे तुलनात्मक अध्ययन से ध्यान हटाकर आलोचना का केन्द्र भक्तिकालीन कवियों को बनाया। उन्होंने लोकमानस के साथ रागात्मकता का सम्बन्ध स्थापित करने को प्रमुखता दी। अन्ततः उन्होंने स्पष्ट किया कि भावों की गहराई और उदात्तता ही किसी रचना को महत्त्वपूर्ण बना सकते हैं। शुक्लजी ने तुलसी ग्रन्थावली (1923), जायसी ग्रन्थावली (1925) तथा भ्रमरगीत सार (1926) जैसे ग्रन्थों की भूमिका में क्रमशः तुलसी, जायसी एवं सूर की विस्तृत आलोचनाएँ लिखीं। ये आलोचनाएँ व्यापक एवं गम्भीर अध्ययन, काव्यगुण पहचानने की अद्भुत शक्ति तथा उत्कृष्ट कोटि की विश्लेषण बुद्धि पर आधारित थीं। शुक्लजी ने हिन्दी साहित्य का इतिहास (1929) लिखकर आलोचना के एक अन्य रूप को भी आजमाया। इस ग्रन्थ के प्रकाशित होते ही आलोचना-जगत् में उसकी धूम मच गयी, क्योंकि इसके पहले एक सुनिश्चित योजना के अन्तर्गत ऐसा कोई ग्रन्थ प्रकाशित नहीं हुआ था। हिन्दी–साहित्य के इतिहास-लेखन-परम्परा में भी यह एक अभूतपूर्व घटना थी, क्योंकि जिस तरह वैज्ञानिक आधार पर सूझ–बूझ से शुक्लजी ने हिन्दी की समूची अवधि को चार कालखण्डों में विभक्त कर, प्रत्येक काल की उत्कृष्ट कोटि की साहित्यिक सामग्री का मूल्यांकन किया था, वैसा पूर्व में सम्भव नहीं हुआ। शुक्लजी के परवर्ती साहित्यकारों ने शुक्लजी का ही अनुकरण कर हिन्दी की व्यावहारिक आलोचना एवं इतिहास-लेखन की परम्परा को सशक्त एवं समृद्ध किया। आचार्य नन्ददुलारे वाजपेयी ने लिखा है कि समीक्षक की हैसियत से शुक्लजी का आदर्श बहुत ऊँचा है और उनका एक सन्देश है जिसे आज के समीक्षकों को स्मरण रखना चाहिए। वह सन्देश यह है कि साहित्य की समीक्षा किसी एक अंग या पहलू पर

समाप्त न हो जानी चाहिए, बल्कि वह सब अंगों को ध्यान में रखकर की जानी चाहिए।........शुक्लजी ने हिन्दी समीक्षा में क्रान्तिकारी परिवर्तन किया। वे नये युग के विधायक थे।"

आचार्य रामचन्द्र शुक्ल ने व्याख्यात्मक, सैद्धान्तिक, गवेषणात्मक आलोचना-पद्धति को अपनाते हुए भी कवियों की विशेषताओं एवं उनकी अन्तर्वृत्तियों की छानबीन की ओर ध्यान दिया। इनके समय में भाषा की वैज्ञानिक समीक्षा भी हुई। शुक्लयुगीन अन्य प्रमुख आलोचकों में आचार्य गुलाबरायकृत–'नवरस' (1921), रमाशंकर शुक्ल रसालकृत–'नाट्यनिर्णय' (1930), अर्जुनदास केडियाकृत–'भारती भूषण' (1930), डॉ० श्यामसुन्दर दासकृत–'साहित्यालोचन' (1926), लक्ष्मीनारायण सुधांशुकृत–'काव्य में अभिव्यंजनावाद' (1930), डॉ० रामकुमार वर्माकृत–'साहित्य-समालोचना' (1930) आदि महत्त्वपूर्ण हैं। आचार्य शुक्ल का पदानुकरण करनेवाले आलोचकों में कृष्णशंकर शुक्ल (केशव की काव्यकला तथा कवित्त रत्नाकर), आचार्य विश्वनाथप्रसाद मिश्र (बिहारी की वाग्विभूति), गिरिजादत्त शुक्ल 'गिरीश' (महाकवि हरिऔध), रामनाथ सुमन (प्रसाद की काव्यकला), डॉ० श्यामसुन्दर दास (हिन्दी भाषा और साहित्य), हरिऔध (हिन्दी भाषा और उसके साहित्य का विकास) आदि हैं। इस युग के अन्य आलोचकों में सेठ कन्हैयालाल पोद्दार, रामदहिन मिश्र, डॉ० हजारीप्रसाद द्विवेदी, डॉ० जयकिशनप्रसाद खण्डेलवाल, डॉ० धीरेन्द्र वर्मा, नलिनीमोहन सान्याल, डॉ० बाबूराम सक्सेना, डॉ० मंगलदेव शास्त्री आदि हैं। दो अन्य लेखकों का योगदान भी इस युग की आलोचना विधा को सशक्त एवं समृद्ध करने में विशेष रहा–शान्तिप्रिय द्विवेदी (हमारे साहित्य निर्माता, कवि और काव्य और साहित्यिकी) तथा डॉ० नगेन्द्र (सुमित्रानन्दन पन्त)। डॉ० नगेन्द्रकृत 'सुमित्रानन्दन पन्त' (1938) ने विशेष ख्याति अर्जित की।

शुक्लोत्तरयुगीन आलोचना-शुक्लोत्तर युग में हिन्दी आलोचना की बहुमुखी प्रगति हुई। वह कई दिशाओं में आगे बढ़ी। इसके कई रूप सामने आये। यथा-स्वच्छन्दतावादी आलोचना, प्रभाववादी आलोचना, प्रगतिवादी आलोचना, मनोविश्लेषणात्मक आलोचना, स्वच्छन्द समीक्षा आदि। परिणामस्वरूप नये–नये आलोचक (समीक्षक) इस क्षेत्र में आये। आचार्य नन्ददुलारे वाजपेयी, डॉ० हजारीप्रसाद द्विवेदी, डॉ० नगेन्द्र, शान्तिप्रिय द्विवेदी, प्रसाद, पन्त, निराला, महादेवी वर्मा, शिवदानसिंह चौहान, अमृतराय, प्रकाशचन्द्र गुप्त, डॉ० रामविलास शर्मा, इलाचन्द्र जोशी, अज्ञेय, डॉ० देवराज, नलिन विलोचन शर्मा, डॉ० प्रभाकर माचवे आदि इस युग के हिन्दी आलोचना के मेरुदण्ड रहे हैं।

स्वच्छन्दतावादी आलोचना का मूलाधार छायावादी काव्य है। इस दृष्टि से सर्वप्रथम आचार्य नन्ददुलारे वाजपेयी सामने आये। छायावादी काव्य–जगत् के

मनमोहक सौन्दर्य से वाजपेयीजी इतने अभिभूत हो उठे कि उसी के आधार पर अपनी समीक्षा-पद्धति को आगे बढ़ाया। उनकी उल्लेखनीय कृतियों में 'आधुनिक साहित्य' तथा 'नया साहित्य : नये प्रश्न' आदि का नाम लिया जाता है। इस परम्परा के दूसरे प्रमुख आलोचक आचार्य हजारीप्रसाद द्विवेदी हैं। स्वच्छन्दतावादी समीक्षक होते हुए भी आचार्य द्विवेदी ने अनुभूति का सम्बन्ध लोकमंगल से स्थापित किया। किन्तु शुक्लजी के लोकमंगल से इनका लोकमंगल सर्वथा भिन्न है। इनका लोकमंगल मानवतावाद के अधिक निकट का है। इन्होंने 'हिन्दी साहित्य की भूमिका' तथा 'कबीर'–जैसे ग्रन्थों का प्रणयन किया। इस दिशा में तीसरा नाम डॉ० नगेन्द्र का आता है। इनकी महत्त्वपूर्ण आलोचनात्मक कृतियों में –'रीतिकाल और देव और उनकी कविता', 'साकेत : एक अध्ययन', 'कामायनी के अध्ययन की सीमाएँ', 'सुमित्रानन्दन पन्त' तथा 'आधुनिक हिन्दी नाटक' आदि का नाम लिया जाता है। इसी कोटि के अन्य आलोचक हैं–बाबू गुलाबराय और आचार्य विश्वनाथप्रसाद मिश्र। बाबू गुलाबराय की उल्लेखनीय कृतियों में-'सिद्धान्त और अध्ययन' तथा 'काव्य के रूप' एवं आचार्य विश्वनाथप्रसाद मिश्र की कृतियों में 'वाङ्मय विमर्श', 'हिन्दी–साहित्य का अतीत : दो भाग' और 'हिन्दी का सामयिक साहित्य' का नाम लिया जाता है।

शान्तिप्रिय द्विवेदी ने प्रभाववादी आलोचना ग्रन्थों का प्रणयन किया। प्रसाद, पन्त, निराला और महादेवी वर्मा ने भी आलोचनाएँ लिखीं, जो शुक्लोत्तर हिन्दी आलोचना के विकासक्रम में सहायक बनी। इस सन्दर्भ में प्रसादकृत 'काव्य और कला तथा अन्य निबन्ध', पन्तकृत 'पल्लव की भूमिका', निरालाकृत 'पन्त और पल्लव', 'मेरे गीत और कला', 'परिमल की भूमिका', महादेवीकृत 'यामा' और 'दीपशिखा की भूमिका' आदि कवि समीक्षाएँ उल्लेखनीय हैं। आलोचना की प्रगतिवादी (मार्क्सवादी) पद्धति को पुष्ट एवं प्रचलित करने में डॉ० शिवदानसिंह चौहान, अमृतराय, प्रकाशचन्द्र गुप्त तथा डॉ० रामविलास शर्मा आदि ने विशेष योगदान किया। प्रगतिवाद के अभ्युदय ने रचना के साथ ही समीक्षा (आलोचना) के क्षेत्र में एक नयी क्रान्ति का सूत्रपात किया, जो प्रगतिवादी आलोचकों की कृतियों में देखा जा सकता है। इस दृष्टि से डॉ० शिवदानसिंह चौहानकृत 'प्रगतिवाद', 'साहित्य की परख', 'साहित्यानुशीलन', 'आलोचना के मान', प्रकाशचन्द्र गुप्तकृत 'आधुनिक हिन्दी साहित्य', 'हिन्दी साहित्य की जनवादी परम्परा' तथा 'साहित्यधारा' एवं डॉ० रामविलास शर्माकृत 'संस्कृति और साहित्य' तथा 'प्रगति और परम्परा' आदि उल्लेखनीय हैं।

फ्रायड, एडगर और युंग के मनोविश्लेषणवाद ने भी आलोचना-जगत् को प्रभावित किया है, जिससे मनोविश्लेषणात्मक समीक्षा सामने आयी। ऐसे समीक्षकों

में डॉ० देवराज, अज्ञेय, इलाचन्द्र जोशी आदि उल्लेख्य हैं। प्रगतिशील लेखक संघ की स्थापना (1936) के साथ ही मार्क्सवादी आलोचना का प्रारम्भ मानना चाहिए। सन् 1936 में ही शिवदानसिंह चौहान ने 'भारत में प्रगतिशील साहित्य की आवश्यकता' शीर्षक एक लेख लिखा जो सन् 1937 में 'विशाल भारत' में प्रकाशित हुआ। यदि यह कहा जाय कि इस लेख से ही मार्क्सवादी आलोचना की पहल की गयी तो अनुचित न होगा। चौहान के इस लेख का विरोध भी हुआ। उसमें भौतिकतावाद का जोश अधिक था लेकिन यह जोश उस समय के सभी लेखकों-रामविलास शर्मा, रांगेय राघव, अमृतराय आदि में भी कम नहीं था। 'हंस' का सम्पादकत्व ग्रहण करने के पश्चात् चौहान ने प्रगतिवाद का जमकर समर्थन करना शुरू किया।

रामविलास शर्मा : रामविलास शर्मा मार्क्सवादी समीक्षा के शिखरस्थ आलोचक हैं। उनके आलोचनात्मक विकास को दो चरणों में विभक्त किया जा सकता है–सन् 1955 के पहले का चरण और 1955 के बाद का चरण। स्मरण रखना चाहिए कि सन् 1955 में उनकी पुस्तक 'आचार्य रामचन्द्र शुक्ल और हिन्दी आलोचना' प्रकाशित हुई थी। यहीं से उनकी आलोचना का नया अध्याय शुरू होता है। उनकी आलोचना पहले की अपेक्षा अधिक गम्भीर, संयमित और साहित्यिक हो उठती है। इसे शुक्लजी का प्रभाव ही समझना चाहिए और इतिहास का तकाजा भी है।

इधर हिन्दी–समीक्षा में भाषा के विवेचन पर अधिक बल दिया जाने लगा है। अमेरिकी नयी आलोचना का प्रभाव भी हिन्दी आलोचना पर पड़ा है। काव्य की संरचना को लेकर अमेरिकी नये आलोचक श्री शिकागो संस्थान के आलोचकों ने बहुत–कुछ लिखा है पर नये आलोचक आलोचना का सम्बन्ध केवल भाषा–संरचना तक ही मानते हैं, मूल्यों और संवेदनाओं से उनका कतई ताल्लुक नहीं होता। उन्होंने लिखा है–"पिछले कुछ समय से हिन्दी के कुछ समीक्षक भाषा और उसके प्रयोग की सटीकता को काव्य का एकमात्र महत्त्वपूर्ण तत्त्व बना रहे हैं। परन्तु हमें उन संवेदनाओं के स्वरूप और वैशिष्ट्य की भी छानबीन करनी पड़ेगी, जिनके फलस्वरूप नयी शब्दावली का आग्रह किया जाता है।...भावों और संवेदनाओं के स्वरूप का ध्यान रखे बिना केवल भाषा के परिमार्जन और नवीनीकरण की चर्चा करना या भावन करना अपने में एकांगी परिमाप है। काव्य के दोनों पक्षों का–कवि की संवेदना और उसकी अभिव्यक्ति का–समन्वित विवेचन ही काव्य–समीक्षा के लिए उपादेय हो सकता है।"

उत्तरशती में आधुनिकतावादी, मार्क्सवादी और पाठ–केन्द्रित समीक्षा का सूत्रपात हुआ। सन् 1960 के बाद, जैसा कहा जा चुका है, रचनात्मक साहित्य में एक नया मोड़ आता है। इस साहित्य को आधुनिकतावादी साहित्य की संज्ञा दी गयी है। इसकी सबसे बड़ी और ठोस पहचान है भाषा का बदलाव। इसी समय से साहित्य की भाषा,

मुख्यतः कविता की भाषा जटिल और मस्तिष्कगम्य (सेरीब्रल) होती गयी। इस शताब्दी के अन्तिम दशक में भी वह उनसे उबरती नहीं दिखायी पड़ती। कहानियों की स्थिति इससे भिन्न नहीं थी। उपन्यासों की भाषा (कुछ को छोड़कर) वैसी नहीं थी। किन्तु बेचैनी, अलगाव, आत्मनिर्वासन, अकेलापन, मृत्यु, संत्रास आदि में सब जगह समानता थी। इस आधुनिकतावाद का एक दूसरा पहलू था फूहड़ यौनवाद। पश्चिम में आधुनिकतावाद का प्रादुर्भाव दो महायुद्धों की फलश्रुति के रूप में हुआ। किन्तु अपने देश में लोकतन्त्र से मोहभंग तथा भारत-चीन युद्ध के कारण आया हुआ बताया जाता है। लेकिन केवल इन्हीं को आधुनिकतावाद का स्रोत नहीं माना जा सकता। शताब्दी के अन्तिम दशक में लोकतन्त्र का जो भ्रष्ट रूप दिखायी पड़ता है, वह कभी नहीं था, लेकिन इसके कारण आधुनिकतावादी रचनाएँ तो नहीं लिखी जा रही हैं। जाहिर है कि यहाँ के आधुनिकतावाद पर पश्चिमी आधुनिकतावाद की भी छाया है।

इसके फलस्वरूप आधुनिकतावादी आलोचना में अस्तित्ववादी शब्दावली भर उठी और सार्त्र, हेडेगर, किर्केगार्द, यास्पर्स आदि के उद्धरण दिये जाने लगे। आधुनिकतावादी आलोचना के समानान्तर मार्क्सवादी आलोचना भी अपनी गति से चलने लगी। उसके कट्टरतावाद में कमी नहीं आयी थी। मार्क्सवादी सिद्धान्तों या राष्ट्रवादी भावनाओं के टुटपुँजिया अनुवादों को महान् बताया गया। इस आलोचना में स्वयं साहित्य की चर्चा उतनी नहीं होती जितनी अर्थ आधारभूतता इतिहास की नियतिवादिता की होती है। सन् 1960 के बाद लिखे गये अनेक लेखों में मुक्तिबोध ने प्रगतिवादी यन्त्रवाद का कड़ा विरोध किया। उनका कहना है-"प्रगतिवाद एक क्षेत्रीय आन्दोलन था, यन्त्रवत् था, वह एक विशेष काल में मध्यवर्ग की एक मनोवैज्ञानिक विशेष दशा का ही सूचक था। यह दशा समाप्त हुई और वह धारा भी (धारा के रूप में) समाप्त हो गयी किन्तु उसके द्वारा उठाये प्रश्न आज भी सुलझे नहीं।" दो-एक समीक्षकों को छोड़कर शेष को कला-समीक्षा से कोई सरोकार नहीं था।

इधर जनवादी समीक्षकों ने प्रगतिवादी यान्त्रिकता की लगाम कस दी है। हुआ करे रूस और पूर्वी यूरोप की मार्क्सवादी अवधारणाओं में परिवर्तन, पर इन लोगों ने तो स्टालिनवादी पद्धति पर चलने की कसम खा ली है। वे स्वतन्त्र रूप से व्यक्ति-विवेक का आश्रय नहीं लेते। वे मार्क्स-लेनिन, प्लेखानोव, लुकाच आदि के उद्धरणों से अपना काम चला लेते हैं। किन्तु कुछ लोगों पर अन्य विचारकों-विशेष रूप से फ्रैंकफर्त संस्थान के विचारकों-एडोर्नो, मार्कूजे, वाल्टर वेन्यामिन, रेमण्ड विलियम्स, जेम्सॉन, एरिकफ्राम आदि-आदि का प्रभाव पड़ा है और प्रगतिवादी आलोचना में व्यक्ति-विवेक के साथ एक लचीलापन भी आया है लेकिन कला-समीक्षा पर जोर देने की आवश्यकता बनी हुई है।

सन् 1960 के बाद ही हिन्दी-समीक्षा पर अमेरिकी नयी समीक्षा का प्रभाव पड़ा। हिन्दी समीक्षा-साहित्य में तनाव, विसंगति, विडम्बना आदि परिभाषिक शब्दों का प्रयोग होने लगा। रूसी रूपवाद के प्रवक्ता स्केलोव्स्की के प्रभाव से भाषायी अजनबियत भी देखी जाने लगी। सातवें-आठवें दशक में फ्रांसीसी संरचनावाद और विच्छेदवाद की भी लहर हिन्दी में आयी। लेवीस्त्रौत रोलाँबार्थ और देरिदा के सिद्धान्तों की अनुगूँज भी सुनायी पड़ने लगी। अपनी गणितीय दुर्बोधताओं और इतिहास निरपेक्ष दृष्टिकोण के कारण इन्हें बहुत मान्यता न मिली। पश्चिम में मार्क्सवादियों ने इन दोनों वादों का लाभ उठाया और उन्हें राजनीति तथा सामाजिक समस्याओं से जोड़ दिया। इन लोगों में लूसीयें गोल्डमान, पाल डी मन आदि मुख्य हैं। हिन्दी समीक्षा में इनके प्रभाव का अवकाश अधिक है क्योंकि इनकी समीक्षाएँ पाठ-केन्द्रित भी हैं, इतिहास-सम्मत भी। किन्तु इस तरह के समीक्षा के विकास में अभी समय लगेगा।

संस्मरण, रेखाचित्र, यात्रावृत्त, आत्मकथा और जीवनी

संस्मरण-रेखाचित्रों के प्रवर्तक लेखक पद्मसिंह शर्मा (1876-1932) हैं। उनके रेखाचित्र 'पद्म पराग' और संस्मरण 'प्रबन्ध-मंजरी' में संगृहीत हैं। इस दिशा में शान्तिप्रिय द्विवेदी, श्रीराम शर्मा, बनारसीदास चतुर्वेदी, महादेवी वर्मा, रामवृक्ष बेनीपुरी आदि उल्लेख्य हैं। महादेवी वर्मा के 'अतीत के चलचित्र', 'स्मृति की रेखाएँ' और 'पथ के साथी' में उनके संस्मरण-रेखाचित्र संगृहीत हैं। रामवृक्ष बेनीपुरी के कुछ आत्मीय संस्मरण 'माटी की मूरतें' और रेखाचित्र 'गेहूँ और गुलाब' में संकलित हैं। कथा, संस्मरण-रेखाचित्र दोनों का अद्भुत मिश्रण निराला के 'बिल्लेसुर बकरिहा' और 'कुल्लीभाट' में देखा जा सकता है। यात्रा-वृत्तान्त लिखनेवालों में रामनारायण मिश्र, सत्यदेव परिव्राजक, राहुल सांकृत्यायन, यशपाल, देवेन्द्र सत्यार्थी, अज्ञेय, भारती मुख्य हैं।

आत्मकथाएँ हिन्दी में बहुत कम हैं। हिन्दी की पहली आत्मकथा बनारसी जैन की 'अर्द्धकथानक' (1641) है। पश्चिम में भी इस समय तक कोई आत्मकथा नहीं लिखी गयी थी। पश्चिमी आधुनिक आत्मकथाओं की सारी विशेषताओं के बावजूद यह पद्यबद्ध है। भारतेन्दु हरिश्चन्द्र के 'कुछ आपबीती कुछ जगबीती' को आत्मकथा का पहला प्रयास माना जा सकता है यद्यपि यह अधूरा है। ठीक-ठिकाने की आत्मकथाएँ राजेन्द्र प्रसाद, राहुल सांकृत्यायन और हरिवंशराय बच्चन ने लिखी हैं। जीवनी-लेखन की दिशा में कुछ बहुत अच्छे प्रयास हुए हैं, जैसे-रामविलास शर्मा का 'निराला की साहित्य-साधना, भाग-1'। और विष्णु प्रभाकर का 'आवारा मसीहा'; अमृतराय का 'कलम का सिपाही' और विष्णुचन्द्र शर्मा के 'नजरुल इस्लाम और मुक्तिबोध की जीवनियाँ' द्रष्टव्य हैं।

परिशिष्ट

कतिपय रचनाएँ

यद्यपि काव्य, उपन्यास, कहानी आदि पर विचार करते हुए विविध रचनाओं और रचनाकारों का यथास्थान उल्लेख किया गया है तथापि कुछेक की चर्चा यहाँ परिशिष्ट में अलग से की गयी है।

प्रिय प्रवास-अयोध्यासिंह उपाध्याय 'हरिऔध' (1865–1947) की इस काव्यकृति को खड़ीबोली की प्रथम महत्त्वपूर्ण प्रबन्ध-सृष्टि होने का गौरव प्राप्त है। इसका प्रकाशन 1914 ई० में हुआ था। 'हिन्दी साहित्य कुटीर' बनारस से इसके कई संस्करण निकल चुके हैं। 'प्रिय प्रवास' एक वृहत् विप्रलम्भ काव्य है। इसमें कृष्ण के मथुरागमन के उपरान्त ब्रजवासियों की विरह–व्यथा तथा उनके मनोभावों का बड़ा मार्मिक अंकन किया गया है। इसकी रचना कोमलकान्त तथा समस्त पदावली से सुशोभित संस्कृत के वर्ण–वृत्तों में हुई है। रामचन्द्र शुक्ल तथा कुछ अन्य समीक्षक 'हरिऔध' की इस कृति को किसी समुचित कथानक के अभाव में प्रबन्धकाव्य के अवयवों से अपूर्ण मानते हैं किन्तु महाकाव्य-सम्बन्धी कुछ थोड़ी-सी रूढ़ियों को छोड़ दिया जाय तो इस प्रवास–प्रसंग–गर्भित कृति में कृष्ण के जीवन की व्यापक झाँकियाँ मिलती हैं। 'प्रिय प्रवास' की सबसे बड़ी विशेषता यह है कि इसमें कृष्ण–कथा को एक आधुनिक कलेवर देने की चेष्टा की गयी है और नायक श्रीकृष्ण तथा नायिका राधा को विश्व–कल्याण की भावना से परिपूर्ण शुद्ध मानव–रूप में चित्रित किया गया है।

खड़ीबोली कविता के विकासात्मक इतिहास में 'प्रिय प्रवास' अत्यन्त मूल्यवान् काव्य है। 'प्रिय प्रवास' वातावरण–सृष्टि की दृष्टि से भी बेजोड़ है। प्रबन्ध की प्रारम्भिक पंक्तियों से ही अवसाद–विषाद की अनुभूति होती है।

दिवस का अवसान समीप था,
गगन था, कुछ लोहित हो चला।

यहाँ 'लोहित' शब्द विरह-व्यथा को द्योतित करता है और विरह-वर्णन की पूर्व पीठिका तैयार करता है।

कामायनी-'कामायनी' सम्भवतः छायावाद-युग की सर्वश्रेष्ठ कृति मानी जाती है। प्रौढ़ता के बिन्दु पर पहुँचे हुए कवि की यह अन्यतम रचना है। इसे प्रसाद के सम्पूर्ण चिन्तन-मनन का प्रतिफलन कहना अधिक उचित होगा। इसका प्रकाशन 1936 ई० में हुआ था। इसमें आदिमानव मनु की कथा ली गयी है। इस काव्य की कथावस्तु वेद, उपनिषद्, पुराण आदि से प्रेरित है किन्तु मुख्य आधार शतपथ ब्राह्मण को स्वीकार किया गया है। आवश्यकतानुसार प्रसाद ने पौराणिक कथा में परिवर्तन कर उसे न्यायोचित रूप दिया है। 'कामायनी' की कथा संक्षेप में इस प्रकार है-पृथ्वी पर घोर जलप्लावन आया और उसमें केवल मनु जीवित रह गये। वे देवसृष्टि के अन्तिम अवशेष थे। जलप्लावन समाप्त होने पर उन्होंने यज्ञ आदि करना आरम्भ किया। एक दिन काम की पुत्री श्रद्धा उनके समीप आयी और वे दोनों साथ रहने लगे। भावी शिशु की कल्पना निमग्न श्रद्धा को एक दिन ईर्ष्यावश मनु अनायास ही छोड़कर चल दिये। उनकी भेंट सारस्वत प्रदेश की अधिष्ठात्री इड़ा से हुई। उसने इन्हें शासन का भार सौंप दिया। पर वहाँ की प्रजा एक दिन इड़ा पर मनु के अत्याचार और आधिपत्य-भाव को देखकर विद्रोह कर उठी। मनु आहत हो गये तभी श्रद्धा अपने पुत्र मानव के साथ उन्हें खोजते हुए आ पहुँची किन्तु पश्चाताप में डूबे मनु पुनः उन सबको छोड़कर चल दिये। श्रद्धा ने मानव को इड़ा के पास छोड़ दिया और अपने मनु को खोजते-खोजते पा गयी। अन्त में सारस्वत प्रदेश के सभी प्राणी कैलास पर्वत पर जाकर श्रद्धा और मनु के दर्शन करते हैं।

'कामायनी' की कथा पन्द्रह सर्गों में विभक्त है, जिनका नामकरण चिन्ता, आशा, श्रद्धा, काम, वासना, लज्जा आदि मनोविकारों के नाम पर हुआ है। 'कामायनी' आदिमानव की कथा तो है ही, पर इसके माध्यम से कवि ने अपने युग के महत्त्वपूर्ण प्रश्नों पर विचार भी किया है। सारस्वत प्रदेश की प्रजा जिस बुद्धिवादिता और भौतिकवादिता से त्रस्त है, वही आधुनिक युग की स्थिति है। 'कामायनी' अपने रूपकत्व में एक मनोवैज्ञानिक और दार्शनिक मन्तव्य को प्रकट करती है। मनु मन का प्रतीक है और श्रद्धा तथा इड़ा क्रमशः उसके हृदय और बुद्धिपक्ष हैं। अपने आन्तरिक मनोविकारों से संघर्ष करता हुआ मन श्रद्धा-विश्वास की सहायता से आनन्द लोक तक पहुँचता है। प्रसाद ने समरसता सिद्धान्त तथा समन्वय मार्ग का प्रतिपादन किया है। अन्तिम चार सर्गों में प्रतिपादित दर्शन पर शैवागम का प्रभाव है। 'कामायनी' एक विशिष्ट शैली का महाकाव्य है। उसका गौरव उसके युगबोध, परिपुष्ट चिन्तन, महत् उद्देश्य और प्रौढ़ शिल्प में निहित है। उसमें प्राचीन महाकाव्यों का-सा वर्णनात्मक विस्तार नहीं है पर सर्वत्र कवि की गहन अनुभूति के दर्शन होते हैं। यह भी स्वीकार करना होगा कि उसमें गीतितत्त्व प्रमुखता पा गये हैं। मनोविकार अत्यन्त सूक्ष्म होते हैं। उन्हें मूर्त रूप देने में प्रसाद ने जो सफलता पायी है वह उनके अभिव्यक्ति कौशल की परिचायक है। कहीं-कहीं भावपूर्ण प्रकाशन में

सम्भव है, सफल न हों, पर शिल्प की प्रौढ़ता, कामायनी का प्रमुख गुण है। प्रतीक-भण्डार इतना समृद्ध है कि अनेक स्थलों पर कवि चित्र निर्मित कर देता है। इस दृष्टि से श्रद्धा का रूप-वर्णन सुन्दर है। लज्जा-जैसे सूक्ष्म भावों के प्रकाशन में 'कामायनी' में प्रसाद के चिन्तन-मनन को सहज ही देखा जा सकता है। इसे हम भाव और अनुभूति दोनों दृष्टियों से छायावाद की पूर्ण अभिव्यक्ति कह सकते हैं। 1972 में 'कामायनी' की प्रसाद द्वारा प्रस्तुत मूल पाण्डुलिपि का प्रकाशन हुआ है।

वस्तुतः कामायनी प्रसादजी की अन्तिम और अन्यतम कृति है। छायावाद को 'प्रसाद-युग' के रूप में अभिहित किये जाने का श्रेय कामायनी को ही जाता है। इतिहास का मिथक और उसमें 'रूपक' का अनुप्रयोग कामायनी में हुआ है। आचार्य शुक्ल ने कामायनी में रमणीय चित्रमयी कल्पना, अभिव्यंजना की अत्यन्त मनोहारी पद्धति की प्रशंसा की है। नन्ददुलारे वाजपेयी कामायनी में कल्पनाशीलता, जागरूकता, मानसिक वृत्तियों की सूक्ष्म पकड़, विलक्षण अवसाद, विस्मय, संशय, कौतूहल देखकर सही अर्थों में उसे नवीन आधुनिक चिन्तन से प्रेरित मानते हैं।

कामायनी की अर्थ-संरचना थोड़ी जटिल है। यह एक साथ ही अर्थ के कई स्तरों पर संचरण करती है। किन्तु कामायनी का काव्य-वैभव अप्रतिम है। यह छायावादी युग का प्रतिनिधि महाकाव्य है। प्रसादजी की काव्यत्व शक्ति बेजोड़ थी। कुछेक पंक्तियाँ द्रष्टव्य हैं-

आह! वह मुख पश्चिम के व्योम,
बीच जब घिरते हों घनश्याम।
अरुण रवि मण्डल उनको भेद,
दिखायी देता हो छविधाम।

*   *   *

अरुण यह मधुमय देश हमारा।
जहाँ पहुँच अनजान क्षितिज को मिलता एक सहारा।

साकेत-मैथिलीशरण गुप्त ने साकेत के माध्यम से भारतीय संस्कृति का गान भी किया है। वर्तमान समय में जिस तरह से भारतीय संस्कृति का निरन्तर ह्रास हो रहा है; साकेत द्वारा कवि ने उसके महत्त्व को जन-जन तक पहुँचाया है। संस्कृति ही मानव-जीवन की वह अवस्था है जहाँ उसके राग-द्वेषों का परिमार्जन हो जाता है। साकेत के राम भारतीय संस्कृति के रक्षक हैं। वे ऐसी क्रान्ति करना चाहते हैं, जिससे सर्वत्र प्राणिमात्र आर्यत्व भाव से भावित हो उठे। श्रद्धा, प्रेम, विश्वास, स्नेह, दया,

करुणा आदि को बढ़ावा मिले, दुःखी, दीन, विवश, निर्बल आदि को आश्रय मिले। साकेत में कवि ने अवसरानुकूल यज्ञ-व्रत–पूजा आदि की योजना की है जो भारतीय संस्कृति का आदर्श है। यथा–कवि ने शत्रुघ्न से एक स्थान पर कहलवाया है–

होते हैं निर्विघ्न यज्ञ अब, जप समाधि, तप पूजा पाठ।
यश गाती हैं मुनि कन्याएँ, कर व्रत सर्वोत्सव के ठाठ।।

साकेत में वर्णाश्रम–धर्म को महत्त्व प्रदान किया गया है; किन्तु कवि उसमें जड़ता का पक्षपाती नहीं है। यथा–ब्राह्मण पूज्य होने पर भी यदि आततायी है तो वध्य है और शूद्र श्रेष्ठ कर्म करता है तो वह ग्राह्य है। कवि ने दशरथ के माध्यम से सत्य की महत्ता वर्णित की है–

सत्य से ही स्थिर है संसार,
सत्य ही सब धर्मों का सार।
राज ही नहीं, प्राण परिवार,
सत्य पर सकता हो सब वार।।

आतिथ्य-सत्कार भी भारतीय संस्कृति का एक आदर्श है। साकेत के राम इसके पक्षधर हैं। यथा–

अपना आमन्त्रित अतिथि मानकर सबको।
पहले परोस पायी तृप्ति दान कर सबको।
प्रभु ने स्वजनों के साथ किया भोजन यों।
सेवन करता है मन्द पवन उपवन में।

गुप्तजी का साकेत आधुनिकता से पूर्णतया प्रभावित है। इसमें कवि ने पौराणिक प्रसंगों के माध्यम से आधुनिक तत्त्वों की विवेचना की है। इसके पात्रों में युग का स्पन्दन दिखलायी पड़ता है। दिनकर ने उचित ही लिखा है कि "साकेत के राम और लक्ष्मण त्रेताकालीन होते हुए भी हमारे समय में पूर्णरूपेण खप जाते हैं। बीसवीं शताब्दी की रचना होने के कारण साकेत पर आधुनिक प्रेरक तथ्यों का विधिवत् प्रभाव है, इसके लिए कवि ने रामकथा के पारम्परिक पात्रों एवं उपेक्षित पात्रों के चरित्रांकन में मौलिकता का सहयोग लिया है फिर भी कहीं पर सीमोल्लंघन नहीं हुआ है।" साकेत में जिन आधुनिक तत्त्वों की विवेचना की गयी है वे इस प्रकार हैं–स्वावलम्बन, समानता एवं अस्पृश्यता–निवारण, गाँधीवाद, साम्यवाद, विश्वबन्धुत्व, लोककल्याण, कर्मवाद, नारी के अधिकारों का मूल्यांकन, बुद्धिवाद का प्रभाव आदि। यथा–कवि ने सीता से वन्य प्रदेश में कोल-किरात बालाओं के प्रति निम्नवत् पंक्तियाँ कहलवाकर अस्पृश्यता-निवारण की ओर संकेत किया है।

ओ भोली कोल–किरात–भिल्ल बालाओ।
मैं आज तुम्हारे यहाँ आ गयी आओ।

मुझको कुछ करने योग्य कार्य बतलाओ,
दो अहा नव्यता और भव्यता पाओ।

गाँधीवादी विचारधारा का प्रभाव निम्नवत् पंक्तियों में दर्शनीय है—

तुम अर्धमग्न क्यों रहो अशेष समय में।
आओ हम कातें-बुनें गान की लय में।।

"गुप्तजी वास्तव में सामंजस्यवादी कवि हैं। सब प्रकार की उच्चता से प्रभावित होनेवाला हृदय उन्हें प्राप्त है। प्राचीन के प्रति पूज्य भाव और नवीन के प्रति उत्साह दोनों उनमें हैं। ... गुप्तजी की प्रतिभा की सबसे बड़ी विशेषता है—कालानुसरण की क्षमता अर्थात् उत्तरोत्तर बदलती हुई भावनाओं और काव्यप्रणालियों को ग्रहण करते चलने की शक्ति।" *-आचार्य रामचन्द्र शुक्ल*

"हिन्दी साहित्य के गणनीय महाकाव्यों में साकेत का अपना महत्त्व है। पौराणिक होने पर भी वह नवीन महाकाव्य है। भारतीय संस्कृति का ही वह प्रतिनिधित्व नहीं करता, आधुनिक युग में बीसवीं सदी के पिछले वर्षों को भी समेट लेता है।" *-प्रो० त्रिलोचन पाण्डेय*

श्रीराम काव्य की पौराणिक परम्परा का अनुसरण करते हुए आधुनिककालीन कवि मैथिलीशरण गुप्त ने 'साकेत'-जैसे महाकाव्य का प्रणयन किया। तुलसी-साहित्य में जो स्थान 'मानस' का है, गुप्त-साहित्य में वही स्थान 'साकेत' का है। गुप्तजी ने साकेत में पौराणिक प्रसंगों की उद्भावना करते हुए उन पात्रों को विशेष स्थान दिया है जो राम-काव्य में अब तक उपेक्षित रहे। उनमें उर्मिला के चरित्र का अनावरण करना मुख्य है। तुलसी की तरह गुप्तजी ने भी मानव-जीवन की विभिन्न अवस्थाओं का जीवन्त चित्रण प्रस्तुत किया है। सामाजिकता, राष्ट्रीयता, मर्यादावादिता, मनोवैज्ञानिकता आदि का पूर्ण परिपाक गुप्तजी के साकेत में निहित है। आचार्य हजारीप्रसाद द्विवेदी ने लिखा है कि "साकेत का कवि व्यक्ति को समाज का अंग मानता है, समाज को व्यक्ति का संघात नहीं। इसीलिए वह सामाजिक मर्यादा का ऐसा प्रबल पोपक है कि उसने वैराग्य को कभी उत्तेजित नहीं किया। उसके कवि भी गृहस्थ हैं, राजा भी गृहस्थ है।"

मैथिलीशरण गुप्त ने अपने साकेत के माध्यम से युगानुरूप मानवतावाद की प्रतिष्ठा करने का प्रयास किया है। उनके राम तुलसी के राम की भाँति परात्पर परब्रह्म नहीं हैं बल्कि सत्पुरुष हैं। दिनकर ने कहा भी है—"अपने हृदय के मूल में राम को परब्रह्म का अवतार मानते हुए भी साकेत में उन्हें....युग-पुरुष के ही रूप में अधिक चित्रित किया गया है।" इसके लिए गुप्तजी ने रामकथा के उपेक्षित पात्रों को नवजीवन प्रदान कर उनके चरित्र-चित्रण में मौलिक उद्भावना की है। मानव अपने

कर्मानुसार ही राक्षस या देवता की संज्ञा प्रदान करता है। इसलिए उसे सत्कर्म ही करते रहना चाहिए; जो मानव एवं मानवता के अनुकूल हो। साकेत के राम ने मानवीय कर्मों की श्रेष्ठता पर बल देते हुए कहा है कि–

सन्देश यहाँ मैं नहीं स्वर्ग का लाया,
इस भूतल को ही स्वर्ग बनाने आया।
अथवा आकर्षण पुण्यभूमि का ऐसा,
अवतरित हुआ मैं आप उच्च फल–जैसा।
जो नाममात्र ही स्मरण मन्दीय करेंगे,
वे भी भवसागर बिना प्रयास तरेंगे,
पर जो मेरा गुण, कर्म, स्वभाव धरेंगे,
वे औरों को भी तार, पार उतरेंगे।

वस्तुतः 'कवि ने मानव की ईश्वरता दिखायी है, ईश्वर की मानवता नहीं।'

साकेत में गुप्तजी की भावुकता, राष्ट्रप्रेम और भारत के अतीत गौरव–गान के चित्रांकन में भी व्यक्त हुई है। प्राचीन कला–कौशल का उत्कर्ष, प्रजा की सौख्य-समृद्धि, ज्ञान और विज्ञान की निरन्तर उन्नति, काव्य–कलाओं का पूर्ण विकास आदि साकेत में निहित है। राष्ट्रीयता का भाव साकेत–जैसे महाकाव्य में विधिवत् वर्णित है। कवि अपने पात्रों को राष्ट्र के प्रति सदैव सजग करता रहता है, साथ ही राष्ट्र की विभिन्न समस्याओं एवं उनके समाधान की बात भी कवि ने की है। कवि ने कहा है कि-

क्षत्रियों सुनो अब तो कुयश की कालिमा मेट दो।
निज देश को जीवन सहित तन–मन तथा धन भेंट दो।।

प्राचीनकाल से ही मानव एवं प्रकृति का गहरा एवं अटूट सम्बन्ध रहा है तथा काव्य–लेखन में कवियों ने इस प्रवृत्ति का अंकन भी किया है। नदी, झरने, सागर, वन, पर्वत, सूर्य, चन्द्रमा, पेड़, लता आदि प्राकृतिक उपादानों का चित्रण उनके काव्यों में स्वाभाविक रूप से मिल जाता है। साकेत का कवि भी इस दृष्टि से पीछे नहीं है। उसने यथावसर प्रकृति-वर्णन द्वारा महाकाव्य की चारुता में वृद्धि की है। प्रकृति के विविध रूपों का चित्रण उसमें मिल जाता है। साकेत का नवम सर्ग प्रकृति-वर्णन की दृष्टि से अपना विशिष्ट स्थान रखता है।

"साकेत का विरह-वर्णन हिन्दी साहित्य की वह निधि है जिसे समस्त हिन्दी संसार एक महत्त्वपूर्ण स्थान देता रहेगा, उर्मिला का विरह राम–सीता और अन्य पौराणिक पात्रों से उच्चकोटि का है और उद्वेग एवं आकांक्षा जो उसके हृदय में विद्यमान है वह सम्भवतः सीता के भी वियोग में अप्राप्य कही जायगी। कवि ने प्रिय-विरह में उर्मिला की क्षण–क्षण में परिवर्तित मनोदशाओं के अनेक मार्मिक चित्र

उपस्थित किये हैं। मैथिलीशरण गुप्त ने रामकथा की उपेक्षित पात्रा उर्मिला को अपने महाकाव्य 'साकेत' की नायिका के रूप में प्रतिष्ठित कर उसकी विरहानुभूति का अत्यन्त हृदयस्पर्शी चित्रण किया है। उनके विरह-वर्णन में मर्यादा की झलक दिखलायी पड़ती है, व्यक्तिगत स्वाधीनता की नहीं। उसमें गम्भीरता का भाव है उच्छृंखलता का नहीं।

अनामिका—सन् 1937 में भारती भण्डार, इलाहाबाद से प्रकाशित 'अनामिका' सर्वथा नवीन काव्य-संग्रह है। सन् 1923 में कलकत्ते से प्रकाशित 'अनामिका' काव्य-संग्रह का कोई चिह्न इस नवीन संग्रह में अवशिष्ट नहीं है। नाम की इस पुनरावृत्ति का निराला ने इस संग्रह की भूमिका में ठोस कारण प्रस्तुत किया है— " 'अनामिका' नाम की पुस्तिका मेरी रचनाओं का पहला संग्रह है। आदरणीय मित्र स्वर्गीय श्री बाबू महादेव प्रसादजी सेठ ने प्रकाशित की थी....वेदान्तिक साहित्य से खींचकर हिन्दी में परिचित और प्रगतिशील मुझे उन्हीं ने किया, अपना मतवाला निकालकर। मेरा उपनाम 'निराला' मतवाला के ही अनुप्रास पर आया था।...यह नामकरण मैंने सिर्फ इसलिए किया जिससे कि इसे उन्हें ही उनकी स्मृति में समर्पित करूँ।" भूमिका में कवि द्वारा किया गया यह स्पष्टीकरण प्रकट करता है कि 'अनामिका' शीर्षक यह संग्रह प्रथम संग्रह से सर्वथा भिन्न एक नवीन एवं मौलिक संग्रह है।

इस संग्रह में कुल 56 कविताएँ संगृहीत हैं जिनमें 'तोड़ती पत्थर', 'सरोज-स्मृति', 'राम की शक्ति-पूजा'-जैसी प्रसिद्ध कविताएँ भी हैं। निराला ने कविता के क्षेत्र में किसी बँधी-बँधायी परिपाटी का अनुसरण नहीं किया बल्कि जीवन और जगत् को जब, जहाँ, जैसा देखा और अनुभव किया, वैसा ही काव्य में वर्णित किया। इसीलिए जहाँ एक ओर 'प्रेयसी', 'प्रेम के प्रति', 'प्रगल्भ प्रेम', 'प्रिया से', 'चुम्बन', 'यही' कविताओं में प्रेम और शृंगारिकता की प्रवृत्ति विद्यमान है, वहीं दूसरी ओर 'दान', 'वनबेला', 'मित्र के प्रति', 'ठूँठ', 'उक्ति', 'सच है' कविताओं में व्यंग्य का स्वर प्रधान है।

'नाचे उस पर श्यामा', 'कहाँ देश है', 'तोड़ती पत्थर', 'दिल्ली', 'वे किसान की नयी बहू की आँखें' कविताओं में भारत की अतीत गौरव का स्मरण करते हुए सामाजिक एवं राजनीतिक वैषम्य पर तीखा प्रहार किया गया है।

'बसन्त की परी के प्रति', 'वारिद-वन्दना', 'विनय', 'खुला आसमान', 'मेरी छवि ला दो' कविताओं में प्रकृति के विभिन्न चित्र खींचे गये हैं।

कवि के रूप में निराला को अनेक विरोधों का सामना करना पड़ा था। उनका व्यक्तिगत जीवन भी संघर्षमय रहा। कवि की यही पीड़ा 'हिन्दी के सुमनों के प्रति', 'सरोज-स्मृति', 'वन-वेला', 'हताश'-जैसी कविताओं में उभरकर आयी है।

'सरोज-स्मृति' हिन्दी का उत्कृष्टतम शोक-गीति है। इसमें कवि निराला के सम्पूर्ण व्यक्तित्व की मार्मिक व्यंजना हुई है।

'राम की शक्ति-पूजा' लम्बी आख्यानक कविता है। पौराणिक कथा पर आधारित यह कविता ओज गुण से सम्पन्न है। वीर रस की प्रमुखता होने पर भी इसमें अन्य सभी रसों का समावेश मिलता है। भाषा-शैली, वस्तु-चयन, विराट् सांस्कृतिक परिवेश आदि के कारण इसे 'महाकाव्यात्मक कविता' माना गया है।

'तट पर', 'ज्येष्ठ', 'कहाँ देश है', 'गाता हूँ गीत मैं तुम्हें सुनाने को' तथा 'नाचे उस पर श्यामा' बँगला से अनूदित कविताएँ हैं किन्तु अनुवाद होते हुए भी इनमें मौलिकता की स्पष्ट छाप विद्यमान है।

संग्रह की एक अन्य उल्लेखनीय कविता 'सेवा प्रारम्भ' है। यह बंगाल में घटी एक सत्य घटना पर आधारित है। इसमें रामकृष्ण मिशन की सेवा-भावना का वर्णन है, साथ ही, इस कविता में प्रगतिवादी चेतना के स्पष्ट संकेत भी मिलते हैं।

विरोधाभास निराला के व्यक्तित्व की सबसे बड़ी विशेषता रही है और यह विरोधाभास इस संग्रह की कविताओं में भी मुखरित हुआ है। भाषा, शैली एवं छन्द की दृष्टि से भी इस संग्रह की कविताओं में वैविध्य है। संक्षेप में कहा जा सकता है कि 'अनामिका' संग्रह निराला का प्रतिनिधि काव्य-संग्रह है।

उर्वशी—दिनकर की बहुचर्चित काव्य-रचना है। यों तो यह एक प्रबन्धात्मक कृति है, किन्तु इसे नाटकों के समान ही अंकों में विभाजित किया गया है। इस तरह यह कृति दिनकर की एक नाट्यकाव्योपलब्धि है। इसका शिल्प संस्कृत साहित्य की प्रसिद्ध उर्वशी-पुरूरवा की प्रणय गाथा से अनुप्राणित है। इस काव्य में कवि ने उर्वशी और पुरूरवा के कथानक को काम और राम (अध्यात्म) के नये स्तर पर प्रतिष्ठित करने का प्रयास किया है, और दोनों के समन्वय द्वारा एक नया जीवन-दर्शन प्रस्तुत करना चाहा है। काव्य का कथानक पाँच अंकों में बिखरा हुआ है। कवि ने इस कथा के माध्यम से सृष्टि रचना का बौद्धिक और दार्शनिक विवेचन प्रस्तुत किया है। उर्वशी पंच ज्ञानेन्द्रियों चक्षु, रसना, घ्राण, त्वचा तथा श्रोत की कामनाओं की प्रतीक हैं, तो पुरूरवा ज्ञानेन्द्रियों के गुणों रूप, रस, गन्ध, स्पर्श और शब्द से मिलनेवाले सुखों से उद्वेलित मनुष्य है। 'उर्वशी' की कथा का आरम्भ राजा 'पुरूरवा' की राजधानी प्रतिष्ठानपुर के समीप पुष्पकानन में छिटकी शुक्ल पक्ष की ज्योत्स्ना में विचरण कर रहे नट और नटी के संवादों से होता है। स्वर्ग की अप्सराएँ पृथ्वी पर अवतरित होकर प्रकृति की रम्यगोद में आनन्द मनाती हैं, जिसमें सहजन्या, रम्भा, मेनका तथा चित्रलेखा प्रमुख हैं। इसी सन्दर्भ में जब एक दानव द्वारा उर्वशी का अपहरण हो जाता है तो राजा पुरूरवा उस दानव से उर्वशी का उद्धार करता है। उर्वशी राजा के शौर्य एवं रूप-सौन्दर्य पर मुग्ध होकर उसके प्रणय-पाश में बँध जाती है। पुरूरवा भी उर्वशी

के प्रेमदाह में दग्ध हो जाता है। कवि दिनकर भी उर्वशी की मादक अनुभूति से अभिभूत हैं और उसके निष्कलुष सौन्दर्य की प्रतिष्ठा में वह काव्य सौन्दर्य की चरम परिणति प्राप्त करता है—

नहीं उर्वशी नारि नहीं, आभा है निखिल भुवन की;
रूप नहीं, निष्कलुष कल्पना, है स्रष्टा के मन की।

इस प्रकार 'उर्वशी' नाट्यकाव्य में निहित कवि दिनकर के भावलोक को निम्नवत् ढंग से अवतरित किया जा सकता है।

कविवर दिनकर ने उर्वशी और पुरूरवा के माध्यम से 'उर्वशी' काव्य में मनोवैज्ञानिकता का सुन्दर उदाहरण प्रस्तुत किया है। आरम्भ में ही 'उर्वशी' प्रथम मिलन की स्मृतियों से आप्लावित अपनी दग्धता का वर्णन करती है, पुरूरवा भी अपने प्रेम की निष्ठा प्रतिष्ठापित करता हुआ उसके मादक सौन्दर्य का स्रष्टा बन जाता है, और मनोवैज्ञानिक परिप्रेक्ष्य में अपने मानस की उद्वेलित उर्मियों का चित्रण करता है। पुरूरवा के निम्नवत् कथन में मनोविज्ञान के 'इड' और 'सुपर–इगो' गीता के अनासक्ति योग की झलक प्रतिबिम्बित होती है—

मैं मनुष्य, कामना वायु मेरे भीतर बहती है,
कभी मन्द गति से प्राणों में सिहरन पुलक जगाकर।
कभी डालियों को मरोड़, झंझा की दारुण गति से,
मन का दीपक बुझा, बनाकर तिमिराच्छन्न हृदय को।

मानव और प्रकृति का चिर सम्बन्ध है। एक के अभाव में दूसरा अधूरा प्रतीत होता है। ऐतिहासिक दृष्टि से भी मानव का प्राथमिक सम्बन्ध प्रकृति से ही रहा है। काव्य मानव–जीवन की अभिव्यक्ति होने के कारण स्वभावतः प्रकृति से जुड़ जाता है। ऐसी स्थिति में कवि का प्रकृति से पृथक् रह पाना सम्भव नहीं। कविवर दिनकरकृत उर्वशी में प्रकृति के विभिन्न मनोरम चित्र मिल जाते हैं। यथा—

चन्द्रमा चला रजनी बीती हो गया प्रात,
पर्वत के नीचे से प्रकाश के आसन पर।
आ रहा सूर्य फेंकता बाण अपने लोहित,
विंध गया ज्योति से वह देखो अरुणाभ शिखर।

श्री भगवतीचरण वर्मा का कथन है कि "मैंने दिनकर के समस्त काव्य में शृंगार एवं करुणा ढूँढ़ने का प्रयत्न किया लेकिन उसमें मुझे एक तरह से असफलता ही मिली। शृंगार व्यंग्य का रूप धारण कर लेता है, करुणा क्रोध में परिणत हो जाती है।" फिर भी शोधकों ने उनके काव्य में शृंगार एवं माधुर्य का प्रत्यक्षीकरण किया है। 'उर्वशी' के अनेक अंशों में कवि की सरसता, सुकुमारता और सौन्दर्यप्रियता उद्घाटित हो जाती है। यथा—पुरूरवा के प्रति उर्वशी का कथन दर्शनीय है—

तुम पन्थ जोहते रहो,
अचानक किसी रात मैं आऊँगी।
अधरों से अपने अधरों की मदिरा उँड़ेल।
मैं तुम्हें वक्ष से लगा,
युगों की संचित तपन मिटाऊँगी।

छायावादी कविता के अन्तर्गत नारी को महत्त्वपूर्ण स्थान मिला है। प्रगतिवादी काव्य में भी समाज की इस उपेक्षिता के प्रति सहानुभूति व्यक्त की गयी है। कविवर दिनकर नारी में लौकिक सौन्दर्य को न देखकर अतीन्द्रिय सौन्दर्य का दर्शन करते हैं। रीतिकालीन नारी का विलासमय रूप उन्हें रुचिकर नहीं लगता। कृत्रिम जीवनयापन करनेवाली, हास-विलासमयी रूप-सज्जा करनेवाली आधुनिक नारी उन्हें असन्तुष्ट कर देती है। कवि ने नारी-सौन्दर्य की तुलना पुष्प से करते हुए उसे पुष्प से श्रेष्ठ बतलाया है-

कुसुम और कामिनी बहुत सुन्दर दोनों होते हैं।
तब भी नारियाँ श्रेष्ठ हैं कहीं कान्त कुसुमों से।
क्योंकि पुष्प है मूक और रूपसी बोल सकती है।
सुमन मूक सौन्दर्य और नारियाँ सवाक् सुमन हैं।

प्रत्येक कलाकार कवि होने के साथ-साथ चिन्तक भी होता है। अनुभूति के स्तर से ऊपर उठकर वह विचारक के धरातल पर अपनी अनुभूतियों के दार्शनिक पक्ष को प्रस्तुत करता है। कविवर दिनकर ने उर्वशी-पुरूरवा वार्त्तालाप के माध्यम से अपनी दार्शनिक भावनाओं की अभिव्यक्ति प्रदान की है। उर्वशी के मुख से अभिभासित लम्बा दार्शनिक प्रसंग काव्य की गरिमा के विपरीत है फिर भी उर्वशी की वाणी में वेदान्त तत्त्व, अनासक्ति तत्त्व आदि मिल जाते हैं। यथा-कुछ पंक्तियाँ द्रष्टव्य हैं-

अच्छा हैं ये पेड़, पुष्प इसके जिज्ञासु नहीं हैं,
हम है कौन, कहाँ से आये और कहाँ जायेंगे?
सच में, यह प्रत्यक्ष जगत् कुछ उतना कठिन नहीं है,
जितना हो जाता दुरूह मन के भीतर जाने पर।

कविवर दिनकर ने 'उर्वशी' काव्य के माध्यम से ओज एवं पौरुष की अभिव्यक्ति पर भी ध्यान दिया है। इसके अन्तर्गत उन्होंने भारत के अतीत की ओर संकेत किया है कि यह भारत अपने समय का विश्व गुरु है। आज स्थितियाँ परिवर्तित हो चुकी हैं फिर भी अभी वह क्षमता है कि वह विश्व की अगुवाई कर सकता है। कवि ने उर्वशी के समक्ष पुरूरवा के द्वारा यह अभिव्यक्ति की है। पुरूरवा कहता है कि-

मर्त्य मानव की विजय का तूर्य हूँ मैं,
उर्वशी! अपने समय का सूर्य हूँ मैं।
अन्ध तम के भाल पर पावक जलाता हूँ,
बादलों के सीस पर स्यन्दन चलाता हूँ।

कुरुक्षेत्र-युद्ध की समस्या को लेकर लिखे गये प्रबन्धकाव्यों में दिनकरजी के 'कुरुक्षेत्र' का स्थान बहुत ऊँचा है। 'कुरुक्षेत्र' एक काव्यात्मक गीता है, जिसमें आध्यात्मिक चिन्तन के स्थान पर आधुनिक जीवन के प्रश्नों का चिन्तन है। कवि ने युद्ध को निन्द्य बताते हुए भी आधुनिक परिवेश में उसके जटिल रूप को, उसके संक्रान्त मूल्य को उभारा है। प्रश्न इतना ही नहीं कि युद्ध निन्द्य है—उससे बड़ा प्रश्न यह है कि निन्द्य वस्तु बार-बार इतनी अनिवार्य क्यों हो उठती है और युद्ध के रूप में इतिहास की एक बहुत बड़ी चुनौती क्यों बार-बार शान्तिप्रिय लोगों को स्वीकार करनी पड़ती है? क्यों उन्हें ऐसा लगता है कि एक विशेष सामाजिक या मानवीय सन्दर्भ में युद्ध शान्ति की अपेक्षा अधिक मूल्यवान् हो ज़ाता है? 'कुरुक्षेत्र' में भी वास्तव में कोई उत्तर नहीं है। जहाँ समाधान खोजने का प्रयास है वहाँ कवि केवल स्वप्नद्रष्टा बनकर रह गया है। किन्तु 'कुरुक्षेत्र' की शक्ति उत्तर के काल्पनिक नियोजन में नहीं है बल्कि वह द्वन्द्वग्रस्त प्रश्न अधिक महत्त्वपूर्ण है जो धर्मराज और भीष्म के माध्यम से उसके भीतर से गुजरता है। शान्ति काम्य है, युद्ध निषिद्ध है, किन्तु युद्ध के लिए अनिवार्य परिस्थितियाँ उत्तरदायी होती हैं। जब अनुनय हार जाता है तब प्रतिरोध आवश्यक होता है। इस अवस्था में विनय, शान्ति और क्षमा मूल्य न रहकर पाप बन जाते हैं—सामाजिक पाप। किन्तु, युद्ध की अनिवार्यता को स्वीकार कर लेने मात्र से प्रश्नों का अन्त नहीं होता। युद्ध शुरू होने पर मूल्य ऐसे उलझ जाते हैं कि रावण और कौरवों के असंख्य अधर्म-प्रहारों के साथ राम और पाण्डवों को भी कुछ-न-कुछ अधर्म-प्रहार करने ही पड़ते हैं। धर्म जहाँ थोड़ा-सा स्खलित हुआ वह सरकता और उलझता हुआ चला जाता है और धर्मयुद्ध करनेवाला इस अधार्मिकता के लिए कहीं-न-कहीं विवश हो जाता है और अपनी इस विवशता और उसके परिणामस्वरूप उत्पन्न अधार्मिकता का बोध उसे निरन्तर पीड़ित करता है अर्थात् वह एक ही साथ एक युद्ध बाहर लड़ता है एक भीतर। एक ओर भीषण नर-संहार करता है, दूसरी ओर उसे लगता है कि वही अनेक लोगों के रूप में अनेक बार मर रहा है। युयुत्सा और मानवीय करुणा का एक भयानक द्वन्द्व उसे कसता चला जाता है और विजय के पश्चात् भी वह उल्लास नहीं पश्चात्ताप भोगता है। साम्राज्य नहीं, सामने बिछा हुआ श्मशान पाता है। 'कुरुक्षेत्र' के 'धर्मराज' इसी प्रकार के संवेदनशील योद्धा के मूर्त रूप हैं जो आत्मग्लानि के अतिरेक में अपने को ही युद्ध का उत्तरदायी मानकर भीष्म के सामने विलाप करते हैं। दूसरी ओर भीष्म सामाजिक चेतना के

प्रतीक हैं। उनमें भावुकता के स्थान पर तटस्थ चिन्तन है। इसलिए वे युद्ध की नियति के बारे में बात करते हैं और कहना चाहते हैं कि व्यक्ति के सन्दर्भ में जो मूल्य हैं, वे ही समाज के सन्दर्भ में दोष बन जाते हैं। भीष्म भी युद्ध के पक्षपाती नहीं हैं किन्तु वे युद्ध की नियति की परीक्षा करते हुए कहना चाहते हैं कि समाज में जब तक विषमताएँ हैं, जब तक दो वर्गों के सुखों और सुविधाओं में आकाश–पाताल का अन्तर है तब तक युद्ध की सम्भावना मिटायी नहीं जा सकती। भीष्म के माध्यम से कवि ने आज के समाज के वैषम्य, विसंगति और भयानक विरूपता को उद्घाटित किया है। 'कुरुक्षेत्र' केवल युद्ध-काव्य नहीं है, युद्ध के प्रश्न के बहाने भीष्म ने आज के सामाजिक जीवन के अनेक प्रश्नों को, अनेक सत्यों को संस्पर्श दिया है।

पुतली में संसार–सुपरिचित कवि अरुण कमल का चौथा संग्रह 'पुतली में संसार' आभ्यन्तर एवं बाह्य के सम्बन्धों को समझने की एक नयी कोशिश है। यहाँ कुछ भी न तो नितान्त निजी है न निपट सार्वजनिक। पुतली से लेकर संसार तक एक ही प्रसार है। जीवन का जहाँ सब-कुछ एक–दूसरे से सम्बद्ध, एक–दूसरे पर घात–प्रतिघात कर रहा है। इसलिए महाभारत के एक प्रसंग से शुरू होकर यह संग्रह पुतली में संसार को भरने का प्रयत्न करते हुए मृत्यु के बिन्दु पर जाकर समाप्त होता है। जहाँ 'उतर जायेगी आखिरी फिल्म पुतली पर से।' यहाँ राजनीति भी जीवन का वैसे ही एक अनिवार्य तत्त्व है जैसे शारीरिक प्रेम। राजनीतिक सत्ता द्वारा किये जा रहे मानव-जीवन के निरन्तर क्षरण एवं दरिद्रीकरण तथा आभ्यन्तर के अतिक्रमण को तीक्ष्णता से प्रस्तुत करते हुए ये कविताएँ उन स्वरों, उन प्रसंगों की खोज भी करती हैं, जो सत्ता का निषेध या प्रतिरोध हैं। और इसलिए जीवन के श्रेष्ठतम मूल्यों का संकार एवं समर्थन।

अरुण कमल ने साधारण जीवन की स्थितियों-दशाओं को यहाँ प्रस्तुत किया है। गहरे दुःख एवं विषाद से भरी ये कविताएँ आज के सम्पूर्ण भारतीय जीवन के दुःख एवं विषाद को वाणी देती हैं। यह आपबीती भी है, जगबीती भी। ऐसी गहरी करुणा, प्रेम और ऐन्द्रियता समकालीन कविता में अन्यत्र दुर्लभ है। वास्तव में यह सम्पूर्ण कविता है जन्म से लेकर मृत्यु तक जीवन के हर मुहूर्त्त में उपस्थित एवं शरीक। कम–से–क्रम में अधिक–से–अधिक कहने की विवशता उन कविताओं को सघन एवं आर्थ बनाती है।

'पुतली में संसार' कवि के विकास का अग्रिम चरण तो है ही समकालीन कविता की चौहद्दी का उल्लेखनीय प्रसार भी।

'पुतली में संसार', पूँजी, आत्मकथा, आन्तरिक तमगा, तड़ाग, वापस, उल्लंघन, सूचकांक, स्वप्न, ग्रहण, जिसने खून होते देखा।' 'उधर के चोर', 'पक्ष का कारण', 'बैठकी', 'राजकीय सम्मान', 'बिछावन', 'मुठभेड़' आदि का संकलन है।

आकाश दीप–'आकाश दीप' जयशंकर प्रसाद की बहु प्रसिद्ध कहानियों में से एक है। 'आकाश दीप' नामक कहानी-संग्रह में यह कहानी संगृहीत है।

कहानी की पृष्ठभूमि ऐतिहासिक है। कहानी में मुख्य रूप से दो पात्र हैं–चम्पा एवं बुधगुप्त। चम्पा, बुधगुप्त से प्रेम करती है परन्तु जब उसे यह पता चलता है कि बुधगुप्त के हाथों से ही उसके पिता की हत्या हुई है तो वह आहत हो जाती है एवं अपने पिता के हत्यारे को माफ नहीं कर पाती। बुधगुप्त के हाथ से अनजाने में हुई हत्या भी चम्पा के प्रतिशोध की ज्वाला को कम नहीं कर पाती। वह अपने प्रेमी से अत्यन्त प्रेम करती है किन्तु पिता के हत्यारे के रूप में उसे देखकर वह विचलित होती है। बुधगुप्त भी उससे प्रेम करता है। अपना अपराध भी उसे स्वीकार्य है। परन्तु चम्पा बुधगुप्त से विवाह न करके उससे दूर रहने का निर्णय लेती है तथा बुधगुप्त से अलग रहकर बुधगुप्त की याद में जीवनभर दीप स्तम्भ में आलोक जलाती रहती है। बुधगुप्त के प्रेम को वह आकाश दीप की तरह अपने हृदय में जीवन भर सँजोकर रखती है।

प्रस्तुत कहानी में नारी के आत्मद्वन्द्व के साथ-साथ उसके संकल्प तथा उत्कृष्ट प्रेम, सच्चे प्रेम (प्लेटोनिक लव) का सुन्दर चित्र उपस्थित किया गया है। प्रेम साधना, बलिदान और आत्मोत्सर्ग है।

चीफ की दावत–'चीफ की दावत' भीष्म साहनीजी की अत्यन्त चर्चित कहानी है। इसमें आज के सामाजिक जीवन की मूल्यहीनता व भ्रष्ट आचरण को संकेतित किया गया है। लोग अपने पद से ऊपर उठने के लिए क्या-क्या हथकण्डे अपनाते हैं इसका जीवन्त वर्णन इस कहानी का मुख्य उद्‌देश्य है।

पदोन्नति के लिए शामनाथ अपनी माँ तक की उपेक्षा करता है, परन्तु वही माँ उनके अधिकारी को प्रसन्न करने का माध्यम सिद्ध होती है। मिस्टर शामनाथ के यहाँ चीफ की दावत थी। वह चीफ को खुश करके अपनी पदोन्नति करवाना चाहते थे। बहुत-सी तैयारियाँ चल रही थीं। पर एक अड़चन यह आ रही थी कि माँ का क्या किया जाय। शामनाथ की माँ कुरूप होने के साथ अनपढ़ भी थी। अतः शामनाथ माँ को चीफ के सामने लाकर अपनी शान में बाधा नहीं डालना चाहते थे। माँ को अपनी कोठरी में बैठे रहने और अन्दर से दरवाजा बन्द रखने के भी निर्देश दिये गये। सोने के लिए भी मना किया गया ताकि उनके खर्राटे दावत में खलल न डाल दें। अन्ततः उन्हें सफेद सलवार कमीज पहनाकर बरामदे में अपनी कोठरी के सामने चुपचाप बैठे रहने को कहा गया। दावत समाप्त होनेवाली थी कि अचानक बरामदे में माँ के खर्राटों की आवाज सुनकर शामनाथ को माँ पर बहुत गुस्सा आता है। चीफ से सही प्रकार नमस्ते न कहने और 'हाउ डू यू डू' का जवाब न दे पाने पर भी वे माँ पर आगबबूला हो जाते हैं। चीफ के कहने पर माँ एक गीत सुनाती हैं जिससे

महफिल में रंग भर जाता है। चीफ को खुश देखकर शामनाथ खुश होते हैं और बताते हैं कि माँ बहुत अच्छी फुलकारी बनाती है। चीफ माँ से अपने लिये फुलकारी बनाने का आग्रह करके चले जाते हैं। शामनाथ आज माँ पर बहुत खुश हैं। उनसे मिलने कमरे में जाते हैं। माँ से हरिद्वार जाने की बात सुनकर पुनः गुस्सा होकर अपनी उन्नति की बात माँ को समझाते हैं। माँ आँखों के कमजोर होने की बात करती हैं तो शामनाथ उनकी फुलकारी की बदौलत अपनी तरक्की की बात कहकर माँ की आँखों में चमक पैदा कर देते हैं। माँ द्वारा फुलकारी बनाने के लिए हाँ कह देने पर वे माँ से सोने को कहकर उनकी कोठरी से निकल जाते हैं।

समूची कहानी स्खलित जीवन-मूल्यों, वर्तमान पीढ़ी की खुदगर्ज मनोवृत्ति पर करारा व्यंग्य है। आज माँ-बाप भी औलाद के लिए उपयोगिता और लाभ-हानि की वस्तु बनकर रह गये हैं। जीवन-मूल्यों का यह कैसा स्खलन और अधःपतन है।

राजा निरबंसिया—कमलेश्वर की कहानियाँ कस्बाई संस्कृति, ग्रामीण बोध एवं इनसे जुड़े जीवन की व्यथा-कथा, अर्थाभाव में सामाजिक एवं पारिवारिक रिश्तों पर उनका प्रभाव, मूल्यों के खण्डित होने की वेदना को परत-दर-परत उघाड़ती हैं। इस दौर की प्रतिनिधि कहानियों में 'देवा की माँ', 'कस्बे का आदमी', 'गर्मियों के दिन', 'एक अश्लील कहानी', 'राजा निरबंसिया' आदि हैं। 'राजा निरबंसिया' ही वह पहली कहानी है, जिसने हिन्दी साहित्य में खलबली पैदा कर दी और कमलेश्वर को कहानीकार के रूप में पहचान दिलायी। इस सन्दर्भ में प्रदीप पन्त का कथन है—"इस कहानी के माध्यम से कमलेश्वर कथा-कथन के पुराने फार्म को ढहा देते हैं। नयी पारदर्शी और उजास भरी भाषा के साथ नया कथा-शिल्प उठ खड़ा होता है।" राजा निरबंसिया में दो कथाएँ समानान्तर चलती हैं। एक सन्तानहीन राजा और रानी तथा मन्त्री। राजा की अनुपस्थिति में मन्त्री रानी से शारीरिक सम्बन्ध स्थापित करता है और राजकुमार का जन्म होता है।

मूल कथा—चन्दा और उसके पति जगपति की है। चन्दा रूपवान् और सुशील है किन्तु बीमार जगपति का अस्पताल में इलाज कराने, धनाभाव में दवा न खरीद पाने के कारण विवशता में अस्पताल के कम्पाउण्डर बचनसिंह के आगे समर्पित होती है और इसी विवशता में अवैध सम्बन्ध चलते हैं तथा चन्दा पुत्र को जन्म देती है। जगपति अवैध पुत्र का पिता तो कहलाता है किन्तु आत्मग्लानि और अवसाद में डूबा रहता है। अन्त में गहन पीड़ा, ग्लानि, क्षोभ और पश्चात्ताप के कारण मर जाता है। चन्दा को भी समाज में स्वीकृति नहीं मिलती। परिस्थितिजन्य जगपति और चन्दा के पारिवारिक जीवन का यह पवित्र-पाप समाज में अक्षम्य अपराध है। भले ही पाण्डवों की जारज उत्पत्ति और द्रौपदी के पाँच पतियों का पौराणिक आख्यान हमारे सामने हो। यह एक सामाजिक-समस्याप्रधान उपन्यास है।

यही सच है–'यही सच है' कहानी मन्नू भण्डारी की बहुत चर्चित कहानी है। इस कहानी में नारी-जीवन के उन अन्तरंग अनुभवों को विशेष रूप से अभिव्यक्ति दी गयी है जो उनके नितान्त अपने हैं। प्रस्तुत कहानी के विषय में मन्नू भण्डारीजी का कहना है–"मेरी कहानियों में सबसे अधिक शोर शायद 'यही सच है' कहानी का हुआ है। न जाने कितने संकलनों और अनुवादों और आलोचनाओं में इसे शामिल किया जाता रहा है। हो सकता है कि कहानी की कुछ स्थितियों में मैंने अपने-आपको एकात्म भी किया हो, लेकिन मुझे लगता है कि कहानी का केन्द्रीय बिन्दु मेरा अपना अनुभूत सत्य नहीं है, इसीलिए उसे मैं अपनी श्रेष्ठ कहानियों में मानते हुए भी आत्मीय नहीं पाती।"

कहानी में मुख्य रूप से तीन पात्र हैं–संजय, निशीथ एवं लेखिका दीपा स्वयं। कहानी की शुरुआत लेखिका दीपा के अन्तर्द्वन्द्व से ही शुरू होती है। यह एक त्रिकोण प्रेम कहानी है। दीपा संजय और निशीथ के प्रेम के अन्तर्द्वन्द्व में जीती है। वह निर्णय नहीं ले पाती है कि वह वास्तव में संजय से प्रेम करती है या निशीथ से। निशीथ उसका पूर्व प्रेमी है। जब वह उससे मिलती है तो उसे महसूस होता है कि वह आज भी निशीथ से ही प्रेम करती है। संजय से तो उसे मात्र भावनात्मक लगाव ही है। परन्तु संजय के सामने आते ही वह महसूस करती है कि वास्तव में संजय से ही प्रेम करती है। इस अन्तर्द्वन्द्व का मनोवैज्ञानिक चित्रण यहाँ किया गया है। वस्तुतः सान्निध्यजनित प्रेम (प्रेजेन्स लव) का एक उत्कृष्ट नमूना यह कहानी है।

सृंजय : 'कामरेड का कोट' कहानी से ख्याति प्राप्त करनेवाले सृंजय 'जन' के प्रति प्रतिबद्ध रचनाकार हैं। आपके दो कहानी-संग्रह **'कामरेड का कोट'** (1993 ई०), **'नंगा'** (2001 ई०) प्रकाशित हैं। 'जन' के प्रति प्रतिबद्ध होने के कारण सृंजय उन सारे कारकों को नंगा करते हैं, जो सामान्य जन का शोषण और दोहन कर रहे हैं। वे देख रहे हैं कि स्वतन्त्र भारत में दिनोंदिन गरीब और गरीब होता जा रहा है और अमीरों की अमीरी बढ़ती जा रही है। पूँजीवाद के कसते शिकंजे के नीचे न केवल सामन्तवादी अवशेष ढह रहे हैं, वरन् नव उपनिवेशवाद और उदारीकरण के चलते देशी उद्योग-धन्धे भी धीरे-धीरे दम तोड़ते जा रहे हैं। देश का शासन-तन्त्र इस सीमा तक भ्रष्ट और अमानवीय हो चुका है कि गाँव का गरीब किसान डाकू बनने को मजबूर हो गया है। जनता को सुरक्षा की गारण्टी देनेवाली पुलिस की तुलना में डाकुओं का व्यवहार अधिक मानवीय है। देश में साम्प्रदायिक उन्माद बढ़ रहा है और धर्म, पाखण्ड बनकर रह गया है। विडम्बना यह है कि जनता की लड़ाई लड़नेवाले कम्युनिस्ट नेता भी 'कुत्ते के कान में लगी चमजूई की तरह सत्ता से चिपक' गये हैं। ऐसी स्थिति में सृंजय 'जनता को जन-संघर्षों के माध्यम से एक वैकल्पिक व्यवस्था के लिए तैयार' करने का व्रत लेते हैं और उसे 'मार्क्सवादी कर्मकाण्डियों की संघर्ष और क्रान्ति की किताबी व्याख्याओं के मकड़जाल से बाहर' निकालते हैं।

निर्मल वर्मा अकेले कहानीकार हैं, जिनके पहले कहानी-संग्रह 'परिन्दे' (1960 ई०) को **डॉ० नामवर सिंह** ने 'नयी कहानी' की पहली कृति माना है। इसके बाद निर्मल वर्मा के पाँच संग्रह–'जलती झाड़ी' (1965 ई०), 'पिछले गर्मियों में' (1968 ई०), 'बीच बहस में' (1973 ई०), 'कव्वे और कालापानी' (1983 ई०), 'सूखा तथा अन्य कहानियाँ' (1995 ई०) और प्रकाशित हुए हैं। 'परिन्दे' संग्रह की कहानियों की समीक्षा करते हुए नामवर सिंह ने कहा था–"स्वतन्त्रता या मुक्ति का प्रश्न, जो समकालीन विश्वसाहित्य का मुख्य प्रश्न बन चला है, निर्मल कहानियों में प्रायः अलग–अलग कोण से उठाया गया है।" 'परिन्दे' कहानी–संग्रह के प्रकाशन–काल में 'निर्मल' को वामपन्थी रुझानवाला लेखक माना गया था, लेकिन सच्चाई यह है कि निर्मल कला की कोई सामाजिक प्रासंगिकता नहीं मानते। 'कला का जोखिम' में वे कहते हैं–"वास्तव में कला की कोई सामाजिक प्रासंगिकता नहीं है, क्योंकि इसका सच अपने–आपमें है, स्वायत्त और आत्मतुष्ट है और जिसकी अहमियत उसके निज के अस्तित्व की शर्तों पर ही आँकी जा सकती है।" ऐसी स्थिति में निर्मल की कहानियों में किसी विचारधारा के प्रति प्रतिबद्धता या संलग्नता ढूँढ़ना व्यर्थ है। निर्मल वर्मा की कहानियों की प्रमुख विशेषताओं की ओर संकेत करते हुए वीर भारत तलवार ने कहा है–"निर्मल की कहानियों का अनूठापन मुख्यतः तीन बातों में है-काव्यात्मक भाषा, चमत्कारपूर्ण कल्पना और रहस्यात्मकता। यही तीन मुख्य विशेषताएँ हैं, जो उन्हें 'नयी कहानी' के दूसरे सभी कहानीकारों से और शायद हिन्दी की पूरी कथा–परम्परा से अलग करती हैं। कुछ दूसरी विशेषताएँ भी हैं, जैसे बारीक अनुभूतिशीलता और बिम्बों में उसकी अभिव्यक्ति, अत्यधिक स्मृतिशीलता, छोटी–छोटी तफसीलों की जीवन्तता, सूक्ष्म निरीक्षण–वृत्ति और खास किस्म का वातावरण इत्यादि।" कभी–कभी 'निर्मल' को 'अज्ञेय' की परम्परा का लेखक कहा गया है, किन्तु दोनों में बुनियादी अन्तर है। 'अज्ञेय' ने सदैव 'सम्प्रेषण' की दृष्टि से 'कला' को महत्त्व दिया है। वे रचना का धर्म अभिव्यक्ति नहीं, सम्प्रेषण मानते हैं। इसके विपरीत 'निर्मल' के लिए कला का मूल धर्म 'अभिव्यक्ति' है। सव मिलाकर निर्मल वर्मा हिन्दी–साहित्य के अनूठे रचनाकार हैं। उन्हें किसी परम्परा से जोड़कर नही देखा जा सकता।

फणीश्वरनाथ 'रेणु' 'नयी कहानी' के दौर में ग्राम–अंचल की विशिष्ट, ताजी और जीवन्त अनुभूति लेकर आनेवाले रचनाकारों में अन्यतम रहे हैं। अब तक आपके पाँच कहानी-संग्रह–'ठुमरी' (1959 ई०), 'आदिम रात्रि की महक' (1967 ई०), 'अग्निखोर' (1973 ई०), 'एक श्रावणी दोपहर की धूप' (1984 ई०), 'अच्छे आदमी' (1986 ई०) प्रकाशित हो चुके हैं। इनमें अन्तिम दो आपकी मृत्यु के बाद प्रकाशित हुए हैं। अब आपकी सारी कहानियाँ 'रेणु रचनावली, भाग एक' में प्रकाशित हो गयी

हैं। 'रेणु' की ख्याति का आधार उनकी कहानी–**तीसरी कसम उर्फ मारे गये गुलफाम** रही है। 'रसप्रिया', 'ठुमरी', 'अग्निखोर', 'आदिम रात्रि की महक' आदि कहानियाँ भी विशेष रूप से चर्चित हुई हैं। वस्तुतः 'रेणु' को पूर्णिया जिले की भूमि के प्रति निश्छल और गहरा लगाव था। वे वहाँ के कण–कण को आत्मीय भाव से देखते थे। वहाँ के पशु, पक्षी, वृक्ष, पर्व, त्योहार, व्रत, संस्कार, गीत, कथा और इन सबके बीच अभाव से जूझते हुए अज्ञान, अन्धविश्वास और अशिक्षा में जीते हुए लोग, उनकी कहानियों में सजीव हो उठे हैं। 'रेणु' की कहानियों का समग्र दृष्टि से मूल्यांकन करते हुए हरिकृष्ण कौल ने ठीक ही कहा है–"अपनी समग्र मानवीय दृष्टि से 'रेणु' ने जीवन और जगत् में कुण्ठा, संत्रास, अर्थहीनता न देखकर ममता, करुणा, निष्ठा, आस्था और सुन्दरता देखी। 'रेणु' की कहानियाँ पढ़कर लगता है कि यह जीवन जीने योग्य है। यह संसार त्याज्य नहीं, ग्राह्य है।"

●●●